广州统计年鉴

GUANGZHOU STATISTICAL YEARBOOK

2015

（总第27期 NO. 27）

广　州　市　统　计　局
国家统计局广州调查队 编
Guangzhou Municipal Statistics Bureau
Guangzhou Survey Office of National Bureau of Statistics

中国统计出版社
China Statistics Press

图书在版编目（CIP）数据

广州统计年鉴. 2015 / 广州市统计局，国家统计局广州调查队 编.
-- 北京 : 中国统计出版社, 2015.9
ISBN 978-7-5037-7614-4

Ⅰ. ①广…
Ⅱ. ①广… ②国…
Ⅲ. ①统计资料—广州市—2015—年鉴
Ⅳ. ①C832.651-54

中国版本图书馆 CIP 数据核字(2015)第 213321 号

广州统计年鉴-2015

作　　者/ 广州市统计局　国家统计局广州调查队
责任编辑/ 陈越月
出版发行/ 中国统计出版社
地　　址/ 北京市丰台区西三环南路甲 6 号　邮政编码/100073
电　　话/ 邮购（010）63376909　书店（010）68783171
网　　址/ http://csp.stats.gov.cn
印　　刷/ 广州市迪桦彩印有限公司
经　　销/ 新华书店
开　　本/ 890mm×1240mm　1/16
字　　数/ 1490 千字
印　　张/ 40
版　　别/ 2015 年 9 月第 1 版
版　　次/ 2015 年 9 月第 1 次印刷
定　　价/ 398.00 元

如有印装差错，由本社发行部调换。

地区生产总值（亿元）
[Gross Domestic Product (100 million yuan)]

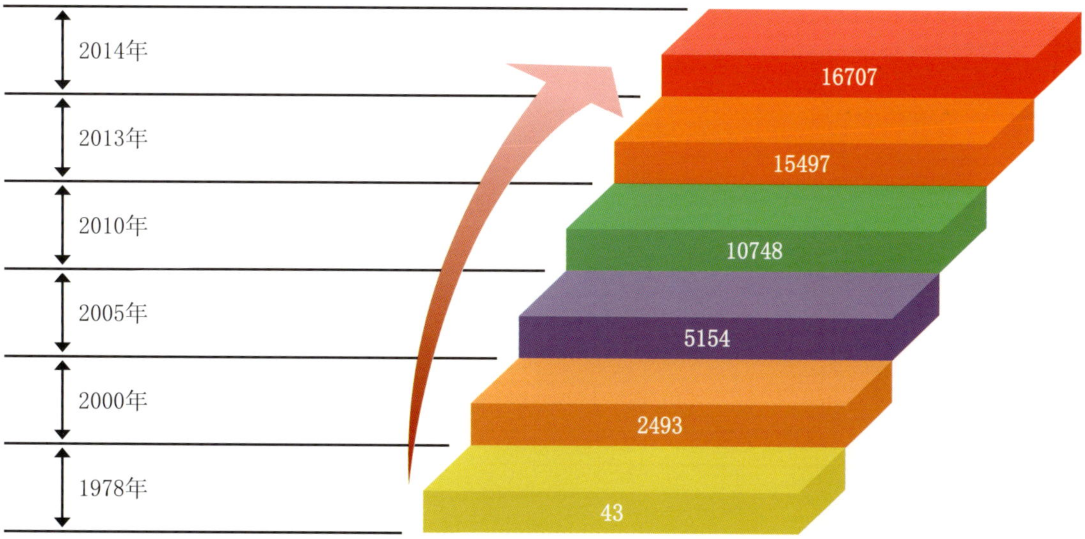

地区生产总值构成（%）
[Proportions in GDP (%)]

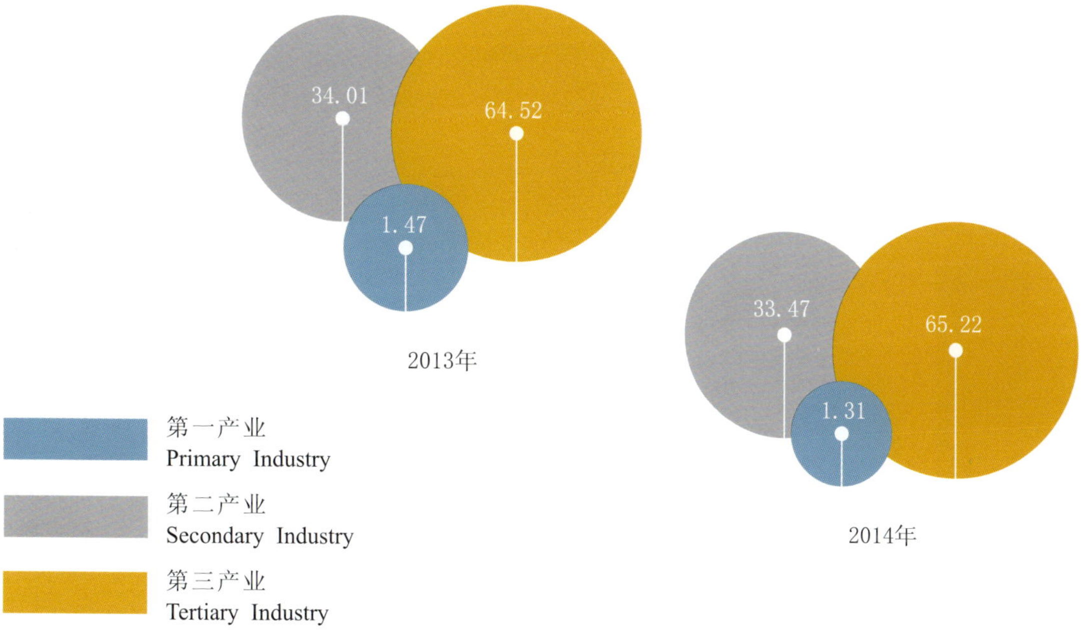

人口 POPULATION

年末户籍总人口（万人）
[Total Registered Permanent Residents at Year-end (10000 persons)]

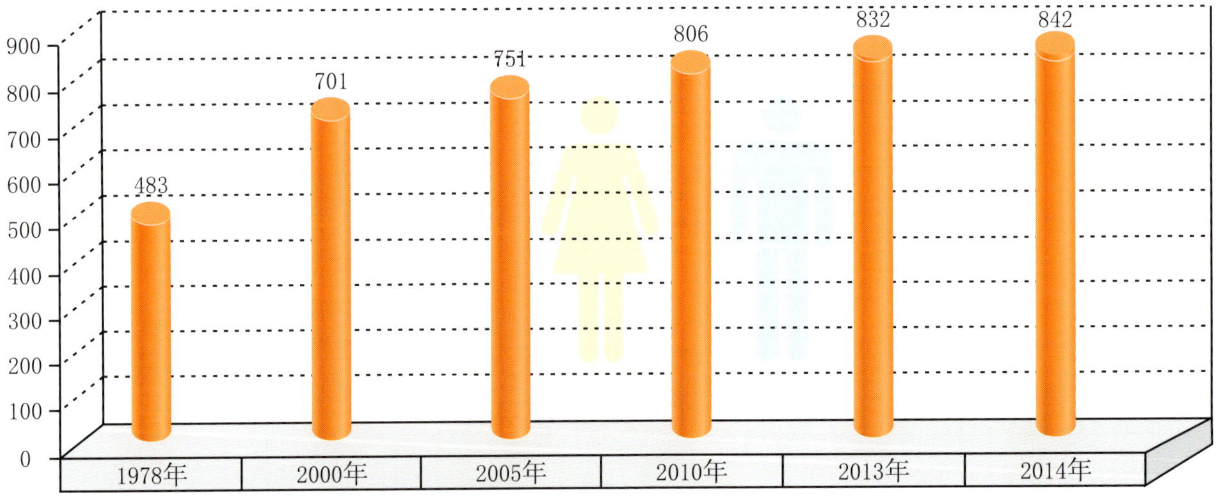

户籍人口自然增长率（‰）
[Natural Growth Rate of Registered Population (‰)]

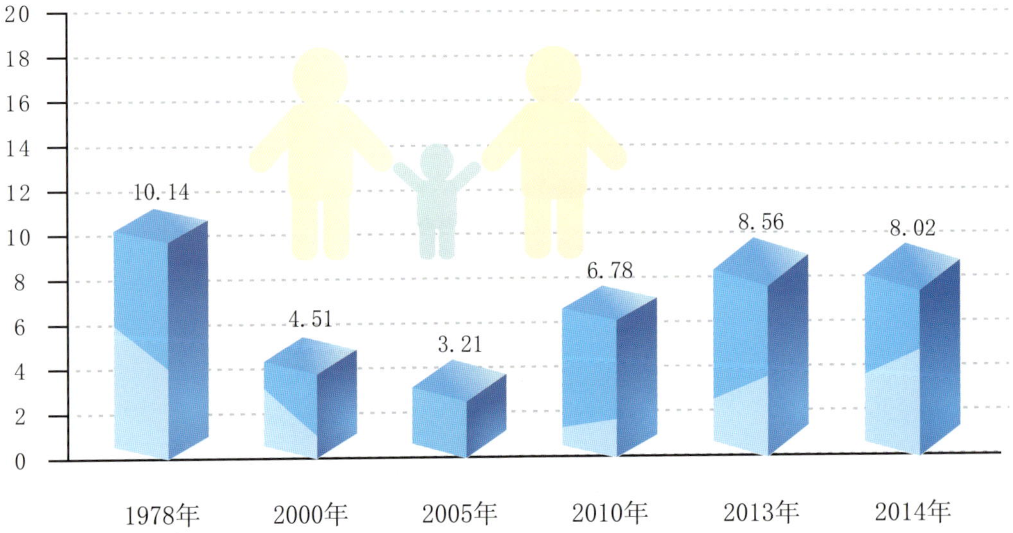

从业人员和工资
EMPLOYMENT AND WAGES

社会从业人员（万人）
[Number of Employed Persons (10000 persons)]

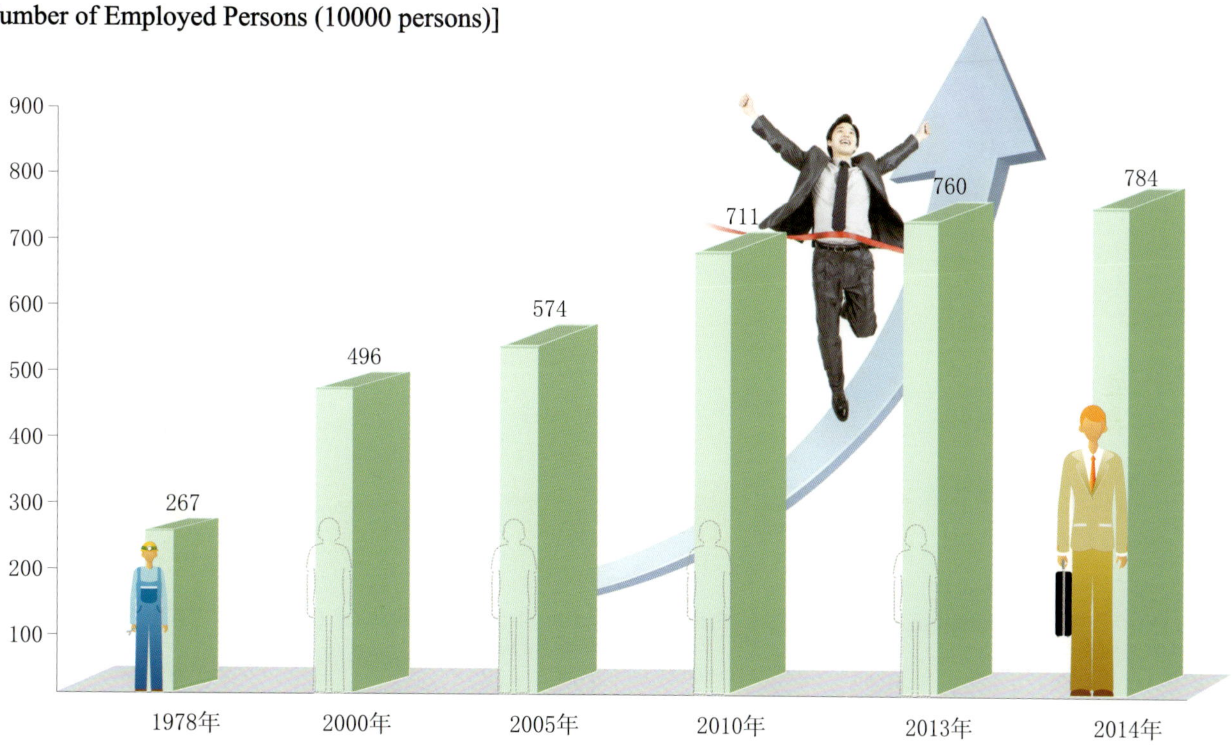

城镇非私营单位在岗职工年平均工资（元）
[Average Wage of Fully Employed Staff and Workers in Urban Units (yuan)]

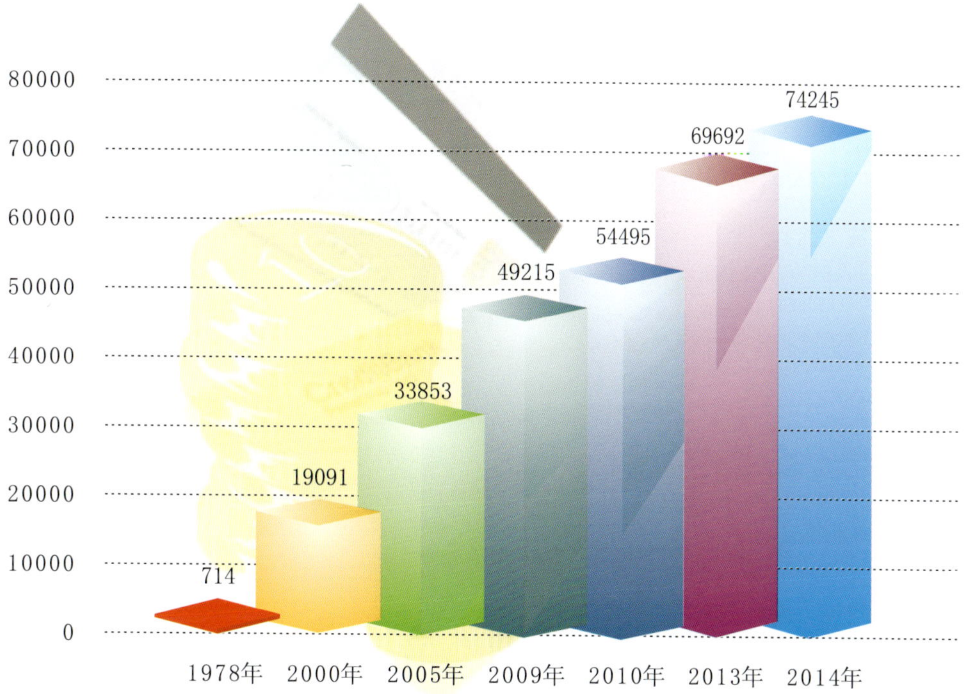

固定资产投资
INVESTMENT IN FIXED ASSETS

固定资产投资额（亿元）
[Total Investment in Fixed Assets (100 million yuan)]

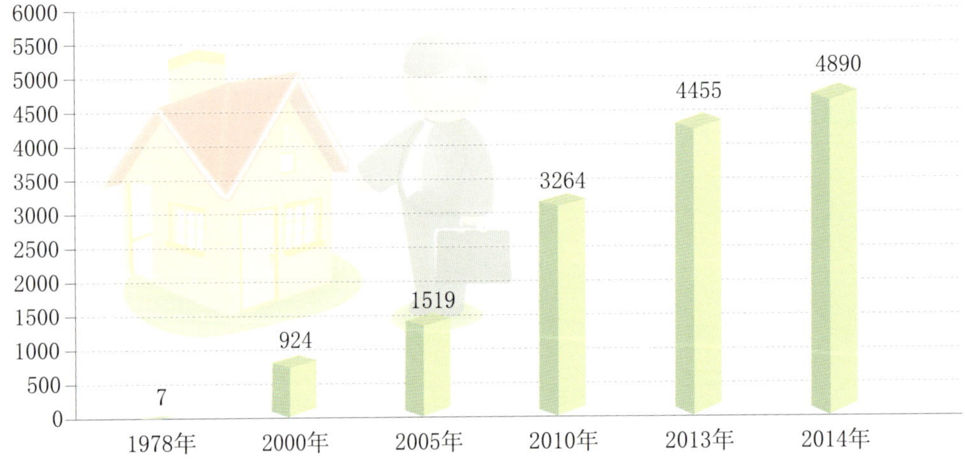

固定资产投资额三次产业构成（%）
[Compositions of Investment in Fixed Assets Classified by Three Strata of Industries (%)]

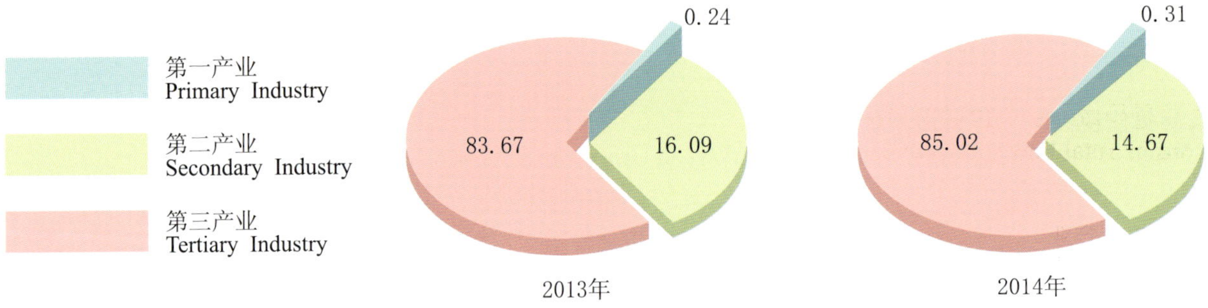

房屋建设(万平方米)
[Real Estate Development (10000 sq.m)]

房屋施工面积
Floor Space under Construction

房屋竣工面积
Floor Space Completed

能源消费总量（万吨标准煤）
[Total Energy Consumption (10000 tons of SCE)]

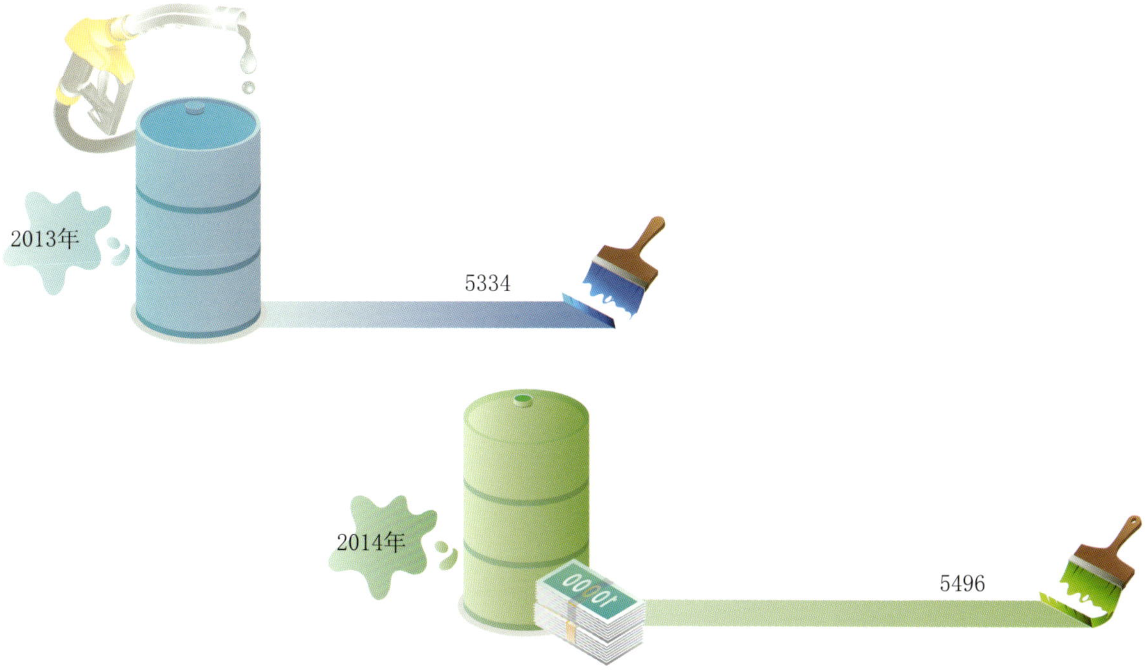

能源消费总量构成（%）(2014 年)
[Proportions of Total Energy Consumption (%) (2014)]

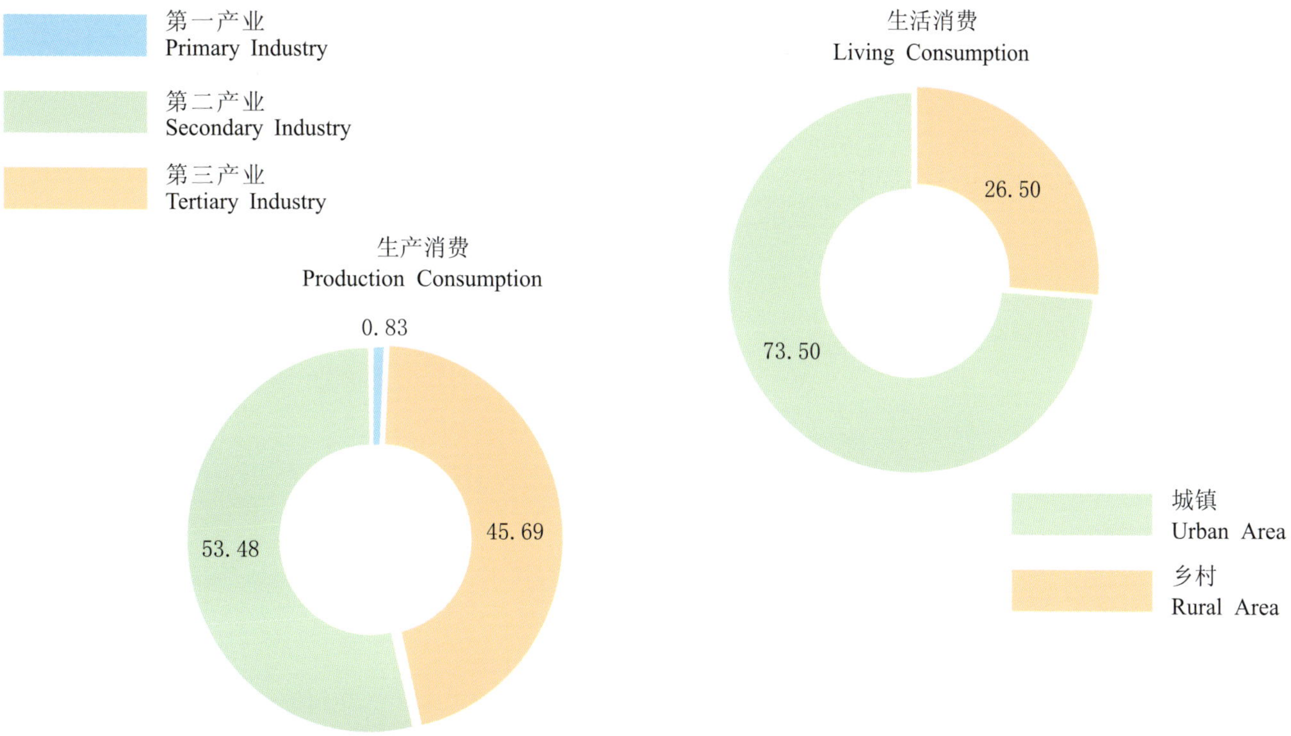

财政、金融
GOVERNMENT FINANCE,BANKING

财政收支（按当年口径、亿元）
[Revenue and Expenditure of Local Government (at the Coverage of Current Year,100 million yuan)]

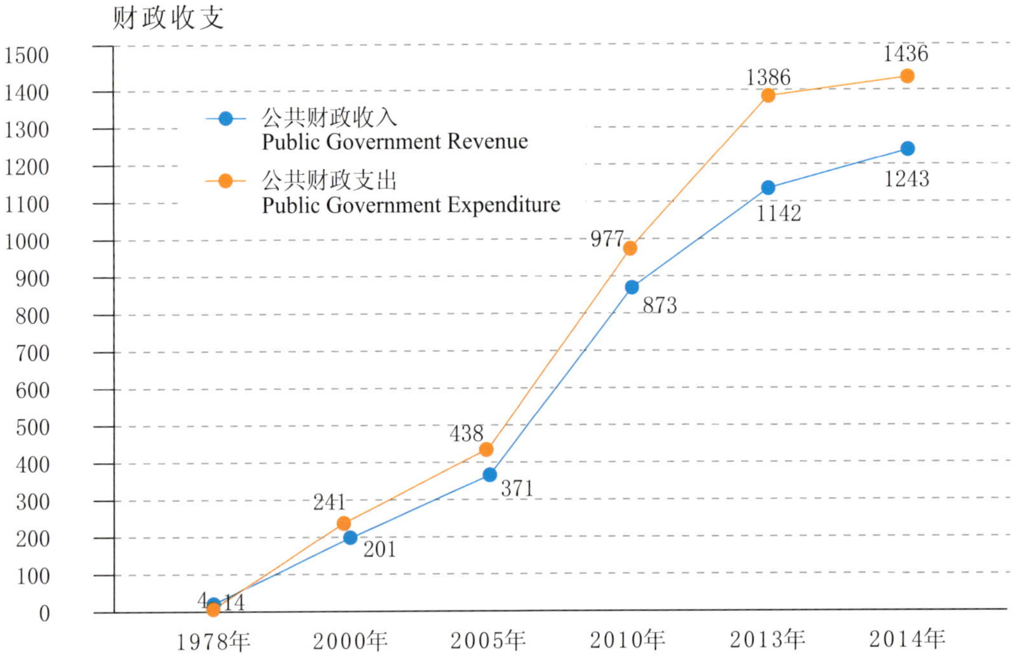

金融机构人民币存、贷款余额（亿元）
[RMB Saving Deposit and Loan of Financial Institutions (100 million yuan)]

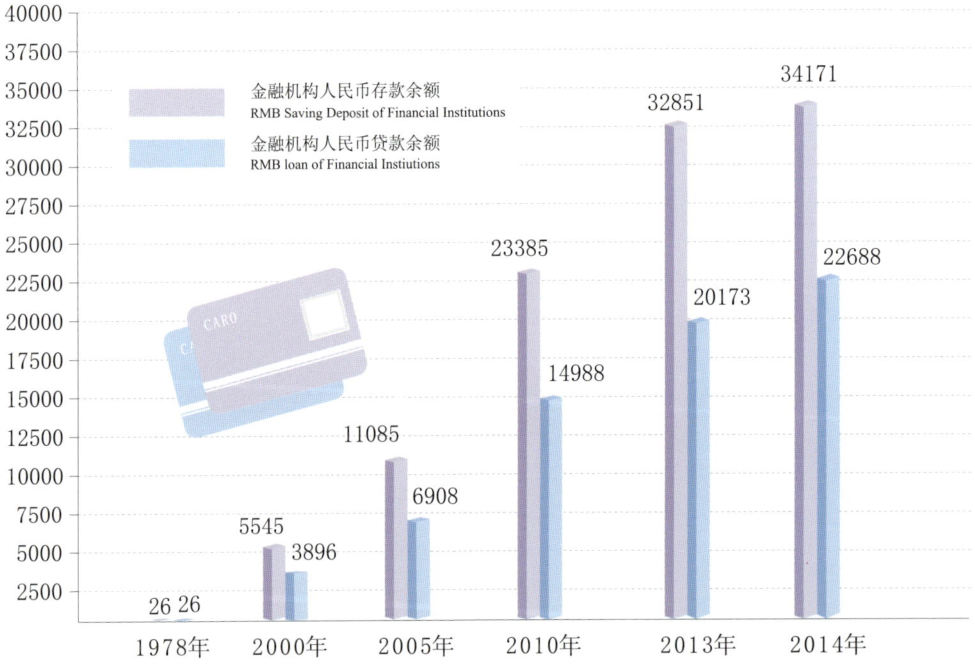

价格指数
PRICE INDICES

城市居民消费价格指数（以1978年价格为100）
[Urban Residents Consumer Price Indices (the price of 1978=100)]

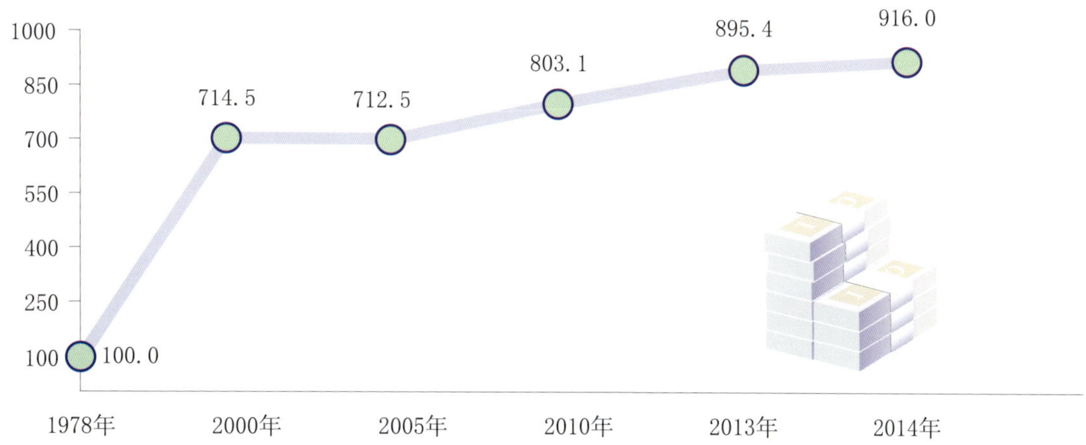

城市商品零售价格指数（以1978年价格为100）
[Urban Retail Price Indices in Main Years (the price of 1978=100)]

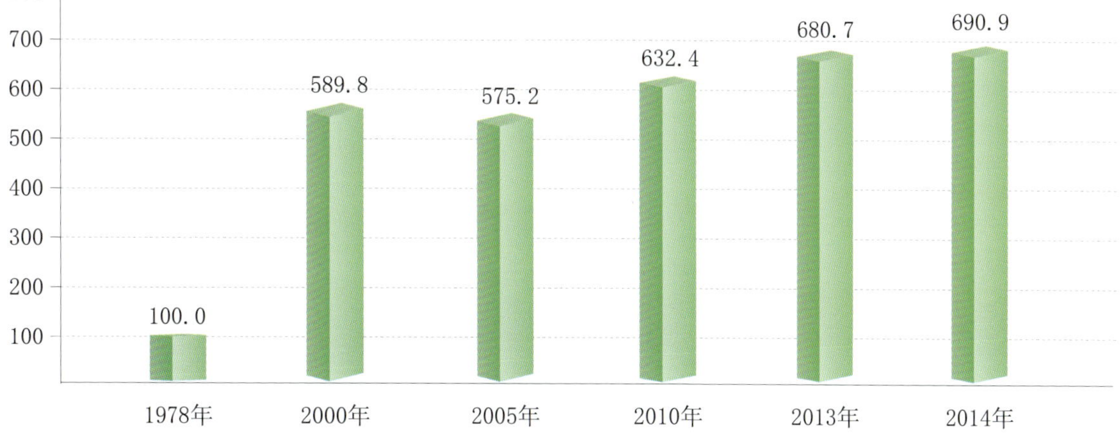

□ 城市居民年人均可支配收入（元）
[Per Capita Annual Disposable Income of Urban Residents (yuan)]

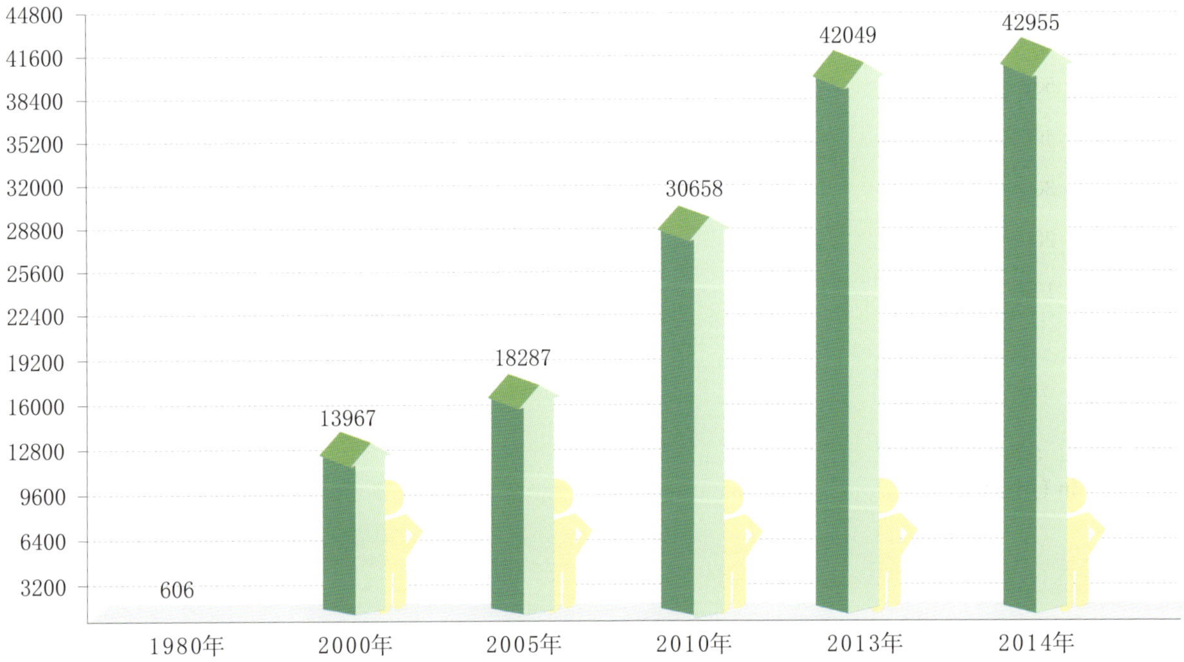

□ 农村居民年人均可支配收入（元）
[Per Capita Annual Disposable Income of Rural Residents (yuan)]

城市建设
CITY CONSTRUCTION

城市市政公用设施建设固定资产投资（亿元）
[Investment in Fixed Assets in Public Facilities in Urban Districts (100 million yuan)]

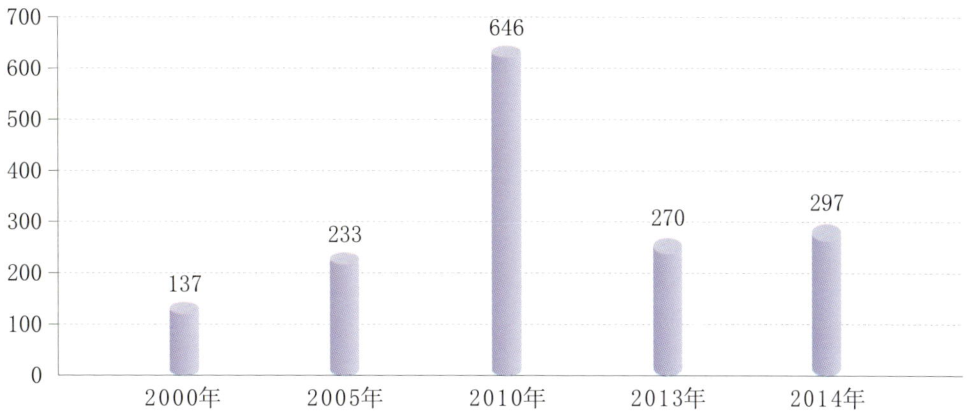

城市道路面积（万平方米）
[Roads Area in Urban Districts (10000 sq.m)]

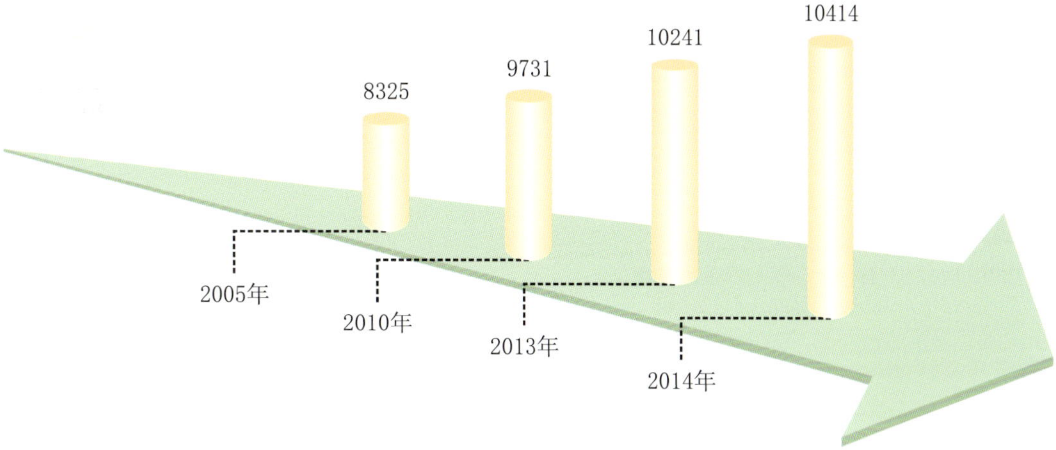

绿地面积（公顷）
[Area of Green Areas (hectare)]

农 业
AGRICULTURE

农、林、牧、渔业总产值及增加值（亿元）
[Gross Output Value and Added Value of Agriculture (100 million yuan)]

农、林、牧、渔业总产值
Gross Output Value of Agriculture

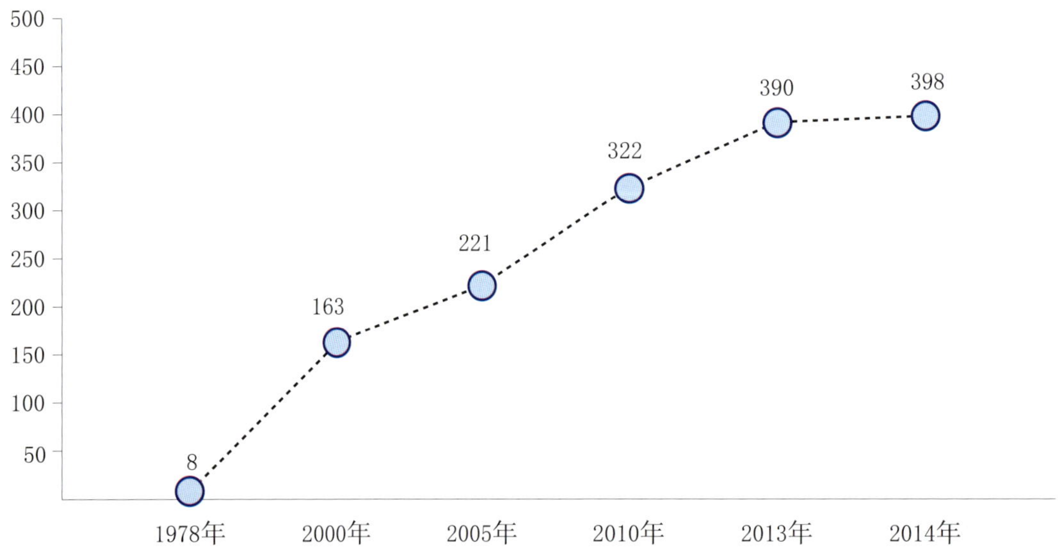

农、林、牧、渔业增加值
Added Value of Agriculture

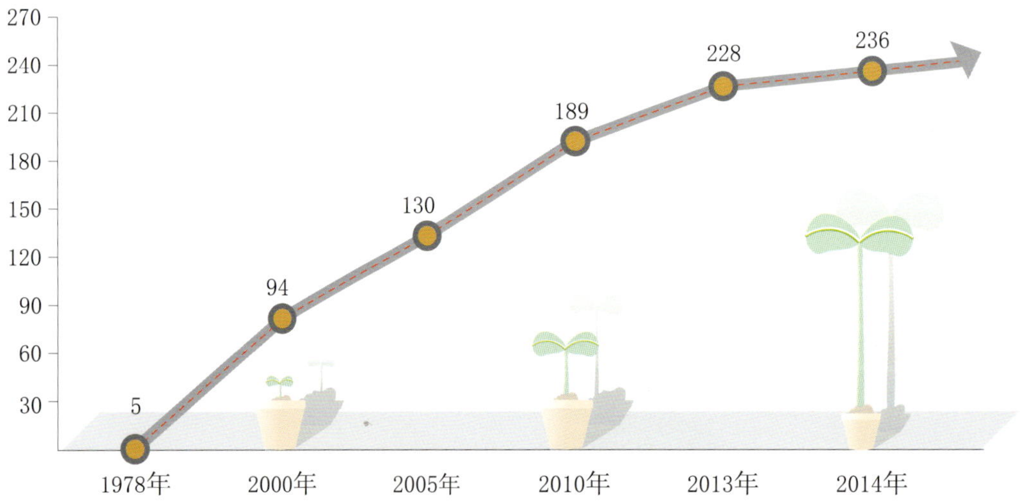

工业
INDUSTRY

工业总产值（亿元）
[Gross Output Value of Industry (100 million yuan)]

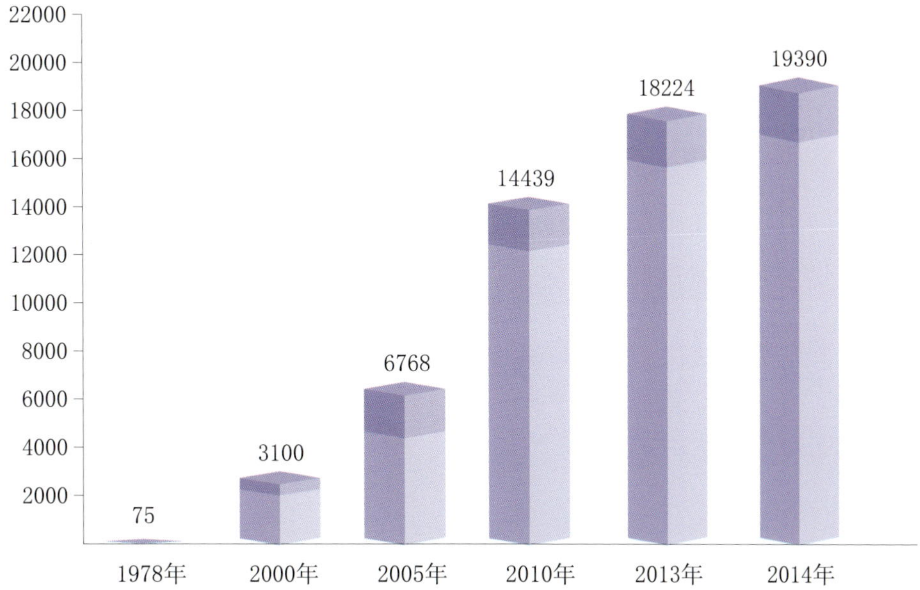

规模以上工业总产值构成（%）(2014)
[Proportions in Gross Output Value of Industry Enterprises above Designated Size(%) (2014)]

按规模分
by Scale

按轻重工业分
by Light and Heavy Industries

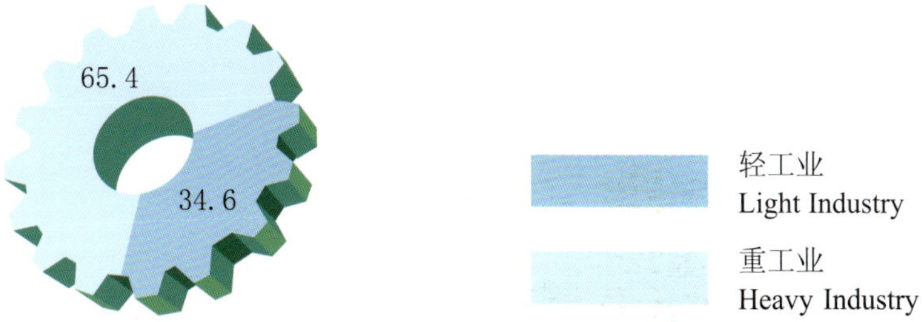

建筑业
CONSTRUCTION

建筑业总产值（亿元）
[Gross Output Value (100 million yuan)]

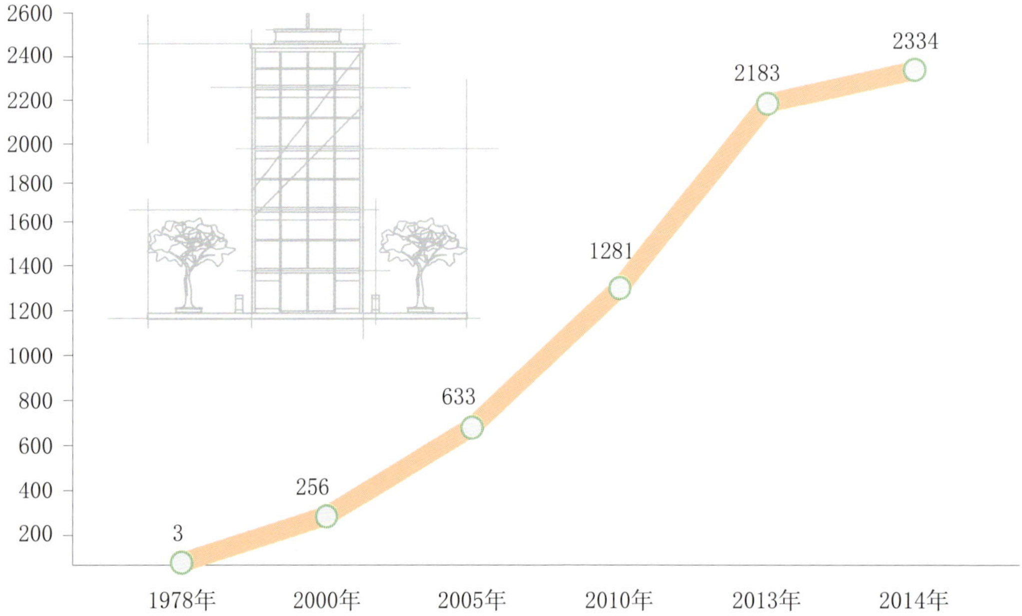

货物、旅客运输量
[Freight and Passenger Traffic]

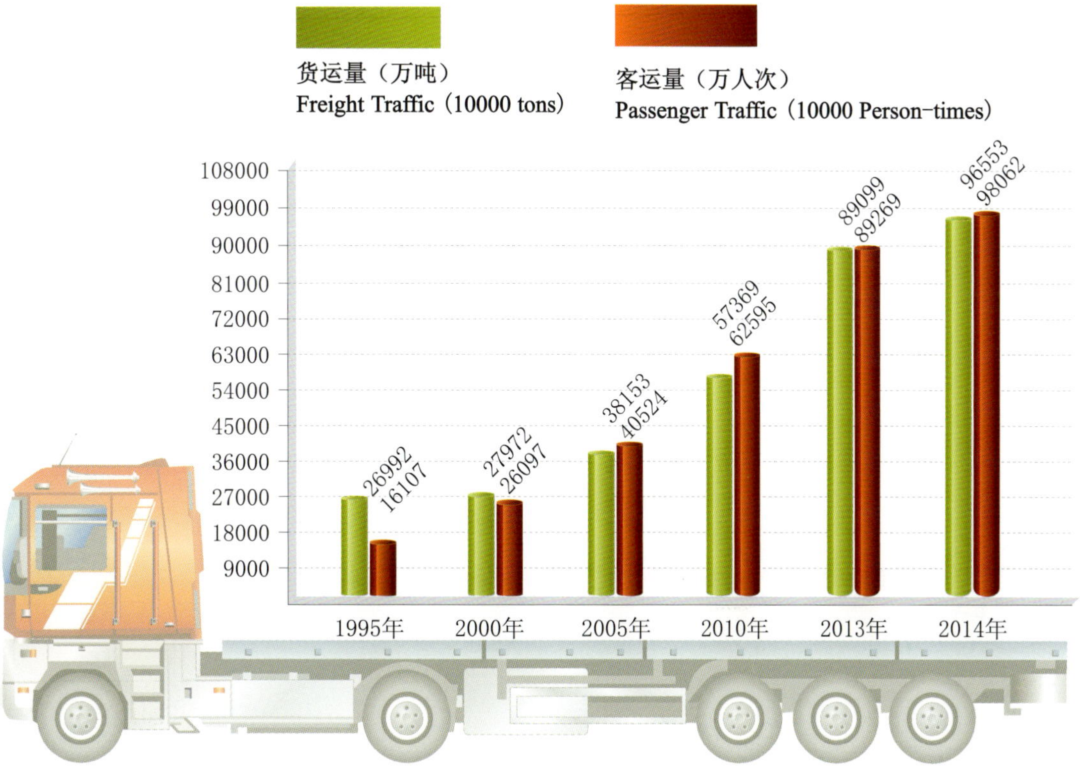

邮电业务收入（亿元）
[Revenue of Postal and Telecommunication Services (100 million yuan)]

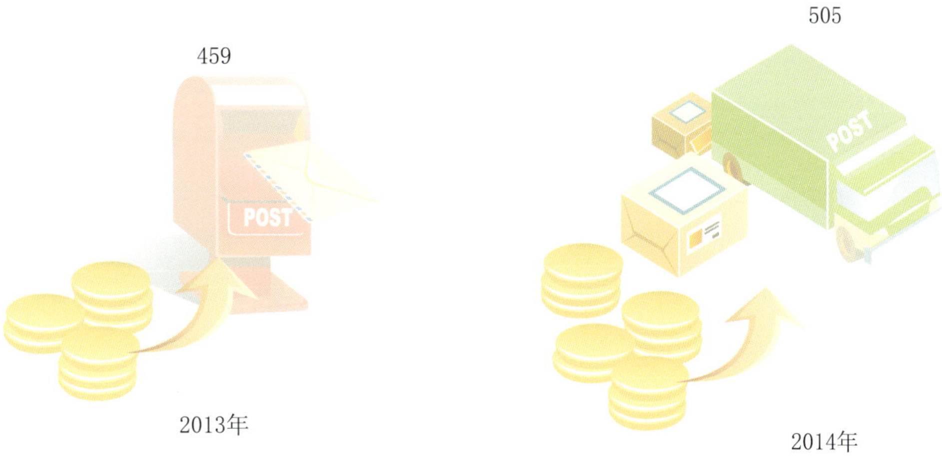

国内贸易
DOMESTIC TRADE

社会消费品零售总额（亿元）
[Retail Sale of Consumer Goods (100 million yuan)]

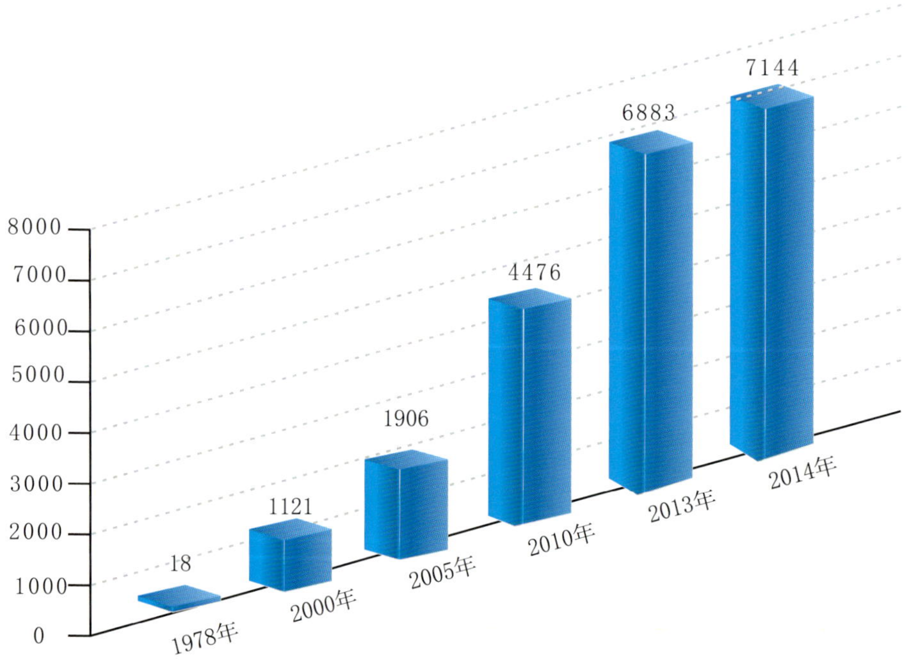

社会消费品零售总额构成（%）
[Proportions in Retail Sale of Consumer Goods (%)]

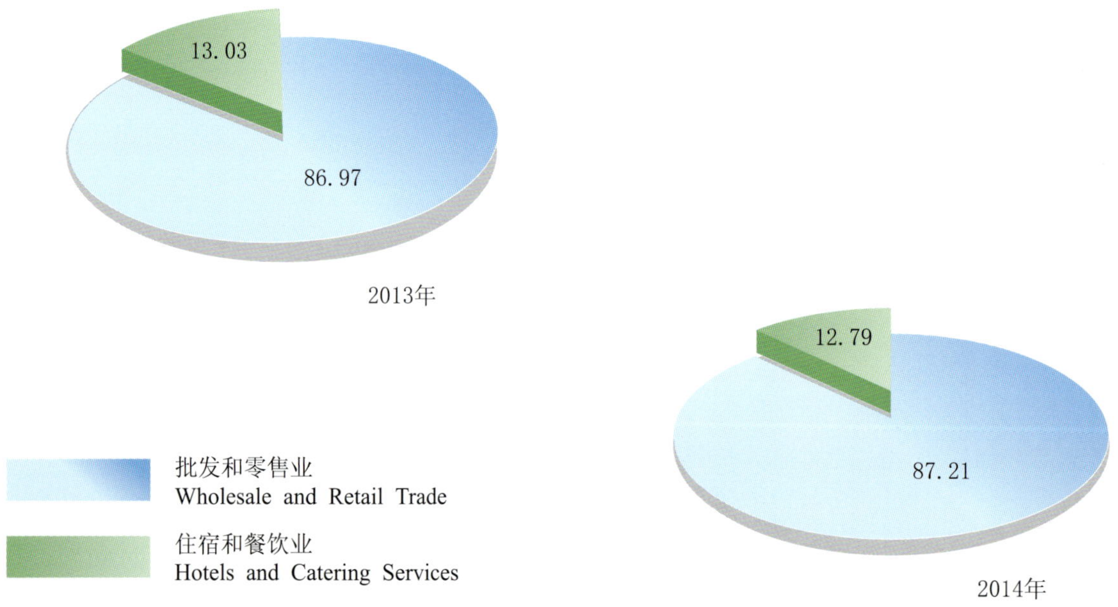

海外旅游者（万人次）
[International Tourists (10000 person-times)]

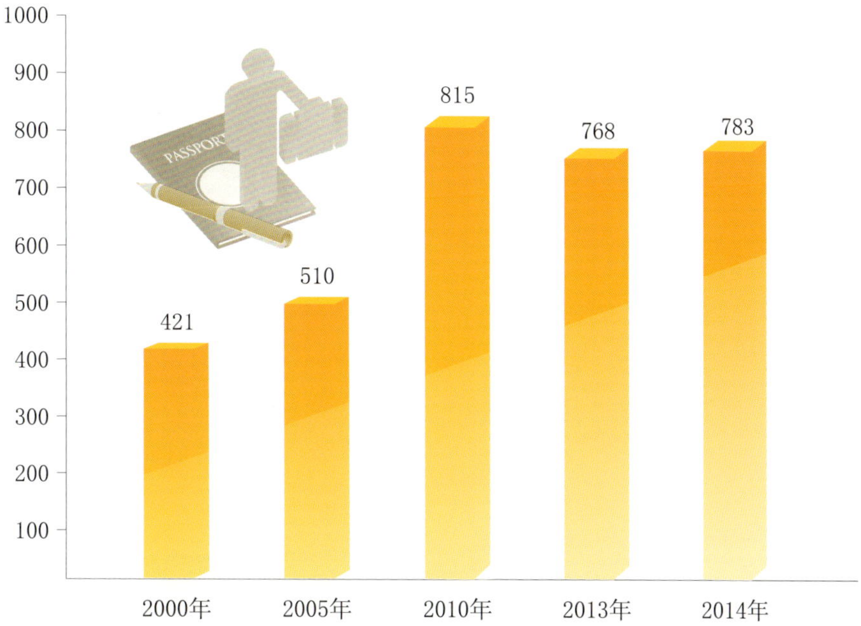

商品出口总值构成（%）（按美元计价）
[Proportions in Total Value of Export Comodities (%)]

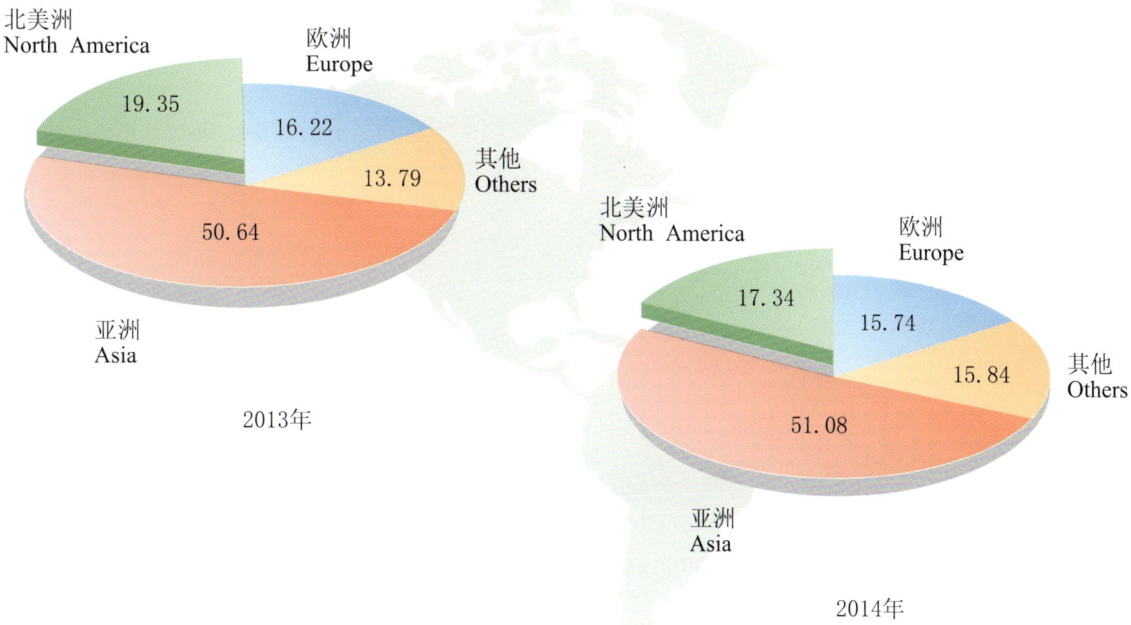

科 技
SCIENCE AND TECHNOLOGY

城镇单位各类专业技术人员（万人）
[Number of Scientific and Technical Personnel in Urban Area (10000 Persons)]

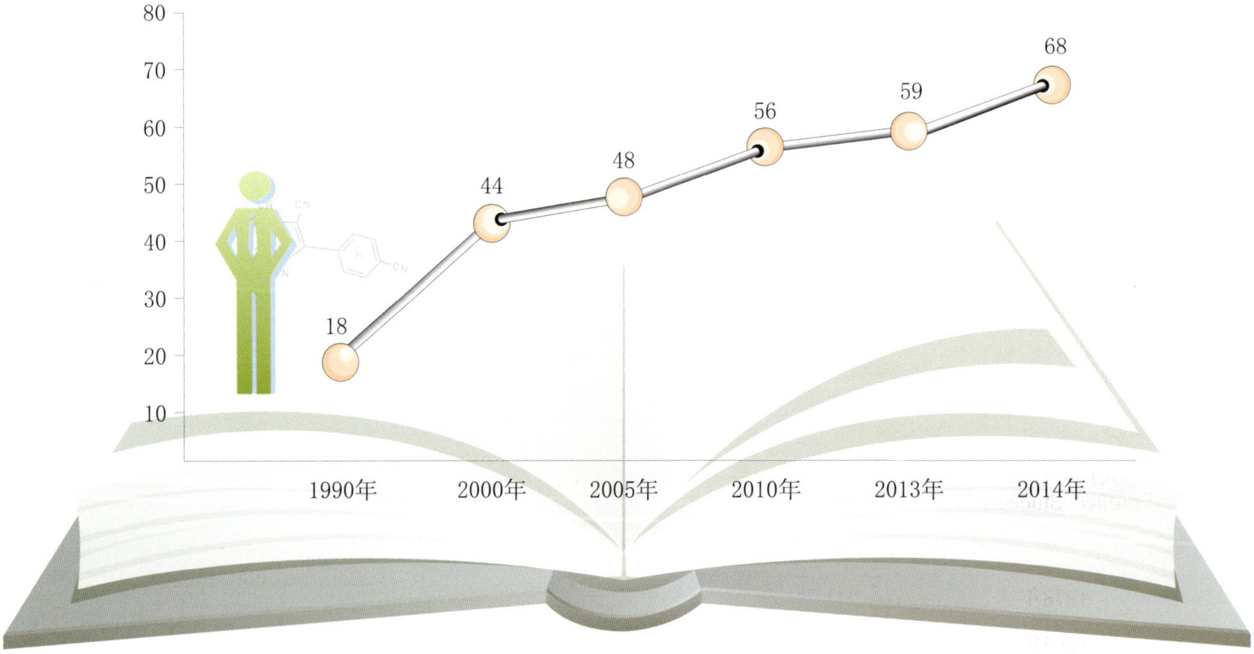

专利申请量和专利授权量
[Patent Applications and Patent Certified]

专利申请量（件）
Patent Applications (item)

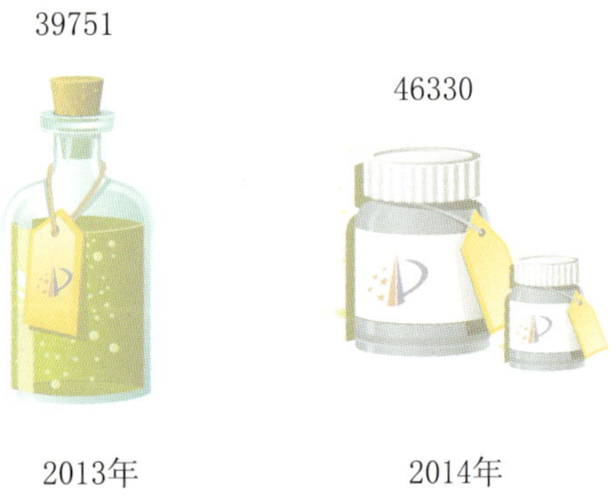

专利授权量（件）
Patent Certified (item)

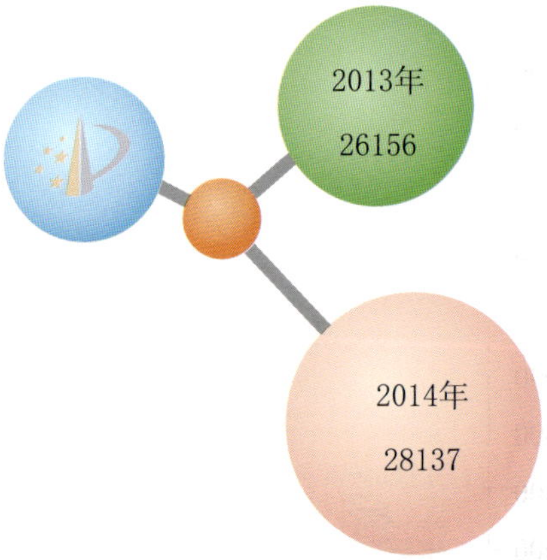

教育、文化、体育、卫生、社会福利、环保和其他

EDUCATION, CULTURE, SPORTS, PUBLIC HEALTH, SOCIAL WELFARE, ENVIRONMENTAL PROTECTION AND OTHERS

各类学校及在校学生数
[Number of Schools and Enrolled Students]

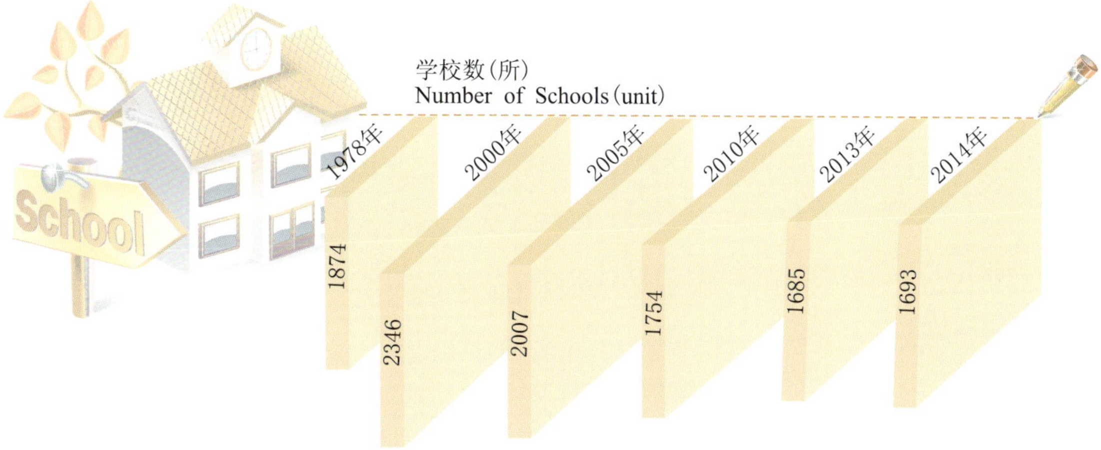

在校学生数(万人)
Number of Enrolled Students (10000 persons)

1978年	99.71
1995年	127.69
2000年	158.09
2005年	232.66
2010年	274.70
2013年	291.36
2014年	294.16

卫生事业机构床位数（张）
[Number of Beds in Health Institutions (unit)]

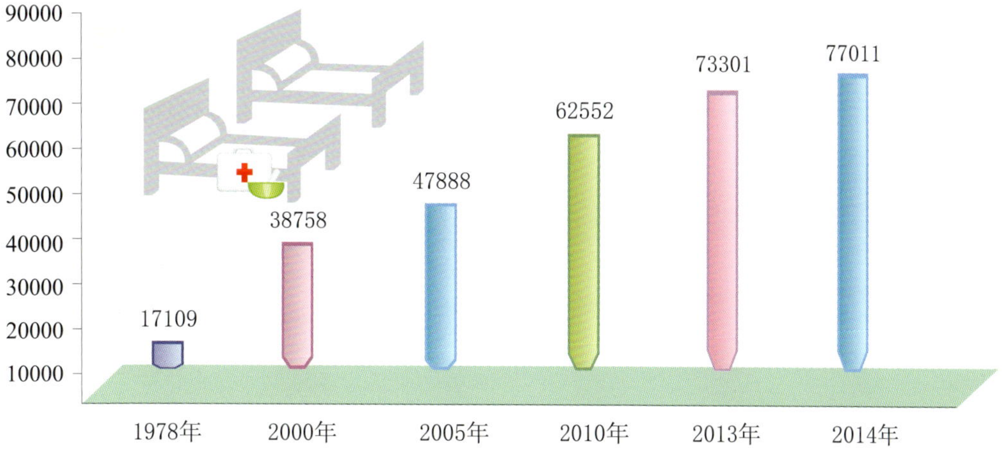

编者说明
EDITOR'S NOTE

一、《广州统计年鉴—2015》是一本全面反映广州经济和社会发展的资料工具书。本书通过大量的统计数据，全面客观地记录了2014年及重要历史年份广州市经济、社会的发展情况。

二、全书内容分为17个篇目，即：1. 综合；2. 人口；3. 从业人员和工资；4. 固定资产投资；5. 能源；6. 财政、金融；7. 价格指数；8. 人民生活；9. 城市建设；10. 农业；11. 工业；12. 建筑业；13. 运输和邮电；14. 国内贸易；15. 对外经济贸易和旅游；16. 科技；17. 教育、文化、体育、卫生、社会福利、环保和其他。在附录部分，收集了全国、广东省及香港特别行政区、澳门特别行政区主要经济指标。

三、本年鉴资料主要来自政府各级统计局、国家统计局广州调查队的各种定期统计报表和抽样调查资料，部分资料来自省属、市属各主管部门。

四、本年鉴中全市包括市区和从化、增城两个县级市。市区包括荔湾区、越秀区、海珠区、天河区、白云区、黄埔区、番禺区、花都区、南沙区和萝岗区等10个区。

五、从2014年起广州市实施城乡一体化分市县住户调查制度，住户调查统计指标体系有较大变动。

六、本年鉴中所列指数和年平均增长速度均按可比口径计算。

七、本年鉴总量指标计算所采用的价格除注明外均为当年价格。

八、读者在使用历年资料时，凡与本年鉴有出入的，均以本年鉴为准。

九、本年鉴中部分数据合计数或相对数由于单位取舍不同而产生的计算误差，均未作机械调整。

十、本年鉴表中的符号使用说明："空格"表示该项统计指标数据不详或无该项数据；"…"表示数不足本表最小单位数；"#"表示其中的主要项。

编者说明
EDITOR'S NOTE

Ⅰ. **Guangzhou Statistical Yearbook 2015** (abbreviation as the Yearbook below)is an annual statistics publication, reflecting comprehensively the economic and social development of Guangzhou. It covers maily statistics in 2014 and some selected major data series in historically important years, at municipal level and local level of district or city at county level and township and village.

II. The Yearbook contains the following 17 chapters: 1. Gerneral Survey; 2. Population; 3. Employment and Wages; 4. Investment in Fixed Assets; 5. Energy; 6. Government Finance, Financial; 7. Price Indices; 8. People'S Livelihood; 9. City Construction; 10. Agriculture; 11. Industry; 12. Construction; 13. Transport, Postal and Telecommunication Services; 14. Domestic Trade; 15. Foreign Economy and Tourism; 16. Science and Technology; 17. Education, Culture, Sports, Public Health, Social Welfare, Environmental Protection and Others. The data listed in the Appendix are main economic indicators of China, Guangdong province, Hongkong Special Administrative Region and Macao Administrative Region.

III. The data in the Yearbook are mainly obtained from regular ststistical reports and sample surveys conducted by statistical bureaus of all levels of government and the Surney office of the National Bureau of statistics in Guangzhou. Some data are collected from the departments of the provincial and municipal government.

Ⅳ. In the Yearbook it totally includes ten urban districts and two cities at county-level, Conghua and Zengcheng. The ten urban districts include Liwan, Yuexiu, Haizhu, Tianhe, Baiyun, Huangpu, Panyu, Huadu, Nansha and Luogang.

V. From 2014 urban and rural integrated household survey is carried out in Guangzhou, statistical indicator system of urban and rural integrated household survey is changed greatly.

Ⅵ. In the Yearbook all indices and annual growth speed are calculated on comparable coverage.

VII. The prices used in calculation in the Yearbook are current prices except noted.

Ⅷ. In any case the data of this book shall be deemed as the authoritative ones.

Ⅸ. In the Yearbook all caculating errors of some total and regular figures for the differency of measuring units haven't, been adjusted.

X. Notations in this book: blank space indicates data are not available; "…" indicates not large enough to be rounded into the least unit of measurement; "#" indicates major item in a category.

第一篇 综 合
General Survey

第二篇 人 口
Population

第三篇 从业人员和工资
Employment and Wages

第四篇 固定资产投资
Investment in Fixed Assets

第五篇 能 源
Energy

第六篇 财政、金融
Government Finance，Banking

第七篇 价格指数
Price Indices

第八篇　人民生活
People's Livelihood

第九篇　城市建设
City Construction

第十篇 农 业
Agriculture

第十一篇 工 业
Industry

第十二篇 建筑业
Construction

第十三篇 运输和邮电
Transport，Postal and Telecommunication Services

第十四篇 国内贸易
Domestic Trade

第十五篇 对外经济贸易和旅游
Foreign Economy and Tourism

第十六篇 科 技
Science and Technology

第十七篇 教育、文化、体育、卫生、社会福利、环保和其他
Education, Culture, Sports, Public Health, Social Welfare, Environmental Protection and Others

附 录 Appendix

第一篇 CHAPTER 1

综合
GENERAL SURVEY

简要说明

Brief Introduction

第一篇　综　合

一、本篇资料反映广州国民经济和社会发展的综合情况以及国民经济核算情况，分别由广州市统计局综合统计处和国民经济核算统计处整理提供。

二、综合统计资料是根据广州市统计局各专业统计年报资料以及广州市有关部门提供的统计资料加工整理而成。

三、国民经济核算资料主要包括广州市地区生产总值及其有关资料。2008年度广州市地区生产总值利用第二次全国经济普查资料进行核算，并根据国家《利用经济普查数据修订年度历史数据的方法》和广州市的实际情况，对2006～2007年广州市年度GDP当年价数据进行了修订。2013年年度广州市地区生产总值数据依据第三次全国经济普查数据修订。

四、2003年至2013年地区生产总值数据执行《国民经济行业分类》（GB/T4754-2002），原第三产业中的农林牧渔服务业划入第一产业。从2014年执行《国民经济行业分类》（GB/T4754-2011）以及《三次产业划分规定》（国统字【2012】108号）。

五、2015年新增规模以上其他服务业资料。

六、资料来源

1．行政区划资料由广州市民政局提供；

2．城市房地产市场交易情况、国有土地使用权出让、划拨情况由广州市国土规划委提供；

3．气象资料由广州市气象局提供；

4．劳动力市场情况由广州市人力资源和社会保障局提供；

5．技术市场交易情况由广州市科技和信息化局提供；

6．私营企业、城乡个体工商企业资料由广州市工商行政管理局提供。

1 General Survey

I. The summary data in this chapter reflect the national economy and social development of Guangzhou and also cover the data on its national economic accounts. The data are prepared and provided by the Division of Comprehensive Statistics and the Division of National Accounts of Guangzhou Municipal Bureau of Statistics respectively.

II. The summary data are processed and prepared in the light of the annual reports of various specialized fields provided by Guangzhou Municipal Bureau of Statistics and data provided by some related departments of Guangzhou Municipality.

Ⅲ.The data on the national economic accounts mainly cover the gross domestic Product (GDP)and related data of Guangzhou. The annual GDP of Guangzhou in 2008 was accounted according to the data from the Second National Economic Census. According to the Way of Adjusting Historical Data Using the Data from the First National Economic Census stipulated by the National Bureau of Statistics and Guangzhou's factual situation, the GDP (current prices)of Guangzhou from 2006 to2007 was adjusted. The annual GDP of Guangzhou in 2013 was adjusted by the statistics data of the Third National Economic Census.

IV. From 2003 to 2013 the data of GDP has been grouped in accordance with Standard Industrial Classification (GB/T4754-2002), and farming, forestry, animal husbandry and fishing services in old tertiary industry are classified to primary industry. Standard Industrial Classification (GB/T4754-2011) and Three strata of Industry Classification (National Digit [2012] No. 108) are implemented since 2014.

V. Other Service Industry above the Designated Size data is added in 2015.

Ⅵ. Data Resources comes as follows:

The data on administrative divisions are provided by Guangzhou Municipal Bureau of Civil Affairs.

The data on transaction in urban real estate, lease and administrative allocation of the use right of state-owned land are provided by Guangzhou Land Resources & Urban Planning Committee.

The data on meteorological phenomena are provided by Guangzhou Municipal Bureau Meteorology.

The data on labor force markets are provided by Guangzhou Municipal Bureau of Labor and Social Security.

The data on transactions in technology markets are provided by Guangzhou Municipal Bureau of Science and Technology.

The data on private enterprises and individuals are provided by Guangzhou Municipal Administration for Industry and Commerce.

1-1 行政区划（2014年末）
Administrative Divisions (Year-end of 2014)

单位：个 (unit)

区、县级市	District and County-level City	街道办事处 Street Communities	镇 Towns	社区居委会 Community Committees	村民委员会 Villagers' Committees
合　计	**Total**	**136**	**34**	**1516**	**1144**
市　区	Urban Districts	129	22	1415	639
荔湾区	Liwan	22		175	
越秀区	Yuexiu	18		267	
海珠区	Haizhu	18		257	
天河区	Tianhe	21		206	
白云区	Baiyun	18	4	250	118
黄埔区	Huangpu	9		59	
番禺区	Panyu	11	5	90	177
花都区	Huadu	4	6	51	188
南沙区	Nansha	3	6	28	128
萝岗区	Luogang	5	1	32	28
县级市	Cities at County Level	7	12	101	505
增城市	Zengcheng	4	7	55	284
从化市	Conghua	3	5	46	221

1-2 各月平均温度、湿度（2014年）

Monthly Average Temperature and Humidity (2014)

月份	Month	平均温度(℃) Average Temperature (℃) 全市 Total	市区 Urban Districts	#番禺站 Panyu	#花都站 Huadu	增城站 Zengcheng	从化站 Conghua	平均相对湿度(%) Average Humidity (%) 全市 Total	市区 Urban Districts
全年	**Annual Total**	**22.2**	**22.6**	**23.3**	**22.7**	**22.0**	**21.3**	**76.9**	**75.1**
一月	January	13.5	14.0	14.8	14.4	13.3	11.8	65.6	62.7
二月	February	13.3	13.5	14.1	13.4	13.6	12.4	76.8	79.2
三月	March	17.6	17.8	18.6	17.6	17.5	16.8	80.8	80.5
四月	April	22.9	23.1	23.6	23.2	22.8	22.5	82.0	81.9
五月	May	25.2	25.4	26.1	25.3	24.8	24.8	87.6	87.8
六月	June	28.5	29.0	29.6	29.2	28.0	27.7	81.4	79.9
七月	July	29.5	29.9	30.6	30.1	29.2	28.7	78.3	76.9
八月	August	28.7	29.1	29.8	29.4	28.4	27.8	79.8	78.1
九月	September	28.2	28.6	29.4	29.0	27.9	27.3	77.3	74.8
十月	October	24.8	25.4	26.3	25.9	24.3	23.5	69.5	64.7
十一月	November	20.5	20.8	21.6	20.9	20.7	19.6	77.4	74.9
十二月	December	13.2	13.5	14.2	13.6	13.4	12.3	66.0	63.0

1-3 各月降雨量、日照时数(2014年)

Monthly Precipitation and Sunshine Hours (2014)

月份	Month	降雨量(毫米) Precipitation (millimeter) 全市 Total	#番禺站 Panyu	#花都站 Huadu	#增城站 Zengcheng	#从化站 Conghua	日照时数(小时) Sunshine Hours (hour) 全市 Total	#番禺站 Panyu	#花都站 Huadu	#增城站 Zengcheng	#从化站 Conghua
全年	**Annual Total**	**2063.1**	**1648.5**	**2120.0**	**2130.3**	**2182.7**	**1742.9**	**1639.6**	**1931.3**	**1800.3**	**1729.8**
一月	January	0.4		…	0.3	1.1	194.7	186.2	194.0	199.9	206.3
二月	February	41.8	43.0	39.9	35.9	56.4	76.1	74.8	78.3	79.0	78.1
三月	March	267.3	249.0	294.2	247.0	271.8	43.3	42.7	48.9	46.8	40.2
四月	April	200.0	199.7	236.6	214.9	171.8	60.3	50.5	71.0	70.2	53.9
五月	May	569.5	377.0	535.2	713.8	678.8	77.8	90.1	96.3	67.6	70.0
六月	June	313.1	262.1	343.0	340.2	319.6	143.2	157.7	178.3	133.9	113.4
七月	July	167.6	131.3	159.4	144.0	203.5	225.7	194.1	245.8	237.8	240.3
八月	August	320.8	156.4	339.5	260.2	334.7	212.0	201.5	234.8	227.1	206.1
九月	September	80.3	102.3	71.9	84.2	47.1	220.0	198.6	241.9	231.7	218.8
十月	October	14.4	69.9	0.4	0.2	0.4	227.7	213.9	244.0	229.1	238.2
十一月	November	40.3	18.8	56.5	34.6	55.5	120.8	108.6	138.0	130.3	122.0
十二月	December	47.5	39.0	43.4	55.0	42.0	141.5	120.9	160.0	146.9	142.5

1-4　土地面积和人口密度(2014年)

Land Area and Population Density (2014)

区、县级市	District and County-level City	土地面积(平方公里) Land Area (sq.km)	年末常住人口(万人) Permanent Populationat Year-end (10000 person)	年末户籍人口(万人) Registered Permanent Residents at Year-end (10000 person)	常住人口密度(人/平方公里) Permanent Population Density (person/sq.km)	户籍人口密度(人/平方公里) Population Density by Registered Permanent Residents (person/sq.km)
全　市	**Total**	**7434.40**	**1308.05**	**842.42**	**1759**	**1133**
市　区	Urban Districts	3843.43	1139.07	694.96	2964	1808
荔湾区	Liwan	59.10	89.14	71.96	15083	12176
越秀区	Yuexiu	33.80	114.65	117.55	33920	34778
海珠区	Haizhu	90.40	159.98	99.81	17697	11041
天河区	Tianhe	96.33	150.61	82.43	15635	8557
白云区	Baiyun	795.79	228.89	89.83	2876	1129
黄埔区	Huangpu	90.95	47.43	20.93	5215	2301
番禺区	Panyu	529.94	146.75	83.57	2769	1577
花都区	Huadu	970.04	97.51	69.56	1005	717
南沙区	Nansha	783.86	63.53	37.74	810	481
萝岗区	Luogang	393.22	40.58	21.58	1032	549
县级市	Cities at County Level	3590.97	168.98	147.46	471	411
增城市	Zengcheng	1616.47	106.97	86.46	662	535
从化市	Conghua	1974.50	62.01	61.00	314	309

1-5 法人和产业活动单位数（2014年）

单位：个

项 目	Item
总 计	**Total**
按产业分	**Grouped By Industry**
第一产业	Primary Industry
第二产业	Secondary Industry
第三产业	Tertiary Industry
按行业分	**Grouped By Sector**
农、林、牧、渔业	Agriculture, Forestry, Animal Husbandry and Fishery
采矿业	Mining
制造业	Manufacturing
电力、热力、燃气及水生产和供应业	Production and Supply of Electricity, Heat,Gas and Water
建筑业	Construction
批发和零售业	Wholesale and Retail Trade
交通运输、仓储和邮政业	Transport, Storage and Post
住宿和餐饮业	Hotels and Catering Services
信息传输、软件和信息技术服务业	Information Transmission, Software and Information Technology
金融业	Financial Intermediation
房地产业	Real Estate
租赁和商务服务业	Leasing and Business Services
科学研究和技术服务业	Scientific Research and Technical Services
水利、环境和公共设施管理业	Management of Water Conservancy, Environment and Public Facilities
居民服务、修理和其他服务业	Service to Households, Repair and Other Services
教 育	Education
卫生和社会工作	Health and Social Service
文化、体育和娱乐业	Culture, Sports and Entertainment
公共管理、社会保障和社会组织	Public Management, Social Security and Social Organizations
按注册类型分	**Grouped by Registration Status**
内资	Domestic Funded
国有	State-owned
集体	Collective-owned
股份合作	Cooperative
联营企业	Joint Ownership Enterprises
有限责任公司	Limited Liability Corporations
股份有限公司	Share-holding Corporations Ltd.
私营企业	Private Enterprises
其他	Others
港、澳、台商投资企业	Enterprises with Funds from Hong Kong, Macao and Taiwan Investors
与港、澳、台商合资经营企业	Joint-venture Enterprises
与港、澳、台商合作经营企业	Cooperative Enterprises
港、澳、台商独资经营企业	Enterprises with Sole Funds
港、澳、台商投资股份有限公司	Share-holding Corporations Ltd.
其他港、澳、台商投资企业	Other Enterprises with Funds from Hong Kong, Macao and Taiwan
外商投资企业	Foreign Funded Enterprises
中外合资经营企业	Joint-venture Enterprises
中外合作经营企业	Cooperative Enterprises
外资企业	Enterprises with Sole Foreign Funds
外商投资股份有限公司	Share-holding Corporations Ltd.
其他外商投资企业	Other Foreign Funded Enterprises

Number of Corporate Units and Industrial Establishments (2014)

(unit)

法人单位 Corporate Units	单产业法人单位 Single Industry	多产业法人单位 Multi-industry	产业活动单位 Industrial Establishments	其中：多产业法人所属的产业活动单位 Establishments belonging to Multi-industry Corporation	法人单位数中企业法人 Enterprise Judicial Entities
228076	**217194**	**10882**	**266659**	**38583**	**203256**
1026	994	32	1080	54	789
43181	41543	1638	45315	2134	43177
183869	174657	9212	220264	36395	159290
1141	1105	36	1198	57	857
29	27	2	30	1	29
38066	36918	1148	39164	1098	38066
201	174	27	318	117	197
5382	4904	478	6335	953	5382
76103	72842	3261	89555	13452	76103
7000	6388	612	9190	2190	6888
5296	4947	349	7077	1781	5192
9701	9262	439	10737	1036	9571
904	724	180	4266	3362	868
12228	11035	1193	16198	3970	11416
35333	34041	1292	41132	5799	27873
11937	11289	648	12797	860	11271
1031	982	49	1152	121	630
5013	4739	274	5885	872	4679
4764	4478	286	5532	768	894
1735	1596	139	2247	512	364
3495	3381	114	3803	308	2976
8717	8362	355	10043	1326	
218857	209014	9843	249983	31126	194097
8405	7521	884	12881	4476	1885
8489	8212	277	10396	1907	4000
3227	3023	204	4040	813	3189
692	662	30	873	181	621
25363	23441	1922	31408	6045	25139
1988	1760	228	4604	2616	1966
152665	146816	5849	165841	13176	151594
18028	17579	449	19940	1912	5703
5802	5205	597	9179	3377	5778
724	615	109	1466	742	720
468	425	43	708	240	465
3872	3455	417	5909	2037	3860
79	68	11	168	89	79
659	642	17	928	269	654
3417	2975	442	7497	4080	3381
705	603	102	1580	875	702
168	144	24	444	276	168
2316	2022	294	4804	2488	2294
98	89	9	203	105	97
130	117	13	466	336	120

1-6　按行业和登记注册类型分组的法人单位数（2014年）

单位:个

项　　目	Item	总　计 Total
总　　计	**Total**	**228076**
按产业分	**Grouped By Industry**	
第一产业	Primary Industry	1026
第二产业	Secondary Industry	43181
第三产业	Tertiary Industry	183869
按行业分	**Grouped By Sector**	
农、林、牧、渔业	Agriculture, Forestry, Animal Husbandry and Fishery	1141
采矿业	Mining	29
制造业	Manufacturing	38066
电力、热力、燃气及水生产和供应业	Production and Supply of Electricity, Heat,Gas and Water	201
建筑业	Construction	5382
批发和零售业	Wholesale and Retail Trade	76103
交通运输、仓储和邮政业	Transport, Storage and Post	7000
住宿和餐饮业	Hotels and Catering Services	5296
信息传输、软件和信息技术服务业	Information Transmission, Software and Information Technology	9701
金融业	Financial Intermediation	904
房地产业	Real Estate	12228
租赁和商务服务业	Leasing and Business Services	35333
科学研究和技术服务业	Scientific Research and Technical Services	11937
水利、环境和公共设施管理业	Management of Water Conservancy, Environment and Public Facilities	1031
居民服务、修理和其他服务业	Service to Households, Repair and Other Services	5013
教　育	Education	4764
卫生和社会工作	Health and Social Service	1735
文化、体育和娱乐业	Culture, Sports and Entertainment	3495
公共管理、社会保障和社会组织	Public Management, Social Security and Social Organizations	8717

Number of Corporate Units by Sector and by Status of Registration (2014)

(unit)

内资 Domestic Funded	国有 State-owned	集体 Collective-owned	股份合作 Cooperative	联营企业 Joint Ownership Enterprises	有限责任公司 Limited Liability Corporations	股份有限公司 Share-holding Corporations Ltd.	私营企业 Private Enterprises	其他 Others
218857	**8405**	**8489**	**3227**	**692**	**25363**	**1988**	**152665**	**18028**
987	42	8	1	4	97	2	392	441
39726	263	451	693	106	3713	453	32879	1168
178144	8100	8030	2533	582	21553	1533	119394	16419
1099	63	14	1	4	103	2	436	476
27	1	1			11		13	1
34706	168	343	654	91	2864	401	29105	1080
180	14	30		3	55	4	69	5
5297	87	81	51	12	839	51	4078	98
73804	412	800	1468	212	8160	599	60777	1376
6651	114	93	69	19	937	56	5221	142
5056	157	73	250	15	425	32	3982	122
9320	67	8	23	23	1554	114	7324	207
819	49	3	6	3	232	80	419	27
11471	261	1313	101	66	2612	111	6393	614
34328	483	4934	174	118	4076	252	19480	4811
11547	628	100	94	46	2313	178	7758	430
1004	337	46	3	5	155	8	384	66
4933	173	95	229	18	398	42	3697	281
4731	1373	216	18	24	189	17	865	2029
1733	466	214	12	4	69	6	312	650
3444	385	45	71	14	350	31	2310	238
8707	3167	80	3	15	21	4	42	5375

单位:个

项 目	Item	港、澳、台商投资企业 Enterprises with Funds from Hong Kong, Macao and Taiwan Investors	与港、澳、台商合资经营企业 Joint-venture Enterprises
总 计	**Total**	**5802**	**724**
按产业分	**Grouped By Industry**		
第一产业	Primary Industry	32	3
第二产业	Secondary Industry	2210	317
第三产业	Tertiary Industry	3560	404
按行业分	**Grouped By Sector**		
农、林、牧、渔业	Agriculture, Forestry, Animal Husbandry and Fishery	34	4
采矿业	Mining	2	
制造业	Manufacturing	2139	304
电力、热力、燃气及水生产和供应业	Production and Supply of Electricity, Heat,Gas and Water	9	6
建筑业	Construction	71	10
批发和零售业	Wholesale and Retail Trade	1350	108
交通运输、仓储和邮政业	Transport, Storage and Post	229	35
住宿和餐饮业	Hotels and Catering Services	141	22
信息传输、软件和信息技术服务业	Information Transmission, Software and Information Technology	233	24
金融业	Financial Intermediation	31	10
房地产业	Real Estate	578	90
租赁和商务服务业	Leasing and Business Services	619	70
科学研究和技术服务业	Scientific Research and Technical Services	236	11
水利、环境和公共设施管理业	Management of Water Conservancy, Environment and Public Facilities	15	2
居民服务、修理和其他服务业	Service to Households, Repair and Other Services	55	8
教 育	Education	16	2
卫生和社会工作	Health and Social Service	2	1
文化、体育和娱乐业	Culture, Sports and Entertainment	36	15
公共管理、社会保障和社会组织	Public Management, Social Security and Social Organizations	6	2

continued

(unit)

与港、澳、台商合作经营企业 Cooperative Enterprises	港、澳、台商独资经营企业 Enterprises with Sole Funds	港、澳、台商投资股份有限公司 Share-holding Corporations Ltd.	其他港、澳、台商投资企业 Other Share-holding Corporations Ltd.	外商投资企业 Foreign Funded Enterprises	中外合资经营企业 Joint-venture Enterprises	中外合作经营企业 Cooperative Enterprises	外资企业 Enterprises with Sole Foreign Funds	外商投资股份有限公司 Share-holding Corporations Ltd.	其他外商投资企业 Other Share-holding Corporations Ltd.
468	**3872**	**79**	**659**	**3417**	**705**	**168**	**2316**	**98**	**130**
2	25		2	7	2	2	3		
128	1625	32	108	1245	306	51	837	15	36
338	2222	47	549	2165	397	115	1476	83	94
2	26		2	8	2	2	4		
1	1								
121	1612	30	72	1221	296	49	828	15	33
1	2			12	8	1	3		
5	10	2	44	14	3	1	7		3
16	1024	17	185	949	117	15	752	32	33
68	86	5	35	120	42	24	43	2	9
20	85	2	12	99	33	7	53	4	2
5	168	5	31	148	33	2	104	5	4
	13	1	7	54	21		30	3	
193	266	3	26	179	46	37	79	12	5
15	405	6	123	386	46	13	273	21	33
4	123	5	93	154	43	4	101	2	4
2	7	1	3	12	2	3	7		
4	26	1	16	25	4	4	16		1
3	7	1	3	17	1	3	11		2
	1								
7	8		6	15	6	3	3	2	1
1	2		1	4	2		2		

1-7 国民经济和社会发展总量与速度指标

指标		Item		1978	2000
人口和劳动力		Population and Employment			
年末户籍人口	(万人)	Year-end Registered Permanent Residents	(10000 persons)	482.90	700.69
年末常住人口	(万人)	Year-end Permanent Population	(10000 persons)	482.90	994.80
年末社会从业人员	(万人)	Year-end Employment	(10000 persons)	266.90	496.26
城镇非私营单位从业人员年末人数	(万人)	Number of Employed Persons at Year-end in Urban Units	(10000 person)	147.36	175.55
地区生产总值	(亿元)	Gross Domestic Product	(100 million yuan)	43.09	2492.74
第一产业		Primary Industry		5.03	94.37
第二产业		Secondary Industry		25.24	1021.62
第三产业		Tertiary Industry		12.82	1376.75
人均地区生产总值	(元)	Per Capita GDP	(yuan)	907	25626
农业生产		Agriculture			
农林牧渔业总产值	(亿元)	Gross Output Value of Agriculture, Forestry, Animal Husbandry and Fishery	(100 million yuan)	7.99	163.05
主要农业产品产量		Output of Major Farm Products			
粮　食	(万吨)	Grain	(10000 tons)	111.06	88.11
糖　蔗	(万吨)	Sugarcane	(10000 tons)	134.34	7.60
园林水果	(万吨)	Fruits	(10000 tons)	5.17	32.97
花　生	(万吨)	Peanuts	(10000 tons)	3.31	2.56
蔬　菜	(万吨)	Vegetable	(10000 tons)	55.68	306.49
水产品	(万吨)	Aquatic Products	(10000 tons)	3.16	32.52
工业生产		Industry			
工业总产值	(亿元)	Gross Industrial Output Value	(100 million yuan)	75.39	3100.02
主要工业产品产量		Output of Major Industrial Products			
汽　车	(万辆)	Motor Vehicles	(unit)	0.23	3.81
摩托车整车	(万辆)	Motorcycles	(10000 units)		60.31
自行车	(万辆)	Bicycles	(10000 units)	57.05	134.87
家用电冰箱	(万台)	Household Refrigerators	(10000 sets)		58.14
彩色电视机	(万台)	Color TV Sets	(10000 sets)	1.31	34.61
照相机	(万架)	Cameras	(10000 sets)	1.73	86.81
房间空气调节器	(万台)	Air Conditioners	(10000 sets)	0.32	103.43
原电池及原电池组	(亿只)	Primary Cells and Batteries	(100 million units)	2.69	18.89
发电量	(亿千瓦·时)	Electricity	(100 million kwh)	11	267
生　铁	(万吨)	Pig Iron	(10000 tons)	20.56	66.68
粗　钢	(万吨)	Crude Steel	(10000 tons)	18.46	151.16
水　泥	(万吨)	Cement	(10000 tons)	94	1262
化学纤维	(吨)	Chemical Fiber	(ton)	4562	38683
固定资产投资		Investment in Fixed Assets			
固定资产投资	(亿元)	Total Investment in Fixed Assets	(100 million yuan)	7.26	923.67
#住　宅		Residential Buildings		0.90	325.03
社会消费品零售总额	(亿元)	Total Retail Sales of Consumer Goods	(100 million yuan)	17.63	1121.13

注:本表工业总产值指数按照可比口径计算(下同)。

Principal Aggregate Indicators on National Economic and Social Development and Growth Rates

2005	2010	2013	2014	速度指标(%) Indices and Growth Rates (%)								
				指数(2014为以下各年) Index(2014 as percentage of the following years)					平均增长速度 Average Annual Growth Rate			
				1978	2000	2005	2010	2013	1979–2014	2001–2014	2006–2014	2011–2014
750.53	806.14	832.31	842.42	174.5	120.2	112.2	104.5	101.2	1.6	1.3	1.3	1.1
949.68	1270.96	1292.68	1308.05	270.9	131.5	137.7	102.9	101.2	2.8	2.0	3.6	0.7
574.46	711.07	759.93	784.84	294.1	158.2	136.6	110.4	103.3	3.0	3.3	3.5	2.5
199.76	246.37	324.59	326.40	221.5	185.9	163.4	132.5	100.6	2.2	4.5	5.6	7.3
5154.23	10748.28	15497.23	16706.87	9924.0	537.2	281.2	149.1	108.6	13.6	12.8	12.2	10.5
130.22	188.56	228.46	218.70	574.5	156.4	120.0	110.9	101.3	5.0	3.2	2.0	2.6
2045.22	4002.27	5270.09	5590.97	11217.1	529.6	264.0	144.9	107.4	14.0	12.6	11.4	9.7
2978.79	6557.45	9998.68	10897.20	12042.0	564.6	300.1	152.8	109.4	14.2	13.2	13.0	11.2
53809	87458	120294	128478	3627.0	401.9	207.1	140.9	107.6	10.5	10.4	8.4	9.0
220.81	322.13	389.98	398.30	612.2	153.6	121.8	108.7	100.1	5.2	3.1	2.2	2.1
51.73	43.04	43.55	44.31	39.9	50.3	85.7	103.0	101.7	-2.5	-4.8	-1.7	0.7
17.23	0.69	0.57	0.65	0.5	8.6	3.8	94.2	114.0	-13.8	-16.1	-30.5	-1.5
48.87	39.92	41.06	45.66	883.2	138.5	93.4	114.4	111.2	6.2	2.4	-0.8	3.4
2.24	1.80	1.89	1.90	57.4	74.2	84.8	105.6	100.5	-1.5	-2.1	-1.8	1.4
348.89	325.99	343.32	357.25	641.6	116.6	102.4	109.6	104.1	5.3	1.1	0.3	2.3
38.83	44.14	47.68	47.85	1514.2	147.1	123.2	108.4	100.4	7.8	2.8	2.3	2.0
6767.96	14438.99	18224.26	19389.88	19771.6	726.2	313.6	150.8	107.5	15.8	15.2	13.5	10.8
41.35	135.84	180.53	197.39	85821.7	5180.8	477.4	145.3	109.3	20.6	32.6	19.0	9.8
196.57	441.05	454.39	439.51		728.8	223.6	99.7	96.7		15.2	9.4	-0.1
322.27	152.38	209.61	180.37	316.2	133.7	56.0	118.4	86.1	3.3	2.1	-6.3	4.3
146.29	179.14	201.48	365.71		629.0	250.0	204.1	181.5		14.0	10.7	19.5
256.31	421.07	572.09	503.41	38428.2	1454.5	196.4	119.6	88.0	18.0	21.1	7.8	4.6
214.46	217.40	123.54	52.22	3018.5	60.2	24.3	24.0	42.3	9.9	-3.6	-14.5	-30.0
292.71	636.78	564.06	832.78	260243.8	805.2	284.5	130.8	147.6	24.4	16.1	12.3	6.9
39.35	22.90	6.26	3.43	127.5	18.2	8.7	15.0	54.8	0.7	-11.5	-23.8	-37.8
353	405	391	444	4111.6	166.5	125.9	109.7	114.3	10.9	3.7	2.6	2.3
103.84	104.20	63.26	2.51	12.2	3.8	2.4	2.4	4.0	-5.7	-20.9	-33.9	-60.6
308.71	403.17	236.93	117.61	637.1	77.8	38.1	29.2	49.6	5.3	-1.8	-10.2	-26.5
1920	868	889	792	844.9	62.8	41.3	91.3	89.2	6.1	-3.3	-9.4	-2.3
17291	22511	21277	20457	448.4	52.9	118.3	90.9	96.1	4.3	-4.5	1.9	-2.4
1519.16	3263.57	4454.55	4889.50	67348.5	529.4	321.9	149.8	114.5	21.0	12.2	14.2	13.2
377.70	572.71	996.97	1039.14	115460.0	319.7	275.1	181.4	104.5	23.7	7.3	11.9	16.8
1905.84	4476.38	6882.85	7144.45	42144.6	699.2	412.0	174.9	112.5	18.3	14.9	17.0	15.0

Note:Indices of gross industrial output value are calculated at comparable coverage(The same as below).

1-7 续表

指　　标	Item	1978	2000
运输邮电	Transport, Post and Telecommunication		
全社会货运量（万吨）	Total Freight Traffic (10000 tons)		27972
#铁　路	Railway		5398
公　路	Highway		12549
水　路	Waterway		9569
民　航	Civil Aviation		27
全社会客运量（万人次）	Total Passenger Traffic (10000 person-times)		26097
#铁　路	Railway		4848
公　路	Highway		19964
水　路	Waterway		190
民　航	Civil Aviation		1095
港口货物吞吐量（万吨）	Volume of Freight Handled at Ports (10000 tons)	1950	12455
邮电业务收入（亿元）	Postal and Telecommunication Services (100 million yuan)	0.24	138.48
对外贸易、外经	Foreign Trade and Economic Cooperation		
商品进口总值（亿美元）	Total Imports through Customs (USD 100 million)		115.60
商品出口总值（亿美元）	Total Exports through Customs (USD 100 million)		117.91
实际使用外资（亿美元）	Amount of Foreign Capital Actually Used (USD 100 million)		31.15
#外商直接投资	Foreign Direct Investment		29.89
财　政	Government Finance		
公共财政收入（亿元）	Public Government Revenue (100 million yuan)	13.65	200.55
公共财政支出（亿元）	Public Government Expenditure (100 million yuan)	3.87	240.72
价格指数（上年=100）	Price Indices (preceding year =100)		
城市居民消费价格总指数	Urban Residents Consumer Price Index	100.3	102.8
人民生活	People's Livelihood		
城镇非私营单位从业人员年平均工资(元)	Average Wage of Employed Persons in Urban Units (yuan)	714	19091
城镇非私营单位在岗职工年平均工资(元)	Average Wage of Fully Employed Staff and Workers in Urban Units (yuan)		19674
城市居民年人均可支配收入（元）	Per Capita Annual Disposable Income of Urban Households (yuan)	442	13967
农村居民年人均可支配收入（元）	Per Capita Annual Disposable Income of Rural Households (yuan)	250	6086
教育文化	Education and Culture		
普通高等学校所数（所）	Number of Regular Institutions of Higher Education (unit)	15	31
普通高等学校在校学生数（万人）	Number of Students Enrollment of Regular Institutions of Higher Education (10000 persons)	2.17	18.51
普通中学所数（所）	Number of Regular Secondary Schools (unit)	234	388
普通中学在校学生数（万人）	Number of Students Enrollment of Regular Secondary Schools (10000 persons)	38.43	42.53
小学学校所数（所）	Number of Primary Schools (unit)	1515	1626
小学学校在校学生数（万人）	Number of Students Enrollment of Primary Schools(10000 persons)	56.92	75.70
卫　生	Health Care		
医院病床数（万张）	Hospital Beds (10000 units)	1.44	3.37
卫生技术人员（万人）	Medical Technical Personnel (10000 persons)	3.15	5.57
#医　生	Doctors	1.20	2.35

注：1. 国家统计局对2012年城市居民可支配收入统计方法有所调整，绝对值按新口径，增长幅度按可比口径计算。
2. 从2012年开始，“一般预算收入”改为“公共财政收入”，“一般预算支出”改为“公共预算支出”。

continued

2005	2010	2013	2014	速度指标(%) Indices and Growth Rates (%)								
				指数(2014为以下各年) Index(2014 as percentage of the following years)					平均增长速度 Average Annual Growth Rate			
				1978	2000	2005	2010	2013	1979–2014	2001–2014	2006–2014	2011–2014
38153	57369	89099	96553		345.2	253.1	168.3	108.4		9.3	10.9	13.9
6379	6689	6137	5324		98.6	83.5	79.6	86.8		-0.1	-2.0	-5.5
20601	39696	59142	66040		526.3	320.6	166.4	111.7		12.6	13.8	13.6
10710	10169	22908	24167		252.6	225.6	237.7	105.5		6.8	9.5	24.2
63	90	102	114		422.2	181.0	126.7	111.8		10.8	6.8	6.1
40524	62595	89269	98062		375.8	242.0	156.7	109.9		9.9	10.3	11.9
6356	9362	11703	12107		249.7	190.5	129.3	103.5		6.8	7.4	6.6
30782	47296	70815	78690		394.2	255.6	166.4	111.1		10.3	11.0	13.6
104	273	299	280		147.4	269.2	102.6	93.6		2.8	11.6	0.6
3282	5664	6452	6985		637.9	212.8	123.3	108.3		14.2	8.8	5.4
27283	42526	47267	50097	2569.1	402.2	183.6	117.8	106.0	9.4	10.5	7.0	4.2
222.06	290.09	458.51	505.26	210525.0	364.9	227.5	174.2	110.2	23.7	9.7	9.6	14.9
268.07	553.89	560.89	578.77		500.7	215.9	104.5	103.2		12.2	8.9	1.1
266.68	483.79	628.07	727.13		616.6	272.6	150.3	115.8		13.9	11.8	10.7
28.41	40.81	50.79	54.39		493.7	191.4	133.3	107.1		12.1	7.5	7.4
26.49	39.79	48.04	51.07		437.2	192.8	128.4	106.3		11.1	7.6	6.4
371.26	872.65	1141.80	1243.10	9107.0	619.9	334.8	142.5	108.9	13.4	13.9	14.4	9.2
438.41	977.32	1386.13	1436.22	37111.6	596.6	327.6	147.0	103.6	17.9	13.6	14.1	10.1
101.5	103.2	102.6	102.3	916.0	128.2	128.6	114.1	102.3	6.3	1.8	2.8	3.4
33853	54495	68594	73131	10242.0	383.1	216.0	134.2	106.6	13.7	10.1	8.9	7.6
34328	54807	69692	74245		377.4	216.3	135.5	106.5		10.0	8.9	7.9
18287	30658	42049	42955	12009.8	380.3	252.3	150.5	108.9	14.2	10.0	10.8	10.8
7080	12676	18887	17663	9805.9	402.5	294.3	164.3	110.3	13.6	10.5	12.7	13.2
59	77	80	80	533.3	258.1	135.6	103.9	100.0	4.8	7.0	3.4	1.0
55.43	84.39	98.31	101.93	4697.2	550.7	183.9	120.8	103.7	11.3	13.0	7.0	4.8
448	475	494	500	213.7	128.9	111.6	105.3	101.2	2.1	1.8	1.2	1.3
55.03	57.23	54.69	53.29	138.7	125.3	96.8	93.1	97.4	0.9	1.6	-0.4	-1.8
1283	1004	936	938	61.9	57.7	73.1	93.4	100.2	-1.3	-3.9	-3.4	-1.7
90.34	82.48	85.93	90.01	158.1	118.9	99.6	109.1	104.7	1.3	1.2	…	2.2
3.94	5.32	6.49	6.87	477.1	203.9	174.4	129.1	105.9	4.4	5.2	6.4	6.6
6.42	9.55	11.48	12.09	383.8	217.1	188.3	126.6	105.3	3.8	5.7	7.3	6.1
2.59	3.36	3.97	4.07	339.2	173.2	157.1	121.1	102.5	3.5	4.0	5.2	4.9

Note:I.Since 2012,the coverage of per capita annual disposable income of urban households has been adjusted,the grow rate of which being calaulated at comparable coverage.

II.Since 2012 budgerary revenue of local government and budgetary expenditure of local government have been changed into public government revenue and public government expenditure.

1-8 平均每天主要社会经济活动

Selected Indicators on Average Daily Social and Economic Activities

项目		Item		2013	2014
每天创造的财富		**Daily Production**			
地区生产总值	(万元)	Gross Domestic Product	(10000 yuan)	424582	457723
工农业总产值	(万元)	Gross Output Value of Industry and Agriculture	(10000 yuan)	509979	542142
工业总产值		Gross Output Value of Industry		499295	531230
农业总产值		Gross Output Value of Agriculture		10684	10912
公共财政收入		General Budgetary Revenue		31282	34058
每天主要产品产量		**Daily Output of Major Industrial Products**			
食用植物油	(吨)	Edible Vegetable Oil	(ton)	5227	6318
乳制品	(吨)	Dairy Products	(ton)	605	650
服　装	(万件)	Garments	(10000 units)	197	166
皮革鞋靴	(万双)	Leather Shoes	(10000 pairs)	25	23
发电量	(亿千瓦・时)	Electricity	(100 million kwh)	1	1
原油加工量	(吨)	Crude Oil Processing	(ton)	32110	34553
手提包(袋)、背包	(万个)	Handbag, Backpack	(10000unit)		2
照相机	(架)	Cameras	(unit)	3385	1431
汽　车	(辆)	Motor Vehicles	(unit)	4946	5408
家用电冰箱	(台)	Household Refrigerators	(set)	5520	10019
移动通信手持机	(台)	Mobile Telecommunication Handset	(unit)	1832	2
彩色电视机	(台)	Color TV Sets	(set)	15674	13792
每天收入与消费量		**Daily Income and Consumption**			
城市居民人均可支配收入	(元)	Per Capita Disposable Income of Urban Residents	(yuan)	115.20	117.68
城市居民人均消费支出	(元)	Per Capita Annual Expenditure for Consumption of Urban Residents	(yuan)	90.84	91.47
农村居民人均可支配收入	(元)	Per Capita Disposable Income of Rural Residents	(yuan)	51.75	48.39
农村居民人均消费支出	(元)	Per Capita Annual Expenditure for Consumption of Rural Residents	(yuan)	32.02	35.25
城镇非私营单位在岗职工年平均工资	(元)	Average Wage of Fully Employed Staff and Workers	(yuan)	190.94	203.41
城乡居民消费水平	(万元)	Resident Consumption	(10000 yuan)	95132	104494
社会消费品零售总额	(万元)	Total Resident Sales of Consumer Goods	(10000 yuan)	188571	195738

1-8 续表 continued

项　　目	Item	2013	2014
每天服务量	**Daily Service**		
用电量 （万千瓦·时）	Electricity Supply (10000 kwh)	19471	20982
售水量 （万立方米）	Tap Water Sales (10000 cu.m)	440	458
液化气销售量 （吨）	Sales of Liquefied Petroleum Gas (ton)	2725	2818
港口货物吞吐量 （吨）	Volume of Freight Handled at Ports (ton)	1294986	1372521
全社会货运量 （吨）	Total Freight Traffic (ton)	2441068	2645288
铁路货运量 （吨）	Railway Freight Traffic (ton)	168137	145863
铁路客运量 （人次）	Railway Passenger Traffic (person-times)	320630	331699
汽、电车客运量 （万人次）	Passenger Traffic by Bus and Tram (10000 person-times)	722	717
出租汽车客运量 （万人次）	Passenger Traffic by Taxi (10000 person-times)	210	211
邮电业务收入 （万元）	Postal and Telecommunication Services (10000 yuan)	12562	13843
邮寄函件 （万件）	Handled Letters (10000 pcs)	75	65
报纸发行量 （万份）	Newspaper Circulation (10000 copies)	434	450
杂志发行量 （万份）	Magazine Circulation (10000 copies)	16	14
电影观众人次 （万人次）	Movie Spectators (10000 person-times)	3.91	5.36
主要宾馆接待来穗国际旅游人数（人次）	Number of International Tourists Received(person-times)	5992	6107
主要宾馆接待来穗国内旅游人数（人次）	Number of Domestic Tourists Received (person-times)	36919	39465
每天人口变动和婚姻	**Daily Population Changes and Marriages**		
出生人口 （人）	Births (person)	317	312
死亡人口 （人）	Deaths (person)	123	128
迁入人口 （人）	Immigrants (person)	309	292
迁出人口 （人）	Emigrants (person)	191	168
登记结婚对数 （对）	Marriages (couple)	243	267
离婚对数 （对）	Divorces (couple)	68	64

1-9　按人口平均的国民经济主要指标

Per Capita Main National Economic Indicators

项　　目	Item	2013	2014
地区生产总值　（元）	Gross Domestic Product　(yuan)	120294	128478
工业总产值　（元）	Gross Output Value of Industry　(yuan)	220285	231558
农业总产值　（元）	Gross Output Value of Agriculture　(yuan)	4714	4757
公共财政收入	Public Goverment Revenue	13801	14845
粮食总产量　（公斤）	Gross Output of Grain Crops　(kilogram)	53	53
社会消费品零售总额　（元）	Total Retail Sales of Consumer Goods　(yuan)	83196	85321
固定资产投资额　（元）	Total Investment in Fixed Assets　(yuan)	53844	58392
商品出口总值　（美元）	Total Exports on Customs Statistics　(USD)	7592	8684
城市居民人均居住面积　（平方米）	Per Capita Living Space of Urban Residents　(sq.m)	22.73	23.32

注:人均地区生产总值按常住人口计算。

Note: Per capita gross domestic product is calculated on permanent population.

1-10 各时期主要指标平均每年增长速度

Average Annual Growth Speed of Main Indicators in Different Periods

单位:% (%)

时期	Period	地区生产总值 Gross Domestic Product	工业总产值 Gross Output Value of Industry	农林牧渔业总产值 Gross Output Value of Agriculture	社会消费品零售总额 Total Retail Sales of Consumer Goods	公共财政收入 Public Government Revenue	居民消费水平 Resident Consumption Level
"六五"时期	6th Five-year Plan Period	12.7	12.8	6.2	21.2	13.3	13.0
"七五"时期	7th Five-year Plan Period	10.8	13.1	4.6	14.5	5.1	15.8
"八五"时期	8th Five-year Plan Period	20.2	26.1	10.0	30.1	21.3	8.9
"九五"时期	9th Five-year Plan Period	13.1	15.7	5.9	14.1	23.6	6.7
"十五"时期	10th Five-year Plan Period	13.8	18.3	5.8	11.1	18.1	13.0
"十一五"时期	11th Five-year Plan Period	13.5	15.8	2.3	18.7	18.6	11.0
1979-2014	1979-2014	13.6	15.8	5.2	18.3	13.4	
2001-2014	2001-2014	12.8	15.2	3.1	14.9	13.9	11.2
2003-2014	2003-2014	12.7	15.3	2.5	15.6	14.5	10.6
2006-2014	2006-2014	12.2	13.5	2.2	17.0	14.4	10.3
2007-2014	2007-2014	11.8	13.1	2.7	17.2	14.3	10.7

1-11 国民经济主要指标比例关系

Proportions of Main National Economic Indicators

单位:%　　(%)

项　目	Item	2013	2014
全社会从业人员比例	Employed Persons		
第一产业	Primary Industry	8.51	8.00
第二产业	Secondary Industry	34.62	36.22
第三产业	Tertiary Industry	56.87	55.78
地区生产总值三次产业比例	Gross Domestic Product		
第一产业	Primary Industry	1.47	1.31
第二产业	Secondary Industry	34.01	33.47
第三产业	Tertiary Industry	64.52	65.22
工业总产值中轻重工业比例	Gross Output Value of Industry		
轻工业	Light Industry	36.62	36.64
重工业	Heavy Industry	63.38	63.36
农林牧渔业总产值中各业比例	Gross Output Value of Agriculture		
#农　业	Agriculture	51.98	53.77
林　业	Forestry	1.02	1.01
牧　业	Animal Husbandry	19.45	16.29
渔　业	Fishery	17.37	18.40
社会消费品零售总额比例	Total Retail Sales of Consumer Goods		
批发和零售业	Wholesale and Retail Trade	86.97	87.21
住宿和餐饮业	Hotels and Catering Services	13.03	12.79
固定资产投资比例	Total Investment in Fixed Assets		
第一产业	Primary Industry	0.24	0.31
第二产业	Secondary Industry	16.09	14.67
第三产业	Tertiary Industry	83.67	85.02

1-12 主要年份人民物质文化生活水平
People's Material and Culture Life in Main Years

项　　目	Item	2013	2014
城镇非私营单位在岗职工年平均工资（元）	Average Wage of Fully Employed Staff and Workers in Urban Units (yuan)	69692	74245
城市居民年人均可支配收入（元）	Per Capita Annual Disposable Income of Urban Residents(yuan)	42049.14	42955.00
农村居民年人均可支配收入（元）	Per Capita Annual Disposable Income of Rural Residents (yuan)	18887.04	17663.00
社会消费品零售总额（亿元）	Total Retail Sales of Consumer Goods (100 million yuan)	6882.85	7144.45
城市居民人均居住面积（平方米）	Per Capita Living Space of Urban Residents (sq.m)	22.73	23.32
储　蓄	Savings Deposits		
城乡居民储蓄存款余额（亿元）	Balance of Savings Deposits (100 million yuan)	12253.98	12571.70
平均每人储蓄额（元）	Per Capita Savings Deposits (yuan)	148119	150133
交　通	Transportation		
每万人拥有公交车辆（辆）	Possession of Buses per 10000 Persons (unit)	15.72	16.25
公交车辆平均每日乘客人数（万人次）	Average Daily Passengers by Buses (10000 person-times)	721.73	716.86
每万人拥有出租汽车（辆）	Possession of Taxis per 10000 Persons (uint)	25.91	25.46
出租车平均每日乘客人数（万人次）	Average Daily Passengers by Taxi (10000 person-times)	210.24	210.60
通讯、电信	Postal and Telecommunication Services		
城市电话普及率(含移动电话)(部/百人)	Possession of Telephones per 100 Persons in Urban Areas (including mobile telephones) (sets/100 persons)	497.41	495.68
每人每年函件交寄（件）	Per Capita Annual Number of Letters Mailed (unit)	129	195
供　气	Gas Supply		
居民燃气普及率（%）	Popularization Rate of Residents with Access to Gas (%)	99.60	99.80
自来水	Tap Water		
人均日生活用水量（升）	Per Capita Daily Water Used (liter)	330	330

1-12 续表 continued

项 目	Item	2013	2014
文 化	Culture		
每百万人拥有出版物	Number of Publications per one million Persons		
报纸(每天) (份)	Newspaper (Daily) (piece)	109	94
杂志(每年) (册)	Magazines (Annual) (volume)	1816	1600
图书(每年) (册)	Books (Annual) (volume)	2931	3375
教 育	Education		
每万人拥有在校大学生 (人)	Number of University and College Students Enrollment per 10000 Persons (person)	1181	1210
适龄儿童入学率 (%)	Percentage of School-age Children Enrolled (%)	100.00	100.00
卫 生	Public Health		
每万人拥有医院床位 (张)	Number of Hospital Beds per 10000 Persons (unit)	78	82
每万人拥有医生 (人)	Number of Doctors per 10000 Persons (person)	45	48
就 业	Employment		
城镇每一就业者负担人口 (人)	Number of Dependents per Employee in Urban Areas (person)	1.82	1.68
绿 化	Green Areas		
建成区绿化覆盖率 (%)	Coverage Rate of Green Areas in Developed Land Area (%)	41.01	41.5
人均公园绿地面积 (平方米)	Per Capita Garden (sq.m)	15.9	20.2
居民家庭耐用消费品拥有量	Number of Durable Consumer Goods Owned		
每百户城市居民家庭拥有	Owned by per 100 Urban Households		
彩色电视机 (台)	Color TV Sets (set)	140	126
计算机 (台)	Computers (set)	131	117
组合音响 (套)	Hi-fi Stereo Component Systems (set)	67	33
洗衣机 (台)	Washing Machines (set)	103	97
电冰箱 (台)	Refrigerators (set)	103	100
空调器 (台)	Air Conditioners (set)	272	220
每百户农村居民家庭拥有	Owned by Per 100 Rural Household		
彩色电视机 (台)	Color TV Sets (set)	132	133
计算机 (台)	Computers (set)	83	80
洗衣机 (台)	Washing Machines (set)	97	96
电冰箱 (台)	Refrigerators (set)	100	98
空调器 (台)	Air Conditioners (set)	159	146

1-13 主要年份地区生产总值

Gross Domestic Product in Main Years

单位：万元 (10000 yuan)

年份 Year	地区生产总值 Gross Domestic Product	第一产业 Primary Industry	第二产业 Secondary Industry	第三产业 Tertiary Industry	地区生产总值中 In GDP: 工业 Industry	建筑业 Construction	人均地区生产总值（元） Per Capita GDP (yuan)	人均地区生产总值(美元) Per Capita GDP (USD)
1978	430947	50287	252479	128181	243585	8894	907	
1979	487515	51561	269724	166230	259145	10579	1003	
1980	575497	62438	313734	199325	295337	18397	1160	
1985	1243623	120449	658130	465044	577048	81082	2302	784
1986	1395466	132079	701074	562313	608511	92563	2536	734
1987	1732050	156794	794127	781129	693003	101124	3092	831
1988	2400818	227772	1141606	1031440	972078	169528	4205	1130
1989	2878733	243187	1296309	1339237	1093864	202445	4953	1315
1990	3195952	257288	1362975	1575689	1180978	181997	5418	1133
1991	3866741	281734	1799166	1785841	1582970	216196	5956	1119
1992	5107027	356399	2413129	2337499	2120096	293033	7521	1364
1993	7443455	475960	3512607	3454888	3050098	462509	10481	1819
1994	9853082	606222	4556278	4690582	3870183	686095	13264	1539
1995	12591974	734606	5780268	6077100	4934092	846176	16207	1941
1996	14680643	811630	6719717	7149296	5775040	944677	18066	2175
1997	16781156	857155	7612156	8311845	6605408	1006748	19744	2382
1998	18935177	888763	8201281	9845133	7070126	1131155	21300	2573
1999	21391758	928522	9310691	11152545	7980207	1330484	23007	2779
2000	24927434	943718	10216241	13767475	8779835	1436406	25626	3096
2001	28416511	972806	11122943	16320762	9554676	1568267	28537	3448
2002	32039616	1030721	12113416	18895479	10509450	1603966	32339	3907
2003	37586166	1099080	14859261	21627825	13141254	1718007	38398	4639
2004	44505503	1171452	17880638	25453413	15941538	1939100	45906	5546
2005	51542283	1302159	20452183	29787941	18439550	2012633	53809	6569
2006	60818614	1285029	24415160	35118425	22270093	2145067	62495	7840
2007	71403223	1498737	28257805	41646681	26029310	2228495	69673	9163
2008	82873816	1691849	32278717	48903250	29724781	2553936	76440	11006
2009	91382135	1722837	34051588	55607710	31173422	2878166	79383	11618
2010	107482828	1885645	40022658	65574525	36449611	3573047	87458	12882
2011	124234390	2045420	45769763	76419207	41405926	4363837	97588	15027
2012	135512072	2137620	47206504	86167948	42641557	4564947	105909	16778
2013	154972334	2284630	52700860	99986844	47592091	5108769	120294	19360
2014	167068719	2186993	55909683	108972043	50706347	5309971	128478	20915

注：1. 本表数据按当年价格计算。
2. 从1991年起，人均地区生产总值按常住人口计算。
3. 人均地区生产总值(美元)按当年年平均汇率换算。

Note: I. The data in this table are calculated at current prices.
II. Since 1991 the per capita GDP are calculated by resident population.
III. The Per Capita GDP (USD) are calculated at current annual average exchange rate.

1-14 主要年份地区生产总值指数（上年=100）

Indices of Gross Domestic Product in Main Years (Preceding Year=100)

年 份 Year	地区生产总值 Gross Domestic Product	第一产业 Primary Industry	第二产业 Secondary Industry	第三产业 Tertiary Industry	地区生产总值中：In Gross Domestic Product		人均地区生产总值 Per Capita GDP
					工 业 Industry	建筑业 Construction	
1978	110.3	100.1	108.5	117.6	108.7	105.0	108.8
1979	113.4	100.4	107.5	128.1	106.6	132.2	110.8
1980	115.4	114.6	119.0	110.3	117.4	154.8	113.2
1985	118.3	107.4	124.3	111.7	123.1	135.7	116.3
1986	105.7	100.5	101.3	114.1	101.3	101.3	103.7
1987	115.2	99.0	108.2	128.9	108.6	104.5	113.2
1988	117.8	104.6	126.3	109.0	125.1	137.2	115.6
1989	104.7	100.7	100.6	111.4	101.0	96.9	102.9
1990	111.3	103.7	107.8	116.9	109.6	92.1	109.7
1991	116.3	109.1	127.2	108.0	128.6	118.2	114.6
1992	123.3	120.4	128.1	118.8	128.7	123.3	117.8
1993	126.4	102.1	133.6	122.4	132.1	144.0	120.9
1994	118.8	112.6	123.2	114.5	121.0	137.3	113.6
1995	116.4	104.1	116.9	117.4	118.6	107.0	111.3
1996	112.4	105.3	113.4	112.0	115.5	99.5	107.5
1997	113.4	105.5	112.9	114.9	114.6	99.7	108.4
1998	113.1	104.0	112.6	114.7	112.9	110.1	108.2
1999	113.2	110.4	115.5	110.5	115.2	118.1	108.2
2000	113.3	101.7	111.9	116.3	112.5	106.7	108.3
2001	112.7	102.2	110.9	114.8	111.1	109.5	110.1
2002	113.2	109.8	112.4	114.0	113.8	103.9	113.8
2003	115.2	104.5	121.6	111.4	124.5	101.6	116.6
2004	115.0	105.4	117.2	113.9	118.6	105.7	116.2
2005	112.9	105.6	113.0	113.3	113.8	105.6	114.3
2006	114.9	95.7	116.5	114.7	117.8	104.4	113.1
2007	115.3	102.8	113.8	116.7	115.1	100.5	109.5
2008	112.5	102.7	111.1	113.8	111.8	102.5	106.4
2009	111.7	103.8	109.3	113.4	109.2	111.5	105.2
2010	113.2	103.2	113.1	113.6	112.7	119.0	106.1
2011	111.3	103.0	111.7	111.3	111.5	114.0	107.5
2012	110.5	103.2	108.5	112.0	109.1	102.9	110.0
2013	111.6	103.0	111.2	112.1	112.1	102.4	110.9
2014	108.6	101.3	107.4	109.4	107.8	102.4	107.6

注:本表数据按可比价格计算。

Note: The data in this table are calculated at comparable prices.

1-15 主要年份地区生产总值构成

Composition of Gross Domestic Product in Main Years

单位：%　　　　(%)

年 份 Year	地区生产总值 Gross Domestic Product	第一产业 Primary Industry	第二产业 Secondary Industry	第三产业 Tertiary Industry	地区生产总值中：In Gross Domestic Product 工 业 Industry
1978	100.00	11.67	58.59	29.74	56.52
1979	100.00	10.57	55.33	34.10	53.16
1980	100.00	10.85	54.51	34.64	51.32
1985	100.00	9.69	52.92	37.39	46.40
1986	100.00	9.46	50.24	40.30	43.61
1987	100.00	9.05	45.85	45.10	40.01
1988	100.00	9.49	47.55	42.96	40.49
1989	100.00	8.45	45.03	46.52	38.00
1990	100.00	8.05	42.65	49.30	36.95
1991	100.00	7.29	46.53	46.18	40.94
1992	100.00	6.98	47.25	45.77	41.51
1993	100.00	6.39	47.19	46.42	40.98
1994	100.00	6.15	46.24	47.61	39.28
1995	100.00	5.83	45.91	48.26	39.18
1996	100.00	5.53	45.77	48.70	39.34
1997	100.00	5.11	45.36	49.53	39.36
1998	100.00	4.70	43.31	51.99	37.34
1999	100.00	4.34	43.53	52.13	37.31
2000	100.00	3.79	40.98	55.23	35.22
2001	100.00	3.42	39.14	57.44	33.62
2002	100.00	3.22	37.81	58.97	32.80
2003	100.00	2.93	39.53	57.54	34.96
2004	100.00	2.63	40.18	57.19	35.82
2005	100.00	2.53	39.68	57.79	35.78
2006	100.00	2.10	40.20	57.70	36.70
2007	100.00	2.10	39.57	58.33	36.50
2008	100.00	2.04	38.95	59.01	35.90
2009	100.00	1.89	37.26	60.85	34.11
2010	100.00	1.75	37.24	61.01	33.91
2011	100.00	1.65	36.84	61.51	33.33
2012	100.00	1.58	34.84	63.58	31.47
2013	100.00	1.47	34.01	64.52	30.71
2014	100.00	1.31	33.47	65.22	30.35

注:本表数据按当年价格计算。

Note: The data in this table are calculated at comparable prices.

1-16 地区生产总值

Gross Domestic Product

单位：万元 (10000 yuan)

项　　目	Item	2013	2014	2014年比2013年增长(%) Growth Rate in 2014 over 2013 (%)
地区生产总值	**Gross Domestic Product**	**154972334**	**167068719**	**8.6**
按产业分	**Grouped By Industry**			
第一产业	Primary Industry	2284630	2186993	1.3
第二产业	Secondary Industry	52700860	55909683	7.4
第三产业	Tertiary Industry	99986844	108972043	9.4
按行业分	**Grouped By Sector**			
农、林、牧、渔业	Agriculture, Forestry, Animal Husbandry and Fishery	2284630	2360057	1.5
工　业	Industry	47592091	50706347	7.8
建筑业	Construction	5108769	5309971	2.4
批发和零售业	Wholesale and Retail Trade	22693097	25117459	9.6
交通运输、仓储和邮政业	Transport, Storage and Post	10144639	11361928	11.1
住宿和餐饮业	Hotels and Catering Services	4168317	4455742	4.2
信息传输、软件和信息技术服务业	Information Transmission, Software and Information Technology	4855396	4990875	8.0
金融业	Financial Intermediation	12742732	14221516	10.0
房地产业	Real Estate	13142770	13700297	6.3
租赁和商务服务业	Leasing and Business Services	10929554	11631231	10.5
科学研究和技术服务业	Scientific Research and Technical Services	3383785	4214822	17.3
水利、环境和公共设施管理业	Management of Water Conservancy, Environment and Public Facilities	829811	983461	9.7
居民服务、修理和其他服务业	Service to Households, Repair and Other Services	1731278	1870971	15.0
教　育	Education	5094901	5500432	13.0
卫生和社会工作	Health and Social Work	3926253	4196215	13.1
文化、体育和娱乐业	Culture, Sports and Entertainment	2394321	2468424	4.5
公共管理、社会保障和社会组织	Public Management, Social Security and Social Organizations	3949990	3978971	2.2

注:本表数据绝对值按当年价格计算，增长速度按可比价格计算。

Note: The level data in this table are calculated at current prices while the growth rates at comparable prices.

1-17 各时期地区生产总值和平均每年增长速度

Gross Domestic Product and Annual Average Growth Speed in Different Periods

时期	Period	地区生产总值 Gross Domestic Product	第一产业 Primary Industry	第二产业 Secondary Industry	第三产业 Tertiary Industry	地区生产总值中: In Gross Domestic Product 工业 Industry	建筑业 Construction
绝对值(万元)	**Absolute Figure (10000 yuan)**						
"六五"时期	6th Five-year Plan Period	4373327	459872	2395362	1518093	2137482	257880
"七五"时期	7th Five-year Plan Period	11603019	1017120	5296091	5289808	4548434	747657
"八五"时期	8th Five-year Plan Period	38862279	2454921	18061448	18345910	15557439	2504009
"九五"时期	9th Five-year Plan Period	96716168	4429788	42060086	50226294	36210616	5849470
"十五"时期	10th Five-year Plan Period	194090079	5576218	76428441	112085420	67586468	8841973
"十一五"时期	11th Five-year Plan Period	413960616	8084097	159025928	246850591	145647217	13378711
1950-1978	1950-1978	5578418	753734	3146791	1677893	2999275	147516
1979-2014	1979-2014	1342456015	30790678	505437624	806227713	454588059	50956200
1991-2014	1991-2014	1325416657	29199687	497162713	799054257	447347661	49921687
1996-2014	1996-2014	1286554378	26744766	479101265	780708347	431790222	47417678
2001-2014	2001-2014	1189838210	22314978	437041179	730482053	395579606	41568208
2003-2014	2003-2014	1129382083	20311451	413804820	695265812	375515480	38395975
平均每年增长(%)	**Annual Average Growth Speed (%)**						
"六五"时期	6th Five-year Plan Period	12.7	7.6	13.6	12.5	12.5	27.6
"七五"时期	7th Five-year Plan Period	10.8	1.7	8.4	15.9	8.8	5.3
"八五"时期	8th Five-year Plan Period	20.2	9.5	25.7	16.1	25.7	25.3
"九五"时期	9th Five-year Plan Period	13.1	5.4	13.2	13.7	14.1	6.6
"十五"时期	10th Five-year Plan Period	13.8	5.4	14.9	13.5	16.3	5.2
"十一五"时期	11th Five-year Plan Period	13.5	1.6	12.8	14.4	13.3	7.4
1950-1978	1950-1978	9.2	3.8	12.7	9.5	12.7	13.1
1979-2014	1979-2014	13.6	5.0	14.0	14.2	14.3	13.2
1991-2014	1991-2014	14.3	5.0	15.4	13.9	16.0	9.9
1996-2014	1996-2014	12.8	3.8	12.8	13.3	13.6	6.2
2001-2014	2001-2014	12.8	3.2	12.6	13.2	13.4	6.0
2003-2014	2003-2014	12.7	2.8	12.8	12.9	13.6	5.9

注:本表数据绝对值按当年价格计算,增长速度按可比价格计算。

Note: The level data in this table are calculated at current prices while the growth rates at comparable prices.

1-18 市区、县级市地区生产总值

Gross Domestic Product by Urban District and City at County Level

项　　目	Item	2013		2014	
		市　区 Urban Districts	县级市 County-level City	市　区 Urban Districts	县级市 County-level City
绝对数(万元)	**Absolute Figure (10000 yuan)**				
地区生产总值	Gross Domestic Product	142768688	12203646	153676339	13392380
按产业分	**Grouped By Industry**				
第一产业	Primary Industry	1523440	761190	1510660	676333
第二产业	Secondary Industry	46059312	6641548	48420846	7488837
第三产业	Tertiary Industry	95185936	4800908	103744833	5227210
按行业分	**Grouped By Sector**				
农、林、牧、渔业	Agriculture, Forestry, Animal Husbandry and Fishery	1523440	761190	1597659	762398
工　业	Industry	41457750	6134341	43745886	6960461
建筑业	Construction	4601562	507207	4777053	532918
批发和零售业	Wholesale and Retail Trade	21410177	1282920	23663479	1453980
交通运输、仓储和邮政业	Transport, Storage and Post	9712482	432157	10900876	461052
住宿和餐饮业	Hotels and Catering Services	3790805	377512	4040189	415553
金融业	Finance Intermediation	12742732		14221516	
房地产业	Real Estate	11691160	1451610	12296222	1404075
其他服务业	Other Service Industries	35838580	1256709	38433459	1401943
增长速度(%)	**Growth Rate (%)**				
地区生产总值	Gross Domestic Product	11.5	12.7	8.9	5.7
按产业分	**Grouped By Industry**				
第一产业	Primary Industry	2.2	3.7	2.3	-0.8
第二产业	Secondary Industry	10.8	14.0	7.8	5.3
第三产业	Tertiary Industry	12.1	12.0	9.5	7.4
按行业分	**Grouped By Sector**				
农、林、牧、渔业	Agriculture, Forestry, Animal Husbandry and Fishery	2.4	4.2	2.4	-0.3
工　业	Industry	11.6	14.7	8.2	5.4
建筑业	Construction	2.4	2.6	2.3	3.4
批发和零售业	Wholesale and Retail Trade	17.1	21.0	9.1	17.8
交通运输、仓储和邮政业	Transport, Storage and Post	7.8	7.8	11.4	6.4
住宿和餐饮业	Hotels and Catering Services	4.8	9.1	3.9	7.2
金融业	Finance Intermediation	10.7		10.0	
房地产业	Real Estate	20.9	10.1	7.7	-4.3
其他服务业	Other Service Industries	9.5	8.1	10.2	10.4

注:本表数据增长速度按可比价格计算。

Note: The growth rates in this table are calculated at comparable prices.

1-19 地区生产总值使用表
Utilization Balance Sheet of Gross Domestic Product

单位:万元 (10000 yuan)

项　　目	Item	2013	2014	2014年比2013年增长(%) Growth Rate in 2014 over 2013 (%)
支出法地区生产总值	**Gross Domestic Product by Expenditure Approach**	**154972334**	**167068719**	**8.6**
最终消费支出	Final Consumption Expenditure	73774649	80037269	7.7
居民消费支出	Household Consumption Expenditure	54071340	59228984	8.4
农村居民	Rural Households	2967013	3307576	10.0
城镇居民	Urban Households	51104327	55921408	8.3
政府消费支出	Government Consumption Expenditure	19703309	20808285	5.9
资本形成总额	Gross Capital Formation	54937335	60886939	11.9
固定资本形成总额	Gross Fixed Capital Formation	51398251	57670752	13.3
存货增加	Changes in Inventories	3539084	3216187	-8.7
货物和服务净流出	Net Exports of Goods and Services	26260350	26144511	4.5

1-20 居民消费水平
Household Consumption

单位:元/人 (yuan/person)

项　　目	Item	2013	2014	2014年比2013年增长(%) Growth Rate in 2014 over 2013 (%)
全市居民	Total Households	41972	45548	7.4
农村居民	Rural Households	15504	17363	10.5
城镇居民	Urban Households	46589	50386	7.0
农村居民与城镇居民对比（农村居民为1）	Ratio of Consumption of Urban Households to Rural Households (rural households=1)	1:3.00	1:2.90	

注:本表数据绝对值按当年价格计算，增长速度按可比价格计算。

Note: The level data in this table are calculated at current prices while the growth rates at comparable prices.

1-21 各行业增加值（2014年）

单位:万元

项目	Item
地区生产总值	**Gross Domestic Product**
按产业分	**Grouped By Industry**
第一产业	Primary Industry
第二产业	Secondary Industry
第三产业	Tertiary Industry
按行业分	**Grouped By Sector**
农、林、牧、渔业	Agriculture, Forestry, Animal Husbandry and Fishery
工业	Industry
建筑业	Construction
批发和零售业	Wholesale and Retail Trade
交通运输、仓储和邮政业	Transport, Storage and Post
住宿和餐饮业	Hotels and Catering Services
信息传输、软件和信息技术服务业	Information Transmission, Software and Information Technology
金融业	Financial Intermediation
房地产业	Real Estate
租赁和商务服务业	Leasing and Business Services
科学研究和技术服务业	Scientific Research and Technical Services
水利、环境和公共设施管理业	Management of Water Conservancy, Environment and Public Facilities
居民服务、修理和其他服务业	Service to Households, Repair and Other Services
教育	Education
卫生和社会工作	Health and Social Work
文化、体育和娱乐业	Culture, Sports and Entertainment
公共管理、社会保障和社会组织	Public Management, Social Security and Social Organizations

1-22 各行业增加值构成（2014年）

单位:%

项目	Item
地区生产总值	**Gross Domestic Product**
按产业分	**Grouped By Industry**
第一产业	Primary Industry
第二产业	Secondary Industry
第三产业	Tertiary Industry
按行业分	**Grouped By Sector**
农、林、牧、渔业	Agriculture, Forestry, Animal Husbandry and Fishery
工业	Industry
建筑业	Construction
批发和零售业	Wholesale and Retail Trade
交通运输、仓储和邮政业	Transport, Storage and Post
住宿和餐饮业	Hotels and Catering Services
信息传输、软件和信息技术服务业	Information Transmission, Software and Information Technology
金融业	Financial Intermediation
房地产业	Real Estate
租赁和商务服务业	Leasing and Business Services
科学研究和技术服务业	Scientific Research and Technical Services
水利、环境和公共设施管理业	Management of Water Conservancy, Environment and Public Facilities
居民服务、修理和其他服务业	Service to Households, Repair and Other Services
教育	Education
卫生和社会工作	Health and Social Work
文化、体育和娱乐业	Culture, Sports and Entertainment
公共管理、社会保障和社会组织	Public Management, Social Security and Social Organizations

Added Value by Sector (2014)

(10000 yuan)

合 计 Total	劳动者报酬 Compensation of Employees	固定资产折旧 Depreciation of Fixed Assets	生产税净额 Net Taxes on Production	营业盈余 Operating Surplus
167068719	**73986259**	**18964793**	**28819750**	**45297917**
2186993	2122709	64284		
55909683	25919504	5859825	10702859	13427495
108972043	45944046	13040684	18116891	31870422
2360057	2290686	69371		
50706347	22567013	5407940	10074806	12656588
5309971	3400592	461083	650342	797954
25117459	9629516	1187164	8372866	5927913
11361928	4909638	2300756	1158265	2993269
4455742	3633326	253756	398337	170323
4990875	1531551	1481350	498911	1479063
14221516	4215935	230991	1825972	7948618
13700297	1998108	4477694	2984660	4239835
11631231	2716539	1215629	1770377	5928686
4214822	2199314	322985	425521	1267002
983461	465164	195353	53212	269732
1870971	1208930	125331	179104	357606
5500432	4655858	517014	91680	235880
4196215	3413119	160236	64806	558054
2468424	1463114	267025	270891	467394
3978971	3687856	291115		

Composition of Added Value by Sector (2014)

(%)

合 计 Total	劳动者报酬 Compensation of Employees	固定资产折旧 Depreciation of Fixed Assets	生产税净额 Net Taxes on Production	营业盈余 Operating Surplus
100.00	**44.29**	**11.35**	**17.25**	**27.11**
100.00	97.06	2.94		
100.00	46.36	10.48	19.14	24.02
100.00	42.15	11.97	16.63	29.25
100.00	97.06	2.94		
100.00	44.50	10.67	19.87	24.96
100.00	64.04	8.68	12.25	15.03
100.00	38.34	4.73	33.33	23.60
100.00	43.22	20.25	10.19	26.34
100.00	81.54	5.70	8.94	3.82
100.00	30.68	29.68	10.00	29.64
100.00	29.65	1.62	12.84	55.89
100.00	14.58	32.68	21.79	30.95
100.00	23.36	10.45	15.22	50.97
100.00	52.18	7.66	10.10	30.06
100.00	47.30	19.86	5.41	27.43
100.00	64.62	6.70	9.57	19.11
100.00	84.64	9.40	1.67	4.29
100.00	81.34	3.82	1.54	13.30
100.00	59.28	10.82	10.97	18.93
100.00	92.68	7.32		

1-23　三次产业对地区生产总值增长的贡献率(1990-2014年)

Share of the Contributions of the Three Strata of Industry to the Growth of GDP (1990-2014)

单位：%　　(%)

年　份 Year	地区生产总　值 Gross Domestic Product	第一产业 Primary Industry	第二产业 Secondary Industry	第三产业 Tertiary Industry	地区生产总值中：In Gross Domestic Product 工　业 Industry
1990	100.0	1.7	37.1	61.2	41.0
1991	100.0	4.2	71.3	24.5	64.9
1992	100.0	6.2	56.3	37.5	50.4
1993	100.0	0.5	61.6	37.9	51.8
1994	100.0	3.7	62.5	33.8	49.4
1995	100.0	1.3	54.1	44.6	50.8
1996	100.0	2.0	57.0	41.0	57.3
1997	100.0	1.8	51.4	46.8	51.5
1998	100.0	1.2	51.1	47.7	46.9
1999	100.0	2.9	62.3	34.8	55.0
2000	100.0	0.5	49.7	49.8	46.8
2001	100.0	0.7	35.0	64.3	30.7
2002	100.0	2.5	37.8	59.7	36.2
2003	100.0	1.0	56.7	42.3	56.2
2004	100.0	1.1	48.3	50.6	46.6
2005	100.0	1.2	43.2	55.6	41.4
2006	100.0	-0.7	43.9	56.8	42.7
2007	100.0	0.4	36.4	63.2	36.3
2008	100.0	0.4	35.1	64.5	34.5
2009	100.0	0.5	31.4	68.1	28.6
2010	100.0	0.4	38.1	61.5	34.0
2011	100.0	0.5	38.6	60.9	34.5
2012	100.0	0.5	30.2	69.3	29.2
2013	100.0	0.4	35.4	64.2	34.8
2014	100.0	0.2	31.5	68.3	30.7

注：1. 本表数据按可比价格计算。

2. 三次产业贡献率指各产业增加值增量与GDP增量之比。

Note: I. The data of this table are calculated at comparable prices.

II. Share of the contributions of the three strata of industry to the growth of GDP refers to the proportion of the increment of the Value-added of each Industry to the increment of GDP.

1-24 三次产业对地区生产总值增长的拉动（1990-2014年）

Contribution of the Three Strata of Industry to the Growth of GDP (1990-2014)

单位：百分点 (percentage points)

年 份 Year	地区生产总值 Gross Domestic Product	第一产业 Primary Industry	第二产业 Secondary Industry	第三产业 Tertiary Industry	地区生产总值中：In Gross Domestic Product 工 业 Industry
1990	11.3	0.2	4.2	6.9	4.6
1991	16.3	0.7	11.6	4.0	10.6
1992	23.3	1.4	13.1	8.8	11.7
1993	26.4	0.1	16.3	10.0	13.7
1994	18.8	0.7	11.8	6.3	9.3
1995	16.4	0.2	8.9	7.3	8.4
1996	12.4	0.2	7.1	5.1	7.1
1997	13.4	0.2	6.9	6.3	6.9
1998	13.1	0.2	6.6	6.3	6.0
1999	13.2	0.4	8.2	4.6	7.2
2000	13.3	0.1	6.6	6.6	6.2
2001	12.7	0.1	4.5	8.1	4.0
2002	13.2	0.3	5.0	7.9	4.8
2003	15.2	0.1	8.6	6.5	8.5
2004	15.0	0.2	7.3	7.5	7.0
2005	12.9	0.2	5.6	7.1	5.4
2006	14.9	-0.1	6.6	8.4	6.4
2007	15.3	0.1	5.6	9.6	5.6
2008	12.5	0.1	4.4	8.0	4.3
2009	11.7	0.1	3.6	8.0	3.3
2010	13.2	0.1	5.0	8.1	4.5
2011	11.3	0.1	4.3	6.9	3.9
2012	10.5	0.1	3.2	7.2	3.1
2013	11.6	0.1	4.1	7.4	4.0
2014	8.6	…	2.7	5.9	2.6

注：1. 本表数据按可比价格计算。
2. 三次产业拉动指GDP增长速度与各产业贡献率之乘积。

Note: I. The data of this table are calculated at comparable prices.
II. Contribution of the three strata of industry to the growth of GDP refers to the growth rate of GDP multiplied by the contribution share of each industry.

1-25 三大需求对地区生产总值增长的贡献率和拉动（1991-2014年）

Contribution Share and Contribution of the Three Components of GDP to the Growth of GDP (1991-2014)

年 份 year	最终消费支出 Final Consumption Expenditure		资本形成总额 Gross Capital Formation		货物和服务净流出 Net Exports of Goods and Services	
	贡献率 (%) Contribution Share (%)	拉 动 (百分点) Contribution (percentage points)	贡献率 (%) Contribution Share (%)	拉 动 (百分点) Contribution (percentage points)	贡献率 (%) Contribution Share (%)	拉 动 (百分点) Contribution (percentage points)
1991	9.6	1.6	41.4	6.7	49.0	8.0
1992	37.1	8.6	133.9	31.2	-71.0	-16.5
1993	21.1	5.6	68.5	18.1	10.4	2.7
1994	32.1	6.0	75.7	14.2	-7.8	-1.4
1995	31.5	5.2	59.6	9.8	8.9	1.4
1996	30.6	3.8	4.6	0.6	64.8	8.0
1997	39.3	5.3	-3.7	-0.5	64.4	8.6
1998	35.9	4.7	55.7	7.3	8.4	1.1
1999	51.5	6.8	33.9	4.5	14.6	1.9
2000	59.2	7.9	13.8	1.8	27.0	3.6
2001	63.7	8.1	28.3	3.6	8.0	1.0
2002	55.6	7.3	21.2	2.8	23.2	3.1
2003	43.8	6.7	17.4	2.6	38.8	5.9
2004	26.4	4.0	42.4	6.4	31.2	4.6
2005	46.8	6.0	-8.5	-1.1	61.7	8.0
2006	39.2	5.9	39.1	5.8	21.7	3.2
2007	43.9	6.7	18.4	2.8	37.7	5.8
2008	47.8	6.0	33.9	4.2	18.3	2.3
2009	53.9	6.3	61.8	7.2	-15.7	-1.8
2010	67.9	9.0	44.0	5.8	-11.9	-1.6
2011	49.2	5.6	17.5	2.0	33.3	3.7
2012	47.0	4.9	50.8	5.4	2.2	0.2
2013	42.4	4.9	39.7	4.6	17.9	2.1
2014	42.2	3.6	48.6	4.2	9.2	0.8

注：1. 本表数据按可比价格计算。
2. 三大需求指支出法计算的GDP的三大构成项目，即最终消费支出、资本形成总额、货物和服务净流出。
3. 贡献率指三大需求增量与支出法计算的GDP增量之比。
4. 拉动指GDP增长速度与三大需求贡献率的乘积。

Note: I. The data of this table are calculated at comparable prices.
II. Three Components of GDP by expenditure approached are final consumption expenditure, gross capital formation and net exports of goods and services.
III. Contribution Share of the three components to the increase of the GDP refers to the proportion of the increment of the each component of GDP by expenditure approach to the Increment of GDP.
IV. Contribution of the three components to GDP growth refers to the growth rate of GDP multiplied by the contribution share of the three components.

1-26 全市国有土地使用权出让、划拨情况

Total City Lease and Administrative Allocation of the Right to the Use of the State-owned Land

项　目		Item		2013	2014
国有土地使用权出让		**Lease of the Right to the Use of the State-owned Land**			
出让小计		Lease Sub-total			
出让地块	(宗)	Number of Plots	(piece)	299	170
出让面积	(公顷)	Areas	(hectare)	1569.58	1088.38
成交价款	(万元)	Value of Transactions	(10000 yuan)	7599428	8762674
# 协议出让		Lease by Negotiation			
出让地块	(宗)	Number of Plots	(piece)	83	37
出让面积	(公顷)	Areas	(hectare)	330.36	354.45
成交价款	(万元)	Value of Transactions	(10000 yuan)	432405	279421
国有土地使用权划拨		**Allocation of the Right to the Use of the State-owned Land**			
划拨地块	(宗)	Number of Plots	(piece)	167	168
划拨面积	(公顷)	Areas	(hectare)	546.06	1650.55

注：1．本表数据由广州市国土规划委提供。
　　2．本表数据已剔除被解除合同数据。
　　3．本表统计范围为全市口径。

Note: I. The data in this table are provided by Guangzhou Land Resources & Urban Planning Committee.
　　II. The data in this table has excluded the part of terminated contracts.
　　III.The statistical scale of this table is total city scale.

1-27 市区国有土地使用权出让、划拨情况

Urban Districts Lease and Administrative Allocation of the Right to the Use of the State-owned Land

项　目		Item		2013	2014
国有土地使用权出让		**Lease of the Right to the Use of the State-owned Land**			
出让小计		Lease Sub-total			
出让地块	(宗)	Number of Plots	(piece)	187	113
出让面积	(公顷)	Areas	(hectare)	1038.72	798.28
成交价款	(万元)	Value of Transactions	(10000 yuan)	6635097	8243341
# 协议出让		Lease by Negotiation			
出让地块	(宗)	Number of Plots	(piece)	29	12
出让面积	(公顷)	Areas	(hectare)	63.62	310.92
成交价款	(万元)	Value of Transactions	(10000 yuan)	261974	262384
国有土地使用权划拨		**Allocation of the Right to the Use of the State-owned Land**			
划拨地块	(宗)	Number of Plots	(piece)	140	120
划拨面积	(公顷)	Areas	(hectare)	447.22	1045.34

注：1．本表数据由广州市国土规划委提供。
　　2．本表数据已剔除被解除合同数据。
　　3．本表统计范围为十区口径。

Note: I. The data in this table are provided by Guangzhou Land Resources & Urban Planning Committee.
　　II. The data in this table has excluded the part of terminated contracts.
　　III.The statistical scale of this table is 10 districts scale.

1-28 全市房地产市场交易情况

Transactions in Total Real Estate Market

项　　目	Item	2013	2014
新建商品房现售	**Newly-constructed Commercial Buildings Sold out**		
成交面积　（万平方米）	Transacted Floor Space (10000 sq.m)	168.38	165.16
#住　宅	Residential Buildings	93.26	92.65
成交金额　（万元）	Transacted Value (10000 yuan)	2605111	2788553
#住　宅	Residential Buildings	1307978	1569099
住宅成交套数　（套）	Number of Transacted Flats (flat)	6895	6383
新建商品房预售	**Newly-constructed Commercial Buildings Sold in Advance**		
成交面积　（万平方米）	Transacted Floor Space (10000 sq.m)	1132.68	954.26
#住　宅	Residential Buildings	965.22	743.30
成交金额　（万元）	Transacted Value (10000 yuan)	16360667	15701571
#住　宅	Residential Buildings	12558169	11032703
住宅成交套数　（套）	Number of Transacted Flats (flat)	86140	66275
存量房买卖	**Sales of Buildings in Stock**		
成交面积　（万平方米）	Transacted Floor Space (10000 sq.m)	1123.84	653.34
#住　宅	Residential Buildings	912.92	485.58
成交金额　（万元）	Transacted Value (10000 yuan)	11011051	6864768
#住　宅	Residential Buildings	9253551	5346916
住宅成交套数　（套）	Number of Transacted Flats (flat)	105092	57439

注:1.本表数据由广州市国土规划委提供。
2.新建商品房现售和新建商品房预售为网签数据，存量房买卖为交易登记数据。
3.本表统计口径为全市口径。

Note: I. The data in this table are provided by Guangzhou Land Resources & Urban Planning Committee.
II.The Data of Newly-constructed Commercial Buildings Sold out and Newly-constructed Commercial Buildings Sold in Advance is Net Registered Data.The Data of Buildings in Stock is Transaction Registered Data.
III.The statistical scale of this table is total city scale.

1-29 市区房地产市场交易情况
Transactions in Urban Real Estate Market

项　　目		Item		2013	2014
新建商品房现售		**Newly-constructed Commercial Buildings Sold out**			
成交面积	(万平方米)	Transacted Floor Space	(10000 sq.m)	127.05	132.02
#住　宅		Residential Buildings		65.06	73.66
成交金额	(万元)	Transacted Value	(10000 yuan)	2230203	2440730
#住　宅		Residential Buildings		1072292	1372681
住宅成交套数	(套)	Number of Transacted Flats	(flat)	4758	5064
新建商品房预售		**Newly-constructed Commercial Buildings Sold in Advance**			
成交面积	(万平方米)	Transacted Floor Space	(10000 sq.m)	770.20	721.67
#住　宅		Residential Buildings		644.40	530.88
成交金额	(万元)	Transacted Value	(10000 yuan)	13323958	13664674
#住　宅		Residential Buildings		10087197	9264757
住宅成交套数	(套)	Number of Transacted Flats	(flat)	56997	47658
存量房买卖		**Sales of Buildings in Stock**			
成交面积	(万平方米)	Transacted Floor Space	(10000 sq.m)	889.66	529.14
#住　宅		Residential Buildings		727.22	391.94
成交金额	(万元)	Transacted Value	(10000 yuan)	10086493	6232497
#住　宅		Residential Buildings		8453377	4826417
住宅成交套数	(套)	Number of Transacted Flats	(flat)	88893	48799

注：1.本表数据由广州市国土规划委提供。
　　2.新建商品房现售和新建商品房预售为网签数据，存量房买卖为交易登记数据。
　　3.本表统计口径为十区口径。

Note: I. The data in this table are provided by Guangzhou Land Resources & Urban Planning Committee.
　　II.The data of newly-constructed Commercial Buildings Sold out and Newly-constructed Commercial Buildings Sold in Advance is Net Registered Data.The Data of Buildings in Stock is Transaction Registered Data.
　　III.The statistical scale of this table is 10 districts scale.

1-30 劳动力市场情况
Statistics on Labor Force Market

项　目	Item	2013	2014
全市经人力资源社会保障部门批准的人力资源服务机构(个)	Number of Employment Service Institutions Approved by Human Resources and Social Security Department (unit)	925	865
劳动部门所属	Run by Labor Departments	175	207
非劳动部门所属	Run by Non-labor Departments	750	658

注：2014年以前是劳动部门的职业介绍机构，2014年包括了人才中介机构和职业介绍机构。

Note: Before 2014, it is vocational introduction institutions of labour department. In 2014, it includes recruitment agencies and vocational introduction institutions.

1-31 技术市场交易情况
Statistics on Transactions in Technological Market

项　目	Item	2013		2014	
		合同数(项) Numbers of Contracts (unit)	金额(万元) Value (10000 yuan)	合同数(项) Numbers of Contracts (unit)	金额(万元) Value (10000 yuan)
买方市场	Buyers' Market	8686	2228378	7902	2468698
机关法人	Official Organ as Juridical Person	1326	143281	1451	255391
事业法人	Institution as Juridical Person	1242	68312	1306	85215
社团法人	Mass Organization as Juridical Person	26	1164	33	2099
企业法人	Corporate as Juridical Person	5840	1926539	4893	2031816
自然人	Natural Person	22	1181	49	1628
其他组织	Others	230	87901	170	92549
卖方市场	Sellers' Market	8686	2228378	7902	2468698
机关法人	Official Organ as Juridical Person	8	389	7	158
事业法人	Institution as Juridical Person	3388	331277	2994	104120
社团法人	Mass Organization as Juridical Person	5	249	7	758
企业法人	Corporate as Juridical Person	5261	1894321	4865	2355635
自然人	Natural Person	22	1868	18	1157
其他组织	Others	2	274	11	6870

1-32 公有制经济主要指标（2014年）

Main Indicators of Public-owned Economy (2014)

单位：万元、%　　(10000 yuan, %)

项　目	Item	全　市 Total	#公有制经济 Public-owned Economy	公有制经济占全市的比重 Ratio of Public-owned Economy to Total
地区生产总值	Gross Domestic Product	167068719	71540805	42.82
规模以上工业	Above Designated Size Industry			
工业总产值	Gross Industrial Output Value	181935543	60446098	33.22
工业增加值	Value Added	47229177	15834822	33.53
产品销售收入	Sales Revenue	170773477	56909886	33.32
建筑业	Construction			
建筑业增加值	Value Added	5309971	2463401	46.39
固定资产投资中:建筑安装工程投资	Investment in Construction Installation	31495401	12832118	40.74
交通运输、仓储和邮政业	Transport, Storage and Post			
交通运输、仓储和邮政业增加值	Value Added	11361928	6448246	56.75
货物运输量（万吨）	Freight Traffic (10000 tons)	96553	51346	53.18
货物周转量（万吨/公里）	Freight Ton-kilometers (10000 tons/kilometer)	86335522	78099745	90.46
客运量（万人次）	Passenger Traffic (10000 persons-times)	98062	66571	67.89
旅客周转量（万人/公里）	Passenger-kilometers (10000 persons/kilometer)	24996168	21848121	87.41
邮政业务收入	Revenue of Post	1812758	278802	15.38
批发和零售业、住宿和餐饮业	Wholesale, Retail Trade, Hotels and Catering Services			
批发和零售业增加值	Value Added of Wholesale and Retail Trade	25117459	7529275	29.98
住宿和餐饮业增加值	Value Added of Hotel and Catering Services	4455742	480130	10.78
社会消费品零售总额	Total Retail Sales of Consumer Goods	71444503	10394572	14.55
商品销售总额	Total Value of Commodities Sold	462061825	151288606	32.74

1-33 各区、县级市国民经济主要指标（2014年）

项　　目		Item	
土地面积	（平方公里）	Total Land Area	(10000 sq.m)
年末户籍人口	（人）	Year-end Population by household registered	(person)
街道办事处	（个）	Street Communities	(unit)
镇	（个）	Towns	(unit)
社区居委会	（个）	Community Committees	(unit)
村民委员会	（个）	Village Committees	(unit)
地区生产总值	（万元）	Gross Domestic Product	(10000 yuan)
第一产业	（万元）	Primary Industry	(10000 yuan)
第二产业	（万元）	Secondary Industry	(10000 yuan)
第三产业	（万元）	Tertiary Industry	(10000 yuan)
地区生产总值中：工业	（万元）	Industry In Gross Domestic Product	(10000 yuan)
年末全社会从业人员	（人）	Total Number of Employed Persons at Year-end	(person)
# 城镇非私营单位在岗职工年末人数	（人）	Number of Fully Employed Staff and Workers in Urban Units at Year-end	(person)
城镇非私营单位在岗职工工资总额	（万元）	Total Wages of Fully Employed Staff and Workers in Urban Units	(10000 yuan)
城镇非私营单位在岗职工年平均工资	（元）	Average Wages of Fully Employed Staff and Workers in Urban Units	(yuan)
固定资产投资额(按法人单位办公所在地分)	(万元)	Investment in Fixed Assets (by legal person office location)	(10000 yuan)
固定资产投资额(按项目所在地分)	（万元）	Investment in Fixed Assets (by project location)	(10000 yuan)
建筑和安装工程	（万元）	Construction and Erection Engineering	(10000 yuan)
新增固定资产(按法人单位办公所在地分)	（万元）	Newly-increased Investment in Fixed Assets (by legal person office location)	(10000 yuan)
公共财政收入	（万元）	Public Government Revenue	(10000 yuan)
公共财政支出	（万元）	Public Government Expenditure	(10000 yuan)
农林牧渔业总产值	（万元）	Gross Output Value of Agriculture	(10000 yuan)
社会消费品零售总额	（万元）	Total Retail Sales of Consumer Goods	(10000 yuan)
实际使用外商直接投资金额	（万美元）	Foreign Direct Capital Actually Utilized	(USD 10000)
普通中学学校数	（所）	Number of Regular Secondary Schools	(unit)
普通中学在校学生数	（人）	Number of Students Enrolled in Regular Secondary Schools	(person)
小学学校数	（所）	Number of Primary Schools	(unit)
小学在校学生数	（人）	Number of Students Enrolled in Primary Schools	(person)
幼儿园数	（所）	Number of Kindergartens	(unit)
幼儿园在园人数	（人）	Number of Children Enrolled	(person)
各类卫生机构数	（个）	Number of Health Institutions	(unit)
# 医　院		Hospitals	
各类卫生机构床位数	（张）	Number of Beds	(unit)
# 医　院		Hospitals	
卫生技术人员	（人）	Medical Technical Personnel	(person)
# 执业(助理)医师		Licensed (Assistant) Doctors	

Main Indicators of National Economic by District and County-level City (2014)

荔湾区 Liwan	越秀区 Yuexiu	海珠区 Haizhu	天河区 Tianhe	白云区 Baiyun	黄埔区 Huangpu	番禺区 Panyu	花都区 Huadu	南沙区 Nansha	萝岗区 Luogang	增城市 Zengcheng	从化市 Conghua
59.10	33.80	90.40	96.33	795.79	90.95	529.94	970.04	783.86	393.22	1616.47	1974.50
719627	1175447	998089	824338	898284	209297	835727	695575	377431	215822	864571	609961
22	18	18	21	18	9	11	4	3	5	4	3
				4		5	6	6	1	7	5
175	267	257	206	250	59	90	51	28	32	55	46
				118		177	188	128	28	284	221
9419683	24644490	12810891	31097135	14340543	7559570	14836352	10094771	10255876	19902164	8869002	3238242
48900		22008	17391	317169	12286	254737	295870	486743	55556	457990	218343
2221029	570840	1933875	3995777	3262267	4316950	5315679	5756880	7554505	14778180	4730293	1473408
7149754	24073650	10855008	27083967	10761107	3230334	9265936	4042021	2214628	5068428	3680719	1546491
2023919	202017	1103693	3324062	2840675	4269018	4526592	5591122	7240979	13908945	4420213	1255112
319634	876504	603874	974550	1093797	219626	1066221	721360	409601	519320	659729	384142
133894	476577	298316	542249	279708	124515	279995	171587	151119	423774	130117	77374
982533	3772726	2271652	5060578	2180796	918936	1698519	988613	904494	3119651	755645	395569
74033	78911	77608	94313	75100	72122	59176	58244	59291	72739	57864	50713
2044165	3568879	6408066	8562936	4630292	1294175	5021729	2605344	4030649	5551998	3338153	1838640
2824473	2671015	3916318	7805165	5264551	1348245	5531346	3074066	4311624	6260448	3966838	1920937
1601646	1583959	2393498	5059124	2587921	612493	4412845	1998302	2710260	4377262	2638609	1519482
950013	1955719	3396079	9335014	3134726	769510	5520515	2739974	2615757	5558568	2662608	1664752
392512	481250	505048	593461	547629	178335	792729	692677	628786	1208206	655467	311539
532890	731155	724438	717077	750571	260067	884222	674547	1050020	1057373	864526	403858
76017		38819	62816	596481	19422	450483	544517	798896	121323	879649	394592
6812520	10404417	7383230	15280784	9007018	1115110	9272876	3479492	1455680	3415482	2702452	1115442
21343	38645	17386	65996	17886	7162	28476	39690	100380	157376	12700	3667
40	35	36	51	70	19	59	75	22	14	52	27
40498	60812	47257	51180	64241	14774	71430	56292	22401	13039	55746	35200
52	53	84	73	181	28	132	89	59	27	95	65
58521	61914	82796	103121	145666	30837	124045	119415	37216	21479	76636	38426
101	114	163	183	305	54	287	100	93	34	122	72
22457	28755	36969	41747	79798	13522	71072	29932	19530	9083	35723	15673
211	312	266	427	592	118	375	386	181	142	386	353
25	37	20	28	41	8	26	9	11	4	9	6
5109	22444	8209	9273	11742	2070	5811	3427	1467	1407	3047	3005
4959	20382	7506	8731	11102	1777	5723	2311	1346	857	1873	2118
7694	36002	13666	15474	14175	2656	10232	6579	2680	2106	5556	4095
2932	11384	4365	5250	5028	939	3698	2218	944	789	1849	1319

1-34 广州开发区国民经济主要指标

Main Indicators of National Economy of Guangzhou Development Zone

项目	Item	2013	2014
年末社会从业人员 (人)	Year-end Employed Persons (person)	410715	440110
# 工业从业人员	Employed Persons in Industry	333787	323239
地区生产总值 (万元)	Gross Domestic Product (10000 yuan)	21100057	22123704
第一产业	Primary Industry	69730	64740
第二产业	Secondary Industry	14796139	15270278
第三产业	Tertiary Industry	6234188	6788686
地区生产总值中:	In Gross Domestic Product		
工　业	Industry	13976108	14397481
建筑业	Construction	820031	872796
固定资产投资额 (万元)	Investment in Fixed Assets (10000 yuan)	5598256	5785712
# 基础(公共)设施	Infrastructure	1600595	1655789
工业项目	Industry	1758421	1723125
区内税收 (万元)	Tax (10000 yuan)	4254639	4585578
利润总额 (万元)	Total Profits (10000 yuan)	4439565	4619577
# 工业利润	Industry	3649067	3357917
地方可支配财力 (万元)	Local Disposable Financial Resources (10000 yuan)	2075952	2585806
地方财政支出 (万元)	Local Government Financial Expenditure (10000 yuan)	1938102	2214507
工业总产值 (万元)	Gross Industrial Output Value (10000 yuan)	51809200	53488027
# 港澳台企业产值	Enterprises with Funds from Hong Kong, Macao and Taiwan	45373227	45847643
工业销售产值 (万元)	Output Value of Industrial Products Sold (10000 yuan)	48215048	51043624
商品销售总额 (万元)	Total Sales of Industrial Products (10000 yuan)	25653100	26711636
外贸出口总值 (万美元)	Total Exports (USD 10000)	1535647	1659000
外贸进口总值 (万美元)	Total Imports (USD 10000)	2029077	1994000
利用外资项目(合同)数 (个)	Number of Projects (Contracts) for Utilization of Foreign Capital(USD 10000)	97	63
合同利用外资金额(万美元)	Contracted Value of Foreign Capital to be Utilized (USD 10000)	220627	231548
实际利用外资 (万美元)	Total Amount of Foreign Capital Actually Used (USD 10000)	149634	157376
# 外商直接投资	Direct Foreign Investment	149634	157376
在校学生数 (人)	Students Enrollment (person)	41688	43641
# 中学生	Number of Students Enrollment of Secondary Schools	13734	13039
小学生	Number of Students Enrollment of Primary Schools	19828	21479
专业卫生技术人员 (人)	Medical Technical Personnel (person)	2511	1756

注：1．广州开发区包括广州经济技术开发区、广州保税区、广州高新技术产业开发区和广州出口加工区。
2．受2013年南方航空集团公司上报数据口径调整影响，开发区利润总额数据口径进行相应调整。

Note: I.The indicators include Guangzhou economic and technological development zone, Guangzhou bonded zone, Guangzhou hi-tech development zone and Guangzhou exportance manufacturing district.

II.The new coverage of Total Profits of Guangzhou Development Zone has been adopted because of the adjustment of the data coverage of China southern airlines group in 2013.

1-35 广州保税区国民经济主要指标
Main Indicators of National Economy of Guangzhou Bonded Zone

项目	Item	2013	2014
工业增加值 (万元)	Value-added of Industry (10000 yuan)	195867	146022
工业总产值 (万元)	Gross Industrial Output Value (10000 yuan)	753335	618211
固定资产投资额 (万元)	Investment in Fixed Assets (10000 yuan)	136701	114072
外贸出口总值 (万美元)	Total Exports (USD 10000)	110407	
合同利用外资金额(万美元)	Foreign Capital to be Utilized in the Signed Agreements and Contracts(USD 10000)	2900	435
实际利用外资 (万美元)	Foreign Capital Actually Utilized (USD 10000)	1358	1256
外商投资企业	Foreign Investment Enterprises		
项目(合同)数 (个)	Number Of Projects (Contracts) (unit)	5	2
项目总投资 (万美元)	Total Investment of Projects (USD 10000)	12310	495
国内投资企业	Domestic Investment Enterprises		
批准项目数 (个)	Number of Projects Approved (unit)	44	43
注册资本 (万元)	Registered Capital (10000 yuan)	17560	6613
进出区货物总值 (万美元)	Total Value of Imports and Exports (USD 10000)	350813	13100
#出口总值 (万美元)	Exports (USD 10000)	110407	
进口总值 (万美元)	Imports (USD 10000)	240406	
税收总额 (万元)	Total Taxes (10000 yuan)	87070	80000

1-36 广州高新技术产业开发区国民经济主要指标
Main Indicators of National Economy of Guangzhou Hi-tech Development Zone

项目	Item	2013	2014
营业总收入 (万元)	Revenue (10000 yuan)	46801779	50291859
工业总产值 (万元)	Gross Industrial Output Value (10000 yuan)	35014146	36103576
高新区企业数 (个)	Number of Enterprises in Development Zone (unit)	5317	5357
认定高新技术企业数(个)	Number of Enterprises Certified (unit)	902	938
港澳台企业数 (个)	Number of Enterprises with Funds from Hong Kong, Macao and Taiwan (unit)	1387	1380
职工人数 (人)	Number of Staff and Workers (person)	448690	440023
利税总额 (万元)	Total Profits and Taxes (10000 yuan)	3672230	4272685
合同利用外资 (万美元)	Foreign Capital to be Utilized in the Signed Agreements and Contracts(USD 10000)	20179	51470
实际利用外资 (万美元)	Foreign Capital Actually Utilized (USD 10000)	62324	48890

1-37 私营企业基本情况（2014年末，按行业分）

项　　目	Item
总　计	**Total**
农林牧渔业	Agriculture, Forestry, Animal Husbandry and Fishing
采矿业	Mining
制造业	Manufacturing
电力、热力、燃气及水生产和供应业	Production and Supply of Electricity, Heat,Gas and Water
建筑业	Construction
批发和零售业	Wholesale and Retail Trade
交通运输、仓储和邮政业	Transport, Storage and Post
住宿和餐饮业	Hotels and Catering Services
信息传输、软件和信息技术服务业	Information Transmission, Software and Information Technology
金融业	Financial Intermediation
房地产业	Real Estate
租赁和商务服务业	Leasing and Business Services
科学研究和技术服务业	Scientific Research and Technical Services
水利、环境和公共设施管理业	Management of Water Conservancy, Environment and Public Facilities
居民服务、修理和其他服务业	Service to Households, Repair and Other Services
教育	Education
卫生和社会工作	Health and Social Service
文化、体育和娱乐业	Culture, Sports and Entertainment
其他	Others

注:本表数据由广州市工商行政管理局提供。

Basic Statistics on Private Enterprises (Year-end of 2014, by Sector)

全 市 Total			# 城 镇 Urban Areas		
户 数 (户) Number of Enterprises (unit)	投资者和雇工人数 (人) Investors and Employees (person)	注册资金 (万元) Registered Capital (10000 yuan)	户 数 (户) Number of Enterprises (unit)	投资者和雇工人数 (人) Investors and Employees (person)	注册资金 (万元) Registered Capital (10000 yuan)
364784	**1016747**	**76417091**	**301254**	**823517**	**64260058**
1323	4464	350133	1059	3375	285935
20	191	7006	17	140	6863
51270	193320	7531683	39472	134790	5841816
125	635	67710	105	538	65005
16526	45963	4908467	13711	38893	4095830
137149	338614	16081528	113903	280259	13794967
10946	27633	1995493	9028	23086	1709031
6717	22305	398803	5647	16102	335092
10673	35262	3006697	9473	31985	2724451
380	1569	2503729	285	1358	2081497
11748	35277	5744402	9327	29353	3965278
53823	143955	22734456	45655	124572	19808602
49362	123156	9358740	41125	104449	8006484
754	3156	200211	613	2656	163577
6570	20798	396068	5389	15535	347245
498	1273	47879	413	1148	43710
318	2074	107517	250	1098	82655
6582	17102	976569	5782	14180	902020

Note: The data in this table are provided by Guangzhou Municipal Administration for Industry and Commerce.

1-38 私营企业基本情况（2014年末，按地区分）

Basic Statistics on Private Enterprises (Year-end of 2014, by Region)

项 目	Item	年末户数（户） Number of Enterprises at Year-end (unit)	年末人数（人） Number of Personnel at Year-end (person)	投资者人数 Numbers of Investors	雇工人数 Number of Employees
合 计	**Total**	**364784**	**1016747**	**679991**	**336756**
# 荔湾分局	Liwan Department	17485	45542	32662	12880
越秀分局	Yuexiu Department	36352	97338	69220	28118
海珠分局	Haizhu Department	34009	79754	60453	19301
天河分局	Tianhe Department	88942	210095	169040	41055
白云分局	Baiyun Department	66092	156779	117314	39465
黄埔分局	Huangpu Department	10044	28484	19204	9280
番禺分局	Panyu Department	44225	148820	78828	69992
花都分局	Huadu Department	17831	54700	31336	23364
南沙分局	Nansha Department	6070	21484	11112	10372
萝岗分局	Luogang Department	9106	25102	19030	6072
增城分局	Zengcheng Department	14440	66234	25760	40474
从化分局	Conghua Department	4380	23122	8018	15104

1-39 城乡个体工商业基本情况

Basic Statistics on Individual Business in Urban and Rural Areas

年 份 Year	期末户数 (户) Number of Year-end Enterprises (unit)	从业人数 (人) Number of Employees (person)	注册资金 (万元) Registered Capital (10000 yuan)
2000	226016	380941	404995
2001	250672	427923	490425
2002	245505	415817	660203
2003	230229	360809	585762
2004	244756	375349	546263
2005	285557	446874	592574
2006	308655	492191	603861
2007	417392	633234	701374
2008	469128	710642	754857
2009	552031	858694	912604
2010	596854	953510	999560
2011	661026	1031588	1166051
2012	675449	1055281	1262195
2013	716711	1127338	1434127
2014	739923	1169148	1604837

注:本表数据由广州市工商行政管理局提供。

Note: The data in this table are provided by Guangzhou Municipal Administration for Industry and Commerce.

1-40 城乡个体工商业基本情况（2014年末，按行业分）

项　　目	Item
总　　计	**Total**
# 农林牧渔业	Agriculture, Forestry, Animal Husbandry and Fishing
采矿业	Mining
制造业	Manufacturing
电力、热力、燃气及水生产和供应业	Production and Supply of Electricity, Heat,Gas and Water
建筑业	Construction
批发和零售业	Wholesale and Retail Trade
交通运输、仓储和邮政业	Transport, Storage and Post
住宿和餐饮业	Hotels and Catering Services
信息传输、软件和信息技术服务业	Information Transmission, Software and Information Technology
金融业	Financial Intermediation
房地产业	Real Estate
租赁和商务服务业	Leasing and Business Services
科学研究和技术服务业	Scientific Research and Technical Services
水利、环境和公共设施管理业	Management of Water Conservancy, Environment and Public Facilities
居民服务、修理和其他服务业	Service to Households, Repair and Other Services
教育	Education
卫生和社会工作	Health and Social Service
文化、体育和娱乐业	Culture, Sports and Entertainment

注:本表数据由广州市工商行政管理局提供。

Basic Statistics on Individual Business in Urban and Rural Areas (Year-end of 2014, by Sector)

户 数 (户) Number of Enterprises (unit)	# 城 镇 Urban Areas	从业人员 (人) Number of Employed Persons (person)	# 城 镇 Urban Areas	注册资金 (万元) Registered Capital (10000 yuan)	# 城 镇 Urban Areas
739923	**725128**	**1169148**	**1143554**	**1604837**	**1548152**
4388	3970	9869	8669	96227	81605
1	1	1	1	18	18
61998	60079	206015	198850	222675	211266
119	52	229	102	11778	1835
3834	3729	7297	7099	13658	13310
536795	527533	685015	673545	901766	889333
7162	7111	10846	10756	22898	22687
58740	57320	134235	131364	176710	171721
998	945	1330	1260	1317	1259
842	826	1415	1386	3576	3236
9884	9706	16846	16553	22567	22186
3832	3742	6447	6318	7119	7001
63	61	127	118	242	236
48115	46932	82182	80290	97564	95865
288	288	611	611	1094	1094
572	564	1957	1947	14284	14229
2292	2269	4726	4685	11344	11271

Note: The data in this table are provided by Guangzhou Municipal Administration for Industry and Commerce.

1-41 内资企业基本情况（2014年末）

项　　目	Item
总　计	**Total**
按行业分	**Grouped by Sector**
农林牧渔业	Agriculture, Forestry, Animal Husbandry and Fishing
采矿业	Mining
制造业	Manufacturing
电力、热力、燃气及水生产和供应业	Production and Supply of Electricity, Heat,Gas and Water
建筑业	Construction
批发和零售业	Wholesale and Retail Trade
交通运输、仓储和邮政业	Transport, Storage and Post
住宿和餐饮业	Hotels and Catering Services
信息传输、软件和信息技术服务业	Information Transmission, Software and Information Technology
金融业	Financial Intermediation
房地产业	Real Estate
租赁和商务服务业	Leasing and Business Services
科学研究和技术服务业	Scientific Research and Technical Services
水利、环境和公共设施管理业	Management of Water Conservancy, Environment and Public Facilities
居民服务、修理和其他服务业	Service to Households, Repair and Other Services
教育	Education
卫生和社会工作	Health and Social Service
文化、体育和娱乐业	Culture, Sports and Entertainment
其他	Others

注：1. 本表数据由广州市工商行政管理局提供。
　　2. 本表不包括私营企业。

Basic Statistics on Domestic-Funded Enterprises (Year-end of 2014)

企业数 (户) Numbers of Enterprises (unit)	# 国有企业 Stated-owned Enterprises	# 集体企业 Collective-owned Enterprises	# 公司 Corporations	# 其他企业 Other Enterprises	注册资金 (万元) Registered Capital (10000 yuan)
43821	**2987**	**5548**	**30546**	**4740**	**70084298**
320	55	86	172	7	140685
12	3	3	6		34602
3965	334	935	1605	1091	8539016
262	30	56	174	2	2067560
1897	250	244	1276	127	6863708
13568	930	2801	7717	2120	5923096
2320	350	170	1688	112	4010949
1418	174	96	771	377	923059
1338	11	14	1294	19	1122122
3567	10	1	3553	3	4767193
3812	150	517	3068	77	8814500
6152	376	293	5284	199	21607597
3201	175	144	2751	131	3925764
200	24	25	146	5	781357
859	56	109	331	363	85737
150	10	23	103	14	28535
119		4	110	5	93356
659	48	27	496	88	355447
2	1		1		15

Note: I. The data in this table are provided by Guangzhou Municipal Administration for Industry and Commerce.
II. This table excludes private enterprises.

1-42 规模以上其他服务业企业分行业主要财务指标(2014年)

Sector Finance Indicators of Other Service Industry above the Designated Size (2014)

单位：万元 (10000 yuan)

项目	Item	企业单位数(个) Number of Enterprises (unit)	#亏损企业 Unprofitable Enterprises	资产总计 Total Assets
总计	**Total**	**6025**	**1302**	**322749302**
# 交通运输、仓储和邮政业	Transport, Storage and Post	856	198	120388249
信息传输、软件和信息技术服务业	Information Transmission, Software and Information Technology	708	163	29669776
房地产业(物业管理和房地产中介)	Real Estate	791	176	13434752
租赁和商务服务业	Leasing and Business Services	1963	397	133252718
科学研究和技术服务业	Scientific Research and Technical Services	840	132	10189382
水利、环境和公共设施管理业	Management of Water Conservancy, Environment and Public Facilities	98	24	9577971
居民服务、修理和其他服务业	Service to Households, Repair and Other Services	269	50	529726
教育	Education	201	67	913235
卫生和社会工作	Health and Social Service	83	22	385635
文化、体育和娱乐业	Culture, Sports and Entertainment	216	73	4407859

1-42 续表 continued

单位：万元 (10000 yuan)

项目	Item	营业收入 Business Revenue	应付职工薪酬 Benefits Payable of the Employee	从业人员平均人数(人) Average Employed Persons (person)
总计	**Total**	**67117605**	**12920863**	**1328695**
# 交通运输、仓储和邮政业	Transport, Storage and Post	27480926	5584040	505477
信息传输、软件和信息技术服务业	Information Transmission, Software and Information Technology	10585505	1822375	140051
房地产业(物业管理和房地产中介)	Real Estate	2885740	861157	143950
租赁和商务服务业	Leasing and Business Services	15663844	2220360	280244
科学研究和技术服务业	Scientific Research and Technical Services	6520872	1379830	118120
水利、环境和公共设施管理业	Management of Water Conservancy, Environment and Public Facilities	878088	117982	14584
居民服务、修理和其他服务业	Service to Households, Repair and Other Services	639557	193164	44366
教育	Education	596122	244657	32614
卫生和社会工作	Health and Social Service	434616	133445	15796
文化、体育和娱乐业	Culture, Sports and Entertainment	1432337	363852	33493

1-43 规模以上其他服务业企业分区、县级市主要财务指标(2014年)

Finance Indicators of Other Service Industry above the Designated Size by District and County-level City(2014)

单位：万元 (10000 yuan)

项 目	Item	企业单位数(个) Number of Enterprises (unit)	#亏损企业 Unprofitable Enterprises	资产总计 Total Assets	营业收入 Business Revenue	应付职工薪酬 Benefits Payable of the Employee	从业人员平均人数(人) Average Employed Persons (person)
总 计	**Total**	**6025**	**1302**	**322749302**	**67117605**	**12920863**	**1328695**
荔湾区	Liwan	202	38	4330897	1399583	305566	35026
越秀区	Yuexiu	1446	331	119241458	20453796	4105273	430539
海珠区	Haizhu	1056	211	52044365	4763514	1195178	154378
天河区	Tianhe	1359	273	90473471	17663034	3175340	295471
白云区	Baiyun	605	154	25115070	12414786	2289441	185715
黄埔区	Huangpu	152	24	1275540	1287156	202873	33756
番禺区	Panyu	366	65	6304819	1692628	379468	62904
花都区	Huadu	154	28	1818327	706964	167497	25463
南沙区	Nansha	128	38	7427713	1818529	256289	23236
萝岗区	Luogang	360	71	12357194	4513988	705716	56018
增城市	Zengcheng	121	41	2095374	231863	85985	16031
从化市	Conghua	76	28	265075	171764	52239	10158

【地区生产总值】指按市场价格计算的一个地区所有常住单位在一定时期内生产活动的最终成果。

地区生产总值有三种核算方法，即生产法、收入法和支出法。三种方法分别从不同的角度反映国民经济生产活动成果。

支出法是从最终使用的角度反映生产活动最终成果的方法。最终使用包括最终消费支出、资本形成总额及货物和服务净流出三部分，计算公式为：支出法地区生产总值=最终消费支出+资本形成总额+货物和服务净流出。

【三次产业】根据社会生产活动历史发展的顺序对产业结构的划分，产品直接取自自然界的部门称为第一产业，对初级产品进行再加工的部门称为第二产业。为生产消费提供各种服务的部门称为第三产业。它是世界上通用的产业结构分类，但各国的划分不尽一致。第一产业增加值等于农林牧渔业增加值减去于农林牧渔服务业增加值；第二产业增加值等于工业增加值与建筑业增加值之和，减去开采辅助活动以及金属制品、机械和设备修理业增加值；第三产业增加值等于地区生产总值减去第一产业、第二产业增加值。

【最终消费支出】指常住单位为满足物质、文化和精神生活的需要，从本地区经济区域和地区外购买的货物和服务的支出。它不包括非常住单位在本地区经济区域内的消费支出。最终消费支出包括居民消费支出和政府消费支出。

【居民消费支出】指常住住户在一定时期内对货物和服务的全部最终消费支出，包括以货币形式购买的货物和服务，以实物报酬和实物转移方式获得的货物和服务，自产自用的货物和服务，自有住房服务，金融中介服务。

【政府消费支出】指政府部门为全社会提供公共服务的消费支出，等于政府部门的产出价值减去政府部门所获得的经营收入，政府部门产出价值等于它的经常性业务支出加上固定资产折旧。

【资本形成总额】常住单位在一定时期内获得减去处置的固定资产和存货的净额，包括固定资本形成总额和存货增加部分。

【固定资本形成总额】指常住单位在一定时期内购置、转入和自产自用的固定资产价值，扣除销售和转出的价值，包括有形固定资本形成总额和无形固定资本形成总额。

【存货增加】指常住单位在核算期内存货实物量变动的市场价值，即期末价值减期初价值的差额，再扣除当期由于价格变动而产生的持有收益。

【可比价格】指在不同时期的价值指标对比时，扣除了价格变动的因素，以确切反映物量的变化。按可比价格计算有两种方法：一种是直接用产品产量乘某一年的不变价格计算；另一种是用价格指数换算。

【平均每年增长速度】在我国计算平均增长速度有两种方法。一种是习惯上经常使用的"水平法"，又称几何平均法，是以间隔期最后一年的水平同基期水平对比来计算平均每年增长（或下降）速度；另一种是"累计法"，又称代数平均法或方程法，是以间隔期内各年水平的总和同基期水平对比来计算平均每年增长（或下降）速度。

在一般正常情况下，两种方法计算的平均每年增长速度比较接近。但在经济发展不平衡，出现大起大落时，两种方法计算的结果差别较大。

本年鉴内所列的平均每年增长速度，除固定资产投资、直接吸收外资是用"累计法"计算以外，其余均用"水平法"计算。从某年到某年平均增长速度的年份，均不包括基期年在内。如1979—2004年平均增长速度是以1978年为基期计算的，余类推。

【国有企业】指企业全部资产归国家所有，并按《中华人民共和国企业法人登记管理条例》规定登记注册的非公司制的经济组织。不包括有限责任公司中的国有独资公司。

【集体企业】指企业资产归集体所有，并按《中华人民共和国企业法人登记管理条例》规定登记注册的经济组织。

【股份合作企业】指以合作制为基础，由企业职工共同出资入股，吸收一定比例的社会资产投资组建，实行自主经营，自负盈亏，共同劳动，民主管理，按劳动分配与按股分红相结合的一种集体经济组织。

【联营企业】指两个及两个以上相同或不同所有制性质的企业法人或事业单位法人，按自愿、平等、互利的原则，共同投资组成的经济组织。联营企业包括国有联营企业、集体联营企业、国有与集体联营企业和其他联营企业。

【有限责任公司】指根据《中华人民共和国公司登记管理条例》规定登记注册，由2个以上，50个以下的股东共同出资，每个股东以其所认缴的出资额对公司承担有限责任，公司以其全部资产对其债务承担责任的经济组织。有限责任公司包括国有独资公司以及其他有限责任公司。

【股份有限公司】指根据《中华人民共和国公司登记管理条例》规定登记注册，其全部注册资本由等额股份构成并通过发行股票筹集资本，股东以其认购的股份对公司承担有限责任，公司以其全部资产对其债务承担责任的经济组织。

【私营企业】指由自然人投资设立或由自然人控股，以雇佣劳动为基础的营利性经济组织。包括按照《公司法》、《合伙企业法》、《私营企业暂行条列》以及《个人独资企业法》规定登记注册的私营有限责任公司、私营股份有限公司、私营合伙企业、私营独资企业和个人独资企业。

【其他内资企业】指国有企业、集体企业、股份合作企业、联营企业、有限责任公司、股份有限公司和私营企业之外的其他内资经济组织。

【与港澳台商合资经营企业】指港澳台地区投资者与内地企业依照《中华人民共和国中外合作经营企业法》及有关法律的规定，依照合作合同的约定进行投资或提供条件设立、分配利润、分担风险和亏损的企业。

【与港澳台商合作经营企业】指港澳台地区投资者与内地企业依照《中华人民共和国中外合作经营企业法》及有关法律的规定，依照合作合同的约定进行投资或提供条件设立、分配利润、分担风险和亏损的企业。

【港澳台商独资经营企业】指依照《中华人民共和国外资企业法》及有关法律的规定，在内地由港澳台地区投资者全额投资设立的企业。

【港澳台商投资股份有限公司】指根据国家有关规定，经商务部（原外经贸部）依法批准设立，其中港、澳、台商的股本占公司注册资本的比例达25%以上的股份有限公司。凡其中港、澳、台商的股本占公司注册资本的比例小于25%的，属于内资企业中的股份有限公司。

【其他港、澳、台商投资企业】指在中国境内参照《外国企业或个人在中国境内设立合伙企业管理办法》和《外商投资合伙企业登记管理规定》，依法设立的港、澳、台商投资合伙企业。

【中外合资经营企业】指外国企业或外国人与中国内地企业依照《中华人民共和国中外合资经营企业法》及有关法律的规定，按合同规定的比例投资设立、分享利润和分担风险的企业。

【中外合作经营企业】指外国企业或外国人与中国内地企业依照《中华人民共和国中外合作经营企业法》及有关法律的规定，依照合作合同的约定进行投资或提供条件设立、分享利润和分担风险的企业。

【外资企业】指依照《中华人民共和国外资企业法》及有关法律的规定，在中国内地由外国投资者全额投资设立的企业。

【外商投资股份有限公司】指根据国家有关规定，经商务部（原外经贸部）依法批准设立，其中外资的股本占公司注册资本的比例达25%以上的股份有限公司。凡其中外资股本占公司注册资本的比例小于25%的，属于内资企业中的股份有限公司。

【其他外商投资企业】指在中国境内依照《外国企业或个人在中国境内设立合伙企业管理办法》和《外商投资合伙企业登记管理规定》，依法设立的外商投资合伙企业。

【法人单位】指具备同时以下条件的单位：（1）依法成立、有自己的名称、组织机构和场所、能够独立承担民事责任；（2）独立拥有和使用（或授权使用）资产或者经费、承担负债、有权与其它单位签订合同；（3）具有包括资产负债表在内的账户，或者能够根据需要编制账户。法人单位包括企业法人、事业单位法人、机关法人、社会团体法人、民办非企业法人和其他法人。

【单产业法人】指只在一个地点，主要从事一种生产经营活动的法人单位。

【多产业法人】指坐落于两个及两个以上地点或主要从事两种及两种以上生产经营活动的，按照单位划分规定可以划分为两个或两个以上的产业活动单位的法人单位。

【产业活动单位】是法人单位的组成部分。产业活动单位应同时具备下列条件：（1）在一个场所从事一种或主要从事一种社会经济活动；（2）相对独立组织生产活动或经营活动；（3）能够提供收入和支出等相关资料。

【规模以上服务业】包括以下行业：交通运输、仓储和邮政业，信息传输、软件和信息技术服务业，租赁和商务服务业，科学研究和技术服务业，水利、环境和公共设施管理业，居民服务、修理和其他服务业，教育，卫生和社会工作，文化、体育和娱乐业，物业管理、房地产中介服务。规模以上服务业的划分标准是：居民服务、修理和其他服务业，文化、体育和娱乐业的年营业收入500万以上或从业人数50人以上的法人单位，规模以上服务业中的其他行业的年营业收入1000万以上或从业人数50人以上的法人单位。

【Gross Domestic Product】refers to the final products of all resident units of a country (or region) during a certain period of time. In the practice of national accounting, Gross Domestic Product is calculated by three approaches, i.e. product approach, income approach, and expenditure approach, respectively, to reflect Gross Domestic Product and its composition of different aspects. Expenditure approach refers to total expenditure on final consumption, total capital formation and net exports of goods and services by resident units of a country in a certain period of time.

【Three Strata of Industry】means the division of industrial structure according to the historical sequence of social productive activities. The sector which receives products directly from the nature is called the primary industry. The sector which re-processes primary products is called the secondary industry. The sector which offers various services for production and consumption is called the tertiary industry. This is a world universal classification of industrial structure. But it is different in different countries. As stated in China's standards on Classification of Sectors in National Economy Version 2002: The growth level of the primary industry is equals to the growth level of agriculture, forestry, animal husbandry and fishery minus the growth level of service industries of agriculture, forestry, animal husbandry and fishery; The growth level of secondary industry is equals to the sum of the growth level of industry and construction, minus the growth level of supporting activities for mining and repair industries of metal products, machinery and equipment.; The growth rate of the tertiary industry is equals to Gross Domestic Product minus the growth level of the primary and secondary industries.

Primary Industry: agriculture, forestry, animal husbandry and fishery (Including agriculture, forestry, animal husbandry and fishery sectors and services in support of these industries.

Secondary Industry: industry (including mining, manufacturing, production and supply of electricity, water and gas) and construction.

Tertiary Industry: any sector other than the primary or secondary industries.

【Final Consumption Expenditure】refers to the total expenditure of the resident units for purchases of goods and services from domestic economic territory and abroad to meet the requirements of material, cultural and spiritual life. It excludes the expenditure of nonresident units on consumption in the economic territory of the country. The final consumption expenditure is classified into household consumption expenditure and government consumption expenditure.

【Households Consumption Expenditure】refers to the total expenditure of resident households on the final consumption of goods and services, including the consumption of goods and services bought by the households directly with money, the goods and services provided to the households by the units in the form of payment in kind and transfer in kind; The goods and services produced and consumed by the households themselves, the services of house building possessed by themselves, the services of financial intermediary provided by the financial institutions.

【Government Consumption Expenditure】refers to the expenditure on the consumption of the public services provided by the government to the whole society. The former equals to the output value of the government services minus the value of operating income obtained by the government departments.(The output value of the government services equals to its current operating expenditure plus depreciation of fixed assets).

【Total Capital Formation】refers to the fixed assets acquired minus those disposed and the change in inventory, including the total fixed capital formation and the increase in inventory.

【Total Fixed Capital Formation】refers to the value of fixed assets purchased, transferred in by the resident units and those produced and used by themselves deducting the value of fixed assets sold and transferred out. It can be classified into total tangible capital formation and total intangible capital formation.

【Increase in Inventory】 refers to the market value of the change in inventory, i.e. the balance of value between the beginning and the end of the period minus the income produced by the change of prices in the current period .

【Comparable Prices】All factors of price change are deducted when comparing indicators over time to reflect accurately the changes in real term. Two methods are used for calculating comparable prices:1.output by constant price of certain year; 2. output in current prices divided by relevant price index.

【Average Annual Growth Rate】Two methods for calculating Average Annual Growth Rate are applied in China, one is often called"level approach"or geometry average, which is derived by comparing the growth rate for the last year of the interval with that of the beginning year; the other is called "accumulating approach"or algebraic average of equation method, which is calculated by comparing the total growth rate of each year for the interval with that of base year.

Usually the results calculated by the two methods are fairly close, but they differ sharply when imbalance occurred in economic development with striking fluctuations in growth.

The Average Annual Growth Rates listed in this statistical yearbook are calculated by "level approach" except for the growth rate of investment in fixed assets and foreign capital absorbed. The base years are not listed when the years are listed for average annual growth rates, for instance the average annual growth rate of 19792004 is calculated with the base year 1978.And the analogy of this is also for the rest.

【The state-owned enterprises】are economic organizations whose assets are solely owned by the state and whose registrations are made according to "Regulations of the People's Republic of China for Controlling the Registration of Enterprises as legal Persons." Excluding the state-owned solely enterprises of liability limited companies.

【The collective-owned enterprises】are economic organizations whose assets are owned by the collective and whose registration are made according to"Regulations of the People's Republic of China for Controlling the Registration of Enterprises as Legal Persons."

【Joint stock cooperative enterprises】are a kind of collective economic organizations based on a cooperative system. In addition to the shares bought by their workers and staff, the enterprises also absorb a certain percentage of social capital. They enjoy staff, the autonomy in operation and take care of their own losses and profits. The shareholding work together, conduct democratic management, and combine distribution according to one's performance with sharing out profits according to shares.

【Joint operation enterprises】refer to economic organizations set up with joint investment from legal persons of two or more enterprises of different ownerships or institutions according to principle of voluntary participation, equality and mutual benefit. They include state-owned joint operation enterprises, collective joint operation enterprises, state-collective joint operation enterprises and other types of joint operation enterprises.

【Company with limited liability】is a company registered in accordance with the "Regulations of the People's Republic of China on Administration of Company Registration."Its investment comes from more than 2 and less than 50 shareholders. Each shareholder assumes limited liability for the company according to his subscription to capital stock. The company assumes liabilities for its debts according to all its assets. Such economic organizations include solely state invested companies and other types of companies with limited liability.

【The joint stock company limited】refers to economic organizations registered in accordance with the"Regulations of the People's Republic of China on Administration of Company Registration."All its registered capital is composed of shares of equal value and its capital is collected through share issuing. The shareholders bear limited liability for the company according to the amount of shares they have bought from the company and the company assumes liabilities for its debts according to all its assets.

【Private enterprise】refers to profit making economic organizations set up with investment from natural persons or with controlling interest in the hands of natural persons who employ laborers for operation. Such enterprises include private companies with limited liability, private joint stock companies limited, private partnership enterprises and solely individual invested enterprises, which are registered according to the "Company Law","Partnership Enterprises Law","Temporary Regulations of Private Enterprises" and "Individual Proprietorship Enterprise Law".

【Other domestic companies】refers to other economic organizations exclude the state-owned enterprises, the collective-owned enterprises, joint stock cooperative enterprises, joint operation enterprises, company with limited liability, the joint stock company limited, private enterprise.

【The enterprise with investment from Hong Kong, Macao and Taiwan investors】refer to those established according to the "Law of the People's Republic of China on Chinese foreign Joint Ventures"and regulations stipulated in relevant laws, by investors from those regions and the Chinese mainland enterprises with contracted share of investment and sharing profits and ventures between the parties.

【Cooperative ventures with Hong Kong, Macao and Taiwan investors】refer to enterprises jointly set up by investors from Hong Kong, Macao and Taiwan and mainland enterprises according to the "Law of the People's Republic of China on Chinese foreign Contractual Joint Ventures" and other relevant regulations. They invest or provide conditions for establishment, decide profit distribution, and share risks according to provisions prescribed in the cooperative venture contracts.

【Solely invested Hong Kong, Macao and Taiwan enterprises】refer to enterprises set up on the mainland according to the "Law of the People's Republic of China on Foreign Capital Enterprises and solely invested by investors from Hong Kong, Macao and Taiwan."

【The joint stock company limited funded by investors from Hong Kong, Macao and Taiwan】 refers to any joint stock company limited that is set up according relevant state regulations and is approved by the Ministry of Commerce of PRC (former Ministry of Foreign Economic Relations and Trade). The investment from Hong Kong, Macao and Taiwan investors must account more than 25 percent of the company's total capital. If such investment is less than 25 percent, it shall be classified as a joint stock company limited invested by domestic investors.

【 Other invested Hong Kong, Macao and Taiwan enterprises】 refer to the Hong Kong, Macao and Taiwan enterprises set up on the mainland according to the "Law of the People's Republic of China on Foreign enterprises or individuals to establish a partnership enterprises"and "Foreign-invested Partnership Enterprise Registration Regulations".

【The Sino foreign joint ventures】 refers to any enterprise that is jointly set up by foreign enterprises or foreigners with Chinese enterprises in accordance with the "Law of the People's Republic of China on Joint Ventures with Chinese and Foreign Investment." The investors shall put in investment, share profits and risks according to the contract on the joint venture.

【The foreign capital enterprise】 refers to any enterprise that is set up on the Chinese mainland according to the "Law of the People's Republic of China on Foreign Capital Enterprises" and with all its investment coming from foreign investors.

【The foreign-invested joint stock company limited】 refers to any joint stock company limited that is set up according to relevant state regulations and is approved by the Ministry of Foreign Economic Relations and Trade. The foreign investment must account more than 25 percent of the company's total capital .If such investment is less than 25 percent, it shall be classified as a joint stock company limited invested by Chinese investors.

【 Other foreign capital enterprises】 refer to the foreign capital enterprises set up on the mainland according to the Ministry of Commerce of PRC (former Ministry of Foreign Economic Relations and Trade) on Foreign enterprises or individuals to establish a partnership enterprises"and "Foreign-invested Partnership Enterprise Registration Regulations".

【 Legal entities】 Refers to a unit meet the following conditions at the same time: Established by law, it has its own name, organization and location, ability to independently bear civil liability; Independently owned and use (or authorize the use of) assets or funds, assume liabilities, and entitled to sign contracts with other units; Having accounts including balance sheet, including, or can prepare accounts according to needs. Legal entities including corporate, legal institutions, corporate bodies, corporate social groups, private non-enterprise legal persons and other legal entities.

【Single-industry Legal entities】 refers to the legal entities at only one location and mainly one production and business activities .

【Multi-industry Legal entities】 refers to the legal entities located in two or more locations or mainly engaged in two kinds and two or more production and business activities, in accordance with the provisions of the unit can be divided into two or more of the industrial units of legal entities.

【Industrial units】 is part of Legal entities. Industrial units should also meet the following conditions: engaged in a place or primarily in a social economic activities; a relatively independent production activities or operating activities; the ability to provide income and expenditure and other related information.

【Service Industry above the Designated Size】 includes the following sectors: Transport, Storage and Post,Information Transmission, Software and Information Technology ,Leasing and Business Services, Scientific Research and Technical Services,Management of Water Conservancy, Environment and Public Facilities,Service to Households, Repair and Other Services,Education, Health and Social Service,Culture, Sports and Entertainment,Property Management, Real Estate Intermediary Services.

第二篇 CHAPTER 2

人口
POPULATION

第二篇　人　口

一、本篇资料2—7表中2006～2009年的常住人口数根据2010年第六次全国人口普查结果进行了修正。2—9表中的婴儿死亡率和2—13表数据由广州市卫生和计划生育委员会提供，其他资料均由广州市公安局提供。

二、本篇资料由广州市统计局人口和社会科技统计处整理提供。

三、本篇资料中的农业与非农业人口统计，2003年以前按户口性质分类。从2003年开始，非农业人口的统计口径根据省公安厅《转发公安部办公厅关于修改人口统计年报表等有关问题的通知》（广公（办）字[2003]146号）调整为：设区市的区和不设区市的市区所辖街道办事处区域内的常住人口和市辖镇、县辖镇所辖居民委员会或镇政府驻地村委会区域内的常住人口按非农业人口统计。表2—3和表2—4中自2003年起的农业人口和非农业人口均按新口径列出。

2 Population

I. Table 2-7 Data in this chapter of the resident population data for 2006- 2009, according to the sixth national census in 2010 the results were correct. The death rate of infants in table 2-9 and table 2-13 is provided by Healty and Family Planning Commission of Guangzhou Municipality, the other data on household population are provided by the Public Security Bureau of Guangzhou Municipality.

II. The data in this chapter are prepared by the Division of Population, Social, Science and Technology Statistics of Guangzhou Statistics Bureau.

Ⅲ The agricultural population and nonagricultural population in this chapter were cataloged by residence registration before 2003.Since 2003 the statistical coverage of nonagricultural population has been adjusted in accordance with The Notice about Some Items on Changing the Annual Reporting Tables of Population Statistics Transmitted from the Ministry of Public Security stipulated by Guangdong Provincial Bureau of Public Security. The permanent population living in the region of sub-district offices under the jurisdiction of districts, neighborhood committees under the jurisdiction of towns and village committees where town governments seat are cataloged to non-agricultural population. The agricultural population and nonagricultural population since 2003 in table 2-3 and table 2-4 are cataloged on new coverage.

2-1 主要年份全市年末户籍总户数、总人口数

Total Registered Households and Population at Year-end in Main Years

年 份 Year	总户数 (户) Total Households (household)	总人口 (人) Total Population (person)	男 Male	女 Female	性别比 (女=100) Sex Ratio (Female=100)
1978	1145925	4828961	2454010	2374951	103.33
1979	1166403	4933902	2506207	2427695	103.23
1980	1162717	5018638	2549801	2468837	103.28
1985	1369661	5449820	2786389	2663431	104.62
1986	1414794	5554073	2844443	2709630	104.98
1987	1462530	5650761	2898250	2752511	105.29
1988	1514705	5769101	2964697	2804404	105.72
1989	1565517	5854265	3009581	2844684	105.80
1990	1641840	5942534	3055107	2887427	105.81
1991	1675951	6022186	3096991	2925195	105.87
1992	1722833	6122016	3151204	2970812	106.07
1993	1825541	6236647	3210324	3026323	106.08
1994	1832571	6370241	3284477	3085764	106.44
1995	1871894	6467115	3334356	3132759	106.44
1996	1905998	6560508	3380751	3179757	106.32
1997	1945905	6664862	3432921	3231941	106.22
1998	2007082	6741400	3469164	3272236	106.02
1999	2044756	6850024	3522913	3327111	105.89
2000	2100434	7006896	3605481	3401415	106.00
2001	2135837	7125979	3670177	3455802	106.20
2002	2162532	7206229	3705036	3501193	105.82
2003	2202851	7251888	3722168	3529720	105.45
2004	2259730	7376720	3779757	3596963	105.08
2005	2302890	7505322	3839680	3665642	104.75
2006	2346536	7607220	3883760	3723460	104.31
2007	2382491	7734787	3942645	3792142	103.97
2008	2425582	7841695	3990328	3851367	103.61
2009	2474396	7946154	4036898	3909256	103.27
2010	2526804	8061370	4089885	3971485	102.98
2011	2595686	8145797	4125784	4020013	102.63
2012	2646091	8222969	4158292	4064677	102.30
2013	2706068	8323096	4201393	4121703	101.93
2014	2765020	8424169	4244403	4179766	101.55

2-2 主要年份市区年末户籍总户数、总人口数

Total Registered Households and Population at Year-end in Urban Districts in Main Years

年 份 Year	总户数 (户) Total Households (household)	总人口 (人) Total Population (person)			性别比 (女=100) Sex Ratio (Female=100)
			男 Male	女 Female	
1978	706489	2831152	1455415	1375737	105.79
1979	730562	2936562	1508759	1427803	105.67
1980	738713	3026616	1554369	1472247	105.58
1985	883946	3288825	1698995	1589830	106.87
1986	918079	3359183	1739400	1619783	107.38
1987	953833	3417112	1771721	1645391	107.68
1988	993598	3490927	1815040	1675887	108.30
1989	1025382	3543943	1842415	1701528	108.28
1990	1054065	3579360	1860333	1719027	108.22
1991	1071417	3620203	1882611	1737592	108.35
1992	1097483	3672099	1912043	1760056	108.64
1993	1132152	3726270	1941594	1784676	108.79
1994	1155033	3803148	1986363	1816785	109.33
1995	1172637	3853751	2013560	1840191	109.42
1996	1193230	3901840	2037940	1863900	109.34
1997	1211123	3956521	2066387	1890134	109.32
1998	1229851	3993008	2081552	1911456	108.90
1999	1248357	4054958	2111591	1943367	108.66
2000(八区)(Eight Districts)	1272083	4139045	2158187	1980858	108.95
2000(十区)(Ten Districts)	1734902	5666812	2923865	2742947	106.60
2001	1765120	5769691	2977916	2791775	106.67
2002	1796157	5838920	3006336	2832584	106.13
2003	1832288	5882553	3023587	2858966	105.76
2004	1876081	5999184	3076779	2922405	105.28
2005	1927850	6172839	3160713	3012126	104.93
2006	1969169	6253289	3193861	3059428	104.39
2007	1998038	6367621	3246059	3121562	103.99
2008	2036487	6458299	3285790	3172509	103.57
2009	2079996	6546788	3324760	3222028	103.19
2010	2132479	6642840	3367607	3275233	102.82
2011	2197876	6713181	3396151	3317030	102.39
2012	2240751	6779677	3422611	3357066	101.95
2013	2286650	6866389	3458706	3407683	101.50
2014	2324668	6949637	3492078	3457559	101.00

2-3 主要年份全市年末户籍常住户口户数、常住户口人口数

Permanent Registered Households and Population at Year-end in Main Years

年 份 Year	总户数 (户) Total Households (household)	人口数 (人) Total Population (person)		
			农业人口 Agricultural Population	非农业人口 Non-agricultural Population
1978	1145925	4815417	2500559	2314858
1979	1166403	4919189	2480519	2438670
1980	1162717	5000658	2444826	2555832
1985	1369170	5431487	2475329	2956158
1986	1414007	5532926	2485169	3047757
1987	1461719	5632622	2492576	3140046
1988	1513715	5750293	2484339	3265954
1989	1564202	5837019	2475068	3361951
1990	1641063	5918462	2504602	3413860
1991	1674843	5997893	2514973	3482920
1992	1721098	6095547	2537164	3558383
1993	1784571	6204135	2450263	3753872
1994	1831663	6338332	2465936	3872396
1995	1871173	6433241	2480482	3952759
1996	1905305	6532967	2500263	4032704
1997	1945526	6629339	2520700	4108639
1998	2006279	6704699	2531875	4172824
1999	2042447	6807635	2551340	4256295
2000	2090384	6939568	2578513	4361055
2001	2127840	7058885	2548091	4510794
2002	2162199	7171300	2297622	4873678
2003	2202124	7226882	990540	6236342
2004	2251393	7348972	828510	6520462
2005	2294825	7466206	784226	6681980
2006	2330293	7573939	782154	6791785
2007	2361299	7701900	787611	6914289
2008	2402885	7802474	760735	7041739
2009	2450739	7917646	806140	7111506
2010	2510473	8042445	820905	7221540
2011	2580335	8129427	806652	7322775
2012	2646091	8222969	782640	7440329
2013	2706068	8323096	792254	7530842
2014	2765020	8424169	761300	7662869

注：从2003年开始，农业人口、非农业人口资料采用新口径，新口径见第二篇简要说明。

Note: Since 2003 agricultural population and non-agricultural population has been calculated on new coverage.

2-4 主要年份市区年末户籍常住户口户数、常住户口人口数

Permanent Registered Households and Population at Year-end in Urban Districts in Main Years

年 份 Year	总户数 (户) Total Households (household)	人口数 (人) Total Population (person)	农业人口 Agricultural Population	非农业人口 Non-agricultural Population
1978	706489	2824263	761874	2062389
1979	730562	2929107	749647	2179460
1980	738713	3017029	731851	2285178
1985	883612	3273789	704242	2569547
1986	917449	3341057	691196	2649861
1987	953562	3401192	682976	2718216
1988	993263	3473936	662606	2811330
1989	1024797	3528713	644870	2883843
1990	1053971	3560658	646377	2914281
1991	1070730	3599347	646165	2953182
1992	1096423	3649764	654190	2995574
1993	1131776	3696322	659291	3037031
1994	1154793	3774178	660395	3113783
1995	1172515	3823234	656520	3166714
1996	1192970	3877482	656072	3221410
1997	1211021	3923866	656545	3267321
1998	1229635	3960411	654134	3306277
1999	1248048	4018469	653076	3365393
2000(八区)(Eight Districts)	1271778	4091372	652572	3438800
2000(十区)(Ten Districts)	1734590	5615121	1601135	4013986
2001	1764636	5720453	1565645	4154808
2002	1795951	5818625	1306224	4512401
2003	1831615	5863528		5863528
2004	1873767	5983252		5983252
2005	1925747	6140648		6140648
2006	1957650	6231192		6231192
2007	1985702	6346458		6346458
2008	2023547	6431863		6431863
2009	2067034	6532138		6532138
2010	2124161	6632943		6632943
2011	2188982	6703907		6703907
2012	2240751	6779677		6779677
2013	2286650	6866389		6866389
2014	2324668	6949637		6949637

注：从2003年开始，农业人口、非农业人口资料采用新口径，新口径见第二篇简要说明。

Note: Since 2003 agricultural population and non-agricultural population has been calculated on new coverage.

2-5 主要年份全市户籍总人口自然变动情况

Statistics on Natural Changes of Total Registered Population in Main Years

单位:人、‰ (person, ‰)

年份 Year	年平均人数 Annual Average Population	出生 Birth		死亡 Death		自然增长率 Natural Growth Rate
		人数 Population	出生率 Birth Rate	人数 Population	死亡率 Death Rate	
1978	4753314	73470	15.46	25283	5.32	10.14
1979	4860133	82891	17.06	26345	5.42	11.64
1980	4959822	80604	16.25	27643	5.57	10.68
1985	5402904	89630	16.59	28968	5.36	11.23
1986	5501946	91522	16.63	27839	5.06	11.57
1987	5602417	89106	15.90	28794	5.14	10.76
1988	5709931	86032	15.07	30265	5.30	9.77
1989	5811683	91402	15.73	30910	5.32	10.41
1990	5898400	88289	14.97	32388	5.49	9.48
1991	5982360	78680	13.15	30476	5.09	8.06
1992	6072101	79592	13.11	33588	5.53	7.58
1993	6179332	82515	13.35	34619	5.60	7.75
1994	6303444	78614	12.47	33349	5.29	7.18
1995	6418678	75867	11.82	35735	5.57	6.25
1996	6513812	78339	12.03	37216	5.71	6.32
1997	6612685	75184	11.37	35696	5.40	5.97
1998	6703131	67695	10.10	40981	6.11	3.99
1999	6795712	81485	11.99	39176	5.76	6.23
2000	6928460	71248	10.28	39987	5.77	4.51
2001	7066438	67542	9.56	37641	5.33	4.23
2002	7166104	61929	8.64	39673	5.54	3.10
2003	7229059	57277	7.92	41082	5.68	2.24
2004	7314304	69928	9.56	41961	5.74	3.82
2005	7441021	65840	8.85	41949	5.64	3.21
2006	7556271	67662	8.95	40936	5.42	3.53
2007	7671004	71332	9.30	42548	5.55	3.75
2008	7788241	79130	10.16	44420	5.70	4.46
2009	7893925	76482	9.69	42746	5.42	4.27
2010	8003762	99779	12.47	45571	5.69	6.78
2011	8103584	87024	10.74	44130	5.45	5.29
2012	8184383	101782	12.44	50538	6.17	6.27
2013	8273033	115813	14.00	44966	5.44	8.56
2014	8373633	113926	13.61	46767	5.59	8.02

2-6 主要年份市区户籍总人口自然变动情况

Statistics on Natural Changes of Total Registered Population in Urban Districts in Main Years

单位:人、‰ (person, ‰)

年 份 Year	年平均人数 Annual Average Population	出 生 Birth		死 亡 Death		自然增长率 Natural Growth Rate
		人 数 Population	出生率 Birth Rate	人 数 Population	死亡率 Death Rate	
1978	2770944	35159	12.69	14743	5.32	7.37
1979	2869515	39601	13.80	15832	5.52	8.28
1980	2972122	40800	13.73	16519	5.56	8.17
1985	3255203	47881	14.71	17735	5.45	9.26
1986	3324004	48586	14.62	17444	5.25	9.37
1987	3388148	45697	13.49	17906	5.28	8.21
1988	3454020	46346	13.42	18952	5.49	7.93
1989	3517435	51914	14.76	19468	5.53	9.23
1990	3561652	44394	12.46	20329	5.71	6.75
1991	3599781	40250	11.18	19342	5.37	5.81
1992	3646151	39853	10.93	21507	5.90	5.03
1993	3699186	39478	10.67	22169	5.99	4.68
1994	3764709	36806	9.78	21511	5.71	4.07
1995	3828449	34888	9.11	22843	5.97	3.14
1996	3877796	37143	9.58	23259	6.00	3.58
1997	3929181	34205	8.71	22979	5.85	2.86
1998	3974765	30963	7.79	26096	6.57	1.22
1999	4023983	40782	10.13	25251	6.28	3.85
2000(八区)(Eight Districts)	4097002	35378	8.64	25009	6.10	2.54
2000(十区)(Ten Districts)	5613729	49805	8.87	33222	5.92	2.95
2001	5718252	48455	8.47	31613	5.53	2.94
2002	5804306	46978	8.09	32997	5.68	2.41
2003	5860737	46632	7.96	33780	5.76	2.20
2004	5940869	51212	8.62	34132	5.75	2.87
2005	6110655	52048	8.52	35170	5.76	2.76
2006	6213064	52564	8.46	33749	5.43	3.03
2007	6310455	59245	9.39	35709	5.66	3.73
2008	6412960	65466	10.21	37339	5.82	4.39
2009	6502544	62189	9.56	35732	5.49	4.07
2010	6594814	80581	12.22	37484	5.68	6.54
2011	6678011	71393	10.69	37424	5.60	5.09
2012	6746429	84396	12.51	41010	6.08	6.43
2013	6823033	90740	13.30	39001	5.72	7.58
2014	6908013	88561	12.82	40848	5.91	6.91

2-7 各区、县级市年末人口数(2005-2014年)

Population at Year-end by District and County-level City (2005-2014)

单位:万人 (10000 person)

区、县级市	District and County Level City	2005	2006	2007	2008	2009	2010	2011	2012	2013	2014
户籍人口	**Registered Population**										
全　市	Total	750.53	760.72	773.48	784.17	794.62	806.14	814.58	822.30	832.31	842.42
市　区	Urban Districts	617.28	625.32	636.77	645.83	654.68	664.29	671.32	677.97	686.64	694.96
荔湾区	Liwan	70.47	70.53	70.48	70.61	70.65	70.93	71.04	71.20	71.56	71.96
越秀区	Yuexiu	115.06	115.15	115.84	116.33	116.69	116.97	117.17	117.21	117.52	117.55
海珠区	Haizhu	87.70	89.05	90.79	92.31	93.73	95.28	96.75	97.74	98.89	99.81
天河区	Tianhe	61.97	64.54	69.00	71.66	74.53	77.06	78.51	79.63	80.95	82.43
白云区	Baiyun	76.07	76.77	77.65	78.99	80.65	83.19	84.66	86.31	88.15	89.83
黄埔区	Huangpu	19.27	19.36	19.55	19.71	19.85	19.97	20.15	20.42	20.64	20.93
番禺区	Panyu	93.08	94.76	97.51	98.92	99.92	100.39	100.86	80.81	82.06	83.57
花都区	Huadu	63.03	63.67	63.93	64.62	65.16	66.19	66.93	67.71	68.73	69.56
南沙区	Nansha	14.26	14.76	14.86	15.05	15.23	15.41	15.68	36.74	37.23	37.74
萝岗区	Luogang	16.37	16.73	17.16	17.63	18.27	18.90	19.57	20.20	20.91	21.58
县级市	Cities at County Level	133.25	135.40	136.71	138.34	139.94	141.85	143.26	144.33	145.67	147.46
增城市	Zengcheng	79.43	81.06	81.80	82.66	83.36	83.98	84.58	84.77	85.44	86.46
从化市	Conghua	53.82	54.34	54.91	55.68	56.58	57.87	58.68	59.56	60.23	61.00
常住人口	**Permanent Population**										
全　市	Total	949.68	996.66	1053.01	1115.34	1186.97	1270.96	1275.14	1283.89	1292.68	1308.05
市　区	Urban Districts	826.71	867.76	917.02	971.54	1034.25	1107.81	1111.42	1118.56	1126.48	1139.07
荔湾区	Liwan	71.08	73.80	77.11	80.74	84.91	89.82	89.15	89.31	88.92	89.14
越秀区	Yuexiu	98.34	100.66	103.69	107.03	110.98	115.73	114.89	114.95	114.09	114.65
海珠区	Haizhu	122.07	127.01	132.99	139.56	147.09	155.92	156.63	157.58	158.34	159.98
天河区	Tianhe	104.56	110.34	117.19	124.74	133.34	143.37	143.65	144.66	148.43	150.61
白云区	Baiyun	155.45	165.46	177.24	190.27	205.16	222.48	223.67	225.20	226.57	228.89
黄埔区	Huangpu	27.52	30.19	33.34	36.89	41.00	45.83	46.10	46.47	46.67	47.43
番禺区	Panyu	142.36	147.26	153.31	159.95	167.61	176.65	177.64	143.75	144.86	146.75
花都区	Huadu	67.93	71.91	76.61	81.79	87.70	94.59	94.86	95.64	96.48	97.51
南沙区	Nansha	17.80	19.03	20.46	22.06	23.89	26.01	26.77	62.33	62.51	63.53
萝岗区	Luogang	19.60	22.10	25.08	28.51	32.57	37.41	38.06	38.67	39.61	40.58
县级市	Cities at County Level	122.97	128.90	135.99	143.80	152.72	163.15	163.72	165.33	166.20	168.98
增城市	Zengcheng	75.70	79.88	84.83	90.29	96.51	103.76	104.14	104.92	105.18	106.97
从化市	Conghua	47.27	49.02	51.16	53.51	56.21	59.39	59.58	60.41	61.02	62.01

注：2006年～2009年常住人口数根据2010年第六次全国人口普查结果进行了修正。

Note: The permanent population from 2006 to 2009 are revised according to the Sixth National Population Census.

2-8 各区、县级市年末户籍户数、人口数（2014年）

Registered Households and Population at Year-end by District and County-level City (2014)

区、县级市	District and County-level City	户 数（户）Total Households (household)	人口数（人）Total Population (person)	男 male	女 female
全　市	**Total**	**2765020**	**8424169**	**4244403**	**4179766**
市　区	Urban Districts	2324668	6949637	3492078	3457559
荔湾区	Liwan	251963	719627	359895	359732
越秀区	Yuexiu	359378	1175447	583515	591932
海珠区	Haizhu	353039	998089	500577	497512
天河区	Tianhe	250501	824338	419827	404511
白云区	Baiyun	304604	898284	450874	447410
黄埔区	Huangpu	68261	209297	111208	98089
番禺区	Panyu	310659	835727	414411	421316
花都区	Huadu	235300	695575	352928	342647
南沙区	Nansha	130627	377431	188801	188630
萝岗区	Luogang	60336	215822	110042	105780
县级市	Cities at County Level	440352	1474532	752325	722207
增城市	Zengcheng	254962	864571	442735	421836
从化市	Conghua	185390	609961	309590	300371

2-9 各区、县级市户籍总人口自然变动状况（2014年）

Statistics on Natural Changes of Total Registered Population by District and County-level City (2014)

单位：人、‰ (person, ‰)

区、县级市	District and County-level City	年平均人数 Annual Average Population	出生 Birth		死亡 Death		
			人数 Population	出生率 Brith Rate	人数 Population	死亡率 Death Rate	# 婴儿 Infant
全　市	**Total**	**8373633**	**113926**	**13.61**	**46767**	**5.59**	**3.30**
市　区	Urban Districts	6908013	88561	12.82	40848	5.91	3.14
荔湾区	Liwan	717624	6207	8.65	6071	8.46	2.76
越秀区	Yuexiu	1175306	10448	8.89	8243	7.01	2.78
海珠区	Haizhu	993484	9752	9.82	6694	6.74	4.10
天河区	Tianhe	816903	10277	12.58	2777	3.40	2.25
白云区	Baiyun	889910	15417	17.32	4855	5.46	3.74
黄埔区	Huangpu	207866	2656	12.78	1089	5.24	3.26
番禺区	Panyu	828161	13288	16.05	4008	4.84	3.41
花都区	Huadu	691444	11212	16.22	3641	5.27	2.87
南沙区	Nansha	374877	5249	14.00	2585	6.90	2.73
萝岗区	Luogang	212438	4055	19.09	885	4.17	3.50
县级市	Cities at County Level	1465620	25365	17.31	5919	4.04	3.72
增城市	Zengcheng	859510	14579	16.96	2650	3.08	3.30
从化市	Conghua	606110	10786	17.80	3269	5.39	4.15

2-10 各区、县级市户籍人口迁移状况（2014年）

Statistics on Migration of Registered Population by District and County-level City (2014)

单位：人、‰ (person, ‰)

区、县级市	District and County-level City	迁入人数 Number of Immigration	迁入率 Immigration Rate	迁出人数 Number of Emigration	迁出率 Emigration Rate	净增人数 Number of Net Migration	净增率 Net Migration Rate
全　市	**Total**	**106739**	**12.75**	**61231**	**7.31**	**45508**	**5.44**
市　区	Urban Districts	99338	14.38	54975	7.96	44363	6.42
荔湾区	Liwan	6558	9.14	1129	1.57	5429	7.57
越秀区	Yuexiu	13087	11.13	5899	5.02	7188	6.11
海珠区	Haizhu	12386	12.47	6326	6.37	6060	6.10
天河区	Tianhe	27212	33.31	20387	24.96	6825	8.35
白云区	Baiyun	11716	13.17	5578	6.27	6138	6.90
黄埔区	Huangpu	2999	14.43	715	3.44	2284	10.99
番禺区	Panyu	15199	18.35	10702	12.92	4497	5.43
花都区	Huadu	4726	6.83	2470	3.57	2256	3.26
南沙区	Nansha	2159	5.76	554	1.48	1605	4.28
萝岗区	Luogang	3296	15.52	1215	5.72	2081	9.80
县级市	Cities at County Level	7401	5.05	6256	4.27	1145	0.78
增城市	Zengcheng	3626	4.22	3590	4.18	36	0.04
从化市	Conghua	3775	6.23	2666	4.40	1109	1.83

2-11 各区、县级市计划生育情况（2014年）

Statistics on Family Planning by District and County-level City (2014)

单位：人、%　　　(person, %)

区、县级市	District and County-level City	已婚育龄妇女人数 Married Women at Childbearing Age	晚婚率 Late Married Rate	节育率 Contraceptive Prevalence Rate	政策生育率 Family Planning Rate	一孩率 One-child Rate	二孩率 Two-child Rate	多孩率 More Than One-child Rate	独生子女领证率 Married Couples with One-child Certificate
全　市	**Total**	**1630440**	**85.33**	**81.21**	**91.57**	**72.86**	**25.30**	**1.84**	**14.86**
市　区	Urban Districts	1323064	89.33	81.75	92.06	75.78	22.63	1.59	16.53
荔湾区	Liwan	111471	93.85	79.53	95.08	81.33	17.86	0.81	23.28
越秀区	Yuexiu	197601	96.51	79.22	95.33	80.55	18.48	0.97	17.17
海珠区	Haizhu	172618	95.14	80.33	94.84	80.48	18.40	1.12	19.42
天河区	Tianhe	164569	96.01	83.66	92.72	80.88	17.95	1.17	14.44
白云区	Baiyun	182922	86.07	83.34	88.74	72.07	26.04	1.89	20.23
黄埔区	Huangpu	41754	89.41	83.51	95.36	83.04	15.73	1.23	24.31
番禺区	Panyu	177023	88.43	83.60	92.60	74.36	24.00	1.64	12.65
花都区	Huadu	147551	75.56	81.21	87.36	65.45	31.58	2.97	10.46
南沙区	Nansha	78262	76.95	82.45	94.24	72.72	25.75	1.53	9.26
萝岗区	Luogang	49293	83.23	81.99	86.69	70.91	26.69	2.40	18.80
县级市	Cities at County Level	307376	67.73	78.87	89.61	61.08	36.11	2.81	7.70
增城市	Zengcheng	179363	68.43	75.95	90.21	64.77	32.64	2.59	9.94
从化市	Conghua	128013	66.70	82.96	88.84	56.35	40.56	3.09	4.56

2-12 户籍人口年龄构成（2014）

The registered population composition by age (2014)

地 区	District	人口数（人）Total Population (person)			占总人口比重（%）The Proportion of the Total Population (%)		
		18岁以下 Under 18	18-60岁 Between 18 and 60	60岁以上 Above 60	18岁以下 Under 18	18-60岁 Between 18 and 60	60岁以上 Above 60
总 计	**Total**	**1458009**	**5559661**	**1406499**	**17.31**	**65.99**	**16.70**
荔湾区	Liwan	90263	461222	168142	12.54	64.09	23.37
越秀区	Yuexiu	160434	761422	253591	13.65	64.78	21.57
海珠区	Haizhu	145280	639804	213005	14.56	64.10	21.34
天河区	Tianhe	145514	574926	103898	17.65	69.74	12.61
白云区	Baiyun	170639	584423	143222	19.00	65.06	15.94
黄埔区	Huangpu	36934	136700	35663	17.65	65.31	17.04
番禺区	Panyu	165165	560766	109796	19.76	67.10	13.14
花都区	Huadu	129593	462782	103200	18.63	66.53	14.84
南沙区	Nansha	69031	248489	59911	18.29	65.84	15.87
萝岗区	Luogang	46110	146273	23439	21.36	67.78	10.86
增城市	Zengcheng	165875	579379	119317	19.19	67.01	13.80
从化市	Conghua	133171	403475	73315	21.83	66.15	12.02

【常住人口】常住人口是指实际经常居住在某地区一定时间（指半年以上）的人口。按人口普查和人口变动抽样调查规定，主要包括：1、除离开本地半年以上（不包括在国外工作或学习的人）的全部常住本地的户籍人口；2、户口在外地，但在本地居住半年以上者，或离开户口地半年以上而调查时在本地居住的人口；3、调查时居住在本地，但在任何地方都没有登记常住户口，如手持户口迁移证、出生证、退伍证、劳改劳教释放证等尚未办理常住户口的人。

【户籍人口】户籍人口是指公民依照《中华人民共和国户口登记条例》，已在其经常居住地的公安户籍管理机关登记了常住户口的人。这类人口不管其是否外出，也不管外出时间长短，只要在某地注册有常住户口，则为该地区的户籍人口。户籍人口数一般是通过公安部门的经常性统计月报或年报取得。

【晚婚率】指在一定时期内(通常为一年)的女性初婚人口中23岁以上人数占当年女性初婚人数的比例，一般用百分比表示。计算公式：

晚婚率=本年23岁以上女性初婚人数/本年女性初婚人数×100%

【出生率(又称粗出生率)】指在一定时期内(通常为一年)一定地区的出生人数与同期平均人数(或期中人数)之比，一般用千分率表示。计算公式：

$$\text{出生率} = \frac{\text{年出生人数}}{\text{年平均人数}} \times 1000‰$$

出生人数是指活产婴儿，即胎儿脱离母体时(不管怀孕月数)，有过呼吸或其他生命现象。年平均人数是年初、年底人口数的平均数，也可用年中人口数代替。

【死亡率(又称粗死亡率)】 指在一定时期内(通常为一年)一定地区的死亡人数与同期平均人数(或期中人数)之比，一般用千分率表示。计算公式：

$$\text{死亡率} = \frac{\text{年死亡人数}}{\text{年平均人数}} \times 1000‰$$

【人口自然增长率】 指在一定时期内(通常为一年)人口自然增加数(出生人数减死亡人数)与该时期内平均人数(或期中人数)之比,一般用千分率表示。计算公式：

$$\text{人口自然增长率} = \frac{\text{本年出生人数}-\text{本年死亡人数}}{\text{年平均人数}} \times 1000‰$$

人口自然增长率 = 人口出生率－人口死亡率

【The population of permanent residents】The population of permanent residents refers to the population who actually and usually lives in a given area for a certain time (above half a year). According to the provisions of the population census and the sampling survey of population, the population of permanent residents mainly includes the following types: 1.All registered population who usually live in one certain place, excluding the person who leave away above half a year, including persons working or studying abroad. 2.The population who has lived in a certain place above half a year and whose household registration at other place, or living at a certain place at the survey moment, and leaving the household registered location for half a year. 3.The population who live at a certain place at the survey moment, but without registered permanent residence certificate everywhere, for example the person who has not gained registered permanent residence certificate, and with registration movement certificate, birth certificate,retirement certificate,or prisoners released certificate.

【The registered population】According to the household registration ordinance of the People's Republic of China, the registered population refers to the citizens who have registered in the household registration department where the citizens usually live. No matter going out or not, no matter how long dose he go out, as long as the person has gained the permanent residence registration, the person is the region's registered population. Registered population data is generally gained from the regular statistical monthly or annual report of republic security department.

【Birth Rate (or Crude Birth Rate)】 means the ratio between the number of births in a certain period (usually a year)and the average population in the same period (or mid-year figure).It is usually calculated in terms of permillage and its calculating formula is:

$$\text{Birth Rate} = \frac{\text{Number of Births}}{\text{Average Number of Population}} \times 1000‰$$

Number of Births refers to live births,when babies have showed any vital phenomena regardless of the length of pregnancy.

Average Number of Population is the average of the number of population at the beginning of the year and,at the end of the year and sometimes is substituted for with mid-year population.

【Death Rate(or Crude Death Rate)】 refers to the ratio of number of deaths to the average population (or mid-year population)during a certain period of time (usually a year),which is often presented as perminvar.its calculating formula is:

$$\text{Death Rate} = \frac{\text{Number of Deaths}}{\text{Average Number of Population}} \times 1000‰$$

【Natural Growth Rate of Population】 refers to the ratio of natural increase in population (number of births minus number of deaths) in a certain period of time (usually a year) to the average population (or mid-year population) of the same period,which is often presented as perminvar.The following formula are applied:

$$\text{Number of Growth of Population} = \frac{\text{Number of Births} - \text{Number of Deaths}}{\text{Average Number of Population}} \times 1000‰$$

Natural Growth Rate of Population = Birth Rate-Death Rate

从业人员和工资
EMPLOYMENT AND WAGES

第三篇　从业人员和工资

一、本篇资料反映广州市社会从业人员总量及构成、城镇单位就业与工资等基本情况。

二、本篇资料由广州市统计局人口和社会科技统计处整理提供。

三、本篇资料主要是根据国家统计调查制度搜集汇总，部分是由广州市人力资源和社会保障局、广州市工商行政管理局、广州市农业局、广州市教育局、广州市卫生局、广州市经济贸易委员会等有关部门提供并经加工整理。

四、本篇资料中的城镇非私营单位在岗职工及工资统计范围只包括城镇以上国有、集体及其他经济类型单位，不包括乡镇企业、私营单位和个体工商户。

五、本篇资料中的社会从业人员主要包括本市劳动力以及外来劳动力。

六、1998年，劳动统计年报中对全部调查单位改按企业登记注册类型分组，使统计口径发生变化，即国有单位中不再包括国有联营和有限责任公司中的国有独资公司；城镇集体单位中不再包括集体联营和股份合作企业；其他单位则包括国有联营和有限责任公司中的国有独资公司，集体联营和股份合作企业。

3 Employment and Wages

I. The data in this chapter show the basic conditions of social composition of employees and total, employment and wages in urban units of Guangzhou.

II. The data in this chapter are prepared and provided by the Division of Population, Social, Science and Tech1ology Statistics of Guangzhou Statistical Bureau.

Ⅲ. The data in this chapter are collected and tabulated mainly in accordance with the statistical survey scheme of the National Bureau of Statistics, part of which are processed and prepared from the figures provided by Guangzhou Municipal Bureau of Labor and Social Security, Guangzhou Municipal Administration for Industry and Commerce, Guangzhou Municipal Bureau of Agriculture, Guangzhou Bureau of Education, Guangzhou Health Bureau ,Guangzhou Municipal Commission of Economy and Trade, and some other related organs.

Ⅳ. The statistical coverage of staff and worker urban units and wages in this chapter only includes the state-owned units, the collective -owned units and other economic ownership in urban areas, not including township enterprises, private institutions and individual businesses.

V. The employed persons in this chapter mainly include the labor resources of Guangzhou origin and the migrant labors.

VI. Since 1998,the statistical coverage of the annual reports of labor statistics has been adjusted, in which all the survey units are grouped by registration ownership of the enterprises, i.e. the state-owned units excludes the exclusively state-invested companies in state-owned joint ownership units and limited liability companies, the urban collective units excludes the collective-owned joint ownership units and share-holding cooperative operation and the other units include the exclusively state-invested companies in state-owned joint ownership units and limited liability companies, the collective-owned jointed owner-ship units and share-holding cooperative operation.

3-1 社会就业情况主要指标

Main Indicators of Social Employment Situation

项　　目	Item	2014	2014年比2013年增长(%) Growth Rate in 2014 over 2013 (%)
全社会从业人员 (人)	Total Number of Employed Persons at Year-end (person)	7848358	3.3
第一产业	Primary Industry	627996	-2.9
第二产业	Secondary Industry	2842800	8.0
第三产业	Tertiary Industry	4377562	1.3
城镇非私营单位从业人员 (人)	Number of Employed Persons in Urban Units at Year-end (person)	3263983	0.6
国有单位	State-owned Units	732212	1.2
集体单位	Urban Collective-owned Units	99233	-4.7
其他单位	Units of Other Types of Ownership	2432538	0.6
#外商及港澳台投资单位	Enterprises with Funds from Foreign Countries, Hong Kong,Macao and Taiwan	1075750	-6.2
私营、个体和其他从业人员 (人)	Employed Persons in Private Enterprises and Self-employed Individuals at Year-end (person)	4584375	5.3
城镇非私营单位从业人员工资总额(万元)	Total Wages of Employed Persons in Urban Units (10000 yuan)	23881767	9.9
国有单位	State-owned Units	6332824	12.8
集体单位	Urban Collective-owned Units	434165	2.2
其他单位	Units of Other Types of Ownership	17114778	9.1
#外商及港澳台投资单位	Enterprises with Funds from Foreign Countries, Hong Kong,Macao and Taiwan	6995953	4.3
城镇非私营单位从业人员年平均工资(元)	Average Wage of Employed Persons in Urban Units (yuan)	73131	6.6
国有单位	State-owned Units	86342	3.3
集体单位	Urban Collective-owned Units	43957	9.4
其他单位	Units of Other Types of Ownership	70333	7.2
#外商及港澳台投资单位	Enterprises with Funds from Foreign Countries, Hong Kong,Macao and Taiwan	64120	9.4
城镇非私营单位在岗职工年平均工资(元)	Average Wage of Fully Employed Staff and Workers in Urban Units (yuan)	74245	6.5
国有单位	State-owned Units	87431	3.5
集体单位	Urban Collective-owned Units	44751	10.6
其他单位	Units of Other Types of Ownership	71345	6.9
#外商及港澳台投资单位	Enterprises with Funds from Foreign Countries, Hong Kong,Macao and Taiwan	63484	8.8
年末城镇登记失业人员 (人)	Number of Registered Unemployed Persons in Urban Areas (person)	243655	-20.1
城镇登记失业率 (%)	Registered Unemployment Rate in Urban Areas (%)	2.26	0.11(百分点)

注：1. 私营、个体和其他从业人员指全社会从业人员中扣除城镇非私营单位从业人员外的部分。
2. 城镇登记失业人员及城镇登记失业率由广州市人力资源和社会保障局提供。

Note: I. Employed persons in private enterprises and self-employed individuals are refer to employed persons other than employed persons in urban units.

II. Data on number of registered unemployed persons in urban areas and registered unemployment rate in urban areas are provided by Guangzhou Municipal Bureau of Labor and Social Security.

3-2 主要年份全社会从业人员人数

Number of Employed Persons in Main Years

单位：人 (person)

年 份 Year	合 计 Total	城镇非私营单位从业人员 Employed Persons in Urban Units	私营、个体和其他从业人员 Employed Persons in Private Enterprises, Self-employed Individuals and others
全 市 Total			
1978	2668989	1473615	1195374
1980	2750467	1565533	1184934
1985	3134739	1756497	1378242
1990	3411513	1893944	1517569
1995	4077775	2082361	1995414
2000	4962579	1755512	3207067
2001	5029338	1686900	3342438
2002	5070216	1755779	3314437
2003	5210706	1880184	3330522
2004	5407087	1943955	3463132
2005	5744550	1997579	3746971
2006	5994973	2071574	3923399
2007	6236312	2236902	3999410
2008	6529045	2255380	4273665
2009	6791495	2351538	4439957
2010	7110695	2463713	4646982
2011	7431755	3102356	4329399
2012	7512997	3268488	4244509
2013	7599295	3245858	4353437
2014	7848358	3263983	4584375

注：1. 2000年以前,城镇非私营单位从业人员年末人数为城镇单位职工年末人数。
　　2. 2006年～2010年数据根据第六次全国人口普查结果作了相应调整。

Note: I. "Number of Employed Persons in Urban Units" is number of staff and workers before 2000.
　　II. The data from year 2006 to 2010 are revised according to the sixth National Population Census.

3-2 续表 continued

单位：人 (person)

年 份 Year	合 计 Total	城镇非私营单位从业人员 Employed Persons in Urban Units	私营、个体和其他从业人员 Employed Persons in Private Enterprises, Self-employed Individuals and others
市 区 Urban Districts			
1978	1699547	1332852	366695
1980	1788188	1419816	368372
1985	1991006	1559619	431387
1990	2115276	1641416	473860
1995	2472382	1768604	703778
2000(八区)(Eight Districts)	2748013	1445868	1302145
2000(十区)(Ten Districts)	4162769	1636059	2526710
2001	4198482	1561634	2636848
2002	4178423	1627155	2551268
2003	4187794	1741091	2446703
2004	4383273	1805266	2578007
2005	4718600	1872459	2846141
2006	4929303	1931573	2997730
2007	5177684	2083314	3094370
2008	5521528	2097553	3423975
2009	5746347	2195961	3550386
2010	6063647	2290772	3772875
2011	6404601	2860289	3544312
2012	6470558	3028514	3442044
2013	6583460	3007161	3576299
2014	6804487	3052134	3752353

3-3 主要年份三次产业从业人员及构成

Employed Persons and Composition by Three strata of Industry in Main Years

年 份 Year	从业人员（人） Employed Persons (person)	第一产业 Primary Industry	第二产业 Secondary Industry	第三产业 Tertiary Industry	构成（%） Composition (%) 第一产业 Primary Industry	第二产业 Secondary Industry	第三产业 Tertiary Industry
全 市 Total							
1978	2668989	1165987	857527	645475	43.69	32.13	24.18
1980	2750467	1106432	922756	721279	40.23	33.55	26.22
1985	3134739	979869	1180526	974344	31.26	37.66	31.08
1990	3411513	963548	1241813	1206152	28.24	36.40	35.36
1995	4077775	924969	1583686	1569120	22.68	38.84	38.48
2000	4962579	956596	1982905	2023078	19.27	39.96	40.77
2001	5029338	969793	1960309	2099236	19.28	38.98	41.74
2002	5070216	949624	1953095	2167497	18.73	38.52	42.75
2003	5210706	958819	2001677	2250210	18.40	38.42	43.18
2004	5407087	901318	2046552	2459217	16.67	37.85	45.48
2005	5744550	869141	2222177	2653232	15.13	38.68	46.19
2006	5994973	831303	2335315	2828355	13.87	38.95	47.18
2007	6236312	774596	2477232	2984484	12.42	39.72	47.86
2008	6529045	730174	2625645	3173226	11.18	40.22	48.60
2009	6791495	733557	2733281	3324657	10.80	40.25	48.95
2010	7110695	590223	2736424	3784048	8.30	38.48	53.22
2011	7431755	629012	2829341	3973402	8.46	38.07	53.47
2012	7512997	647755	2817179	4048063	8.62	37.50	53.88
2013	7599295	646758	2631214	4321323	8.51	34.62	56.87
2014	7848358	627996	2842800	4377562	8.00	36.22	55.78
市 区 Urban Districts							
1978	1699547	366748	767870	564929	21.58	45.18	33.24
1980	1788188	338240	818404	631544	18.91	45.77	35.32
1985	1991006	267498	903334	820174	13.44	45.37	41.19
1990	2115276	249162	900297	965817	11.78	42.56	45.66
1995	2472382	248653	988281	1235448	10.06	39.97	49.97
2000（八区）(Eight Districts)	2748013	243451	937672	1566890	8.86	34.12	57.02
2000（十区）(Ten Districts)	4162769	566939	1726356	1869474	13.62	41.47	44.91
2001	4198482	567464	1695107	1935911	13.52	40.37	46.11
2002	4178423	554019	1625157	1999247	13.26	38.89	47.85
2003	4187794	553480	1609853	2024461	13.22	38.44	48.34
2004	4383273	495485	1673137	2214651	11.30	38.17	50.53
2005	4718600	466357	1851160	2401083	9.88	39.23	50.89
2006	4929303	472041	1906597	2550665	9.58	38.68	51.74
2007	5177684	431860	2042893	2702931	8.34	39.46	52.20
2008	5521528	415401	2201424	2904703	7.52	39.87	52.61
2009	5746347	419533	2302762	3024052	7.30	40.07	52.63
2010	6063647	304530	2308838	3450279	5.02	38.08	56.90
2011	6404601	351391	2410215	3642995	5.49	37.63	56.88
2012	6470558	368188	2406740	3695630	5.69	37.20	57.11
2013	6583460	427632	2152496	4003332	6.50	32.69	60.81
2014	6804487	409102	2351943	4043442	6.01	34.57	59.42

注：2006年～2010年数据根据第六次全国人口普查结果作了相应调整。

Note:The data from year 2006 to 2010 are revised according to the sixth National Population Census.

3-4 三次产业全社会从业人员及构成（2014年末）

Employed Persons and Composition by Three Strata of Industry (Year-end of 2014)

项　　目	Item	从业人员（人）Employed Persons (person)	市　区 Urban Districts	构　成（%）Composition (%)	市　区 Urban Districts
合　计	**Total**	**7848358**	**6804487**	**100.00**	**100.00**
按产业分	**Grouped By Industry**				
第一产业	Primary Industry	627996	409102	8.00	6.01
第二产业	Secondary Industry	2842800	2351943	36.22	34.57
第三产业	Tertiary Industry	4377562	4043442	55.78	59.42
按行业分	**Grouped By Sector**				
农、林、牧、渔业	Agriculture, Forestry, Animal Husbandry and Fishery	627996	409102	8.00	6.01
工　业	Industry	2581956	2106924	32.90	30.97
建筑业	Construction	260844	245019	3.32	3.60
批发和零售业	Wholesale and Retail Trade	1552972	1436166	19.79	21.11
交通运输、仓储和邮政业	Transport, Storage and Post	436984	426075	5.57	6.26
住宿和餐饮业	Hotels and Catering Services	431996	394835	5.50	5.80
信息传输、软件和信息技术服务业	Information Transmission, Software and Information Technology	173503	170593	2.21	2.51
金融业	Financial Intermediation	121362	119035	1.55	1.75
房地产业	Real Estate	258021	247541	3.29	3.64
租赁和商务服务业	Leasing and Business Services	239514	225244	3.05	3.31
科学研究和技术服务业	Scientific Research and Technical Services	160200	154561	2.04	2.27
水利、环境和公共设施管理业	Management of Water Conservancy, Environment and Public Facilities	62984	59242	0.80	0.87
居民服务、修理和其他服务业	Service to Households, Repair and Other Services	312159	271552	3.98	3.99
教　育	Education	277133	230049	3.53	3.38
卫生和社会工作	Health and Social Work	125208	112312	1.59	1.65
文化、体育和娱乐业	Culture, Sports and Entertainment	64831	61392	0.83	0.90
公共管理、社会保障和社会组织	Public Management, Social Security and Social Organizations	160695	134845	2.05	1.98

3-5　全市全社会从业人员（2014年末）

单位：人

项　　目	Item
总　计	**Total**
按地区分	**Grouped by Area**
市　区	Urban Districts
县级市	Cities at County Level
增城市	Zengcheng
从化市	Conghua
按国民经济行业分	**Grouped by Economic Sector**
农、林、牧、渔业	Agriculture, Forestry, Animal Husbandry and Fishery
采矿业	Mining
制造业	Manufacturing
电力、热力、燃气及水生产和供应业	Production and Supply of Electricity, Heat,Gas and Water
建筑业	Construction
批发和零售业	Wholesale and Retail Trade
交通运输、仓储和邮政业	Transport, Storage and Post
住宿和餐饮业	Hotels and Catering Services
信息传输、软件和信息技术服务业	Information Transmission, Software and Information Technology
金融业	Financial Intermediation
房地产业	Real Estate
租赁和商务服务业	Leasing and Business Services
科学研究和技术服务业	Scientific Research and Technical Services
水利、环境和公共设施管理业	Management of Water Conservancy, Environment and Public Facilities
居民服务、修理和其他服务业	Service to Households, Repair and Other Services
教　育	Education
卫生和社会工作	Health and Social Service
文化、体育和娱乐业	Culture, Sports and Entertainment
公共管理、社会保障和社会组织	Public Management, Social Security and Social Organizations

Number of Employed Persons (Year-end of 2014)

(person)

合　计 Total	城镇非私营单位从业人员 Number of Employed Persons in Urban Units	私营、个体和其他从业人员 Employed Persons in Private Enterprises, Self-employed Individuals and Others
7848358	**3263983**	**4584375**
6804487	3052134	3752353
659729	133487	526242
384142	78362	305780
627996	2578	625418
414		414
2543393	921279	1622114
38149	27983	10166
260844	259994	850
1552972	270520	1282452
436984	316362	120622
431996	98839	333157
173503	97149	76354
121362	81862	39500
258021	187853	70168
239514	224028	15486
160200	157134	3066
62984	55549	7435
312159	24031	288128
277133	226426	50707
125208	112784	12424
64831	38917	25914
160695	160695	

3-6 市区全社会从业人员（2014年末）

单位：人

行 业	Sector
合 计	**Total**
农、林、牧、渔业	Agriculture, Forestry, Animal Husbandry and Fishery
采矿业	Mining
制造业	Manufacturing
电力、热力、燃气及水生产和供应业	Production and Supply of Electricity, Heat,Gas and Water
建筑业	Construction
批发和零售业	Wholesale and Retail Trade
交通运输、仓储和邮政业	Transport, Storage and Post
住宿和餐饮业	Hotels and Catering Services
信息传输、软件和信息技术服务业	Information Transmission, Software and Information Technology
金融业	Financial Intermediation
房地产业	Real Estate
租赁和商务服务业	Leasing and Business Services
科学研究和技术服务业	Scientific Research and Technical Services
水利、环境和公共设施管理业	Management of Water Conservancy, Environment and Public Facilities
居民服务、修理和其他服务业	Service to Households, Repair and Other Services
教 育	Education
卫生和社会工作	Health and Social Service
文化、体育和娱乐业	Culture, Sports and Entertainment
公共管理、社会保障和社会组织	Public Management, Social Security and Social Organizations

3-7 主要年份城镇非私营单位从业人员数及工资

项 目	Item
城镇非私营单位从业人员年末人数 (人)	Number of Employed Persons in Urban Units at Year-end (person)
城镇非私营单位从业人员工资总额 (万元)	Total Wages of Employed Persons in Urban Units (10000 yuan)
城镇非私营单位从业人员年平均工资 (元)	Average Wage of Employed Persons in Urban Units (yuan)

Number of Employed Persons in Urban Districts (Year-end of 2014)

(person)

合　计 Total	城镇非私营单位从业人员 Employed Persons in Urban Units	私营、个体和其他从业人员 Enterprises, Self-employed Individuals and Others
6804487	**3052134**	**3752353**
409102	2266	406836
130		130
2071898	823798	1248100
34896	25686	9210
245019	245019	
1436166	263596	1172570
426075	313495	112580
394835	94089	300746
170593	96654	73939
119035	79571	39464
247541	181568	65973
225244	219518	5726
154561	154483	78
59242	53094	6148
271552	23503	248049
230049	200864	29185
112312	102298	10014
61392	37787	23605
134845	134845	

Number and Wages of Employed Persons in Urban Units in Main Years

1995	2000	2005	2006	2007	2008	2009	2010	2011	2012	2013	2014
2104432	1755512	1997579	2071574	2236902	2255380	2351538	2463713	3102356	3268488	3245858	3263983
2176743	3489371	6772629	7532573	8961040	10251127	11439796	13354746	17486373	20305943	21724541	23881767
10349	19714	34171	36566	40280	45368	49054	54091	56618	62598	68594	73131

3-8 主要年份城镇非私营单位在岗职工工资总额及指数

Total Wages of Fully Employed Staff and Workers in Urban Units and Related Indices in Main Years

年 份 Year	在岗职工工资总额（万元）Total Wages of Fully Employed Staff and Workers in Urban Units (10000 yuan)	国有单位 State-owned Units	集体单位 Urban Collective-owned Units	其他单位 Units of Other Types of Ownership	#外商及港澳台投资单位 Enterprises with Funds from Foreign Countries,Hong Kong,Macao and Taiwan	在岗职工年平均工资（元）Average Wage of Fully Employed Staff and Workers in Urban Units (yuan)
工资总额（万元） Total Wages (10000 yuan)						
1978	101809	76913	24896			714
1980	142243	108015	34228			941
1985	278892	208829	65660	4403	3127	1621
1990	656434	487524	121441	47469	41198	3504
1991	783043	565974	148783	68286	61119	4022
1992	971335	690135	183771	97429	89978	4792
1993	1316773	941475	226929	148369	106957	6342
1994	1815428	1277944	308933	228551	183030	8623
1995	2146245	1481375	344494	320376	263343	10317
1996	2395597	1672483	348629	374485	313623	11813
1997	2615842	1798987	338388	478467	404483	13118
1998（原口径） 1998 (Original Standards)	2831440	1900631	344677	586132	454061	14318
1998（新口径） 1998 (New Standards)	2831440	1758088	322399	750953	454061	14318
1999	3085768	1917375	296558	871835	507875	16202
2000	3480880	2188085	289750	1003045	586413	19091
2001	3878065	2401471	216967	1259627	691639	22141
2002	4534911	2817578	229015	1488318	838420	25583
2003	5335484	3185006	243455	1907023	1097924	28237
2004	5983255	3529828	240966	2212461	1251256	31025
2005	6653196	3837476	233643	2582077	1464470	33853
2006	7389676	3967484	238729	3183463	1718714	36321
2007	8770687	4448123	254851	4067713	2228358	40187
2008	10053742	4970189	261939	4821614	2655221	45365
2009	11180296	5345813	276463	5558020	2889870	49215
2010	13044801	6053212	284742	6706846	3565786	54495
2011	17008733	7040246	274165	9694322	5332522	57473
2012	19695115	7944452	356403	11394260	5950277	63752
2013	21107782	5536325	408310	15163147	6568426	69692
2014	23049712	6233018	414591	16402103	6773266	74245

注：1. 本表数据2011年以前为城镇单位职工工资总额，2011年起为城镇非私营单位在岗职工工资总额。
2. 城镇非私营单位职工含劳务派遣人员。

Note: I. The name of Total Wages of Fully Employed Staff and Workers in Urban Units is adjusted to Total Wages of Staff and Workers in Urban Units since 2011.

II. Fully employed staff and workers in urban units contain labor dispatching personnel .

年 份 Year	在岗职工工资总额（上年=100） Total Wages of Fully Employed Staff and Workers in Urban Units (preceding year=100)	国有单位 State-owned Units	集体单位 Urban Collective-owned Units	其他单位 Units of Other Types of Ownership	#外商及港澳台投资单位 Enterprises with Funds from Foreign Countries,Hong Kong,Macao and Taiwan	在岗职工年平均工资（上年=100） Average Wage of Fully Employed Staff and Workers in Urban Units (preceding year=100)
指 数（上年=100）						
Indices (preceding year=100)						
1978	116.2	121.3	102.8			105.0
1980	139.7	140.4	137.5			114.8
1985	123.2	122.0	124.3	190.7	236.4	121.2
1990	107.7	106.1	105.4	137.1	152.4	107.1
1991	119.3	116.1	122.5	143.9	148.4	114.8
1992	124.1	121.9	123.5	142.7	147.2	119.1
1993	135.6	136.4	123.5	152.3	118.9	132.4
1994	137.9	135.7	136.1	154.0	171.1	136.0
1995	118.2	115.9	111.5	140.2	143.9	119.7
1996	111.6	112.9	101.2	116.9	119.1	114.5
1997	109.2	107.6	97.1	127.8	129.0	111.1
1998	108.2	105.7	101.9	122.5	112.3	109.2
1999	109.0	109.1	92.0	116.1	111.9	113.2
2000	112.8	114.1	97.7	115.1	115.5	117.8
2001	111.4	109.8	74.9	125.6	117.9	116.0
2002	116.9	117.3	105.6	118.2	121.2	115.6
2003	117.7	113.0	106.3	128.1	131.0	110.4
2004	112.1	110.8	99.0	116.0	114.0	109.9
2005	111.2	108.7	97.0	116.7	117.0	109.1
2006	111.1	103.4	102.2	123.3	117.4	107.3
2007	118.7	112.1	106.8	127.8	129.7	110.6
2008	114.6	111.7	102.8	118.5	119.2	112.9
2009	111.2	107.6	105.5	115.3	108.8	108.5
2010	116.7	113.2	103.0	120.7	123.4	110.7
2011	130.4	116.3	96.3	144.5	149.6	111.6
2012	115.8	112.8	130.0	117.5	111.6	110.9
2013	107.2	69.7	114.6	133.1	110.4	109.3
2014	109.2	112.6	101.5	108.2	103.1	106.5

注：1. 本表数据2011年以前为城镇单位职工工资总额指数，2011年起为城镇非私营单位在岗职工工资总额指数。
2. 2011年城镇非私营单位在岗职工年平均工资指数按可比口径计算。

Note: I. The name of Total Wages of Fully Employed Staff and Workers in Urban Units is adjusted to Total Wages of Staff and Workers in Urban Units since 2011.

II. The data of 2011 are calculated at comparable coverage.

3-9 城镇非私营单位从业人数与工资（2014年，按地区分）

项　　目	Item
城镇非私营单位从业人员年末人数　(人)	Number of Employed Persons in Urban Units at Year-end (person)
国有单位	State-owned Units
集体单位	Urban Collective Owned Units
其他单位	Units of Other Types of Ownership
# 外商及港澳台投资单位	Enterprises with Funds from Foreign Countries, Hong Kong, Macao and Taiwan
城镇非私营单位从业人员年平均人数(人)	Average Number of Employed Persons in Urban Units (person)
国有单位	State-owned Units
集体单位	Urban Collective Owned Units
其他单位	Units of Other Types of Ownership
# 外商及港澳台投资单位	Enterprises with Funds from Foreign Countries, Hong Kong, Macao and Taiwan
城镇非私营单位从业人员工资总额(万元)	Total Wages of Employed Persons in Urban Units (10000 yuan)
国有单位	State-owned Units
集体单位	Urban Collective Owned Units
其他单位	Units of Other Types of Ownership
# 外商及港澳台投资单位	Enterprises with Funds from Foreign Countries, Hong Kong, Macao and Taiwan
城镇非私营单位从业人员年平均工资(元)	Average Wage of Employed Persons in Urban Units (yuan)
国有单位	State-owned Units
集体单位	Urban Collective Owned Units
其他单位	Units of Other Types of Ownership
# 外商及港澳台投资单位	Enterprises with Funds from Foreign Countries, Hong Kong, Macao and Taiwan

Number and Wages of Employed Persons in Urban Units (2014，by Region)

全　市 Total	市　　区 Urban Districts	增城市 Zengcheng	从化市 Conghua
3263983	3052134	133487	78362
732212	665028	37158	30026
99233	95240	2689	1304
2432538	2291866	93640	47032
1075750	989204	57828	28718
3265614	3052513	134024	79077
733462	666889	36787	29786
98770	94796	2708	1266
2433382	2290828	94529	48025
1091078	1002513	58441	30124
23881767	22710428	770147	401192
6332824	5928370	235639	168815
434165	421428	8017	4720
17114778	16360630	526491	227657
6995953	6548163	314167	133623
73131	74399	57463	50734
86342	88896	64055	56676
43957	44456	29607	37280
70333	71418	55696	47404
64120	65318	53758	44358

3-10 全市城镇非私营单位在岗职工人数与工资（2014年）

项　　目	Item
合　计	**Total**
按隶属关系分	**Grouped by Subordination**
中央属单位	Units Subordinated to Central Government
省属单位	Units Subordinated to Provincial Government
市属单位	Units Subordinated to Municipal Government
按执行会计制度类别分	**Grouped by Accounting Regulation Implemented**
企　业	Enterprises
事业单位	Institutions
行政单位	Agencies & Organizations
民间非营利组织	Civil Nonprofit Organizations
其　他	Others
按国民经济行业分	**Grouped by Economic Sector**
农、林、牧、渔业	Agriculture, Forestry, Animal Husbandry and Fishery
#农、林、牧、渔服务业	Services for Agriculture, Forestry, Animal Husbandry and Fishery
采矿业	Mining
制造业	Manufacturing
#食品制造业	Manufacture of Foods
纺织服装、服饰业	Manufacture of Textile Wearing Apparel, Clothing
皮革、毛皮、羽毛及其制品和制鞋业	Manufacture of Leather, Fur, Feather and Related Products and Footwear
文教、工美、体育和娱乐用品制造业	Manufacture of Culture and Education,Art and Crafts,Sports and Entertainment Supplies
化学原料和化学制品制造业	Manufacture of Raw Chemical Materials and Chemical Products
医药制造业	Manufacture of Medical
通用设备制造业	Manufacture of General Purpose Machinery
汽车制造业	Manufacture of Automobile
铁路、船舶、航空航天和其他运输设备制造业	Manufacture of Railway, Ship, Aerospace and Other Transportation Equipment
电气机械和器材制造业	Manufacture of Electrical Machinery and Equipment
计算机、通信和其他电子设备制造业	Manufacture of Computers, Communications and Other Electronic Equipment
电力、热力、燃气及水生产和供应业	Production and Supply of Electricity, Heat,Gas and Water
建筑业	Construction
房屋建筑业	Housing Industry
土木工程建筑业	Civil Engineering Construction
建筑安装业	Architectural Installation
建筑装饰和其他建筑业	Building Decoration and Other Construction
批发和零售业	Wholesale and Retail Trade
批发业	Wholesale
零售业	Retail Trade
交通运输、仓储和邮政业	Transport, Storage and Post
铁路运输业	Railway Transport
道路运输业	Highway Transport

Number and Wages of Fully Employed Staff and Workers in Urban Units (2014)

单位数（个）Number of Units (unit)	在岗职工年末人数（人）Number of Fully Employed Staff and Workers in Urban Units at Year-end (person)	在岗职工年平均人数（人）Average Number of Fully Employed Staff and Workers in Urban Units (person)	在岗职工工资总额（万元）Total Wages of Fully Employed Staff and Workers in Urban Units (10000 yuan)	在岗职工年平均工资（元）Average Wages of Fully Employed Staff and Workers in Urban Units (yuan)
21065	**3089225**	**3104549**	**23049712**	**74245**
644	331180	339040	3592300	105955
1669	341357	342570	3141878	91715
18752	2416688	2422939	16315534	67338
14790	2545386	2562634	18425193	71899
3856	361236	359711	3062477	85137
1331	125827	126281	1130515	89524
612	25363	25017	139697	55841
476	31413	30906	291830	94425
57	2498	2461	13931	56607
23	733	729	3712	50914
2602	913723	930901	5763191	61910
92	49859	50390	416569	82669
188	49310	50707	226863	44740
103	36860	37064	153331	41369
148	53821	58583	233440	39848
222	60176	60430	485658	80367
62	32013	33245	249720	75115
128	34703	34891	237249	67997
189	116725	114898	933493	81245
54	36138	35736	253873	71041
176	65049	67234	351353	52258
200	166543	173339	926607	53456
68	27779	28010	292209	104323
449	195179	193762	1256104	64827
129	64434	63173	353316	55928
117	87347	87690	644763	73528
111	23978	24599	166543	67703
92	19420	18300	91482	49990
2816	262239	266524	1726853	64792
1864	159501	161409	1179753	73091
952	102738	105115	547100	52048
585	301544	307312	2618522	85207
8	20904	20722	166207	80208
223	111862	110165	734417	66665

项　　目	Item
水上运输业	Waterway Transport
航空运输业	Air Transport
装卸搬运和运输代理业	Handing and Transportation Agents
仓储业	Storage
邮政业	Post
住宿和餐饮业	Hotels and Catering Services
住宿业	Hotels Services
餐饮业	Catering Services
信息传输、软件和信息技术服务业	Information Transmission, Software and Information Technology
电信、广播电视和卫星传输服务	Telecommunications, Broadcasting, TV Transmission and Satellite Services
互联网和相关服务	Networks Related Services
软件和信息技术服务业	Software and Information Technology Services
金融业	Financial Intermediation
# 货币金融服务	Monetary Financial Services
资本市场服务	Capital Market Services
保险业	Insurance
房地产业	Real Estate
租赁和商务服务业	Leasing and Business Services
租赁业	Leasing Services
商务服务业	Business Services
科学研究和技术服务业	Scientific Research and Technical Services
研究与试验发展	Research and Experimental Development
专业技术服务业	Professional Skill Services
科技推广和应用服务业	Science and Technology Popularization and Application Services
水利、环境和公共设施管理业	Management of Water Conservancy, Environment and Public Facilities
水利管理业	Management of Water Conservancy
生态保护和环境治理业	Ecological Protection and Environmental Governance Industry
公共设施管理业	Management of Public Facilities
居民服务、修理和其他服务业	Service to Households, Repair and Other Services
教　育	Education
卫生和社会工作	Health and Social Work
卫　生	Health
社会工作	Social Work
文化、体育和娱乐业	Culture, Sports and Entertainment
新闻和出版业	Press and Publishing Industry
广播、电视、电影和影视录音制作业	Radio,Television,Movie and Recording Manufacturing
文化艺术业	Culture and Art
体　育	Sports
娱乐业	Entertainment
公共管理、社会保障和社会组织	Public Management, Social Security and Social Organizations
# 社会保障	Social Security

continued

单位数 (个) Number of Units (unit)	在岗职工年末人数 (人) Number of Fully Employed Staff and Workers in Urban Units at Year-end (person)	在岗职工年平均人数 (人) Average Number of Fully Employed Staff and Workers in Urban Units (person)	在岗职工工资总额 (万元) Total Wages of Fully Employed Staff and Workers in Urban Units (10000 yuan)	在岗职工年平均工资 (元) Average Wages of Fully Employed Staff and Workers in Urban Units (yuan)
62	27029	28468	256695	90170
4	74293	80040	1017898	127174
192	21106	20429	130234	63749
78	6568	6628	41795	63059
18	39782	40860	271276	66392
681	96261	95924	417051	43477
307	43718	43537	215245	49439
374	52543	52387	201806	38522
423	96425	95144	1044883	109821
45	38542	38540	433877	112578
28	2770	2524	19202	76076
350	55113	54080	591804	109431
339	67785	68127	1201903	176421
232	48546	48562	878520	180907
28	4362	4302	139690	324710
73	14696	15082	180675	119795
2846	181016	181441	1155528	63686
1650	208128	202308	1367372	67589
44	4064	4205	22651	53866
1606	204064	198103	1344721	67880
1931	145317	143827	1413562	98282
352	26920	26234	243549	92837
1321	107664	106797	1072226	100398
258	10733	10796	97787	90577
495	49410	49901	272420	54592
83	2683	2705	27951	103330
60	3576	3563	27003	75788
352	43151	43633	217466	49840
366	23415	24434	120266	49221
2530	215224	213035	1707239	80139
665	109625	107534	973940	90570
523	101427	99468	925984	93094
142	8198	8066	47956	59454
427	36636	36713	317540	86492
107	15110	15200	146550	96415
73	6613	6540	67239	102812
144	6321	6298	52985	84130
67	5832	5874	33836	57602
36	2760	2801	16930	60442
2135	157021	157191	1387198	88249
34	1306	1296	10032	77406

3-11 市区城镇非私营单位在岗职工人数与工资（2014年）

项　　目	Item
合　计	**Total**
按隶属关系分	**Grouped by Subordination**
中央属单位	Units Subordinated to Central Government
省属单位	Units Subordinated to Provincial Government
市属单位	Units Subordinated to Municipal Government
按执行会计制度类别分	**Grouped by Accounting Regulation Implemented**
企　业	Enterprises
事业单位	Institutions
行政单位	Agencies & Organizations
民间非营利组织	Civil Nonprofit Organizations
其　他	Others
按国民经济行业分	**Grouped by Economic Sector**
农、林、牧、渔业	Agriculture, Forestry, Animal Husbandry and Fishery
#农、林、牧、渔服务业	Services for Agriculture, Forestry, Animal Husbandry and Fishery
采矿业	Mining
制造业	Manufacturing
#食品制造业	Manufacture of Foods
纺织服装、服饰业	Manufacture of Textile Wearing Apparel, Clothing
皮革、毛皮、羽毛及其制品和制鞋业	Manufacture of Leather, Fur, Feather and Related Products and Footwear
文教、工美、体育和娱乐用品制造业	Manufacture of Culture and Education,Art and Crafts,Sports and Entertainment Supplies
化学原料和化学制品制造业	Manufacture of Raw Chemical Materials and Chemical Products
医药制造业	Manufacture of Medical
通用设备制造业	Manufacture of General Purpose Machinery
汽车制造业	Manufacture of Automobile
铁路、船舶、航空航天和其他运输设备制造业	Manufacture of Railway, Ship, Aerospace and Other Transportation Equipment
电气机械和器材制造业	Manufacture of Electrical Machinery and Equipment
计算机、通信和其他电子设备制造业	Manufacture of Computers, Communications and Other Electronic Equipment
电力、热力、燃气及水生产和供应业	Production and Supply of Electricity, Heat,Gas and Water
建筑业	Construction
房屋建筑业	Housing Industry
土木工程建筑业	Civil Engineering Construction
建筑安装业	Architectural Installation
建筑装饰和其他建筑业	Building Decoration and Other Construction
批发和零售业	Wholesale and Retail Trade
批发业	Wholesale
零售业	Retail Trade
交通运输、仓储和邮政业	Transport, Storage and Post
铁路运输业	Railway Transport
道路运输业	Highway Transport

Number and Wages of Fully Employed Staff and Workers in Urban Districts (2014)

单位数 (个) Number of Units (unit)	在岗职工年末人数 (人) Number of Fully Employed Staff and Workers in Urban Units at Year-end (person)	在岗职工年平均人数 (人) Average Number of Fully Employed Staff and Workers in Urban Units (person)	在岗职工工资总额 (万元) Total Wages of Fully Employed Staff and Workers in Urban Units (10000 yuan)	在岗职工年平均工资 (元) Average Wages of Fully Employed Staff and Workers in Urban Units (yuan)
19372	**2881734**	**2895958**	**21898499**	**75617**
600	329720	337582	3579229	106025
1633	329474	330683	3052065	92296
17139	2222540	2227693	15267205	68534
13879	2397371	2412988	17645591	73128
3305	324388	323134	2818892	87236
1198	109480	110085	1023060	92934
572	22894	22594	128348	56806
418	27601	27157	274608	101119
45	2217	2219	12903	58149
17	571	573	3149	54960
2218	815837	831513	5268633	63362
84	47821	48400	408964	84497
129	38641	39722	178353	44900
93	35238	35340	145985	41309
123	41411	45368	184092	40577
186	50649	50746	436911	86098
55	30870	32129	243661	75838
119	33911	33967	233068	68616
157	101571	100331	830900	82816
43	30255	29966	213849	71364
159	62508	64609	340607	52718
186	161625	168457	907374	53864
50	25484	25691	271914	105840
429	181363	180004	1190694	66148
115	56611	55411	329665	59495
114	82193	82532	608032	73672
108	23139	23761	161515	67975
92	19420	18300	91482	49990
2677	255531	259564	1690246	65119
1774	155513	157171	1155041	73489
903	100018	102393	535205	52270
564	298763	304561	2604830	85527
8	20904	20722	166207	80208
206	109313	107645	722534	67122

项　　目	Item
水上运输业	Waterway Transport
航空运输业	Air Transport
装卸搬运和运输代理业	Handing and Transportation Agents
仓储业	Storage
邮政业	Post
住宿和餐饮业	Hotels and Catering Services
住宿业	Hotels Services
餐饮业	Catering Services
信息传输、软件和信息技术服务业	Information Transmission, Software and Information Technology
电信、广播电视和卫星传输服务	Telecommunications, Broadcasting, TV Transmission and Satellite Services
互联网和相关服务	Networks Related Services
软件和信息技术服务业	Software and Information Technology Services
金融业	Financial Intermediation
# 货币金融服务	Monetary Financial Services
资本市场服务	Capital Market Services
保险业	Insurance
房地产业	Real Estate
租赁和商务服务业	Leasing and Business Services
租赁业	Leasing Services
商务服务业	Business Services
科学研究和技术服务业	Scientific Research and Technical Services
研究与试验发展	Research and Experimental Development
专业技术服务业	Professional Skill Services
科技推广和应用服务业	Science and Technology Popularization and Application Services
水利、环境和公共设施管理业	Management of Water Conservancy, Environment and Public Facilities
水利管理业	Management of Water Conservancy
生态保护和环境治理业	Ecological Protection and Environmental Governance Industry
公共设施管理业	Management of Public Facilities
居民服务、修理和其他服务业	Service to Households, Repair and Other Services
教　育	Education
卫生和社会工作	Health and Social Work
卫　生	Health
社会工作	Social Work
文化、体育和娱乐业	Culture, Sports and Entertainment
新闻和出版业	Press and Publishing Industry
广播、电视、电影和影视录音制作业	Radio,Television,Movie and Recording Manufacturing
文化艺术业	Culture and Art
体　育	Sports
娱乐业	Entertainment
公共管理、社会保障和社会组织	Public Management, Social Security and Social Organizations
# 社会保障	Social Security

continued

单位数 (个) Number of Units (unit)	在岗职工年末人数 (人) Number of Fully Employed Staff and Workers in Urban Units at Year-end (person)	在岗职工年平均人数 (人) Average Number of Fully Employed Staff and Workers in Urban Units (person)	在岗职工工资总额 (万元) Total Wages of Fully Employed Staff and Workers in Urban Units (10000 yuan)	在岗职工年平均工资 (元) Average Wages of Fully Employed Staff and Workers in Urban Units (yuan)
62	27029	28468	256695	90170
4	74293	80040	1017898	127174
191	21061	20384	129956	63754
76	6523	6583	41211	62602
17	39640	40719	270328	66389
653	91672	91115	397905	43671
292	40831	40635	202767	49900
361	50841	50480	195138	38656
419	95930	94650	1040934	109977
42	38057	38056	430003	112992
28	2770	2524	19202	76076
349	55103	54070	591729	109438
284	65503	65845	1172522	178073
180	46366	46382	849981	183257
28	4362	4302	139690	324710
70	14594	14980	179834	120049
2719	174929	175383	1115453	63601
1604	203628	197978	1347155	68046
43	4046	4187	22602	53981
1561	199582	193791	1324553	68350
1892	142711	141253	1399733	99094
348	26678	25990	240007	92346
1294	105538	104703	1063253	101549
250	10495	10560	96473	91357
460	47042	47557	262157	55125
69	2462	2480	26459	106692
51	2696	2682	22895	85367
340	41884	42395	212803	50195
359	22962	23986	117602	49029
2090	186158	184099	1533269	83285
609	99617	97721	896615	91753
476	91666	89902	849899	94536
133	7951	7819	46716	59747
410	35619	35710	312459	87499
106	14982	15075	146007	96854
70	6312	6245	65183	104377
135	6176	6151	51944	84448
64	5445	5494	32644	59418
35	2704	2745	16681	60768
1890	136768	137109	1263473	92151
33	1266	1256	9935	79103

3-12 城镇国有单位在岗职工人数与工资（2014年）

项　　目	Item
总　计	**Total**
#市　区	Urabn Districts
按执行会计制度类别分	**Grouped by Accounting Regulation Implemented**
企　业	Enterprises
事业单位	Institutions
行政单位	Agencies & Organizations
民间非营利组织	Civil Nonprofit Organizations
其　他	Others
按国民经济行业分组	**Grouped by Economic Sector**
农、林、牧、渔业	Agriculture, Forestry, Animal Husbandry and Fishery
采矿业	Mining
制造业	Manufacturing
电力、热力、燃气及水生产和供应业	Production and Supply of Electricity, Heat,Gas and Water
建筑业	Construction
批发和零售业	Wholesale and Retail Trade
交通运输、仓储和邮政业	Transport, Storage and Post
住宿和餐饮业	Hotels and Catering Services
信息传输、软件和信息技术服务业	Information Transmission, Software and Information Technology
金融业	Financial Intermediation
房地产业	Real Estate
租赁和商务服务业	Leasing and Business Services
科学研究和技术服务业	Scientific Research and Technical Services
水利、环境和公共设施管理业	Management of Water Conservancy, Environment and Public Facilities
居民服务、修理和其他服务业	Service to Households, Repair and Other Services
教　育	Education
卫生和社会工作	Health and Social Service
文化、体育和娱乐业	Culture, Sports and Entertainment
公共管理、社会保障和社会组织	Public Management, Social Security and Social Organizations

Number and Wages of Fully Employed Staff and Workers in Urban State-owned Units (2014)

单位数（个）Number of Units (unit)	在岗职工年末人数（人）Number of Fully Employed Staff and Workers in Urban Units at Year-end (person)	在岗职工年平均人数（人）Average Number of Fully Employed Staff and Workers in Urban Units (person)	在岗职工工资总额（万元）Total Wages of Fully Employed Staff and Workers in Urban Units (10000 yuan)	在岗职工年平均工资（元）Average Wages of Fully Employed Staff and Workers in Urban Units (yuan)
6473	**711248**	**712908**	**6233018**	**87431**
5672	646358	648600	5837047	89995
1501	249802	252161	2157295	85552
3473	326110	325190	2788979	85765
1319	125643	126098	1128933	89528
73	1048	1043	7096	68037
107	8645	8416	150715	179081
31	755	707	4790	67745
140	17442	18133	127115	70102
10	6711	6686	59353	88772
77	31705	31485	225687	71681
289	24220	24433	221345	90592
110	79680	81133	632557	77965
140	15944	16129	84397	52327
36	9379	9282	95669	103070
119	11164	11386	219954	193179
191	5802	5946	39528	66478
285	27821	27676	201201	72699
484	45203	44692	534906	119687
314	29981	30801	169571	55054
129	7670	8724	54334	62281
1461	140689	139673	1239402	88736
362	83337	82022	769553	93823
253	18405	18493	180115	97397
2042	155340	155507	1373541	88327

3-13 城镇集体单位在岗职工人数与工资（2014年）

项　　目	Item
总　　计	**Total**
#市　区	Urabn Districts
按执行会计制度类别分	**Grouped by Accounting Regulation Implemented**
企　业	Enterprises
事业单位	Institutions
行政单位	Agencies & Organizations
民间非营利组织	Civil Nonprofit Organizations
其　他	Others
按国民经济行业分组	**Grouped by Economic Sector**
农、林、牧、渔业	Agriculture, Forestry, Animal Husbandry and Fishery
采矿业	Mining
制造业	Manufacturing
电力、热力、燃气及水生产和供应业	Production and Supply of Electricity, Heat,Gas and Water
建筑业	Construction
批发和零售业	Wholesale and Retail Trade
交通运输、仓储和邮政业	Transport, Storage and Post
住宿和餐饮业	Hotels and Catering Services
信息传输、软件和信息技术服务业	Information Transmission, Software and Information Technology
金融业	Financial Intermediation
房地产业	Real Estate
租赁和商务服务业	Leasing and Business Services
科学研究和技术服务业	Scientific Research and Technical Services
水利、环境和公共设施管理业	Management of Water Conservancy, Environment and Public Facilities
居民服务、修理和其他服务业	Service to Households, Repair and Other Services
教　育	Education
卫生和社会工作	Health and Social Service
文化、体育和娱乐业	Culture, Sports and Entertainment
公共管理、社会保障和社会组织	Public Management, Social Security and Social Organizations

Number and Wages of Fully Employed Staff and Workers in Urban Collective-owned Units (2014)

单位数 (个) Number of Units (unit)	在岗职工年末人数 (人) Number of Fully Employed Staff and Workers in Urban Units at Year-end (person)	在岗职工年平均人数 (人) Average Number of Fully Employed Staff and Workers in Urban Units (person)	在岗职工工资总额 (万元) Total Wages of Fully Employed Staff and Workers in Urban Units (10000 yuan)	在岗职工年平均工资 (元) Average Wages of Fully Employed Staff and Workers in Urban Units (yuan)
1600	**93168**	**92643**	**414591**	**44751**
1540	89310	88770	402064	45293
1428	81871	81598	333603	40884
65	7103	6879	62984	91560
28	996	1017	4732	46526
79	3198	3149	13272	42148
3	49	49	189	38653
72	24525	24894	119687	48079
6	535	541	2977	55020
42	6596	6109	20869	34161
225	2834	2854	13920	48772
23	1006	1006	3205	31863
43	1930	1944	7120	36623
1	20	20	89	44250
596	9668	9670	37916	39211
367	33976	33732	120150	35619
50	1849	1873	12492	66695
24	2340	2279	9066	39779
24	952	889	3940	44319
65	1802	1828	8494	46468
38	4866	4734	53185	112348
18	199	200	1206	60280
3	21	21	86	40762

3-14 城镇非私营其他单位在岗职工人数与工资（2014年）

项　　目	Item
总　　计	**Total**
#市　区	Urban Districts
按登记注册类型分	**Grouped by Registration Status**
股份合作	Cooperative Enterprises
联　营	Joint Ownership Enterprises
有限责任公司	Limited Liability Corporations
股份有限公司	Share Holding Enterprises
内资其他	Other Enterprises
港澳台投资	Enterprises with Funds from Hong Kong, Macao and Taiwan
外商投资	Foreign Funded Enterprises
按国民经济行业分	**Grouped by Economic Sector**
农、林、牧、渔业	Agriculture, Forestry, Animal Husbandry and Fishery
采矿业	Mining
制造业	Manufacturing
电力、热力、燃气及水生产和供应业	Production and Supply of Electricity, Heat,Gas and Water
建筑业	Construction
批发和零售业	Wholesale and Retail Trade
交通运输、仓储和邮政业	Transport, Storage and Post
住宿和餐饮业	Hotels and Catering Services
信息传输、软件和信息技术服务业	Information Transmission, Software and Information Technology
金融业	Financial Intermediation
房地产业	Real Estate
租赁和商务服务业	Leasing and Business Services
科学研究和技术服务业	Scientific Research and Technical Services
水利、环境和公共设施管理业	Management of Water Conservancy, Environment and Public Facilities
居民服务、修理和其他服务业	Service to Households, Repair and Other Services
教　育	Education
卫生和社会工作	Health and Social Service
文化、体育和娱乐业	Culture, Sports and Entertainment
公共管理、社会保障和社会组织	Public Management, Social Security and Social Organizations

注：城镇非私营其他单位指城镇非私营单位中扣除国有单位和集体单位外的其他各种类型单位。

Number and Wages of Fully Employed Staff and Workers in Urban Other Types of Ownership (2014)

单位数（个） Number of Units (unit)	在岗职工年末人数（人） Number of Fully Employed Staff and Workers in Urban Units at Year-end (person)	在岗职工年平均人数（人） Average Number of Fully Employed Staff and Workers in Urban Units (person)	在岗职工工资总额（万元） Total Wages of Fully Employed Staff and Workers in Urban Units (10000 yuan)	在岗职工年平均工资（元） Average Wages of Fully Employed Staff and Workers in Urban Units (yuan)
12992	**2284809**	**2298998**	**16402103**	**71345**
12160	2146066	2158588	15659388	72545
793	12748	12889	58640	45496
92	4231	4215	22874	54267
6235	843192	831941	5742096	69020
612	267321	276884	3117989	112610
1586	107163	106149	687239	64743
2172	536421	550054	3102022	56395
1502	513733	516866	3671243	71029
23	1694	1705	8952	52505
2390	871756	887874	5516389	62130
52	20533	20783	229880	110609
330	156878	156168	1009548	64645
2302	235185	239237	1491589	62348
452	220858	225173	1982760	88055
498	78387	77851	325534	41815
386	87026	85842	949125	110567
220	56621	56741	981950	173058
2059	165546	165825	1078084	65013
998	146331	140900	1046020	74238
1397	98265	97262	866163	89055
157	17089	16821	93783	55753
213	14793	14821	61992	41827
1004	72733	71534	459343	64213
265	21422	20778	151202	72770
156	18032	18020	136218	75593
90	1660	1663	13571	81607

Note: Other types of units in urban are refer to units other than state-owned units and collective-owned units.

3-15 城镇非私营单位从业人员女性年末人数（2014年）

行　　业	Sector
合　计	**Total**
农、林、牧、渔业	Agriculture, Forestry, Animal Husbandry and Fishery
采矿业	Mining
制造业	Manufacturing
电力、热力、燃气及水生产和供应业	Production and Supply of Electricity, Heat,Gas and Water
建筑业	Construction
批发和零售业	Wholesale and Retail Trade
交通运输、仓储和邮政业	Transport, Storage and Post
住宿和餐饮业	Hotels and Catering Services
信息传输、软件和信息技术服务业	Information Transmission, Software and Information Technology
金融业	Financial Intermediation
房地产业	Real Estate
租赁和商务服务业	Leasing and Business Services
科学研究和技术服务业	Scientific Research and Technical Services
水利、环境和公共设施管理业	Management of Water Conservancy, Environment and Public Facilities
居民服务、修理和其他服务业	Service to Households, Repair and Other Services
教　育	Education
卫生和社会工作	Health and Social Service
文化、体育和娱乐业	Culture, Sports and Entertainment
公共管理、社会保障和社会组织	Public Management, Social Security and Social Organizations

Number of Female Staff and Workers at Year-end in Urban Units (2014)

年末人数 (人) Number of Staff and Workers at Year-end (person)	# 国有 State-owned Units	# 集体 Urban Collective-owned Units	女性从业人员比重（%） Proportion of Female Staff and Workers (%) 合计 Total	# 国有 State-owned Units	# 集体 Urban Collective-owned Units
1289683	**304015**	**45156**	**39.51**	**41.52**	**45.51**
606	234	17	23.51	28.09	34.00
379305	5782	22077	41.17	32.62	89.78
7416	2064	170	26.50	30.76	31.72
32126	4599	845	12.36	13.69	10.57
149854	10189	971	55.39	41.20	33.80
81785	18702	146	25.85	23.13	14.36
43982	8379	1111	44.50	50.60	56.37
34094	2485	4	35.09	26.35	20.00
46392	6070		56.67	54.18	
67582	1844	3845	35.98	30.20	36.61
74932	5517	8454	33.45	19.55	23.13
50016	14940	591	31.83	31.98	28.54
24641	12534	1201	44.36	39.60	47.56
10570	3204	414	43.98	40.58	42.12
139590	88298	1857	61.65	60.80	81.84
75973	58117	3348	67.36	67.83	66.26
18005	9177	94	46.27	45.14	45.85
52814	51880	11	32.87	32.68	50.00

【从业人员】指在各类法人单位工作中，由单位支付劳动报酬的人员，包括在岗职工、劳务派遣人员和其他就业人员。这一指标反映了一定时期内全部劳动力资源的实际利用情况，是研究我国基本国情国力的重要指标。

【在岗职工】指在本单位工作且与本单位签订劳动合同，并由单位支付各项工资和社会保险、住房公积金的人员，以及上述人员中由于学习、病伤、产假等原因暂未工作仍由单位支付工资的人员。

【劳务派遣人员】根据《中华人民共和国劳动合同法》规定，指与劳务派遣单位签订劳动合同；并被劳务派遣单位派遣到实际用工单位工作；且劳务派遣单位与实际用工单位签订《劳务派遣协议》的人员。无论用工单位是否直接支付劳动报酬，劳务派遣人员均由实际用工单位填报，而劳务派遣单位（派出单位）不填报这些人员。

【工资总额】根据《关于工资总额组成的规定》，工资总额是指本单位在报告期内（季度或年度）直接支付给本单位人员的劳动报酬总额。包括计时工资、计件工资、奖金、津贴和补贴、加班加点工资、特殊情况下支付的工资。

工资总额是税前工资，包括单位从个人工资中直接为其代扣或代缴的房费、个人所得税、水费、电费、住房公积金和社会保险基金个人缴纳部分等。

工资总额不论是计入成本的还是不计入成本的，不论是以货币形式支付的还是以实物形式支付的，均应列入工资总额的计算范围。

工资总额由基本工资、绩效工资、工资性津贴和补贴、其他工资四部分组成。工资总额不包括病假、事假等情况的扣款。

【在岗职工平均工资】指企业、事业、机关单位的在岗职工在一定时期内平均每人所得的货币工资额。它表明一定时期在岗职工工资收入的高低程度，是反映在岗职工工资水平的主要指标。

计算公式为：在岗职工平均工资=报告期实际支付的全部在岗职工工资总额/报告期全部在岗职工平均人数。

【Practitioners】refers to employees in various legal person units, paid by the unit labor remuneration, including on-the-job, labor dispatch personnel and other employees. This indicator reflects all the actual utilization of labor resources at a certain period of time, is an important index to study the basic situation of our country national strength.

【Staff and workers】refers to the staff work in the unit and the unit signed labor contracts, and by the unit to pay the wages and social insurance, housing provident fund staff, and the staff in learning, because of injuries and other reasons not to work on maternity leave, still receive wages from their working units.

【Dispatch Personnel】refers to personnel signed labor contracts with the labor dispatch unit,and by the labor dispatch unit sent to the actual labor units, and the labor dispatch unit and the actual labor units signed “labor dispatch agreement” ,according to the "Labor contract law provisions of the people's Republic of China". No matter whether the direct labor units to pay labor remuneration, labor dispatch personnel are filled by the actual labor units.

【Total Wages】according to the “Regulations on the payroll” the composition of total wages, payroll is refers to the unit paid directly to the total remuneration of the staff during the reporting period (quarterly or annual). Including hourly wages, piece-rate wages, bonuses, allowances and subsidies, overtime pay overtime wages, special circumstances wages.

Total wages is pre-tax wages, including the unit from individual pay directly for its withholding or paying rent, personal income tax, water, electricity, housing provident fund and the social insurance fund individual pay part etc.

Wages regardless of whether it is included in the cost was not included in the cost, whether in monetary form of payment or payment in kind, should be included in the scope of calculation of total wages.

Four parts of Total wages including the basic salary, performance salary, wages and allowances and subsidies, and other wages. Total wages not including deduction of sick leave and personal leave.

【Average Wage of Fully Employed Staff and Workers】refer to the average wage in monetary terms per person during a certain period of time for fully employed staff and workers in enterprises, institutions and government agencies, which reflects the general level of wage income of fully employed staff and workers during a certain period of time and is calculated as follows:

Average Wage of Fully Employed Staff and Workers =Total Wages of Fully Employed Staff and Workers at the Report Period/Average Number of Fully Employed Staff and Workers at the Report Period

第四篇 CHAPTER 4

固定资产投资

INVESTMENT IN FIXED ASSETS

第四篇　固定资产投资

一、本篇资料反映广州市固定资产投资的基本情况。

二、本篇资料由广州市统计局固定资产投资统计处整理提供。

三、固定资产投资统计的资料来源主要为全面统计报表。按照现行的固定资产投资统计报表制度，从2011年起固定资产投资项目统计起报点由计划总投资50万元及以上提高到500万元及以上，固定资产投资不再称全社会固定资产投资。固定资产投资按经济类型分为：国有经济、集体经济、联营经济、股份制经济、私营经济、港澳台投资经济、外商投资经济、其他经济和个体经济。

从2012年起民间投资包含内容有所调整，民间投资是指工商登记注册类型为：集体、股份合作、私营独资、私营合伙、私营有限责任公司、个体户、个人合伙等纯民间主体的固定资产投资及混合经济成分中由集体、私营、个体控股的投资主体单位的全部固定资产投资。

4 Investment in Fixed Assets

I. The data in this chapter show the basic conditions of the total investment in fixed assets of Guangzhou Municipality.

II. The data in this chapter are prepared and provided by the Division of Investment and Construction Statistics of Guangzhou Municipal Bureau of Statistics.

Ⅲ .The data sources for the statistics of investment in fixed assets mainly come from the complete statistical report forms. According to the present regulations in the reporting scheme on the statistics of the investment in fixed assets, the statistics report point of the fixed assets investment projects has been increased from a planned total investment of 500,000 yuan and above to 5,000,000 yuan and above since 2011. The investment in fixed assets is no longer called the whole society investment in fixed assets. The investment in fixed assets is classified by the following types of ownership: state-owned economy, collective-owned economy, joint-owned economy, share-holding economy, private economy, economy funded by the enterprises from Hong Kong, Macao and Taiwan, foreign funded economy, individual investment and the economy of other types of ownership.

The content of non-state-owned investment has been adjusted since 2012, and non-state-owned investment refers to the industrial and commercial registration type: collective, cooperative, private, private partnership, private limited liability company, the self-employed, private partnership of pure folk subject of investment in fixed assets and mixed by the collective, private, individual holdings investment main body unit of economic composition the total investment in fixed assets.

4-1 固定资产投资主要经济指标

Main Indicators of Total Investment in Fixed Assets

单位：万元 (10000 yuan)

项　目	Item	2014	2014年比2013年增长(%) Growth Rate in 2014 over 2013 (%)
固定资产投资额	**Total Investment in Fixed Assets**	**48895026**	**14.5**
按投资类别分	Grouped by Type of Investment		
# 房地产开发	Real Estate Development	18161529	15.5
按登记注册类型分	Grouped by Registration Status		
内资企业	Domestic Funded Enterprises	40038452	18.1
国有企业	State-owned Enterprises	12707132	19.1
集体企业	Collective-owned Enterprises	3188234	9.0
股份合作企业	Cooperative Enterprises	218452	29.8
联营企业	Joint Ownership Enterprises	64824	-63.3
国有联营企业	State Joint Ownership Enterprises	1651	-96.9
集体联营企业	Collective Joint Ownership Enterprises	46394	-3.1
国有与集体联营企业	Joint State-collective Enterprises		
其他联营企业	Other Joint Ownership Enterprises	16779	-42.2
有限责任公司	Limited Liability Corporations	13358271	38.7
国有独资公司	State Sole Funded Corporations	1209575	1.3倍
其他有限责任公司	Other Limited Liability Corporations	12148696	33.4
股份有限公司	Share-holding Corporations Ltd.	3103107	-23.7
私营企业	Private Enterprises	7345376	17.5
其他企业	Other Enterprises	53056	4.8倍
港、澳、台商投资企业	Enterprises with Funds from Hong Kong, Macao and Taiwan	4535897	3.6
# 与港、澳、台商合资经营企业	Joint-venture Enterprises	1219901	8.5
与港、澳、台商合作经营企业	Cooperative Enterprises	986473	-30.6
港、澳、台商独资经营企业	Enterprises with Sole Funds	2223767	32.0
港、澳、台商投资股份有限公司	Share-holding Corporations Ltd.	41069	-55.0

注：1. 机关、事业、社会团体及其他依法成立的单位固定资产投资登记注册类型参照企业登记注册类型划分。
2. 从2011年起，固定资产投资项目统计起报点由计划总投资50万元及以上提高到500万元及以上，增速按可比口径计算。
3. 从2012年起，"国家预算内资金"改称为"国家预算资金"，"国家预算资金"和"自筹资金"有所调整。故与上年不可比(下同)。
4. 2014年固定资产投资计算速度时根据省反馈数据调整了2013年的基数。(下同)

Note: I. The registration status of agencies, institutions, social organizations and other units established according to law is divided referring to the registration status of enterprises.

II. Since 2011, the cut-off point of investment in fixed assets is changed from a minimum of 50000 yuan to a minimum 5000000 yuan. The growth rates in this table are calculated at comparable prices.

III. Since 2012, the coverage of state budget and self-raising funds have been changed. So the data in 2012 is not comparable with the pervious year(the same as below).

IV. The rate of investment in fixed assets for 2014 is cacultated in accord to the base of 2013 which has been adjusted according to the feedback data from Statistics Bureau of Guangdong Provice (the same as below).

单位：万元 (10000 yuan)

项　　目	Item	2014	2014年比2013年增长(%) Growth Rate in 2014 over 2013 (%)
外商投资企业	Foreign Funded Enterprises	4319024	0.7
#中外合资经营企业	Joint-venture Enterprises	2299734	-0.6
中外合作经营企业	Cooperative Enterprises	307225	26.7
外资企业	Enterprises with Sole Foreign Funds	1402611	-13.6
外商投资股份有限公司	Share-holding Corporations Ltd.	160454	49.4
个体经营	Self-employed Individual	1653	-98.8
个体户	Individual Operating Household	1653	-98.8
个体合伙	Individual Partnership		
按构成分	Grouped by Use of Funds		
建筑工程	Construction Project	27760295	11.7
安装工程	Installation Project	3735106	2.1
设备工器具购置	Purchases of Equipment and Instruments	7380551	12.2
其他费用	Others	10019074	31.3
房屋建筑面积(平方米)	**Floor Space of Buildings (sq.m)**		
施工面积	Floor Space under Construction	139955568	2.7
#住　宅	Residential Buildings	64106791	12.3
竣工面积	Floor Space Completed	36996624	4.5
#住　宅	Residential Buildings	12663509	42.9
本年实际到位资金合计	**Total Actually Funds Provided This Year**	**66210278**	**10.8**
上年末结余资金	Surplus Fund from Year-end of Preceding Year	10665183	20.3
本年实际到位资金小计	Subtotal Actually Funds Provided This Year	55545095	9.1
国家预算资金	State Budget	3172741	68.5
国内贷款	Domestic Loans	8326434	-1.8
债　券	Bonds	980542	
利用外资	Foreign Investment	986947	-53.7
自筹资金	Self-raising Funds	28876766	18.2
其他资金	Others	13201665	-5.5

4-2 主要年份固定资产投资额(按经济类型分)

Total Investment in Fixed Assets in Main Years (by Type of Ownership)

单位：万元 (10000 yuan)

年 份 Year	合 计 Total	国有经济 State-owned Units	集体经济 Collective-owned Units	联营经济 Joint Ownership Economic Units	股份经济 Share Holding Economic Units	私营经济 Private Economic Units	外商及港澳台经济 Economic Units with Funds from Foreign Regions,Hong Kong, Macao and Taiwan Investors	其他经济 Others	个体经济 Individual Investment
1978	72641	68584	1755						2302
1979	74288	68887	1609						3792
1980	99565	89823	2934						6808
1985	436197	346000	44788						45409
1986	524813	434240	42264						48309
1987	584140	468967	64131						51042
1988	902161	703117	105514						93530
1989	933326	780946	84009						68371
1990	905937	761738	73172						71027
1991	1037424	850310	99147						87967
1992	1881379	1520508	230316						130555
1993	3733976	1885582	676520	15912	72334		842469	5870	235289
1994	5257053	2701653	835384	20679	132421		1234395		332521
1995	6182515	3324871	724898	62755	280004	2157	1464489		323341
1996	6389360	3172138	662454	69611	213638	5617	1947862		318040
1997	6565767	3543369	556536	30949	369066	66960	1720070		278817
1998	7588283	3803451	685243	35596	444474	123884	2210943		284692
1999	8782586	4514598	784507	23172	764251	286732	2129471	2959	276896
2000	9236676	4830889	619778	2579	1326102	534456	1514900	45197	362775
2001	9782093	4475639	368690	5930	1330108	1007708	2311811	10684	271523
2002	10092421	3529709	492329	6974	1986469	1304823	2502251	27560	242306
2003	11751668	4469885	452236	21451	2353980	1391787	2814567	24940	222822
2004	13489283	5371055	308617	37673	2298098	2135297	3183159	19930	135454
2005	15191582	5612243	295243	46941	3326313	1872079	3881748	26366	130649
2006	16963824	6070411	309514	17087	3876752	1904587	4646403	63002	76068
2007	18633437	6802190	440692	41760	4168899	2385743	4655795	20552	117806
2008	21055373	7972112	566318	56254	3881865	3260658	5225525	11599	81042
2009	26598516	12724805	698449	80059	4517995	3444249	5018306	9301	105352
2010	32635731	15528450	711201	54940	6832917	3253895	6055481	4042	194805
2011	34122005	12858860	807709	29504	9432487	4461680	6475334	18585	37846
2012	37583868	12330573	1941043	1836	10077974	4749672	8272350	156227	54193
2013	44545508	11979522	3333867	80244	13579487	6547526	8862572	9755	152535
2014	48895026	13918358	3453080	16779	15251803	7345376	8854921	53056	1653

4-3 主要年份固定资产投资额指数（按经济类型分，上年=100）

Indices of Total Investment in Fixed Assets in Main Years (by Type of Ownership, preceding year=100)

年份 Year	合计 Total	国有经济 State-owned Units	集体经济 Collective-owned Units	联营经济 Joint Ownership Economic Units	股份经济 Share Holding Economic Units	私营经济 Private Economic Units	外商及港澳台经济 Economic Units with Funds from Foreign Regions,Hong Kong, Macao and Taiwan Investors	其他经济 Others	个体经济 Individual Investment
1978	99.2	95.9	103.1						
1979	102.3	100.4	91.7						164.7
1980	134.0	130.4	182.4						179.5
1985	145.8	141.0	231.5						131.4
1986	120.3	125.5	94.4						106.4
1987	111.3	108.0	151.7						105.7
1988	154.4	149.9	164.5						183.2
1989	103.5	111.1	79.6						73.1
1990	97.1	97.5	87.1						103.9
1991	114.5	111.6	135.5						123.9
1992	181.4	178.8	232.3						148.4
1993	198.5	124.0	203.4						180.2
1994	140.8	143.3	140.2	130.0	183.1		146.5		141.3
1995	117.6	123.1	78.1	303.5	211.5		118.6		97.2
1996	103.4	95.4	88.2	110.9	76.3	260.4	133.0		98.4
1997	102.8	111.7	84.0	44.5	172.8	1192.1	88.3		87.7
1998	115.6	107.3	123.1	115.0	120.4	185.0	128.5		102.1
1999	115.7	118.7	114.5	65.1	172.0	231.5	96.3		97.3
2000	105.2	107.0	79.0	11.1	173.5	186.4	71.1	1527.4	131.0
2001	105.9	92.7	59.5	229.9	100.3	188.6	152.6	23.6	74.9
2002	103.2	78.9	133.5	117.6	149.4	129.5	108.2	258.0	89.2
2003	116.4	126.6	91.9	307.6	118.5	106.7	112.5	90.5	92.0
2004	114.8	120.2	68.2	175.6	97.6	153.4	113.1	79.9	60.8
2005	112.6	104.5	95.7	124.6	144.7	87.7	122.0	132.3	96.5
2006	111.7	108.2	104.8	36.4	116.6	101.7	119.7	239.0	58.2
2007	109.8	112.1	142.4	244.4	107.5	125.3	100.2	32.6	154.9
2008	113.0	117.2	128.5	134.7	93.1	136.7	112.2	56.4	68.8
2009	122.3	150.4	123.3	142.3	113.6	105.6	96.0	80.2	130.0
2010	122.7	122.0	101.8	68.6	151.2	94.5	120.7	43.5	184.9
2011	110.0	89.4	161.1	53.7	138.5	139.1	107.6	690.6	84.3
2012	110.2	95.9	240.3	6.2	106.8	106.5	127.8	840.6	143.2
2013	118.5	97.2	171.8	4370.6	134.7	137.9	107.1	6.2	281.5
2014	114.5	123.7	109.9	22.3	115.7	117.5	102.2	579.3	1.2

4-4 主要年份市区固定资产投资额(按经济类型分)

Total Investment in Fixed Assets in Urban Districts in Main Years (by Type of Ownership)

单位：万元 (10000 yuan)

年 份 Year	合 计 Total	国有经济 State-owned Units	集体经济 Collective-owned Units	联营经济 Joint Ownership Economic Units	股份经济 Share Holding Economic Units	私营经济 Private Economic Units	外商及港澳台经济 Economic Units with Funds from Foreign Regions,Hong Kong, Macao and Taiwan Investors	其他经济 Others	个体经济 Individual Investment
1978	67021	64825	1219						977
1979	67176	64296	1357						1523
1980	88684	83831	2339						2514
1985	362215	312993	31819						17403
1986	434074	382695	31256						20123
1987	470219	399226	44842						26151
1988	687424	575892	69055						42477
1989	757067	670920	55813						30334
1990	688267	612465	47334						28468
1991	711394	622056	51608						37730
1992	1264888	1108507	98916						57465
1993	2468151	1525394	244656	5943	61343		512013	4697	114105
1994	3768675	2305665	320616	7935	129534		841845		163080
1995	4735978	2933472	361772	48765	268344	500	966939		156186
1996	4961794	2796738	325505	49200	185062	4797	1428894		171598
1997	5415077	3121671	277799	23613	329617	48717	1460497		153163
1998	6402341	3443918	373854	34706	427521	97924	1874873		149545
1999	7469488	4117335	454566	21152	745222	150996	1836163	1849	142205
2000(八区) 2000(Eight Districts)	7532152	4240540	306943	1463	1064395	396939	1282242	44949	194681
2000(十区) 2000(Ten Districts)	8880172	4674001	538970	2579	1316726	513791	1465740	45197	323168
2001	9422360	4374404	316981	5930	1298095	942358	2246243	9474	228875
2002	9372743	3396315	442269	5913	1935959	1030326	2336027	27343	198591
2003	10882562	4373606	399101	18651	2270867	994091	2622546	24030	179670
2004	12420328	5258120	247662	37563	2205018	1695188	2854825	19840	102112
2005	14192170	5482599	266464	46941	3204299	1408373	3662482	25605	95407
2006	15732031	5835658	290045	17087	3633109	1435187	4406149	62702	52094
2007	17232003	6572159	415944	41760	3982055	1769684	4347019	18382	85000
2008	19384953	7748729	549359	56254	3570914	2702580	4682474	11549	63094
2009	24556506	12304383	660784	80059	4221558	2717966	4480062	9301	82393
2010	30080882	14915094	644955	54940	6417917	2495160	5376712	4042	172062
2011	30984557	12343170	730656	29504	8716779	3330983	5814880	18585	
2012	33990023	11508483	1799222	1836	9202598	3685100	7636557	156227	
2013	39909035	11061491	2874340	80244	12528227	5227239	8094507	9755	33232
2014	43718233	13108229	3247948	16779	13804309	5639115	7884144	16056	1653

4-5 主要年份固定资产投资额(按投资类别分)

Total Investment in Fixed Assets in Main Years (by Type of Investment)

单位：万元 (10000 yuan)

年 份 Year	合 计 Total	建设改造投资 Construction and Innovation	房地产开发 Real Estate Development
1978	72641	72641	
1979	74288	74288	
1980	99565	99565	
1985	436197	389725	46472
1986	524813	472248	52565
1987	584140	514109	70031
1988	902161	762070	140091
1989	933326	780967	152359
1990	905937	788518	117419
1991	1037424	881075	156349
1992	1881379	1483959	397420
1993	3733976	2481589	1252387
1994	5257053	3362533	1894520
1995	6182515	4091379	2091136
1996	6389360	4097720	2291640
1997	6565767	4191544	2374223
1998	7588283	4894594	2693689
1999	8782586	5823559	2959027
2000	9236676	5680860	3555816
2001	9782093	5911886	3870207
2002	10092421	5828523	4263898
2003	11751668	7556862	4194806
2004	13489283	8718968	4770315
2005	15191582	10110736	5080846
2006	16963824	11395931	5567893
2007	18633437	11595406	7038031
2008	21055373	13421349	7634024
2009	26598516	18425067	8173449
2010	32635731	22799149	9836582
2011	34122005	21068400	13053605
2012	37583868	23879357	13704511
2013	44545508	28821219	15724289
2014	48895026	30733497	18161529

4-6 主要年份固定资产投资额指数(按投资类别分，上年=100)

Indices of Total Investment in Fixed Assets in Main Years (by Type of Investment, preceding year=100)

年 份 Year	合 计 Total	建设改造投资 Construction and Innovation	房地产开发 Real Estate Development
1978	99.2	99.2	
1979	102.3	102.3	
1980	134.0	134.0	
1985	145.8	152.0	108.3
1986	120.3	121.2	113.1
1987	111.3	108.9	133.2
1988	154.4	148.2	200.0
1989	103.5	102.5	108.8
1990	97.1	101.0	77.1
1991	114.5	111.7	133.2
1992	181.4	168.4	254.2
1993	198.5	167.2	315.1
1994	140.8	135.5	151.3
1995	117.6	121.7	110.4
1996	103.4	100.2	109.6
1997	102.8	102.3	103.6
1998	115.6	116.8	113.5
1999	115.7	119.0	109.9
2000	105.2	97.5	120.2
2001	105.9	104.1	108.8
2002	103.2	98.6	110.2
2003	116.4	129.7	98.4
2004	114.8	115.4	113.7
2005	112.6	116.0	106.5
2006	111.7	112.7	109.6
2007	109.8	101.8	126.4
2008	113.0	115.7	108.5
2009	122.3	137.3	107.1
2010	122.7	123.7	120.4
2011	110.0	99.4	132.7
2012	110.2	113.3	105.0
2013	118.5	120.7	114.7
2014	114.5	113.9	115.5

4-7 主要年份市区固定资产投资额(按投资类别分)

Total Investment in Fixed Assets in Urban Districts in Main Years (by Type of Investment)

单位：万元 (10000 yuan)

年份 Year	合计 Total	建设改造投资 Construction and Innovation	房地产开发 Real Estate Development
1978	67021	67021	
1979	67176	67176	
1980	88684	88684	
1985	362215	317763	44452
1986	434074	386484	47590
1987	470219	405523	64696
1988	687424	565235	122189
1989	757067	623676	133391
1990	688267	590726	97541
1991	711394	571513	139881
1992	1264888	973207	291681
1993	2468151	1699694	768457
1994	3768675	2392558	1376117
1995	4735978	3033520	1702458
1996	4961794	3033007	1928787
1997	5415077	3331961	2083116
1998	6402341	4000104	2402237
1999	7469488	4899646	2569842
2000(八区)(Eight Districts)	7532152	4617702	2914450
2000(十区)(Ten Districts)	8880172	5414104	3466068
2001	9422360	5657267	3765093
2002	9372743	5361631	4011112
2003	10882562	6971945	3910617
2004	12420328	7935551	4484777
2005	14192170	9544148	4648022
2006	15732031	10712768	5019263
2007	17232003	10856926	6375077
2008	19384953	12566106	6818847
2009	24556506	17522089	7034417
2010	30080882	21462354	8618528
2011	30984557	19919310	11065247
2012	33990023	22215229	11774794
2013	39909035	26272665	13636370
2014	43718233	28367825	15350408

4-8 各时期固定资产投资额(按投资类别分)

Total Investment in Fixed Assets in Different Periods (by Type of Investment)

单位：万元 (10000 yuan)

时 期	Period	合 计 Total	建设改造投资 Construction and Innovation	房地产开发 Real Estate Development
全 市	**Total**			
"六五"时期	6th Five-year Plan Period	1310742	1221368	89374
"七五"时期	7th Five-year Plan Period	3850377	3317912	532465
"八五"时期	8th Five-year Plan Period	18092347	12300535	5791812
"九五"时期	9th Five-year Plan Period	38562672	24688277	13874395
"十五"时期	10th Five-year Plan Period	60307047	38126975	22180072
"十一五"时期	11th Five-year Plan Period	115886881	77636902	38249979
1950-2014	1950-2014	404032341	262670310	141362031
1979-2014	1979-2014	403330326	261968295	141362031
1991-2014	1991-2014	397995354	257255162	140740192
2001-2014	2001-2014	341340335	220266350	121073985
市 区	**Urban Districts**			
"六五"时期	6th Five-year Plan Period	1080481	996477	84004
"七五"时期	7th Five-year Plan Period	3037051	2571644	465407
"八五"时期	8th Five-year Plan Period	12949086	8670492	4278594
"九五"时期(八区)	9th Five-year Plan Period (Eight Districts)	31780852	19882420	11898432
"九五"时期(十区)	9th Five-year Plan Period (Ten Districts)	33128872	20678822	12450050
"十五"时期	10th Five-year Plan Period	56290163	35470542	20819621
"十一五"时期	11th Five-year Plan Period	106986375	73120243	33866132
1950-2014	1950-2014	362872898	239082271	123790627
1979-2014	1979-2014	362229736	238439109	123790627
1991-2014	1991-2014	357956344	234715128	123241216
2001-2014	2001-2014	311878386	205365814	106512572

注：从2000年起市区为十区口径。

Note: The coverage of urban districts has refered to the ten districts since 2000.

4-9 各时期固定资产投资额平均每年增长速度

Average Growth Rate of Investment in Fixed Assets in Different Periods

单位：% (%)

时 期	Period	合 计 Total	建设改造投资 Construction and Innovation	房地产开发 Real Estate Development
全 市	**Total**			
"六五"时期	6th Five-year Plan Period	34.2	31.6	
"七五"时期	7th Five-year Plan Period	19.6	18.3	29.1
"八五"时期	8th Five-year Plan Period	50.4	40.7	89.2
"九五"时期	9th Five-year Plan Period	7.5	6.3	9.6
"十五"时期	10th Five-year Plan Period	9.0	10.0	7.5
"十一五"时期	11th Five-year Plan Period	14.4	14.7	14.0
1951-2014	1951-2014	18.4	17.5	
1979-2014	1979-2014	21.0	19.4	
1991-2014	1991-2014	19.6	17.7	25.8
2001-2014	2001-2014	12.2	12.8	11.2
市 区	**Urban Districts**			
"六五"时期	6th Five-year Plan Period	31.3	28.3	
"七五"时期	7th Five-year Plan Period	17.8	16.5	25.7
"八五"时期	8th Five-year Plan Period	48.0	38.4	83.9
"九五"时期(八区)	9th Five-year Plan Period (Eight Districts)	10.0	9.2	11.4
"九五"时期(十区)	9th Five-year Plan Period (Ten Districts)	11.4	10.5	13.0
"十五"时期	10th Five-year Plan Period	8.0	9.2	6.2
"十一五"时期	11th Five-year Plan Period	14.0	14.6	12.8
1951-2014	1951-2014	18.3	17.5	
1979-2014	1979-2014	20.9	19.3	
1991-2014	1991-2014	20.6	18.9	26.1
2001-2014	2001-2014	11.6	12.5	10.0

4-10 主要年份固定资产投资额和房屋建设

Total Investment in Fixed Assets and Building Construction in Main Years

年份、时期 Year and Period	固定资产投资额（万元） Total Investment (10000 yuan)	# 住宅 Residential Buildings	新增固定资产（万元） Newly Increased Fixed Assets (10000 yuan)	房屋施工面积（万平方米） Floor Space under Construction (10000 sq.m)	# 住宅 Residential Buildings	房屋竣工面积（万平方米） Floor Space Completed (10000 sq.m)	# 住宅 Residential Buildings
1978	72641	8987	95685	429.55	173.09	184.97	84.82
1980	99565	24254	77438	610.94	334.12	269.07	163.33
1985	436197	104015	344990	1448.87	820.45	796.96	531.33
1990	905937	232839	779577	1681.89	970.81	879.68	537.36
1995	6182515	1696316	3449779	4958.58	2840.92	1847.86	1212.84
2000	9236676	3250326	6907436	6152.47	3789.88	2404.81	1539.43
2001	9782093	3316894	7075104	6612.84	3916.82	2138.40	1304.28
2002	10092421	3457617	6527323	6376.80	3809.32	2129.56	1392.66
2003	11751668	3522168	7793951	6540.20	3643.26	2243.10	1317.25
2004	13489283	3712961	11128640	7263.32	3817.60	2308.23	1045.58
2005	15191582	3777003	10763964	7165.93	3836.53	2405.30	1091.48
2006	16963824	3783416	9304960	6895.68	3751.36	1677.24	918.05
2007	18633437	5041090	10817946	8113.99	4049.79	2243.77	1001.43
2008	21055373	5398216	12247285	8272.29	3986.32	1849.70	865.15
2009	26598516	5246903	15732420	8690.90	3740.54	2208.57	965.85
2010	32635731	5727122	24136234	10114.91	4279.53	2388.95	950.10
2011	34122005	8116313	24504493	11555.51	5083.07	2804.28	938.38
2012	37583868	8626775	27514867	12381.69	5152.06	2957.66	940.44
2013	44545508	9969708	30678913	13959.31	5753.99	3683.50	897.97
2014	48895026	10391431	40303235	13995.56	6410.68	3699.66	1266.35
"六五"时期 6th Five-year Plan Period	1310742	402770	1030043	6004.01	3745.15	3328.09	2352.35
"七五"时期 7th Five-year Plan Period	3850377	989264	3056834	8645.37	4722.40	4454.23	2808.76
"八五"时期 8th Five-year Plan Period	18092347	5632278	11179716	17131.12	9906.30	7045.41	4339.71
"九五"时期 9th Five-year Plan Period	38562672	12083398	28672107	27464.31	16470.99	10112.06	6673.86
"十五"时期 10th Five-year Plan Period	60307047	17786643	43288982	33959.09	19023.53	11224.59	6151.25
"十一五"时期 11th Five-year Plan Period	115886881	25196747	72238845	42087.77	19807.54	10368.23	4700.58
1950-2014	404032341	99294597	283155082	192674.00	98216.57	62226.89	32078.62
1979-2014	403330326	99237038	282602798	188333.79	96685.60	60139.57	31331.70
1991-2014	397995354	97803293	278381158	172534.36	87608.16	51895.39	25908.54
2001-2014	341340335	80087617	238529335	127938.93	61230.87	34737.92	14894.97

4-11 主要年份市区固定资产投资额和房屋建设

Total Investment in Fixed Assets and Building Construction in Urban Districts in Main Years

年份、时期 Year and Period	固定资产投资额（万元） Total Investment (10000 yuan)	#住宅 Residential Buildings	新增固定资产（万元） Newly Increased Fixed Assets (10000 yuan)	房屋施工面积（万平方米） Floor Space under Construction (10000 sq.m)	#住宅 Residential Buildings	房屋竣工面积（万平方米） Floor Space Completed (10000 sq.m)	#住宅 Residential Buildings
1978	67021	6663	91745		157.82	158.68	72.97
1980	88684	17690	67451	558.25	310.79	233.90	146.46
1985	362215	89260	284680	1142.77	618.50	537.91	344.43
1990	688267	172394	625292	1320.86	729.61	575.33	350.23
1995	4735978	1237079	2510650	3426.14	1926.18	1117.76	735.49
2000	8880172	3158571	6195959	5830.09	3569.15	2226.68	1421.84
2001	9422360	3188145	6776012	6238.25	3685.09	1929.02	1182.67
2002	9372743	3205783	6005075	5869.13	3520.08	1849.92	1226.28
2003	10882562	3246586	7156383	5888.04	3313.58	1883.30	1121.31
2004	12420328	3421858	10415447	6488.39	3477.32	1913.28	883.07
2005	14192170	3364299	10057102	6321.38	3398.52	2074.62	925.35
2006	15732031	3291090	8411788	5938.66	3178.68	1410.61	748.77
2007	17232003	4424586	9841817	6929.18	3368.54	1814.23	817.32
2008	19384953	4698000	11307219	6964.83	3227.93	1585.66	727.06
2009	24556506	4345040	14530775	7285.97	2849.02	1845.03	754.87
2010	30080882	4803671	22505705	8323.81	3216.56	1958.05	681.95
2011	30984557	6517904	21963648	9521.92	3902.08	2270.59	616.67
2012	33990023	7047505	25805313	10229.77	4026.83	2559.90	719.17
2013	39909035	8206575	27656539	11597.89	4481.88	3207.33	648.66
2014	43718233	8288782	35975875	11461.78	4899.50	3025.51	960.36
"六五"时期 6th Five-year Plan Period	1080481	297325	831751	4750.85	3146.15	2218.81	1451.69
"七五"时期 7th Five-year Plan Period	3037051	758374	2415304	6623.53	3566.41	2959.49	1767.11
"八五"时期 8th Five-year Plan Period	12949086	3931649	7725987	11807.23	6613.51	4161.28	2556.71
"九五"时期（八区） 9th Five-year Plan Period (Eight Districts)	31780852	9791254	22225365	20675.59	12656.42	6455.27	4366.91
"九五"时期（十区） 9th Five-year Plan Period (Ten Districts)	33128872	10377568	23281240	21847.44	13327.91	7269.82	4801.97
"十五"时期 10th Five-year Plan Period	56290163	16426671	40410019	30805.19	17394.59	9650.14	5338.68
"十一五"时期 11th Five-year Plan Period	106986375	21562387	66597304	35442.45	15840.73	8613.58	3729.97
1950-2014	362872898	83496152	253298286	159200.27	79209.87	48244.91	23501.78
1979-2014	362229736	83444979	252782018	155118.68	77751.92	46328.18	22815.66
1991-2014	357956344	82359041	249415925	142713.67	70487.03	40758.15	19372.19
2001-2014	311878386	68049824	218408698	109059.00	50545.61	29327.05	12013.51

注：从2000年起市区为十区口径。

Note: The coverage of urban districts has refered to the ten districts since 2000.

4-12 主要年份三次产业固定资产投资额及构成
Total Investment in Fixed Assets and its Composition in Main Years by the Three Strata of Industries

年 份 Year	合 计 (万元) Total (10000 yuan)	第一产业 Primary Industry	第二产业 Secondary Industry	第三产业 Tertiary Industry	构 成 (%) Composition (%)	第一产业 Primary Industry	第二产业 Secondary Industry	第三产业 Tertiary Industry
全 市 Total								
1978	72641	4317	32100	36224	100.00	5.94	44.19	49.87
1980	99565	4953	39722	54890	100.00	4.97	39.90	55.13
1985	436197	13672	143702	278823	100.00	3.13	32.94	63.93
1990	905937	14268	346872	544797	100.00	1.57	38.29	60.14
1995	6182515	42433	1698901	4441181	100.00	0.69	27.48	71.83
2000	9236676	66584	1411261	7758831	100.00	0.72	15.28	84.00
2001	9782093	17789	1419209	8345095	100.00	0.18	14.51	85.31
2002	10092421	24625	1913745	8154051	100.00	0.24	18.96	80.80
2003	11751668	14657	2265387	9471624	100.00	0.12	19.28	80.60
2004	13489283	30084	2863780	10595419	100.00	0.22	21.23	78.55
2005	15191582	9816	4379347	10802419	100.00	0.06	28.83	71.11
2006	16963824	17999	4632303	12313522	100.00	0.11	27.30	72.59
2007	18633437	11541	4015821	14606075	100.00	0.06	21.55	78.39
2008	21055373	16269	4510845	16528259	100.00	0.08	21.42	78.50
2009	26598516	34894	5454577	21109045	100.00	0.13	20.51	79.36
2010	32635731	34280	6262773	26338678	100.00	0.10	19.19	80.71
2011	34122005	39223	5529978	28552804	100.00	0.11	16.21	83.68
2012	37583868	71881	5998727	31513260	100.00	0.19	15.96	83.85
2013	44545508	107320	7169083	37269105	100.00	0.24	16.09	83.67
2014	48895026	151898	7174196	41568932	100.00	0.31	14.67	85.02

4-12 续表 continued

年 份 Year	合 计 (万元) Total (10000 yuan)	第一产业 Primary Industry	第二产业 Secondary Industry	第三产业 Tertiary Industry	构 成 (%) Composition (%)	第一产业 Primary Industry	第二产业 Secondary Industry	第三产业 Tertiary Industry
市 区 Urban Districts								
1978	67021	2869	29720	34432	100.00	4.28	44.34	51.38
1980	88684	3088	34996	50600	100.00	3.48	39.46	57.06
1985	362215	10655	110225	241335	100.00	2.94	30.43	66.63
1990	688267	5738	236358	446171	100.00	0.83	34.34	64.83
1995	4735978	14105	1050838	3671035	100.00	0.30	22.19	77.51
2000(八区)(Eight Districts)	7532152	47879	1079920	6404353	100.00	0.64	14.34	85.02
2000(十区)(Ten Districts)	8880172	56575	1276298	7547299	100.00	0.64	14.37	84.99
2001	9422360	15849	1304301	8102210	100.00	0.17	13.84	85.99
2002	9372743	24261	1682315	7666167	100.00	0.26	17.95	81.79
2003	10882562	8658	1887045	8986859	100.00	0.08	17.34	82.58
2004	12420328	24464	2311780	10084084	100.00	0.20	18.61	81.19
2005	14192170	3188	4068308	10120674	100.00	0.02	28.67	71.31
2006	15732031	6971	4207845	11517215	100.00	0.04	26.75	73.21
2007	17232003	7342	3616547	13608114	100.00	0.04	20.99	78.97
2008	19384953	11427	3996436	15377090	100.00	0.06	20.62	79.32
2009	24556506	23910	5048000	19484596	100.00	0.10	20.56	79.34
2010	30080882	24273	5742977	24313632	100.00	0.08	19.09	80.83
2011	30984557	26641	4979091	25978825	100.00	0.09	16.07	83.84
2012	33990023	52168	5339435	28598420	100.00	0.15	15.71	84.14
2013	39909035	27054	6211745	33670236	100.00	0.07	15.56	84.37
2014	43718233	21088	6221465	37475680	100.00	0.05	14.23	85.72

4-13 主要年份固定资产投资资金来源

Source of Total Investing Funds in Fixed Assets in Main Years

单位：万元 (10000 yuan)

年份 Year	本年实际到位资金合计 Total Actually Funds Provided This Year	上年末结余资金 Surplus Funds from Year-end of Preceding Year	本年实际到位资金小计 Subtotal Actually Funds Provided This Year	国家预算资金 State Budget
1995	7978652	961511	7017141	67608
1996	7944084	1513379	6430705	51257
1997	8185958	1394838	6791120	92550
1998	9955334	1433763	8521571	200069
1999	10983747	1548943	9434804	233267
2000	11679071	1552005	10127066	196772
2001	11649579	1546436	10103143	123638
2002	12856766	1649716	11207050	211676
2003	14649881	1674756	12975125	353310
2004	16786548	1874335	14912213	311727
2005	19247238	2186460	17060778	3411
2006	22251012	2776720	19474292	33390
2007	26264563	3171623	23092940	57376
2008	28401679	4790650	23611029	117411
2009	37433615	5422810	32010805	60397
2010	45784696	6679725	39104971	94606
2011	44686057	6928519	37757538	66080
2012	50680896	7005541	43675355	1623733
2013	62310524	9002625	53307899	2007191
2014	66210278	10665183	55545095	3172741

注：从2012年起，“国家预算内资金”改称“国家预算资金”，“自筹资金”下的财政资金划归“国家预算资金”统计(下同)。

Note: Since 2012, financial funds belong to state budget instead of self-raising funds(the same as below).

4-13 续表 continued

单位：万元 (10000 yuan)

年 份 Year	国内贷款 Domestic Loans	债 券 Bonds	利用外资 Foreign Investment	自筹资金 Self-raising Funds	其他资金 Others
1995	1058442	27815	1256012	2413074	2194190
1996	867596	6388	1656655	2003513	1845296
1997	906033	3112	1657279	2429018	1703128
1998	1279909	1029	1185066	3196317	2659181
1999	1998108	23600	909234	3330138	2940457
2000	2174224	62353	883291	3356781	3453645
2001	1912787	22888	706179	4230371	3107280
2002	2696256		910991	3938859	3449268
2003	2653393		957866	5241604	3768952
2004	2922647		1212633	6321305	4143901
2005	4172521		1156940	7016193	4711713
2006	5172610	130000	1508470	7321261	5308561
2007	5591643		1313436	9042335	7088150
2008	5093992		1066041	11324092	6009493
2009	7557122	79875	724921	14972268	8616222
2010	8654938	68000	900581	20398053	8988793
2011	5881319		933747	20621521	10254871
2012	8083156		599341	22563088	10806037
2013	8777717		2261740	26204283	14056968
2014	8326434	980542	986947	28876766	13201665

4-14 主要年份固定资产投资资金来源构成

Composition of Source of Total Investing Funds in Fixed Assets in Main Years

单位：%　　　　(%)

年份 Year	本年实际到位资金合计 Total Actually Funds Provided This Year	上年末结余资金 Surplus Funds from Year-end of Preceding Year	本年实际到位资金小计 Subtotal Actually Funds Provided This Year	国家预算资金 State Budget	国内贷款 Domestic Loans	债券 Bonds	利用外资 Foreign Investment	自筹资金 Self-raising Funds	其他资金 Others
1995	100.00	12.05	87.95	0.85	13.27	0.35	15.74	30.24	27.50
1996	100.00	19.05	80.95	0.65	10.92	0.08	20.85	25.22	23.23
1997	100.00	17.04	82.96	1.13	11.07	0.04	20.25	29.67	20.81
1998	100.00	14.40	85.60	2.01	12.86	0.01	11.90	32.11	26.71
1999	100.00	14.10	85.90	2.12	18.19	0.21	8.28	30.32	26.77
2000	100.00	13.29	86.71	1.68	18.62	0.53	7.56	28.74	29.57
2001	100.00	13.27	86.73	1.06	16.42	0.20	6.06	36.31	26.67
2002	100.00	12.83	87.17	1.65	20.97		7.09	30.64	26.83
2003	100.00	11.43	88.57	2.41	18.11		6.54	35.78	25.73
2004	100.00	11.17	88.83	1.86	17.41		7.22	37.66	24.69
2005	100.00	11.36	88.64	0.02	21.68		6.01	36.45	24.48
2006	100.00	12.48	87.52	0.15	23.25	0.58	6.78	32.90	23.86
2007	100.00	12.08	87.92	0.22	21.29		5.00	34.43	26.98
2008	100.00	16.87	83.13	0.41	17.94		3.75	39.87	21.16
2009	100.00	14.49	85.51	0.16	20.19	0.21	1.94	40.00	23.01
2010	100.00	14.59	85.41	0.21	18.90	0.15	1.97	44.55	19.63
2011	100.00	15.50	84.50	0.15	13.16		2.09	46.15	22.95
2012	100.00	13.82	86.18	3.21	15.95		1.18	44.52	21.32
2013	100.00	14.45	85.55	3.22	14.09		3.63	42.05	22.56
2014	100.00	16.11	83.89	4.79	12.58	1.48	1.49	43.61	19.94

4-15 主要年份固定资产投资额(按构成分)

Total Investment in Fixed Assets in Main Years (by Use of Funds)

单位：万元 (10000 yuan)

年份 Year	合计 Total	建筑工程 Construction Project	安装工程 Installation Project	设备工器具购置 Purchases of Equipment and Instruments	其他费用 Others
1995	6182515	3066640	313788	1474613	1327474
1996	6389360	3225327	420182	1501358	1242493
1997	6565767	3230953	530177	1475112	1329525
1998	7588283	3805530	433223	1465162	1884368
1999	8782586	4443801	539333	1520186	2279266
2000	9236676	4862795	489173	1284866	2599842
2001	9782093	4943427	800645	1792544	2245477
2002	10092421	5043136	1002446	1735461	2311378
2003	11751668	5926676	669398	1907214	3248380
2004	13489283	7167180	829078	2328974	3164051
2005	15191582	7899596	1187729	2749875	3354382
2006	16963824	8375238	1348824	3657839	3581923
2007	18633437	9571281	1320128	3299746	4442282
2008	21055373	11296603	1511046	3227977	5019747
2009	26598516	15003807	1747019	3798896	6048794
2010	32635731	18964747	2548287	4866404	6256293
2011	34122005	18138348	2749538	6193268	7040851
2012	37583868	21468095	3262986	6003316	6849471
2013	44545508	25879973	3812480	6995873	7857182
2014	48895026	27760295	3735106	7380551	10019074

4-16 主要年份固定资产投资额构成

Composition of Total Investment in Fixed Assets in Main Years

单位：% (%)

年 份 Year	合 计 Total	建筑工程 Construction Project	安装工程 Installation Project	设备工器具购置 Purchases of Equipment and Instruments	其他费用 Others
1995	100.00	49.60	5.08	23.85	21.47
1996	100.00	50.48	6.58	23.50	19.44
1997	100.00	49.21	8.07	22.47	20.25
1998	100.00	50.15	5.71	19.31	24.83
1999	100.00	50.60	6.14	17.31	25.95
2000	100.00	52.65	5.30	13.91	28.14
2001	100.00	50.54	8.19	18.32	22.95
2002	100.00	49.97	9.93	17.20	22.90
2003	100.00	50.43	5.70	16.23	27.64
2004	100.00	53.13	6.15	17.26	23.46
2005	100.00	52.00	7.82	18.10	22.08
2006	100.00	49.37	7.95	21.56	21.12
2007	100.00	51.37	7.08	17.71	23.84
2008	100.00	53.65	7.18	15.33	23.84
2009	100.00	56.41	6.57	14.28	22.74
2010	100.00	58.11	7.81	14.91	19.17
2011	100.00	53.16	8.06	18.15	20.63
2012	100.00	57.12	8.68	15.97	18.23
2013	100.00	58.10	8.56	15.71	17.63
2014	100.00	56.78	7.64	15.09	20.49

4-17 固定资产投资额(2014年，按投资类别分)

单位：万元

项　　目	Item
总　　计	**Total**
按登记注册类型分	**Grouped by Registration Status**
内资企业	Domestic Funded Enterprises
国有企业	State-owned Enterprises
集体企业	Collective-owned Enterprises
股份合作企业	Cooperative Enterprises
联营企业	Joint Ownership Enterprises
国有联营企业	State Joint Ownership Enterprises
集体联营企业	Collective Joint Ownership Enterprises
国有与集体联营企业	Joint State-collective Enterprises
其他联营企业	Other Joint Ownership Enterprise
有限责任公司	Limited Liability Corporations
国有独资公司	State Sole Funded Corporations
其他有限责任公司	Other Limited Liability Corporations
股份有限公司	Share Holding Corporations Ltd.
私营企业	Private Enterprises
其他企业	Other Enterprises
港、澳、台商投资企业	Enterprises with Funds from Hong Kong
# 与港、澳、台商合资经营企业	Joint-venture Enterprises
与港、澳、台商合作经营企业	Cooperative Enterprises
港、澳、台商独资经营企业	Enterprises with Sole Funds
港、澳、台商投资股份有限公司	Share-holding corporations Ltd.
外商投资企业	Foreign Funded Enterprises
# 中外合资经营企业	Joint-venture Enterprises
中外合作经营企业	Cooperative Enterprises
外资企业	Enterprises with Sole Foreign Funds
外商投资股份有限公司	Share-holding corporations Ltd.
个体经营	Individual Investment
个体户	Individual Operating Household
个体合伙	Individual Partnership
按隶属关系分	**Grouped by Jurisdiction of Management**
中央属	Central Investment
省　属	Provincial Investment
市　属	Municipal Investment
区、县级市属	District or County Investment
其　他	Others
按建设性质分	**Grouped by Type of Construction**
# 新　建	New Construction
扩　建	Expansion
改建和技术改造	Reconstruction
单纯购置	Purchase
按构成分	**Grouped by Use of Funds**
建筑工程	Construction
安装工程	Installation
设备工器具购置	Purchase of Equipment and Instruments
其他费用	Others

Total Investment in Fixed Assets (2014, by Type of Investment)

(10000 yuan)

合 计 Total	# 房地产开发 Real Estate Development	# 市 区 Urban Districts	全市构成(%) Composition (%)	# 市 区 Urban Districts
48895026	**18161529**	**43718233**	**100.00**	**100.00**
40038452	12766258	35832436	81.89	81.96
12707132	103122	11921985	25.99	27.27
3188234	217542	2999954	6.52	6.86
218452	30	218452	0.45	0.50
64824		47972	0.13	0.11
1651		1651	0.00	0.00
46394		29542	0.09	0.07
16779		16779	0.03	0.04
13358271	7931956	11885795	27.32	27.19
1209575	414678	1184593	2.47	2.71
12148696	7517278	10701202	24.85	24.48
3103107	736186	3103107	6.35	7.10
7345376	3777422	5639115	15.02	12.90
53056		16056	0.11	0.04
4535897	3410160	3907142	9.28	8.94
1219901	861268	968852	2.49	2.22
986473	956033	986073	2.02	2.26
2223767	1536872	1847869	4.55	4.23
41069		39661	0.08	0.09
4319024	1985111	3977002	8.83	9.10
2299734	844703	2189842	4.70	5.01
307225	245450	307225	0.63	0.70
1402611	609839	1209778	2.87	2.77
160454	136119	121157	0.33	0.28
1653		1653	…	…
1653		1653	…	…
5551407	1360132	5347601	11.35	12.23
2146763	161637	2117337	4.39	4.84
9483756	2423202	9370076	19.40	21.43
7751848	1280556	6858258	15.85	15.69
23961252	12936002	20024961	49.01	45.80
35222771	18161529	30929732	72.04	70.75
3582105		3122372	7.33	7.14
5564237		5290329	11.38	12.10
4331713		4198770	8.86	9.60
27760295	10263006	24418000	56.78	55.85
3735106	1476656	3230825	7.64	7.39
7380551	128163	7033827	15.09	16.09
10019074	6293704	9035581	20.49	20.67

4-17 续表 1

单位：万元

项 目	Item
按行业分	**Grouped by Sector**
农、林、牧、渔业	Agriculture, Forestry, Animal Husbandry and Fishery
工 业	Industry
采矿业	Mining
制造业	Manufacturing
农副食品加工业	Processing of Food from Agricultural Products
食品制造业	Manufacture of Foods
酒、饮料和精制茶制造业	Manufacture of Wine ,Beverages and Refined Tea
烟草制品业	Manufacture of Tobacco
纺织业	Manufacture of Textile
纺织服装、服饰业	Manufacture of Textile Wearing Apparel,clothing
皮革、毛皮、羽毛及其制品和制鞋业	Manufacture of Leather, Fur, Feather and Related Products and Footwear
木材加工和木、竹、藤、棕、草制品业	Processing of Timber, Manufacture of Wood, Bamboo,Rattan,Palm, and Straw Products
家具制造业	Manufacture of Furniture
造纸及纸制品业	Manufacture of Paper and Paper Products
印刷和记录媒介复制业	Printing, Reproduction of Recording Media
文教、工美、体育和娱乐用品制造业	Manufacture of Culture and Education ,Arts and Crafts, Sports and Entertainment Supplies
石油加工、炼焦和核燃料加工业	Processing of Petroleum, Coking, Processing of Nuclear Fuel
化学原料及化学制品制造业	Manufacture of Raw Chemical Materials and Chemical Products
医药制造业	Manufacture of Medicines
化学纤维制造业	Manufacture of Chemical Fibers
橡胶和塑料制品业	Manufacture of Rubber and Plastics
非金属矿物制品业	Manufacture of Non-metallic Mineral Products
黑色金属冶炼和压延加工业	Smelting and Pressing of Ferrous Metals
有色金属冶炼和压延加工业	Smelting and Pressing of Non-Ferrous Metals
金属制品业	Manufacture of Metal Products
通用设备制造业	Manufacture of General Purpose Machinery
专用设备制造业	Manufacture of Special Purpose Machinery
汽车制造业	Manufacture of Automobile
铁路、船舶、航空航天和其他运输设备制造业	Manufacture of Railway, Ship, Aerospace and Other Transportation Equipment
电气机械和器材制造业	Manufacture of Electrical Machinery and Equipment
计算机、通信和其他电子设备制造业	Manufacture of Computers, Communications and Other Electronic Equipment
仪器仪表制造业	Manufacture of Instrument
其他制造业	Other manufacturing
废弃资源综合利用业	Comprehensive Utilization of Waste Resources
金属制品、机械和设备修理业	Metal Products, Machinery and Equipment Repair

continued

(10000 yuan)

合　计 Total	#市　区 Urban Districts	全市构成 (%) Composition (%)	#市　区 Urban Districts
170224	23159	0.35	0.05
6851155	5898424	14.01	13.49
5623248	4731991	11.50	10.82
159956	137287	0.33	0.31
142242	138580	0.29	0.32
136301	69980	0.28	0.16
46593	46593	0.10	0.11
83445	56369	0.17	0.13
162611	128884	0.33	0.29
76322	72204	0.16	0.17
32390	23760	0.07	0.05
63810	51434	0.13	0.12
37933	30733	0.08	0.07
167710	160250	0.34	0.37
32831	19040	0.07	0.04
52339	52339	0.11	0.12
354297	301855	0.72	0.69
253633	222893	0.52	0.51
216000	152202	0.44	0.35
92317	55313	0.19	0.13
30793	30793	0.06	0.07
27417	3670	0.06	0.01
151889	122986	0.31	0.28
164284	164044	0.34	0.38
222392	151139	0.45	0.35
1267703	1019823	2.59	2.33
208451	173948	0.43	0.40
316355	261716	0.65	0.60
1038459	1002781	2.12	2.29
24958	21558	0.05	0.05
7283	7283	0.01	0.02
6940	6940	0.01	0.02
45594	45594	0.09	0.10

4-17 续表 2

单位:万元

项 目	Item
电力、热力、燃气及水生产和供应业	Production and Supply of Electricity, Heat,Gas and Water
电力、热力生产和供应业	Production and Supply of Electric Power and Heat Power
燃气生产和供应业	Production and Supply of Gas
水的生产和供应业	Production and Supply of Water
建筑业	Construction
批发和零售业	Wholesale and Retail Trades
交通运输、仓储和邮政业	Transport, Storage and Post
铁路运输业	Railway Transport
道路运输业	Road Transport
水上运输业	Water Transport
航空运输业	Air Transport
管道运输业	Transport via Pipelines
装卸搬运和运输代理业	Handling and Transportation Agents
仓储业	Storage
邮政业	Post
住宿和餐饮业	Hotels and Catering Services
信息传输、软件和信息技术服务业	Information Transmission, Software and Information Technology
电信、广播电视和卫星传输服务	Telecommunications, Broadcasting ,TV transmission and Satellite Services
互联网和相关服务	Networks Related Services
软件和信息技术服务业	Software and Information Technology Services
金融业	Financial Intermediation
房地产业	Real Estate
# 房地产开发经营	Real Estate Development and Management
租赁和商务服务业	Leasing and Business Services
科学研究和技术服务业	Scientific Research and Technical Services
水利、环境和公共设施管理业	Management of Water Conservancy, Environment and Public Facilities
居民服务、修理和其他服务业	Service to Households, Repair and Other Services
教 育	Education
卫生和社会工作	Health and Social Work
文化、体育和娱乐业	Culture, Sports and Entertainment
新闻和出版业	Press and Publishing Industry
广播、电视、电影和影视录音制作业	Radio, Television, Movie and Recording Manufacturing
文化艺术业	Culture and Art
体 育	Sports
娱乐业	Entertainment
公共管理、社会保障和社会组织	Public Management, Social Security and Social OrganizationS
国际组织	International Organizations

continued

(10000 yuan)

合 计 Total	#市 区 Urban Districts	全市构成 (%) Composition (%)	#市 区 Urban Districts
1227907	1166433	2.51	2.67
1113218	1099784	2.28	2.52
59064	38179	0.12	0.09
55625	28470	0.11	0.07
368635	368635	0.75	0.84
2419932	2359996	4.95	5.40
6946323	6870490	14.21	15.72
379001	379001	0.78	0.87
3750580	3676500	7.67	8.41
678892	678892	1.39	1.55
1810692	1810692	3.70	4.14
73505	71752	0.15	0.16
239212	239212	0.49	0.55
14441	14441	0.03	0.03
881669	561511	1.80	1.28
1975965	1975965	4.04	4.52
1155334	1155334	2.36	2.64
96533	96533	0.20	0.22
724098	724098	1.48	1.66
113218	113218	0.23	0.26
22300102	19293459	45.61	44.13
18161529	15350408	37.14	35.11
328309	328309	0.67	0.75
660917	578454	1.35	1.32
3279691	3008186	6.71	6.88
124178	98578	0.25	0.23
855635	776471	1.75	1.78
809015	716699	1.65	1.64
445259	425268	0.91	0.97
45311	45311	0.09	0.10
10326	10326	0.02	0.02
108178	98980	0.22	0.23
145211	135153	0.30	0.31
136233	135498	0.28	0.31
364799	321411	0.75	0.74

4-18 各区、县级市固定资产投资
(2014年，按法人单位办公所在地分)

项　　目	Item	全市 Total	荔湾区 Liwan	越秀区 Yuexiu	海珠区 Haizhu
固定资产投资额(万元)	Total Investment in Fixed Assets (10000 yuan)	48895026	2044165	3568879	6408066
按隶属关系分	**Grouped by Administrative Relationship**				
中央省属	Central Government and Provincial Government	7698170	286153	635921	1549163
市属及其他	Municipal Government and others	41196856	1758012	2932958	4858903
按登记注册类型分	**Grouped by Registration Status**				
# 国有经济投资	State-owned Investment	13918358	262165	2049569	3070637
民间投资	Investment by Non-state-owned Units	17656014	769682	572963	1420571
港澳台商经济投资	Investment from Hong Kong, Macao and Taiwan	4535897	99872	273737	424309
外商经济投资	Foreign Investment	4319024	21417	43820	37800
按构成分	**Grouped by Use of Funds**				
# 建筑安装工程合计	Construction and Installation Project	31495401	1233037	2305036	3610125
建筑工程	Construction Project	27760295	1039026	1950886	3186110
安装工程	Installation Project	3735106	194011	354150	424015
新增固定资产 (万元)	Newly Increased Fixed Assets (10000 yuan)	40303235	950013	1955719	3396079
房屋施工面积(平方米)	Floor Space under Construction (sq.m)	139955568	2636291	12747573	10875958
房屋竣工面积(平方米)	Floor Space Completed (sq.m)	36996624	290774	1107195	2620125

注：国有经济投资包括国有企业、国有联营企业、国有独资公司的投资额。民间投资是指工商登记注册类型为：集体、股份合作、私营独资、私营合伙、私营有限责任公司、个体户、个人合伙等纯民间主体的固定资产投资及混合经济成分中由集体、私营、个体控股的投资主体单位的全部固定资产投资(下同)。

Total Investment in Fixed Assets by District and County-level City
(2014, by the Locations of the Offices of Corporate Units)

天河区 Tianhe	白云区 Baiyun	黄埔区 Huangpu	番禺区 Panyu	花都区 Huadu	南沙区 Nansha	萝岗区 Luogang	增城市 Zengcheng	从化市 Conghua
8562936	4630292	1294175	5021729	2605344	4030649	5551998	3338153	1838640
2028294	1959876	144716	68657	347280	362146	82732	214890	18342
6534642	2670416	1149459	4953072	2258064	3668503	5469266	3123263	1820298
2772272	622661	173348	662181	426493	1301863	1767040	580434	229695
3128737	1787779	669025	2916192	1003447	1397103	1105414	1725028	1160073
1007291	213330	31226	465111	381349	431034	579883	357847	270908
218384	369173	231639	655712	311362	650962	1436733	305922	36100
5654677	2239087	506702	4122471	1539004	2527675	3911011	2366533	1480043
4739713	1963828	445550	3689626	1418674	2400839	3583748	2027378	1314917
914964	275259	61152	432845	120330	126836	327263	339155	165126
9335014	3134726	769510	5520515	2739974	2615757	5558568	2662608	1664752
23959790	7332390	1882592	18673153	12810412	9319630	14380054	15265139	10072586
9039166	1731927	160063	6525380	4770220	2062191	1948088	3529810	3211685

Note: The state-owned investment refers to the investment from state-ownered enterprises, state joint ownership enterprises and sole state-funded corporations. The investment by non-state-owned units refers to the total investment excluding the investment from state-owned enterprises, state joint ownership enterprises, sole state-funded corporations, enterprises with funds from foreign regions,Hong Kong, Macao and Taiwan. The investment by private enterprises refers to private holding investment and individual investment of the investment from collective-owned enterprises, other cooperative enterprises, other limited liability corporations,private enterprises, other domestic funded enterprises and share holding corporations. The same as in the following tables.

4-19 新增固定资产（2014年，按投资类别分）

Total Newly Increased Fixed Assets (2014, by Type of Investment)

单位：万元 (10000 yuan)

项目	Item	合计 Total	# 房地产开发 Real Estate Development	# 市区 Urban Districts
总计	**Total**	**40303235**	**9280541**	**35975875**
按登记注册类型分	**Grouped by Registration Status**			
内资企业	Domestic Funded Enterprises	32980950	6248503	29423562
国有企业	State-owned Enterprises	12626103	35636	11718016
集体企业	Collective-owned Enterprises	3091336	124076	2879048
股份合作企业	Cooperative Enterprises	124305		124305
联营企业	Joint Ownership Enterprises	40626		25851
国有联营企业	State Joint Ownership Enterprises	4428		4428
集体联营企业	Collective Joint Ownership Enterprises	36198		21423
国有与集体联营企业	Joint State-collective Enterprises			
其他联营企业	Other Joint Ownership Enterprise			
有限责任公司	Limited Liability Corporations	8137449	3205826	7296462
国有独资公司	State Sole Funded Corporations	671548		662073
其他有限责任公司	Other Limited Liability Corporations	7465901	3205826	6634389
股份有限公司	Share Holding Corporations Ltd.	3268804	814866	3268804
私营企业	Private Enterprises	5629966	2068099	4085715
其他企业	Other Enterprises	62361		25361
港、澳、台商投资企业	Enterprises with Funds from Hong Kong, Macao and Taiwan	3765031	2251721	3306939
# 与港、澳、台商合资经营企业	Joint-venture Enterprises	1594393	606129	1490025
与港、澳、台商合作经营企业	Cooperative Enterprises	877506	848125	877506
港、澳、台商独资经营企业	Enterprises with Sole Funds	1255902	797467	903586
港、澳、台商投资股份有限公司	Share-holding Corporations Ltd.	27898		26490
外商投资企业	Foreign Funded Enterprises	3555601	780317	3243721
# 中外合资经营企业	Joint-venture Enterprises	1992807	331495	1880787
中外合作经营企业	Cooperative Enterprises	6651	248	6651
外资企业	Enterprises with Sole Foreign Funds	1522605	435851	1322745
外商投资股份有限公司	Share-holding Corporations Ltd.	33538	12723	33538
个体经营	Self-employed Individual	1653		1653
个体户	Individual Operating Household	1653		1653
个体合伙	Individual Partnership			
按隶属关系分	**Grouped by Jurisdiction of Management**			
中央属	Central Investment	4786959	1130740	4721356
省属	Provincial Investment	2092907	134729	2092907
市属	Municipal Investment	6615185	1354265	6577730
区、县级市属	District or County Investment	9104529	400831	8071978
其他	Others	17703655	6259976	14511904
按建设性质分	**Grouped by Type of Construction**			
# 新建	New Construction	26092249	9280541	22923231
扩建	Expansion	4336053		3670161
改建和技术改造	Reconstruction	5863279		5506522
单纯购置	Purchase	3769671		3637878

4-19 续表 1 continued

单位：万元 (10000 yuan)

项目	Item	合计 Total	#市区 Urban Districts
按行业分	**Grouped by Sector**		
农、林、牧、渔业	Agriculture, Forestry, Animal Husbandry and Fishery	117000	41417
工业	Industry	8051290	7119069
采矿业	Mining		
制造业	Manufacturing	6902237	6012912
农副食品加工业	Processing of Food from Agricultural Products	117247	99531
食品制造业	Manufacture of Foods	174732	162249
酒、饮料和精制茶制造业	Manufacture of Wine ,Beverages and Refined Tea	149886	97134
烟草制品业	Manufacture of Tobacco		
纺织业	Manufacture of Textile	77983	51195
纺织服装、服饰业	Manufacture of Textile Wearing Apparel,clothing	156759	116532
皮革、毛皮、羽毛及其制品和制鞋业	Manufacture of Leather, Fur, Feather and Related Products and Footwear	70904	67704
木材加工和木、竹、藤、棕、草制品业	Processing of Timber, Manufacture of Wood, Bamboo,Rattan, Palm,and Straw Products	32390	23760
家具制造业	Manufacture of Furniture	41335	34497
造纸及纸制品业	Manufacture of Paper and Paper Products	212166	204966
印刷和记录媒介复制业	Printing, Reproduction of Recording Media	187340	174540
文教、工美、体育和娱乐用品制造业	Manufacture of Culture and Education ,Arts and Crafts, Sports and Entertainment Supplies	35125	18360
石油加工、炼焦和核燃料加工业	Processing of Petroleum, Coking, Processing of Nuclear Fuel	216624	216624
化学原料及化学制品制造业	Manufacture of Raw Chemical Materials and Chemical Products	512116	449175
医药制造业	Manufacture of Medicines	347127	269161
化学纤维制造业	Manufacture of Chemical Fibers	1069	1069
橡胶和塑料制品业	Manufacture of Rubber and Plastics	191720	139427
非金属矿物制品业	Manufacture of Non-metallic Mineral Products	96401	61205
黑色金属冶炼和压延加工业	Smelting and Pressing of Ferrous Metals	29371	29371
有色金属冶炼和压延加工业	Smelting and Pressing of Non-Ferrous Metals	52770	3670
金属制品业	Manufacture of Metal Products	139239	117274
通用设备制造业	Manufacture of General Purpose Machinery	253749	248418
专用设备制造业	Manufacture of Special Purpose Machinery	211467	129483
汽车制造业	Manufacture of Automobile	2329662	2164421
铁路、船舶、航空航天和其他运输设备制造业	Manufacture of Railway, Ship, Aerospace and Other Transportation Equipment	213282	180552
电气机械和器材制造业	Manufacture of Electrical Machinery and Equipment	352780	324085
计算机、通信和其他电子设备制造业	Manufacture of Computers, Communications and Other Electronic Equipment	580757	513673
仪器仪表制造业	Manufacture of Instrument	36489	33089
其他制造业	Other manufacturing	8046	8046
废弃资源综合利用业	Comprehensive Utilization of Waste Resources	4250	4250
金属制品、机械和设备修理业	Metal Products, Machinery and Equipment Repair	69451	69451

4-19 续表 2 continued

单位：万元 (10000 yuan)

项 目	Item	合 计 Total	#市 区 Urban Districts
电力、热力、燃气及水生产和供应业	Production and Supply of Electricity, Heat,Gas and Water	1149053	1106157
电力、热力生产和供应业	Production and Supply of Electric Power and Heat Power	932709	924651
燃气生产和供应业	Production and Supply of Gas	127863	127863
水的生产和供应业	Production and Supply of Water	88481	53643
建筑业	Construction	176318	176318
批发和零售业	Wholesale and Retail Trades	2318975	2274359
交通运输、仓储和邮政业	Transport, Storage and Post	4650881	4590382
铁路运输业	Railway Transport		
道路运输业	Road Transport	2171861	2111362
水上运输业	Water Transport	589536	589536
航空运输业	Air Transport	1451401	1451401
管道运输业	Transport via Pipelines		
装卸搬运和运输代理业	Handling and Transportation Agents	65231	65231
仓储业	Storage	358411	358411
邮政业	Post	14441	14441
住宿和餐饮业	Hotels and Catering Services	866354	431068
信息传输、软件和信息技术服务业	Information Transmission, Software and Information Technology	1772888	1772888
电信、广播电视和卫星传输服务	Telecommunications, Broadcasting ,TV transmission and Satellite Services	1053008	1053008
互联网和相关服务	Networks Related Services	69693	69693
软件和信息技术服务业	Software and Information Technology Services	650187	650187
金融业	Financial Intermediation	103317	103317
房地产业	Real Estate	14377285	12812264
# 房地产开发经营	Real Estate Development and Management	9280541	7903918
租赁和商务服务业	Leasing and Business Services	120011	120011
科学研究和技术服务业	Scientific Research and Technical Services	748649	420403
水利、环境和公共设施管理业	Management of Water Conservancy, Environment and Public Facilities	4390243	4045914
居民服务、修理和其他服务业	Service to Households, Repair and Other Services	164901	88269
教 育	Education	1078941	742622
卫生和社会工作	Health and Social Work	676709	598915
文化、体育和娱乐业	Culture, Sports and Entertainment	369022	326208
新闻和出版业	Press and Publishing Industry	31166	31166
广播、电视、电影和影视录音制作业	Radio, Television, Movie and Recording Manufacturing	6309	6309
文化艺术业	Culture and Art	146054	105245
体 育	Sports	78129	78129
娱乐业	Entertainment	107364	105359
公共管理、社会保障和社会组织	Public Management, Social Security and Social OrganizationS	320451	312451
国际组织	International Organizations		

4-20 民间固定资产投资和房屋建设情况（2014年）
Investment in Fixed Assets and Building Construction by Non-state-owned Units (2014)

项　目	Item	固定资产投资额（万元）Investment in Fixed Assets (10000 yuan)	房屋施工面积（平方米）Floor Space under Construction (sq.m)	房屋竣工面积（平方米）Floor Space Completed (sq.m)
总　计	**Total**	**17656014**	**71076174**	**21762853**
按登记注册类型分	**Grouped by Registration Status**			
# 集体企业	Collective-owned Enterprises	3188234	9841841	6696042
股份合作企业	Cooperative Enterprises	218452	42912	39312
联营企业(不含国有及国有控股企业和外商及港澳台商及其控股企业)	Joint Ownership Enterprises	63173	760800	9500
有限责任公司(不含国有及国有控股企业和外商及港澳台商及其控股企业)	Limited Liability Corporations	6004348	28862409	4983295
股份有限公司(不含国有及国有控股企业和外商及港澳台商及其控股企业)	Share-holding Corporations Ltd.	186681	668503	16723
私营企业	Private Enterprises	7345376	29946465	9962400
其他企业	Other Enterprises	53056	26603	26603
个体经营	Individual Investment	1653	1500	1500
按投资类别分	**Grouped by Type of Investment**			
# 房地产开发	Real Estate Development	10015704	52812918	10485588

4-21 住宅投资建设情况（2014年）
Statistics on Investment and Construction of Residential Buildings (2014)

项　目	Item	固定资产投资额（万元）Investment in Fixed Assets (10000 yuan)	房屋施工面积（平方米）Floor Space under Construction (sq.m)	房屋竣工面积（平方米）Floor Space Completed (sq.m)
总　计	**Total**	**10391431**	**64106791**	**12663509**
按登记注册类型分	**Grouped by Registration Status**			
内资企业	Domestic Funded Enterprises	7702586	46445732	8852205
国有企业	State-owned Enterprises	311325	6097969	25607
集体企业	Collective-owned Enterprises	273479	1226209	578195
股份合作企业	Cooperative Enterprises			
联营企业	Joint Ownership Enterprises	2090	9500	9500
有限责任公司	Limited Liability Corporations	4458661	20831526	3975815
股份有限公司	Share-holding Corporations Ltd.	596242	3573852	580560
私营企业	Private Enterprises	2028789	14681284	3657136
其他企业	Other Enterprises	32000	25392	25392
港、澳、台商投资企业	Enterprises with Funds from Hong Kong, Macao and Taiwan	1643396	10002754	2341267
外商投资企业	Foreign Funded Enterprises	1045449	7658305	1470037
个体经营	Individual Investment			
按投资类别分	**Grouped by Type of Investment**			
# 房地产开发	Real Estate Development	9949024	57695908	12205074

4-22 固定资产投资资金来源（2014年，按投资类别分）

Total Investment in Fixed Assets by Source of Funds (2014, by Type of Investment)

单位：万元 (10000 yuan)

项　　目	Item	合　计 Total	#房地产开发 Real Estate Development
全　市	**Total**		
本年实际到位资金合计	Total Actually Funds Provided This Year	66210278	33296507
上年末结余资金	Surplus Fund from Year-end of Preceding Year	10665183	8948482
本年实际到位资金小计	Subtotal Actually Funds Provided This Year	55545095	24348025
国家预算资金	State Budget	3172741	
国内贷款	Domestic Loans	8326434	5019913
债　券	Bonds	980542	
利用外资	Foreign Investment	986947	69057
自筹资金	Self-raising Funds	28876766	7538569
其他资金	Others	13201665	11720486
本年各项应付款合计	Total Payment This Year	4195633	2710614
#工程款	Payment Against Projects	1921636	1755261
市　区	**Urban Districts**		
本年实际到位资金合计	Total Actually Funds Provided This Year	59077897	28687583
上年末结余资金	Surplus Fund from Year-end of Preceding Year	9596781	8057567
本年实际到位资金小计	Subtotal Actually Funds Provided This Year	49481116	20630016
国家预算资金	State Budget	2998947	
国内贷款	Domestic Loans	7726569	4555002
债　券	Bonds	980542	
利用外资	Foreign Investment	982947	68957
自筹资金	Self-raising Funds	25741341	6355410
其他资金	Others	11050770	9650647
本年各项应付款合计	Total Payment This Year	3741197	2266369
#工程款	Payment Against Projects	1590035	1428804

4-23 固定资产投资资金来源（2014年，按隶属关系分）
Total Investment in Fixed Assets by Source of Funds (2014, by Jurisdiction of Managment)

单位：万元 (10000 yuan)

项目	Item	合计 Total	中央属 Central Investment	省属 Provincial Investment	市属 Municipality Investment	区、县级市属 District or County-level City Investment	其他 Others
本年实际到位资金合计	Total Actually Funds Provided This Year	66210278	6080943	2407648	11852601	9876759	35992327
上年末结余资金	Surplus Fund from Year-end of Preceding Year	10665183	193239	92089	1855353	734010	7790492
本年实际到位资金小计	Subtotal Actually Funds Provided This Year	55545095	5887704	2315559	9997248	9142749	28201835
国家预算资金	State Budget	3172741	325585	119503	1221865	1489200	16588
国内贷款	Domestic Loans	8326434	1794647	297657	1950124	1248109	3035897
债券	Bonds	980542			980542		
利用外资	Foreign Investment	986947	753139			8000	225808
自筹资金	Self-raising Funds	28876766	1948871	1728538	3935450	5454330	15809577
其他资金	Others	13201665	1065462	169861	1909267	943110	9113965
本年各项应付款合计	Total Payment This Year	4195633	297031	182867	1144003	198494	2373238
#工程款	Payment Against Projects	1921636	145738	86534	280156	110496	1298712

4-24 市区和县级市固定资产投资资金来源（2014年）
Total Investment in Fixed Assets by Source of Funds by Urban Districts and County-level City (2014)

单位：万元 (10000 yuan)

项目	Item	全市 Total	市区 Urban Districts	增城市 Zengcheng	从化市 Conghua
本年实际到位资金合计	Total Actually Funds Provided This Year	66210278	59077897	4748941	2383440
上年末结余资金	Surplus Fund from Year-end of Preceding Year	10665183	9596781	601024	467378
本年实际到位资金小计	Subtotal Actually Funds Provided This Year	55545095	49481116	4147917	1916062
国家预算资金	State Budget	3172741	2998947	162536	11258
国内贷款	Domestic Loans	8326434	7726569	546176	53689
债券	Bonds	980542	980542		
利用外资	Foreign Investment	986947	982947	3900	100
自筹资金	Self-raising Funds	28876766	25741341	1970142	1165283
其他资金	Others	13201665	11050770	1465163	685732
本年各项应付款合计	Total Payment This Year	4195633	3741197	305466	148970
#工程款	Payment Against Projects	1921636	1590035	236432	95169

4-25 房地产开发与经营(2014年，按法人单位办公所在地分)

项目	Item	全市 Total	荔湾区 Liwan	越秀区 Yuexiu
企业个数 (个)	Number of Enterprises (unit)	1346	44	251
年末从业人数 (人)	Employed Persons at Year-end (person)	46877	1043	5704
本年完成投资 (万元)	Total Investment Completed This Year (10000 yuan)	18161529	702429	1175291
#住宅	Residential Buildings	9949024	558734	625905
办公楼	Office Buildings	2229031	10179	137225
商业营业用房	Houses for Business Use	2935615	87834	169077
房屋施工面积 (平方米)	Floor Space of Buildings under Construction (sq.m)	93699270	2469038	4797017
#住宅	Residential Buildings	57695908	1903505	2603445
办公楼	Office Buildings	8603419	37705	745706
商业营业用房	Houses for Business Use	11340098	104681	506473
#新开工面积	Floor Space of Newly Started Buildings	24076677	637067	869740
#住宅	Residential Buildings	14663323	506988	595073
办公楼	Office Buildings	2148263	9363	23013
商业营业用房	Houses for Business Use	2904780	51148	81815
房屋竣工面积 (平方米)	Floor Space of Buildings Completed (sq.m)	19194584	269372	958762
#住宅	Residential Buildings	12205074	221854	671416
办公楼	Office Buildings	1355900	18326	87933
商业营业用房	Houses for Business Use	2584965	3189	58189
商品房销售面积 (平方米)	Floor Space of Buildings Actually Sold This Year (sq.m)	15400173	308761	581139
现房销售面积	Floor Space of Existing Buildings with Contracts Signed	2908380	45705	174085
#住宅	Residential Buildings	1683636	45517	153273
办公楼	Office Buildings	474617		2322
商业营业用房	Houses for Business Use	270291		4575
期房销售面积	Floor Space of Buildings Presold This Year	12491793	263056	407054
#住宅	Residential Buildings	10278654	259916	365380
办公楼	Office Buildings	952982		31694
商业营业用房	Houses for Business Use	1062243	110	7514
商品房销售合同金额(万元)	Contracted Value of Buildings Actually Sold This Year(10000 yuan)	24207021	770150	1315759
现房销售合同金额	Contracted Value of Existing Buildings with Contracts Signed	5004252	106787	449242
#住宅	Residential Buildings	2587331	106122	388941
办公楼	Office Buildings	1081480		4620
商业营业用房	Houses for Business Use	657750		13227
期房销售合同金额	Contracted Value of Buildings Presold	19202769	663363	866517
#住宅	Residential Buildings	15043354	656567	692147
办公楼	Office Buildings	1887685		136578
商业营业用房	Houses for Business Use	2066568	580	26725

Real Estate Development and Management
(2014, by the Locations of the Offices of Corporate Units)

海珠区 Haizhu	天河区 Haizhu	白云区 Baiyun	黄埔区 Huangpu	番禺区 Panyu	花都区 Huadu	南沙区 Nansha	萝岗区 Luogang	增城市 Zengcheng	从化市 Conghua
139	270	66	15	142	116	69	45	130	59
5077	9559	2051	422	7005	3868	3039	1668	5478	1963
1639256	2646710	1526546	680518	2436125	1302796	1939590	1301147	2031249	779872
914041	958201	530987	418229	1443726	764820	1024469	702352	1336755	670805
215064	735967	322717	34034	311379	78205	144653	153883	84541	1184
218796	411319	279473	70165	370933	234282	360608	278415	420038	34675
8246427	14002052	3676065	1714952	14174790	10798172	8131845	6002980	13915906	5770026
4915787	5775478	1912614	888856	8169310	7506336	5396100	3778748	10103942	4741787
1057105	2966668	612110	218219	1392690	92298	579581	540756	336330	24251
1060220	2130237	335123	286044	1932577	1414902	668504	980596	1608804	311937
2704414	1901624	956070	342058	3791443	1974390	2431278	2373826	5055653	1039114
2218231	596127	357112	107203	2051239	1134636	1201817	1196129	3808788	889980
75871	491467	235106	85868	604440	25631	289009	255144	53166	185
56651	410184	102466	41976	148218	477392	393852	645570	469975	25533
1782883	2919384	505302	136983	3291940	3547055	1709725	430589	2496577	1146012
1200094	1127007	413096	63672	1546432	2505323	1409315	191120	1998163	857582
246072	552756	7873	47024	152319	18273	80923	127255		17146
153158	620373	18991		1066427	283023	101594	4255	162141	113625
1886600	1854260	527105	236853	2634916	1026093	1595536	1071953	2185751	1491206
248260	887215	90593	59362	472808	215932	173242	93429	258360	189389
163461	334470	78202	41206	282850	112744	63487	51493	169654	187279
13482	283955			43856	26683	64075	40244		
4326	155977	2694	8626	17235	30159	8492	1248	36132	827
1638340	967045	436512	177491	2162108	810161	1422294	978524	1927391	1301817
1437548	697723	380927	146557	1570382	680399	1132147	710331	1655058	1242286
126516	175360	47984	27034	339313		10469	42884	145102	6626
68420	89100	3082	402	160129	118380	255740	219903	115045	24418
4076964	5021380	871948	375947	4343066	1070430	1615927	1635444	2117736	992270
459021	2198818	211100	47673	580733	261589	136934	110031	309105	133219
325399	527324	193514	23708	389162	140663	56576	80221	226373	129328
24291	917544			45599	19197	44109	26120		
22845	471002	3154	8626	21073	52957	11425	2993	49056	1392
3617943	2822562	660848	328274	3762333	808841	1478993	1525413	1808631	859051
3012891	1922092	547782	266681	2759150	648856	1192879	1064363	1467977	811969
384989	470708	91181	54068	520869		12488	80089	129702	7013
211237	420252	11420	2140	387541	149250	249719	375069	206384	26251

4-26 房地产开发与经营（2014年，按项目所在地分）

项目	Item	全市 Total	荔湾区 Liwan	越秀区 Yuexiu
本年完成投资（万元）	Total Investment Completed This Year (10000 yuan)	18161529	1064170	641313
#住宅	Residential Buildings	9949024	721802	198275
办公楼	Office Buildings	2229031	89779	131694
商业营业用房	Houses for Business Use	2935615	113045	156337
房屋施工面积（平方米）	Floor Space of Buildings under Construction (sq.m)	93699270	4992626	2879164
#住宅	Residential Buildings	57695908	3194369	1236836
办公楼	Office Buildings	8603419	307464	778883
商业营业用房	Houses for Business Use	11340098	551377	370305
#新开工面积	Floor Space of Newly Started Buildings	24076677	1150628	428098
#住宅	Residential Buildings	14663323	858105	211160
办公楼	Office Buildings	2148263	87242	13109
商业营业用房	Houses for Business Use	2904780	58441	69943
房屋竣工面积（平方米）	Floor Space of Buildings Completed (sq.m)	19194584	1293003	711490
#住宅	Residential Buildings	12205074	629698	420084
办公楼	Office Buildings	1355900	98059	145313
商业营业用房	Houses for Business Use	2584965	303066	70158
商品房销售面积（平方米）	Floor Space of Buildings Actually Sold This Year (sq.m)	15400173	386911	185366
现房销售面积	Floor Space of Existing Buildings with Contracts Signed	2908380	90716	48921
#住宅	Residential Buildings	1683636	80238	18469
办公楼	Office Buildings	474617		19291
商业营业用房	Houses for Business Use	270291	6902	3803
期房销售面积	Floor Space of Buildings Presold This Year	12491793	296195	136445
#住宅	Residential Buildings	10278654	232813	102287
办公楼	Office Buildings	952982	41294	31738
商业营业用房	Houses for Business Use	1062243	18888	124
商品房销售合同金额(万元)	Contracted Value of Buildings Actually Sold This Year(10000 yuan)	24207021	1004853	668369
现房销售合同金额	Contracted Value of Existing Buildings with Contracts Signed	5004252	198691	118901
#住宅	Residential Buildings	2587331	178553	60799
办公楼	Office Buildings	1081480		28190
商业营业用房	Houses for Business Use	657750	8667	3736
期房销售合同金额	Contracted Value of Buildings Presold	19202769	806162	549468
#住宅	Residential Buildings	15043354	588414	399791
办公楼	Office Buildings	1887685	93962	136688
商业营业用房	Houses for Business Use	2066568	117163	2329

Real Estate Development and Management (2014, by Region of Item)

海珠区 Haizhu	天河区 Tianhe	白云区 Baiyun	黄埔区 Huangpu	番禺区 Panyu	花都区 Huadu	南沙区 Nansha	萝岗区 Luogang	增城市 Zengcheng	从化市 Conghua
1291597	2202539	2009321	684237	2708894	1325368	2035666	1387303	2031249	779872
544738	557427	1139972	420892	1632514	852698	1115011	758135	1336755	670805
221940	847181	202974	34460	312002	10828	144703	147745	84541	1184
226150	398516	250326	70591	382450	232411	365110	285966	420038	34675
5803034	9003175	6747558	1789119	15906845	12123639	8520830	6247348	13915906	5770026
2950200	2451297	4668589	950098	9289430	8406262	5693849	4009249	10103942	4741787
838350	3144280	438628	223682	1399462	77798	580455	453836	336330	24251
948845	1815798	335803	291367	1969742	1461269	696008	978843	1608804	311937
1508567	1707909	1676437	342058	3948129	2153568	2652479	2414037	5055653	1039114
1074931	449061	1217734	107203	2137868	1291237	1380916	1236340	3808788	889980
39299	553575	146721	85868	604440	19631	289883	255144	53166	185
60135	395263	68033	41976	177977	477796	414138	645570	469975	25533
795172	2063772	1214138	136983	3653058	3523353	1709725	451301	2496577	1146012
549905	652860	1104447	63672	1801537	2505979	1409315	211832	1998163	857582
106726	573262	7873	47024	152319		80923	127255		17146
57273	403894	18991		1067774	282194	101594	4255	162141	113625
1305163	1512890	1085401	241305	2875137	1226447	1743490	1161106	2185751	1491206
244350	779843	164353	53216	516862	284007	184934	93429	258360	189389
157745	303634	144418	35060	326904	133563	75179	51493	169654	187279
13482	222317			43856	71352	64075	40244		
4326	146052	4019	8626	17235	32629	8492	1248	36132	827
1060813	733047	921048	188089	2358275	942440	1558556	1067677	1927391	1301817
901847	483918	859480	156688	1764841	811653	1268299	799484	1655058	1242286
88971	171567	47984	27034	339313		10469	42884	145102	6626
64139	77562	4203	869	161837	119405	255850	219903	115045	24418
3033168	4245607	1993736	387894	4792297	1205505	1965067	1800519	2117736	992270
490672	2092906	370538	39337	672794	313446	154612	110031	309105	133219
352434	495583	334482	15372	481223	158709	74254	80221	226373	129328
24291	865812			45599	47359	44109	26120		
22845	462233	7199	8626	21073	58505	11425	2993	49056	1392
2542496	2152701	1623198	348557	4119503	892059	1810455	1690488	1808631	859051
2108762	1293014	1492836	284617	3111725	731050	1523761	1229438	1467977	811969
242460	519165	91181	54068	520869		12488	80089	129702	7013
182448	340522	19206	4487	392136	150274	250299	375069	206384	26251

4-27 房地产开发投资额和新增固定资产（2014年）

单位：万元

项 目	Item
全 市	**Total**
按企业登记注册类型分	**Grouped by Registration Status**
内资企业	Domestic Funded Enterprises
国有企业	State-owned Enterprises
集体企业	Collective-owned Enterprises
股份合作企业	Cooperative Enterprises
联营企业	Joint Ownership Enterprises
#国有联营企业	State Joint Ownership Enterprises
集体联营企业	Collective Joint Ownership Enterprises
国有与集体联营企业	Joint State-collective Enterprises
有限责任公司	Limited Liability Corporations
#国有独资公司	State Sole Funded Corporations
股份有限公司	Share-holding Corporations Ltd.
私营企业	Private Enterprises
其他企业	Other Enterprises
港、澳、台商投资企业	Enterprises with Funds from Hong Kong, Macao and Taiwan
#与港、澳、台商合资经营企业	Joint-venture Enterprises
与港、澳、台商合作经营企业	Cooperative Enterprises
港、澳、台商独资经营企业	Enterprises with Sole Funds
港、澳、台商投资股份有限公司	Share-holding Corporations Ltd.
外商投资企业	Foreign Funded Enterprises
#中外合资经营企业	Joint-venture Enterprises
中外合作经营企业	Cooperative Enterprises
外资企业	Enterprises with Sole Foreign Funds
外商投资股份有限公司	Share-holding Corporations Ltd.
按资质分	**Grouped by Grade**
一级资质	Grade One
二级资质	Grade Two
三级资质	Grade Three
四级以下(含四级)	Grade Four and below
按隶属关系分	**Grouped by Jurisdiction of Management**
中央属	Central Investment
省 属	Provincial Investment
市 属(含区县级市及其他属)	Municipal Investment (including district, county investment and others)

Investment and Newly Increased Fixed Assets in Real Estate Development (2014)

(10000 yuan)

企业数 (个) Number of Enterprises (unit)	投资额合计 Total Investment	住 宅 Residential Buildings	办公楼 Office Buildings	商业营业用房 Houses for Business Use	其他用房 Other Buildings	新增固定资产 Newly Increased Fixed Assets
1346	**18161529**	**9949024**	**2229031**	**2935615**	**3047859**	**9280541**
968	12766258	7264589	1545130	2045221	1911318	6248503
33	103122	55818	3251	10137	33916	35636
24	217542	169588	3417	14261	30276	124076
1	30				30	
1						
520	7931956	4435110	875349	1345493	1276004	3205826
27	414678	295359	28219	16776	74324	
13	736186	596242	90399	6414	43131	814866
376	3777422	2007831	572714	668916	527961	2068099
305	3410160	1638986	539414	672008	559752	2251721
53	861268	279267	276820	185837	119344	606129
139	956033	457285	104598	175039	219111	848125
110	1536872	870619	157996	294024	214233	797467
1						
73	1985111	1045449	144487	218386	576789	780317
18	844703	378246	107170	155865	203422	331495
18	245450	98538	31781	10742	104389	248
30	609839	449040	5536	37054	118209	435851
6	136119	119625		14725	1769	12723
14	1688537	1011442	274337	157646	245112	1140603
124	1487626	960168	133814	144935	248709	1348781
584	5255290	3180616	612008	644260	818406	4442949
624	9730076	4796798	1208872	1988774	1735632	2348208
16	1360132	1066266	138862	48918	106086	1130740
39	161637	55467	3504	64498	38168	134729
1291	16639760	8827291	2086665	2822199	2903605	8015072

4-27 续表

单位：万元

项 目	Item
市 区	**Urban Districts**
按企业登记注册类型分	**Grouped by Registration Status**
内资企业	Domestic Funded Enterprises
国有企业	State-owned Enterprises
集体企业	Collective-owned Enterprises
股份合作企业	Cooperative Enterprises
联营企业	Joint Ownership Enterprises
#国有联营企业	State Joint Ownership Enterprises
集体联营企业	Collective Joint Ownership Enterprises
国有与集体联营企业	Joint State-collective Enterprises
有限责任公司	Limited Liability Corporations
#国有独资公司	State Sole Funded Corporations
股份有限公司	Share-holding Corporations Ltd.
私营企业	Private Enterprises
其他企业	Other Enterprises
港、澳、台商投资企业	Enterprises with Funds from Hong Kong, Macao and Taiwan
#与港、澳、台商合资经营企业	Joint-venture Enterprises
与港、澳、台商合作经营企业	Cooperative Enterprises
港、澳、台商独资经营企业	Enterprises with Sole Funds
港、澳、台商投资股份有限公司	Share-holding Corporations Ltd.
外商投资企业	Foreign Funded Enterprises
#中外合资经营企业	Joint-venture Enterprises
中外合作经营企业	Cooperative Enterprises
外资企业	Enterprises with Sole Foreign Funds
外商投资股份有限公司	Share-holding Corporations Ltd.
按资质分	**Grouped by Grade**
一级资质	Grade One
二级资质	Grade Two
三级资质	Grade Three
四级以下(含四级)	Grade Four and below
按隶属关系分	**Grouped by Jurisdiction of Management**
中央属	Central Investment
省 属	Provincial Investment
市 属(含区县级市及其他属)	Municipal Investment (including district, county investment and others)

continued

(10000 yuan)

企业数 (个) Number of Enterprises (unit)	投资额合计 Total Investment	住宅 Residential Buildings	办公楼 Office Buildings	商业营业用房 Houses for Business Use	其他用房 Other Buildings	新增固定资产 Newly Increased Fixed Assets
1157	**15350408**	**7941464**	**2143306**	**2480902**	**2784736**	**7903918**
811	10579304	5721974	1459475	1703125	1694730	5251952
28	37696	20941	3251	1072	12432	35636
21	217542	169588	3417	14261	30276	124076
1	30				30	
1						
471	6809876	3762153	823069	1084580	1140074	2893835
26	403594	286825	26359	16636	73774	
13	736186	596242	90399	6414	43131	814866
276	2777974	1173050	539339	596798	468787	1383539
277	3001411	1356470	539344	564740	540857	2029092
50	689820	209161	276820	85209	118630	606129
136	955633	456985	104598	175039	219011	848125
88	1299971	658509	157926	287384	196152	574838
1						
69	1769693	863020	144487	213037	549149	622874
17	810221	343764	107170	155865	203422	331495
18	245450	98538	31781	10742	104389	248
28	468200	340215	5536	31880	90569	278408
5	96822	80503		14550	1769	12723
13	1551754	907473	274337	152472	217472	983160
119	1417353	890914	133814	143926	248699	1260588
522	4520008	2602873	564281	586011	766843	3970533
503	7861293	3540204	1170874	1598493	1551722	1689637
15	1180163	905531	129322	41306	104004	1130740
37	150553	46933	1644	64358	37618	134729
1105	14019692	6989000	2012340	2375238	2643114	6638449

4-28 房地产开发房屋面积（2014年）

单位：平方米

项　　目	Item
全　市	**Total**
按企业登记注册类型分	**Grouped by Registration Status**
内资企业	Domestic Funded Enterprises
国有企业	State-owned Enterprises
集体企业	Collective-owned Enterprises
股份合作企业	Cooperative Enterprises
联营企业	Joint Ownership Enterprises
#国有联营企业	State Joint Ownership Enterprises
集体联营企业	Collective Joint Ownership Enterprises
国有与集体联营企业	Joint State-collective Enterprises
有限责任公司	Limited Liability Corporations
#国有独资公司	State Sole Funded Corporations
股份有限公司	Share-holding Corporations Ltd.
私营企业	Private Enterprises
其他企业	Other Enterprises
港、澳、台商投资企业	Enterprises with Funds from Hong Kong, Macao and Taiwan
#与港、澳、台商合资经营企业	Joint-venture Enterprises
与港、澳、台商合作经营企业	Cooperative Enterprises
港、澳、台商独资经营企业	Enterprises with Sole Funds
港、澳、台商投资股份有限公司	Share-holding Corporations Ltd.
外商投资企业	Foreign Funded Enterprises
#中外合资经营企业	Joint-venture Enterprises
中外合作经营企业	Cooperative Enterprises
外资企业	Enterprises with Sole Foreign Funds
外商投资股份有限公司	Share-holding Corporations Ltd.
按资质分	**Grouped by Grade**
一级资质	Grade One
二级资质	Grade Two
三级资质	Grade Three
四级以下(含四级)	Grade Four and below
按隶属关系分	**Grouped by Jurisdiction of Management**
中央属	Central Investment
省　属	Provincial Investment
市　属(含区县级市及其他属)	Municipal Investment (including district, county investment and others)

Floor Space of Buildings in Real Estate Development (2014)

(sq.m)

施工面积 Floor Space of Buildings under Construction	# 住宅 Residential Buildings	竣工面积 Floor Space of Buildings Completed	# 住宅 Residential Buildings	商品房销售面积 Floor Space of Buildings Actually Sold	# 住宅 Residential Buildings
93699270	**57695908**	**19194584**	**12205074**	**15400173**	**11962290**
64694798	40052731	12850956	8393770	10902240	8391121
952234	485909	94025	1613	3185	476
1063020	831469	303930	208455	345211	279283
3600					
34488384	20539169	6454817	3975815	6032006	4591744
1525674	980710			168610	147683
4794532	3573852	772644	580560	1180783	1155895
23393028	14622332	5225540	3627327	3341055	2363723
17986048	9984872	4346294	2341267	2708897	2127981
3928012	1424621	779113	119609	508886	397912
5262099	2845555	1654694	828027	465885	292271
8346283	5415026	1912487	1393631	1650785	1360375
				729	
11018424	7658305	1997334	1470037	1789036	1443188
4264622	2639789	727970	494139	664728	470992
935662	561392	648	290	22485	11978
5044638	3766842	1247504	954396	821345	680270
630381	619648	21212	21212	280478	279948
9969682	6640162	1586759	1383443	2261941	1781107
10843695	7127222	2825919	1833771	999847	849475
36658567	23637887	9665244	6245654	5696472	4484135
36227326	20290637	5116662	2742206	6441913	4847573
6837833	4855542	1481963	930409	1632930	1543561
845509	416387	214594	51088	100984	48123
86015928	52423979	17498027	11223577	13666259	10370606

4-28 续表

单位：平方米

项目	Item
市 区	**Urban Districts**
按企业登记注册类型分	**Grouped by Registration Status**
内资企业	Domestic Funded Enterprises
国有企业	State-owned Enterprises
集体企业	Collective-owned Enterprises
股份合作企业	Cooperative Enterprises
联营企业	Joint Ownership Enterprises
# 国有联营企业	State Joint Ownership Enterprises
集体联营企业	Collective Joint Ownership Enterprises
国有与集体联营企业	Joint State-collective Enterprises
有限责任公司	Limited Liability Corporations
# 国有独资公司	State Sole Funded Corporations
股份有限公司	Share-holding Corporations Ltd.
私营企业	Private Enterprises
其他企业	Other Enterprises
港、澳、台商投资企业	Enterprises with Funds from Hong Kong, Macao and Taiwan
# 与港、澳、台商合资经营企业	Joint-venture Enterprises
与港、澳、台商合作经营企业	Cooperative Enterprises
港、澳、台商独资经营企业	Enterprises with Sole Funds
港、澳、台商投资股份有限公司	Share-holding Corporations Ltd.
外商投资企业	Foreign Funded Enterprises
# 中外合资经营企业	Joint-venture Enterprises
中外合作经营企业	Cooperative Enterprises
外资企业	Enterprises with Sole Foreign Funds
外商投资股份有限公司	Share-holding Corporations Ltd.
按资质分	**Grouped by Grade**
一级资质	Grade One
二级资质	Grade Two
三级资质	Grade Three
四级以下(含四级)	Grade Four and below
按隶属关系分	**Grouped by Jurisdiction of Management**
中央属	Central Investment
省 属	Provincial Investment
市 属(含区县级市及其他属)	Municipal Investment (including district, county investment and others)

continued

(sq.m)

施工面积 Floor Space of Buildings under Construction	# 住宅 Residential Buildings	竣工面积 Floor Space of Buildings Completed	# 住宅 Residential Buildings	商品房销售面积 Floor Space of Buildings Actually Sold	# 住宅 Residential Buildings
74013338	**42850179**	**15551995**	**9349329**	**11723216**	**8708013**
49186137	28482080	10400369	6588334	8291843	6044482
374739	162526	94025	1613	3185	476
1063020	831469	303930	208455	323772	257844
3600					
28654174	16472701	5889694	3578323	4967147	3623128
1365746	942478			129467	128026
4794532	3573852	772644	580560	1180783	1155895
14296072	7441532	3340076	2219383	1816956	1007139
15576475	8190355	3642383	1754764	2023904	1523099
3620048	1244575	779113	119609	302079	234145
5147372	2749946	1654694	828027	465735	292121
6359401	3896164	1208576	807128	1172749	919410
				729	
9250726	6177744	1509243	1006231	1407469	1140432
4224622	2599789	727970	494139	664728	470992
935662	561392	648	290	22485	11978
3634786	2643597	759413	490590	535960	473166
312535	302332	21212	21212	184296	184296
8608710	5565797	1098668	919637	1977431	1574078
9670708	5961881	2629148	1637000	762879	612947
29123219	18030071	8200219	5162928	4490841	3431353
26610701	13292430	3623960	1629764	4492065	3089635
6625732	4678441	1481963	930409	1456823	1368409
685581	378155	214594	51088	35288	25361
66702025	37793583	13855438	8367832	10231105	7314243

4-29 房地产开发资金来源（2014年）

单位：万元

项　　目	Item
全　市	**Total**
按企业登记注册类型分	**Grouped by Registration Status**
内资企业	Domestic Funded Enterprises
国有企业	State-owned Enterprises
集体企业	Collective-owned Enterprises
股份合作企业	Cooperative Enterprises
联营企业	Joint Ownership Enterprises
#国有联营企业	State Joint Ownership Enterprises
集体联营企业	Collective Joint Ownership Enterprises
国有与集体联营企业	Joint State-collective Enterprises
有限责任公司	Limited Liability Corporations
#国有独资公司	State Sole Funded Corporations
股份有限公司	Share-holding Corporations Ltd.
私营企业	Private Enterprises
其他企业	Other Enterprises
港、澳、台商投资企业	Enterprises with Funds from Hong Kong, Macao and Taiwan
#与港、澳、台商合资经营企业	Joint-venture Enterprises
与港、澳、台商合作经营企业	Cooperative Enterprises
港、澳、台商独资经营企业	Enterprises with Sole Funds
港、澳、台商投资股份有限公司	Share-holding Corporations Ltd.
外商投资企业	Foreign Funded Enterprises
#中外合资经营企业	Joint-venture Enterprises
中外合作经营企业	Cooperative Enterprises
外资企业	Enterprises with Sole Foreign Funds
外商投资股份有限公司	Share-holding Corporations Ltd.
按资质分	**Grouped by Grade**
一级资质	Grade One
二级资质	Grade Two
三级资质	Grade Three
四级以下(含四级)	Grade Four and below
按隶属关系分	**Grouped by Jurisdiction of Management**
中央属	Central Investment
省　属	Provincial Investment
市　属(含区县级市及其他属)	Municipal Investment (including district, county investment and others)

注：本表资金来源为本年发生额。

Real Estate Development by Source of Funds (2014)

(10000 yuan)

合　计 Total	国内贷款 Domestic Loans	利用外资 Foreign Investment	自筹资金 Self-raising Funds	其他资金 Others
24348025	**5019913**	**69057**	**7538569**	**11720486**
16364490	3263558	31	5924842	7176059
109391			109141	250
230056			189092	40964
10229717	2123324	31	3839953	4266409
590343	130200		438638	21505
928593	346175		70779	511639
4866733	794059		1715877	2356797
4121767	487721	67226	1066511	2500309
715378	85011	22564	131068	476735
1309851	199913	39320	359946	710672
2063396	202797	5342	575497	1279760
3861768	1268634	1800	547216	2044118
2126357	994881		193432	938044
272988	213927	1800	30264	26997
926268	59826		86104	780338
346155			47416	298739
2429443	358000			2071443
2283364	391131		797378	1094855
7885025	1814281	26362	1721112	4323270
11750193	2456501	42695	5020079	4230918
1637065	399325		179540	1058200
187671	4928		125561	57182
22523289	4615660	69057	7233468	10605104

Note: The source of funds in this table refers to the source of sub-total funds happening in this year.

4-29 续表

单位：万元

项　　　目	Item
市　区	**Urban Districts**
按企业登记注册类型分	**Grouped by Registration Status**
内资企业	Domestic Funded Enterprises
国有企业	State-owned Enterprises
集体企业	Collective-owned Enterprises
股份合作企业	Cooperative Enterprises
联营企业	Joint Ownership Enterprises
# 国有联营企业	State Joint Ownership Enterprises
集体联营企业	Collective Joint Ownership Enterprises
国有与集体联营企业	Joint State-collective Enterprises
有限责任公司	Limited Liability Corporations
#国有独资公司	State Sole Funded Corporations
股份有限公司	Share-holding Corporations Ltd.
私营企业	Private Enterprises
其他企业	Other Enterprises
港、澳、台商投资企业	Enterprises with Funds from Hong Kong, Macao and Taiwan
# 与港、澳、台商合资经营企业	Joint-venture Enterprises
与港、澳、台商合作经营企业	Cooperative Enterprises
港、澳、台商独资经营企业	Enterprises with Sole Funds
港、澳、台商投资股份有限公司	Share-holding Corporations Ltd.
外商投资企业	Foreign Funded Enterprises
# 中外合资经营企业	Joint-venture Enterprises
中外合作经营企业	Cooperative Enterprises
外资企业	Enterprises with Sole Foreign Funds
外商投资股份有限公司	Share-holding Corporations Ltd.
按资质分	**Grouped by Grade**
一级资质	Grade One
二级资质	Grade Two
三级资质	Grade Three
四级以下(含四级)	Grade Four and below
按隶属关系分	**Grouped by Jurisdiction of Management**
中央属	Central Investment
省　属	Provincial Investment
市　属(含区县级市及其他属)	Municipal Investment (including district, county investment and others)

continued

(10000 yuan)

合 计 Total	国内贷款 Domestic Loans	利用外资 Foreign Investment	自筹资金 Self-raising Funds	其他资金 Others
20630016	**4555002**	**68957**	**6355410**	**9650647**
13728906	2879847	31	4857644	5991384
44192			43942	250
230056			189092	40964
8786043	1901007	31	3079222	3805783
579259	130200		427554	21505
928593	346175		70779	511639
3740022	632665		1474609	1632748
3599852	406521	67126	1032448	2093757
512574	15011	22564	116068	358931
1308505	199913	39320	359464	709808
1745631	191597	5242	556916	991876
3301258	1268634	1800	465318	1565506
2091875	994881		158950	938044
272988	213927	1800	30264	26997
604401	59826		86104	458471
141994				141994
2108785	358000			1750785
2199098	366131		797368	1035599
6918244	1740024	26362	1529286	3622572
9403889	2090847	42595	4028756	3241691
1459858	399325		54879	1005654
151204	4928		114477	31799
19018954	4150749	68957	6186054	8613194

4-30 房地产开发主要财务指标（2014年）

单位：万元

项　　目	Item
全　市	**Total**
按企业登记注册类型分	**Grouped by Registration Status**
内资企业	Domestic Funded Enterprises
国有企业	State-owned Enterprises
集体企业	Collective-owned Enterprises
股份合作企业	Cooperative Enterprises
联营企业	Joint Ownership Enterprises
# 国有联营企业	State Joint Ownership Enterprises
集体联营企业	Collective Joint Ownership Enterprises
国有与集体联营企业	Joint State-collective Enterprises
有限责任公司	Limited Liability Corporations
# 国有独资公司	State Sole Funded Corporations
股份有限公司	Share-holding Corporations Ltd.
私营企业	Private Enterprises
其他企业	Other Enterprises
港、澳、台商投资企业	Enterprises with Funds from Hong Kong, Macao and Taiwan
# 与港、澳、台商合资经营企业	Joint-venture Enterprises
与港、澳、台商合作经营企业	Cooperative Enterprises
港、澳、台商独资经营企业	Enterprises with Sole Funds
港、澳、台商投资股份有限公司	Share-holding Corporations Ltd.
外商投资企业	Foreign Funded Enterprises
# 中外合资经营企业	Joint-venture Enterprises
中外合作经营企业	Cooperative Enterprises
外资企业	Enterprises with Sole Foreign Funds
外商投资股份有限公司	Share-holding Corporations Ltd.
按资质分	**Grouped by Grade**
一级资质	Grade One
二级资质	Grade Two
三级资质	Grade Three
四级以下(含四级)	Grade Four and below
按隶属关系分	**Grouped by Jurisdiction of Management**
中央属	Central Investment
省　属	Provincial Investment
市　属(含区县级市及其他属)	Municipal Investment (including district, county investment and others)

Main Financial Indicators of Real Estate Development (2014)

(10000 yuan)

资产总计 Total Assets	所有者权益 Owners' Equity	营业收入 Business Revenue	营业成本 Cost of Business	营业税金及附加 Taxes and Extra Charges on Business	利润总额 Total Profits
147294230	**30532471**	**18901940**	**11129806**	**2273019**	**3585758**
93682752	16400251	12704605	7784350	1306668	2572107
1287066	395699	29278	6150	1974	53528
506908	79159	153034	81029	12181	51626
40559	5291	491	50	20	-84
4389	-1077	265	66	22	-368
56890747	8706239	7171183	4263729	729741	1786217
3190161	869022	256278	131275	47503	76254
6826059	1561103	1195096	725748	179944	232101
28127025	5653838	4155258	2707578	382787	449087
39997283	11087415	4119481	2007463	714910	752018
8209844	2486963	1091023	465967	193181	290874
14170053	3776721	1021187	505881	220235	112713
17207256	4651853	1870489	966863	289519	294190
40357	26169	1319	-2157	4164	-833
13614195	3044804	2077854	1337994	251441	261633
5359777	729863	786708	492308	129632	153616
1361069	307001	78014	65718	4164	-7924
5845404	1852811	980031	604423	96522	94705
845901	150268	233102	175545	21124	21254
26737321	4899742	2843344	1444716	428752	809208
19633034	4042651	2564452	1358163	427636	615886
48284438	10575260	7158002	4483177	772217	1060020
52639437	11014818	6336143	3843750	644415	1100644
5878937	1204491	1631068	1106040	178661	302095
2526839	422950	177811	112832	18933	12760
138888454	28905031	17093061	9910934	2075425	3270903

4-30 续表

单位：万元

项　　目	Item
市　区	**Urban Districts**
按企业登记注册类型分	**Grouped by Registration Status**
内资企业	Domestic Funded Enterprises
国有企业	State-owned Enterprises
集体企业	Collective-owned Enterprises
股份合作企业	Cooperative Enterprises
联营企业	Joint Ownership Enterprises
#国有联营企业	State Joint Ownership Enterprises
集体联营企业	Collective Joint Ownership Enterprises
国有与集体联营企业	Joint State-collective Enterprises
有限责任公司	Limited Liability Corporations
#国有独资公司	State Sole Funded Corporations
股份有限公司	Share-holding Corporations Ltd.
私营企业	Private Enterprises
其他企业	Other Enterprises
港、澳、台商投资企业	Enterprises with Funds from Hong Kong, Macao and Taiwan
#与港、澳、台商合资经营企业	Joint-venture Enterprises
与港、澳、台商合作经营企业	Cooperative Enterprises
港、澳、台商独资经营企业	Enterprises with Sole Funds
港、澳、台商投资股份有限公司	Share-holding Corporations Ltd.
外商投资企业	Foreign Funded Enterprises
#中外合资经营企业	Joint-venture Enterprises
中外合作经营企业	Cooperative Enterprises
外资企业	Enterprises with Sole Foreign Funds
外商投资股份有限公司	Share-holding Corporations Ltd.
按资质分	**Grouped by Grade**
一级资质	Grade One
二级资质	Grade Two
三级资质	Grade Three
四级以下(含四级)	Grade Four and below
按隶属关系分	**Grouped by Jurisdiction of Management**
中央属	Central Investment
省　属	Provincial Investment
市　属(含区县级市及其他属)	Municipal Investment (including district, county investment and others)

continued

(10000 yuan)

资产总计 Total Assets	所有者权益 Owners' Equity	营业收入 Business Revenue	营业成本 Cost of Business	营业税金及附加 Taxes and Extra Charges on Business	利润总额 Total Profits
133959990	**27374046**	**15890253**	**9168968**	**1999654**	**3048106**
83902433	14383636	10325116	6212237	1086055	2136196
815405	197707	28662	5983	1897	16836
445385	86166	150547	78591	12135	51735
40559	5291	491	50	20	-84
4389	-1077	265	66	22	-368
52600104	7862587	6292479	3724762	625327	1617475
2953886	806552	207984	97237	43935	76414
6826059	1561103	1195096	725748	179944	232101
23170532	4671858	2657576	1677037	266710	218501
38647239	10679181	3843574	1834731	691041	699468
7933082	2463627	1044071	427923	190560	287228
14125126	3759699	1020639	505521	220211	112844
16178901	4283977	1642081	832535	268294	245154
40357	26169	1319	-2157	4164	-833
11410318	2311229	1721563	1121999	222559	212443
5307884	720704	786708	492308	129632	156443
1361069	307001	78014	65718	4164	-7924
3985425	1131160	623740	388429	67639	40452
553895	147503	233102	175545	21124	23490
24941190	4147569	2487532	1228867	399911	754394
18501154	3783553	2389840	1251231	407388	579139
44171581	9574840	6109503	3773581	691856	838641
46346065	9868084	4903379	2915289	500500	875933
5374789	1191735	1546787	1038788	171647	296050
2207335	363596	105101	57250	12907	12920
126377866	25818715	14238365	8072930	1815100	2739136

【固定资产投资额】以货币形式表现的在一定时期内建造和购置固定资产的工作量以及与此有关的费用的总称。该指标是反映固定资产投资规模、结构和发展速度的综合性指标，又是观察工程进度和考核投资效果的重要依据。

【房地产开发投资】各种登记注册类型的房地产开发公司、商品房建设公司及其他房地产开发单位统一开发的包括统代建、拆迁还建的住宅、厂房、仓库、饭店、宾馆、度假村、写字楼、办公楼等房屋建筑物和配套的服务设施、土地开发工程，如道路、给水、排水、供电、供热、通讯、平整场地等基础设施工程的投资。包括实际从事房地产开发或经营活动的附营房地产开发单位。不包括单纯的土地交易活动。

【房屋施工面积】指报告期内施工的全部房屋建筑面积。包括本期新开工的面积和上期开工跨入本期继续施工的房屋面积，以及上期已停建在本期复工的房屋面积。本期竣工和本期施工后又停缓建的房屋，其建筑面积仍计入本期房屋施工面积中。

【房屋竣工面积】指在报告期内房屋建筑按照设计要求已全部完工，达到住人和使用条件，经验收鉴定合格（或达到竣工验收标准），可正式移交使用的各栋房屋建筑面积的总和。

【Total Investment in Fixed Assets】 refers to the volume of activities in construction and purchases of fixed assets and related fees, expressed in monetary terms. It is a comprehensive indicator which shows the size, structure and growth of the investment in fixed assets, providing basis for observing the progress of construction projects and evaluating results of investment.

【Investment in Real Estate Development】It includes the investment by the real estate development companies, commercial buildings construction companies and other real estate development units of various types of ownership in the construction of house buildings, such as residential buildings, factory buildings, warehouses, hotels, guesthouses, holiday villages, office buildings, and the complementary service facilities and land development projects, such as roads, water supply, water drainage, power supply, heating, telecommunications, land leveling and other projects of infrastructure. It covers the activities of the non-real estate companies in real estate development or management, but excludes the activities in simple land transactions.

【Floor Space under Construction】 refers to total floor space of all buildings under construction during the reference period, including floor space of newly started buildings during the reference period, floor space of construction extended from the previous period to the current period, and floor space of construction suspended during the previous period but resumed in the current period. Floor space of construction completed in the current period and floor space of construction started and then suspended in the current period are still included in floor space under construction.

【Floor Space of Buildings Completed】 refers to the floor space of housing construction in accordance with the design requirements have been completed In the reporting period, to live and the conditions of use, have been checked or reach the completion acceptance criteria, of housing construction put to use.

第五篇 CHAPTER 5

能源

ENERGY

2015

简要说明

Brief Introduction

第五篇　能源

一、本篇资料反映广州市能源生产和消费情况，主要包括：能源生产、消费总量、平均每万元地区生产总值能源消费量、能源加工转换效率、规模以上工业企业分行业主要能源消费量、规模以上工业企业单位增加值能耗、全市用电量等。

二、本篇资料由广州市统计局能源统计处整理提供。

三、本篇的电力数据按广州供电局有限公司提供的数据进行整理。

四、能源统计资料取自广州市综合能源平衡表、能源生产销售与库存、工业企业能源购进、消费和库存表及附表、广州供电局有限公司提供的用电分类表等。

五、关于数据口径与计算说明：

1．5-1表至5-3表及5-7表至5-8表的统计口径均为全社会口径；5-4表至5-6表的统计口径均为年主营业务收入2000万元及以上的法人工业企业。

2．计算能耗指标涉及的地区生产总值、工业增加值均采用可比口径。

3．5-4表能源加工转换效率表中的电力折算标准煤系数采用当量值计算，即每千瓦小时折0.1229千克标准煤。

5 Energy

I. The data in this chapter reflect the energy production and consumption of Guangzhou Municipality, mainly including the energy production and consumption, average energy consumption per 10000 GDP, the efficiency of energy conversion, energy consumption of the industrial enterprises above designated size by sector, energy consumption per 10000 added-value of the industrial enterprises above designated size, electric supply of the entire city and so on.

II. The data in this chapter are complied and provided by the Department of Energy Statistics of Guangzhou Municipal Bureau of Statistics

Ⅲ.The data on electric power in this chapter are collected in accordance with the data provided by Limited company of Guangzhou Power Supply Bureau.

IV. The data on energy in this chapter come from the comprehensive energy balance sheet of the whole municipality, the sheets of outputs, sale and inventory of energy, the sheets of energy purchase, consumption and storage and the attached of the whole state-owned industrial enterprises and the non-state owned corporate industrial enterprises whose core operating revenue(products sale revenue) reach 20 million Yuan and above, and the sheet of electric classification provided by Limited company of Guangzhou Power Supply Bureau, and so on.

V. Data coverage and calculation:

(1)The coverage of table 5-1 to table 5-3 and table 5-7 to table 5-8 is the whole society, the coverage of table 5-4 to table 5-6 is the whole corporate industrial enterprises whose core operating revenue reach Twenty million Yuan and above.

(2)The gross domestic products, the total value and added value of industry related to the energy consumption were calculated on comparable prices.

(3)In the table 5-4 on the efficiency of energy conversion, the coefficient for conversion of electric power into the standard coal equivalent is calculated in the following way: 1 kwh of electric power is converted into 0.1229kg standard coal.

5-1 能源生产量
Energy Production

项　　目	Item	2013	2014
一次能源	**Primary Energy**		
水　电　　(亿千瓦·时)	Hydropower　(100 million kwh)	5.23	4.04
二次能源	**Secondary Energy**		
焦　炭　　(万吨)	Coke　(10000 tons)		
汽　油　　(万吨)	Gasoline　(10000 tons)	213.55	240.50
柴　油　　(万吨)	Diesel Oil　(10000 tons)	411.15	427.88
燃料油　　(万吨)	Fuel oil　(10000 tons)	3.74	0.08
液化石油气　(万吨)	Liquefied Petroleum　(10000 tons)	73.70	71.92
火　电　　(亿千瓦·时)	Thermal Power　(100 million kwh)	318.31	300.34

5-2 能源消耗基本情况

Energy Consumption

项　　目	Item	2013	2014
能源消耗总量　(万吨标准煤)	Total Energy Consumption (10000 tons of SCE)	5333.57	5496.46
#工　业	# Industry	2358.18	2329.07
电力消耗　(亿千瓦·时)	Electricity Consumption (100 million kwh)	710.69	765.85
#工　业	# Industry	365.64	386.04
地区生产总值能耗　(吨标准煤/万元)	Energy Consumption per unit of GDP (ton of SCE/10000 yuan)	0.3614	0.3475
地区生产总值电耗(万千瓦·时/万元)	Electricity Consumption per unit of GDP(10000 kwh/10000 yuan)	0.0482	0.0478
工业增加值能耗　(吨标准煤/万元)	Energy Consumption per unit of Industrial Value-added (ton of SCE/10000 yuan)	0.4748	0.4348
工业增加值电耗　(万千瓦·时/万元)	Electricity Consumption per unit of Industrial Value-added (10000 kwh/10000 yuan)	0.0736	0.0721

注：1. 电力数据根据广州供电局有限公司提供的资料进行整理。

2. 根据广东省统计局相关文件要求，2010-2013年广州能源消费总量及各能源品种消费量重新修正。

Note: I. The data of electricity are collected in accordance with the data provided by Guangzhou Electricity Supply Limited Company.

II. The data of total energy consumption and consumption of main energy varieties of Guangzhou from year 2010 to 2013 have been adjusted according to Statistics Bureau of Guangdong Province.

5-3 能源消费总量
Total Consumption of Energy

单位：万吨标准煤 (10000 tons of SCE)

项目	Item	2013 数量 Consumption Volume	2013 构成(%) Composition (%)	2014 数量 Consumption Volume	2014 构成(%) Composition (%)
合计	**Total**	**5333.57**	**100.00**	**5496.46**	**100.00**
生产消费	Production Consumption	4568.85	85.66	4645.49	84.52
第一产业	Primary Industry	41.40	0.78	38.36	0.70
第二产业	Secondary Industry	2506.98	47.00	2484.39	45.20
第三产业	Tertiary Industry	2020.47	37.88	2122.74	38.62
生产消费中：	In Production Consumption:				
工业	Industry	2358.18	44.21	2329.07	42.37
生活消费	Residential Consumption	764.72	14.34	850.97	15.48
城镇	Urban Areas	561.13	10.52	625.45	11.38
乡村	Rural Areas	203.59	3.82	225.52	4.10

5-4 规模以上工业企业能源加工转换效率(2014年)
Efficiency of Energy Conversion by Industrial Enterprises above Designated Size (2014)

项目	Item	火力发电 Thermal Power Generation	供热 Heating	炼焦 Coking	炼油 Petroleum Refining
投入量合计 (万吨标准煤)	Total Input (10000 tons of SCE)	941.32	114.47		1904.73
产出量合计 (万吨标准煤)	Total Output (10000 tons of SCE)	369.12	91.52		1855.54
加工转换损失量 (万吨标准煤)	Losses in Energy Conversion (10000 tons of SCE)	572.20	22.95		49.19
加工转换效率 (%)	Efficiency of Energy Conversion (%)	39.21	79.95		97.42

5-5 规模以上工业企业分行业主要能源消费量（2014年）

行　　业	Sector
工　业	**Industry**
按轻重工业分	Grouped by Light & Heavy Industries
轻工业	Light Industry
重工业	Heavy Industry
按主要工业行业分	Grouped by Sector
# 农副食品加工业	Processing of Food from Agricultural Products
食品制造业	Manufacture of Foods
酒、饮料和精制茶制造业	Manufacture of Wine ,Beverages and Refined Tea
烟草制品业	Manufacture of Tobacco
纺织业	Manufacture of Textile
纺织服装、服饰业	Manufacture of Textile Wearing Apparel,Clothing
皮革、毛皮、羽毛及其制品和制鞋业	Manufacture of Leather, Fur, Feather and Related Products and Footwear
木材加工和木、竹、藤、棕、草制品业	Processing of Timber, Manufacture of Wood, Bamboo,Rattan,Plam and Straw Products
家具制造业	Manufacture of Furniture
造纸及纸制品业	Manufacture of Paper and Paper Products
印刷业和记录媒介复制业	Printing, Reproduction of Recording Media
文教、工美、体育和娱乐用品制造业	Manufacture of Culture and Education ,Arts and Crafts, Sports and Entertainment Supplies
石油加工、炼焦和核燃料加工业	Processing of Petroleum, Coking, Processing of Nuclear Fuel
化学原料和化学制品制造业	Manufacture of Raw Chemical Materials and Chemical Products
医药制造业	Manufacture of Medicines
化学纤维制造业	Manufacture of Chemical Fibers
橡胶和塑料制品业	Manufacture of Rubber and Plastics
黑色金属冶炼和压延加工业	Smelting and Pressing of Ferrous Metals
有色金属冶炼和压延加工业	Smelting and Pressing of Non-ferrous Metals
金属制品业	Manufacture of Metal Products
电力、热力生产和供应业	Production and Supply of Electricity, Heat,Gas and Water
水的生产和供应业	Production and Supply of Water

注：本表电力消费量包含企业自产自用电量。

Consumption of Main Energy by Industrial Sector above Designated Size (2014)

煤　炭 (吨) Coal (ton)	燃料油 (吨) Fuel Oil (ton)	汽　油 (吨) Gasoline (ton)	柴　油 (吨) Diesel Oil (ton)	热　力 (百万千焦) Heating (million kJ)	电　力 (万千瓦·时) Electricity (10000 kwh)
16502524	**92871**	**116973**	**232063**	**26414583**	**4073948**
1785770	16567	50817	104696	18190343	1025415
14716754	76304	66156	127367	8224240	3048533
268145	487	1749	2685	2211206	48566
23546	1699	2057	10325	1348814	59210
92755	211	580	2444	1639558	43105
		66	5		7169
900888	3320	4278	5745	9111039	130207
62749	1944	9695	13395	468665	81865
20238	2196	5090	7206	2258	48290
1308		467	1399		8973
46	36	2907	3184		20782
281001		1790	6689	2779953	79663
464	1354	1065	2925		29375
18763	1304	2886	9058		58335
373349	4978	7295	7571	79784	138896
238141	5693	8686	28965	5976710	221888
6920	505	1279	4717	249304	37495
5559		118	132	23823	3710
144138	18287	5387	12561	3181	173631
85490	2	972	1617	356800	153762
27582	10474	1099	6728		40455
13589	5623	5139	16876	83294	92796
13390282	2086	2292	1433	72519	1578825
		784	307		86246

Note: The electricity consumption in the table includs electricity generated and used by enterprise itself.

5-6 规模以上工业企业单位增加值能耗
Energy Consumption by Added Value of Industrial Enterprises above Designated Size

单位:吨标准煤/万元 (ton of SCE/10000 yuan)

行　　业	Sector	2013	2014
农副食品加工业	Processing of Food from Agricultural Products	0.3622	0.4108
食品制造业	Manufacture of Foods	0.0903	0.0849
酒、饮料和精制茶制造业	Manufacture of Wine ,Beverages and Refined Tea	0.2123	0.1668
烟草制品业	Manufacture of Tobacco	0.0101	0.0093
纺织业	Manufacture of Textile	1.6882	1.6662
纺织服装、服饰业	Manufacture of Textile Wearing Apparel,Clothing	0.1624	0.1365
皮革、毛皮、羽毛及其制品和制鞋业	Manufacture of Leather, Fur, Feather and Related Products and Footwear	0.1381	0.1070
木材加工和木、竹、藤、棕、草制品业	Processing of Timber, Manufacture of Wood,Bamboo,Rattan,Plam and Straw Products	0.3932	0.2610
家具制造业	Manufacture of Furniture	0.0630	0.0635
造纸及纸制品业	Manufacture of Paper and Paper Products	0.7946	0.6545
印刷业和记录媒介复制业	Printing, Reproduction of Recording Media	0.1534	0.1608
文教、工美、体育和娱乐用品制造业	Manufacture of Culture and Education ,Arts and Crafts, Sports and Entertainment Supplies	0.1282	0.1082
石油加工、炼焦和核燃料加工业	Processing of Petroleum, Coking, Processing of Nuclear Fuel	3.5846	3.0966
化学原料和化学制品制造业	Manufacture of Raw Chemical Materials and Chemical Products	0.1828	0.1662
医药制造业	Manufacture of Medicines	0.1581	0.1339
化学纤维制造业	Manufacture of Chemical Fibers	0.7842	0.5603
橡胶和塑料制品业	Manufacture of Rubber and Plastics	0.5181	0.4404
非金属矿物制品业	Manufacture of Non-metallic Mineral Products	1.6061	1.1869
黑色金属冶炼和压延加工业	Smelting and Pressing of Ferrous Metals	1.4907	1.6562
有色金属冶炼和压延加工业	Smelting and Pressing of Non-ferrous Metals	0.2179	0.2094
金属制品业	Manufacture of Metal Products	0.2218	0.1926
通用设备制造业	Manufacture of General Purpose Machinery	0.0636	0.0601
专用设备制造业	Manufacture of Special Purpose Machinery	0.0842	0.0663
汽车制造业	Manufacture of Automobile	0.0422	0.0378
铁路、船舶、航空航天和其他运输设备制造业	Manufacture of Railway, Ship, Aerospace and Other Transportation Equipment	0.1177	0.1183
电气机械和器材制造业	Manufacture of Electrical Machinery and Equipment	0.1487	0.1223
计算机、通信和其他电子设备制造业	Manufacture of Computers, Communications and Other Electronic Equipment	0.0800	0.0749
仪器仪表制造业	Manufacture of Instrument	0.1216	0.1232
其他制造业	Manufacture of Other Manufacturing	0.4830	0.8480
电力、热力生产和供应业	Production and Supply of Electric Power and Heat Power	2.7630	1.9357
燃气生产和供应业	Production and Supply of Gas	0.0149	0.0078
水的生产和供应业	Production and Supply of Water	0.7930	0.4568

注:分行业规模以上工业增加值数据为2010年可比价口径。

Note: The value added of industrial enterprises above designated size by sector are calculated on comparable coverage of year 2010.

5-7 主要年份城市用电量

Total Electricity Supply in Main Years

单位：万千瓦·时 (10000 kwh)

年 份 Year	用电总量 Consumption	各行业用电 Total Electricity Consumption of Industry	#工 业 Industry	生活用电 Power Consumed by Urbanites
1990	651907	551870	402427	100037
1991	850413	729858	557693	120555
1992	988361	844301	641685	144060
1993	1194668	1013769	765423	180899
1994	1340090	1123076	824998	217014
1995	1491687	1239195	900550	252492
1996	1607619	1321780	948271	285839
1997	1700635	1399021	987404	301614
1998	1893271	1546097	1066325	347174
1999	2056799	1684648	1155344	372151
2000	2363174	1945091	1351669	418083
2001	2540201	2072950	1428461	467251
2002	2849015	2373574	1607851	475441
2003	3349712	2804357	1943780	545355
2004	3846375	3228990	2239481	617385
2005	4256677	3537004	2531916	719673
2006	4694234	3898916	2740256	795318
2007	5271258	4372014	3063610	899244
2008	5459185	4472140	3098761	987045
2009	5670810	4559439	3098871	1111371
2010	6258983	5075414	3497243	1183569
2011	6635544	5349058	3614532	1286486
2012	6941253	5519444	3589545	1421809
2013	7106910	5692959	3656433	1413951
2014	7658542	6052408	3860372	1606134

注：本表数据由广州供电局有限公司提供。

Note: The data of this table are provided by Guangzhou Electricity Supply Ltd..

5-8 全市用电（2014年）

单位:万千瓦·时

项目	Item
用电总量	**Total Consumption of Electricity**
各行业用电	**Total Electricity Consumption of Industry**
按产业分	**Grouped By Industry**
第一产业	Primary Industry
第二产业	Secondary Industry
第三产业	Tertiary Industry
按行业分	**Grouped By Sector**
农、林、牧、渔业	Agriculture, Forestry, Animal Husbandry and Fishery
工　业	Industry
按轻重工业分	By Light and Heavy Industries
轻工业	Light Industry
重工业	Heavy Industry
按主要工业行业分	By Sector
食品、饮料和烟草制造业	Food, Beverage and Tobacco Products
纺织业	Manufacture of Textile
服装鞋帽、皮革羽绒及其制品业	Wearing Apparel, Footwear, Caps, Leather, Furs, Feather and Related Products
木材加工及制品和家具制造业	Processing of Timber, Manufacture of Wood Products and Manufacture of Furniture
造纸及纸制品业	Manufacture of Paper and Paper Products
印刷业和记录媒介的复制	Printing, Reproduction of Recording Media
文体用品制造业	Manufacture of Articles for Culture, Education and Sport Activities
石油加工、炼焦及核燃料加工业	Processing of Petroleum, Coking, Processing of Nuclear Fuel
化学原料及化学制品制造业	Manufacture of Raw Chemical Materials and Chemical Products
医药制造业	Manufacture of Medicines
化学纤维制造业	Manufacture of Chemical Fibers
橡胶和塑料制品业	Manufacture of Rubber
非金属矿物制品业	Manufacture of Non-metallic Mineral Products
黑色金属冶炼和压延加工业	Smelting and Pressing of Ferrous Metals
有色金属冶炼和压延加工业	Smelting and Pressing of Non-ferrous Metals
金属制品业	Manufacture of Metal Products
通用及专用设备制造业	Manufacturing of General Purpose and Special Purpose Machinery
交通运输、电气、电子设备制造业	Manufacture of Transport, Electrical and Electronic Equipment
工艺品及其他制造业	Manufacture of Artwork and Other Manufacturing
废弃资源和废旧材料回收加工业	Recycling and Disposal Waste
电力、热力的生产和供应业	Production and Supply of Electric Power and Heat Power
燃气生产和供应业	Production and Supply of Gas
水的生产和供应业	Production and Supply of Water
建筑业	Construction
交通运输、仓储、邮政业	Transport, Storage and Post
信息传输、计算机服务和软件业	Information Transmission, Computer Service and Software
商业、住宿和餐饮业	Business, Hotels and Catering Services
金融、房地产、商务及居民服务业	Financial Intermediation, Real Estate, Business Services and Services to Households
公共事业及管理组织	Public Management and Social Organizations
生活用电	**Electricity Consumption by Urban and Rural Households**
城镇居民	Urban Residents
乡村居民	Rural Residents

注：本表数据由广州供电局有限公司提供。

Total Electricity Consumption (2014)

(10000 kwh)

全　市 Total	市　区 Urban Districts	增城市 Zengcheng	从化市 Conghua
7658542	**6906075**	**560259**	**192208**
6052408	**5456127**	**446167**	**150114**
57552	48529	5822	3201
3952716	3480494	359075	113147
2042140	1927104	81270	33766
57552	48529	5822	3201
3860372	3403486	349867	107019
1265625	1047223	186337	32065
2594747	2356263	163530	74954
156832	143311	7958	5563
179067	73529	102278	3260
162320	133734	26563	2023
62001	48590	9125	4286
80404	75842	3908	654
27632	26227	939	466
24498	20390	1663	2445
135511	135307	204	
168513	156335	7077	5101
34484	32008	362	2114
16782	12848	2335	1599
230922	184596	27087	19239
130094	87704	36388	6002
73100	71017	163	1920
43867	37837	717	5313
255679	203458	39508	12713
208112	194776	4825	8511
661298	604629	46192	10477
432402	420215	4368	7819
4010	3204	372	434
651023	646265	3223	1535
7657	7099	477	81
100598	79105	18930	2563
92344	77008	9208	6128
235859	233593	1353	913
125905	118562	4095	3248
323599	278424	32071	13104
831840	807492	19628	4720
524937	489033	24123	11781
1606134	**1449948**	**114092**	**42094**
1031448	931549	71373	28526
574686	518399	42719	13568

Note: The data of this table are provided by Guangzhou Electricity Supply Ltd..

【能源消费总量】 指一定时期内全国(地区)物质生产部门、非物质生产部门和生活消费的各种能源的总和，是观察能源消费水平、构成和增长速度的总量指标，能源消费总量包括原煤和原油及其制品、天然气、电力等。不包括低热值燃料、生物质能和太阳能等的利用。能源消费总量分为三部分，即终端能源消费量、能源加工转换损失量和损失量。

(1)终端能源消费量：指一定时期内全国(地区)物质生产和生活消费的各种能源在扣除了用于加工转换二次能源消费量和损失量以后的数量。

(2)能源加工转换损失量：指一定时期内全国(地区)投入加工转换的各种能源数量之和与产出各种能源产品之和的差额。它是观察能源在加工转换过程中损失量变化的指标。

(3)能源损失量：指一定时期内能源在输送、分配、储存过程中发生的损失和由客观原因造成的各种损失量。不包括各种气体能源放空、放散量。

【Total Domestic Energy Consumption】 refers to the total consumption of energy of various kinds by material production sectors,non-material production sectors and households in the country (region)in a given period of time.It is a comprehensive indicator to show the scale,composition and development of energy consumption.The total energy consumption includes that of coal,crude oil and their products, natural gas and electricity.However,it excludes the consumption of fuel of low calorific value, bioenergy and solar energy.Total domestic energy consumption can be divided into three parts:

(1)Final Energy Consumption:It refers to the total energy consumption by material production sectors,non-material production sectors and households in the country (region)in a given period of time,but excludes the consumption in conversion of the primary energy into the secondary energy and the loss in the process of energy conversion.

(2)Loss During the Process of Energy Conversion:It refers to the total input of various kinds of energy for conversion,minus the total output of various kinds of energy in the country in a given period of time.It is an indicator to show the loss that occurs during the process of energy conversion.

(3)Loss:It refers to the total of the loss of energy during the course of energy transport,distribution and storage and the loss caused by any objective reason in a given period of time.The loss of various kinds of gas due to gas discharges and stocktaking is excluded.

第六篇 CHAPTER 6

财政、金融
GOVERNMENT FINANCE, BANKING

第六篇　财政、金融

一、本篇资料反映广州市财政、金融方面的基本情况。

二、本篇资料由广州市统计局国民经济核算统计处负责整理提供。

三、资料来源：

1. 财政收支资料根据广州市财政局财政总决算报表等统计报表的有关项目加工整理；

2. 金融资料由中国人民银行广州分行营业管理部提供；

3. 保险业务、外资保险公司及保险公司代表处资料由中国保险监督管理委员会广东监管局提供；

4. 外资金融机构及代表处资料由中国银行业监督管理委员会广东监管局提供。

6 Government Finance, Banking

Ⅰ.The data in this chapter show the basic conditions of finance and banking of Guangzhou Municipality.

II. The data in this chapter are prepared and provided by the Division of National Accounts of Guangzhou Municipal Bureau of Statistics.

Ⅲ.Data sources:

(1)The data on government finance are prepared in accordance with the total final accounts table of finance and other statistical report forms provided by Guangzhou Municipal Bureau of Finance.

(2)The data on banking are provided by the business management department of People's Bank of China Guangzhou Branch.

(3)The data on insurance are provided by China Insurance Regulatory Commission Guangdong Bureau.

(4)The data on foreign banking Institutions or offices are provided by China Banking Regulatory Commission Guangdong Regulatory Bureau.

6-1 财政和金融业主要经济指标

Main Indicators of Government Finance and Financial Intermediation

项 目	Item	2013	2014	2014年比2013年增长(%) Growth Rate in 2014 over 2013 (%)
地方财政收入 (万元)	Revenue of Local Government (10000 yuan)	20881374	23188414	11.0
公共财政收入	Public Government Revenue	11418044	12431035	8.9
# 增值税	Value-added Tax	2216017	2536757	14.5
营业税	Business Tax	1623520	1479906	-8.8
企业所得税	Corporate Income Tax	1155923	1385753	19.9
个人所得税	Individual Income Tax	489777	560349	14.4
政府性基金收入	Governmental Funds Revenue	9463330	10757379	13.7
地方财政支出 (万元)	Expenditure of Local Government (10000 yuan)	22835069	25253840	10.6
公共财政支出	Public Government Expenditure	13861349	14362226	3.6
# 一般公共服务支出	General Public Expenditure	1518341	1366050	-10.0
教育支出	Operating Expenses for Education	2539473	2290438	-9.8
科学技术支出	Operating Expenses for Science and Technology	541912	563212	3.9
医疗卫生与计划生育支出	Operating Expenses for Health and Family Planning	868958	1163547	33.9
政府性基金支出	Governmental Fund Expenditure	8973720	10891614	21.4
金融机构本外币各项存款余额 (亿元)	Balance of Savings Deposit in Standard and Foreign Currencies in Financial Institutions (100 million yuan)	33838.20	35469.29	4.8
# 人民币	RMB	32850.57	34170.66	4.0
# 储蓄存款余额	Savings Deposits	12253.98	12571.70	2.6
金融机构本外币各项贷款余额 (亿元)	Balance of Loan in Standard and Foreign Currencies in Financial Institutions (100 million yuan)	22016.18	24231.71	10.1
# 人民币	RMB	20172.97	22688.33	12.5
国内财产保险公司业务	Domestic Property Insurance Companies			
保险金额 (亿元)	Amount Insured (100 million yuan)	205687	226060	9.9
保费收入 (万元)	Premium Income (10000 yuan)	1654396	1981515	19.8
赔款支出 (万元)	Indemnity Expenditure (10000 yuan)	893830	979700	9.6
国内人身保险公司业务	Domestic Life Insurance Companies			
保费收入 (万元)	Premium Income (10000 yuan)	3094488	4036568	30.4
期满给付 (万元)	Mature Payment (10000 yuan)	325872	445991	36.9
死伤医疗给付 (万元)	Payment for Death, Injury and Medical Treatment (10000 yuan)	60534	67999	12.3

6-2 主要年份地方财政收支

Local Government Revenue and Expenditure in Main Years

单位:亿元 (100 million yuan)

年 份 year	地方财政收入 Revenue of Local Government	# 公共财政收入 Public Government Revenue	地方财政支出 Expenditure of Local Government	# 公共财政支出 Public Government Expenditure
1978	14.01	13.65	4.40	3.87
1979	13.64	13.12	4.47	4.16
1980	16.29	15.43	4.98	4.35
1985	30.18	28.85	11.82	10.75
1986	32.44	31.15	16.27	15.23
1987	35.24	34.18	16.45	15.13
1988	41.37	39.71	21.52	19.95
1989	47.23	46.51	25.41	24.66
1990	37.82	36.94	25.12	24.31
1991	49.62	48.49	32.16	30.71
1992	52.92	51.35	33.79	32.25
1993	79.27	77.37	55.19	53.82
1994	64.87	62.87	75.77	73.74
1995	99.75	97.08	112.78	111.24
1996	88.11	85.24	125.12	121.91
1997	106.07	97.72	146.92	138.99
1998	137.32	132.19	179.61	175.11
1999	188.14	176.15	231.09	222.37
2000	219.91	200.55	258.60	240.72
2001	271.91	246.19	314.98	292.63
2002	269.10	245.87	350.19	326.67
2003	300.55	274.77	395.52	370.09
2004	338.45	302.87	447.06	408.34
2005	408.85	371.26	476.28	438.41
2006	476.72	427.08	559.42	506.79
2007	838.99	523.79	850.01	623.69
2008	843.14	621.84	997.94	713.35
2009	1107.66	702.65	1059.50	789.92
2010	1399.16	872.65	1487.16	977.32
2011	1535.14	979.48	1793.35	1181.25
2012	1579.68	1102.40	1796.91	1343.65
2013	2088.14	1141.80	2283.51	1386.13
2014	2318.84	1243.10	2525.38	1436.22

6-3 地方财政收入（2014年）
Revenue of Local Government (2014)

单位:万元 (10000 yuan)

项目	Item	全市 Total	市区 Urban Districts	增城市 Zengcheng	从化市 Conghua
地方财政收入合计	Total Revenue of Local Government	23188414	21453003	1237214	498197
公共财政收入	Public Government Revenue	12431035	11464029	655467	311539
# 增值税	Value-added Tax	2536757	2410251	97048	29458
营业税	Business Tax	1479906	1328497	106652	44757
企业所得税	Corporate Income Tax	1385753	1320657	45525	19571
个人所得税	Individual Income Tax	560349	540895	13406	6048
城市维护建设税	City Maintenance and Construction Tax	1077592	1000556	62044	14992
房产税	House Property Tax	752931	720234	21333	11364
印花税	Stamp Tax	269077	252355	11215	5507
土地使用税	Land Use Tax	172463	144951	19024	8488
车船税	Tax on Vehicles and Boat Operation	125673	102848	8463	14362
契　税	Deed Tax	880240	779172	82248	18820
国有资本经营收入	Operation Income of State-owned Assets				
行政事业性收费收入	Charge of Administrative and Institutional Units	723132	663602	44664	14866
罚没收入	Penalty Receipts	184900	169005	9441	6454
专项收入	Special Revenue	537427	495507	33041	8879
其他收入	Others	540047	512945	25173	1929
政府性基金收入	Revenue from Government-controlled Funds	10757379	9988974	581747	186658
附:上级补助收入	Subsidies from Higher Levels Taxed Tax Return	3146609	2787127	201691	157791
# 消费税和增值税税收返还收入	Consumption Tax and Value-added	406982	395274	7473	4235
所得税基数返还收入	Tax Base Return	406169	397054	4812	4303

6-4 地方财政支出（2014年）
Expenditure of Local Government (2014)

单位:万元 (10000 yuan)

项目	Item	全市 Total	市区 Urban Districts	增城市 Zengcheng	从化市 Conghua
地方财政支出合计	Total Expenditure of Local Government	25253840	23170621	1459497	623722
公共财政支出	Public Government Expenditure	14362226	13093842	864526	403858
#一般公共服务支出	Expenditure for General Public Services	1366050	1192483	84015	89552
国防支出	Expenditure for National Defense	16028	15547		481
公共安全支出	Expenditure for Public Security	1210339	1095115	80408	34816
教育支出	Expenditure for Education	2290438	2045849	146809	97780
科学技术支出	Expenditure for Science and Technology	563212	547593	10298	5321
文化体育与传媒支出	Expenditure for Culture, Sports and Media	239939	220144	10597	9198
社会保障和就业支出	Expenditure for Social Safety Net and Employment Effort	1495174	1352167	102904	40103
医疗卫生与计划生育支出	Expenditure for Medical and Health and Family Planning	1163547	1042099	79748	41700
城乡社区支出	Expenditure for Urban and Rural Community Affairs	2290328	2219769	59255	11304
农林水支出	Expenditure for Agriculture, Forestry and Water Conservancy	540979	419265	94451	27263
交通运输支出	Expenditure for Transportation	553496	515810	32778	4908
资源勘探信息等支出	Expenditure for Affairs of Exploration, Power and Information	976988	967773	3836	5379
商业服务业等支出	Expenditure for Affairs of Commerce and Services	148800	140929	5720	2151
金融支出	Expenditure for Affairs of Financial Supervision	27122	26987	103	32
援助其他地区支出	Expenditure for Post-earthquake Recovery and Reconstruction	67155	67155		
住房保障支出	Expenditure for Affairs of Housing Security	683589	602347	63575	17667
其他支出	Other Expenditures	422625	348149	65708	8768
政府性基金支出	Expenditure for Government-controlled Funds	10891614	10076779	594971	219864
附:上解上级支出	Expenditure for Cental and Provincial Governments	465473	387094	63493	14886

6-5 中外资金融机构本外币存贷款年末余额
Balance of Savings Deposits and Loans in Standard and Foreign Currencies of Financial Institutions at Year-end

单位:亿元 (100 million yuan)

项　　目	Item	2014
各项存款余额	Deposits in Various Forms	35469.29
单位存款	Deposits by Enterprises and Institutions	18588.06
个人存款	Personal Deposits	13776.69
储蓄存款	Savings Deposits	12825.64
保证金存款	Demand Deposits	34.50
结构性存款	Time Deposits	916.55
财政性存款	Fiscal Deposits	1816.39
临时性存款	Temporary Deposits	42.02
委托存款(净)	Entrusted Deposits	381.34
其他存款	Other Deposits	864.79
各项贷款余额	Loans in Various Forms	24231.71
境内贷款	Domestic Loans	24067.12
短期贷款	Short-term Loans	7614.93
中长期贷款	Medium & Long-term Loans	15555.01
融资租赁	Financial Leasing	…
票据融资	Bill Financing	842.04
各项垫款	Advances	55.14
境外贷款	Overseas Loans	164.60

6-6 中外资金融机构外汇存贷款年末余额

Balance of Savings Deposits and Loans in Foreign Currencies of Financial Institutions at Year-end

单位:亿美元 (100 million USD)

项　目	Item	2014
各项存款	Deposits in Various Forms	212.23
单位存款	Deposits by Enterprises and Institutions	159.22
个人存款	Personal Deposits	43.30
财政性存款	Fiscal Deposits	…
临时性存款	Temporary Deposits	2.92
委托存款(净)	Entrusted Deposits	2.02
其他存款	Other Deposits	4.76
各项贷款	Loans in Various Forms	252.23
境内贷款	Domestic Loans	235.76
短期贷款	Short-term Loans	112.93
中长期贷款	Medium & Long-term Loans	122.22
票据融资	Bill Financing	…
融资租赁	Financial Leasing	…
各项垫款	Advanced	0.62
境外贷款	Overseas Loans	16.47

6-7 中外资金融机构存贷款年末余额(折人民币，2007-2014年)
Saving Deposits and Loans Balance of Chinese & Foreign Financial Institutions (converted into RMB, at the end of year from 2007 to 2014)

单位:亿元 (100 million yuan)

项目	Item	2007	2008	2009	2010	2011	2012	2013	2014
存款余额(折人民币)	**Saving Deposits Balance (as RMB)**	**14783.46**	**16929.47**	**20944.19**	**23953.96**	**26460.80**	**30186.57**	**33838.20**	**35469.29**
中资金融机构	Chinese Financial Institutions								
人民币	RMB	14177.46	16219.23	20081.46	22775.50	25048.61	28270.68	31884.74	33215.35
外汇 (亿美元)	Foreign Exchange(USD 100 million)	56.09	63.11	63.67	68.09	86.82	166.36	143.82	193.55
外资金融机构	Foreign-funded Financial Institutions								
人民币	RMB	132.24	201.82	320.26	609.00	743.08	736.31	965.83	955.31
外汇 (亿美元)	Foreign Exchange(USD 100 million)	8.75	11.27	15.77	17.90	19.38	21.31	18.17	18.68
贷款余额(折人民币)	**Loans Balance (as RMB)**	**9661.38**	**11079.55**	**13851.83**	**16284.31**	**17732.88**	**19936.52**	**22016.18**	**24231.71**
中资金融机构	Chinese Financial Institutions								
人民币	RMB	8570.79	10042.19	12316.01	14597.74	15904.65	17554.90	19652.37	22154.37
外汇 (亿美元)	Foreign Exchange(USD 100 million)	101.03	88.10	153.88	160.92	187.33	271.91	260.66	214.50
外资金融机构	Foreign-funded Financial Institutions								
人民币	RMB	166.26	262.54	282.15	389.99	428.79	468.12	520.60	533.95
外汇 (亿美元)	Foreign Exchange(USD 100 million)	25.51	26.15	29.72	34.86	34.78	32.52	41.66	37.73

6-8 中外资金融机构人民币信贷资金平衡表（2014年末）

Credit Funds Balance Sheet of Financial Institutions (Year-end of 2014)

单位:亿元 (100 million yuan)

项 目	Item	全 市 Total	市 区 Urban Districts	增城市 Zengcheng	从化市 Conghua
资金来源项目	**Sources of Funds**				
合 计	Total	35999.76	34596.89	1063.20	339.67
各项存款	Deposits in Various Forms	34170.66	32865.91	992.45	312.30
单位存款	Deposits of Enterprises	17613.81	17135.60	369.28	108.93
个人存款	Personal Deposits	13511.73	12707.57	606.61	197.55
财政性存款	Fiscal Deposits	1816.39	1804.59	7.25	4.55
临时性存款	Temporary Deposits	24.13	23.80	0.26	0.07
委托存款(净)	Entrusted Deposits	368.97	362.72	6.25	
其他存款	Other Deposits	835.64	831.65	2.79	1.20
金融债券	Financial Bonds	270.60	270.60		
中长期借款	Medium & Long-term Borrowing	44.12	44.12		
应付及暂收款	Paybable and Supense Credit	1032.41	1012.27	15.84	4.30
同业往来(来源方)	Inter-bank Transaction	2583.75	2583.43	0.32	
系统内资金往来(来源方)	Capital Transaction inside the System	…	…		
外汇买卖(来源方)	Foreign Exchange Trading	4082.01	4018.34	39.11	24.56
各项准备	All Reserves	640.74	637.44	2.44	0.86
所有者权益	Creditors' Equity	1816.19	1779.96	26.69	9.54
其 他	Others	-8640.73	-8615.19	-13.65	-11.89

6-8 续表 continued

单位:亿元 (100 million yuan)

项目	Item	全市 Total	市区 Urban Districts	增城市 Zengcheng	从化市 Conghua
资金运用项目	**Uses of Funds**				
合计	Total	35999.76	34596.89	1063.20	339.67
各项贷款	Loans in Various Forms	22688.33	21746.10	747.83	194.40
境内贷款	Domestic Loans	22624.47	21684.93	745.38	194.16
短期贷款	Short-term Loans	6923.93	6575.09	291.01	57.83
个人贷款及透支	Personal Loans & Overdrafts	3154.65	3052.62	88.05	13.98
单位普通贷款及透支	Corporate Loans and Overdrafts	3115.95	2872.91	200.11	42.93
普通并购贷款	General Annexation Loans	4.50	4.50		
银团贷款	Syndicated Loans	33.81	33.81		
贸易融资	Trade Finance	615.03	611.26	2.85	0.92
境外筹资转贷款	Entrusting Loans in Oversea Financing	…	…		
中长期贷款	Medium & Long-term Loans	14807.18	14219.98	451.43	135.77
个人贷款	Personal Loans	4149.45	3815.14	267.36	66.95
单位普通贷款	Corporate Loans	7944.29	7717.62	159.85	66.82
普通并购贷款	General Annexation Loans	102.54	95.38	5.16	2.00
银团贷款	Syndicated Loans	2538.87	2519.81	19.06	
贸易融资	Trade Finance	70.07	70.07		
境外筹资转贷款	Entrusting Loans in Oversea Financing	1.96	1.96		
融资租赁	Financing Leasing	…	…		
票据融资	Bill Financing	842.02	838.91	2.56	0.55
各项垫款	All Advanced Money	51.34	50.95	0.38	0.01
境外贷款	Overseas Loans	63.85	61.16	2.45	0.24
有价证券	Securities	2185.43	2185.54	-0.11	…
股权及其他投资	Securities & Investment	2613.12	2613.12		
应收及预付款	Amount Receivable and Prepaid	630.68	616.70	11.11	2.87
同业往来(运用方)	Inter-bank Transaction	527.26	527.26	…	
系统内资金往来(运用方)	Capital Transaction inside the System	2947.92	2579.00	254.92	114.00
金银占款	Purchase of Gold & Silver	…	…		
外汇买卖(运用方)	Purchase of Foreign Exchanges	3950.62	3887.05	39.05	24.52
固定资产	Fixed Asset	282.59	275.61	4.96	2.02
库存现金	Cash in Vault	156.28	148.98	5.43	1.87
投资性房地产	Investment Real Estate	17.53	17.53		

6-9 中资金融机构人民币各项存贷款年末余额

Balance of Savings Deposits and Loans in Standard and Foreign Currencies of Chinese Financial Institutions at Year-end

单位:亿元 (100 million yuan)

项 目	Item	2014
各项存款余额	Deposits in Various Forms	33215.35
单位存款	Deposits by Enterprises and Institutions	16794.77
个人存款	Personal Deposits	13383.28
# 储蓄存款	Savings Deposits	12498.70
财政性存款	Fiscal Deposits	1816.39
临时性存款	Temporary Deposits	24.10
委托存款(净)	Entrusted Deposits	368.97
其他存款	Other Deposits	827.84
各项贷款余额	Loans in Various Forms	22154.37
境内贷款	Domestic Loans	22093.40
短期贷款	Short-term Loans	6722.58
中长期贷款	Medium & Long-term Loans	14567.81
融资租赁	Financing Lease	…
票据融资	Bill Financing	752.13
各项垫款	Advances	50.87
境外贷款	Overseas Loans	60.98

6-10 主要年份保费收入和赔款及给付支出

Premiums Income, Indemnity Expenditure and Payment in Main Years

年 份 Year	保费收入 (万元) Premium (10000 yuan)	赔款及给付支出 (万元) Claim and Payment (10000 yuan)	赔款率 (%) Indemnity and Payment Ratio (%)
1980	197		
1985	5043	1153	22.86
1986	8654	3117	36.02
1987	14855	3784	25.47
1988	17985	4052	22.53
1989	28017	7742	27.63
1990	46963	45207	96.26
1991	58771	19762	33.63
1992	94839	32846	34.63
1993	204267	89930	44.03
1994	244017	96299	39.46
1995	313528	113052	36.06
1996	411021	168637	41.03
1997	579787	200828	34.64
1998	559618	195177	34.88
1999	555424	201673	36.31
2000	574506	133011	23.15
2001	810415	180525	22.28
2002	998741	230440	23.07
2003	1172755	242972	20.72
2004	1329411	278910	20.98
2005	1586302	312074	19.67
2006	1754637	399586	22.77
2007	2275036	542852	23.86
2008	3106047	675962	21.76
2009	3273766	785375	23.98
2010	4204166	880790	20.95
2011	3972972	1083773	27.28
2012	4208014	1258986	29.92
2013	4748884	1482555	31.22
2014	6018083	1710441	28.42

注：1. 本表数据2008年起来源于中国保险监督管理委员会广东监管局，2008年前来源于广东省保险行业协会；
2. 自2011年起，保险行业数据按照执行“企业会计准则解释第2号”的新口径统计(下同)。

Note: I. Since 2008 the data in this table are provided by Guangdong Bureau of China Insurance Regulatory Commission, while the data before 2008 were provided by the Guangdong Association of Insurance Industry.

II. Since 2011, figures of insurance industry are calculated according to new standards (The same as in the following tables).

6-11 保险公司主要业务指标（2014年）

Major Business Indicators of Insurance Companies (2014)

单位：万元 (10000 yuan)

指　　标	Indicators	保险金额（亿元） Amount Insured (100 million yuan)	保费收入 Premium	赔款及给付支出 Claim and Payment
总　计	**Total**	**267231**	**6018083**	**1710441**
财产保险公司	Property Insurance Companies	226060	1981515	979700
人身保险公司	Personal Insurance Companies	41171	4036568	730741

6-12 财产保险公司主要指标

Main Indicators of Property Insurance Companies

单位:万元 (10000 yuan)

项　　目	Item	2013		2014	
		保费收入 Premiums	赔款支出 Claim and Payment	保费收入 Premiums	赔款支出 Claim and Payment
合　计	**Total**	**1654396**	**893830**	**1981515**	**979700**
企业财产保险	Enterprise Property Insurance	166227	117450	183542	122852
家庭财产保险	Family Property Insurance	9629	516	9428	594
# 投资型家财险	Investment Family Property Insurance	329	54	333	49
机动车辆保险	Motor Vehicle Insurance	988952	570379	1182471	631102
工程保险	Enginerring Insurance	54279	30462	96770	26446
责任保险	Liability Insurance	87977	30368	110442	39226
信用保险	Export Credit Insurance	121799	59698	130082	68018
保证保险	Guarantee Insurance	42878	5370	72783	11374
# 机动车辆消费贷款保证保险	Vehicle Loan Guarantee Insurance		6		212
个人贷款抵押房屋保证保险	Personal Loan Mortgage Housing Guarantee Insurance	2422	9	1337	-5
船舶保险	Ship Insurance	14449	10564	18498	10836
货物运输保险	Freight Transport Insurance	48522	33359	49357	28395
特殊风险保险	Special Risk Insurance	65958	14645	58637	6032
农业保险	Agricultural Insurance	2839	2063	3354	2486
健康险	Health Insurance	12529	10171	15444	14229
意外伤害保险	Accident Injury Insurance	38190	8706	41115	10681
其他险	Other Insurance	168	79	9592	7429

6-13 人身保险公司主要指标
Main Indicators of Personal Insurance Companies

单位：万元 (10000 yuan)

项　　目	Item	2013	2014
保费收入	**Premiums Income**	**3094488**	**4036568**
按险种分	Classify by Insurance Code		
寿　险	Life Insurance	2633348	3449598
个人业务	Individual Insurance	2602627	3404755
新单保费	Initial Premiums	1083337	1792852
续期保费	Renewable Premiums	1519290	1611903
团体业务	Group Isurance	30721	44843
新单保费	Initial Premiums	9309	24303
续期保费	Renewable Premiums	21412	20540
意外伤害险	Personal Accidental Death and Injury Insurance	118651	137308
一年期以内业务	Within One-year Product	10670	7010
一年期业务	One-year Product	83531	92936
一年以上业务	Over One-year Product	24450	37362
健康险	Health Insurance	342489	449662
一年期以内及一年期业务	Winthin One Year and One-Year Product	116736	136383
个人业务	Individual Insurance	46761	49809
团体业务	Group Isurance	69975	86574
一年期以上业务	Over One-year Period Product	225753	313279
个人业务	Individual Insurance	225707	312740
团体业务	Group Isurance	46	539
按新型产品分	Classify by New Insurance Products		
寿险保费收入合计	Total Life Insurance Premiums	2633348	3449598
普通寿险	Ordinary Life Insurance	365273	1238027
新单保费	Initial Premiums	78493	921520
续期保费	Renewable Premiums	286780	316507
分红寿险	Participating Insurance	2248911	2192522
新单保费	Initial Premiums	1011169	893249
续期保费	Renewable Premiums	1237742	1299273
投资连结保险	Unit-linked Insurance	4827	5071
万能寿险	Universal Life Insurance	14337	13978

6-13 续表 continued

单位:万元 (10000 yuan)

项　　目	Item	2013	2014
赔付支出	**Claims Paid**	**588725**	**730741**
赔款支出	Compensation Expenses	95210	104883
意外伤害险	Personal Accidental And Injury Insurance	13626	15929
一年期以内业务	Within One-year Product	402	598
一年期业务	One-year	13224	15331
一年期以内及一年期健康险	Winthin One Year and One-Year Health Insurance	81584	88954
个人业务	Individual Insurance	22449	23214
团体业务	Group Insurance	59135	65740
死伤医疗给付合计	**Total Casualty Medical Payments**	**60534**	**67999**
寿　险	Life Insurance	31988	33697
个人业务	Individual Insurance	26432	29010
团体业务	Group Insurance	5556	4687
一年期以上健康险	Over One-year Period Health Insurance	28546	34302
个人业务	Individual Insurance	28522	34282
团体业务	Group Insurance	24	20
满期给付合计	**Total Mature Payment**	**325872**	**445991**
寿　险	Life Insurance	322694	445287
个人业务	Individual Insurance	312327	434081
团体业务	Group Insurance	10367	11206
一年期以上健康险	Over One-year Period Health Insurance	3178	704
个人业务	Individual Insurance	3178	704
团体业务	Group Insurance	…	…
年金给付合计	**Total Pension Payments**	**107109**	**111867**
个人业务	Individual Insurance	94145	96553
团体业务	Group Insurance	12964	15314
退保金	**Cash Surrender Value**	**498660**	**715657**
寿　险	Life Insurance	493400	709080
个人业务	Individual Insurance	490003	702239
团体业务	Group Insurance	3397	6841
一年期以上健康险	Over One-year Period Health Insurance	5260	6577

6-14 主要外资金融机构及代表处一览表
List of Main Foreign Financial Institutions and Representative Offices

机构(代表处)名称及所属国家(地区)	Name of Institutions (Representative Offices)	批准日期 Date of Approval
法国兴业银行(中国)有限公司广州分行(法国)	Societe Generale,(China)Ltd., Guangzhou Branch (France)	1992.08
三井住友银行(中国)有限公司广州分行(日本)	Sumitomo Mitsui Banking Corporation (China), Ltd, Guangzhou Branch (Japan)	1992.09
东亚银行(中国)有限公司广州分行(中国香港)	The Bank of East Asia (China)Ltd., Guangzhou Branch (Hong Kong, China)	1992.10
南洋商业银行(中国)有限公司广州分行(中国香港)	Nanyang Commercial Bank (China), Ltd., Guangzhou Branch (Hong Kong, China)	1992.11
美国银行广州分行(美国)	Bank of Amercia N.A., Guangzhou Branch (USA)	1993.01
法国巴黎银行(中国)有限公司广州分行(法国)	BNP Paribas(China)Ltd., Guangzhou Branch (France)	1993.03
大华银行(中国)有限公司广州分行(新加坡)	United Overseas Bank Ltd., Guangzhou Branch (Singapore)	1993.11
德意志银行(中国)有限公司广州分行(德国)	Deutsche Bank (China)Ltd.AG, Guangzhou Branch (Germany)	1994.11
东方汇理银行(中国)有限公司广州分行(法国)	Credit Agricole Corparate And Investment Bank (China)Ltd. Guangzhou Branch (France)	1994.11
加拿大丰业银行广州分行(加拿大)	The Bank of Nova Scotia, Guangzhou Branch (Canada)	1994.11
蒙特利尔银行(中国)有限公司广州分行(加拿大)	Bank of Montreal (China), Co, Ltd, Guangzhou Branch (Canada)	1995.01
恒生银行(中国)有限公司广州分行(中国香港)	Hang Seng Bank Ltd., Guangzhou Branch (Hong Kong, China)	1995.07
花旗银行(中国)有限公司广州分行(美国)	Citibank, N.A.(China)Ltd., Guangzhou Branch (USA)	1997.12
汇丰银行(中国)有限公司广州分行(中国香港)	The Hong Kong and Shanghai Banking Corporation Ltd., Guangzhou Branch (Hong Kong, China)	1999.08
星展银行(中国)有限公司广州分行(新加坡)	DBS Bank Ltd., Guangzhou Branch (Singapore)	2004.04
韩国产业银行广州分行(韩国)	The Korea Development Bank Ltd., Guangzhou Branch (Republic of Korea)	2005.05
渣打银行(中国)有限公司广州分行(英国)	Standard Charted Bank Ltd. Guangzhou Branch (UK)	2005.06
永亨银行(中国)有限公司广州分行(中国香港)	Wing Hang Bank Ltd., Guangzhou Branch (Hong Kong, China)	2006.09
国民银行(中国)有限公司广州分行(韩国)	Kookmin Bank Ltd., Guangzhou Branch (Republic of Korea)	2007.06

注：本表资料由中国银监会广东监管局提供。
Note: The data in this table are provided by China Banking Regulatory Commission Guangdong Office.

6-14 续表 continued

机构(代表处)名称及所属国家(地区)	Name of Institutions (Representative Offices)	批准日期 Date of Approval
三菱东京日联银行(中国)有限公司广州分行(日本)	Bank of Tokyo-Mitsubishi UFJ (China), Ltd.,Branch (Japan)	2008.02
华侨银行(中国)有限公司广州分行(新加坡)	OCBC Bank (China) Limited Guangzhou Branch (Singapore)	2008.05
印度巴鲁达银行广州分行(印度)	Bank of Baroda Guangzhou Branch (India)	2008.06
瑞穗实业银行(中国)有限公司广州分行(日本)	Mizuho Corporate Bank (China), Ltd. Guangzhou Branch (Japan)	2008.08
华商银行广州分行(中国香港)	Chinese Mercantile Bank Guangzhou Branch (Hong Kong, China)	2008.11
摩根大通银行(中国)有限公司广州分行(美国)	JPMorgan Chase Bank (China) Company Limited Guangzhou Branch (USA)	2009.03
澳大利亚和新西兰银行(中国)有限公司广州分行(澳大利亚)	Australia and New Zealand Banking (China) Ltd. Guangzhou Branch (Australia)	2009.05
大新银行(中国)有限公司广州分行(香港)	DahSing Bank (China) Limited Guangzhou Branch (Hong Kong, China)	2011.04
意大利裕信银行股份有限公司广州分行(意大利)	UniCredit S.p.A. Guangzhou Branch (Italy)	2011.12
韩亚银行(中国)有限公司广州分行(韩国)	Hana Bank (China) Company Limited ,Guangzhou Branch (Republic of Korea)	2012.07
永隆银行有限公司广州代表处(中国香港)	Wing Lung Bank Ltd., Guangzhou Representative Office (Hong Kong, China)	1994.05
华美银行(中国)有限公司广州代表处(美国)	EASTWESTBANK (China) Limited, Guangzhou Representative Office (USA)	1996.01
葡萄牙商业银行股份有限公司广州代表处(葡萄牙)	Banco Commercial Portugues, Guangzhou Representative Office (Portugal)	1997.03
印度海外银行广州代表处(印度)	India Oversea Bank Guangzhou Representative Office (Indian)	2005.03
瑞士信贷银行有限公司广州代表处(瑞士)	Credit Suisse Guangzhou Representative Office (Swiss)	2005.04
意大利西雅那银行股份有限公司广州代表处(意大利)	Banca Monte Dei Paschi Di Siena S.P.A Guangzhou Representative Office (Italy)	2005.08

注：本表资料由中国银监会广东监管局提供。

Note: The data in this table are provided by China Banking Regulatory Commission Guangdong Office.

6-15 外资保险公司及代表处一览表

List of Foreign Insurance Companies and Representative Offices

机构(代表处)名称及所属国家(地区)	Name of Institutions (Representative Offices)	批准日期 Date of Approval
美亚财产保险有限公司广东分公司(美国)	AIG Insurance Company China Limited Guangdong Branch (USA)	1995.10
友邦保险有限公司广东分公司(美国)	AIA Company Limited Guangdong Provincial Branch (USA)	1995.10
信诚人寿保险有限公司(英国)	CITIC-Prudential Life Insurance Company Ltd. (UK)	2000.09
中意人寿保险有限公司广东分公司(意大利)	Generali China Life Insurance Co., Ltd., Guangdong Branch (Italy)	2002.01
中宏人寿保险公司广州分公司(加拿大)	Manulife-Sinochem Life Insurance Co., LTD, Guangzhou Branch (Canada)	2003.01
安联财产保险(中国)有限公司(德国)	Allianz China General Insurance Company Ltd (Germany)	2003.01
工银安盛人寿保险有限公司广东分公司(法国)	ICBC-AXA ASSURANCE Co., Ltd., Guangdong Branch (France)	2003.04
中德安联人寿保险公司广东分公司(德国)	Allianz China Life Insurance Co., Ltd., Guangdong Branch (Germany)	2004.12
中英人寿保险公司广东分公司(英国)	Aviva-Cofco Life Insurance Co., Ltd., Guangdong Branch (UK)	2005.11
中美联泰大都会人寿保险有限公司广东分公司(美国)	Sino-US United MetLife Insurance Co., Ltd., Guangdong Branch (USA)	2006.02
安盛天平财产保险股份有限公司广东分公司(法国)	Tian Ping Auto Insurance Co., Ltd., Guangdong Branch (France)	2006.08
平安健康保险股份有限公司广东分公司(南非)	Ping An Health Insurance Company Of China,Ltd. Guangdong Branch (South Africa)	2007.09
瑞泰人寿保险有限公司广东分公司(瑞典)	Skandia-BSAM life Insurance Co., Ltd.Guangdong Branch (Sweden)	2008.01
海康人寿保险有限公司广东分公司(荷兰)	AEGON-CNOOC Life Insurance Co., Ltd, Guangdong Branch (Holland)	2008.02
国泰人寿保险有限责任公司广东分公司(台湾)	Cathay Life Insurance Co., Ltd, Guangdong Branch (Taiwan, China)	2008.09
三井住友海上火灾保险(中国)有限公司广东分公司(日本)	Mitsui Sumitomo Insurance (China) Company, Ltd, Guangdong Branch (Japan)	2008.08
日本财产保险(中国)有限公司广东分公司(日本)	Sompo Japan Insurance (China) Company, Ltd, Guangdong Branch(Japan)	2009.02
恒安标准人寿保险有限公司广东分公司(英国)	Heng An Standard Life Insurance Co., Ltd., Guangdong Branch (UK)	2009.05
东京海上日动火灾保险(中国)有限公司广东分公司(日本)	Tokio Marine & Insurance Co.,Ltd Guangdong Branch (Japan)	2010.06
国泰财产保险有限责任公司广东分公司(台湾)	Cathay Insurance Co., Ltd., Guangdong Branch (taiwan,China)	2010.10
招商信诺人寿保险有限公司广东分公司(美国)	CIGNA & CMC Life Insurance Co., Ltd., Guangdong Branch (USA)	2010.12
华泰人寿保险股份有限公司广东分公司(美国)	Guangdong Branch of Huatai Life Insurance Co., Ltd. (USA)	2011.05
利宝保险有限公司广东省分公司(美国)	Liberty Insurance Co., Ltd., Guangdong Branch (USA)	2011.11
中意财产保险有限公司广东分公司(意大利)	Generali China Insurance Co., Ltd., Guangdong Branch (Italy)	2012.07
中航三星人寿保险有限公司广东分公司(韩国)	Samsung Air China Life Insurance Co., Ltd., Guangdong Branch (Korea)	2013.06
交银康联人寿保险有限公司广东省分公司(澳大利亚)	CommLife Insurance Company Limited Guangdong Branch (Australia)	2014.05
乐爱金财产保险(中国)有限公司广东分公司(韩国)	LIG INSURANCE (CHINA) CO. LTD GUANGDONG BRANCH (Korea)	2014.05
澳大利亚昆士兰保险集团股份有限公司广州代表处(澳大利亚)	QBE Insurance Group Limited, Guangzhou Representative Office (Australia)	1997.07
汇丰人寿保险(国际)有限公司广州代表处(中国香港)	HSBC Life (International) Limited, Guangzhou Representative Office (Hong Kong, China)	2003.03
日本爱和谊保险公司广州代表处(日本)	Aioi Insurance Co, Ltd, Guangzhou Rep. Office (Japan)	2004.05

注：本表资料由中国银监会广东监管局提供。

Note: The data in this table are provided by China Banking Regulatory Commission Guangdong Office.

6-16 金融机构人民币法定存款利率

Official Interest Rates of Deposits of Financial Institutions

单位:年利率 % (% p.a.)

调整时间 Adjustment time	活期存款 Demand Deposit	定期存款 Time Deposit 三个月 3 Months	半年 6 Months	一年 1 Year	二年 2 Years	三年 3 Years	五年 5 Years
1990.04.15	2.88	6.30	7.74	10.08	10.98	11.88	13.68
1990.08.21	2.16	4.32	6.48	8.64	9.36	10.08	11.52
1991.04.21	1.80	3.24	5.40	7.56	7.92	8.28	9.00
1993.05.15	2.16	4.86	7.20	9.18	9.90	10.80	12.06
1993.07.11	3.15	6.66	9.00	10.98	11.70	12.24	13.86
1996.05.01	2.97	4.86	7.20	9.18	9.90	10.80	12.06
1996.08.23	1.98	3.33	5.40	7.47	7.92	8.28	9.00
1997.10.23	1.71	2.88	4.14	5.67	5.94	6.21	6.66
1998.03.25	1.71	2.88	4.14	5.22	5.58	6.21	6.66
1998.07.01	1.44	2.79	3.96	4.77	4.86	4.95	5.22
1998.12.07	1.44	2.79	3.33	3.78	3.96	4.14	4.50
1999.06.10	0.99	1.98	2.16	2.25	2.43	2.70	2.88
2002.02.21	0.72	1.71	1.89	1.98	2.25	2.52	2.79
2004.10.29	0.72	1.71	2.07	2.25	2.70	3.24	3.60
2006.08.19	0.72	1.80	2.25	2.52	3.06	3.69	4.14
2007.03.18	0.72	1.98	2.43	2.79	3.33	3.96	4.41
2007.05.19	0.72	2.07	2.61	3.06	3.69	4.41	4.95
2007.07.21	0.81	2.34	2.88	3.33	3.96	4.68	5.22
2007.08.22	0.81	2.61	3.15	3.60	4.23	4.95	5.49
2007.09.15	0.81	2.88	3.42	3.87	4.50	5.22	5.76
2007.12.21	0.72	3.33	3.78	4.14	4.68	5.40	5.85
2008.10.09	0.72	3.15	3.51	3.87	4.41	5.13	5.58
2008.10.30	0.72	2.88	3.24	3.60	4.14	4.77	5.13
2008.11.27	0.36	1.98	2.25	2.52	3.06	3.60	3.87
2008.12.23	0.36	1.71	1.98	2.25	2.79	3.33	3.60
2010.10.20	0.36	1.91	2.20	2.50	3.25	3.85	4.20
2010.12.26	0.36	2.25	2.50	2.75	3.55	4.15	4.55
2011.02.09	0.40	2.60	2.80	3.00	3.90	4.50	5.00
2011.04.06	0.50	2.85	3.05	3.25	4.15	4.75	5.25
2011.07.07	0.50	3.10	3.30	3.50	4.40	5.00	5.50
2012.06.08	0.40	2.85	3.05	3.25	4.10	4.65	5.10
2012.07.06	0.35	2.60	2.80	3.00	3.75	4.25	4.75
2014.11.22	0.35	2.35	2.55	2.75	3.35	4.00	--

注：自2014年11月22日起，人民银行不再公布金融机构人民币五年期定期存款基准利率。

Note: Since November 22,2015,the central bank will not announce the official interest rate of time deposits for 5 years of financial institutions.

6-17 金融机构人民币法定贷款利率

Official Interest Rates of Loans of Financial Institutions

单位:年利率 % (% p.a.)

调整时间 Adjustment time	6个月以内 (含六个月) within 6 months (include 6 months)	六个月至一年 (含一年) 6 months−1 year (include 1 year)	一至三年 (含三年) 1−3years (include 3 years)	三至五年 (含五年) 3−5years (include 5 years)	五年以上 above 5 years
1991. 04. 21	8.10	8.64	9.00	9.54	9.72
1993. 05. 15	8.82	9.36	10.80	12.06	12.24
1993. 07. 11	9.00	10.98	12.24	13.86	14.04
1995. 01. 01	9.00	10.98	12.96	14.58	14.76
1995. 07. 01	10.08	12.06	13.50	15.12	15.30
1996. 05. 01	9.72	10.98	13.14	14.94	15.12
1996. 08. 23	9.18	10.08	10.98	11.70	12.42
1997. 10. 23	7.65	8.64	9.36	9.90	10.53
1998. 03. 25	7.02	7.92	9.00	9.72	10.35
1998. 07. 01	6.57	6.93	7.11	7.65	8.01
1998. 12. 07	6.12	6.39	6.66	7.20	7.56
1999. 06. 10	5.58	5.85	5.94	6.03	6.21
2002. 02. 21	5.04	5.31	5.49	5.58	5.76
2004. 10. 29	5.22	5.58	5.76	5.85	6.12
2006. 04. 28	5.40	5.85	6.03	6.12	6.39
2006. 08. 19	5.58	6.12	6.30	6.48	6.84
2007. 03. 18	5.67	6.39	6.57	6.75	7.11
2007. 05. 19	5.85	6.57	6.75	6.93	7.20
2007. 07. 21	6.03	6.84	7.02	7.20	7.38
2007. 08. 22	6.21	7.02	7.20	7.38	7.56
2007. 09. 15	6.48	7.29	7.47	7.65	7.83
2007. 12. 21	6.57	7.47	7.56	7.74	7.83
2008. 09. 16	6.21	7.20	7.29	7.56	7.74
2008. 10. 09	6.12	6.93	7.02	7.29	7.47
2008. 10. 30	6.03	6.66	6.75	7.02	7.20
2008. 11. 27	5.04	5.58	5.67	5.94	6.12
2008. 12. 23	4.86	5.31	5.40	5.76	5.94
2010. 10. 20	5.10	5.56	5.60	5.96	6.14
2010. 12. 26	5.35	5.81	5.85	6.22	6.40
2011. 02. 09	5.60	6.06	6.10	6.45	6.60
2011. 04. 06	5.85	6.31	6.40	6.65	6.80
2011. 07. 07	6.10	6.56	6.65	6.90	7.05
2012. 06. 08	5.85	6.31	6.40	6.65	6.80
2012. 07. 06	5.60	6.00	6.15	6.40	6.55
2014. 11. 22		5.60		6.00	6.15

注：自2014年11月22日起，金融机构人民币贷款基准利率期限档次简并为一年以内(含一年)、一至五年(含五年)和五年以上三个档次。

Note: Since Novemeber 22, 2014, the brackets of official interest rates of loans of financial institutions have changed into three brackets: one year (include one year), one to five years(include five years) and five years above.

【财政收入】是国家财政参与社会产品分配所取得的收入，是实现国家职能的财力保证。财政收入所包括的内容几经变化，目前主要包括：

(1)各项税收:包括增值税、营业税、消费税、土地增值税、城市维护建设税、资源税、城市土地使用税、印花税、个人所得税、企业所得税、关税、农牧业税和耕地占用税等。

(2)专项收入:包括征收排污费收入、征收城市水资源费收入、教育费附加收入等。

(3)其他收入:包括基本建设贷款归还收入、基本建设收入、捐赠收入等。

(4)国有企业亏损补贴:这项为负收入，冲减财政收入。

【财政支出】国家财政将筹集起来的资金进行分配使用，以满足经济建设和各项事业的需要，主要包括一般公共服务、公共安全支出、教育支出、科学技术支出、文化体育传媒支出、社会保障和就业支出、医疗卫生支出、环境保护支出、城乡社区事务支出、农林水利支出、交通运输支出、工业商业金融等事务费、其他支出等科目。

【储蓄存款余额】指城乡居民在某一时点上在银行和其他金融机构的本（人民币）、外币储蓄存款总额。它既包括城乡居民的人民币储蓄存款，又包括他们的各种外币储蓄存款。既包括城镇居民的，又包括农村居民的，是一个大范围的概念。

【保费收入】指保险公司为履行保险合同规定的义务而向投保人收取的对价收入。

【保险赔款及给付】指保险事故发生后，经查证确属保险责任范围以内的保险标的损失，保险人根据保险合同的规定履行赔偿义务，给予被保险人(或投保人指定的受益人)的款项。

【Government Revenue】 refers to the revenue of the government finance by means of participating in the distribution of the social products,which is the financial resources for ensuring the government to function.The contents of government revenue have been changed several times.Now it includes the following main items:

(1)Various tax revenues,including value added tax,business tax, consumption tax,land value added tax,tax on city maintenance and construction,resources tax,tax on use of urban land,stamp tax, personal income tax,enterprise income tax,tariff,tax on agriculture and animal husbandry and tax on occupancy of cultivated land,etc.

(2)Special revenues,including revenue collected from imposing fee on sewage treatment,revenue collected from imposing fee on urban water resources,and extra -charges for education,etc.

(3)Other revenues,including revenue from the repayment of capital construction loan,revenue from capital construction projects,and donations and grants.

(4)Planned subsidies for the losses of the state-owned enterprises. This is an item of negative revenue,used to eat up part of the government revenue.

【Government Expenditure】 refers to the distribution and use of the funds the government finance has raised,so as to meet the needs of economic construction and various causes.It mainly includes expenditure for general public services; public safety; education; science and technology; cultural 、sports and media, social security and employment;medical and health;environmental protection;urban and rural community affairs;farming, forestry, water,conservancy;transport;operating expenses of the departments of industry,commerce and financial; and other expenditures.

【Savings Deposits by Urban and Rural Residents】 refer to the total value of savings deposits of urban and rural households in banks and other financial institutions at a given point of time, including RMB savings deposits and foreign currency saving deposits.

【Premium】 is the fee paid by the insurant based on a proportion of the benefit he/she may get from the insurance plus the insurance value.

【Insurance Indemnity】 is the compensation paid by the insurer for an accident happening to the insured property or the insurance value paid for an accident happening to a person who has insured his/her life.

第七篇 CHAPTER 7

价格指数
PRICE INDICES

简要说明

Brief Introduction

第七篇　价格指数

一、本篇资料反映生产、消费等环节的价格变动情况。

二、本篇资料由国家统计局广州调查队提供。

三、居民消费价格指数采用抽样调查方法编制，按照大中小兼顾以及地区分布合理的原则，采用划类选择法抽选价格调查点以及消费量较大，价格变动有代表性的商品和服务项目作为样本，对市场价格进行经常性调查，以样本推断总体。

四、工业生产者出厂价格指数和工业生产者购进价格指数均采用重点调查与典型调查相结合的调查方法，采用主观选择和随机抽样的方法选择调查企业。

五、固定资产投资价格指数采用重点调查与典型调查相结合的方法，数据采集使用企业报表与调查员实地采价相结合的方式。

六、新建住宅销售价格统计的采集渠道为部门统计，数据取自市国土资源和规划委员会的房地产交易管理平台网签成交情况；二手住宅销售价格调查为非全面调查，采用重点调查与典型调查相结合的方法，数据来源于房地产经纪机构。

7 Price Indices

I. The data on the price indices in this chapter show the changing trend and the changing rates in production and consumption.

II. The data in this chapter are prepared and provided by Guangzhou Survey Team of National Bureau of Statistics.

Ⅲ. The data for the calculation of the consumer price indices of resident are collected with the stratified sampling method. Areas distributed in different economic regions in the districts and counties of Guangzhou are selected as the sample areas and the commodities with more consumption and the representative commodities and service item are selected as the samples. Regular surveys are conducted to collect the data on the market prices. The data on the population are estimated on the basis of the sam1pe.

IV. The data for the calculation of the industrial producer and industrial producers purchasing price indices are collected by key unit's survey and typical unit's survey under subjective choice and random sample.

V. The data for the calculation of price indices of fixed assets investment and price indices of real estate are collected by key unit's survey and typical unit's survey through enterprises reporting forms and investigators collecting prices on the spot.

Ⅵ. The data for sales prices of newly built residential buildings are department statistics, which are collected from the internet signed transaction situation on the Real Estate Transaction Management Platform of the Guangzhou Land Resources and Urban Planning Committee. The data for sales prices of second-hand residential buildings are collected from non-all round investigation by key unit's survey and typical unit's survey through real estate brokerage agencies.

7-1 主要年份城市居民消费价格指数
Urban Residents Consumer Price Indices in Main Years

年 份 Year	以上年价格为100 (preceding year=100)	以1978年价格为100 (1978=100)	以1952年价格为100 (1952=100)
1978	100.3		134.1
1979	104.0	104.0	172.7
1980	107.2	112.9	240.5
1985	121.5	168.1	370.8
1986	103.9	177.4	398.1
1987	113.7	212.2	465.6
1988	127.7	274.0	599.8
1989	121.6	339.6	729.3
1990	97.3	322.2	709.6
1991	103.0	329.2	711.9
1992	111.7	374.6	795.2
1993	125.0	472.4	1020.5
1994	120.0	575.4	1224.6
1995	113.5	653.1	1389.9
1996	108.2	706.7	1503.9
1997	102.2	722.2	1537.0
1998	97.7	705.6	1501.6
1999	98.5	695.0	1479.1
2000	102.8	714.5	1520.5
2001	98.9	706.6	1503.8
2002	97.6	689.6	1467.7
2003	100.1	690.3	1469.2
2004	101.7	702.0	1494.2
2005	101.5	712.5	1516.6
2006	102.3	728.9	1551.5
2007	103.4	753.7	1604.2
2008	105.9	798.2	1698.8
2009	97.5	778.2	1656.3
2010	103.2	803.1	1709.3
2011	105.5	847.3	1803.3
2012	103.0	872.7	1857.4
2013	102.6	895.4	1905.7
2014	102.3	916.0	1949.5

7-2 城市居民消费价格分类指数(上年=100)

Urban Residents Consumer Price Indices by Category (Preceding Year=100)

项　　目	Item	2013	2014
居民消费价格指数	**Consumer Price Index**	**102.6**	**102.3**
消费品价格指数	Consumer Goods Price Index	102.1	102.4
服务项目价格指数	Service Price Index	103.7	102.0
食　品	Food	104.1	104.8
#粮　食	Grain	103.4	102.7
油　脂	Oil or Fat	101.9	95.7
肉禽及其制品	Meat, Poultry and Processed Products	101.7	103.4
蛋	Eggs	102.4	110.2
水产品	Aquatic Products	106.5	108.7
菜	Vegetables	109.7	103.1
#鲜　菜	Fresh Vegetables	110.1	102.7
烟　酒	Cigarettes and Liquors	100.7	99.7
衣　着	Clothing	100.3	104.9
家庭设备用品及维修服务	Household Facilities, Articles and Services	100.4	100.2
#耐用消费品	Durable Consumer Goods	97.3	95.9
医疗保健和个人用品	Health Care and Personal Articles	99.5	100.4
#医疗保健	Health Care	99.1	101.3
交通和通信	Transportation and Communication	98.8	99.9
娱乐教育文化用品及服务	Recreation, Education and Culture Articles	101.3	99.4
居　住	Residence	105.9	101.9

7-3 主要年份城市商品零售价格指数
Urban Retail Price Indices in Main Years

年 份 Year	以上年价格为100 (preceding year=100)	以1978年价格为100 (1978=100)	以1952年价格为100 (1952=100)
1978	100.3		
1979	104.5	104.5	184.6
1980	107.6	113.8	252.8
1985	122.5	171.4	400.4
1986	103.3	179.8	426.0
1987	114.3	218.0	507.6
1988	129.6	284.9	656.5
1989	121.6	351.7	798.2
1990	96.3	331.4	768.7
1991	102.0	338.2	784.1
1992	108.9	379.3	853.9
1993	125.1	480.0	1068.2
1994	116.6	559.7	1245.5
1995	109.7	614.0	1366.3
1996	104.3	640.4	1425.1
1997	99.4	636.6	1416.5
1998	96.3	613.0	1364.1
1999	96.8	593.4	1320.4
2000	99.4	589.8	1312.5
2001	97.4	574.5	1278.4
2002	97.4	559.6	1245.2
2003	99.1	554.5	1234.0
2004	102.1	566.1	1259.9
2005	101.6	575.2	1280.1
2006	101.2	582.1	1295.5
2007	102.9	599.0	1333.0
2008	105.7	633.1	1409.0
2009	96.8	612.8	1363.9
2010	103.2	632.4	1407.5
2011	105.1	664.7	1479.3
2012	101.9	677.3	1507.4
2013	100.5	680.7	1514.9
2014	101.5	690.9	1537.6

7-4 城市商品零售价格指数（上年=100）

Urban Retail Price Indices by Category (Preceding Year=100)

项　　目	Item	2013	2014
商品零售价格指数	**Retail Price Index**	**100.5**	**101.5**
食　品	Food	104.2	105.1
饮料、烟酒	Beverages, Tobacco and Liquor	100.8	100.6
服装、鞋帽	Garments, Shoes and Hats	100.3	104.9
纺织品	Textiles	93.8	103.1
家用电器及音像器材	Household Appliances, Music and Video Equipment	95.7	94.0
文化办公用品	Cultural and Office Appliances	100.1	97.5
日用品	Articles for Daily Use	100.2	99.6
体育娱乐用品	Sports and Recreation Articles	101.1	101.4
交通、通信用品	Transportation and Communication Appliances	95.4	99.0
家　具	Furniture	98.8	97.6
化妆品	Cosmetics	102.0	100.6
金银珠宝	Gold, Silver and Jewelry	90.0	92.6
中西药品及医疗保健用品	Traditional Chinese and Western Medicines & Health Care Articles	98.7	101.9
书报杂志及电子出版物	Books, Newspapers, Magazines and Electronic Publications	99.2	99.1
燃　料	Fuels	98.7	97.3
建筑材料及五金电料	Building Materials and Hardware	102.3	101.2

7-5 工业生产者出厂价格指数（上年＝100）
Producer Price Index for Manufactured Goods (Preceding Year=100)

项　　目	Item	2013	2014
工业生产者出厂价格指数	**Producer Price Index for Manufactured Goods**	**98.0**	**98.2**
轻工业	Light Industry	98.7	99.7
以农产品为原材料	Using Farm Produce as Raw Materials	98.6	99.1
以非农产品为原材料	Using Nonfarm Produce as Raw Materials	98.9	100.2
重工业	Heavy Industry	97.6	97.4
采掘工业	Mining and Quarrying Industry	99.8	99.3
原料工业	Raw Materials Industry	99.4	97.6
加工工业	Manufacturing Industry	97.0	97.3
生产资料	Means of Production	98.2	98.0
采掘工业	Mining and Quarrying Industry	99.8	99.3
原料工业	Raw Materials Industry	99.4	97.6
加工工业	Processing Industry	97.7	98.2
生活资料	Consumer Goods	97.8	98.4
食品类	Food	98.2	98.4
衣着类	Clothing	99.9	99.9
一般日用品类	Articles for Daily Use	98.5	100.2
耐用消费品类	Durable Consumer Goods	96.9	97.2

7-6 工业生产者购进价格指数(上年=100)

Purchasing Price Index for Industrial Producers (Preceding Year=100)

项　　目	Item	2013	2014
工业生产者购进价格指数	**Purchasing Price Index for Industrial Producers**	**98.2**	**98.0**
燃料、动力类	Fuels and Power	96.7	96.3
黑色金属材料类	Ferrous Metals	96.3	96.2
#钢　材	Steel	95.6	95.6
其　他	Others	98.5	98.3
有色金属材料和电线类	Nonferrous Metals and Wires	95.9	95.6
化工原料类	Raw Chemical Materials	98.7	99.3
木材及纸浆类	Timber and Paper Pulp	98.1	98.9
建筑材料及非金属矿类	Building Materials and Nonmetal Minerals	102.8	111.5
其他工业原料及半成品类	Raw Materials and Semi-finished Products of Other Industries	99.8	99.0
农副产品类	Agricultural Products	102.6	102.4
纺织原料类	Textile Raw Materials	98.8	97.2

7-7 主要食品平均价格

Average Price of Major Food

单位:元/千克　　(yuan/kg)

商品名称	Item	代表规格品	Standard and Rate	2013	2014
大　米	Rice	东北大米	Northeast Rice	5.61	5.61
优质米	High Quality Rice	油粘米	Glutinous Rice	6.24	6.09
黄　豆	Soybean	一级	First Rate	7.25	7.60
绿　豆	Mung Bean	一级	First Rate	13.70	13.88
花生油	Peanut Oil	纯净	Pure First Rate	26.63	23.96
大白菜	cabbage	一级绍菜	First Rate nappa cabbage	4.05	3.84
菜　花	cauliflower	一级椰菜花	First Rate	7.76	7.82
黄　瓜	cucumber	一级青瓜	First Rate	5.93	5.65
冬　瓜	wax gourd	一级青皮冬瓜	First Rate	3.03	3.19
西红柿	tomato	一级番茄	First Rate	7.11	7.30
萝　卜	radish	一级白萝卜	First Rate	3.35	3.13
空心菜	water spinach	一级通菜	First Rate	6.28	6.70
菜　心	Chinese flowering cabbage	一级	First Rate	7.46	7.71
豇　豆	cowpea	一级白豆角	First Rate asparagus bean	9.22	10.18
生　菜	lettuce	一级	First Rate	6.02	5.86
节　瓜	zucchini	一级	First Rate	6.84	6.75
西洋菜	watercress	一级	First Rate	5.95	6.22
猪　肉	Pork	上肉一级	Fresh High Quality Pork	28.38	27.44
牛　肉	Beef	净肉	Net Beef	72.48	77.32
鸡	Chicken	白条鸡(杂交开刀)	Pulled Chicken	26.53	30.56
鸡　蛋	Eggs	新鲜褐壳	Fresh Brown Eggs	10.23	11.44
带　鱼	Hairtail	冰鲜中等原条	Middling Iced Whole Hairtail	43.61	46.24
鳙　鱼	Variegated Carp	一级	First Rate	16.51	18.22
鲫　鱼	Crucian	一级	First Rate	16.17	18.03
草　鱼	Grass Carp	一级	First Rate	22.16	24.87
苹　果	Apple	红富士一级	First Rate of Red Fuji	11.49	13.91
雪　梨	Pear	一级	First Rate	7.10	9.03
香　蕉	Banana	黄熟一级	Ripe First Rate	5.25	6.88
葡　萄	Grape	加州红提	American Red Grape	28.62	29.89
西　瓜	Watermelon	黑美人一级	Ordinary First Rate	3.90	4.31

7-8 固定资产投资价格指数（上年=100）

Prices Indices of Investment in Fixed Assets (Preceding Year=100)

项　　目	Item	2013	2014
固定资产投资价格指数	**Prices Indices of Investment in Fixed Assets**	**100.6**	**100.6**
建筑安装、装饰工程	Construction and Installation	101.1	101.5
人工费	Manpower	108.4	106.7
材料费	Materials	99.1	99.9
钢　材	Steel	95.8	95.6
木　材	Timber	101.7	102.9
水　泥	Cement	99.9	103.3
地方建筑材料	Local Building Materials	102.3	105.1
化工材料	Chemical Materials	101.1	100.8
电　料	Electical Materials and Appliances	99.8	100.4
其他材料	Other Materials	102.3	102.0
机械使用费	Machinery	102.8	102.6
设备、工器具购置	Purchase of Equipment, Tools and Installation	97.9	97.5
其他费用	Others	101.1	100.3

7-9 住宅销售价格指数（上年=100）

Sales Prices Indices of Residence Buildings (Preceding Year=100)

项　　目	Item	2013	2014
新建住宅销售价格指数	**Newly Built Residential Buildings**	**115.7**	**105.4**
新建商品住宅	Newly Built Commodity Residential Buildings	115.9	105.5
90平方米及以下	90 square meters and below	115.9	105.5
90-144平方米	90 - 144 square meters	115.6	105.8
144平方米以上	144 square meters and above	116.2	105.0
二手住宅销售价格指数	**Second-hand Residential Buildings**	**109.6**	**105.3**
90平方米及以下	90 square meters and below	110.4	105.2
90-144平方米	90 - 144 square meters	108.9	104.8
144平方米以上	144 square meters and above	108.6	105.9

注：1. 2011年起新建住宅销售数据口径改为使用网签数据。
　　2. 二手住宅销售口径改为当期新发生案例价格。
　　3. 房屋类型分类从品质分类改为按面积套型分类。

Note: I. Since 2011, statistical coverage of newly built residential buildings have change to internet signed data.
　　II. Statistical coverage of second-hand residential buildings have change to the price of current newly occur cases.
　　III. The group of residential buildings types have change from quilt to area.

【商品零售价格指数】商品零售价格是商品在流通过程中最后一个环节的价格，主要包括：工业、商业、餐饮业和其他零售企业向城乡居民、机关团体出售生活消费品和办公用品的价格。商品零售价格调查任务是系统地调查、搜集和整理市场商品零售价格资料，编制商品零售价格指数，以反映市场商品零售价格的变动趋势和变动程度，为国家宏观调控和国民经济核算提供参考依据。

【城市居民消费价格指数】是度量消费商品及服务项目价格水平随着时间而变动的相对数，它反映城市居民家庭购买的生活消费品及服务价格水平的变动情况，是宏观经济调控、价格总水平监测以及国民经济核算的重要指标，其变动率在一定程度上反映了通货膨胀(或紧缩)的程度。

【工业生产者购进价格指数】从2011年起原材料、燃料和动力购进价格改为工业生产者购进价格指数，它是反映工业企业作为生产投入，从物资交易市场和能源、原材料生产企业购买原材料、燃料和动力产品时，所支付的价格水平变动趋势和程度的统计指标，是扣除工业企业物质消耗成本中的价格变动影响的重要依据。

【工业生产者出厂价格指数】从2011年起工业品出厂价格改为工业生产者出厂价格指数，它是反映一定时期内全部工业产品出厂价格总水平的变动趋势和程度的相对数，包括工业企业售给本企业以外所有单位的各种产品和直接售给居民用于生活消费的产品。该指数可以观察出厂价格变动对工业总产值及增加值的影响。

【固定资产投资价格指数】是反映固定资产投资活动中所涉及的建筑安装工程、设备工器具购置和其他费用这三部分投资价格水平变动趋势和幅度的相对数。

【住宅销售价格指数】住宅销售价格指数分为新建住宅销售价格指数和二手住宅销售价格指数两部分。其中，新建住宅销售价格指数的统计范围是所有进入房地产市场第一次进行产权交易及网上签约的住宅交易价格，分为保障性住房和新建商品住宅两部分。二手住宅销售价格指数的统计范围是进入房屋市场进行交易，第二次及以上进行产权登记的住宅。

【Retail Price Index】 measures the relative trend and degree of changes in retail prices of commodities,reflecting the trend of changes in prices in the last link of circulation,i.e. prices of consumer goods and office appliances sold to households or organizations by enterprises of industry,commerce,catering services and other retail trades. It refects the changing trend and degree of retail prices of commodities.

It provides a reference for macroeconomic adjustment and control as well as national economic accounting.

【Urban Consumer Price Index】 reflects the trend and degree of changes in prices of consumer goods and services purchased by urban residents。 It is an important indicator for macroeconomic analysis decision-making,regularization and control, supervision of general price level and national economic accounting.The rates of change are generally considered as an indicator of inflation or deflation.

【Purchasing Price Index for Industrial Producers】 Since 2011, Purchasing Price Indices of Raw Materials, Fuels and Power have been changed into Purchasing Price Index for Industrial Producers which reflects changes in the level and degree of prices paid by industrial enterprises when they purchase production input such as raw materials, fuels and power from the market or from other energy or raw materials producing enterprises. These indices provide important basis for measuring the material consumption of industrial enterprises after removing influence of price changes.

【Producer Price Index for Manufactured Goods】 Producer Price Index for Manufactured Goods reflects the trend and degree of changes in general ex-factory prices of all industrial products during a given period, including sales of industrial products by an industrial enterprise to all units outside the enterprise, as well as sales of consumer goods to residents. It can be used to analyze the impact of ex-factory prices on gross output value and value-added of the industrial sector.

【Prices Indices of Investment in Fixed Assets】 reflects the trend and extent of changes in the price level in the investment activities in fixed asset, which involve three parts: the construction and installation project, purchase of engineering equipment and instrument and other expenses.

【Sales Prices Indices of Residence Buildings】 Sales Prices Indices of Residence Buildings consists of Sales Prices Indices of Newly Built Residential Buildings and Sales Prices Indices of Second-hand Residential Buildings. The statistical range of Sales Prices Indices of Newly Built Residential Buildings covers the first-time transaction of real estates in the market and the internet signed price. The newly built residential buildings include the indemnificatory buildings and the newly built commercial buildings. The statistical range of Sales Prices Indices of Second-hand Residential Buildings covers the registration of residential buildings for the second time and above in the real estate market.

第八篇 CHAPTER 8

人民生活
PEOPLE'S LIVELIHOOD

第八篇　人民生活

一、本篇资料反映广州城乡居民生活状况，包括家庭基本情况、居民收支、消费水平、住房及主要消费品消费量和拥有量等基本情况。

二、本篇资料由广州市统计局和国家统计局广州调查队共同提供。

三、根据国家统计局广东调查总队要求，2014年起，城乡一体化住户调查收支数据绝对值以新口径公布使用。新口径是指不论户口性质和户口登记地、不论以家庭形式居住还是集体形式居住、不论居住在城市、农村还是城乡结合部，只要是常住地为广州的住户均纳入调查范围；旧口径是指以城市区域有固定居所的常住户籍居民家庭为调查范围。如无特别说明，本篇8-1表、8-4表、8-5表、8-6表中的城市居民人均收支指标绝对值按新口径计算，增长速度按可比口径计算。

四、由于新旧调查方案在调查范围和对象、城乡划分标准、样本抽选方法、计算和汇总方式、指标名称和口径等方面变化较大，新旧口径指标数据不可以直接对比使用。为便于数据衔接，8-5表中2014年的城市居民人均可支配收入、恩格尔系数、8-1表中2014年的数据分列旧口径和新口径两组数据。其中，新口径“消费支出”比旧口径“消费性支出”增加了自有住房虚拟租金折算。

五、8-4表中“净收入”是指在相关获得收入中扣除投入成本、折旧和税费后得到净收入，因此部分指标为负。

六、在城乡一体化住户调查新体系中，新口径比旧口径的调查范围扩大，因此，8-2表城市居民家庭平均每百户年末耐用消费品拥有量中2014年数据与2013年数据不具可比性。

七、根据国家统计局要求，自2014年广州市启动城乡一体化分市县住户调查后，农村居民家庭住户调查统计口径发生变化，农村家庭抽样调查样本户数由1000户减少至448户，统计调查对象由农村居民家庭户调整为农村居民常住家庭户，包括居住在我市农村半年以上的外来人员以及外出打工者。新口径以“农村居民人均可支配收入”代替“农村居民人均纯收入”，指可用于最终消费和储蓄的总和，包括现金和实物收入，来源包括工资性收入、经营净收入、财产净收入、转移净收入。原“食品”改为“食品烟酒”、“家庭设备、用品及服务”改为“生活用品及服务”、“交通和通信”改为“交通通信”、“文教娱乐用品及服务”改为“教育文化娱乐”、“其他商品和服务”改为“其他用品和服务”。

8 People's Livelihood

Ⅰ. The data in this chapter show the basic conditions of the people's livelihood in the urban and rural areas of Guangzhou Municipality, including basic conditions of families, income and expenditure of the residents, level of consumption, housing condition, consumption possession of the major Consumer goods, etc.

Ⅱ. The data in this chapter are prepared and provided by Guangzhou Municipal Bureau of Statistics and Guangzhou Survey Team of National Bureau of Statistics.

Ⅲ. According to the requirement of Guangdong Survey Team of National Bureau of Statistics, the value of income and expenditures of urban and rural integrated households are published with new statistical standard. No matter what kind of the household register is or register place is, whether living as a family or collective form in urban, rural or rural-urban continuum, as long as it is for local residents in Guangzhou, is classified into the new statistical standard. The old statistical standard covers the families which have permanent household register and resident in urban areas. If there is no special instruction, in table 8-1, 8-4, 8-5, 8-6, the absolute value of Per Capita Income and Expenditure of Urban Households is calculated with the new statistical standard, while the growth rate is calculated on the comparable coverage.

Ⅳ. The investigation field and respondent, the standard of classifying urban and rural, the sample selection rule, the calculating and summarizing method, the name of index and the statistical standard are different between the new survey method and the old one. As a result, the data of old and new statistical standard are incomparable. In order to link up the data, the disposable income and the Engel's Coefficient of urban households in table 8-5 and the data in table 8-1 of Year 2014 are listed in two columns, including the old statistical standard and the new standard. Comparing with the old statistical standard, the "Consumption Expenditures" in new standard includes the virtue rent of private housing.

Ⅴ. In table 8-4, "Net Income" refers to the related revenue deducts the input costs, depreciation and tax fees. As a result, some parts of "Net Income" can be negative.

Ⅵ. The investigation field of new integrated household income and expenditure survey is larger than the old survey. As a result, in table 8-2, the data of ownership of major durable consumer goods per 100 urban households at year-end in 2014 and 2013 are incomparable.

Ⅶ. According to the requirement of the NBS, Guangzhou started an integrated household income and expenditure survey in 2014 and the income of rural households is published with new statistical standard. The samples of rural households decrease to 448 from 1000. The statistical respondents are adjusted from rural households to the rural resident households, including the migrant workers living in the rural areas in Guangzhou more than half year. Under the new statistical standard, the "Per Capita Disposable Income" takes the place of the "Per Capita Net Income". The "Per Capita Disposable Income" refers to the sum of final consumption expenditure and savings, including monetary and material income. According to the different sources, disposable income can be divided into income from wages and salaries, net business income, net income from property and net income from transfers. The new standard uses “Food, Tobacco and Liquor” instead of “Food”, “Articles of Daily Use and Services” instead of “Household Facilities, Articles and Services”, “Transportation and Communication” instead of “Transportation and Communication Services”, “Education, Cultural and Recreation” instead of “Education, Cultural and Recreation Services” , “Miscellaneous Articles for Use and Services” instead of “Miscellaneous Commodities and Services”.

8-1 城乡居民人均全年可支配收入和消费支出情况
Per Capita Annual Disposable Income and Expenditure for Consumption of Urban and Rural Residents

单位：元 (yuan)

项　　目	Item	城市居民 Urban Residents 2013	2014(旧口径) (Old Standard)	2014(新口径) (New Standard)
可支配收入	Disposable Income	42049	45792	42955
消费支出	Total Living Expenditures for Consumption	33157	36026	33385
食品烟酒	Food,Tobacco and Liquor	11240	12110	10984
衣着	Clothing	2411	2573	1818
居住	Residence	2619	2823	7870
生活用品及服务	Articles for Daily Use and Services	2169	2303	2048
交通通信	Transportation and Communication	5488	6110	3883
教育文化娱乐	Education, Cultural and Recreation	6137	6746	4272
医疗保健	Health Care and Medical Services	1472	1601	1485
其他用品和服务	Miscellaneous Articles for Use and Services	1621	1760	1025

8-1 续表 continued

单位：元 (yuan)

项　　目	Item	农村居民 Rural Residents 2013	2014
可支配收入	Disposable Income	16013	17663
消费支出	Total Living Expenditures for Consumption	11688	12868
食品烟酒	Food,Tobacco and Liquor	5167	5519
衣着	Clothing	568	616
居住	Residence	1703	1832
生活用品及服务	Articles for Daily Use and Services	688	756
交通通信	Transportation and Communication	1310	1525
教育文化娱乐	Education, Cultural and Recreation	1230	1397
医疗保健	Health Care and Medical Services	643	819
其他用品和服务	Miscellaneous Articles for Use and Services	379	404

注：本表2013年农村常住居民家庭可支配收入与2014年同口径(与8-8表不同)。

Note: The statistical standard of disposable income of rural hoseholds in 2013 and 2014 are the same. (In table 8-8, they are not the same.)

8-2 城乡居民家庭平均每百户年末耐用消费品拥有量

Ownership of Major Durable Consumer Goods per 100 Urban and Rural Households at Year-end

项目	Item	城市居民 Urban Households		农村居民 Rural Households	
		2013	2014	2013	2014
家用汽车（辆）	Automobile (unit)	38	32	17	22
摩托车（辆）	Motorcycle (unit)		27	102	129
助力车（辆）	Moped (unit)		14		37
洗衣机（台）	Washing Machine (set)	103	97	97	96
电冰箱(柜)（台）	Refrigerator (set)	103	100	100	98
微波炉（台）	Microwave Oven (set)	83	65	32	30
彩色电视机（台）	Color TV Set (set)	140	126	132	133
# 接入有线电视（台）	Cable TV (set)		115		121
空调（台）	Air Conditioner (set)	272	220	159	146
热水器（台）	Water Heater (unit)	115	104	109	105
# 太阳能热水器（台）	Solar Water Heater (unit)		5		6
消毒碗柜（台）	Disinfection Cabinet (unit)		73		64
洗碗机（台）	Dish-washing Machine (unit)		2		1
排油烟机（台）	Vacuum Cleaner (unit)		87	63	58
固定电话（部）	Telephone (set)	90	82	87	75
移动电话（台）	Mobile Telephone (set)	263	245	288	291
# 接入互联网（台）	Connected to the Internet (set)		147		148
计算机（台）	Computer (set)	131	117	83	80
# 接入互联网（台）	Connected to the Internet (set)		106		65
摄像机（架）	Video Camera (set)	27	13	8	3
照相机（架）	Camera (set)	103	72	38	37
中高档乐器（台）	Medium and High Grade Musical Instruments (set)	16	8		4
健身器材（台）	Health Equipment (set)	9	10		3
组合音响（台）	Hi-fi Stereo Component System (set)	67	33		22

8-3 城市居民家庭基本情况（2014年）

Basic Conditions of Urban Households (2014)

单位：人 (person)

项目	Item	合计 Total	低收入户 Low Income Households	中等偏下收入户 Lower Middle Income Households
一、调查户数(户)	Number of Households Surveyed (household)	1200	240	240
二、家庭人口数	Number of Family Members	3505	858	759
平均每户人口数	Average Household Size	2.92	3.58	3.16
1. 就业者人数	Number of Employed Persons	2087	486	450
平均每户就业人数	Average Number of Employed Persons per Household	1.74	2.02	1.88
平均每一就业者负担人数	Number of Dependents per Employee	1.68	1.77	1.68
2. 离退休人数	Number of Retired Veterans and Persons	577	74	105

8-3 续表 continued

单位：人 (person)

项目	Item	中等收入户 Middle Income Households	中等偏上收入户 Upper Middle Income Households	高收入户 High Income Households
一、调查户数(户)	Number of Households Surveyed (household)	240	240	240
二、家庭人口数	Number of Family Members	639	652	597
平均每户人口数	Average Household Size	2.66	2.72	2.49
1. 就业者人数	Number of Employed Persons	400	392	359
平均每户就业人数	Average Number of Employed Persons per Household	1.67	1.63	1.50
平均每一就业者负担人数	Number of Dependents per Employee	1.60	1.66	1.66
2. 离退休人数	Number of Retired Veterans and Persons	109	146	142

8-4 城市居民人均全年收支情况（2014年）

单位：元

项　　目	Item
可支配收入	Disposable Income
# 工资性收入	Income from Wages and Salaries
# 工资	Wages and Salaries
实物福利	Material Benefits
其他	Others
经营净收入	Net Business Income
# 第一产业经营净收入	Net Business Income from Primary Industry
第二产业经营净收入	Net Business Income from Secondary Industry
第三产业经营净收入	Net Business Income from Tertiary Industry
财产净收入	Net Income from Property
# 利息净收入	Net Income from Interest
红利收入	Income from Bonus
储蓄性保险净收益	Net Income from Savings Insurance
转让承包土地经营权租金净收入	Net Income from the Rent of Transferring the Right of Management of Contracted Land
出租房屋财产性收入	Income from Rental
出租机械、专利、版权等资产的收入	Income from Renting Machinery, Patent and Copyright
其他财产净收入	Other Net Income from Property
房屋虚拟租金	Virtual Rent
转移净收入	Net Income from Transfers
# 转移性收入	Income from Transfers
总支出	Total Expenditures of Households
# 消费支出	Consumption Expenditures
生产经营费用支出	Expenditures on Production and Management
# 第一产业经营费用支出	Expenditures on Production and Management in Primary Industry
第二产业经营费用支出	Expenditures on Production and Management in Secondary Industry
第三产业经营费用支出	Expenditures on Production and Management in Tertiary Industry
财产性支出	Expenditures on Properties
# 生活贷款利息支出	Expenditures on Interest of Maintenance Loans
其他财产性支出	Other Expenditures on Properties
转移性支出	Expenditures on Transfers
# 个人所得税	Income Tax
社会保障支出	Social Security Expenditures
外来从业人员寄给家人的支出	Expenditures Mailed by the Migrant Employees to Their Families
赡养支出	Alimony Expenditures
其他转移性支出	Other Expenditures on Transfers
部分商业保险支出	Parts of Expenditures on Commercial Insurance
# 意外伤害保险	Accident Insurance
商业医疗保险(含大病保险)	Commercial Medical Insurance (Including Critical Illness Insurance)
其他非储蓄性商业保险	Other Commercial Insurance, Excluding Savings Insurance
其他储蓄性商业保险	Other Commercial Savings Insurance
购置资产及非经常性转移支出	Expenditures on Acquisition of Assets and Non-recurring Expenditures on Transfers
# 购置资产支出	Expenditures on Acquisition of Assets
非经常性转移支出	Non-recurring Expenditures on Transfers
借贷性支出	Expenditures on Loans
# 存入储蓄款	Saving Deposits
借出款	Loaned Money
归还借款	Repayment of Loans
购买有价证券	Purchase of Portfolio
其他投资支出	Other Expenditures for Investment
归还住房贷款	Repayment of Loans for Housing
归还汽车贷款	Repayment of Loans for Automobile
归还教育贷款	Repayment of Loans for Education
归还其他贷款	Repayment of Loans for Other Payments
其他借贷支出	Other Expenditures on Loans

Conditions of Per Capita Cash Income and Expenditure of Urban Households (2014)

(yuan)

总平均 Average	低收入户 Low Income Households	中等偏下收入户 Lower Middle Income Households	中等收入户 Middle Income Households	中等偏上收入户 Upper Middle Income Households	高收入户 High Income Households
42954.60	23949.23	34026.28	41786.57	51279.77	74669.20
28875.25	15760.55	22767.62	29261.16	34630.58	48692.65
27300.46	15276.43	21937.94	27806.33	32671.04	44904.88
67.29	33.74	55.29	60.80	101.50	100.15
1507.50	450.38	774.39	1394.03	1858.04	3687.62
2325.79	1721.01	1909.28	1772.98	1805.40	4880.72
118.15	270.67	157.25	92.92	6.81	-1.25
261.23	69.25	22.70	127.05	-1.12	1268.12
1946.41	1381.09	1729.33	1553.01	1799.71	3613.85
7334.78	4635.87	6504.25	7004.46	8834.01	11998.80
68.20	-13.09	58.93	-117.12	52.06	413.10
1194.64	1082.60	1272.25	1228.31	1143.95	1276.80
36.33	0.41	2.55	1.02	40.97	163.31
9.16	29.33	5.04		0.09	5.13
2067.81	1290.12	1829.28	2212.05	2613.31	2733.66
-2.21	-9.03				
-9.26	4.64	4.47	-18.42	-41.41	-1.55
3970.11	2250.89	3331.73	3698.62	5025.04	7408.35
4418.78	1831.80	2845.13	3747.97	6009.78	9097.03
6972.59	3118.73	4844.68	6359.86	9356.91	13238.50
38861.91	22304.30	31837.87	39085.97	47872.24	61560.78
33384.74	19077.03	27169.35	32791.75	40835.61	54416.32
132.37	248.52	34.60	40.18	255.52	53.45
33.66	114.09	19.00	7.52	0.34	1.26
13.45	25.60	5.21	8.53	3.45	22.59
85.26	108.83	10.39	24.13	251.73	29.60
204.53	66.24	164.38	271.15	367.85	203.65
178.44	55.24	137.44	246.46	315.84	183.80
26.09	11.00	26.94	24.69	52.01	19.85
2553.81	1286.93	1999.56	2611.89	3347.13	4141.47
284.36	23.55	57.41	172.20	408.98	929.01
1949.47	1130.08	1617.22	2176.86	2514.26	2683.00
5.24	6.00	7.82	2.01	1.80	8.19
242.51	88.02	252.68	199.46	348.52	381.73
72.23	39.28	64.43	61.36	73.57	139.54
154.59	84.73	82.41	168.38	196.02	285.81
15.37	6.13	12.43	21.00	21.42	19.72
36.69	18.81	34.51	25.85	38.73	74.49
30.07	11.61	14.34	64.20	40.13	28.77
72.46	48.18	21.13	57.33	95.74	162.83
1542.36	929.77	1490.15	2057.01	2026.22	1406.10
499.65	180.12	546.24	1017.18	809.78	5.00
1042.71	749.65	943.91	1039.83	1216.44	1401.10
889.51	611.08	897.42	1145.61	843.89	1053.98
447.85	498.06	584.66	510.24	73.12	545.67
10.47	18.35	0.18	8.45	4.99	20.30
65.38	17.91	44.81	143.16	64.44	76.96
14.20			4.78	3.24	74.57
4.29			2.64	20.44	
339.82	76.08	261.36	444.95	677.66	335.24
7.31		6.41	31.30		1.16
0.19	0.68		0.09		0.08

8-5 城市居民人均可支配收入及恩格尔系数

Per Capita Annual Disposable Income and Engel's Coefficient of Urban Households

年 份 Year	城市居民人均可支配收入 Per Capita Annual Disposable Income of Urban Residents		恩格尔系数 (%) Engel's Coefficient of Urban Households (%)
	绝对数（元） Value (yuan)	指 数（上年=100） Index (preceding year=100)	
1980	606.12		70.4
1985	1099.77	125.2	62.5
1986	1299.64	118.2	61.3
1987	1500.99	115.5	60.7
1988	1857.30	123.7	61.8
1989	2492.63	134.2	60.4
1990	2748.95	110.3	60.6
1991	3124.07	113.6	58.9
1992	3966.76	127.0	56.1
1993	5260.00	132.6	51.5
1994	7571.00	143.9	50.1
1995	9038.16	119.4	50.2
1996	9905.31	109.6	50.4
1997	10444.60	105.4	49.1
1998	11255.70	107.8	44.7
1999	12018.52	106.8	44.0
2000	13966.53	116.2	42.6
2001	14694.00	105.2	40.0
2002	13380.47	104.9	41.0
2003	15002.59	112.1	38.9
2004	16884.16	112.5	38.3
2005	18287.24	108.3	37.3
2006	19850.66	108.5	37.0
2007	22469.22	113.2	32.8
2008	25316.72	112.7	33.7
2009	27609.59	109.1	33.2
2010	30658.49	111.0	33.3
2011	34438.08	112.3	34.0
2012	38053.52	111.4	34.0
2013	42049.14	110.5	33.9
2014（旧口径）(Old Standard)	45791.51	108.9	33.6
2014（新口径）(New Standard)	42954.60	108.9	32.9

8-6　城市居民人均全年消费支出（2014年）

Per Capita Annual Consumption Expenditures of Urban Households (2014)

单位：元 (yuan)

项　目	Item	总平均 Average	低收入户 Low Income Households	中等偏下收入户 Lower Middle Income Households	中　等收入户 Middle Income Households	中等偏上收入户 Upper Middle Income Households	高收入户 High Income Households
消费支出	**Total Consumption Expenditures**	**33384.74**	**19077.03**	**27169.35**	**32791.75**	**40835.61**	**54416.32**
食品烟酒	Food,Tobacco and Liquor	10983.58	7118.29	9266.93	11117.54	12668.31	15397.75
食品	Food	6602.67	5125.44	5854.64	6888.69	7429.16	8455.54
烟酒	Tobacco and Liquor	362.42	224.27	278.18	354.59	426.90	604.81
饮料	Beverage	232.13	120.74	189.42	222.49	300.00	382.00
饮食服务	Catering Services	3786.36	1647.84	2944.69	3651.77	4512.25	5955.40
衣着	Clothing	1818.08	839.79	1298.67	1871.96	2223.79	3375.68
衣类	Clothing Materials	1343.48	627.51	967.13	1344.84	1624.16	2537.29
鞋类	Shoes	474.60	212.28	331.54	527.12	599.63	838.39
居住	Residence	7870.06	4767.55	6957.91	7980.08	9422.86	13132.62
租赁房房租	Rental of Housing	341.43	173.56	303.93	682.76	397.57	201.86
住房维修及管理	Repair and Management	595.61	178.90	579.71	403.96	597.27	1417.46
水电燃料及其他	Water, Electricity, Fuels and Others	1272.66	1082.25	1205.39	1250.05	1390.34	1526.39
自有住房折算租金	Private Housing Imputed Rent	5660.36	3332.84	4868.88	5643.31	7037.68	9986.91
生活用品及服务	Articles for Daily Use and Services	2048.42	1017.02	1523.54	1907.58	2339.84	4023.01
家具及室内装饰品	Furnitures and Indoor Decorations	252.35	98.30	145.86	260.37	222.44	631.72
家用器具	Household Appliance	480.25	245.69	426.08	454.38	535.92	852.09
家用纺织品	Household Textile	213.40	90.85	159.82	179.69	279.15	421.19
家庭日用杂品	Household Articles for Daily Use	595.92	403.59	500.11	564.11	643.58	974.76
个人用品	Personal Articles for Daily Use	324.78	133.60	217.55	346.36	420.55	606.54
家庭服务	Household Services	181.72	44.99	74.12	102.67	238.20	536.71
交通通信	Transport and Communications	3883.35	2188.78	3071.79	3845.84	5164.74	5978.53
交通	Transport	2385.09	1188.02	1771.23	2227.64	3451.71	3880.51
通信	Communications	1498.26	1000.76	1300.56	1618.20	1713.03	2098.02
教育文化娱乐	Education, Cultural and Recreation	4271.91	2066.01	3205.63	3871.18	5399.97	7979.41
教育	Education	1285.14	1074.21	1261.66	1221.12	1402.71	1557.67
文化娱乐	Cultural and Recreation	2986.77	991.80	1943.97	2650.06	3997.26	6421.74
医疗保健	Health Care and Medical Services	1484.48	662.60	1169.71	1218.10	2214.01	2549.60
医疗器具及药品	Medical Apparatus and Medicines	703.95	293.75	552.64	597.00	983.78	1292.43
医疗服务	Medical Services	780.53	368.85	617.07	621.10	1230.23	1257.17
其他用品和服务	Miscellaneous Articles for Use and Services	1024.86	416.99	675.17	979.47	1402.09	1979.72
其他用品	Miscellaneous Goods	571.55	228.98	354.43	583.24	797.64	1077.32
其他服务	Miscellaneous Services	453.31	188.01	320.74	396.23	604.45	902.40

8-7 城市居民家庭年末居住情况（2014年）

Housing Conditions of Urban Households at Year-end (2014)

项　　目	Item	调查户（户）Households Surveyed (household)
按居住空间样式分	**Grouped by Design of Residential Buildings**	
单栋楼房	Separate Residential Buildings	201
单栋平房	Separate Residential Terraces	28
四居室及以上单元房	Four-room and Above Apartments	77
三居室单元房	Three-room Apartments	342
二居室单元房	Two-room Apartments	414
一居室单元房	One-room Apartments	136
筒子楼或连片平房	Tube-shaped Apartments or Bungalows	2
其他	Others	
按主要建筑材料分	**Grouped by Main Building Materials**	
钢筋混凝土	Reinforced Concrete	1039
砖混材料	Brick and Reinforced Concrete	144
砖瓦砖木	Brick-tile and Brick-wood	17
竹草土坯	Bamboo Grass and Adobe	
其他	Others	
按房房屋来源分	**Grouped by Source of Buildings**	
租赁公房	Public Apartments for Lease	21
租赁私房	Private Apartments for Lease	132
自建住房	Self-built	301
购买商品房	Purchase Commercial Residential Apartment	478
购买房改住房	Purchase Housing-reformation Apartment	231
购买保障性住房	Purchase Indemnificatory Apartment	
拆迁安置房	Settlement Apartment for House Removal	4
继承或获赠住房	Inherited or Gifted	9
免费借用房	Borrow for Free	12
雇主提供免费住房	Employer-provided for Free	8
其他来源	Others	4
按主要炊用能源状况分	**Grouped by Fuel for Cooking**	
柴草	Firewood	8
煤炭	Coal	
罐装液化石油气	Tanked LPG	585
管道液化石油气	Pipeline LPG Gas	71
管道煤气	Pipeline Gas	39
管道天然气	Pipeline Natural Gas	445
电	Electricity	50
燃料用油	Oil for Fuel	
沼气	Methane	
其他	Others	
无炊用行为	Without Cooking Behavior	2

8-8 主要年份农村居民家庭人均收支情况

Per Capita Income and Expenditure of Rural Households in Main Years

单位：元/人 (yuan/person)

年 份 Year	总收入 Total Income of Household	可支配收入 Disposable Income 绝对数（元）Value (yuan)	可支配收入 Disposable Income 指数（上年=100）Index (preceding year =100)	总支出 Total Expenditure of Household	#家庭经营支出 Expenditure for Household Operations	生活消费支出 Expenditure for Household Consumption	恩格尔系数（%）Engel's Coefficient of Rural Households (%)
1978	288.26	249.80		265.07	37.44	221.66	67.13
1979	294.78	250.95	100.46	283.25	42.27	237.08	65.13
1980	357.71	322.66	128.58	315.17	34.52	259.46	54.68
1985	1005.17	732.70	106.53	838.87	228.82	534.53	55.49
1986	1202.57	857.17	116.99	1052.33	285.06	671.37	51.76
1987	1668.84	1074.92	125.40	1422.75	540.48	783.22	52.70
1988	2096.67	1324.48	123.22	1940.54	711.36	1063.46	50.06
1989	2103.81	1524.80	115.12	1838.45	506.87	1175.80	50.06
1990	2141.00	1538.93	100.93	1867.79	509.15	1218.85	49.05
1991	2397.31	1735.57	112.78	1902.60	545.18	1224.92	51.59
1992	2856.37	2152.28	124.01	2050.69	605.78	1224.30	54.94
1993	3639.97	2661.34	123.65	3134.42	855.54	2002.89	48.72
1994	4617.42	3670.24	137.91	3752.30	797.11	2639.60	49.55
1995	5552.10	4482.51	122.13	4578.52	904.34	3307.61	46.33
1996	6482.42	5164.67	115.22	5145.01	1112.34	3530.62	44.96
1997	7269.41	5545.91	107.38	5645.20	1467.20	3602.21	47.37
1998	7120.09	5628.95	101.50	5829.06	1222.32	4143.55	42.62
1999	7181.00	5833.92	103.64	5106.16	1045.10	3634.66	48.54
2000	7080.42	6085.97	104.32	5515.70	671.49	4453.33	38.21
2001	7542.65	6445.72	105.91	5423.27	679.66	4388.39	43.77
2002（旧口径）	7918.81	6856.62	106.37	5506.95	711.37	4434.95	43.27
2002（新口径）	6888.84	5831.34		5272.93	762.60	4182.38	
2003	7032.36	6129.95	105.12	5217.68	734.44	4115.94	43.88
2004	7510.31	6625.16	108.08	5419.08	725.36	4353.18	43.75
2005	8380.25	7080.19	106.87	6741.70	1049.77	5395.58	43.22
2006	8982.66	7788.27	110.00	7008.43	1011.94	5628.86	42.60
2007	9997.12	8612.84	110.59	7934.08	1166.57	6341.51	42.82
2008	11107.23	9828.12	114.11	8409.80	1056.11	6837.67	42.33
2009	12303.11	11066.69	112.60	9338.02	1040.28	7742.20	43.95
2010	14249.13	12675.55	114.54	10891.68	1231.02	8987.06	45.91
2011	16191.16	14817.72	116.90	12145.71	1145.86	10100.86	44.71
2012	18398.47	16788.48	113.30	13368.63	1259.56	10964.52	44.50
2013	20670.14	18887.04	112.50	14477.13	1401.45	11688.20	44.21
2014	21814.24	17662.80	110.30	16783.29	822.46	12867.79	42.89

注：自2014年起广州实施城乡一体化分市县住户调查制度，农村家庭居民收入数据以新口径公布，"人均可支配收入"指标代替"人均纯收入"指标，不再公布"人均纯收入"数据。本表收入指标2014年以前数据为"人均纯收入"数据，2014年指数按可支配收入同口径计算。

Note: Guangzhou started an integrated household income and expenditure survey in 2014 and the income of rural households is published with new statistical standard.The "Per Capita Net Income" is no longer used and the "Per Capita Disposable Income" takes the place of it. In this table, the "Per Capita Net Income" is preserved before 2014. The index in 2014 is calculated in the same standard of disposable income.

8-9 农村居民家庭基本情况（2014年）

项　　目		Item	
调查户数	（户）	Number of Households Surveyed	(household)
各组比重	(%)	Proportion	(%)
调查户常住人口	（人）	Number of Permanent Residents in Households Surveyed	(person)
平均每户常住人口	（人）	Average Number of Permanent Residents per Household	(person)
# 整半劳动力	（人）	Average Number of Full/Semi Labor Force per Household	(person)
从业人员数	（人）	Number of Employees	(person)
平均每个从业人员负担人口数	（人）	Average Number of Residents per Employee	(person)
平均每户生产性固定资产原值	（元）	Average Original Value of Fixed Assets per Household	(yuan)
平均每人经营耕地面积	（亩）	Per Capita Cultivated Area	(mu)
平均每户居住面积	（平方米）	Net Living Space per Household	(sq.m)
平均每人居住面积	（平方米）	Per Capita Net Living Space	(sq.m)
平均每人全年消费		Per Capita Annual Consumption	
粮　食	（千克）	Grain	(kg)
谷 物	（千克）	Cereal	(kg)
薯 类	（千克）	Tubers	(kg)
豆 类	（千克）	Beans	(kg)
油脂类	（千克）	Oil and Fats	(kg)

Basic Conditions of Rural Households (2014)

总平均 Average	低收入户 Low Income Households	中等偏下收入户 Lower Middle Income Households	中等收入户 Middle Income Households	中等偏上收入户 Upper Middle Income Households	高收入户 High Income Households
448	89	90	89	90	90
100	20	20	20	20	20
1729	378	381	366	336	269
3.86	4.24	4.23	4.11	3.73	2.99
2.81	2.66	2.74	3.25	2.94	2.43
2.48	2.29	2.43	2.92	2.60	2.14
1.56	1.85	1.74	1.41	1.43	1.39
8210.96	7820.20	9224.51	7349.93	4362.30	7525.76
0.23	0.49	0.13	0.23	0.18	0.09
192.49	166.08	189.59	194.64	200.08	211.77
49.87	39.15	44.84	47.27	53.67	70.85
104.82	98.90	91.64	100.55	105.64	136.60
99.88	94.10	87.25	95.52	100.36	131.20
0.88	0.67	0.79	0.85	0.84	1.37
4.07	4.13	3.60	4.17	4.43	4.02
9.59	7.35	9.56	9.55	9.73	12.70

8-9 续表

项　　目		Item	
蔬菜及其制品	（千克）	Vegetables and Processed Products	(kg)
#鲜 菜	（千克）	Fresh Vegetables	(kg)
肉　类	（千克）	Meat	(kg)
#猪 肉	（千克）	Pork	(kg)
禽　类	（千克）	Poultry	(kg)
#鸡	（千克）	Chicken	(kg)
水产品	（千克）	Aquatic Products	(kg)
#鱼	（千克）	Fish	(kg)
蛋类及蛋制品	（千克）	Eggs and Egg Products	(kg)
#鲜　蛋	（千克）	Eggs	(kg)
奶及奶制品	（千克）	Milk and Milk Products	(kg)
#鲜　奶	（千克）	Fresh Milk	(kg)
干鲜瓜果类	（千克）	Dried and Fresh Melons and Fruits	(kg)
#鲜瓜果	（千克）	Fresh Melons and Fruits	(kg)
糖果糕点类	（千克）	Confectionery	(kg)
#食　糖	（千克）	Sugar	(kg)
烟酒饮料类	（千克）	Tobacco, Liquor and Beverage	(kg)
烟草类	（千克）	Tobacco	(kg)
酒　类	（千克）	Liquor	(kg)
饮　料	（千克）	Beverage	(kg)

continued

总平均 Average	低收入户 Low Income Households	中等偏下收入户 Lower Middle Income Households	中等收入户 Middle Income Households	中等偏上收入户 Upper Middle Income Households	高收入户 High Income Households
100.60	82.34	90.53	94.04	116.29	129.87
97.87	80.41	87.68	91.25	112.99	126.96
35.35	30.18	30.42	34.86	37.21	47.92
30.10	26.95	26.28	30.04	30.80	39.13
20.02	16.53	16.93	19.64	23.37	25.60
12.59	10.80	10.81	12.57	14.24	15.59
20.86	14.64	17.87	20.70	24.21	29.85
16.84	12.61	15.17	17.58	18.53	22.01
6.00	5.02	5.80	5.71	6.57	7.34
5.68	4.77	5.54	5.41	6.24	6.80
6.71	3.43	7.23	7.45	7.84	8.14
3.92	2.11	4.31	4.11	4.78	4.60
29.58	20.33	24.00	27.53	37.03	43.99
27.23	18.62	22.24	25.33	34.18	40.30
5.99	4.20	4.83	7.25	6.49	7.79
1.82	1.42	1.37	1.54	2.46	2.60
35.21	33.32	27.90	36.91	40.25	39.59
29.93	28.90	23.69	32.11	33.40	32.89
4.80	4.09	3.91	4.31	6.20	5.97
0.48	0.34	0.30	0.50	0.64	0.73

8-10 农村居民家庭人均收支情况（2014年）

单位：元/人

项　　目	Item
全年总收入	Total Income of Households
全年可支配收入	Annual Disposable Income
工资性收入	Income from Wages and Salaries
#工资	Wages and Salaries
实物福利	Material Benefits
经营净收入	Net Business Income
#第一产业经营净收入	Net Business Income from Primary Industry
财产净收入	Net Income from Property
转移净收入	Net Income from Transfers
全年总支出	Total Expenditures of Households
消费支出	Consumption Expenditures
食品烟酒消费支出	Food,Tobacco and Liquor
食品	Food
#粮 食	Grain
食用油	Oil
蔬菜和食用菌	Vegetable and Edible Fungus
肉禽蛋奶及制品	Meat, Poultry, Eggs, Milk and Processed Products
水产品及制品	Aquatic and Processed Products
干鲜瓜果类	Dried and Fresh Melons and Fruits
糖果糕点类	Confectionery
烟酒饮料类	Tobacco, Liquor and Beverage
饮食服务	Catering Services
衣着消费支出	Clothing
居住消费支出	Residence
生活用品及服务消费支出	Articles for Daily Use and Services
交通通信消费支出	Transportation and Communication
教育文化娱乐消费支出	Education, Cultural and Recreation
医疗保健消费支出	Health Care and Medical Services
其他用品和服务消费支出	Miscellaneous Articles for Use and Services
家庭经营费用支出	Expenditures on Household Operation
财产性支出	Expenditures on Properties
转移性支出	Expenditures on Transfers
部分商业保险支出	Parts of Expenditures on Commercial Insurance
购置资产及非经常性转移支出	Expenditures on Acquisition of Assets and Non-recurring Expenditures on Transfers
购置资产支出	Expenditures on Acquisition of Assets
非经常性转移支出	Non-recurring Expenditures on Transfers
借贷性支出	Expenditures on Loans
全年现金总收入	Total Monetary Income
#第一产业经营现金收入	Monetary Income from Primary Industry
非收入现金所得	Monetary Income Excluding Wage and Salary
借贷性现金所得	Monetary Income From Loan
全年现金总支出	Total Monetary Expenditures
#现金消费支出	Monetary Expenditures on Consumption
家庭经营费用现金支出	Monetary Expenditures on Household Operation

Per Capita Annual Income and Expenditure of Rural Households (2014)

(yuan/person)

总平均 Average	低收入户 Low Income Households	中等偏下收入户 Lower Middle Income Households	中等收入户 Middle Income Households	中等偏上收入户 Upper Middle Income Households	高收入户 High Income Households
21814.24	12744.28	16455.35	20906.14	25280.87	39036.30
17662.80	8872.17	13651.48	17071.80	21090.46	32378.62
12530.94	7550.19	10685.87	13110.22	15137.38	18323.26
11979.00	7140.98	10212.68	12684.65	14240.10	17628.96
37.11	5.47	41.08	24.21	48.49	78.70
2657.39	789.28	1941.46	2509.25	2869.84	6207.07
1160.11	447.85	756.54	1404.40	1360.51	2144.25
1645.09	353.70	647.77	890.88	2010.03	5401.10
829.38	179.01	376.39	561.45	1073.21	2447.19
16783.29	11933.23	12486.08	15464.89	19156.39	28504.50
12867.79	8922.90	10393.11	11987.25	14466.58	21559.86
5519.43	3873.63	4472.44	5515.90	6089.69	8603.58
4068.42	3018.39	3475.88	3947.32	4432.10	6091.50
745.09	627.15	639.09	711.42	733.98	1120.23
191.39	149.81	169.32	193.68	200.18	266.86
424.16	309.65	424.35	406.90	457.17	566.91
1720.97	1304.10	1462.34	1672.68	1912.61	2498.58
467.17	293.92	372.35	447.33	560.87	754.58
270.30	171.08	211.21	251.51	326.02	449.23
99.63	64.30	76.97	108.97	109.53	156.20
550.19	412.26	397.74	605.11	620.32	797.09
900.82	442.98	598.82	963.47	1037.26	1714.99
615.89	350.80	430.38	568.87	701.80	1078.68
1832.20	1499.91	1688.12	1722.61	1744.48	2761.03
756.27	485.36	574.84	869.54	919.30	1485.35
1525.17	790.01	1293.49	1313.89	1827.55	2795.32
1396.44	1244.95	1118.75	1108.11	1700.38	2015.60
818.88	472.78	609.24	494.41	1073.33	1854.39
403.50	205.46	205.85	393.91	410.05	965.93
822.46	906.77	424.77	627.72	725.15	1653.35
154.36	188.54	113.59	177.04	106.39	193.00
989.09	895.95	732.74	925.99	1053.74	1487.72
36.52	8.88	50.55	2.62	66.68	64.06
1422.01	620.89	543.64	1500.40	2570.31	2249.73
523.16	174.81	62.01	338.88	1632.06	532.33
898.85	446.08	481.62	1161.52	938.26	1717.40
563.01	590.73	296.71	480.72	137.01	1544.24
21397.72	12473.11	16121.90	20611.65	24731.99	38297.13
1401.35	1165.95	926.88	1664.93	1196.78	2298.84
765.18	606.25	660.75	948.48	669.91	1005.03
867.58	891.62	724.05	684.75	1048.29	1060.59
16689.54	11881.70	12398.13	15480.37	19016.37	28252.19
12707.04	8675.66	10241.91	11767.73	14360.86	21068.50
817.50	901.06	419.00	625.86	721.37	1644.94

【可支配收入】指住户在调查期内获得的、可用于最终消费支出和储蓄的总和，即调查户可以用来自由支配的收入。按照收入的来源，可支配收入包含四项，分别为：工资性收入、经营净收入、财产净收入和转移净收入。

【工资性收入】指就业人员通过各种途径得到的全部劳动报酬和各种福利，包括受雇于单位或个人、从事各种自由职业、兼职和零星劳动得到的全部劳动报酬和福利。

【经营净收入】指住户或住户成员从事生产经营活动所获得的净收入，是全部经营收入中扣除经营费用、生产性固定资产折旧和生产税之后得到的净收入。计算公式具体为：

经营净收入=经营收入-经营费用-生产性固定资产折旧-生产税

【财产净收入】指住户或住户成员将其所拥有的金融资产和自然资源交由其他机构单位、住户或个人支配而获得的回报并扣除相关的费用之后得到的净收入。财产净收入包括利息净收入、红利收入、储蓄性保险净收益、转让承包土地经营权租金净收入、出租房屋净收入、出租其他资产净收入和自有住房折算租金等。财产净收入不包括转让资产所有权的溢价所得，这应该计入“非收入所得”。计算公式具体为：

财产净收入=财产性收入-财产性支出

【转移净收入】指国家、单位、社会团体对住户的各种经常性转移支付和住户之间的经常性收入转移扣除调查户对国家、单位或个人的经常性或义务性转移支付之后得到的净收入。即政府、非行政事业单位、社会团体对居民转移的养老金或退休金、社会救济和补助、惠农补贴、政策性生活补贴、救灾款、经常性捐赠和赔偿以及报销医疗费等，住户之间的赡养收入、经常性捐赠和赔偿以及农村地区（村委会）在外（含国外）工作的本住户非常住成员寄回带回的收入等，在扣除缴纳的税款、各项社会保障支出、赡养支出、经常性捐赠和赔偿支出以及其他经常转移支出等的净收入。计算公式具体为：

转移净收入=转移性收入-转移性支出

【消费支出】指住户用于满足家庭日常生活消费需要的全部支出，包括用于消费品的支出和用于服务性消费的支出。根据用途不同，消费支出可划分为食品烟酒、衣着、居住、生活用品及服务、交通通信、教育文化娱乐、医疗保健、其他用品及服务八大类。根据来源不同，消费支出可划分为现金消费支出、实物消费支出（含自产自用、来自单位和个人、来自政府和其他社会组织）。

【实物福利】指单位或雇主免费或低价提供给员工的各种实物产品和服务折价。

【部分商业保险支出】包括意外伤害保险、商业医疗保险（含大病保险）、其他非储蓄型商业保险和其他储蓄性商业保险等。

【购置资产支出】包括构建住房支出、购买住房支出以及购置第一、二、三产业生产性固定资产支出。

【非经常性转移支出】包括博彩支出、婚丧嫁娶礼金支出、一次性赔偿支出、一次性馈赠支出和其他非经常性转移支出。

【非收入现金所得】主要包括出售资产所得、非经常性转移所得及其他非收入所得，此指标统计口径有所调整，不包含借贷性所得部分。

【Disposable Income】refers to the sum of the household income gained during the period of investigation that can be used as final consumption expenditure and deposit. It means the discretionary income of the households. According to the source of income, disposable income contains four parts: income from wages and salaries, net business income, net income from property and net income from transfers.

【Income from Wages and Salaries】 refers to the labor remuneration and benefits obtained by the employments through various means, including all the labor remuneration and benefits in the employ of enterprises or individual, self-employed and part-time jobs.

【Net Business Income】 refers to the net income of residents or resident members obtained in the production and business operation activities. It means the operating income deducts operating costs, productive fixed assets depreciation and production taxes. Calculation:

Net business income = operating income – operating costs – productive fixed assets depreciation – production taxes

【Net Income from Property】 means that the residents or resident members give the financial assets and natural resources they owned to other enterprises, residents or individual to manage, then they receive the net income after deducting the related expenses of the return. Net income from property includes net income from interest, income from bonus, net income from savings insurance, net income from the rent of transferring the right of management of contracted land, income from rental, income from renting other assets and virtual rent. Net income from property does not include the premium income of transferring the ownership of assets, and this premium income should be accounted into gain. Calculation:

Net income from property = Income from property – Expenditure of property

【Net Income from Transfers】 refers the transfer income from country, institutions and social organizations to the residents minus the transfer expenditures from investigated residents to country, institutions and social organizations. Income from transfers includes pension or retirement pay, social relief and assistance, agricultural subsidies, policy subsidies, relief, regular donations and medical reimbursement that government, non-executive institutions, social organizations transfer to residents. It also includes alimony, regular donations and reimbursement between residents, and rural area (village committee) and the revenue sent back by the non-permanent residents who work outside (including abroad). Net income means that all the income mentioned above should deduct the payment of taxes, the social security expenditure, alimony expenditure, regular donations, compensation expenditure and other regular expenditure on transfers. Calculation:

Net income from transfers = Income from transfers – Expenditure on transfers

【Expenditure for Consumption】 refers to all the expenditures paid by urban households for consumption in daily life, including expenditure for customer goods and services. According to the different purposes, expenditure for consumption can be divided into eight categories: Food, tobacco and liquor, Clothing, Residence, Household facilities, articles and services, Transportation and communication services, Education, cultural and recreation services, Health care and medical services, Miscellaneous commodities and services. According to the different sources, expenditure for consumption divided into monetary expenditure for consumption and material expenditure for consumption (including self-produced and self-used, from institutions and person, from government and other social organizations).

【Material Benefits】refers to the physical products and discounted services that enterprises or employers provide employees for free or at a low price.

【Parts of Expenditures on Commercial Insurance】 includes accident insurance, commercial medical insurance (including critical illness insurance), other commercial insurance excluding savings insurance and other commercial savings insurance.

【Expenditures on Acquisition of Assets】 includes expenditures on building houses, purchasing houses and purchasing productive fixed assets of primary, secondary and tertiary industry.

【 Non-recurring Expenditures on Transfers】 includes expenditures on gambling, funeral, wedding gifts, one-time compensation, one-time gift and other non-recurring expenditures on transfers.

【 Monetary Income Excluding Wage and Salary】 mainly includes income from selling assets, non-recurring transfers, and other income excluding wage and salary. The statistical standard has been adjusted and it does not contain income from loan.

第九篇 CHAPTER 9

城市建设
CITY CONSTRUCTION

第九篇　城市建设

一、本篇资料反映广州市城市建设和公用事业的规模、速度、效益及综合水平等基本情况。

二、本篇资料由广州市统计局固定资产投资统计处整理提供。

三、本篇资料依据国家住房和城乡建设部制定的《城市（县城）建设统计报表制度》编制。统计数据由广州市住房和城乡建设委员会、广州市统计局、广州市国土资源和规划委员会、广州市城市管理委员会以及广州市林业和园林局等单位提供。

四、本篇资料的统计范围为市区口径。

9 City Construction

I. The data in this chapter show the basic conditions of scale,speed,mileage and comprehensive level of the city construction and utilities in Guangzhou.

II. The data in this chapter are prepared and provided by the Division of Investment and Construction Statistics of Guangzhou Municipal Bureau of Statistics.

III. The data in this chapter are collected and tabulated in accordance with the Statistical Survey Scheme of Cities' or Counties' Construction stipulated by Ministry of Housing and Urban-Rural Development of the People's Republic of China, all of which are provided by Guangzhou Housing and Urban-Rural Construction Committee, Guangzhou Municipal Bureau of Statistics, Guangzhou Land resource & Urban Planning Committee, Guangzhou City Management Commission, Administration of Forestry and Gardening of Guangzhou Municipality.

IV. The statistical coverage of the data in this chapter is the ten urban districts.

9-1 城市(市区)市政设施
Public Facilities in Urban Districts

项　　目	Item	2013	2014
道路长度　(公里)	Length of Roads　(1000 m)	7127	7176
道路面积　(万平方米)	Area of Roads　(10000 sq.m)	10241	10414
# 人行道	Pavement	1928	1961
人均城市道路面积　(平方米)	Per Capita Area of Roads　(sq.m)	9.64	9.43
桥梁　(座)	Bridges　(unit)	1356	1372
# 立交桥	Crossroads	187	189
道路照明灯盏数　(千盏)	Number of Street Lights　(1000 units)	199	218
排水管道长度　(公里)	Length of Sewer Pipelines　(1000 m)	9550	10078
建成区排水管道密度(公里/平方公里)	Density of Sewer Pipelines　(1000 m/sq.km)	9.33	9.74
污水排放量　(万立方米)	Sewage Discharge Quantity　(10000 cubic metres)	141356	141660
污水处理厂　(座)	Sewage Treatment Plant　(unit)	35	35
污水处理厂处理能力　(万立方米/日)	Sewage Treatment Capacity(10000 cubic metres/day)	423.7	423.7
污水处理厂处理量　(万立方米)	Quantity of Sewage Treatment　(10000 cubic metres)	129171	131135
污水处理率　(%)	Sewage Treatment Rate　(%)	91.38	92.57
# 污水处理厂集中处理率　(%)	Concentrated Sewage Treatment Rate　(%)	91.38	92.57

注:本表数据由广州市住房和城乡建设委员会汇总相关单位数据后提供，具体数据由相关单位负责解释。

Note: The data in this table are provided by Guangzhou Municipal Commission of Construction.

9-2 城市(市区)供水

Tap Water Supply in Urban Districts

项　　目	Item	2013	2014
综合生产能力(万立方米/日)	Overall Production Capacity (10000 cu.m/day)	663.50	655.00
供水管道长度 (公里)	Length of Water Supply Pipelines (1000 m)	17287	17654
供水总量 (万立方米)	Total Volume of Water Supply (10000 cu.m)	196329.04	200442.01
# 售水量	Sales Volume of Tap Water	160744.06	167314.60
生产运营用水	For Production Use	29626.34	32257.69
公共服务用水	For Public Services	38984.23	37859.13
居民家庭用水	For Household Use	88721.73	94570.84
其他用水	Others	3411.76	2626.94
用水户数 (户)	Number of Households with Access to Tap Water (unit)	2317769	2386512
# 家庭用户	Number of Families with Access to Tap Water	2104855	2182038
用水人口 (万人)	Number of Residents with Access to Tap Water (10000 persons)	1329.91	1381.38
人均日生活用水量 (升)	Per Capita Daily Consumption of Tap Water for Residential Use(liter)	268.63	269.44
用水普及率 (%)	Coverage Rate of Urban Population with Access to Tap Water (%)	99.71	100.00

注：1.本表数据由广州市住房和城乡建设委员会汇总相关单位数据后提供，具体数据由相关单位负责解释。

2.本表资料不包企业自建设施供水。

Note: I. The data in this table are provided by Guangzhou Municipal Commission of Construction.

II. The data in this table exclude the water supply by self-built facilities of corporations.

9-3 城市(市区)燃气供应
Gas Supply in Urban Districts

项　目	Item	2013	2014
液化石油气	**Liquefied Petroleum Gas**		
储气能力 (吨)	Storage Capacity (ton)	40303	43018
供气管道长度 (公里)	Length of Gas Supply Pipelines (1000 m)	31	154
供气总量 (吨)	Total Supply of Gas (ton)	994614	1028739
销售气量	Sales Volume of Gas	994614	1028702
# 居民家庭	Households	241618	330937
用气户数 (户)	Number of Households (unit)	3688242	3508002
# 家庭用户	Families	2072665	2817469
用气人口 (万人)	Number of Residents with Access to Gas (10000 persons)	621.28	599.70
天然气	**Natural Gas**		
储气能力 (万立方米)	Storage Capacity (10000 cu.m)	522	609
供气管道长度 (公里)	Length of Gas Supply Pipelines (1000 m)	6697	7944
供气总量 (万立方米)	Total Supply of Gas (10000 cu.m)	132896	164584
# 销售气量	Sales Volume of Gas	132865	166279
# 居民家庭	Households	23101	27594
用气户数 (户)	Number of Households (unit)	1467404	1805971
# 家庭用户	Families	1458057	1794614
用气人口 (万人)	Number of Residents with Access to Gas (10000 persons)	437.05	502.19
燃气普及率 (%)	Coverage Rate of Urban Population with Access to Gas (%)	99.6	99.8

注：本表数据由广州市城市管理委员会提供。
Note: The data in this table are provided by Guangzhou City Management Commission.

9-4 城市(市区)市政公用设施建设固定资产投资额

Investment in Fixed Assets in Public Facilities in Urban Districts

单位:万元 (10000 yuan)

项 目	Item	2013	2014
本年完成投资	Investment Completed in Current Year	2704654	2970968
供 水	Water Supply	15418	4387
燃 气	Gas Supply	12918	14229
轨道交通	Rail Traffic	1774171	2022083
道路桥梁	Roads and Bridges	577794	551098
排 水	Drainage	99399	97288
#污水处理及其再生利用	Sewerage Disposal and Reutilization	80622	78669
园林绿化	Parks and Green Areas	4908	40888
其 他	Others	220046	240995

注:本表数据由广州市住房和城乡建设委员会汇总相关单位数据后提供，具体数据由相关单位负责解释。

Note: The data in this table are provided by Guangzhou Municipal Commission of Construction.

9-5 主要年份城市(市区)房屋建筑面积

Floor Space of Buildings in Urban Districts in Main Years

单位：万平方米 (10000 sq.m)

年 份 Year	年末实有房屋建筑面积 Floor Space of Buildings (year-end)	年末实有住宅建筑面积 Floor Space of Residential Buildings (year-end)	年末实有住宅居住面积 Living Space of Residential Buildings (year-end)	平均每人居住面积(平方米) Per Capita Living Space (sq.m)
1978	2889.89	1314.03	788.42	3.82
1980	3247.82	1512.88	907.73	3.97
1985	5511.97	2834.43	1700.66	6.62
1990	7567.44	3974.23	2327.55	7.99
1995	9666.45	5276.22	3043.65	9.61
2000	13740.03	7952.05	4515.36	13.13
2001	14829.01	8713.55	4934.19	13.87
2002	21720.35	12995.46	7289.24	15.67
2003	23269.49	14059.48	7874.45	17.23
2004	25372.08	15390.71	8606.63	18.19
2005	27283.78	16300.86	9107.22	18.87
2006	28585.19	17099.69	9546.56	19.45
2007	30217.80	18029.52	10057.98	20.00
2008	31654.28	18798.47	10480.90	20.54
2009	33287.44	19612.62	10928.67	21.01
2010	34962.70	20306.38	11310.25	21.40
2011	36966.70	21007.01	11695.60	21.89
2012	39212.15	21768.75	12114.56	22.46
2013	41942.52	22322.17	12418.94	22.73
2014	44796.03	23213.63	12909.24	23.32

注：本表资料2002年起为十区口径，其余年份为八区口径。

Note: The coverage in this table covers the new ten districts since 2002 while the original eight districts in other years.

9-6 城市(市区)维护建设资金(财政性资金)收支情况

Statistics on Revenue and Expenditure in City Maintenance

单位：万元 (10000 yuan)

项目	Item	2013	2014
维护建设资金收入	Revenue of Maintenance and Construction	3674897	3851583
维护建设资金支出	Expenditure of Maintenance and Construction	3046379	3371540
# 维护支出	For Maintenance	2599465	1888625

注：1. 本表数据由广州市住房和城乡建设委员会汇总相关单位数据后提供，具体数据由相关单位负责解释。
2. 本表资料为十区口径。

Note: I. The data in this table are provided by Guangzhou Municipal Commission of Construction.
II. The coverage in this table covers the ten districts.

9-7 城市(市区)园林绿化

Parks, Gardens and Green Areas in Urban Districts

项目	Item	2013	2014
绿化覆盖面积 (公顷)	Coverage Area of Afforestation (hectare)	142240	143349
# 建成区	Developed Areas	41983	42948
建成区绿化覆盖率 (%)	Green Coverage Rate in Developed Areas (%)	41.01	41.50
绿地面积 (公顷)	Area of Green Areas (hectare)	131444	132448
# 建成区	Developed Areas	36496	36929
建成区绿地率 (%)	Rate of Green Areas in Developed Areas (%)	35.65	35.68
公园绿地面积 (公顷)	Area of Gardens (hectare)	21165	22292
人均公园绿地面积 (平方米)	Per Capita Garden (sq.m)	15.87	16.14
公园个数 (个)	Number of Parks (unit)	239	245
公园面积 (公顷)	Area of Parks (hectare)	5141	5180
建成区面积 (平方公里)	Developed Areas (sq.km)	1023.63	1035.01

注：1. 本表数据由广州市林业和园林局提供。
2. 本表资料为十区口径。

Note: I. The data in this table are provided by Administration of Forestry and Gardening of Guangzhou Municipality.
II. The coverage in this table covers the ten districts.

9-8 城市(市区)市容环境卫生

City Appearance and Environmental Sanitation

项　　目	Item	2013	2014
道路清扫保洁面积　(万平方米)	Area of Roads under Cleaning Program　(10000 sq.m)	11427	11614
# 机械化	By Mechanization	5162	5475
生活垃圾清运量　(万吨)	Volume of Living Garbage Disposal　(10000 tons)	394.29	430.21
生活垃圾处理量　(万吨)	Garbage Treatment　(10000 tons)	394.29	430.21
生活垃圾无害化处理厂(场)数(座)	Number of Garbage Harmless Disposal Factories　(unit)	5	5
生活垃圾无害化处理量　(万吨)	Volume of Garbage Harmless Disposal　(10000 tons)	359.72	393.64
生活垃圾无害化处理率　(%)	Rate of Garbage Harmless Disposal　(%)	91.23	91.50
粪便处理量　(万吨)	Volume of Excrement and Urine Disposal　(10000 tons)	23.41	24.63
公共厕所　(座)	Number of Public Lavatories　(unit)	1266	1186
市容环卫专用车辆设备总数　(辆)	Number of Special Vehicles for Environmental Sanitation(unit)	2240	2368

注：本表数据由广州市城市管理委员会提供。

Note: The data in this table are provided by Guangzhou City Management Commission.

【道路长度】指道路长度和与道路相通的桥梁、隧道的长度，按车行道中心线计算。

【供水总量】指报告期供水企业（单位）供出的全部水量，包括有效供水量和漏损水量。有效供水量指水厂将水供出厂外后，各类用户实际使用到的水量，包括售水量和免费供水量。漏损水量指在供水过程中由于管道及附属设施破损而造成的漏水量、失窃水量以及水表失灵少计算的水量。

【售水量】指报告期供水企业(单位)收费供应的水量，只包括本地售水量，不包括销往本区域外的售水量。

【生产运营用水】指在城市范围内生产、运营的农、林、牧、渔业、工业、建筑业、交通运输业等单位在生产、运营过程中的用水。

【公共服务用水】指为城市社会公共生活服务的用水。包括行政事业单位、部队营区和公共设施服务、社会服务业、批发零售贸易业、旅馆饮食业以及社会服务业等单位的用水。

【居民家庭用水】指城市范围内所有居民家庭的日常生活用水。包括城市居民、农民家庭、公共供水站用水。

【绿地面积】指报告期末用作园林和绿化的各种绿地面积。包括公园绿地、生产绿地、防护绿地、附属绿地和其他绿地的面积。

【公园绿地面积】 指城市中向公众开放的、以游憩为主要功能，有一定的游憩设施和服务设施，同时兼有健全生态、美化景观、防灾减灾等综合作用的绿化用地。它是城市建设用地、城市绿地系统和城市市政公用设施的重要组成部分。

【Length of Roads】 refers to the length of roads and of the bridges and tunnels connected to the roads, calculated by the center line of the roads.

【Annual Volume of Water Supply】 refers to the total volume of water supplied by water-works(units) during the reference period, including both the effective water supply and loss during the water supply.

【Volume of Sold Water】 refers to the total volume of paid water supplied by water-works(units) during the reference period, only including the volume of paid water sold to local region, not including the volume of paid water sold to other regions.

【Volume of Water for Production】 refers to water consumption for urban production of enterprises of farming, forestry, animal husbandry and fishery, industry, construction, transport, and so on.

【Water Consumption of Public Service】 refers to water consumption for urban public services, including the consumption of government agencies and public institutions. Military barracks, public facilities, wholesale and retail outlets, restaurants, hotels, and other units providing public services.

【Household Water Consumption】 refers to consumption of water for daily life of all households within the boundary of cities, including water consumption of urban residents and farmers, and public water supply stations.

【Area of Urban Green Areas】 refers to the total area occupied for green projects at the end of the reference period, including park green land ,production green land, protection green land, green land attached to institutions, and other green areas.

【Park Green Areas】 refers to green areas open to the public for amusement and rest with the facilities of amusement, rest and services, Its function includes perfecting ecology, beautifying landscape, and preventing and reducing disaster. It is an important component of urban construction sites, urban green area system and public facilities in urban districts.

第十篇 CHAPTER 10

农 业
AGRICULTURE

第十篇　农 业

一、本篇资料反映广州市农业生产和农村社会经济的基本情况。

二、本篇资料由广州市统计局农村统计处整理提供。

三、本篇资料中农村经济收益分配表由广州市农业局提供。

四、本篇资料主要来源于广州市农村统计报表制度。农村统计报表制度的统计范围包括各区、县级市的各种经济类型的全部农林牧渔业生产单位。

10 Agriculture

I. The data in this chapter show the basic conditions of agricultural production and rural economy in Guangzhou.

II. The data in this chapter are prepared and provided by the Division of Rural Statistics of Guangzhou Municipal Bureau of Statistics.

III. The data on rural economic income distribution are provided by Guangzhou Agriculture Bureau.

IV. The data in this chapter mainly come from the statistical reporting summary tables on rural area of Guangzhou Municipality. The statistical coverage of the statistical reporting summary scheme includes all the productive units of farming, forestry, animal husbandry and fishery and those related nonagricultural affiliated units with various ownership in the districts and counties in Guangzhou Municipality.

10-1 农业主要指标
Major Indicators of Agriculture

项目	Item	2013	2014
乡镇户数 (户)	Number of Rural Households (household)	1472407	1510590
乡镇人口 (人)	Rural Population (person)	5122171	5244323
乡镇从业人员 (人)	Number of Rural Employed Persons (person)	3192836	3272547
农、林、牧、渔业从业人员 (人)	Number of Rural Employed Persons in Agriculture, Forestry, Animal Husbandry and Fishery (person)	680042	660284
常用耕地面积 (公顷)	Area of Cultivated Land (hectare)	98148	96398
有效灌溉面积 (公顷)	Irrigated Area (hectare)	80399	79596
农业机械总动力 (万瓦)	Total Power of Agricultural Machinery (10000 w)	195599	199587
化肥施用量(折纯) (吨)	Consumption of Chemical Fertilizers (100 percent effective content equivalent) (ton)	111274	112913
农药使用量 (吨)	Consumption of Pesticides (ton)	3233	3222
农村用电量 (万千瓦·时)	Electricity Consumed in Rural Area (10000 kwh)	1836046	1897632
农、林、牧、渔业总产值 (万元)	Gross Output Value of Agriculture, Forestry, Animal Husbandry and Fishery (10000 yuan)	3899763	3983015
农、林、牧、渔业增加值 (万元)	Value-added of Agriculture, Forestry, Animal Husbandry and Fishery (10000 yuan)	2284630	2360057
农、林、牧、渔业商品产值率(%)	Rate of Commodity Output Value of Agriculture, Forestry, Animal Husbandry and Fishery (%)	91.92	91.79
主要农产品产量	Output of Major Agricultural Products		
粮 食 (吨)	Grain (ton)	435548	443145
花 生 (吨)	Peanuts (ton)	18914	19016
糖 蔗 (吨)	Sugarcane (ton)	5681	6467
蔬 菜 (吨)	Vegetables (ton)	3433166	3572476
园林水果 (吨)	Fruits (ton)	410555	456626
肉 类 (吨)	Meat (ton)	313235	254739
水产品 (吨)	Aquatic Products (ton)	476825	478464
农业产业化生产单位 (个)	Number of Township Enterprises (unit)	1444	1288
都市农业从业人员 (万人)	Employed Persons in Urban Agriculture (10000 person)	209	209
都市农业总收入 (万元)	Total Income of Urban Agriculture (10000 yuan)	17697719	17945606
农村经济总收入 (万元)	Gross Income of Rural Economy (10000 yuan)	20971562	21915749
农村居民人均可支配收入 (元)	Per Capita Disposable Income of Rural Residents (yuan)	16013	17663

注：自2014年起广州实施城乡一体化分市县住户调查制度，农村家庭居民收入数据以新口径公布，“人均可支配收入”指标代替“人均纯收入”指标，不再公布“人均纯收入”数据。

Note: Guangzhou started an integrated household income and expenditure survey in 2014 and the income of rural households is published with new statistical standard. The "Per Capita Net Income" is no longer used and the "Per Capita Disposable Income" takes the place of it.

10-2 主要年份年末耕地面积

Year-end Area of Cultivated Land in Main Years

单位：公顷 (hectare)

年 份 Year	常用耕地面积 Area of Cultivated Land	水(旱)田 Paddy Fields	旱 地 Dry Fields	平均每个农业人口拥有耕地 Cultivated Area Per Rural Person	平均每个农业从业人员拥有耕地 Cultivated Area Per Rural Employee
1978	249479	221451	28028	0.09	0.21
1980	248260	220258	28002	0.11	0.23
1985	234171	207431	26740	0.09	0.24
1990	221138	196266	24872	0.09	0.24
1995	177892	158849	19043	0.07	0.20
1996	172179	153332	18847	0.07	0.19
1997	169700	151631	18069	0.07	0.19
1998	168491	150843	17648	0.07	0.19
1999	164816	147455	17361	0.07	0.19
2000	159115	142220	16895	0.05	0.17
2001	154941	137628	17313	0.05	0.17
2002	146311	128888	17423	0.05	0.16
2003	134934	115565	19369	0.06	0.15
2004	131954	116943	15011	0.06	0.16
2005	130094	111700	18394	0.06	0.15
2006	106579	88971	17608	0.05	0.13
2007	104500	84747	19753	0.05	0.13
2008	102155	85064	17091	0.04	0.13
2009	100784	84992	15792	0.03	0.13
2010	100647	87516	13131	0.03	0.13
2011	99552	85267	14285	0.03	0.15
2012	99086	85522	13564	0.03	0.15
2013	98148	84495	13653	0.03	0.14
2014	96398	82719	13679	0.03	0.15

注：2002年及以前年份的常用耕地面积数按国家新口径进行了换算。

Note: The area of cultivated land year 2002 and before has been calculated according to the new statistical coverage.

10-3 耕地面积及变动情况（2014年）

Statistics on Area of Cultivated Land and Its Changes (2014)

单位：公顷 (hectare)

项　目	Item	全市 Total	荔湾区 Liwan	海珠区 Haizhu	天河区 Tianhe	白云区 Baiyun	黄埔区 Huangpu
年初耕地总资源	Total Resources of Cultivated Land at Year-beginning	99367	524	159	239	9730	363
年末耕地总资源	Total Resources of Cultivated Land at Year-end	97527	521	159	237	9546	345
# 常用耕地面积	Area of Cultivated Land	96398	517	159	237	9466	345
# 水　田	Paddy Fields	82719	69		135	8074	187
当年增加耕地面积	Area of Increased Cultivated Land in Current Year	178				6	
# 园地改为耕地	Area of Cultivated Land Adapted from Garden Land	73				3	
当年减少耕地面积	Area of Decreased Cultivated Land in Current Year	2018	3		3	190	18
# 国家基建占用	Occupied by Capital Construction	1010			3	102	
其他基建占用	Occupied by Other Construction	702	3			57	7
粮食占用耕地面积	Area of Cultivated Land Occupied by Grain	42260				2881	7
蔬菜占用耕地面积	Area of Cultivated Land Occupied by Vegetables	23736	46	139	238	4717	230

10-3 续表 continued

单位：公顷 (hectare)

项　目	Item	番禺区 Panyu	花都区 Huadu	南沙区 Nansha	萝岗区 Luogang	增城市 Zengcheng	从化市 Conghua
年初耕地总资源	Total Resources of Cultivated Land at Year-beginning	7529	11615	18900	2637	27020	20651
年末耕地总资源	Total Resources of Cultivated Land at Year-end	7391	11402	18605	2104	26570	20647
# 常用耕地面积	Area of Cultivated Land	7289	11333	18456	1954	26442	20200
# 水　田	Paddy Fields	5537	10042	18451	1528	21768	16928
当年增加耕地面积	Area of Increased Cultivated Land in Current Year	11	22	81	25	29	4
# 园地改为耕地	Area of Cultivated Land Adapted from Garden Land	6	15	21		28	
当年减少耕地面积	Area of Decreased Cultivated Land in Current Year	148	236	376	558	478	8
# 国家基建占用	Occupied by Capital Construction	136	181	22	558		8
其他基建占用	Occupied by Other Construction	11	54	92		478	
粮食占用耕地面积	Area of Cultivated Land Occupied by Grain	1285	6674	2846	1473	15514	11580
蔬菜占用耕地面积	Area of Cultivated Land Occupied by Vegetables	1538	2549	3210	808	7788	2473

10-4 农村基层基本情况（2014年）

项　　目		Item		全 市 Total
农村基层组织	（个）	Rural Grassroots Units	(unit)	
镇政府		Number of Town Governments		35
村（居）民委员会		Number of Villagers' Committees		1237
农村人口状况		Statistics on Rural Population		
乡镇户数	（户）	Number of Rural Households	(household)	1510590
乡镇人口	（人）	Rural Population	(person)	5244323
农村社会基础设施	（个）	Number of Rural Infrastructure	(unit)	
自来水受益村		Number of Villages Benefiting from Tap Water		1237
通有线电视村		Number of Villages Available for Cable Television		1236
通宽带村		Number of Villages Available for Broadband Internet		1236
农村劳动力资源总数	（人）	Total Number of Rural Labor Force	(person)	3623719
# 本地劳动力		Local Labor Force		1908991
# 劳动年龄内的人口数		Number of Population within Labor Age		3525207
农村从业人员合计	（人）	Total Number of Rural Employed Persons	(person)	3272547
# 劳动年龄内		Within Labor Age		3147640
农、林、牧、渔业从业人员		Number of Rural Employed Persons in Agriculture, Forestry, Animal Husbandry and Fishery		627996
农业		Agriculture		518232
林业		Forestry		7370
畜牧业		Animal Husbandry		33244
渔业		Fishery		45459
农、林、牧、渔服务业		Service Industry for Agriculture		23691
工　业		Industry		1550476
建筑业		Construction		211060
批发和零售业		Wholesale and Retail Trade		254240
交通运输、仓储和邮电业		Transport, Storage and Post		120788
住宿和餐饮业		Hotels and Catering Services		197479
信息传输、软件和信息技术服务业		Information Transmission, Software and Information Technology Services		66235
其他行业		Others		244273

Basic Statistics on Rural Grassroots Units (2014)

白云区 Baiyun	番禺区 Panyu	花都区 Huadu	南沙区 Nansha	萝岗区 Luogang	增城市 Zengcheng	从化市 Conghua
4	6	6	6	1	7	5
137	194	200	140	31	301	234
198721	495372	183117	230205	25597	244019	133559
816307	1456155	790100	659696	100392	918299	503374
137	194	200	140	31	301	234
137	194	200	140	31	301	233
137	194	200	140	31	301	233
545862	1064004	532516	472939	66615	624167	317616
274172	324143	275789	222211	54902	468248	289526
529609	1047661	524753	462118	63683	602823	294560
492751	941354	507907	433409	63233	557934	275959
472967	920675	497343	419911	59122	530584	247038
77121	56296	108359	81124	24349	158732	122015
69688	40168	94288	69120	18812	124293	101863
256	178	1029	88	1468	2181	2170
1879	2755	3591	1376	1148	11985	10510
3592	11299	7269	8864	1447	9773	3215
1706	1896	2182	1676	1474	10500	4257
222748	482220	296660	233785	16817	223004	75242
33860	68396	28134	18993	5773	35686	20218
37419	113966	25889	29703	2720	31157	13386
20886	40386	16656	13983	1945	18476	8456
31485	82220	15032	21907	4163	24411	18261
13265	30230	3527	7000	908	6448	4857
55967	67640	13650	26914	6558	60020	13524

10-5 农林牧渔业生产经营户及从业人员情况(2014年)

项 目	Item
从事农、林、牧、渔业生产经营户(户)	Number of Households Engaging in Agriculture, Forestry, Animal Husbandry and Fishery(household)
农、林、牧、渔业从业人员数 (人)	Number of Rural Employed Persons in Agriculture, Forestry, Animal Husbandry and Fishery (person)
农业	Agriculture
林业	Forestry
畜牧业	Animal Husbandry
渔业	Fishery
农、林、牧、渔服务业	Service Industry for Agriculture

10-5 续表

项 目	Item
从事农、林、牧、渔业生产经营户(户)	Number of Households Engaging in Agriculture, Forestry, Animal Husbandry and Fishery (household)
农、林、牧、渔业从业人员数 (人)	Number of Rural Employed Persons in Agriculture, Forestry, Animal Husbandry and Fishery (person)
农业	Agriculture
林业	Forestry
畜牧业	Animal Husbandry
渔业	Fishery
农、林、牧、渔服务业	Service Industry for Agriculture

Number of Households and Laborers Engaging in Agriculture, Forestry, Animal Husbandry and Fishery (2014)

全 市 Total	荔湾区 Liwan	海珠区 Haizhu	天河区 Tianhe	白云区 Baiyun	黄埔区 Huangpu
357224	3117	1944	1284	43977	4017
660284	7818	2845	3323	85164	4494
544710	7464	2840	3064	77284	3712
7552			17	256	45
34808			16	1984	146
48846	317	3	34	3740	571
24368	37	2	192	1900	20

continued

番禺区 Panyu	花都区 Huadu	南沙区 Nansha	萝岗区 Luogang	增城市 Zengcheng	从化市 Conghua
23754	58259	47888	9656	101988	61340
56296	108359	84476	26470	158732	122307
40168	94288	69515	19958	124293	102124
178	1029	146	1522	2181	2178
2755	3591	2243	1573	11985	10515
11299	7269	10794	1821	9773	3225
1896	2182	1778	1596	10500	4265

10-6 主要年份农林牧渔业总产值

Gross Output Value of Agriculture, Forestry, Animal Husbandry and Fishery in Main Years

单位：万元 (10000 yuan)

年 份 Year	合 计 Total	# 农业 Agriculture	# 林业 Forestry	# 畜牧业 Animal Husbandry	# 渔业 Fishery
1978	79940	62212	1367	11018	3551
1979	81753	64183	1001	11806	2855
1980	89465	69534	2316	11730	3650
1985	180163	117429	2312	43583	9530
1986	207553	133272	2921	48420	12630
1987	259437	171381	3534	58134	15286
1988	374875	235199	4210	100127	22571
1989	410575	258918	5325	105375	25131
1990	439322	280156	5011	110313	28142
1991	489080	311918	4809	124979	32183
1992	590289	359850	8004	165373	42635
1993	773560	415462	9442	220827	108282
1994	1034215	562429	8198	315842	125140
1995	1268076	673678	10672	369589	185396
1996	1429078	701636	11152	429758	247883
1997	1508110	748281	12706	449656	254502
1998	1540244	770438	12643	439267	265520
1999	1600738	818349	12683	433928	280155
2000	1630468	823477	13224	430589	296503
2001	1670518	878086	13344	406407	304442
2002	1750598	942935	11577	404566	321379
2003	1806678	978410	12823	388590	332774
2004	2014423	1055554	36602	401247	358246
2005	2208105	1126688	38424	477025	376560
2006	2178394	1140576	18192	421336	406265
2007	2544675	1349965	18284	519306	432804
2008	2913008	1445324	19898	639605	526876
2009	2956200	1500816	21683	612002	536132
2010	3221258	1662415	26613	641581	583252
2011	3506065	1783512	34286	721893	627707
2012	3667902	1872361	32169	766839	637314
2013	3899763	2027062	39615	758607	677539
2014	3983015	2141475	40369	648663	732958

10-7 主要年份农林牧渔业总产值指数

Indices of Gross Output Value of Agriculture, Forestry, Animal Husbandry and Fishery in Main Years

上年=100 (preceding year=100)

年 份 Year	合 计 Total	# 农业 Agriculture	# 林业 Forestry	# 畜牧业 Animal Husbandry	# 渔业 Fishery
1978	103.2	101.5	124.9	113.4	102.4
1979	101.9	103.2	72.8	105.8	79.4
1980	108.2	107.1	230.1	98.1	127.9
1985	108.1	103.8	110.8	125.1	112.9
1986	105.2	101.9	113.1	110.4	113.0
1987	104.4	104.8	120.6	103.0	103.2
1988	105.7	101.0	86.2	120.1	114.6
1989	101.4	100.5	138.3	98.7	101.2
1990	106.3	106.1	62.3	109.3	109.5
1991	111.1	111.8	98.5	113.0	106.3
1992	114.0	109.4	182.1	123.3	121.7
1993	99.1	81.2	75.2	119.3	160.8
1994	117.4	118.6	83.9	114.8	122.3
1995	109.3	106.0	106.1	104.5	126.9
1996	106.6	97.1	107.2	106.9	128.0
1997	106.6	107.4	97.5	105.3	106.3
1998	104.6	100.1	97.2	103.7	112.1
1999	109.5	118.0	110.5	99.9	106.3
2000	102.0	98.9	108.4	101.8	104.8
2001	101.6	103.6	92.9	95.2	107.1
2002	109.1	123.5	96.1	97.4	101.7
2003	100.7	94.5	75.4	98.5	108.5
2004	105.1	112.6	120.5	97.5	101.9
2005	104.1	102.3	103.7	108.4	101.2
2006	98.1	100.7	47.1	87.9	107.3
2007	103.1	102.2	90.2	103.1	101.3
2008	103.4	97.3	104.0	110.0	109.1
2009	103.9	103.0	109.0	104.9	105.2
2010	103.1	103.3	96.6	102.1	102.9
2011	102.6	103.6	122.0	98.3	102.5
2012	102.8	103.5	93.1	100.3	104.4
2013	102.9	102.4	120.7	98.2	106.5
2014	100.1	104.7	98.0	84.0	102.4

注：农林牧渔业总产值指数按可比价计算。

Note: The indices of gross output value of farming, forestry, animal husbandry and fishery are calculated by constant price.

10-8 农林牧渔业总产值、增加值和商品产值（2014年）

单位:万元

项 目	Item	全 市 Total
农、林、牧、渔业总产值(当年价格)	**Gross Output Value of Agriculture, Forestry, Animal Husbandry and Fishery (at current prices)**	**3983015**
农业	Agriculture	2141475
林业	Forestry	40369
畜牧业	Animal Husbandry	648663
渔业	Fishery	732958
农、林、牧、渔服务业	Service Industry for Agriculture	419550
农、林、牧、渔业总产值构成 (%)	**Composition of Gross Output Value of Agriculture, Forestry, Animal Husbandry and Fishery (%)**	**100.00**
农业	Agriculture	53.77
林业	Forestry	1.01
畜牧业	Animal Husbandry	16.29
渔业	Fishery	18.40
农、林、牧、渔服务业	Service Industry for Agriculture	10.53
农、林、牧、渔业增加值	**Value-added of Agriculture, Forestry, Animal Husbandry and Fishery**	**2360057**
农业	Agriculture	1480402
林业	Forestry	27798
畜牧业	Animal Husbandry	264525
渔业	Fishery	414268
农、林、牧、渔服务业	Service Industry for Agriculture	173064
农、林、牧、渔业增加值构成 (%)	**Composition of Value-added of Agriculture, Forestry, Animal Husbandry and Fishery (%)**	**100.00**
农业	Agriculture	62.73
林业	Forestry	1.18
畜牧业	Animal Husbandry	11.21
渔业	Fishery	17.55
农、林、牧、渔服务业	Service Industry for Agriculture	7.33
农、林、牧、渔业商品产值	**Commodity Output Value of Agriculture, Forestry, Animal Husbandry and Fishery**	**3655961**
农业	Agriculture	1894447
林业	Forestry	37811
畜牧业	Animal Husbandry	609933
渔业	Fishery	694220
农、林、牧、渔服务业	Service Industry for Agriculture	419550
农、林、牧、渔业商品率 (%)	**Rate of Commodity Output Value of Agriculture, Forestry, Animal Husbandry and Fishery (%)**	**91.79**
农业	Agriculture	88.46
林业	Forestry	93.66
畜牧业	Animal Husbandry	94.03
渔业	Fishery	94.71
农、林、牧、渔服务业	Service Industry for Agriculture	100.00

Gross Output Value, Value-added and Commodity Output Value of Agriculture, Forestry, Animal Husbandry and Fishery (2014)

(10000 yuan)

荔湾区 Liwan	海珠区 Haizhu	天河区 Tianhe	白云区 Baiyun	黄埔区 Huangpu	番禺区 Panyu	花都区 Huadu	南沙区 Nansha	萝岗区 Luogang	增城市 Zengcheng	从化市 Conghua
76017	**38819**	**62816**	**596481**	**19422**	**450483**	**544517**	**798896**	**121323**	**879649**	**394592**
65438	11685	10421	352205	14577	183489	270563	409260	46632	538524	238681
		187	2191	80	803	3942	271	2846	18750	11299
		14716	122405	2469	69079	152133	67901	44259	91189	84512
6479	24646	7178	39392	2030	175457	77981	311296	5856	63006	19637
4100	2488	30314	80288	266	21655	39898	10168	21730	168180	40463
100.00	**100.00**	**100.00**	**100.00**	**100.00**	**100.00**	**100.00**	**100.00**	**100.00**	**100.00**	**100.00**
86.08	30.10	16.59	59.05	75.06	40.73	49.69	51.23	38.44	61.22	60.49
		0.30	0.37	0.41	0.18	0.72	0.03	2.34	2.13	2.86
		23.43	20.52	12.71	15.33	27.94	8.50	36.48	10.37	21.42
8.52	63.49	11.42	6.60	10.45	38.95	14.32	38.97	4.83	7.16	4.98
5.40	6.41	48.26	13.46	1.37	4.81	7.33	1.27	17.91	19.12	10.25
50591	**23034**	**29896**	**350288**	**12396**	**263670**	**312327**	**490937**	**64519**	**527365**	**235034**
45238	8078	7204	243479	10077	126846	187040	282922	32237	372281	165000
		129	1509	55	553	2714	186	1960	12912	7780
		6001	49917	1007	28170	62040	27690	18049	37187	34464
3662	13930	4057	22264	1147	99168	44075	175945	3310	35611	11099
1691	1026	12505	33119	110	8933	16458	4194	8963	69374	16691
100.00	**100.00**	**100.00**	**100.00**	**100.00**	**100.00**	**100.00**	**100.00**	**100.00**	**100.00**	**100.00**
89.42	35.07	24.10	69.51	81.29	48.11	59.89	57.63	49.97	70.59	70.20
		0.43	0.43	0.45	0.21	0.87	0.04	3.04	2.45	3.31
		20.07	14.25	8.12	10.68	19.86	5.64	27.97	7.05	14.67
7.24	60.48	13.57	6.36	9.25	37.61	14.11	35.84	5.13	6.75	4.72
3.34	4.45	41.83	9.45	0.89	3.39	5.27	0.85	13.89	13.16	7.10
75637	**37667**	**62593**	**566383**	**18174**	**412416**	**508998**	**736974**	**117301**	**772741**	**347077**
65058	10833	10208	324297	13390	167395	246706	373499	43733	442793	196535
		187	2191	80	803	3808	270	2842	16442	11188
		14715	121254	2431	58300	144925	59858	43223	85375	79852
6479	24346	7169	38353	2007	164263	73661	293179	5773	59951	19039
4100	2488	30314	80288	266	21655	39898	10168	21730	168180	40463
99.50	**97.03**	**99.65**	**94.95**	**93.58**	**91.55**	**93.48**	**92.25**	**96.68**	**87.85**	**87.96**
99.42	92.71	97.96	92.08	91.86	91.23	91.18	91.26	93.78	82.22	82.34
		100.00	100.00	99.88	100.00	96.59	99.70	99.86	87.69	99.03
		100.00	99.06	98.50	84.40	95.26	88.15	97.66	93.62	94.49
100.00	98.78	99.87	97.36	98.84	93.62	94.46	94.18	98.59	95.15	96.96
100.00	100.00	100.00	100.00	100.00	100.00	100.00	100.00	100.00	100.00	100.00

10-9 按历史时期分农林牧渔业总产值

Gross Output Value of Agriculture, Forestry, Animal Husbandry and Fishery by History Period

时期	Period	合计 Total	# 农业 Agriculture	# 林业 Forestry	# 畜牧业 Animal Husbandry	# 渔业 Fishery
按现行价格计算(万元)	**Current Price (10000 yuan)**					
“六五”时期	6th Five-year Plan Period	658543	455112	8949	135454	34854
“七五”时期	7th Five-year Plan Period	1691762	1078926	21001	422369	103760
“八五”时期	8th Five-year Plan Period	4155220	2323337	41125	1196610	493636
“九五”时期	9th Five-year Plan Period	7708638	3862181	62408	2183198	1344563
“十五”时期	10th Five-year Plan Period	9450322	4981673	112770	2077835	1693401
“十一五”时期	11th Five-year Plan Period	13813535	7099096	104670	2833830	2485329
1979-2014	1979-2014	52705983	27758452	500679	11768834	8837566
1991-2014	1991-2014	50184460	26090697	467412	11187475	8692447
2001-2014	2001-2014	38320602	19905179	363879	7807667	6854248
平均增长速度(%)	**Average Speed of Growth (%)**					
“六五”时期	6th Five-year Plan Period	6.2	3.3	-5.8	17.9	15.5
“七五”时期	7th Five-year Plan Period	4.6	2.8	0.3	8.1	8.2
“八五”时期	8th Five-year Plan Period	10.0	4.6	3.7	14.8	26.4
“九五”时期	9th Five-year Plan Period	5.9	4.0	4.0	3.5	11.2
“十五”时期	10th Five-year Plan Period	5.8	7.8	-3.2	1.2	4.8
“十一五”时期	11th Five-year Plan Period	2.3	1.3	-14.2	1.3	5.1
1979-2014	1979-2014	5.2	3.8	-0.1	5.5	10.0
1991-2014	1991-2014	5.1	4.1	-1.1	2.9	10.1
2001-2014	2001-2014	3.1	3.9	-4.5	-1.3	4.4

10-10 渔业生产情况（2014年）
Statistics on Fishery Production (2014)

项　　目	Item	全　市 Total	荔湾区 Liwan	海珠区 Haizhu	天河区 Tianhe	白云区 Baiyun	黄埔区 Huangpu
水产品养殖总面积（公顷）	**Total Cultured Area of Aquatic Products (hectare)**	**28365**	**39**	**6**	**28**	**2860**	**145**
# 淡水养殖	Freshwater Artificially Cultured	24609		6	28	2834	145
# 鱼　塘	Fish Pond	22406		6	28	2588	145
水产品总产量(吨)	**Total Aquatic Products (ton)**	**478464**	**2574**	**5331**	**5801**	**42289**	**2176**
按作业分	Grouped by Production						
海洋捕捞	Marine Fishing	29304	1832	5080	5426		197
海水养殖	Mariculture	57951					
淡水捕捞	Freshwater Fishing	45284	10	138		113	142
淡水养殖	Freshwater Aquaculture	345925	732	113	375	42176	1837
按种类分	Grouped by Species						
鱼　类	Fish	417650		4137	3576	41794	2135
甲壳类	Shrimps, Prawns and Crabs	21004		423		17	29
贝　类	Shell-fish	30198					10
其他水产类	Other Aquatic Products	9612	2574	771	2225	478	2

10-10　续表　continued

项　　目	Item	番禺区 Panyu	花都区 Huadu	南沙区 Nansha	萝岗区 Luogang	增城市 Zengcheng	从化市 Conghua
水产品养殖总面积（公顷）	**Total Cultured Area of Aquatic Products (hectare)**	**4613**	**5436**	**8129**	**632**	**4554**	**1923**
# 淡水养殖	Freshwater Artificially Cultured	2691	5425	6420	632	4540	1888
# 鱼　塘	Fish Pond	2658	5144	6420	575	3857	985
水产品总产量(吨)	**Total Aquatic Products (ton)**	**151989**	**66426**	**132429**	**6860**	**51799**	**10790**
按作业分	Grouped by Production						
海洋捕捞	Marine Fishing	15003		1250		516	
海水养殖	Mariculture	36603		21348			
淡水捕捞	Freshwater Fishing	38775	120	3100		2886	
淡水养殖	Freshwater Aquaculture	61608	66306	106731	6860	48397	10790
按种类分	Grouped by Species						
鱼　类	Fish	119154	66077	115787	6860	49141	8989
甲壳类	Shrimps, Prawns and Crabs	3799	27	16236		473	
贝　类	Shell-fish	28945		361		882	
其他水产类	Other Aquatic Products	91	322	45		1303	1801

10-11 畜牧业生产情况（2014年）

项　　目		Item		全　市 Total
年末牛存栏量	（头）	Number of Farm Cattle on Hand at Year-end	(head)	43524
役用牛		Draft Cattle		6522
肉用牛		Beef Cattle		17756
奶　牛		Cow		19246
牛奶产量	（吨）	Output of Milk	(ton)	59227
牛出栏量	（头）	Number of Slaughtered Cattle	(head)	10608
牛肉产量	（吨）	Output of Beef	(ton)	1403
生猪饲养量	（头）	Total Number of Hogs Raised	(head)	2245780
年末生猪存栏量	（头）	Number of Hogs on Hand at Year-end	(head)	732250
# 能繁殖的母猪		Female Hogs		74923
生猪出栏量	（头）	Number of Slaughtered Fattened Hogs	(head)	1513530
猪肉产量	（吨）	Output of Pork	(ton)	113379
年末羊存栏量	（头）	Number of Sheep and Goats on Hand at Year-end	(head)	6373
羊出栏量	（头）	Number of Slaughtered Sheep and Goats	(head)	7642
羊肉产量	（吨）	Output of Mutton	(ton)	135
年末兔存栏量	（只）	Number of Rabbits on Hand at Year-end	(unit)	26466
兔出栏量	（只）	Number of Slaughtered Rabbits	(unit)	69037
兔肉产量	（吨）	Output of Rabbit Meat	(ton)	166
年末家禽存栏量	（万只）	Number of Poultry on Hand at Year-end	(10000 units)	2725
# 三　鸟		Chickens, Ducks and Gooses		2371
# 鸡		Chickens		1464
家禽出栏量	（万只）	Number of Slaughtered Poultry	(10000 units)	10656
# 三　鸟		Chickens, Ducks and Gooses		8556
# 鸡		Chickens		5377
禽肉产量	（吨）	Output of Poultry Meat	(ton)	138975
禽蛋产量	（吨）	Output of Poultry Eggs	(ton)	24602
肉类总产量	（吨）	Output of Meat	(ton)	254740
蜂蜜产量	（吨）	Output of Honey	(ton)	968

Statistics on Animal Husbandry Production (2014)

天河区 Tianhe	白云区 Baiyun	黄埔区 Huangpu	番禺区 Panyu	花都区 Huadu	南沙区 Nansha	萝岗区 Luogang	增城市 Zengcheng	从化市 Conghua
5602	1426		1979	3665	2271	1050	25632	1899
	96		303	406	156	280	4580	701
				18		70	17614	54
5602	1330		1676	3241	2115	700	3438	1144
17541	3850		3557	10435	6883	2318	10840	3803
927	235		91	240	154	837	7385	739
122	31		12	32	20	111	977	98
	277316		236371	556732	313570	297178	52659	511954
	70872		89533	182935	125014	95542	16325	152029
	9812		4158	19667	9927	9311	330	21718
	206444		146838	373797	188556	201636	36334	359925
	15465		11000	28001	14125	15104	2722	26962
	603			471		420	3193	1686
	430			383		2067	3186	1576
	8			7		36	56	28
	50		60	4938		70	2000	19348
	20		540	16868			9600	42009
			1	41			24	100
	582	23	225	712	182	116	660	225
	529	22	221	689	178	90	443	199
	431	22	84	263	53	88	361	162
	2858	93	830	2425	870	411	2429	740
	2473	85	810	2292	861	227	1162	646
	2026	84	208	1232	189	220	926	492
	35425	1018	16594	36827	15738	3344	20793	9236
	1436		4428	2866	752	1935	9946	3239
123	50939	1020	27606	65202	29891	18596	24755	36608
		5		4		2	670	287

10-12 农村电力、化肥用量和农田水利建设情况（2014年）

项　　目	Item	全　市 Total
农村电气化	Rural Electrification	
农村用电量　（万千瓦·时）	Electricity Consumed in Rural Areas (10000 kilowatt/hour)	1897632
农村小水电站个数　（个）	Number of Small Hydropower Stations in Rural Areas (unit)	188
农村小水电站装机容量　（千瓦）	Installed Capacity of Small Hydropower Stations in Rural Areas (kilowatt)	136284
农村小水电站发电量(万千瓦·时)	Generated Energy of Small Hydropower Stations in Rural Areas(10000 kilowatts/hour)	33018
农村化学化	Rural Chemicalizing	
化肥施用量　（实物量、吨）	Consumption of Chemical Fertilizers (gross weight) (ton)	306260
化肥施用量　（折纯量、吨）	Consumption of Chemical Fertilizers (effective weight) (ton)	112913
农用薄膜使用量　（吨）	Consumption of Plastic Film in Agriculture (ton)	2663
农药施用量　（吨）	Consumption of Agricultural Pesticide (ton)	3222
农用柴油使用量　（吨）	Consumption of Diesel Oil in Agriculture (ton)	61258
农田水利建设	Construction of Water Conservancy Works	
有效灌溉面积　（公顷）	Irrigated Area (hectare)	79596
有效灌溉面积占耕地比重　(%)	As Percentage of Total Cultivated Land (%)	82.57
旱涝保收面积　（公顷）	Drought and Flooded Area under Control and Ensuring Stable Yields (hectare)	69350
旱涝保收面积占耕地比重　(%)	As Percentage of Total Cultivated Land (%)	71.95
机电排灌面积　（公顷）	Area with Motorized Drainage and Irrigation Facilities (hectare)	51148
机电排灌面积占耕地比重　(%)	As Percentage of Total Cultivated Land (%)	53.06

Statistics on Electricity, Chemical Fertilizer Consumption and Construction of Water Conservancy Works in Rural Areas (2014)

荔湾区 Fangcun	海珠区 Haizhu	天河区 Tianhe	白云区 Baiyun	黄埔区 Huangpu	番禺区 Panyu	花都区 Huadu	南沙区 Nansha	萝岗区 Luogang	增城市 Zengcheng	从化市 Conghua
26019	48752	22460	256299	55645	401735	227019	281220	73154	451204	54125
			1			17		3	16	151
			2000			6510		1110	26750	99914
						884		80	6257	25797
425	1152	561	41277	1990	12660	43375	110664	10415	52108	31633
165	406	209	15932	853	4703	16049	39873	3666	20101	10956
235	5	3	94	25	260	560	553	30	630	268
4	11	2	410	315	317	289	552	120	561	641
262	809	11	16552	753	1914	13394	8950	1850	5967	10796
248	159	237	7415	343	6776	10042	16774	1947	17377	18278
47.82	100.00	100.00	78.33	99.29	92.96	88.61	90.88	99.64	65.72	90.49
247	159	235	7390	341	6098	10001	16759	1900	14066	12154
47.82	100.00	99.35	78.07	98.71	83.66	88.25	90.80	97.24	53.20	60.17
187	159	199	5834	104	6098	6980	14836	1900	11722	3129
36.21	100.00	84.13	61.63	30.10	83.66	61.59	80.38	97.24	44.33	15.49

10-13 农业机械总动力和拥有量（2014年）

项　　　　目	Item	全　市 Total
农业机械总动力　（千瓦）	Total Power of Agricultural Machinery　(kilowatt)	1995870
柴油发动机动力	Power of Diesel Engines	1259528
汽油发动机动力	Power of Gasoline Engines	289429
电动机动力	Power of Electric Motors	435530
主要农业机械拥有量	Possession of Major Agricultural Machinery	
大中型拖拉机　（台）	Number of Large and Medium Tractors　(unit)	295
小型拖拉机　（台）	Number of Mini-Tractors　(unit)	4063
大中型拖拉机配套农具　（台）	Number of Large and Medium Tractor Accessory Farm Machinery　(unit)	516
小型拖拉机配套农具　（台）	Number of Mini-Tractor Towing Farm Machinery　(unit)	5656
农用排灌柴油机　（台）	Diesel Engines for Agricultural Use　(unit)	26851
农用排灌电动机　（台）	Electric Motors for Agricultural Use　(unit)	15098
农用水泵　（台）	Water Pumps for Agricultural Use　(unit)	43200
节水灌溉机械　（套）	Irrigation Machinery of Saving Water　(set)	21038
联合收割机　（台）	Combine Harvesters　(unit)	188
机动脱粒机　（台）	Motorized Threshers　(unit)	14041
渔用机动船　（艘）	Motorized Fishing Boats　(unit)	2387
农用运输车　（辆）	Number of Trucks for Agricultural Use　(unit)	7837

Total Power and Possession of Major Agricultural Machinery (2014)

荔湾区 Fangcun	海珠区 Haizhu	天河区 Tianhe	白云区 Baiyun	黄埔区 Huangpu	番禺区 Panyu	花都区 Huadu	南沙区 Nansha	萝岗区 Luogang	增城市 Zengcheng	从化市 Conghua
2279	17902	3849	405650	3744	203698	263574	482000	16873	380500	215801
1099	15865	2982	266150	3204	101849	168029	286150	13364	222800	178036
	1152		111170	199	17531	29825	68200	920	51800	8632
1180	885	867	28330	341	84318	56887	125100	2589	105900	29133
			10		30	13	50	14	136	42
			64		429	788	450	10	1360	962
			10		34	18	160	19	191	84
			63		413	810	900	10	2214	1246
			494	11	3054	3162	16000	460	1525	2145
		5	940	3	4581	2051	4800	160	2257	301
	43	5	3137	29	7635	11369	13200	543	3810	3429
			450		2864	467	16800		15	442
			2		3	12	40	4	49	78
			500		47	735			8260	4499
16	233	18	80	64	991	53	841		87	4
			6	8	1368	819	2050	23	2017	1546

10-14 主要农作物及水果种植面积和产量（2014年）

项　　目	Item	全　市 Total	荔湾区 Fangcun	海珠区 Haizhu
农作物总播种面积　（公顷）	**Total Sown Area of Farm Crops　(hectare)**	**269432**	**2420**	**948**
粮食作物	Grain Crops	89738		
#稻　谷	Rice	60485		
大　豆	Soybeans	1637		
经济作物	Economic Crops	32663	2112	6
#甘　蔗	Sugarcane	6755		
花　生	Peanuts	7066		
木　薯	Cassava	73		
花　卉	Flowers	17115	2112	6
其他作物	Other Farm Crops	147031	308	942
#蔬　菜	Vegetables	144453	308	942
果用瓜	Melon-fruits	386		
园林水果年末面积　（公顷）	**Planting Area of Fruits at Year-end　(hectare)**	**62095**		**984**
#柑桔橙	Citrus	3256		
香(大)蕉	Bananas and Plantains	4860		22
荔　枝	Lychees	30770		32
龙　眼	Longans	7817		331
主要农作物产量　（吨）	**Yield of Major Farm Crops　(ton)**			
粮食作物	Grain Crops	443145		
#稻　谷	Rice	314895		
大　豆	Soybeans	5870		
经济作物	Economic Crops			
#甘　蔗	Sugarcane	801621		
花　生	Peanuts	19016		
木　薯	Cassava	1383		
花　卉　（万元）	Flowers　(10000 yuan)	388833	63541	14
其他作物	Other Farm Crops			
#蔬　菜	Vegetables	3572476	4523	17943
果用瓜	Melon-fruits	8395		
园林水果总产量　（吨）	**Gross Output of Fruits　(ton)**	**456626**		**10115**
#柑桔橙	Citrus	50526		
香(大)蕉	Bananas and Plantains	163884		810
荔　枝	Lychees	68672		362
龙　眼	Longans	38396		1412

Sown Area and Output of Major Farm Crops and Fruits (2014)

天河区 Tianhe	白云区 Baiyun	黄埔区 Huangpu	番禺区 Panyu	花都区 Huadu	南沙区 Nansha	萝岗区 Luogang	增城市 Zengcheng	从化市 Conghua
1603	**44294**	**1880**	**16949**	**33111**	**34571**	**8156**	**80677**	**44823**
	6400	23	2676	14667	6542	3000	32967	23463
	3749		378	5919	1395	1886	26060	21098
	43		86	329	727		237	215
33	1358	68	5978	3571	8464	1230	4627	5216
	59	13	21	115	5880	18	543	106
	375		8	1237	67	112	1995	3272
					1		8	64
33	923	55	5948	1700	2516	1078	1196	1548
1570	36536	1789	8295	14873	19565	3926	43083	16144
1570	36502	1789	8282	13687	19556	3880	42511	15426
	34		13	220	5	35	76	3
81	**1677**	**563**	**586**	**3601**	**4857**	**2963**	**21144**	**25639**
	17			57	131	44	942	2065
1	40	89	206	150	2731	224	1288	109
30	741	146	9	1719	1034	1889	11555	13615
26	495	105	136	1299	204	551	2607	2063
	31865	106	14003	73075	34001	13007	157300	119788
	19598		1901	33768	7419	8909	133513	109787
	183		285	1012	3261		569	560
	5708	1820	2403	11383	732154	549	41437	6167
	949		49	3397	302	332	5270	8717
					4		197	1182
191	24372	955	102469	90960	31911	11328	27400	35692
28858	795491	28390	178344	335377	564165	64689	1216352	338344
	508		148	5254	74	896	1487	28
200	**7115**	**5942**	**12139**	**21325**	**144000**	**8807**	**149059**	**97924**
	163			476	2744	523	25105	21515
5	1425	2197	5027	2626	110915	2055	37818	1006
60	2073	530	66	7333	2790	2940	21996	30522
48	1510	910	1858	6849	1755	923	11680	11451

10-15 主要农产品产量与建国以来最高年份比较（2014年）
Output of Major Farm Products in Comparison with that of Peak Year since 1949 (2014)

项　　目	Item	2014	建国以来最高年份（不含当年）Peak Year since 1949 (excluding current year)		2014为建国以来最高年(%) 2014 as Percentage of Peak Year (%)
			年　份 Year	产　量 Output	
农产品总产量　（吨）	**Total Yield of Farm Products　(ton)**				
粮　食	Grain	443145	1984	1259928	35.17
#稻　谷	Rice	314895	1984	1242982	25.33
花　生	Peanuts	19016	1982	56397	33.72
糖　蔗	Sugarcane	6467	1985	2395941	0.27
蔬　菜	Vegetables	3572476	2004	3666886	97.43
水　果(含果用瓜)	Fruits	465021	2004	553819	83.97
单位播种面积产量（千克/公顷）	**Yield per Unit Sowed Area (kilogram/hectare)**				
粮　食	Grain	4938	2000	5758	85.76
#稻　谷	Rice	5206	2000	5952	87.47
花　生	Peanuts	2691	2005	2698	99.74
糖　蔗	Sugarcane	98482	1991	121120	81.31
蔬　菜	Vegetables	24731	2013	24516	100.88
水　果	Fruits	7443	1992	8420	88.4
禽畜产品产量　（吨）	**Total Output of Poultry and Animal Husbandry Products　(ton)**				
肉类总产量	Output of Meat	254739	2000	327702	77.73
#猪　肉	Pork	113379	2010	174778	64.87
牛羊肉	Beef and Mutton	1538	2003	1973	77.95
家禽肉	Poultry Meat	138975	2002	184134	75.47
牛　奶	Milk	59227	2010	61530	96.26
鲜　蛋	Eggs	24602	1994	37321	65.92
水产品总产量　（吨）	**Total Output of Aquatic Products(ton)**				
海水产品	Seawater Aquatic Products	87255	2013	85834	101.66
淡水产品	Freshwater Aquatic Products	391209	2013	390991	100.06

10-16 农牧渔业生产水平

Production Level of Agriculture, Animal Husbandry and Fishery

单位：千克 (kg)

项　目	Item	2013	2014
平均每个农业户生产	Average Production per Household		
粮　食	Grain	1196	1241
#稻　谷	Rice	834	882
花　生	Peanuts	52	53
甘　蔗	Sugarcane	2169	2244
蔬　菜	Vegetables	9428	10001
水　果	Fruits	1151	1302
花　卉(元)	Flowers (yuan)	9745	10885
生　猪(头)	Hogs (head)	6	4
家　禽(只)	Poultry (head)	290	298
#鸡	Chickens	147	151
禽　蛋	Eggs of Poultry	62	69
水产品	Aquatic Products	1309	1339
#鱼　类	Fish	1137	1169
平均每个农业从业人员生产	Average Production per Employed Person Engaging in Farming		
粮　食	Grain	781	814
#稻　谷	Rice	544	578
花　生	Peanuts	34	35
甘　蔗	Sugarcane	1416	1472
蔬　菜	Vegetables	6154	6558
水　果	Fruits	751	854
花　卉(元)	Flowers (yuan)	6361	7138
平均每个畜牧业从业人员生产	Average Production per Employed Person Engaging in Animal Husbandry		
肉类总产量	Output of Meat	8263	7318
#猪　肉	Pork	4585	3257
牛羊肉	Beef and Mutton	34	44
禽　肉	Meat of Poultry	3625	3993
禽　蛋	Eggs of Poultry	595	707
平均每个渔业从业人员生产	Average Production per Employed Person Engaging in Fishery		
水产品	Aquatic Products	9382	9795
#鱼　类	Fish	8148	8550

10-17 农村经济效益主要指标

Main Indicators of Rural Economic Results

项　　目	Item	2013	2014
农、林、牧、渔业劳动生产率　（元/人）	Labor Productivity of Agriculture, Forestry, Animal Husbandry and Fishery (yuan/person)	33595	35743
农业	Agriculture	25117	27178
林业	Forestry	35276	36809
畜牧业	Animal Husbandry	81604	75995
渔业	Fishery	75344	84811
农村经济净收入分配率　(%)	Distribution Rate of Rural Economic Net Income (%)	100.00	100.00
国家	State	9.00	8.28
集体	Collective	10.68	10.20
个人	Individual	71.22	73.13
其他	Others	9.10	8.39
森林覆盖率　(%)	Rate of Land Covered by Forestry (%)	42.00	42.00
耕地水利化程度　(%)	Rate of Cultivated Land under Irrigation (%)	80.91	81.61
农、林、牧、渔业劳动机械化程度　(%)	Rate of Labor Mechanization of Farming, Forestry, Animal Husbandry and Fishery (%)	9.35	9.65
每百元农村总收入提供国家税收　（元）	Taxes Created by per 100 yuan Rural Income (yuan)	2.26	2.22
每百元费用提供农村净收入　（元）	Net Rural Income Created by per 100 yuan Expenditure (yuan)	27.90	30.37

10-18 农村经济收益分配
Distribution of Rural Economic Returns

单位：万元 (10000 yuan)

项　　目	Item	2013	2014
农村经济总收入	Total Income of Rural Economy	20971562	21915749
农、林、牧、渔业	Agriculture, Forestry, Animal Husbandry and Fishery	2391238	2591155
农业	Agriculture	1511160	1604412
# 种植业	Grain Farming	1403405	1466693
林业	Forestry	37273	59770
畜牧业	Animal Husbandry	391453	421950
渔业	Fishery	451352	505023
工业	Industry	11011559	10743363
建筑业	Construction	1585122	1744396
交通运输业	Transport	900803	965299
商业饮食业	Trade and Catering Services	1557481	1714750
服务业	Social Services	1156867	1433407
其他	Others	2368492	2723379
总费用	Total Expenditure	16397354	16810917
# 生产费用	Expenditure for Production	11470526	11427694
净收入	Net Income	4574208	5104832
可分配净收入总额	Total Disposable Net Income	5285767	5907099
# 国家税金	Taxes Paid to State	473295	486291
上交国家有关部门	Taxes Paid to Related Departments	2396	2832
乡村集体所得	Taxes Owned by Rural Collective	564269	602498
农民经营所得	Taxes Owned by Farmers' Operation	3764635	4319636
农民所得总额	Total Income of Farmers	4281511	4880603

10-19 建制镇社会经济发展基本情况（2014年）

乡镇名称	Name of Towns	乡镇行政区域面积（公顷）Area of Administrative Division (hectare)	年末常用耕地面积（公顷）Area of Cultivated Land (hectare)	常住人口（人）Permanent Population (Person)	乡镇从业人员数（人）Employed Persons in Township Enterprises (person)	农作物总播种面积（公顷）Total Sown Area of Farm Crops (hectare)	公共财政收入（万元）Public Government Revenue (10000 yuan)
白云区	**Baiyun**						
人和镇	Renhe Town	7100	1983	175259	114052	9579	12047
太和镇	Taihe Town Baiyun District	15537	1642	261663	142024	7534	12520
钟落潭镇	Zhongluotan Town	16900	2719	201297	127818	11650	14305
江高镇	Jianggao Town	9600	2463	178088	108857	10916	14929
番禺区	**Panyu**						
南村镇	Nancun Town	4700	452	200107	158510	660	39125
新造镇	Xinzao Town	1400	320	28810	18850	834	13014
化龙镇	Hualong Town	5373	1288	74259	50884	2506	18401
石楼镇	Shilou Town	12600	1587	119508	75897	2054	58145
沙湾镇	Shawan Town Panyu District	3745	336	121291	77186	908	34760
石基镇	Shiji Town	4703	1517	114292	77071	4738	35457
花都区	**Huadu**						
梯面镇	Timian Town	9600	273	8904	7098	741	3248
花山镇	Huashan Town	11600	2203	114348	66893	8454	10349
花东镇	Huadong Town	20844	2169	144403	83611	6060	114119
炭步镇	Tanbu Town	11350	2111	71888	45069	5597	14768
赤坭镇	Chini Town	16040	1914	55044	31042	6696	8718
狮岭镇	Shiling Town	13631	990	265626	185570	1969	23380
南沙区	**Nansha**						
万顷沙镇	Wanqingsha Town	14285	3892	47345	29715	5173	22504
横沥镇	Hengli Town	5400	1967	29469	18858	3938	20139
黄阁镇	Huangge Town	7600	228	47644	26195	345	26665
东涌镇	Dongyong Town	9166	4274	183767	135579	8886	67366
大岗镇	Dagang Town	9007	3279	136820	87035	6821	58485
榄核镇	Lanhe Town	7448	3387	97570	68266	5679	24876
萝岗区	**Luogang**						
九龙镇	Jiulong Town	17942	1841	100392	63233	4938	32108
增城市	**Zengcheng**						
新塘镇	Xintang Town	9072	1018	300688	188073	3572	77770
石滩镇	Shitan Town	18390	5550	146643	75835	19612	38318
中新镇	Zhongxin Town	23590	3575	95148	55133	9404	12327
正果镇	Zhengguo Town	23941	2285	57723	31853	5412	5904
派潭镇	Paitan Town	28900	3489	83751	51274	10420	7639
小楼镇	Xiaolou Town	13600	2439	50912	27569	6993	2803
仙村镇	Xiancun Town	5665	1610	56992	39491	4536	8236
从化市	**Conghua**						
温泉镇	Wenquan Town	21224	2505	53323	31148	5167	16618
良口镇	Liangkou Town	43915	1140	41698	25463	3560	6006
吕田镇	Liangtian Town	39300	2134	30217	16034	4324	6995
太平镇	Taiping Town Conghua City	21033	2770	104071	58638	6250	8496
鳌头镇	Aotou Town	35179	6861	150077	84233	13607	16302

Basic Statistics on Rural Social and Economic Development (2014)

工业总产值 (万元) Gross Industrial Output Value (10000 yuan)	社会消费品零售总额 (万元) Total Retail Sales of Consumer Goods (10000 yuan)	幼儿园托儿所个数 (个) Number of Kindergartens (unit)	医疗卫生机构床位数 (床) Hospital Beds (bed)	新型农村合作医疗参保人数 (人) Perons Participating in Insurance of the New Rural Cooperative Medical Care (person)	新型农村社会养老保险参保人数 (人) Persons Participating in New Rural Social Pension Insurance (person)	城镇建成区面积 (公顷) Area of Developed Areas in Urban Units (hectare)	城镇建成区总人口 (人) Total Population of Developed Areas in Urban Units (person)
762501	323630	18	329	70627	34599	640	7109
1427730	381863	33	365	45937	22084	880	2882
1097593	269418	27	249	96663	31828	650	7326
3596659	297796	24	587	63219	28124	1600	23558
1992976	1997815	29	220	39959	13920	1857	81908
586517	61742	5	81	8797	3426	117	6781
2908339	2500	8	70	25502	8889	225	3001
1726916	266831	26	736	43477	24657	950	48057
901590	182978	22	120	30900	5564	1082	27111
1079639	373389	17	292	32724	23514	1569	20453
66959	12423	1	11	9136	3990	160	1468
1061233	192125	11	91	74098	37591	700	11340
944061	217954	17	278	100692	61613	2942	9709
690316	127186	5	88	44015	23796	690	40156
145242	139548	2	102	46292	24765	540	17892
1464898	632587	33	382	48452	30418	2500	87148
3114114	66466	10	117	31195	14839	300	2130
860228	33233	9	120	24076	11060	460	1328
11569772	132933	11	100	33884	12966	600	2967
3014991	599035	26	260	63832	29087	544	77769
1653767	148020	35	520	42485	23593	1430	91941
980891	99969	16	150	47132	28629	890	21774
535424	2245626	6	378	62168	32207	816	14806
6796600	1224720	44	880	82042	45726	4442	84810
2014100	221665	16	127	88859	48500	390	14897
1571800	188005	10	207	64101	33164	560	9847
54500	37765	2	50	46678	25776	160	5679
50300	79156	4	80	66538	39752	150	7210
58200	38909	2	100	42534	22100	100	3579
572900	50944	3	50	38330	15817	5665	56992
233621	60964	3	76	41005	35044	715	3784
16900	51321	2	46	33585	16904	198	4411
3280	45078	2	90	27420	17605	96	3015
548231	177948	21	220	72822	49656	400	14005
1091111	156533	21	250	121027	79599	1068	3726

10-20 全市村委会社会经济基本情况(2014年)

项　　目		Item		全市 Total
一、基本情况		**Basic Information**		
村委会数	(个)	Number of Village Committees	(unit)	1142
通公共交通村数	(个)	Number of Villages Available for Public Transport	(unit)	997
通宽带互联网村数	(个)	Number of Villages Available for Broadband Internet	(unit)	1141
通有线电视村数	(个)	Number of Villages Available for Cable Television	(unit)	1141
饮用水经过集中净化处理村数	(个)	Number of Villages with Purified Drinking Water	(unit)	1123
完成改厕村数	(个)	Number of Villages with Improved Toilets	(unit)	1059
垃圾集中处理村数	(个)	Number of Villages with Centralized Garbage Disposal	(unit)	1137
污水集中处理村数	(个)	Number of Villages with Centralized Sewage Treatment	(unit)	722
有生活污水管道村数	(个)	Number of Villages with Sanitary Sewer	(unit)	768
二、人口与就业		**Population and Employment**		
常住人口	(人)	Permanent Population	(person)	4712248
户籍人口	(人)	Registered Population	(person)	2709109
户籍从业人员	(人)	Employees of Registered Population	(person)	1654897
村内从业人员	(人)	Employees in the villages	(person)	2769154
其中：农业	(人)	Agriculture	(person)	608411

Social Economy Information of Village Committees in the Whole City (2014)

白云区 Baiyun	番禺区 Panyu	花都区 Huadu	南沙区 Nansha	萝岗区 Luogang	从化市 Conghua	增城市 Zengcheng
118	177	188	128	28	282	221
118	177	116	127	28	251	180
118	177	188	128	28	282	220
118	177	188	128	28	282	220
114	177	188	128	28	269	219
114	177	188	123	28	246	183
117	175	188	128	28	280	221
38	146	92	93	3	189	161
110	146	97	87	3	184	141
734355	1288874	729937	576265	85407	845154	452256
413918	405140	455951	289521	77073	626508	440998
262393	254650	272939	198544	49017	362036	255318
427641	832391	440594	381393	39718	450576	196841
75239	56695	106300	76064	24349	151491	118273

项　目		Item		全市 Total
三、农业		**Agriculture**		
耕地	（公顷）	Cultivated Land	(hectare)	90347
承包耕地流转面积	（公顷）	Transfer Area of Contracted Land	(hectare)	31824
设施农业占地面积	（公顷）	Floor Space of Facility Agriculture	(hectare)	2952
粮食作物播种面积	（公顷）	Sown Area of Food Crop	(hectare)	83498
蔬菜种植面积	（公顷）	Cultivated Area of Vegetables	(hectare)	117300
参加农民合作社的户数	（户）	Households Participate in Farmer Cooperatives	(household)	56509
种植大户数	（户）	Number of Major Planting Households	(household)	1453
畜禽养殖大户数	（户）	Number of Major Livestock and Poultry Breeding Households	(household)	1709
四、村务情况		**Village Administrative Affairs**		
全年村集体收入	（万元）	Annual Income of Village Collectives	(10000 yuan)	446048
经营收入	（万元）	Operating Income	(10000 yuan)	164045
其中：农业经营	（万元）	Agricultural Business	(10000 yuan)	7318
土地出租收入	（万元）	Income from Renting Lands	(10000 yuan)	125562
房屋出租收入	（万元）	Income from Renting Houses	(10000 yuan)	88212
其他收入	（万元）	Other Income	(10000 yuan)	68229
非村集体经济收入	（万元）	Income from Non-collectives of Villages	(10000 yuan)	90867
年末村集体资产总额	（万元）	Total Assets of Village Collectives at Year-end	(10000 yuan)	2959220
村干部人数	（人）	Number of Village Cadres	(person)	7956
年内召开村民代表大会次数	（次）	Times of Convened Village Congress during the Year	(times)	7706

continued

白云区 Baiyun	番禺区 Panyu	花都区 Huadu	南沙区 Nansha	萝岗区 Luogang	增城市 Zengcheng	从化市 Conghua
8772	7294	11241	14819	1930	26317	19974
3123	4783	3310	7518	499	7279	5312
39	932	218	364	128	1045	226
4883	1934	14428	4392	2130	32341	23390
25176	7563	11951	14769	2070	40737	15034
3500	9990	25819	5814	494	4165	6727
57	160	213	188	9	293	533
90	142	119	37	21	507	793
28227	289509	33802	42322	1494	45815	4879
8290	121448	11171	10119		12721	296
380	4984	870	979		34	71
5465	84128	8040	15594	86	11709	540
5258	59300	7960	7391	66	6498	1739
9214	24633	6631	9218	1342	14887	2304
9802	18359	1193	5917	14984	31010	9602
235904	1089834	409170	616960	148097	363111	96144
831	1223	1248	793	267	2064	1530
762	1505	1279	889	198	1643	1430

10-21 都市农业主要指标

Main Economic Indicators of Urban Agriculture

指标		Item		2013	2014
都市农业总收入	(万元)	Total Income of Urban Agriculture	(10000 yuan)	17697719	17945606
# 农林牧渔业收入	(万元)	Income of Agriculture, Forestry, Animal Husbandry and Fishery	(10000 yuan)	3584696	3655996
加工本地农产品总收入	(万元)	Total Income of Processing of Local Agriculture Products	(10000 yuan)	8999441	9019934
运输本地农产品总收入	(万元)	Total Income of Transpot of Local Agriculture Products	(10000 yuan)	909281	985681
批发零售本地农产品总收入	(万元)	Total Income of Wholesale and Retail Trade of Local Agriculture Products	(10000 yuan)	4122401	4204395
观光休闲旅游农业企业总收入	(万元)	Total Income of Agricultural sightseeing Tourism Enterprises	(10000 yuan)	81900	79600
都市农业增加值	(万元)	Value-added of Urban Agriculture	(10000 yuan)	7174406	7372942
# 农林牧渔业增加值	(万元)	Value-added of Agriculture, Forestry, Animal Husbandry and Fishery	(10000 yuan)	2284630	2360057
加工本地农产品增加值	(万元)	Value-added of Processing of Local Agriculture Products	(10000 yuan)	1987076	2020465
运输本地农产品增加值	(万元)	Value-added of Transpot of Local Agriculture Products	(10000 yuan)	504288	546659
批发零售本地农产品增加值	(万元)	Value-added of Wholesale and Retail Trade of Local Agriculture Products	(10000 yuan)	2390992	2438549
观光休闲旅游农业增加值	(万元)	Value-added of Agricultural Sightseeing Tourism	(10000 yuan)	7420	7212
都市农业实现利润	(万元)	Total Profit of Urban Agriculture	(10000 yuan)	681668	691979
都市农业实现税金	(万元)	Total Pre-tax Profit of Urban Agriculture	(10000 yuan)	272233	280145
种子、种苗销售额	(万元)	Sales value of Seeds and Seedlings	(10000 yuan)	86928	84392
观光休闲旅游总收入	(万元)	Total Income of Agricultural Sightseeing Tourism	(10000 yuan)	81884	79592
接待观光休闲游客人次	(万人次)	Total Number of Agricultural Sightseeing Tourist	(10000 Person-times)	1197	1195
都市农业从业人员	(万人)	Employed Persons in Urban Agriculture	(10000 Person)	209	209
都市农业劳动生产率	(元/人)	Urban Agriculture Labor Productivity	(yuan/person)	34307	35291
农业产业化规模比重	(%)	Proportion of Industrialization of Agriculture	(%)	20.3	15.5
农业产业化企业(组织)幅射能力	(%)	Radiation Ability of Industrialization of Agriculture Enterprises (Organizations)	(%)	43.7	39.1
带动本地农户数	(户)	Numbers of Local Farmers Drived by Industrialization of Agriculture Enterprises		159144	139714
绿色农产品个数	(个)	Numbers of Green Agricultural Products	(unit)	206	196
绿色农产品产值	(万元)	Output Value of Green Agricultural Products	(10000 yuan)	45545	43539
高新科技农产品个数	(个)	Numbers of High-tech Agricultural Products	(unit)	56	48
高新科技农产品产值	(万元)	Output Value of High-tech Agricultural Products	(10000 yuan)	204495	160644
农业产业化生产单位	(个)	Industrialization of Agriculture Enterprises	(unit)	1444	1288
# 农业龙头企业	(个)	Agriculture Leading Enterprises	(unit)	83	93
# 国家级	(个)	National	(unit)	7	7
省　级	(个)	Provincial	(unit)	13	13
市　级	(个)	Municipal	(unit)	63	63
农业生产基地(示范区)	(个)	Agricultural Production Bases (Demonstration Area)	(unit)	30	46
规模以上农业生产单位	(个)	Agricultural Enterprises above the Designcoted Size	(unit)	1232	1102
农产品交易市场	(个)	Trade Markets of Agricultural Products	(unit)	99	83

注：1. 从2011年起“高新科技农产品个数”改用不重复计算的实际生产新产品个数。
2. 从2011年起“高新科技农产品产值”改为按生产新产品口径计算。

Note:I.From 2011, " Number of high-tech agricultural products " is replaced by not repeat the calculation of actual production of new products.
II.From 2011,"Output value of high-tech agricultural products" according to the coverage of new products.

【农林牧渔业总产值】 是以货币表现的农林牧渔业的全部产品总量和对农林牧渔业生产活动进行的各种支持性服务活动的价值。它反映一定时期内农林牧渔业生产总规模和总成果，是观察农林牧渔业生产水平和发展速度，研究农林牧渔业内部比例关系、农林牧渔业与工业、农林牧渔业与国家建设、人民生活比例关系的重要指标，同时也是计算农林牧渔业劳动生产率和农林牧渔业增加值的基础资料。

农林牧渔业总产值的计算，一般采用“产品法”，即凡有产品产量的，都按单位产品价格乘产量的办法求得每种产品产量的产值，然后相加求得各业的产值，最后各业相加求出农林牧渔业总产值。

【常用耕地面积】 是指可以用来种植各种农作物，经常进行耕锄的田地，包括熟地、当年新开荒地、连续撂荒未满三年的耕地和当年的休闲地(轮歇地)，还包括以种植农作物为主，并附带种植桑、茶、果树和其他林木的土地，以及沿海、沿湖地区已围垦利用的“海涂”、“湖田”等面积。但不包括专业性的桑园、茶园、果园、果木苗圃、林地、芦苇地、天然或人工草地面积。

【农作物播种面积】 是指一定生产季节结束时实际播种或移植有农作物的面积。播种面积的统计年度，凡是能在本日历年度内(自1月1日至12月31日)收获的农作物(包括上年秋冬播和本年春播、夏播在本年收获的全部作物)播种面积，都包括在内。

【农业机械总动力】 是指主要用于农、林、牧、渔业的各种动力机械的动力总和。包括耕作机械、农用排灌机械、收获机械、植保机械、林业机械、畜牧机械、渔业机械、农产品加工机械、农用运输机械、其他农业机械。

【都市农业】 是指在城市化地区，利用田园景观、自然生态及环境资源，通过农林牧渔业生产、农业经营活动、农村文化及农家生活，为人们休闲旅游、体验农业、了解农村提供场所，集农业的生产、生活、生态等功能于一体的产业。

【绿色农业】 是指以获得国家认证的绿色农产品生产基地为场所，实施绿色农业工程，开发无污染、安全、优质的绿色农产品、有机农产品的综合高效产业。

【都市农业总收入】 是指都市农业统计地理区域内各生产经营单位当年农业生产、加工本地农产品的价值量以及运输、批发零售本地农产品和观光休闲旅游农业的总收入。它是由农业生产产值、加工本地农产品产值、运输本地农产品总收入、批发零售本地农产品总收入和观光休闲旅游农业企业总收入组成。

【农业产业化】 农业产业化是以国内外市场为导向，以经济效益为中心，通过自身的组织形式和运行机制，把分散的农户与某组织联成一体，众多的农户在该组织的带动下按同一标准进行统一生产，使一种或一类产品的生产在一个较大的区域内连成一片，形成较大规模，实现了农业由家庭分工向区域分工和社会分工的转变，形成了农户生产的专业化、农业布局的区域化、农产品生产的标准化和农业经营的规模化，将农业的产前、产中、产后诸环节有机地联为一体的经济运行方式。

【农业龙头企业】 是指由区级或县级以上政府部门认定的，以农副产品生产、加工或流通企业为龙头，用合同契约关系或产权联结等多种形式，带动当地农户从事专业生产的经营组织。

【Gross Output Value of Agriculture】 refers to the total volume of products of farming,forestry,animal husbandry,and fishery and the value of various services supporting the production of farming,forestry,animal husbandry and fishery in monetary terms, which reflects the total scale and total results of farming, forestry, animal husbandry, and fishery production during a given period of time.It is an important indicator to observe the production level and development speed of farming,forestry, animal husbandry,and fishery,to study the internal structure of farming, forestry,animal husbandry,and fishery,and to review the relationship among farming, forestry, animal husbandry,and fishery and industry, national construction and people's life.It is also the basic data to calculate the labor productivity and value-added of farming,forestry, animal husbandry,and fishery.

Generally,the gross output value of farming,forestry,animal husbandry, and fishery is calculated with the production approach, i.e.the gross output value of each single product is obtained by multiplying the output of each product by its price.Then the output value of each sector is obtained.Finally,the sum of output value of all sectors is equal to the gross output value of farming, forestry, animal husbandry,and fishery.

【Area of Regularly Cultivated Land】 refers to farmland among the total land resources which is exclusively used for farming and is under regular cultivation with harvest in normal years. Included are currently cultivated land ,land that has been abandoned or put in idle for less than 3 years and could be re-used for cultivation at any time,and new-claimed land that has been put into cultivation for more than 3 years,Excluded are the land under temporary cultivation,land (large or small plots)that is claimed along river bends,lake sides or banks of reservoirs,as well as land that has been designated under the Green for Grain programs of the state and provincial governments but is still temporarily under cultivation.

【Sown Area of Crops】 refers to area of land sown or transplanted crops at the end of a production season.

The statistical year of sown area refers to area of land sown during the year (from Jan.1 to Dec.31)with a harvest of crops (including all those sown in the autumn and winter of the preceding year).

【Total Power of Agricultural Machinery】 refers to total mechanical power of machinery used in agriculture, forestry, animal,husbandry and fishery,including machinery for ploughing,irrigation and darinage,harvesting,farm products process,transport,plant protection,animal husbandry,forestry and fishery and other agricultural machineries.

【Urban Agriculture】 refers to industry that integrates agricultural production, life and ecology in urbanized area. This industry utilizes countryside landscape, natural ecology and environmental resources to provide places for leisure traveling, agricultural experience and understanding through production of agriculture, forestry, animal husbandry and fishery, agricultural operating activities, rural culture and life experience.

【Green Agriculture】 refers to comprehensive efficient industry that implements green agriculture engineering and develops non-polluting, safe and high quality green agricultural products in the green agricultural production base that obtained national certification.

【Total Income of Urban Agriculture】 refers to the total income of production and business enterprises in the statistical geographic area of urban agriculture. The income includes agricultural production of the year, magnitude of value of processing local agriculture products, transporting, wholesaling and retailing local agriculture products and the income of agricultural sightseeing and tourism.

【Industrialization of Agriculture】 refers to an economical operation method that oriented by domestic and international market, and takes economic benefits as centre. This method unites the scattered farmer households to the organizations through its organizational forms and operating mechanism. The organizations lead numerous farmer households to product unified productions under the unified standard. The production of the same species can extend within a large region and have a large scale. This method achieves the agriculture transition from family division to regional division and social division. It forms a specialization of agricultural production, regionalization of agricultural distribution, standardization of agricultural products and scaled agricultural operation. This economical operation method dynamically links the agricultural pre-production, in-production and post-production to integration.

【Agriculture Leading Enterprises】 refers to the enterprises that recognized by governments above district-level or country-level. The enterprises producing, processing and circulating agricultural and sideline products are the leading enterprises, and they can encourage local farmer households to work on professional production through contract, agreement or property right connection.

第十一篇 CHAPTER 11

工业

INDUSTRY

第十一篇　工 业

一、本篇资料反映广州市工业基本情况。

二、本篇资料中工业行业分类按2011年《国民经济行业分类》（GB/T4754-2011）标准划分；企业规模按国家统计局《统计上大中小微企业划分办法》（国统字[2011]75号）标准执行。

三、本篇资料由广州市统计局工业统计处整理提供。

11 Industry

I. The data in this chapter reflect the statistics on industrial enterprises of Guangzhou.

II. The industrial sectors in this chapter are grouped in accordance with the National Economic Sector Grouping Standard of 2011 (GB/T4754-2011) , the industrial scale is grouped In accordance with the Grouping Way of Large, Medium, Small size and Micro-enterprise Standards (State Statistics [2011] No. 75).

Ⅲ. The data in this chapter are prepared and provided by the Division of Industry Statistics of Guangzhou Municipal Bureau of Statistics.

11-1 工业企业单位数
Number of Industrial Enterprises

单位：个 (unit)

项 目	Item	2013	2014
总 计	**Total**	**65598**	**65512**
按地区分	**Grouped by Region**		
市 区	Urban Districts	56908	56832
增城市	Zengcheng	7026	7017
从化市	Conghua	1664	1663
规模以上工业企业	**Industrial Enterprises above Designated Size**	**4812**	**4774**
按登记注册类型分	Grouped by Registration Status		
内资企业	Domestic Funded Enterprises	3054	3111
国有企业	State-owned Enterprises	51	32
集体企业	Collective-owned Enterprises	34	30
股份合作企业	Cooperative Enterprises	27	23
联营企业	Joint Ownership Enterprises	3	3
国有联营企业	State Joint Ownership Enterprises	1	
集体联营企业	Collective Joint Ownership Enterprises		
国有与集体联营企业	Joint State-collective Enterprises	2	2
其他联营	Other Joint Ownership Enterprise		1
有限责任公司	Limited Liability Corporations	457	514
国有独资有限责任公司	State Sole Funded Corporations	49	44
其他有限责任公司	Other Limited Liability Corporations	408	470
股份有限公司	Share-holding Corporations Ltd.	78	78
私营企业	Private Enterprises	2393	2425
私营独资企业	Private-funded Enterprises	195	156
私营合伙企业	Private Partnership Enterprises	47	39
私营有限责任公司	Private Limited Liability Corporations	2070	2159
私营股份有限公司	Private Share Holding Corporations	81	71
其他企业	Other Enterprises	11	6

注：规模以上工业指年主营业务收入2000万元以上的工业企业，规模以下工业指年主营业务收入2000万元以下工业企业及个体户工业单位；以下各表同。

Note:The industrial enterprises above designated size refer to the industrial enterprises with an annual sales income of 20 million yuan and above. The industrial enterprises below designated size refer to the industrial enterprises with an annual income less than 20 million yuan. The same in the following tables.

11-1 续表 continued

单位:个 (unit)

项　　目	Item	2013	2014
港、澳、台商投资企业	Enterprises with Funds from Hong Kong, Macao and Taiwan	988	931
与港、澳、台商合资经营企业	Joint-venture Enterprises	190	179
与港、澳、台商合作经营企业	Cooperative Enterprises	72	58
港、澳、台商独资经营企业	Enterprises with Sole Funds	718	682
港、澳、台商投资股份有限公司	Share-holding Corporations Ltd.	8	12
外商投资企业	Foreign Funded Enterprises	770	732
中外合资经营企业	Joint-venture Enterprises	204	201
中外合作经营企业	Cooperative Enterprises	29	23
外资企业	Enterprises with Sole Foreign Funds	525	495
外商投资股份有限公司	Share-holding Corporations Ltd.	9	9
其他外商投资	Other Foreign Funded Enterprises	3	4
按隶属关系分	Grouped by Administrative Relationship		
中央企业	Central Government	40	42
省属企业	Provincial Government	40	38
市属企业	Municipal Government	4732	4694
按轻重工业分	Grouped by Light & Heavy Industries		
轻工业	Light Industry	2749	2713
重工业	Heavy Industry	2063	2061
按生产规模分	Grouped by Size of Enterprises		
大型企业	Large Enterprises	186	186
中型企业	Medium Enterprises	859	783
小型企业	Small Enterprises	3646	3611
微型企业	Mini Enterprises	121	194
规模以下工业	**Industrial Enterprises below Designated Size**	**60786**	**60738**

11-2 市区工业企业单位数

Number of Industrial Enterprises in Urban Districts

单位：个 (unit)

项　　目	Item	2013	2014
总　　计	**Total**	**56908**	**56832**
规模以上工业企业	**Industrial Enterprises above Designated Size**	**3552**	**3487**
按登记注册类型分	Grouped by Registration Status		
内资企业	Domestic Funded Enterprises	2111	2114
国有企业	State-owned Enterprises	46	29
集体企业	Collective-owned Enterprises	27	24
股份合作企业	Cooperative Enterprises	26	22
联营企业	Joint Ownership Enterprises		1
国有联营企业	State Joint Ownership Enterprises		
集体联营企业	Collective Joint Ownership Enterprises		
国有与集体联营企业	Joint State-collective Enterprises		
其他联营企业	Other Joint Ownership Enterprise		1
有限责任公司	Limited Liability Corporations	375	400
国有独资有限责任公司	State Sole Funded Corporations	41	35
其他有限责任公司	Other Limited Liability Corporations	334	365
股份有限公司	Share-holding Corporations Ltd.	74	73
私营企业	Private Enterprises	1557	1560
私营独资企业	Private-funded Enterprises	78	60
私营合伙企业	Private Partnership Enterprises	10	10
私营有限责任公司	Private Limited Liability Corporations	1418	1446
私营股份有限公司	Private Share Holding Corporations	51	44
其他企业	Other Enterprises	6	5

11-2 续表 continued

单位:个 (unit)

项 目	Item	2013	2014
港、澳、台商投资企业	Enterprises with Funds from Hong Kong, Macao and Taiwan	761	723
与港、澳、台商合资经营企业	Joint-venture Enterprises	160	149
与港、澳、台商合作经营企业	Cooperative Enterprises	57	48
港、澳、台商独资经营企业	Enterprises with Sole Funds	538	516
港、澳、台商投资股份有限公司	Share-holding Corporations Ltd.	6	10
外商投资企业	Foreign Funded Enterprises	680	650
中外合资经营企业	Joint-venture Enterprises	177	177
中外合作经营企业	Cooperative Enterprises	18	15
外资企业	Enterprises with Sole Foreign Funds	473	446
外商投资股份有限公司	Share-holding Corporations Ltd.	9	9
其他外商投资	Other Foreign Funded Enterprises	3	3
按隶属关系分	Grouped by Administrative Relationship		
中央企业	Central Government	39	41
省属企业	Provincial Government	37	35
市属企业	Municipal Government	3476	3411
按轻重工业分	Grouped by Light & Heavy Industries		
轻工业	Light Industry	1858	1813
重工业	Heavy Industry	1694	1674
按生产规模分	Grouped by Size of Enterprises		
大型企业	Large Enterprises	162	163
中型企业	Medium Enterprises	693	649
小型企业	Small Enterprises	2596	2582
微型企业	Mini Enterprises	101	93
规模以下工业企业	**Industrial Enterprises below Designated Size**	**53356**	**53345**

11-3 主要年份工业总产值及工业总产值指数

Gross Output Value and Indices of Industry in Main Years

年 份 Year	工业总产值（万元） Gross Output Value of Industry (10000 yuan)	轻工业 Light Industry	重工业 Heavy Industry	工业总产值指数（%） Indices of Gross Output Value of Industry (%)	轻工业 Light Industry	重工业 Heavy Industry
1978	753873	476737	277136	104.4	102.9	106.8
1979	819764	501119	318645	109.0	105.2	114.7
1980	881242	574239	307003	111.7	118.0	103.0
1985	1779333	1163704	615629	122.1	122.9	120.9
1986	1921490	1206778	714712	104.3	106.1	101.3
1987	2421760	1551033	870727	120.7	122.7	117.2
1988	3413107	2251117	1161990	125.6	128.4	120.4
1989	4071472	2598755	1472717	106.2	103.4	111.7
1990	4424437	2830366	1594071	110.1	113.6	103.7
1991	5794842	3588318	2206524	123.6	122.7	125.4
1992	7905237	4753211	3152026	132.2	129.9	136.7
1993	11422184	6595134	4827050	132.5	129.8	137.5
1994	14921455	8784293	6137162	122.4	126.0	116.2
1995(原规定) 1995 (original stipulation)	19353440	11263263	8090177	120.2	115.6	128.9
1995(新规定) 1995 (new stipulation)	17224948	10263515	6961433	120.2	115.6	128.9
1996	20685796	12641264	8044532	119.1	126.1	106.8
1997	23753915	14395602	9358313	117.9	116.8	120.2
1998	25127025	15661603	9465422	114.0	112.8	116.3
1999	27793652	16797164	10996488	114.3	111.3	120.1
2000	31000188	17622183	13378005	113.6	107.9	123.9
2001	33931904	18855507	15076397	114.9	110.6	121.9
2002	37889079	20185702	17703377	115.0	109.6	122.8
2003	47059104	23752778	23306326	126.5	119.5	135.5
2004	57666925	25977971	31688954	120.0	108.9	130.1
2005	67679563	28714137	38965426	115.4	110.1	118.8
2006	81123964	31875454	49248510	116.9	111.0	120.2
2007	98757886	37208718	61549168	120.1	114.8	124.3
2008	114684010	43536797	71147213	112.0	114.2	111.0
2009	123554645	46730599	76824046	111.7	109.8	112.8
2010	144389877	51073851	93316026	118.5	115.2	120.4
2011	166241771	61592119	104649652	111.6	116.8	108.8
2012	170901752	57926380	112975372	111.2	114.5	109.7
2013	182242642	66739903	115502739	113.0	112.6	113.1
2014	193898823	71047066	122851757	107.5	105.4	108.7

11-4 按历史时期分工业总产值

Gross Output Value of Industry by History Periods

时　期 Period	工业总产值（万元） Gross Output Value of Industry (10000 yuan)	轻工业 Light Industry	重工业 Heavy Industry	工业总产值年平均增长（%） Annual Average Growth Speed of Gross Output Value of Industry (%)	轻工业 Light Industry	重工业 Heavy Industry
全　市 Total						
"六五"时期 6th Five-year Plan Period	6447893	4209237	2238656	12.8	13.1	12.4
"七五"时期 7th Five-year Plan Period	16252266	10438049	5814217	13.1	14.5	10.6
"八五"时期 8th Five-year Plan Period	59397158	34984219	24412939	26.1	24.7	28.7
"九五"时期 9th Five-year Plan Period	128360576	77117816	51242760	15.7	14.8	17.3
"十五"时期 10th Five-year Plan Period	244226575	117486095	126740480	18.3	12.0	26.1
"十一五"时期 11th Five-year Plan Period	562510382	210425419	352084963	15.8	13.2	17.9
1979-2014	1732180844	713041661	1019139183	15.8	14.7	17.1
1991-2014	1707779679	697319017	1010460662	17.5	15.4	20.2
2001-2014	1520021945	585216982	934804963	15.2	12.5	18.4
市　区 Urban Districts						
"六五"时期 6th Five-year Plan Period	5841923	3719555	2122368	11.8	12.3	11.0
"七五"时期 7th Five-year Plan Period	13730836	8768495	4962341	11.3	12.4	9.4
"八五"时期 8th Five-year Plan Period	41609047	23595892	18013155	19.3	18.2	21.3
"九五"时期 9th Five-year Plan Period	80797662	45224692	35572970	23.4	21.3	26.9
"十五"时期 10th Five-year Plan Period	211702128	95545313	116156815	19.8	12.7	27.9
"十一五"时期 11th Five-year Plan Period	503233308	170124415	333108893	15.9	12.4	18.3
1979-2014	1488113393	551588567	936524826	15.7	14.3	17.2
1991-2014	1467015032	538113475	928901557	17.9	15.4	21.0
2001-2014	1344608323	469292891	875315432	15.6	12.5	18.8

11-5 工业企业单位数及工业总产值(2014年，按地区分)

Number of Enterprises and Gross Output Value of Industry (2014, by Region)

项目	Item	单位数(个) Number of Units (unit)	# 轻工业 Light Industry	工业总产值(万元) Gross Output Value of Industry (10000 yuan)	# 轻工业 Light Industry	工业总产值指数(%) Indices of Gross Output Value of Industry (%)	# 轻工业 Light Industry
全 市	**Total**	**65512**	**45657**	**193898823**	**71047066**	**107.5**	**105.4**
市 区	Urban Districts	56832	39288	170815491	57038029	108.1	107.7
增城市	Zengcheng	7017	5196	16022115	9270928	97.7	92.8
从化市	Conghua	1663	1173	7061217	4738109	114.9	114.6
规模以上工业企业	**Industrial Enterprises above Designated Size**	**4774**	**2713**	**181935543**	**63028821**	**107.7**	**105.6**
市 区	Urban Districts	3487	1813	161314664	50918224	108.6	108.8
增城市	Zengcheng	1095	789	13919662	7623217	94.5	88.0
从化市	Conghua	192	111	6701217	4487380	115.0	114.8
规模以下工业企业	**Industrial Enterprises below Designated Size**	**60738**	**42944**	**11963280**	**8018245**	**104.7**	**103.9**
市 区	Urban Districts	53345	37475	9500827	6119805	100.4	98.9
增城市	Zengcheng	5922	4407	2102453	1647711	122.5	120.1
从化市	Conghua	1471	1062	360000	250729	113.5	111.3

11-6 工业企业单位数及工业总产值(2014年)

项　　目	Item
总　计	**Total**
规模以上工业企业	**Industrial Enterprises above Designated Size**
按登记注册类型分	Grouped by Registration Status
内资企业	Domestic Funded Enterprises
国有企业	State-owned Enterprises
集体企业	Collective-owned Enterprises
股份合作企业	Cooperative Enterprises
联营企业	Joint Ownership Enterprises
国有联营企业	State Joint Ownership Enterprises
集体联营企业	Collective Joint Ownership Enterprises
国有与集体联营企业	Joint State-collective Enterprises
其他联营企业	Other Joint Ownership Enterprise
有限责任公司	Limited Liability Corporations
国有独资有限责任公司	Sole State Funded Corporations
其他有限责任公司	Other Limited Liability Corporations
股份有限公司	Share-holding Corporations Ltd.
私营企业	Private Enterprises
私营独资企业	Private-funded Enterprises
私营合伙企业	Private Partnership Enterprises
私营有限责任公司	Private Limited Liability Corporations
私营股份有限公司	Private Share Holding Corporations
其他企业	Other Enterprises
港、澳、台商投资企业	Enterprises with Funds from Hong Kong, Macao and Taiwan
与港、澳、台商合资经营企业	Joint-venture Enterprises
与港、澳、台商合作经营企业	Cooperative Enterprises
港、澳、台商独资经营企业	Enterprises with Sole Funds
港、澳、台商投资股份有限公司	Share-holding Corporations Ltd.
外商投资企业	Foreign Funded Enterprises
中外合资经营企业	Joint-venture Enterprises
中外合作经营企业	Cooperative Enterprises
外资企业	Enterprises with Sole Foreign Funds
外商投资股份有限公司	Share-holding Corporations Ltd.
其他外商投资	Other Foreign Funded Enterprises
按隶属关系分	Grouped by Administrative Relationship
中央企业	Central Government
省属企业	Provincial Government
市属企业	Municipal Government
按轻重工业分	Grouped by Light & Heavy Industries
轻工业	Light Industry
重工业	Heavy Industry

Number of Enterprises and Gross Output Value of Industry (2014)

单位数 (个) Number of Units (unit)	# 市 区 Urban Districts	工业总产值 (万元) Gross Output Value of Industry (10000 yuan)	# 市 区 Urban Districts	工业总产值指数(%) Indices of Gross Output Value of Industry (%)	# 市 区 Urban Districts
65512	**56832**	**193898823**	**170815491**	**107.5**	**108.1**
4774	**3487**	**181935543**	**161314664**	**107.7**	**108.6**
3111	2114	71728012	59534849	110.7	114.0
32	29	1061538	1032152	35.2	80.6
30	24	542337	520949	103.4	106.2
23	22	272505	265924	134.5	134.9
3	1	6274	2730	1.9	
2		3544		60.7	
1	1	2730	2730		
514	400	31082015	27410428	126.3	118.4
44	35	17399466	17130792	118.0	117.3
470	365	13682549	10279636	138.8	120.4
78	73	12282036	12222971	111.1	111.2
2425	1560	26400367	18003427	105.9	112.3
156	60	931021	314719	72.2	91.2
39	10	232782	44454	72.6	78.4
2159	1446	21301573	14047411	107.7	111.7
71	44	3934991	3596843	111.1	117.9
6	5	80940	76268	66.4	87.5
931	723	32252048	27266622	104.3	104.1
179	149	7903636	6822832	96.2	93.9
58	48	2417315	1483519	111.9	109.1
682	516	21721362	18757003	106.5	107.6
12	10	209735	203268	144.1	150.2
732	650	77955483	74513193	106.5	106.3
201	177	42077502	40294895	117.8	118.6
23	15	1296571	1121077	85.8	83.6
495	446	29397385	27915361	94.4	93.2
9	9	5072427	5072427	108.0	108.0
4	3	111598	109433	107.0	104.9
42	41	19863563	19834562	115.0	115.1
38	35	5764812	5699770	111.2	111.4
4694	3411	156307168	135780332	106.7	107.6
2713	1813	63028821	50918224	105.6	108.8
2061	1674	118906722	110396440	108.9	108.5

11-6 续表

项　　目	Item
按生产规模分	Grouped by Size of Enterprises
大型企业	Large Enterprises
中型企业	Medium Enterprises
小型企业	Small Enterprises
微型企业	Mini Enterprises
按工业行业分	Grouped by Sector
煤炭开采和洗选业	Mining and Washing of Coal
石油和天然气开采业	Extraction of Petroleum and Natural Gas
黑色金属矿采选业	Mining and Processing of Ferrous Metal Ores
有色金属矿采选业	Mining and Processing of Non-Ferrous Metal Ores
非金属矿采选业	Mining and Processing of Nonmetal Ores
开采辅助活动	Mining Auxiliary Activities
其他采矿业	Mining of Other Ores
农副食品加工业	Processing of Food from Agricultural Products
食品制造业	Manufacture of Foods
酒、饮料和精制茶制造业	Manufacture of Wine ,Beverages and Refined Tea
烟草制品业	Manufacture of Tobacco
纺织业	Manufacture of Textile
纺织服装、服饰业	Manufacture of Textile Wearing Apparel,Clothing
皮革、毛皮、羽毛及其制品和制鞋业	Manufacture of Leather, Fur, Feather and Related Products and Footwear
木材加工和木、竹、藤、棕、草制品业	Processing of Timber, Manufacture of Wood, Bamboo,Rattan,Palm and Straw Products
家具制造业	Manufacture of Furniture
造纸和纸制品业	Manufacture of Paper and Paper Products
印刷业和记录媒介复制业	Printing, Reproduction of Recording Media
文教、工美、体育和娱乐用品制造业	Manufacture of Culture and Education ,Arts and Crafts, Sports and Entertainment Supplies
石油加工、炼焦和核燃料加工业	Processing of Petroleum, Coking, Processing of Nuclear Fuel
化学原料和化学制品制造业	Manufacture of Raw Chemical Materials and Chemical Products
医药制造业	Manufacture of Medicines
化学纤维制造业	Manufacture of Chemical Fibers
橡胶和塑料制品业	Manufacture of Rubber
非金属矿物制品业	Manufacture of Non-metallic Mineral Products
黑色金属冶炼和压延加工业	Smelting and Pressing of Ferrous Metals
有色金属冶炼和压延加工业	Smelting and Pressing of Non-Ferrous Metals
金属制品业	Manufacture of Metal Products
通用设备制造业	Manufacture of General Purpose Machinery
专用设备制造业	Manufacture of Special Purpose Machinery
汽车制造业	Manufacture of Automobile
铁路、船舶、航空航天和其他运输设备制造业	Manufacture of Railway, Ship, Aerospace and Other Transportation Equipment
电气机械及器材制造业	Manufacture of Electrical Machinery and Equipment
计算机、通信和其他电子设备制造业	Manufacture of Computers, Communications and Other Electronic Equipment
仪器仪表制造业	Manufacture of Instrument
其他制造业	Other Manufacturing
废弃资源综合利用业	Comprehensive Utilization of Waste Resources
金属制品、机械和设备修理业	Metal Products, Machinery and Equipment Repair
电力、热力的生产和供应业	Production and Supply of Electric Power and Heat Power
燃气生产和供应业	Production and Supply of Gas
水的生产和供应业	Production and Supply of Water

continued

单位数 (个) Number of Units (unit)	# 市 区 Urban Districts	工业总产值 (万元) Gross Output Value of Industry (10000 yuan)	# 市 区 Urban Districts	工业总产值指数(%) Indices of Gross Output Value of Industry (%)	# 市 区 Urban Districts
186	163	104523535	98892721	111.4	111.1
783	649	36153666	31665059	104.6	105.0
3611	2582	39958897	29634012	101.5	104.6
194	93	1299445	1122872	114.1	116.9
3		18118		105.2	
94	78	4885644	4629161	110.3	113.4
126	102	4648498	4307133	102.3	102.6
26	23	3052950	3013919	104.1	104.1
1	1	2209294	2209294	109.6	109.6
230	82	2713733	1656948	88.2	94.3
585	197	4379982	1845256	81.5	91.2
295	270	2836170	2213412	101.7	98.6
34	25	291046	228351	103.0	109.4
101	81	1596796	1153409	108.8	107.7
94	67	1399225	1156030	101.4	106.3
101	87	1374482	1270597	110.4	111.3
167	130	2853507	1481330	115.2	102.7
11	8	7301910	7255096	102.2	102.0
402	299	19458118	17057659	106.1	104.4
74	64	2546667	2363625	104.7	103.6
6	3	54937	30746	76.8	92.2
319	242	3786335	2944902	101.0	99.9
173	139	1763672	1319421	92.9	92.0
42	37	4523671	4421997	91.1	90.7
54	42	4555774	2315518	101.2	107.1
240	185	4028853	3254259	108.3	109.6
224	198	6305503	5835654	97.4	96.2
148	126	1954008	1726139	107.2	107.1
268	203	37642070	35885521	116.9	117.2
101	57	6198293	4220001	111.2	114.9
321	276	10110482	9212035	112.0	113.1
372	340	21584501	21011813	114.2	114.0
55	48	727168	699551	93.8	93.9
20	12	170879	138676	101.7	110.7
9	8	135843	133864	27.3	27.2
15	14	282602	267961	112.7	112.6
23	18	13454710	13094116	114.9	114.5
15	11	2580455	2539781	124.3	123.4
25	14	509647	421489	104.1	102.0

11-7 规模以上工业销售产值

Sales Value of Industrial Enterprises above Designated Size

单位：万元 (10000 yuan)

项　目	Item	2013	2014
总　计	**Total**	**169212664**	**176986490**
按登记注册类型分	**Grouped by Registration Status**		
国有企业	State-owned Industry	2953072	1054385
集体企业	Collective-owned Industry	533823	539452
其他企业	Other	165725769	175392653
按隶属关系分	**Grouped by Administrative Relationship**		
中央企业、省属企业	Central and Provincial Governments	23388098	26109446
市属企业	Municipal Government	145824566	150877044
按轻重工业分	**Grouped by Light & Heavy Industries**		
轻工业	Light Industry	59166656	61132830
重工业	Heavy Industry	110046008	115853660
按生产规模分	**Grouped by Size of Enterprises**		
大中型企业	Large and Medium Industrial Enterprises	128809621	136569385
小型企业	Small Enterprises	39967063	39254946
微型企业	Mini Enterprises	435980	1162159

11-8 主要年份规模以上工业企业出口交货值及比重

Delivery Value of Exports and Proportion of Industrial Enterprises above Designated Size in Main Years

单位：万元 (10000 yuan)

年 份 Year	工业销售产值 Sale Output Value of Industry	出口交货值 Delivery Value of Exports	出口交货值比重(%) Proportion of Exports Delivery Value (%)
2001	27171297	6502235	23.93
2002	31156870	7881230	25.30
2003	39241536	9599697	24.46
2004	50207200	12824023	25.54
2005	59120813	14945688	25.28
2006	71756225	17218091	24.00
2007	87657013	19543878	22.30
2008	103134403	22092456	21.42
2009	111566225	22173771	19.87
2010	136078573	27646009	20.32
2011	153296007	31114440	20.30
2012	158508246	28472183	17.96
2013	169212664	30641635	18.11
2014	176986490	31591443	17.85

11-9 规模以上工业企业出口交货值（2014年）

Delivery Value of Exports of Industrial Enterprises above Designated Size (2014)

单位:万元 (10000 yuan)

项　　目	Item	出口产品交货值 Delivery Value of Exports
总　计	**Total**	**31591443**
按登记注册类型分	Grouped by Registration Status	
国有企业	State-owned Industry	20508
集体企业	Collective-owned Industry	339123
其他企业	Others	31231812
按隶属关系分	Grouped by Administrative Relationship	
中央企业、省属企业	Central and Provincial Governments	1121154
市属企业	Municipal Government	30470289
按轻重工业分	Grouped by Light & Heavy Industries	
轻工业	Light Industry	12388372
重工业	Heavy Industry	19203071
按生产规模分	Grouped by Size of Enterprises	
大中型企业	Large and Medium Enterprises	27579519
小型企业	Small Enterprises	3972616
微型企业	Mini Enterprises	39308
按工业行业分	Grouped by Sector	
煤炭开采和洗选业	Mining and Washing of Coal	
石油和天然气开采业	Extraction of Petroleum and Natural Gas	
黑色金属矿采选业	Mining and Processing of Ferrous Metal Ores	
有色金属矿采选业	Mining and Processing of Non-Ferrous Metal Ores	
非金属矿采选业	Mining and Processing of Nonmetal Ores	
开采辅助活动	Mining Auxiliary Activities	
其他采矿业	Mining of Other Ores	
农副食品加工业	Processing of Food from Agricultural Products	59290
食品制造业	Manufacture of Foods	112439
酒、饮料和精制茶制造业	Manufacture of wine,Beverages and Refined Tea	7976
烟草制品业	Manufacture of Tobacco	11484
纺织业	Manufacture of Textile	1088230
纺织服装、服饰业	Manufacture of Textile Wearing Apparel,Clothing	615954
皮革、毛皮、羽毛及其制品和制鞋业	Manufacture of Leather,Fur,Feather and Related Products and Footwear	1100129

11-9 续表 continued

单位：万元 (10000 yuan)

项　　目	Item	出口产品交货值 Delivery Value of Exports
木材加工和木、竹、藤、棕、草制品业	Processing of Timber,Manufacture of Wood, Bamboo, Rattan, Plam and Straw Products	77062
家具制造业	Manufacture of Furniture	207855
造纸和纸制品业	Manufacture of Paper and Paper Products	98749
印刷业和记录媒介复制业	Printing, Reproduction of Recording Media	290427
文教、工美、体育和娱乐用品制造业	Manufacture of Culture and Education ,Arts and Crafts, Sports and Entertainment Supplies	1760026
石油加工、炼焦和核燃料加工业	Processing of Petroleum, Coking, Processing of Nuclear Fuel	12271
化学原料和化学制品制造业	Manufacture of Raw Chemical Materials and Chemical Products	1795996
医药制造业	Manufacture of Medicines	127349
化学纤维制造业	Manufacture of Chemical Fibers	9624
橡胶和塑料制品业	Manufacture of Rubber	871419
非金属矿物制品业	Manufacture of Non-metallic Mineral Products	254209
黑色金属冶炼和压延加工业	Smelting and Pressing of Ferrous Metals	842218
有色金属冶炼和压延加工业	Smelting and Pressing of Non-Ferrous Metals	88378
金属制品业	Manufacture of Metal Products	1249700
通用设备制造业	Manufacture of General Purpose Machinery	849699
专用设备制造业	Manufacture of Special Purpose Machinery	446604
汽车制造业	Manufacture of Automobile	1576908
铁路、船舶、航空航天和其他运输设备制造业	Manufacture of Railway, Ship, Aerospace and Other Transportation Equipment	2128480
电气机械及器材制造业	Manufacture of Electrical Machinery and Equipment	2581589
计算机、通信和其他电子设备制造业	Manufacture of Computers, Communications and Other Electronic Equipment	12977069
仪器仪表制造业	Manufacture of Instrument	184263
其他制造业	Other Manufacturing	39240
废弃资源综合利用业	Comprehensive Utilization of Waste Resources	
金属制品、机械和设备修理业	Metal Products, Machinery and Equipment Repair	126806
电力、热力的生产和供应业	Production and Supply of Electric Power and Heat Power	
燃气生产和供应业	Production and Supply of Gas	
水的生产和供应业	Production and Supply of Water	

11-10 工业三大支柱产业主要指标(2014年)

Major Indicators of Three Pillar Industrial Industries (2014)

行业	Sector	单位数(个) Number of Units (unit)	从业人员(万人) Employed Persons (10000 persons)	工业总产值(亿元) Gross Output Value of Industry (100 million yuan)
合计	**Total**	**1089**	**44.92**	**8673.89**
汽车制造业	Automobile Manufacturing	268	14.16	3764.21
# 汽车零部件制造业	Auto Parts Manufacturing	248	9.11	1029.08
电子产品制造业	Electronic Appliance Manufacturing	416	22.22	2254.82
石油化工制造业	Petrochemical Manufacturing	405	8.54	2654.86
三大支柱产业占全市比重(%)	Three Pillar Industries Proportion of All Industrial Enterprises (%)	22.81	30.71	47.68

注：本表统计范围为规模以上工业企业。
Note:The data in this table cover the industrial enterprises above designated size.

11-10 续表 continued

行业	Sector	主营业务收入(亿元) Revenue from Principal Business (100 million yuan)	利润总额(亿元) Total Profits (100 million yuan)	税金总额(亿元) Total Pre-tax Profits (100 million yuan)
合计	**Total**	**8065.47**	**635.65**	**461.65**
汽车制造业	Automobile Manufacturing	3649.30	371.14	233.10
# 汽车零部件制造业	Auto Parts Manufacturing	1027.88	85.35	28.62
电子产品制造业	Electronic Appliance Manufacturing	1941.63	93.10	32.57
石油化工制造业	Petrochemical Manufacturing	2474.54	171.41	195.98
三大支柱产业占全市比重(%)	Three Pillar Industries Proportion of All Industrial Enterprises (%)	47.23	58.42	54.07

11-11 主要工业产品产量

Output of Major Industrial Products

产品名称		Name of Products		2013	2014
食用植物油	(吨)	Edible Vegetable Oil	(ton)	1908005	2306014
乳制品	(吨)	Dairy Products	(ton)	220992	237169
罐头	(吨)	Canned Food	(ton)	17141	18125
饮料酒(混合量)	(千升)	Alcoholic Beverages (mixed)	(1000 litre)	1057288	950009
#啤酒		Beer		1056240	950009
饲料	(吨)	Fodder	(ton)	2947756	4264847
卷烟	(万支)	Cigarettes	(10000 piece)	6590000	6660000
纱	(吨)	Yarn	(ton)	50486	46648
布	(万米)	Cloth	(10000 meters)	69816	67469
#棉布		Pure Cotton Cloth		35168	35234
化学纤维布		Pure Chemical Fiber Cloth		11861	10487
印染布	(吨)	Dyeing cloth	(ton)	49535	56270
服装	(万件)	Garments	(10000 units)	71986	60487
皮革鞋靴	(万双)	Leather Shoes	(10000 pairs)	9304	8256
人造板	(立方米)	Artificial Boards	(cu.m)	559222	509767
家具	(万件)	Furniture	(10000 units)	726	1079
机制纸及纸板	(吨)	Machine-made Paper and Paperboards	(ton)	667548	1065978
#新闻纸		Newsprint		480444	464265
发电量	(亿千瓦·时)	Electricity	(100 million kwh)	391	444
原油加工量	(吨)	Crude Oil Processing	(ton)	11716342	12611956
汽油	(吨)	Gasoline	(ton)	2135518	2405002
煤油	(吨)	Kerosene	(ton)	1285524	1674905
柴油	(吨)	Diesel Oil	(ton)	4111521	4278790
燃料油	(吨)	Fuel Oil	(ton)	1459691	842682
纸制品	(吨)	Paper Products	(ton)		1070822
农用氮、磷、钾化学肥料	(吨)	Chemical Fertilizers	(ton)	22692	
氮肥(折100%)	(吨)	Nitrogen Fertilizers	(ton)	2308	
磷肥(折100%)	(吨)	Phosphate Fertilizers	(ton)	1760	
合成氨	(吨)	Synthetic Ammonia	(ton)	32573	
化学试剂	(吨)	Chemical Reagent	(ton)	81573	145819
涂料	(吨)	Coating	(ton)	542160	531244
初级形态的塑料	(吨)	Plastics	(ton)	2169572	2331722
合成纤维聚合物	(吨)	Synthetic Fiber Polymer	(ton)	341412	243007
合成洗涤剂	(吨)	Synthetic Detergents	(ton)	3112172	3686741

11-11 续表 continued

产品名称		Name of Products		2013	2014
化学原料药(24大类)	(吨)	Chemical Medicines	(ton)	23439	19084
中成药	(吨)	Traditional Chinese Medicine	(ton)	73612	75655
化学纤维	(吨)	Chemical Fiber	(ton)	21277	20457
橡胶轮胎外胎	(条)	Tires	(unit)	15073336	14284073
手提包(袋)、背包	(万个)	Handbag, Backpack	(10000unit)	790	852
塑料制品	(吨)	Plastic Products	(ton)	900663	989532
水　泥	(万吨)	Cement	(10000 tons)	889	792
生　铁	(吨)	Pig Iron	(ton)	632591	25092
粗　钢	(吨)	Steel	(ton)	2369281	1176124
钢　材	(吨)	Steel Products	(ton)	9197282	6863428
内燃机生产量	(万千瓦)	Internal Combustion Engines	(10000 kw)	18233	17568
金属切削机床	(台)	Metal-cutting Machine Tools	(set)	4404	5656
自行车	(辆)	Bicycles	(unit)	2096053	1803737
西洋键盘乐器	(架)	Keyboard instruments	(unit)	137933	136999
钟	(只)	Clocks	(unit)	12445730	13454292
照相机	(架)	Cameras	(unit)	1235395	522222
汽　车	(辆)	Motor Vehicles	(unit)	1805305	1973911
乘用车		Sedans		1799875	1968676
燃气用具	(台)	Gas Appliances	(unit)	2392593	2516945
交流电动机	(千瓦)	AC Motors	(kw)	109585	941246
变压器	(千伏安)	Transformers	(1000 volt-amperes)	22700541	32307101
原电池及原电池组(折R20标准只)	(万只)	Batteries	(10000 units)	62585	34258
家用电冰箱	(台)	Household Refrigerators	(set)	2014752	3657075
家用电风扇	(台)	Electric Fans	(set)	624164	583901
房间空气调节器	(台)	Air Conditioners	(set)	5640572	8327838
电饭锅	(个)	Electric Rice Cooker	(unit)	993079	1118103
电光源	(万只)	Bulbs	(10000 units)	20809	13487
电话单机	(部)	Telephone Sets	(unit)	1233595	1384186
移动通信手持机	(台)	Mobile Telecommunication Handset	(unit)	668728	569
微型电子计算机	(部)	Micro-computers	(unit)	29466	30660
彩色电视机	(台)	Color TV Sets	(set)	5720874	5034077
数字激光音、视盘机	(台)	Digital Video Player	(set)	18806	115860
显示器	(台)	Displayer	(set)	2576452	3708565
其中：平板显示器	(台)	Flat-panel Displayer	(set)	2576452	3708565
电　梯	(台)	Elevators & Escalators	(unit)	77770	73543
摩托车整车	(辆)	Motorcycles	(unit)	4543873	4395097
家用吸排油烟机	(台)	Extractor Hoods	(set)	652759	655720

11-12 规模以上工业企业全员劳动生产率

Overall Labor Productivity of Industrial Enterprises above the Designated Size

单位：元/人 (yuan/person)

年份 Year	合计 Total	国有企业 State-owned Enterprises	集体企业 Collective-owned Enterprises	“三资”企业 Foreign Funded Enterprises	其他企业 Other Enterprises
1997	51764	58637	24861	59509	45207
1998	53499	64347	27238	56952	46688
1999	60087	81519	30910	58846	47523
2000	60342	108088	32429	61748	48220
2001	69917	89566	40058	72400	67034
2002	76324	103186	40514	76773	79963
2003	89991	126215	36475	97733	83382
2004	96845	168409	30129	107890	70332
2005	115051	231185	31305	125912	86735
2006	132200	300403	31106	145278	97882
2007	156811	392930	32447	170755	116857
2008	175472	242679	25413	193910	153715
2009	181874	170356	31688	213960	142523
2010	214972	224214	44324	254371	165119
2011	259100	263492	55373	291514	218851
2012	272724	750301	47742	285933	227791
2013	289951	230952	93367	317224	262868
2014	322896	259265	94184	325220	330959

注：本表数据按工业增加值计算，以下劳动生产率表同。

Note:The data in this table are calculated on basis of the value-added of industry. The same as in the following tables.

11-13 规模以上工业企业全员劳动生产率(2014年，按行业分)

单位：元/人

行　　业	Sector
合　计	**Total**
煤炭开采和洗选业	Mining and Washing of Coal
石油和天然气开采业	Extraction of Petroleum and Natural Gas
黑色金属矿采选业	Mining and Processing of Ferrous Metal Ores
有色金属矿采选业	Mining and Processing of Non-Ferrous Metal Ores
非金属矿采选业	Mining and Processing of Nonmetal Ores
开采辅助活动	Mining Auxiliary Activities
其他采矿业	Mining of Other Ores
农副食品加工业	Processing of Food from Agricultural Products
食品制造业	Manufacture of Foods
酒、饮料和精制茶制造业	Manufacture of Wine ,Beverages and Refined Tea
烟草制品业	Manufacture of Tobacco
纺织业	Manufacture of Textile
纺织服装、服饰业	Manufacture of Textile Wearing Apparel,Clothing
皮革、毛皮、羽毛及其制品和制鞋业	Manufacture of Leather, Fur, Feather and Related Products and Footwear
木材加工和木、竹、藤、棕、草制品业	Processing of Timber, Manufacture of Wood, Bamboo,Rattan,Palm and Straw Products
家具制造业	Manufacture of Furniture
造纸和纸制品业	Manufacture of Paper and Paper Products
印刷业和记录媒介复制业	Printing, Reproduction of Recording Media
文教、工美、体育和娱乐用品制造业	Manufacture of Culture and Education ,Arts and Crafts, Sports and Entertainment Supplies
石油加工、炼焦和核燃料加工业	Processing of Petroleum, Coking, Processing of Nuclear Fuel
化学原料和化学制品制造业	Manufacture of Raw Chemical Materials and Chemical Products
医药制造业	Manufacture of Medicines
化学纤维制造业	Manufacture of Chemical Fibers
橡胶和塑料制品业	Manufacture of Rubber
非金属矿物制品业	Manufacture of Non-metallic Mineral Products
黑色金属冶炼和压延加工业	Smelting and Pressing of Ferrous Metals
有色金属冶炼和压延加工业	Smelting and Pressing of Non-Ferrous Metals
金属制品业	Manufacture of Metal Products
通用设备制造业	Manufacture of General Purpose Machinery
专用设备制造业	Manufacture of Special Purpose Machinery
汽车制造业	Manufacture of Automobile
铁路、船舶、航空航天和其他运输设备制造业	Manufacture of Railway, Ship, Aerospace and Other Transportation Equipment
电气机械及器材制造业	Manufacture of Electrical Machinery and Equipment
计算机、通信和其他电子设备制造业	Manufacture of Computers, Communications and Other Electronic Equipment
仪器仪表制造业	Manufacture of Instrument
其他制造业	Other Manufacturing
废弃资源综合利用业	Comprehensive Utilization of Waste Resources
金属制品、机械和设备修理业	Metal Products, Machinery and Equipment Repair
电力、热力的生产和供应业	Production and Supply of Electric Power and Heat Power
燃气生产和供应业	Production and Supply of Gas
水的生产和供应业	Production and Supply of Water

Overall Labor Productivity of Industrial Enterprises above the Designated Size(2014, by Sector)

(yuan/person)

全　市 Total	国有企业 State-owned Enterprises	集体企业 Collective-owned Enterprises	“三资”企业 Foreign Funded Enterprises	其他企业 Other Enterprises
322896	**259265**	**94184**	**325220**	**330959**
191915				191915
222948	491252		278429	197763
314666	258280		345786	201682
580510	362596		415154	1049071
4910923				4910923
126659			136849	116754
108747	276374		93780	117350
85659		43868	80605	93381
105719			114948	99627
157016			120667	177356
145953		111429	169319	120852
111800	112369	101641	109622	115976
138524		188463	145404	117530
1830975			1505279	1849719
675854	244667	127512	827035	391883
233980	93708		274894	224145
216096			310212	81165
145071	374581		152924	136894
207865		196481	240881	184162
334132	51794		386876	114230
785618	128602		1127493	495827
141953	273218	60192	133615	145621
259569		191212	314019	206473
206050			271654	156122
662319	114480		747517	204070
278499	100330	114983	258723	294353
186978		124195	164806	211646
183872	115086	77100	206891	151937
128705			116964	145376
124569			74739	135625
272753			103611	296862
44901	154449		16733	74306
2772874	390731		1875562	3042288
1666257			3429063	578325
385910	375851	308143	320179	484361

11-14 市区规模以上工业企业全员劳动生产率(2014年，按行业分)

单位：元/人

行　　业	Sector
合　计	**Total**
煤炭开采和洗选业	Mining and Washing of Coal
石油和天然气开采业	Extraction of Petroleum and Natural Gas
黑色金属矿采选业	Mining and Processing of Ferrous Metal Ores
有色金属矿采选业	Mining and Processing of Non-Ferrous Metal Ores
非金属矿采选业	Mining and Processing of Nonmetal Ores
开采辅助活动	Mining Auxiliary Activities
其他采矿业	Mining of Other Ores
农副食品加工业	Processing of Food from Agricultural Products
食品制造业	Manufacture of Foods
酒、饮料和精制茶制造业	Manufacture of Wine ,Beverages and Refined Tea
烟草制品业	Manufacture of Tobacco
纺织业	Manufacture of Textile
纺织服装、服饰业	Manufacture of Textile Wearing Apparel,Clothing
皮革、毛皮、羽毛及其制品和制鞋业	Manufacture of Leather, Fur, Feather and Related Products and Footwear
木材加工和木、竹、藤、棕、草制品业	Processing of Timber, Manufacture of Wood, Bamboo,Rattan,Palm and Straw Products
家具制造业	Manufacture of Furniture
造纸和纸制品业	Manufacture of Paper and Paper Products
印刷业和记录媒介复制业	Printing, Reproduction of Recording Media
文教、工美、体育和娱乐用品制造业	Manufacture of Culture and Education ,Arts and Crafts, Sports and Entertainment Supplies
石油加工、炼焦和核燃料加工业	Processing of Petroleum, Coking, Processing of Nuclear Fuel
化学原料和化学制品制造业	Manufacture of Raw Chemical Materials and Chemical Products
医药制造业	Manufacture of Medicines
化学纤维制造业	Manufacture of Chemical Fibers
橡胶和塑料制品业	Manufacture of Rubber
非金属矿物制品业	Manufacture of Non-metallic Mineral Products
黑色金属冶炼和压延加工业	Smelting and Pressing of Ferrous Metals
有色金属冶炼和压延加工业	Smelting and Pressing of Non-Ferrous Metals
金属制品业	Manufacture of Metal Products
通用设备制造业	Manufacture of General Purpose Machinery
专用设备制造业	Manufacture of Special Purpose Machinery
汽车制造业	Manufacture of Automobile
铁路、船舶、航空航天和其他运输设备制造业	Manufacture of Railway, Ship, Aerospace and Other Transportation Equipment
电气机械及器材制造业	Manufacture of Electrical Machinery and Equipment
计算机、通信和其他电子设备制造业	Manufacture of Computers, Communications and Other Electronic Equipment
仪器仪表制造业	Manufacture of Instrument
其他制造业	Other Manufacturing
废弃资源综合利用业	Comprehensive Utilization of Waste Resources
金属制品、机械和设备修理业	Metal Products, Machinery and Equipment Repair
电力、热力的生产和供应业	Production and Supply of Electric Power and Heat Power
燃气生产和供应业	Production and Supply of Gas
水的生产和供应业	Production and Supply of Water

Overall Labor Productivity of Industrial Enterprises above the Designated Size in Urban Districts (2014, by Sector)

(yuan/person)

市 区 Urban Districts	国有企业 State-owned Enterprises	集体企业 Collective-owned Enterprises	“三资”企业 Foreign Funded Enterprises	其他企业 Other Enterprises
353757	**262145**	**93166**	**334132**	**404829**
249463	491252		334454	214628
314253	258280		337944	207191
590531	362596		415154	1138264
4910923				4910923
130542			129783	132748
105176	276374		91207	132573
82752		43868	78807	90926
123566			123133	123951
154347			128085	167007
157038		111429	200885	102058
110744	112369	101641	109814	112588
96352		188463	87463	116079
1885850			1505279	1908610
717461	76684	144097	855745	442180
229747	93708		256380	224999
292684			533494	53204
149592	374581		167411	131811
212279		218007	248384	179881
347126	51794		392478	114856
1351938			3880723	551470
143687	273218	23737	139020	140122
257595		191212	309532	205436
210334			262908	165187
745664	114480		812131	252561
311828	100330	114983	242483	345039
186562		124195	165876	212709
186117	115086	77400	209568	153672
127614			113464	147586
135603			48200	142859
280299			103611	306368
44118	154449		16733	81508
2844660	390731		2049204	3106144
1784685			3619554	601937
381080	388765	297696	230207	418939

11-15 规模以上工业企业主要经济指标

单位：万元

项　　目	Item	2000	2005
企业单位数（个）	Number of Enterprises (unit)	4531	5240
# 亏损企业	Number of Loss-making Enterprises	954	1092
营业收入	Busmess Revenue		
主营业务收入	Revenue from Principal Business	25342544	59946778
# 主营业务成本	Cost of Principal Business	20560789	48703725
主营业务税金及附加	Taxes and Other Charges on Principal Business	462801	799087
盈利企业的盈利总额	Total Profits of Profitable Enterprises	1577983	4491749
亏损企业的亏损总额	Total Losses of Loss-making Enterprises	393740	443444
盈亏相抵后的利润总额	Total Profits of All Enterprises	1184243	4048305
应交所得税	Income Tax Payable	160118	574968
应交增值税	Value-added Tax Payable	919339	2035382
流动资产年末合计	Total Working Capitals at the Year-end	15082653	26379483
# 存　货	Inventory	4301980	7197758
# 产成品存货	Inventory of Finished Goods	1528452	2327257
固定资产原价年末数	Original Value of Fixed Assets at the Year-end	17672981	26651389
年末资产合计	Total Assets at the Year-end	30861594	48338355
年末负债合计	Total Liabilities at the Year-end	18249287	26158379
年末所有者权益合计	Total Owners' Equity at the Year-end	12612306	22179976
# 实收资本	Capital Hold	8458358	13634945
# 国家资本	State Capital	1375635	1183871
外商资本	Foreign Capital	3578053	7427607
本年应付职工薪酬	Wages Payable	1623490	3679734
全部从业人员年平均人数（人）	Annual Average Number of Staff and Workers (person)	1173960	1410335
工业总产值（当年价格）	Gross Industrial Output Value (at current prices)	25685694	60320463
工业增加值（当年价格）	Value-added of Industry (at current prices)	7083953	16226063

Main Indicators of Industrial Enterprises above the Designated Size

(10000 yuan)

2006	2007	2008	2009	2010	2011	2012	2013	2014
5188	4988	7442	7023	6969	4437	4373	4812	4774
1032	886	1725	1407	1060	689	744	652	676
					155253526	160103135	168367739	174162507
72493321	88630531	104244867	112140930	136246497	152702405	157283477	165067607	170773477
59529969	72210640	84647623	90316538	110733636	126083338	129613672	135511005	140533545
1256139	1873470	2549525	3249519	3427818	3215979	3287339	3651929	3655250
6008538	8044372	8003202	8584412	10910868	10629334	9666882	11721003	11707720
620087	513225	1072933	793247	598124	1044071	1410834	667252	827867
5388451	7531147	6930269	7791165	10312744	9585263	8256048	11053751	10879853
676932	861833	983288	1138346	1440506	1616771	1473553	1902197	2005738
2643027	3199893	4520708	3843777	4696284	4545000	4354268	5125516	4882891
31365356	37716223	43871519	50733991	60871184	65179319	64593607	74129378	74764969
8145761	9334080	11054940	11529881	14111012	15232168	14522684	16005082	17037284
2478717	2960730	3751238	3761104	4694208	5213396	5427243	5540642	5958356
33587396	37780990	45244307	47978199	52094111	53921739	55980684	62689307	68562811
69036123	80412681	91648730	99655278	112655080	118306012	121573804	135540623	140934954
33474848	40571015	49694345	55020064	63320448	66428322	64458098	73585807	76229825
35561275	39841666	41954385	44631180	49334632	51877690	57115706	61954816	64705129
20776240	22730283	26272164	27564197	28796044	29125022	30434735	32278772	33859432
6936604	7035569	7510952	4533428	4529442	3763637	1692610	4011019	4419667
7759689	8286574	5586787	5940516	5915409	6476297	6874272	7019315	7711786
4184674	5216279	8089617	8159771	8634171	7650769	8148319	9441451	10920005
1490877	1540930	1719873	1615692	1662226	1547037	1499914	1534434	1462674
72820564	89104386	105149110	113767645	138312477	157127151	160664335	171987181	181935543
19709445	24163424	27875000	29385200	35733200	40083754	40906208	44491105	47229177

11-16 规模以上工业企业主要经济指标(2014年，按地区分)

单位：万元

项 目		Item	
企业单位数	(个)	Number of Enterprises	(unit)
# 亏损企业		Number of Loss-making Enterprises	
主营业务收入		Revenue from Principal Business	
# 主营业务成本		Cost of Principal Business	
主营业务税金及附加		Taxes and Other Charges on Principal Business	
盈利企业的盈利总额		Total Profits of Profitable Enterprises	
亏损企业的亏损总额		Total Losses of Loss-making Enterprises	
盈亏相抵后的利润总额		Total Profits of All Enterprises	
应交所得税		Income Tax Payable	
应交增值税		Value-added Tax Payable	
流动资产年末合计		Total Working Capitals at the Year-end	
# 应收账款		Accounts Receivable	
# 存 货		Inventory	
# 产成品存货		Inventory of Finished Goods	
固定资产原价年末数		Original Value of Fixed Assets at the Year-end	
累计折旧		Accumulated Depreciation	
固定资产净值		Net Value of Fixed Assets	
年末资产合计		Total Assets at the Year-end	
年末负债合计		Total Liabilities at the Year-end	
年末所有者权益合计		Total Owners' Equity at the Year-end	
# 实收资本		Capital Hold	
# 国家资本		State Capital	
外商资本		Foreign Capital	
本年应付职工薪酬		Wages Payable	
全部从业人员年平均人数	(人)	Annual Average Number of Staff and Workers	(person)
工业总产值	(当年价格)	Gross Industrial Output Value	(at current prices)
工业增加值	(当年价格)	Value-added of Industry	(at current prices)

Main Indicators of Industrial Enterprises above the Designated Size (2014, by Region)

(10000 yuan)

全 市 Total	市 区 Urban Districts	增城市 Zengcheng	从化市 Conghua	# 国有及国有控股企业 State-owned and State-holding Enterprises	# 市 区 Urban Districts
4774	3487	1095	192	250	215
676	533	104	39	50	41
170773477	150869953	13508526	6394998	50537640	47371003
140533545	122841906	12098831	5592808	41261704	38370239
3655250	3551645	71272	32333	2996185	2972795
11707720	10792009	488158	427553	3090128	2992309
827867	732485	59687	35695	201899	169965
10879853	10059524	428471	391858	2888229	2822344
2005738	1877822	86288	41628	521721	500158
4882891	4457008	202609	223274	1638005	1601864
74764969	67805659	4957326	2001984	21064372	20097509
20655982	18513320	1628966	513696	3096294	2851346
17037284	15392699	995900	648685	5347576	5091423
5958356	5196153	411327	350876	1465716	1343125
68562811	63692940	2922332	1947539	34345584	32984963
31229571	29181978	1031840	1015753	15638533	14880471
37333240	34510962	1890492	931786	18707051	18104492
140934954	129289977	8277933	3367044	58257581	56183417
76229825	69520851	4768994	1939980	29598755	28518783
64705129	59769126	3508939	1427064	28658826	27664634
33859432	31141191	1848590	869651	14876070	14109369
4419667	4224542	38906	156219	4043618	3869042
7711786	7341360	168843	201583	808279	706735
10920005	9448591	1182722	288692	2489680	2361088
1462674	1199260	209380	54034	185531	169587
181935543	161314664	13919662	6701217	51983159	48797414
47229177	42424719	3165419	1639039	16225453	15903557

11-17 规模以上工业企业主要经济指标(2014年，按行业分)

单位:万元

行　　业	Sector
合　　计	**Total**
煤炭开采和洗选业	Mining and Washing of Coal
石油和天然气开采业	Extraction of Petroleum and Natural Gas
黑色金属矿采选业	Mining and Processing of Ferrous Metal Ores
有色金属矿采选业	Mining and Processing of Nonferrous Metal Ores
非金属矿采选业	Mining and Processing of Nonmetal Ores
开采辅助活动	Mining Auxiliary Activities
其他矿采选业	Mining of Other Ores
农副食品加工业	Processing of Food from Agricultural Products
食品制造业	Manufacturing of Foods
酒、饮料和精制茶制造业	Manufacture of Wine ,Beverages and Refined Tea
烟草制品业	Manufacturing of Tobacco
纺织业	Textile Industry
纺织服装、服饰业	Manufacture of Textile Wearing Apparel,Clothing
皮革、毛皮、羽毛及其制品和制鞋业	Manufacture of Leather, Fur, Feather and Related Products and Footwear
木材加工及木、竹、藤、棕、草制品业	Processing of Timber, Manufacture of Wood, Bamboo,Rattan,Palm and Straw Products
家具制造业	Manufacturing of Furniture
造纸及纸制品业	Manufacturing of Paper and Paper Products
印刷和记录媒介复制业	Printing and Record Media Duplication Industry
文教、工美、体育和娱乐用品制造业	Manufacture of Culture and Education ,Arts and Crafts, Sports and Entertainment Supplies
石油加工、炼焦和核燃料加工业	Processing of Petroleum, Coking, Processing of Nuclear
化学原料及化学制品制造业	Manufacturing of Raw Chemical Material and Chemical Products
医药制造业	Manufacturing of Medical and Pharmaceutical Products
化学纤维制造业	Manufacturing of Chemical Fiber
橡胶和塑料制品业	Manufacture of Rubber and Plastic
非金属矿物制品业	Manufacturing of Non-metallic Mineral Products
黑色金属冶炼和压延加工业	Smelting and Pressing of Ferrous Metals
有色金属冶炼和压延加工业	Smelting and Pressing of Non-ferrous Metals
金属制品业	Manufacturing of Metal Products
通用设备制造业	Manufacturing of General Purpose Equipment
专用设备制造业	Manufacturing of Special Purpose Equipment
汽车制造业	Manufacture of Automobile
铁路、船舶、航空航天和其他运输设备制造业	Manufacture of Railway, Ship, Aerospace and Other Transportation Equipment
电气机械及器材制造业	Manufacturing of Electric Machinery and Equipment
计算机、通信和其他电子设备制造业	Manufacture of Computers, Communications and Other Electronic Equipment
仪器仪表制造业	Manufacture of Instrument
其他制造业	Other Manufacturing
废弃资源综合利用业	Comprehensive Utilization of Waste Resources
金属制品、机械和设备修理业	Metal Products, Machinery and Equipment Repair
电力、热力的生产和供应业	Production and Supply of Electric Power and Heat Power
燃气生产和供应业	Production and Supply of Gas
水的生产和供应业	Production and Supply of Water

Main Indicators of Industrial Enterprises above the Designated Size(2014, by Sector)

(10000 yuan)

单位数 (个) Number of Enterprises (unit)	# 亏损企业 Loss-making Enterprises	工业总产值 Gross Output Value of Industry	工业增加值 Value-added of Industry	工业销售产值 Sales Value of Industry	主营业务收入 Revenue from Principal Business	# 主营业务成本 Cost of Principal Business	# 主营业务税金及附加 Taxes and Charges on Core Business
4774	**676**	**181935543**	**47229177**	**176986490**	**170773477**	**140533545**	**3655250**
3		18118	5182	18118	21180	17812	608
94	12	4885644	287380	4704077	4340047	3995745	3395
126	12	4648498	1770278	4751845	4970714	2998552	36517
26	5	3052950	1131357	2991691	2942677	1860710	41722
1		2209294	1590648	2758708	2028541	610575	1050261
230	24	2713733	536745	2646065	2545575	2327337	7439
585	73	4379982	1420879	4227948	4227261	3706870	20174
295	49	2836170	854007	2796831	2807119	2485060	11450
34	3	291046	59900	264879	273466	245503	2381
101	17	1596796	512735	1575615	1574964	1238575	8419
94	8	1399225	200671	1326135	1205279	1074857	5009
101	18	1374482	274133	1356787	881905	748177	3258
167	25	2853507	1011934	2807116	2870728	2545133	8064
11	2	7301910	1254950	7289460	7319435	6278576	840946
402	47	19458118	5375405	17803414	17625710	12387876	115358
74	9	2546667	822065	2436414	2527221	1542146	20030
6	1	54937	16250	58205	68512	58099	415
319	50	3786335	819261	3706390	3661261	3187972	15553
173	21	1763672	460276	1717973	1736486	1450614	10715
42	8	4523671	330591	4716310	3944784	3852878	4964
54	13	4555774	720490	4405831	4078420	3901919	6512
240	37	4028853	814937	3918199	3630109	3233296	16044
224	28	6305503	1656414	6134048	6217557	4862463	44735
148	26	1954008	534577	1870961	1917479	1516953	22412
268	31	37642070	9375462	36709854	36493029	28895442	1166674
101	31	6198293	1521076	6090144	5836146	5379311	37026
321	43	10110482	1983310	9926597	9097254	7828140	34611
372	62	21584501	3880106	20472283	18542846	16638421	37787
55	5	727168	235633	675251	683757	501842	3475
20	3	170876	38691	169334	169641	145924	559
9	2	135846	27548	129753	131399	102084	443
15	2	282602	43290	284320	273302	244633	1469
23		13454710	6634378	13268539	13187150	12053294	64716
15	3	2580455	747483	2467888	2445454	2275730	5481
25	6	509647	281135	509507	497069	341026	6628

11-17 续表 1

单位:万元

行　　业	Sector
合　计	**Total**
煤炭开采和洗选业	Mining and Washing of Coal
石油和天然气开采业	Extraction of Petroleum and Natural Gas
黑色金属矿采选业	Mining and Processing of Ferrous Metal Ores
有色金属矿采选业	Mining and Processing of Nonferrous Metal Ores
非金属矿采选业	Mining and Processing of Nonmetal Ores
开采辅助活动	Mining Auxiliary Activities
其他矿采选业	Mining of Other Ores
农副食品加工业	Processing of Food from Agricultural Products
食品制造业	Manufacturing of Foods
酒、饮料和精制茶制造业	Manufacture of Wine ,Beverages and Refined Tea
烟草制品业	Manufacturing of Tobacco
纺织业	Textile Industry
纺织服装、服饰业	Manufacture of Textile Wearing Apparel,Clothing
皮革、毛皮、羽毛及其制品和制鞋业	Manufacture of Leather, Fur, Feather and Related Products and Footwear
木材加工及木、竹、藤、棕、草制品业	Processing of Timber, Manufacture of Wood, Bamboo,Rattan,Palm and Straw Products
家具制造业	Manufacturing of Furniture
造纸和纸制品业	Manufacture of Paper and Paper Products
印刷和记录媒介复制业	Printing and Record Media Duplication Industry
文教、工美、体育和娱乐用品制造业	Manufacture of Culture and Education ,Arts and Crafts, Sports and Entertainment Supplies
石油加工、炼焦和核燃料加工业	Processing of Petroleum, Coking, Processing of Nuclear
化学原料及化学制品制造业	Manufacturing of Raw Chemical Material and Chemical Products
医药制造业	Manufacturing of Medical and Pharmaceutical Products
化学纤维制造业	Manufacturing of Chemical Fiber
橡胶和塑料制品业	Manufacture of Rubber and Plastic
非金属矿物制品业	Manufacturing of Non-metallic Mineral Products
黑色金属冶炼和压延加工业	Smelting and Pressing of Ferrous Metals
有色金属冶炼和压延加工业	Smelting and Pressing of Non-ferrous Metals
金属制品业	Manufacturing of Metal Products
通用设备制造业	Manufacturing of General Purpose Equipment
专用设备制造业	Manufacturing of Special Purpose Equipment
汽车制造业	Manufacture of Automobile
铁路、船舶、航空航天和其他运输设备制造业	Manufacture of Railway, Ship, Aerospace and Other Transportation Equipment
电气机械及器材制造业	Manufacturing of Electric Machinery and Equipment
计算机、通信和其他电子设备制造业	Manufacture of Computers, Communications and Other Electronic Equipment
仪器仪表制造业	Manufacture of Instrument
其他制造业	Other Manufacturing
废弃资源综合利用业	Comprehensive Utilization of Waste Resources
金属制品、机械和设备修理业	Metal Products, Machinery and Equipment Repair
电力、热力的生产和供应业	Production and Supply of Electric Power and Heat Power
燃气生产和供应业	Production and Supply of Gas
水的生产和供应业	Production and Supply of Water

continued

(10000 yuan)

利润总额 Total Profits	利税总额 Total Pre-tax Profits	应交所得税 Income Tax Payable	应交增值税 Value-added Tax Payable	流动资产年末合计 Total Working Capitals at the Year-end	# 应收账款 Accounts Receivable	# 存货 Inventory	# 产成品存货 Inventory of Finished Goods
10879853	**19417994**	**2005738**	**4882891**	**74764969**	**20655982**	**17037284**	**5958356**
713	1550	137	229	1937	471	272	225
73639	97656	13764	20622	1916489	197351	368739	103223
638678	965913	152644	290718	2201361	400898	451329	191601
205197	417748	52680	170829	1239835	212427	167126	59369
206387	1458718	52961	202070	1784394	85766	1459832	82514
81450	120415	15273	31526	977589	300013	300069	84759
97629	206078	24172	88275	1445934	338766	462717	235827
91001	164317	22692	61866	1253177	401186	331902	134436
13809	22968	1620	6778	314755	34783	62693	22635
116334	180799	16730	56046	653501	116059	141030	49063
43832	70787	13352	21946	1062350	415221	115619	38369
31250	57735	7213	23227	621268	272892	107102	36247
96836	197660	16622	92760	959730	268313	335103	142238
4594	1013603	6767	168063	736813	120096	499017	58983
1756632	2762822	324597	890832	6903495	1895511	1373607	670284
247966	420307	38500	152311	1601578	407537	371885	163486
4087	6188	843	1686	29161	12873	7296	4307
99294	204920	27469	90073	1815886	547160	418775	162963
87023	154758	18109	57020	1066734	432068	184629	63623
-82210	-60474	2472	16772	1496439	273392	425195	149236
44617	82553	11815	31424	1078569	330908	359805	189164
87680	164805	23440	61081	1884046	507334	536780	165706
519821	796707	89878	232151	4365963	1333876	1013056	483988
127405	212288	25931	62471	1396838	459562	472336	183032
3711355	6042358	635498	1164329	12756173	3871026	2156410	956632
90748	187586	29635	59812	5450682	783380	1330461	120698
440597	680018	87493	204810	4006484	1593815	1082406	414227
778058	1009929	141098	194084	9926082	4009750	2048939	848297
63272	86787	7171	20040	610544	177896	160330	66103
8279	10782	886	1944	74979	13266	22562	9284
14199	17614	3030	2972	232044	51318	14286	3050
-12479	-6383	978	4627	282145	35038	68453	16697
1093467	1468800	121584	310617	3573768	641279	133325	12405
63202	139826	16188	71143	413748	48517	42368	26654
35491	59856	2496	17737	630478	66234	11830	9031

11-17 续表 2

单位：万元

行　　业	Sector
合　计	**Total**
煤炭开采和洗选业	Mining and Washing of Coal
石油和天然气开采业	Extraction of Petroleum and Natural Gas
黑色金属矿采选业	Mining and Processing of Ferrous Metal Ores
有色金属矿采选业	Mining and Processing of Nonferrous Metal Ores
非金属矿采选业	Mining and Processing of Nonmetal Ores
开采辅助活动	Mining Auxiliary Activities
其他矿采选业	Mining of Other Ores
农副食品加工业	Processing of Food from Agricultural Products
食品制造业	Manufacturing of Foods
酒、饮料和精制茶制造业	Manufacture of Wine ,Beverages and Refined Tea
烟草制品业	Manufacturing of Tobacco
纺织业	Textile Industry
纺织服装、服饰业	Manufacture of Textile Wearing Apparel,Clothing
皮革、毛皮、羽毛及其制品和制鞋业	Manufacture of Leather, Fur, Feather and Related Products and Footwear
木材加工及木、竹、藤、棕、草制品业	Processing of Timber, Manufacture of Wood, Bamboo,Rattan,Palm and Straw Products
家具制造业	Manufacturing of Furniture
造纸及纸制品业	Manufacturing of Paper and Paper Products
印刷和记录媒介复制业	Manufacture of Leather, Fur, Feather and Related Products and Footwear
文教、工美、体育和娱乐用品制造业	Manufacture of Culture and Education ,Arts and Crafts, Sports and Entertainment Supplies
石油加工、炼焦和核燃料加工业	Processing of Petroleum, Coking, Processing of Nuclear
化学原料及化学制品制造业	Manufacturing of Raw Chemical Material and Chemical Products
医药制造业	Manufacturing of Medical and Pharmaceutical Products
化学纤维制造业	Manufacturing of Chemical Fiber
橡胶和塑料制品业	Manufacture of Rubber and Plastic
非金属矿物制品业	Manufacturing of Non-metallic Mineral Products
黑色金属冶炼和压延加工业	Smelting and Pressing of Ferrous Metals
有色金属冶炼和压延加工业	Smelting and Pressing of Non-ferrous Metals
金属制品业	Manufacturing of Metal Products
通用设备制造业	Manufacturing of General Purpose Equipment
专用设备制造业	Manufacturing of Special Purpose Equipment
汽车制造业	Manufacture of Automobile
铁路、船舶、航空航天和其他运输设备制造业	Manufacture of Railway, Ship, Aerospace and Other Transportation Equipment
电气机械及器材制造业	Manufacturing of Electric Machinery and Equipment
计算机、通信和其他电子设备制造业	Manufacture of Computers, Communications and Other Electronic Equipment
仪器仪表制造业	Manufacture of Instrument
其他制造业	Other Manufacturing
废弃资源综合利用业	Comprehensive Utilization of Waste Resources
金属制品、机械和设备修理业	Metal Products, Machinery and Equipment Repair
电力、热力的生产和供应业	Production and Supply of Electric Power and Heat Power
燃气生产和供应业	Production and Supply of Gas
水的生产和供应业	Production and Supply of Water

continued

(10000 yuan)

固定资产原价年末数 Original Value of Fixed Assets at the Year-end	累计折旧 Accumulated Depreciation	固定资产净值 Net Value of Fixed Value	年末资产合计 Total Assets at the Year-end	年末负债合计 Total Liabilities at the Year-end	年末所有者权益合计 Total Owners' Equity at the Year-end	全部从业人员年平均人数(人) Average Number of Employed Persons (person)
68562811	**31229571**	**37333240**	**140934954**	**76229825**	**64705129**	**1462674**
96	38	58	8245	3919	4326	270
628122	268012	360110	2659426	1618606	1040820	12890
1423619	654209	769410	3490166	1696740	1793426	56259
1142522	566125	576397	2232837	1247069	985768	19489
624165	325834	298331	2405493	613556	1791937	3239
922341	489530	432811	1554226	771892	782334	42377
542742	249978	292764	1930286	1178311	751975	130659
404927	224698	180229	1582502	978672	603830	99699
59733	31580	28153	397079	136151	260928	5666
269400	89434	179966	1104110	483148	620962	32655
782298	243885	538413	1822832	1249110	573722	13749
518154	284795	233359	921109	557335	363774	24520
777521	399649	377872	1562495	609824	952671	73051
2144840	1368516	776324	1786359	1097174	689185	6854
4111926	2049139	2062787	10740808	5161872	5578936	79535
1143413	439340	704073	2749753	1317412	1432341	35134
42422	26327	16095	48340	18722	29618	752
1783825	958630	825195	3062184	1640757	1421427	56473
865816	445158	420658	1723210	904242	818968	22143
2072462	686270	1386192	3361923	2523981	837942	9894
694876	125708	569168	1850716	1139702	711014	9171
1029233	468970	560263	2692769	1500482	1192287	57409
1899215	907630	991585	5961583	3116415	2845168	63814
681717	257027	424690	2132109	1189180	942929	25944
9590310	4804150	4786160	19658915	12281262	7377653	141555
2043750	732755	1310995	7646568	5895694	1750874	54617
2349185	946172	1403013	6086963	3345910	2741053	106072
5244145	2352372	2891773	15030423	8415695	6614728	211022
223330	119601	103729	812899	267739	545160	18308
34647	15938	18709	113224	63001	50223	3106
41125	23032	18093	265085	218088	46997	1010
271562	64808	206754	524029	369395	154634	9641
20895194	9594791	11300403	28565816	11726065	16839751	23926
983761	171102	812659	1931268	1284849	646419	4486
2320417	844368	1476049	2519204	1607855	911349	7285

11-18 规模以上工业企业主要经济指标(2014年，按企业规模分)

单位：万元

项　　目		Item	
企业单位数	(个)	Number of Enterprises	(unit)
#亏损企业		Number of Loss-making Enterprises	
主营业务收入		Revenue from Principal Business	
#主营业务成本		Cost of Principal Business	
主营业务税金及附加		Taxes and Other Charges on Principal Business	
盈利企业的盈利总额		Total Profits of Profitable Enterprises	
亏损企业的亏损总额		Total Losses of Loss-making Enterprises	
盈亏相抵后的利润总额		Total Profits of All Enterprises	
应交所得税		Income Tax Payable	
应交增值税		Value-added Tax Payable	
流动资产年末合计		Total Working Capitals at the Year-end	
#应收账款		Accounts Receivable	
#存　货		Inventory	
#产成品存货		Inventory of Finished Goods	
固定资产原价年末数		Original Value of Fixed Assets at the Year-end	
累计折旧		Accumulated Depreciation	
固定资产净值		Net Value of Fixed Assets	
年末资产合计		Total Assets at the Year-end	
年末负债合计		Total Liabilities at the Year-end	
年末所有者权益合计		Total Owners' Equity at the Year-end	
#实收资本		Capital Hold	
#国家资本		State Capital	
外商资本		Foreign Capital	
本年应付职工薪酬		Wages Payable	
全部从业人员年平均人数	(人)	Annual Average Number of Staff and Workers	(person)
工业总产值	(当年价格)	Gross Industrial Output Value	(at current prices)
工业增加值	(当年价格)	Value-added of Industry	(at current prices)

Main Indicators of Industrial Enterprises above the Designated Size (2014, by Size of Enterprises)

(10000 yuan)

全　市 Total				# 国有及国有控股工业企业 State-owned and State-holding Enterprises			
大　型 Large Enterprises	中　型 Medium Enterprises	小　型 Small Enterprises	微 型 Mini Enterprises	大　型 Large Enterprises	中　型 Medium Enterprises	小　型 Small Enterprises	微 型 Mini Enterprises
186	783	3611	194	40	61	135	14
16	109	503	48	6	17	22	5
98385980	33268058	38608149	511290	41319591	3767215	5294281	156553
78123507	28038097	33952749	419192	33171749	3167107	4805551	117297
3343518	136252	170458	5022	2954515	18332	20785	2553
7815752	2029078	1738431	124459	2519016	227854	285516	57742
236422	238542	307557	45346	92889	74129	31104	3777
7579330	1790536	1430874	79113	2426127	153725	254412	53965
1291785	385640	300137	28176	446886	27000	34992	12843
3253089	740433	862486	26883	1350134	116714	154426	16731
37926804	17869960	18008014	960191	15859013	2902501	2079681	223177
9606854	5195774	5348910	504444	1846422	710132	513143	26597
8536279	4009488	4421368	70149	4200860	641875	491953	12888
2717207	1513611	1695330	32208	1011243	232875	220298	1300
42996076	13493526	10922647	1150562	26825832	3987028	2533907	998817
20133013	5754171	4884620	457767	12420852	1693389	1134307	389985
22863063	7739355	6038027	692795	14404980	2293639	1399600	608832
81192886	30216552	27803069	1722447	46309673	6667884	4392522	887502
42939685	16629733	15652744	1007663	22604191	4099044	2457911	437609
38253201	13586819	12150325	714784	23705482	2568840	1934611	449893
16968975	8533547	7720522	636388	11201364	2178300	1112703	383703
2710785	780856	655761	272265	2433844	739305	598826	271643
2461992	2799166	2366312	84316	428646	335892	22546	21195
5419203	3165168	2296857	38777	1886207	381890	208469	13114
555583	467727	432936	6428	126668	37314	20333	1216
104523535	36153666	39958897	1299445	43036219	3729497	5031629	185814
30169818	8479490	8365012	214857	14571809	881348	710113	62183

11-19 规模以上工业企业主要经济指标(2014年，按轻重工业分)

单位：万元

项目		Item	
企业单位数	(个)	Number of Enterprises	(unit)
# 亏损企业		Number of Loss-making Enterprises	
主营业务收入		Revenue from Principal Business	
# 主营业务成本		Cost of Principal Business	
主营业务税金及附加		Taxes and Other Charges on Principal Business	
盈利企业的盈利总额		Total Profits of Profitable Enterprises	
亏损企业的亏损总额		Total Losses of Loss-making Enterprises	
盈亏相抵后的利润总额		Total Profits of All Enterprises	
应交所得税		Income Tax Payable	
应交增值税		Value-added Tax Payable	
流动资产年末合计		Total Working Capitals at the Year-end	
# 应收账款		Accounts Receivable	
# 存　货		Inventory	
# 产成品存货		Inventory of Finished Goods	
固定资产原价年末数		Original Value of Fixed Assets at the Year-end	
累计折旧		Accumulated Depreciation	
固定资产净值		Net Value of Fixed Assets	
年末资产合计		Total Assets at the Year-end	
年末负债合计		Total Liabilities at the Year-end	
年末所有者权益合计		Total Owners' Equity at the Year-end	
# 实收资本		Capital Hold	
# 国家资本		State Capital	
外商资本		Foreign Capital	
本年应付职工薪酬		Wages Payable	
全部从业人员年平均人数	(人)	Annual Average Number of Staff and Workers	(person)
工业总产值	(当年价格)	Gross Industrial Output Value	(at current prices)
工业增加值	(当年价格)	Value-added of Industry	(at current prices)

Main Indicators of Industrial Enterprises above the Designated Size (2014, by Light and Heavy Industry)

(10000 yuan)

全 市 Total		# 市 区 Urban Districts		# 市 属 Owned by Municipal Government	
轻工业 Light Industry	重工业 Heavy Industry	轻工业 Light Industry	重工业 Heavy Industry	轻工业 Light Industry	重工业 Heavy Industry
2713	2061	1813	1674	2690	2004
366	310	271	262	364	290
59132762	111640715	47450073	103419880	56553243	89061859
45015534	95518011	34671379	88170527	44038010	75005542
1398826	2256424	1331081	2220564	344248	1365065
4204767	7502953	3647531	7144478	3912539	6523726
277874	549993	233925	498560	277517	412718
3926893	6952960	3413606	6645918	3635022	6111008
787972	1217766	729268	1148554	727554	1126233
2196162	2686729	1911350	2545658	1963248	2228985
25833586	48931383	22351732	45453927	23696835	40432592
6212275	14443707	5232754	13280566	6057469	13244410
6833978	10203306	6004205	9388494	5315397	8437713
2367140	3591216	1953409	3242744	2254503	3473631
16881830	51680981	14866768	48826172	15919474	29143454
7691401	23538170	6862107	22319871	7229089	13353452
9190429	28142811	8004661	26506301	8690385	15790002
40686560	100248394	35275606	94014371	37541183	65338512
21421936	54807889	18236312	51284539	20532074	37792145
19264624	45440505	17039294	42729832	17009109	27546367
9662684	24196748	8551478	22589713	8674609	15060380
610601	3809066	548626	3675916	601359	1469867
2244619	5467167	2102837	5238523	2237075	5415890
4986954	5933051	4059552	5389039	4794593	4904183
800428	662246	615225	584035	789904	594044
63028821	118906722	50918224	110396440	60249385	96057783
17793810	29435367	14559747	27864972	16040945	21095986

11-20 规模以上国有工业企业主要经济指标(2014年)

单位：万元

项　　目		Item	
企业单位数	(个)	Number of Enterprises	(unit)
# 亏损企业		Number of Loss-making Enterprises	
主营业务收入		Revenue from Principal Business	
# 主营业务成本		Cost of Principal Business	
主营业务税金及附加		Taxes and Other Charges on Principal Business	
盈利企业的盈利总额		Total Profits of Profitable Enterprises	
亏损企业的亏损总额		Total Losses of Loss-making Enterprises	
盈亏相抵后的利润总额		Total Profits of All Enterprises	
应交所得税		Income Tax Payable	
应交增值税		Value-added Tax Payable	
流动资产年末合计		Total Working Capitals at the Year-end	
# 应收账款		Accounts Receivable	
# 存　货		Inventory	
# 产成品存货		Inventory of Finished Goods	
固定资产原价年末数		Original Value of Fixed Assets at the Year-end	
累计折旧		Accumulated Depreciation	
固定资产净值		Net Value of Fixed Assets	
年末资产合计		Total Assets at the Year-end	
年末负债合计		Total Liabilities at the Year-end	
年末所有者权益合计		Total Owners' Equity at the Year-end	
# 实收资本		Capital Hold	
# 国家资本		State Capital	
外商资本		Foreign Capital	
本年应付职工薪酬		Wages Payable	
全部从业人员年平均人数	(人)	Annual Average Number of Staff and Workers	(person)
工业总产值	(当年价格)	Gross Industrial Output Value	(at current prices)
工业增加值	(当年价格)	Value-added of Industry	(at current prices)

Main Indicators of State-owned Industrial Enterprises above the Designated Size (2014)

(10000 yuan)

全 市 Total	# 轻工业 Light Industry	# 市 区 Urban Districts	# 轻工业 Light Industry	# 市 属 Owned by Municipal Government	# 轻工业 Light Industry
32	17	29	15	18	11
6	2	4		4	2
1219820	782520	1190896	766526	751295	686065
1020537	645270	995272	630531	616967	570276
9857	7283	9770	7216	6634	6274
57107	31288	56400	31288	30265	20716
5240	457	4784		1503	457
51867	30831	51616	31288	28762	20259
8306	4184	8228	4184	3034	1979
44766	24636	44446	24429	20186	17634
738860	302667	714779	299773	328903	280947
146039	66378	140928	65348	70565	59392
137079	35777	122509	35188	53008	34032
50100	27590	47375	27445	39075	26843
2367287	1857711	2349727	1845063	1845785	1800327
959555	695347	948874	686676	685930	652800
1407732	1162364	1400853	1158387	1159855	1147527
2475728	1725030	2430854	1704267	1749267	1683503
1304584	989702	1272383	976955	1005548	970373
1171144	735328	1158471	727312	743719	713130
290616	70560	285095	65623	81872	67647
76362	51450	70851	46524	61678	49109
193689	100201	191071	99061	104508	92793
15057	7402	14626	7132	7424	6340
1061538	622126	1032152	606692	591225	522821
390376	228543	383413	223650	218515	202479

11-21 规模以上集体工业企业主要经济指标(2014年)

单位：万元

项 目	Item
企业单位数 （个）	Number of Enterprises (unit)
# 亏损企业	Number of Loss-making Enterprises
主营业务收入	Revenue from Principal Business
# 主营业务成本	Cost of Principal Business
主营业务税金及附加	Taxes and Other Charges on Principal Business
盈利企业的盈利总额	Total Profits of Profitable Enterprises
亏损企业的亏损总额	Total Losses of Loss-making Enterprises
盈亏相抵后的利润总额	Total Profits of All Enterprises
应交所得税	Income Tax Payable
应交增值税	Value-added Tax Payable
流动资产年末合计	Total Working Capitals at the Year-end
# 应收账款	Accounts Receivable
# 存 货	Inventory
# 产成品存货	Inventory of Finished Goods
固定资产原价年末数	Original Value of Fixed Assets at the Year-end
累计折旧	Accumulated Depreciation
固定资产净值	Net Value of Fixed Assets
年末资产合计	Total Assets at the Year-end
年末负债合计	Total Liabilities at the Year-end
年末所有者权益合计	Total Owners' Equity at the Year-end
# 实收资本	Capital Hold
本年应付职工薪酬	Wage Payable
全部从业人员年平均人数 （人）	Annual Average Number of Staff and Workers (person)
工业总产值 （当年价格）	Gross Industrial Output Value (at current prices)
工业增加值 （当年价格）	Value-added of Industry (at current prices)

Main Indicators of Collective-owned Industrial Enterprises above the Designated Size (2014)

(10000 yuan)

全 市 Total	# 轻工业 Light Industry	# 市 区 Urban Districts	# 轻工业 Light Industry	# 市 属 Owned by Municipal Government	# 轻工业 Light Industry
30	14	24	13	29	13
3	3	3	3	3	3
541350	246285	520390	239634	538440	243375
453959	210301	436413	205319	451792	208134
2005	327	1956	309	1982	304
42514	29760	41354	28996	42100	29346
348	348	349	348	348	348
42166	29412	41005	28648	41752	28998
10058	7555	9798	7365	9955	7452
10516	1351	10144	1203	10323	1158
148937	82276	144827	80584	146411	79750
27675	14962	26647	14930	27689	14976
14439	6646	13795	6440	14153	6359
7593	2840	7275	2714	7535	2781
147584	80987	141661	76488	146782	80184
107667	52943	104257	50059	107177	52452
39917	28044	37404	26429	39605	27732
231149	123801	224326	120423	228310	120963
121394	63163	118507	61718	120799	62568
109755	60638	105819	58705	107511	58395
13861	5888	13359	5736	13561	5588
176270	95370	174714	94950	175974	95074
25365	14328	24902	14220	25301	14264
542337	251259	520949	244179	539105	248026
238898	123296	232001	119614	238248	122645

11-22 规模以上"三资"工业企业主要经济指标(2014年)

单位:万元

项　　目		Item	
企业单位数	(个)	Number of Enterprises	(unit)
# 亏损企业		Number of Loss-making Enterprises	
主营业务收入		Revenue from Principal Business	
# 主营业务成本		Cost of Principal Business	
主营业务税金及附加		Taxes and Other Charges on Principal Business	
盈利企业的盈利总额		Total Profits of Profitable Enterprises	
亏损企业的亏损总额		Total Losses of Loss-making Enterprises	
盈亏相抵后的利润总额		Total Profits of All Enterprises	
应交所得税		Income Tax Payable	
应交增值税		Value-added Tax Payable	
流动资产年末合计		Total Working Capitals at the Year-end	
# 应收账款		Accounts Receivable	
# 存　货		Inventory	
# 产成品存货		Inventory of Finished Goods	
固定资产原价年末数		Original Value of Fixed Assets at the Year-end	
累计折旧		Accumulated Depreciation	
固定资产净值		Net Value of Fixed Assets	
年末资产合计		Total Assets at the Year-end	
年末负债合计		Total Liabilities at the Year-end	
年末所有者权益合计		Total Owners' Equity at the Year-end	
# 实收资本		Capital Hold	
# 国家资本		State Capital	
外商资本		Foreign Capital	
本年应付职工薪酬		Wages Payable	
全部从业人员年平均人数	(人)	Annual Average Number of Staff and Workers	(person)
工业总产值	(当年价格)	Gross Industrial Output Value	(at current prices)
工业增加值	(当年价格)	Value-added of Industry	(at current prices)

Main Indicators of Foreign Funded Industrial Enterprises above the Designated Size (2014)

(10000 yuan)

全　市 Total	# 轻工业 Light Industry	# 市　区 Urban Districts	# 轻工业 Light Industry	# 市　属 Owned by Municipal Government	# 轻工业 Light Industry
1663	853	1373	669	1651	849
341	171	292	146	338	171
101516678	33499444	93335430	28531167	100719261	33374822
81782656	24761037	74751338	20456396	81118620	24692395
1440116	217531	1387835	180686	1434868	216332
8298451	2904460	7669659	2503920	8236146	2869597
522820	150389	468541	125426	495579	150389
7775631	2754071	7201118	2378494	7740567	2719208
1562696	583704	1476002	545475	1556012	582465
3138727	1388915	2881582	1201795	3113978	1381299
42276124	13368598	39096780	11946144	41755092	13257383
13630445	3747183	12670936	3387267	13458723	3738663
8557101	2934967	7844796	2581998	8429243	2922311
3479471	1182291	3134242	982411	3450940	1179449
32078276	10196902	29669440	9109326	31485442	10122338
15543524	4962973	14593896	4468886	15315342	4927170
16534752	5233929	15075544	4640440	16170100	5195168
65751078	21098184	60481207	18876117	64732805	20917871
37088018	10737582	34305485	9636583	36461054	10692244
28663060	10360602	26175722	9239534	28271751	10225627
16928630	6236452	15428404	5644662	16586439	6175721
1022278	270909	1011904	265780	867372	270521
7648709	2187189	7285398	2048815	7589888	2179645
6314983	2808616	5686527	2479108	6183500	2783278
820354	435146	727052	378330	806106	433285
110207531	36244912	101779816	31126604	109459042	36124355
26679564	10062855	24293165	8463811	26471003	10010149

11-23 规模以上其他工业企业主要经济指标(2014年)

单位:万元

项 目	Item
企业单位数 (个)	Number of Enterprises (unit)
# 亏损企业	Number of Loss-making Enterprises
主营业务收入	Revenue from Principal Business
# 主营业务成本	Cost of Principal Business
主营业务税金及附加	Taxes and Other Charges on Principal Business
盈利企业的盈利总额	Total Profits of Profitable Enterprises
亏损企业的亏损总额	Total Losses of Loss-making Enterprises
盈亏相抵后的利润总额	Total Profits of All Enterprises
应交所得税	Income Tax Payable
应交增值税	Value-added Tax Payable
流动资产年末合计	Total Working Capitals at the Year-end
# 应收账款	Accounts Receivable
# 存 货	Inventory
# 产成品存货	Inventory of Finished Goods
固定资产原价年末数	Original Value of Fixed Assets at the Year-end
累计折旧	Accumulated Depreciation
固定资产净值	Net Value of Fixed Assets
年末资产合计	Total Assets at the Year-end
年末负债合计	Total Liabilities at the Year-end
年末所有者权益合计	Total Owners' Equity at the Year-end
# 实收资本	Capital Hold
# 国家资本	State Capital
外商资本	Foreign Capital
本年应付职工薪酬	Wage Payable
全部从业人员年平均人数 (人)	Annual Average Number of Staff and Workers (person)
工业总产值 (当年价格)	Gross Industrial Output Value (at current prices)
工业增加值 (当年价格)	Value Added of Industry (at current prices)

Main Indicators of Other Industrial Enterprises above the Designated Size (2014)

(10000 yuan)

全　市 Total	# 轻工业 Light Industry	# 市　区 Urban Districts	# 轻工业 Light Industry	# 市　属 Owned by Municipal Government	# 轻工业 Light Industry
3049	1829	2061	1116	2996	1817
326	190	234	122	309	188
67495629	24604513	55823237	17912746	43606106	22248981
57276393	19398926	46658883	13379133	36856173	18567205
2203272	1173685	2152084	1142870	265829	121338
3309648	1239259	3024596	1083327	2127754	992880
299459	126680	258811	108151	192805	126323
3010189	1112579	2765785	975176	1934949	866557
424678	192529	383794	172244	284786	135658
1688882	781260	1520836	683923	1047746	563157
31601048	12080045	27849273	10025231	21899021	10078755
6851823	2383752	5674809	1765209	5744902	2244438
8328665	3856588	7411599	3380579	5256706	2352695
2421192	1154419	2007261	940839	2230584	1045430
33969664	4746230	31532112	3835891	11584919	3916625
14618825	1980138	13534951	1656486	4474092	1596667
19350839	2766092	17997161	2179405	7110827	2319958
72476999	17739545	66153590	14574799	36169313	14818846
37715829	9631489	33824476	7561056	20736818	8806889
34761170	8108056	32329114	7013743	15432495	6011957
16626325	3349784	15414333	2835457	7053117	2425653
3321027	288242	3141787	236322	1142176	281729
63077	57430	55962	54022	63077	57430
4235063	1982767	3396279	1386433	3234794	1823448
601898	343552	432680	215543	545117	336015
70124137	25910524	57981747	18940749	45717796	23354183
19920339	7379116	17516140	5752672	10209165	5705672

11-24 规模以上工业企业主要经济效益指标（2014年）

项　　目		Item	
工业经济效益综合指数	(%)	Industrial Economic Benefit Synthetic	(%)
总资产贡献率	(%)	Ratio of Total Assets to Industrial Output Value	(%)
资本保值增值率	(%)	Ratio of Capital Maintenance and Appreciation	(%)
资产负债率	(%)	Assets-Liability Ratio	(%)
流动资产周转率	(次)	Number of Times of Annual of Turnover Working Capitals	(times)
工业成本费用利润率	(%)	Ratio of Profits to Industrial Cost	(%)
工业全员劳动生产率	(元/人)	Overall Labor Productivity	(yuan/person)
工业产品销售率	(%)	Proportion of Products Sold	(%)
工业资金利税率	(%)	Ratio of Pre-tax Profits to Total Capital	(%)
工业增加值率	(%)	Ratio of Value-added to Gross Industrial Output Value	(%)
企业亏损面	(%)	Ratio of Loss-making Enterprises to Total Industrial Enterprises	(%)
工业产成品存货可供销售天数	(天)	Days for Sale of Inventory of Finished Products	(day)
每百元资金提供的总产值	(元)	Output Value Created by per 100 yuan	(yuan)
每百元资金提供的利税	(元)	Pre-tax Profits Created by per 100 Yuan	(yuan)
每百元固定资产原价提供利税	(元)	Pre-tax Profits Created by per 100 yuan Original Value of Fixed Assets	(yuan)
每百元固定资产原价提供总产值	(元)	Output Value Created by per 100 yuan Original Value of Fixed Assets	(yuan)
每百元固定资产净值提供利税	(元)	Pre-tax Profits Created by per 100 yuan Net Value of Fixed Assets	(yuan)
每百元固定资产净值提供总产值	(元)	Output Value Created by per 100 yuan Net Value of Fixed Assets	(yuan)
每百元总产值实现利税	(元)	Pre-tax Profits Created by per 100 yuan Output Value	(yuan)
每百元总产值占用全部资产	(元)	Total Assets Used by per 100 yuan Output Value	(yuan)
平均每个职工拥有全部资产	(元)	Average Assets Owned by per Staff and Worker	(yuan)
平均每个职工提供利税	(元)	Average Pre-tax Profits Created by per Staff and Worker	(yuan)

Main Indicators on Economic Benefit of Industrial Enterprises above the Designated Size (2014)

全 市 Total	# 市 区 Urban Districts	# 市 属 Owned by Municipal Government	# 国有及国有控股工业企业 State-owned and State-holding Enterprises	# 市 区 Urban Districts	# 市 属 Owned by Municipal Government
311.27	330.85	281.76	644.07	683.33	460.39
14.96	15.09	16.32	14.46	14.67	19.46
104.83	103.39	104.89	106.23	104.69	110.79
54.09	53.77	56.69	50.81	50.76	59.57
2.28	2.23	2.27	2.40	2.36	2.35
6.88	7.23	7.20	6.29	6.59	7.56
322896	353757	268341	874541	937782	548504
97.28	97.25	96.53	99.23	99.26	96.71
17.32	17.66	17.66	18.91	19.36	21.59
25.96	26.30	23.76	31.21	32.59	23.54
14.16	15.29	13.93	20.00	19.07	18.03
12.56	12.40	14.16	10.44	10.21	17.47
162.30	157.66	176.40	130.70	127.74	153.01
17.32	17.66	17.66	18.91	19.36	21.59
28.32	28.37	34.72	21.90	22.43	32.35
265.36	253.27	346.86	151.35	147.94	229.24
52.01	52.35	63.92	40.21	40.86	58.12
487.33	467.43	638.50	277.88	269.53	411.80
10.67	11.20	10.01	14.47	15.16	14.11
77.46	80.15	65.82	112.07	115.14	81.16
963543	1078081	743378	3140046	3312955	1891379
132757	150661	113065	405453	436177	328921

11-25 规模以上工业企业主要经济效益指标（2014年，按经济类型分）

项　　目		Item	
工业经济效益综合指数	(%)	Industrial Economic Benefit Synthetic	(%)
总资产贡献率	(%)	Ratio of Total Assets to Industrial Output Value	(%)
资本保值增值率	(%)	Ratio of Capital Maintenance and Appreciation	(%)
资产负债率	(%)	Assets-Liability Ratio	(%)
流动资产周转率	(次)	Number of Times of Annual of Turnover Working Capitals	(times)
工业成本费用利润率	(%)	Ratio of Profits to Industrial Cost	(%)
工业全员劳动生产率	(元/人)	Overall Labor Productivity	(yuan/person)
工业产品销售率	(%)	Proportion of Products Sold	(%)
工业资金利税率	(%)	Ratio of Pre-tax Profits to Total Capital	(%)
工业增加值率	(%)	Ratio of Value-added to Gross Industrial Output Value	(%)
企业亏损面	(%)	Ratio of Loss-making Enterprises to Total Industrial Enterprises	(%)
工业产成品存货可供销售天数	(天)	Days for Sale of Inventory of Finished Products	(day)
每百元资金提供的总产值	(元)	Output Value Created by per 100 yuan	(yuan)
每百元资金提供的利税	(元)	Pre-tax Profits Created by per 100 Yuan	(yuan)
每百元固定资产原价提供利税	(元)	Pre-tax Profits Created by per 100 yuan Original Value of Fixed Assets	(yuan)
每百元固定资产原价提供总产值	(元)	Output Value Created by per 100 yuan Original Value of Fixed Assets	(yuan)
每百元固定资产净值提供利税	(元)	Pre-tax Profits Created by per 100 yuan Net Value of Fixed Assets	(yuan)
每百元固定资产净值提供总产值	(元)	Output Value Created by per 100 yuan Net Value of Fixed Assets	(yuan)
每百元总产值实现利税	(元)	Pre-tax Profits Created by per 100 yuan Output Value	(yuan)
每百元总产值占用全部资产	(元)	Total Assets Used by per 100 yuan Output Value	(yuan)
平均每个职工拥有全部资产	(元)	Average Assets Owned by per Staff and Worker	(yuan)
平均每个职工提供利税	(元)	Average Pre-tax Profits Created by per Staff and Worker	(yuan)

Main Indicators on Economic Benefit of Industrial Enterprises above the Designated Size (2014, by Type of Ownership)

全 市 Total	国有企业 State-owned Enterprises	集体企业 Collective-owned Enterprises	"三资"企业 Foreign Funded Enterprises	其他企业 Other Enterprises	#国有及国有控股工业企业 State-owned and State-holding Enterprises
311.27	244.43	213.38	327.18	299.83	644.07
14.96	7.70	25.36	19.39	11.01	14.46
104.83	109.25	128.90	101.48	107.54	106.23
54.09	52.69	52.52	56.41	52.04	50.81
2.28	1.65	3.63	2.40	2.14	2.40
6.88	4.40	8.06	8.36	4.74	6.29
322896	259265	94184	325220	330959	874541
97.28	99.33	99.47	96.56	98.37	99.23
17.32	4.96	28.96	21.01	13.55	18.91
25.96	36.77	44.05	24.21	28.41	31.21
14.16	18.75	10.00	20.51	10.69	20.00
12.56	14.79	5.05	12.34	12.91	10.44
162.30	49.45	287.17	187.39	137.63	130.70
17.32	4.96	28.96	21.01	13.55	18.91
28.32	4.50	37.05	38.51	20.32	21.90
265.36	44.84	367.48	343.56	206.43	151.35
52.01	7.56	137.00	74.72	35.67	40.21
487.33	75.41	1358.66	666.52	362.38	277.88
10.67	10.03	10.08	11.21	9.84	14.47
77.46	233.22	42.62	59.66	103.36	112.07
963543	1644237	91129	801496	1204141	3140046
132757	70725	21560	150599	114676	405453

11-26 规模以上工业企业主要经济效益指标（2014年，按企业规模分）

项 目		Item	
工业经济效益综合指数	(%)	Industrial Economic Benefit Synthetic	(%)
总资产贡献率	(%)	Ratio of Total Assets to Industrial Output Value	(%)
资本保值增值率	(%)	Ratio of Capital Maintenance and Appreciation	(%)
资产负债率	(%)	Assets-Liability Ratio	(%)
流动资产周转率	（次）	Number of Times of Annual of Turnover Working Capitals	(times)
工业成本费用利润率	(%)	Ratio of Profits to Industrial Cost	(%)
工业全员劳动生产率	（元/人）	Overall Labor Productivity	(yuan/person)
工业产品销售率	(%)	Proportion of Products Sold	(%)
工业资金利税率	(%)	Ratio of Pre-tax Profits to Total Capital	(%)
工业增加值率	(%)	Ratio of Value-added to Gross Industrial Output Value	(%)
企业亏损面	(%)	Ratio of Loss-making Enterprises to Total Industrial Enterprises	(%)
工业产成品存货可供销售天数	（天）	Days for Sale of Inventory of Finished Products	(day)
每百元资金提供的总产值	（元）	Output Value Created by per 100 yuan	(yuan)
每百元资金提供的利税	（元）	Pre-tax Profits Created by per 100 Yuan	(yuan)
每百元固定资产原价提供利税	（元）	Pre-tax Profits Created by per 100 yuan Original Value of Fixed Assets	(yuan)
每百元固定资产原价提供总产值	（元）	Output Value Created by per 100 yuan Original Value of Fixed Assets	(yuan)
每百元固定资产净值提供利税	（元）	Pre-tax Profits Created by per 100 yuan Net Value of Fixed Assets	(yuan)
每百元固定资产净值提供总产值	（元）	Output Value Created by per 100 yuan Net Value of Fixed Assets	(yuan)
每百元总产值实现利税	（元）	Pre-tax Profits Created by per 100 yuan Output Value	(yuan)
每百元总产值占用全部资产	（元）	Total Assets Used by per 100 yuan Output Value	(yuan)
平均每个职工拥有全部资产	（元）	Average Assets Owned by per Staff and Worker	(yuan)
平均每个职工提供利税	（元）	Average Pre-tax Profits Created by per Staff and Worker	(yuan)

Main Indicators on Economic Benefit of Industrial Enterprises above the Designated Size (2014, by Size of Enterprises)

全　市 Total				# 国有及国有控股工业企业 State-owned and State-holding Enterprises			
大　型 Large Enterprises	中　型 Medium Enterprises	小　型 Small Enterprises	微 型 Mini Enterprises	大　型 Large Enterprises	中　型 Medium Enterprises	小　型 Small Enterprises	微 型 Mini Enterprises
459.88	209.58	210.89	320.45	817.34	222.38	314.94	522.05
18.45	10.30	10.00	7.26	16.06	5.90	11.20	10.64
100.62	116.80	106.40	109.38	105.56	113.16	98.35	157.88
52.89	55.04	56.30	58.50	48.81	61.47	55.96	49.31
2.59	1.86	2.14	0.53	2.61	1.30	2.55	0.70
8.51	5.70	3.84	16.00	6.57	4.19	4.95	36.71
543030	181291	193216	334252	1150394	236198	349241	511381
97.42	96.11	98.24	89.44	99.60	95.34	98.86	101.55
23.32	10.42	10.25	6.72	22.24	5.56	12.35	8.80
28.86	23.45	20.93	16.53	33.86	23.63	14.11	33.47
8.60	13.92	13.93	24.74	15.00	27.87	16.30	35.71
9.94	16.38	15.81	22.68	8.81	22.25	14.98	2.99
171.94	141.17	166.18	78.61	142.20	71.77	144.62	22.33
23.32	10.42	10.25	6.72	22.24	5.56	12.35	8.80
32.97	19.77	22.56	9.65	25.09	7.24	16.95	7.33
243.10	267.93	365.84	112.94	160.43	93.54	198.57	18.60
62.00	34.46	40.81	16.02	46.73	12.59	30.70	12.03
457.17	467.14	661.79	187.57	298.76	162.60	359.50	30.52
13.56	7.38	6.17	8.54	15.64	7.74	8.54	39.42
77.68	83.58	69.58	132.55	107.61	178.79	87.30	477.63
1461400	646030	642198	2679601	3655988	1786966	2160292	7298537
255154	57025	56910	172710	531371	77390	211293	602373

11-27 规模以上工业企业主要经济效益指标（2014年，按轻重工业分）

项　　目		Item	
工业经济效益综合指数	(%)	Industrial Economic Benefit Synthetic	(%)
总资产贡献率	(%)	Ratio of Total Assets to Industrial Output Value	(%)
资本保值增值率	(%)	Ratio of Capital Maintenance and Appreciation	(%)
资产负债率	(%)	Assets-Liability Ratio	(%)
流动资产周转率	（次）	Number of Times of Annual of Turnover Working Capitals	(times)
工业成本费用利润率	(%)	Ratio of Profits to Industrial Cost	(%)
工业全员劳动生产率	（元/人）	Overall Labor Productivity	(yuan/person)
工业产品销售率	(%)	Proportion of Products Sold	(%)
工业资金利税率	(%)	Ratio of Pre-tax Profits to Total Capital	(%)
工业增加值率	(%)	Ratio of Value-added to Gross Industrial Output Value	(%)
企业亏损面	(%)	Ratio of Loss-making Enterprises to Total Industrial Enterprises	(%)
工业产成品存货可供销售天数	（天）	Days for Sale of Inventory of Finished Products	(day)
每百元资金提供的总产值	（元）	Output Value Created by per 100 yuan	(yuan)
每百元资金提供的利税	（元）	Pre-tax Profits Created by per 100 Yuan	(yuan)
每百元固定资产原价提供利税	（元）	Pre-tax Profits Created by per 100 yuan Original Value of Fixed Assets	(yuan)
每百元固定资产原价提供总产值	（元）	Output Value Created by per 100 yuan Original Value of Fixed Assets	(yuan)
每百元固定资产净值提供利税	（元）	Pre-tax Profits Created by per 100 yuan Net Value of Fixed Assets	(yuan)
每百元固定资产净值提供总产值	（元）	Output Value Created by per 100 yuan Net Value of Fixed Assets	(yuan)
每百元总产值实现利税	（元）	Pre-tax Profits Created by per 100 yuan Output Value	(yuan)
每百元总产值占用全部资产	（元）	Total Assets Used by per 100 yuan Output Value	(yuan)
平均每个职工拥有全部资产	（元）	Average Assets Owned by per Staff and Worker	(yuan)
平均每个职工提供利税	（元）	Average Pre-tax Profits Created by per Staff and Worker	(yuan)

Main Indicators on Economic Benefit of Industrial Enterprises above the Designated Size (2014, by Light and Heavy Industry)

全 市 Total		# 市 区 Urban Districts		# 市 属 Owned by Municipal Government	
轻工业 Light Industry	重工业 Heavy Industry	轻工业 Light Industry	重工业 Heavy Industry	轻工业 Light Industry	重工业 Heavy Industry
260.84	380.58	270.90	401.45	243.43	333.79
19.74	13.04	20.06	13.25	17.02	15.92
106.46	104.15	105.39	102.61	105.54	104.50
52.65	54.67	51.70	54.55	54.69	57.84
2.29	2.28	2.12	2.28	2.39	2.20
7.23	6.69	7.92	6.93	6.86	7.43
222304	444478	236657	477111	203075	355125
96.99	97.43	96.88	97.42	95.95	96.89
21.48	15.43	21.93	15.86	18.35	17.26
28.23	24.76	28.59	25.24	26.62	21.96
13.49	15.04	14.95	15.65	13.53	14.47
14.41	11.58	14.82	11.29	14.35	14.04
179.96	154.28	167.73	153.41	186.03	170.85
21.48	15.43	21.93	15.86	18.35	17.26
44.56	23.02	44.77	23.37	37.33	33.30
373.35	230.08	342.50	226.10	378.46	329.60
81.84	42.27	83.15	43.05	68.38	61.46
685.81	422.51	636.11	416.49	693.29	608.35
11.93	10.00	13.07	10.34	9.86	10.10
64.55	84.31	69.28	85.16	62.31	68.02
508310	1513764	573377	1609739	475263	1099893
93973	179633	108189	195402	75231	163373

11-28 规模以上工业企业分组主要指标（2014年）

Major Indicators of Industrial Enterprises above the Designated Size by Group (2014)

单位：万元 (10000 yuan)

项目	Item	企业单位数（个） Number of Enterprises (unit)	盈亏相抵后利润总额 Total Profits of All Enterprises	固定资产原价年末数 Original Value of Fixed Assets at the Year-end	工业增加值 Value-added of Industry	工业总产值 Gross Industrial Output Value	从业人员年平均人数（人） Annual Average Employed Persons (person)
总　计	**Total**	**4774**	**10879853**	**68562811**	**47229177**	**181935543**	**1462674**
按总产值分组	Grouped by Gross Output Value						
1亿元及以上	100 million yuan and above	1595	10595671	64104156	43197708	167347760	1075196
5000万元-9999万元	50-99.99 million yuan	1230	170913	2406722	2388263	8677761	201260
4999万元以下	49.99 million yuan and below	1949	113269	2051933	1643206	5910022	186218
按固定资产原价分组	Grouped by Original Value of Fixed Assets						
1亿元及以上	100 million yuan and above	654	9333718	62001258	36115820	136467281	730734
5000万元-9999万元	50-99.99 million yuan	380	510462	2680195	2195594	10375854	134431
4999万元以下	49.99 million yuan and below	3740	1035673	3881358	8917763	35092408	597509
按利税总额分组	Grouped by Pre-tax Profits						
1亿元及以上	100 million yuan and above	218	9568279	45523988	31490832	104809338	409643
5000万元-9999万元	50-99.99 million yuan	173	839931	4561991	3275515	15159050	114757
4999万元以下	49.99 million yuan and below	4383	471643	18476832	12462830	61967155	938274
按从业人员人数分组	Grouped by Staff and Workers						
2000人及以上	2000 Persons and above	116	6200745	36903220	25351725	83530095	478526
500人-1999人	500-1999 Persons	439	2442483	14218217	9951000	40539477	395802
499人及以下	499 Persons and below	4219	2236625	17441374	11926452	57865971	588346

11-29 规模以上国有工业企业分组主要指标（2014年）
Major Indicators of State-owned Industrial Enterprises above the Designated Size by Group (2014)

单位：万元 (10000 yuan)

项目	Item	企业单位数（个） Number of Enterprises (unit)	盈亏相抵后利润总额 Total Profits of All Enterprises	固定资产原价年末数 Original Value of Fixed Assets at the Year-end	工业增加值 Value-added of Industry	工业总产值 Gross Industrial Output Value	从业人员年平均人数（人） Annual Average Employed Persons (person)
总计	**Total**	**32**	**51867**	**2367287**	**390376**	**1061538**	**15057**
按总产值分组	Grouped by Gross Output Value						
1亿元及以上	100 million yuan and above	17	47603	2320276	373478	995367	13637
5000万元-9999万元	50-99.99 million yuan	5	3125	20487	7022	34720	497
4999万元以下	49.99 million yuan and below	10	1139	26524	9876	31451	923
按固定资产原价分组	Grouped by Original Value of Fixed Assets						
1亿元及以上	100 million yuan and above	12	31964	2319292	343882	840429	12595
5000万元-9999万元	50-99.99 million yuan	2	882	10381	3326	14197	274
4999万元以下	49.99 million yuan and below	18	19021	37614	43168	206912	2188
按利税总额分组	Grouped by Pre-tax Profits						
1亿元及以上	100 million yuan and above	3	30330	2003938	249171	505195	6133
5000万元-9999万元	50-99.99 million yuan	1	5997	1324	2014	13112	175
4999万元以下	49.99 million yuan and below	28	15540	362025	139191	543231	8749
按从业人员人数分组	Grouped by Staff and Workers						
2000人及以上	2000 Persons and above	2	8423	1795760	193548	374127	6776
500人-1999人	500-1999 Persons	5	14738	392205	121939	289446	4462
499人及以下	499 Persons and below	25	28706	179322	74889	397965	3819

11-30 规模以上大中型工业企业主要经济指标（2014年）

单位：万元

项　　目		Item	
企业单位数	（个）	Number of Enterprises	(unit)
#亏损企业		Number of Loss-making Enterprises	
主营业务收入		Revenue from Principal Business	
#主营业务成本		Cost of Principal Business	
主营业务税金及附加		Taxes and Other Charges on Principal Business	
盈利企业的盈利总额		Total Profits of Profitable Enterprises	
亏损企业的亏损总额		Total Losses of Loss-making Enterprises	
盈亏相抵后的利润总额		Total Profits of All Enterprises	
应交所得税		Income Tax Payable	
应交增值税		Value-added Tax Payable	
流动资产年末合计		Total Working Capitals at the Year-end	
#应收账款		Accounts Receivable	
#存　货		Inventory	
#产成品存货		Inventory of Finished Goods	
固定资产原价年末数		Original Value of Fixed Assets at the Year-end	
累计折旧		Accumulated Depreciation	
固定资产净值		Net Value of Fixed Assets	
年末资产合计		Total Assets at the Year-end	
年末负债合计		Total Liabilities at the Year-end	
年末所有者权益合计		Total Owners' Equity at the Year-end	
#实收资本		Capital Hold	
#国家资本		State Capital	
外商资本		Foreign Capital	
本年应付职工薪酬		Wages Payable	
全部从业人员年平均人数	（人）	Annual Average Number of Staff and Workers	(person)
工业总产值	（当年价格）	Gross Industrial Output Value	(at current prices)
工业增加值	（当年价格）	Value-added of Industry	(at current prices)

Major Indicators of Large and Medium-sized Industrial Enterprises above the Designated Size (2014)

(10000 yuan)

全 市 Total	#轻工业 Light Industry	#市 区 Urban Districts	#轻工业 Light Industry	#市 属 Owned by Municipal Government	#轻工业 Light Industry
969	529	812	426	934	522
125	68	109	60	112	67
131654038	42253787	121885949	35952277	107219142	39828311
106161604	30271736	97673754	24819053	85242523	29401238
3479770	1318271	3421003	1273436	1538656	264511
9844830	3471682	9248971	3060235	8679860	3211691
474964	145250	428759	137876	353396	144999
9369866	3326432	8820212	2922359	8326464	3066692
1677425	661755	1603669	627820	1544118	603451
3993522	1866789	3709894	1647021	3336645	1640246
55796764	17904929	52102571	16054180	45602523	15855152
14802628	3914257	13698997	3476145	13584230	3775487
12545767	4934140	11680488	4506114	9364384	3433921
4230818	1604016	3829887	1370663	4025196	1496796
56489602	12603385	54191266	11451294	34272097	11745453
25887184	5730169	24935575	5251316	15753107	5332065
30602418	6873216	29255691	6199978	18518990	6413388
111409438	29177589	105301404	26210989	74671208	26178921
59569418	14784030	56081763	13133744	42283328	13948590
51840020	14393559	49219641	13077245	32387880	12230331
25502522	6534908	24043645	5967629	15929066	5580966
3491641	496181	3435295	445080	1555095	496181
5261158	1612448	4957864	1512192	5206236	1607048
8584371	3750767	7723134	3225640	7411663	3571120
1023310	540296	887947	450189	949777	531758
140677201	45490908	130557780	38971194	115788728	42870074
38649308	13686154	36023676	11841139	28729362	11967531

11-31 规模以上大中型工业企业主要经济指标（2014年，按经济类型分）

单位:万元

项　　目		Item	
企业单位数	(个)	Number of Enterprises	(unit)
# 亏损企业		Number of Loss-making Enterprises	
主营业务收入		Revenue from Principal Business	
# 主营业务成本		Cost of Principal Business	
主营业务税金及附加		Taxes and Other Charges on Principal Business	
盈利企业的盈利总额		Total Profits of Profitable Enterprises	
亏损企业的亏损总额		Total Losses of Loss-making Enterprises	
盈亏相抵后的利润总额		Total Profits of All Enterprises	
应交所得税		Income Tax Payable	
应交增值税		Value-added Tax Payable	
流动资产年末合计		Total Working Capitals at the Year-end	
# 应收账款		Accounts Receivable	
# 存　货		Inventory	
# 产成品存货		Inventory of Finished Goods	
固定资产原价年末数		Original Value of Fixed Assets at the Year-end	
累计折旧		Accumulated Depreciation	
固定资产净值		Net Value of Fixed Assets	
年末资产合计		Total Assets at the Year-end	
年末负债合计		Total Liabilities at the Year-end	
年末所有者权益合计		Total Owners' Equity at the Year-end	
# 实收资本		Capital Hold	
# 国家资本		State Capital	
外商资本		Foreign Capital	
本年应付职工薪酬		Wages Payable	
全部从业人员年平均人数	(人)	Annual Average Number of Staff and Workers	(person)
工业总产值	(当年价格)	Gross Industrial Output Value	(at current prices)
工业增加值	(当年价格)	Value-added of Industry	(at current prices)

Major Indicators of Large and Medium-sized Industrial Enterprises above the Designated Size (2014, by Type of Ownership)

(10000 yuan)

合 计 Total	国有企业 State-owned Enterprises	集体企业 Collective-owned Enterprises	"三资"企业 Foreign Funded Enterprises	其他企业 Other Enterprises
969	10	9	558	392
125	2	2	75	46
131654038	869866	357218	84940126	45486828
106161604	710158	310437	67356834	37784175
3479770	8799	194	1359816	2110961
9844830	39281	4902	7361603	2439044
474964	3737	310	269744	201173
9369866	35544	4592	7091859	2237871
1677425	5298	638	1365855	305634
3993522	37737	1427	2715578	1238780
55796764	589134	49527	33201302	21956801
14802628	112818	9588	10744648	3935574
12545767	82690	5602	6537487	5919988
4230818	18743	3101	2757124	1451850
56489602	2241949	83643	26278168	27885842
25887184	880517	60842	12889200	12056625
30602418	1361432	22801	13388968	15829217
111409438	2252430	98946	52012393	57045669
59569418	1168405	46319	29753807	28600887
51840020	1084025	52627	22258586	28444782
25502522	254611	5655	12056681	13185575
3491641	56710		912381	2522550
5261158			5220456	40702
8584371	173571	158828	5412728	2839244
1023310	12479	22853	674990	312988
140677201	773024	360804	91543190	48000183
38649308	349900	178291	22954264	15166853

【工业】 指从事自然资源的开采，对采掘品和农产品进行加工和再加工的物质生产部门。具体包括：

(1)对自然资源的开采，如采矿、晒盐、森林采伐等(但不包括禽兽捕猎和水产捕捞)；

(2)对农副产品的加工、再加工，如粮油加工、食品加工、轧花、缫丝、纺织、制革等；

(3)对采掘品的加工、再加工，如炼铁、炼钢、化工生产、石油加工、机器制造、木材加工等，以及电力、自来水、煤气的生产和供应等；

(4)对工业品的修理、翻新，如机器设备的修理、交通运输工具(包括小卧车)的修理等。

1984年以前农村的村及村以下办工业归属农业，1984年以后划归工业。

【轻工业】 指主要提供生活消费品和制作手工工具的工业。按其所使用的原料不同，可分为两大类：

(1)以农产品为原料的轻工业，是指直接或间接以农产品为基本原料的轻工业。主要包括食品制造、饮料制造、烟草加工、纺织、缝纫、皮革和毛皮制作、造纸以及印刷等工业；

(2)以非农产品为原料的轻工业，是指以工业品为原料的轻工业。主要包括文教体育用品、化学药品制造、合成纤维制造、日用化学制品、日用玻璃制品、日用金属制品、手工工具制造、医疗器械制造、文化和办公用机械制造等工业。

【重工业】 是指为国民经济各部门提供物质技术基础的主要生产资料的工业。按其生产性质和产品用途，可分为下列三类：

(1)采掘(伐)工业，是指对自然资源的开采，包括石油开采、煤炭开采、金属矿开采、非金属矿开采和木材采伐等工业；

(2)原材料工业，指向国民经济各部门提供基本材料、动力和燃料的工业。包括金属冶炼及加工、炼焦及焦炭化学、化工原料、水泥、人造板以及电力、石油和煤炭加工等工业；

(3)加工工业，是指对工业原材料进行再加工制造的工业。包括装备国民经济各部门的机械设备制造工业、金属结构、水泥制品等工业，以及为农业提供的生产资料如化肥、农药等工业。

根据上述划分原则，修理业中以重工业产品为修理作业对象的划为重工业，反之划为轻工业。

【工业总产值】 是以货币表现的工业企业在一定时期内生产的已出售或可供出售工业产品总量，它反映一定时间内工业生产的总规模和总水平。它包括：在本企业内不再进行加工，经检验、包装入库(规定不需包装的产品除外)的成品价值，对外加工费收入，自制半成品、在产品期末期初差额价值。工业总产值采用“工厂法”计算，即以工业企业作为一个整体，按企业工业生产活动的最终成果来计算，企业内部不允许重复计算，不能把企业内部各个车间(分厂)生产的成果相加。但在企业之间、行业之间、地区之间存在着重复计算。

轻重工业总产值的划分也是按“工厂法”计算的，即一个工业企业在正常情况下生产的主要产品的性质属于轻工业，则该企业的全部总产值作为轻工业总产值；一个工业企业生产的主要产品的性质属于重工业，则该企业的全部总产值作为重工业总产值。

【工业增加值】 是指工业行业在报告期内以货币表现的工业生产活动的最终成果，是企业全部生产活自动的总成果扣除了在生产过程中消耗或转移的物质产品和劳务价值后的余额，是企业生产过程中新增加的价值。

【资产合计】 指企业拥有或控制的能以货币计量的经济资源。包括各种财产、债权和其他权利。资产按其流动性划分为流动资产、长期投资、固定资产、无形及递延资产和其他资产。

(1)流动资产 指企业可以在一年内或者超过一年的一个生产周期内变现或者耗用的资产合计，包括现金及各种存款、短期投资、应收及预付款项、存货等。

(2)固定资产 指企业固定资产净值、固定资产清理、在建工程、待处理固定资产损失所占用的资金合计。

(3)无形资产 指企业长期使用而没有实物形态的资产。包括专利权、非专利技术、商标权、著作权、土地使用权、商誉等。

【负债合计】 指企业承担的能以货币计量，将以资产或劳务偿付的债务。负债一般按偿还期长短分为流动负债和长期负债、递延税项等。

(1)流动负债 指企业在一年内或者超过一年的一个营业周期内需要偿还的债务合计，其中包括短期借款、应付及预收款项、应付工资、应交税金和应交利润等。

(2) 非流动负债合计 指流动负债之外的负债。包括长期借款、应付债券等。根据会计“资产负债表”中“非流动负债合计”项目的期末余额数填报。

【所有者权益】 指企业投资人对企业净资产的所有权。企业净资产等于企业全部资产减去全部负债后的余额，其中包括投资者对企业的最初投入，以及资本公积金、盈余公积金和未分配利润，对股份制企业即为股东权益。

【固定资产原价】 指企业在建造、购置、安装、政建、扩建、技术改造某项固定资产时所支出的全部货币总额。它一般包括买价、包装费、运杂费和安装费等。

【固定资产净值】 是指固定资产原价减去历年已提折旧额后的净额。

【主营业务收入】 指企业在销售商品、提供劳务等日常活动中所产生的收入总额。

【主营业务成本】 指企业在销售商品、提供劳务等主要经营业务的实际成本。

【主营业务税金和附加】 指企业在销售商品、提供劳务等主要经营业务应负担的城市维护建设税、消费税、资源税和教育费附加等。

【利润总额】 指企业实现的利润。

【应交增值税】 指企业在报告期内应交纳的增值税额。

【总资产贡献率】 该指标反映企业全部资产的获利能力，是企业经营业绩和管理水平的集中体现，是评价和考核企业盈利能力的核心指标。计算公式为：

总资产贡献率(%)=(利润总额+税金总额+利息支出)/平均资产总额×100%

其中：税金总额为产品销售税金及附加与应交增值税之和；平均资产总额为期初、期末资产总计的算术平均值。

【资产负债率】 该指标既反映企业经营风险的大小，也反映企业利用债权人提供的资金从事经营活动的能力。计算公式为：

资产负债率(%)=负债总额/资产总额×100%

资产及负债均为报告期期末数。

【流动资产周转率】 指一定时期内流动资产完成的周转次数，反映投入工业企业流动资金的周转速度。计算公式为：

流动资产周转率(%)=销售收入/流动资产平均余额×100%

【成本费用利润率】 反映工业投入的生产成本及费用的经济效益，同时也反映企业降低成本所取得的经济效益。计算公式为：

成本费用利润率(%)=利润总额/成本费用总额×100%

其中：成本费用总额为产品销售成本、销售费用、管理费用、财务费用之和。

【全员劳动生产率】 该指标反映企业的生产效率和劳动投入的经济效益。计算公式为：

全员劳动生产率(%)=工业增加值/全部职工平均人数×100%

由于工业增加值是按现行价格计算的，而职工人数不含价格因素，因此应将增加值价格因素予以消除。具体方法可采用总产值价格变动系数消除价格影响。

【产品销售率】 该指标反映工业产品已实现销售的程度，是分析工业产销衔接情况、研究工业产品满足社会需求的指标。计算公式为：

产品销售率(%)=报告期现价工业销售产值/报告期工业总产值×100%

【Industry】 refers to the material production sector which is engaged in extraction of natural resources and processing and reprocessing of minerals and agricultural products, including

(1)Extraction of natural resources,such as mining,salt production,logging(but not including hunting and fishing);

(2)Processing and reprocessing of farm and sideline products, such as rice husking,flour milling,wine making,oil pressing, cotton ginning,silk reeling,spinning and weaving,and leather making;

(3)Manufacture of industrial products,such as steel making, iron smelting, chemicals manufacturing,petroleum processing, machine building,timber processing£»water and gas production and electricity generation and supply;

(4)Repairing of industrial products such as the repairing of machinery and means of transport (including cars).

Prior to 1984,the rural industry run by villages and cooperative organizations under village was classified into agriculture. Since 1984, it has been grouped into industry.

【Light Industry】 refers to industry which produces consumer goods and hand tools.It consists of two categories depending on the materiais used:

(1)Industries using farm products as raw materials.These are branches of light industry which directly or indirectly use farm products as basic raw materials,including the manufacture of food and beverages,tobacco processing,textile,clothing,fur and leather manufacturing ,paper making, printing,etc.

(2)Industries using nonfarm products as raw materials.These are branches of light industry which use manufactured goods as raw materials, including the manufacture of cultural,educational articles and sports goods,chemicals,synthetic fiber,chemical products for daily use,glass products for daily use,metal products machinery,etc.

【Heavy Industry】 refers to the industry which produces capital goods,and provides various sectors of the national economy with necesary material and technical basis.It consists of the following three branches according to the purpose of production or the use of products:

(1)Mining,quarrying and logging industry refers to the industry that extracts natural resources,including extraction of petroleum, coal,metal and nonmetalores and logging.

(2)Raw materials industry refers to the industry that provides various sectors of the national economy with raw materials,fuels and power.It inc1udes smelting and processing of metals,coking and coke chemistry, chemical materials and building materials such as cement,plywood,and power,petroleum refining and coal dressing.

(3)Manufacturing industry refers to the industry that processes raw materials.It includes machine building industry which equips sectors of the national economy,industry of metal structure and cement products, industries producing means of agricultural production,such as chemical fertilizers and pesticides.

According to the above principle of classification,the repairing trades which are engaged primarily in repairing products of heavy industry are classified into heavy industry while these engaged in repairing products of light industry are classified into light industry.

【Gross Industrial Output Value】 is the total volume of industrial products sold or available for sale in value terms which reflects the total achievements and overall scale of industrial production during a given period.It includes the value of the finished products, which are not to be further processed in the enterprises and have been inspected,packed and put in storage,the value of industrial services rendered to other units,and the changes in the valued the semi-finished products and products in process between the beginning and closing of the period.The gross industrial output value is calculated with the factory method.No double calculations are to be made within the same enterprise.However, double counting does occur mong different enterprises.

Output value of light and heavy industries is also classified with the factory method.Under normal conditions,if the major products of an industrial enterprise belong to light industry products, the gross output valued of that enterprise is classified wholly into light industry；the same principle applies to heavy industry.

【Value-added of Industry】 refers to the final results of industrial production of the industrial trade in money terms during the reference period.

【Total Assets】 refer to all assets which are owned or controlled by enterprises,including circulating assets,long-term investment,fixed assets,intangible assets and deferred assets,other long-term assets,and deferred taxes,etc.The summation of above items is equal to total assets shown in the balance sheets of the enterprises.

(1)Circulating assets(working capital)refer to assets which can be cashed in or spent or consumed in an operating cycle of one year or over one year, including cash, all kinds of deposits,short-term investment, receivables,advance payment and stock,etc.

(2)Fixed assets refer to the net value of fixed assets,clearance of fixed assets,project under construction,fixed assets losses in suspense.These are corporations' funds holdings.

(3)Intangible assets refer to the assets without material form used by enterprises over a long time,such as patents,nonpatent technologies, trade marks,copyright ,land use right and business reputation,etc.

【Total Liabilities】 refer to the debts that enterprises are responsible for repayment,including liquid liabilities,long-term liabilities and deferred taxes,etc.Total liabilities correspond to the summation item of liabilities shown in the balance sheets of the enterprise.

(1)Liquid liabilities (also called quick liabilities or immediate liabilities)refer to enterprises total debt payable within an operating cycle of one year or over one year,including short term loans, payables and advance payments,wages payable,taxes payable and profit payable,etc.

(2) Non-current liabilities refer to the liabilities other than current liabilities. Including long-term loans and bonds payable. Furnished according to the number of accounting "balance sheet" and " non-current liabilities Total ending balance of the project.

【Creditors' Equity】 refers to investors' ownership of net assets of the enterprise.It is equal to the total assets of the enterprise minus its total liabilities,including the primary input from investors,capital accumulation fund,surplus accumulation fund and undistributed profit.It is the stock holders' equity in stock companies.

【Original Value of Fixed Assets】 refers to the original value of all fixed assets owned by industrial enterprise,calculated at the cost paid at the time of purchase, installation, reconstruction, expansion, and technical innovation and transformation of the said assets,which includes expenses on purchase, package, transportation, and installation,etc.

【Net Value of Fixed Assets】 is obtained by deducting depreciation over years from the original value of fixed assets.

【Core Operating Revenue】 refers to the revenue from the sales of products by industrial enterprises and the revenue from services provided,etc.

【Core Operating Cost】 refers to the actual cost of pro-ducts of industrial enterprises and industrial services provided,etc.

【Core Operating Tax and Extra Charges】 refer to the tax on city maintenance and construction,consumption tax,resources tax and extra charges for education,which should be borne by the enterprises in selling products and providing industrial services.

【Total Profits】 refer to the profits gained by the enterprises.

【Value Added Tax Payable】 refers to the amount of the value added tax which should be paid by the enterprises in the reporting period.

【Rate of Return on Total Assets】 reflects the state of return on total assets of an enterprise.It epitomizes the business achievements and administrative level of an enterprise.It is also used as a key index in assessing the economic efficiency of an enterprise. Its calculating formula is:

Rate of Return on Total Assets(%)=(Total Profit+Total Taxes + Interest Exchange)/Average Total Assets×100%

Total taxes are the sum of sales tax and additional Plus added-value tax to be paid; Average total assets are the arithmetic average value of the total assets at the beginning and end of the reporting period.

【Asset-Debt Ratio】 reflects the risks an enterprise take while in operation.It also indicates the enterprise's capability in utilizing the fund provided by creditors.Its calculating formula is:

Asset-Debt ratio (%)=total liabilities/total assets×100%.Both liabilities and assets are the figures at the end of the reporting period

【Turnover of Current Assets】 refers to the turnover time of current assets in a certain period of time,reflecting the turnover speed of current assets in an industrial enterprise.Its calculating formula is:

Turnover of Current Assets(%)=Sales Revenue /Average Balance of Liquid Liabilities×100%

【Cost-Profit Ratio】 reflects the economic returns on industrial prodution cost and expenses.It also shows the economic benefits an enterprise gains by reducing production cost. Its calculating formula is:

Cost-Profit ratio (%)=total profits/total cost and expenses×100%.Total cost and expenses refer to the sum of cost of goods sold,distribution cost,administrative expenses and finance cost

【Labor productivity of Total Workers】 reflects the production efficiency of an enterprise and the economic returns of its labor investment.Its calculating formular is:

Labor Productivity of Total Workers (%)=Industrial Added-Value/Average Number of Total Workers and Staff×100%

Since industrial added-value is calculated at the current price while the average number of total workers and staff doesn't involve price factor, coefficient of price changes should be adopted in calculating industrial added-value.

【Product Sales Ratio】 reflects how many industrial products have been sold.It is the index to analyze the situation of market and industrial production and relations between demand and supply.

$$\text{Product Sales Ratio(\%)} = \frac{\text{Sales Value of Industry}}{\text{Total Output Value of Industry}} \times 100\%$$

第十二篇 CHAPTER 12

建筑业
CONSTRUCTION

简要说明

Brief Introduction

第十二篇　建筑业

一、本篇资料反映广州市建筑业概况和发展情况。主要包括资质以上建筑业企业生产经营和资质以上劳务分包建筑企业经营资料。

二、本篇资料由广州市统计局固定资产投资统计处整理提供。

三、本篇资料是依据国家统计局和广东省统计局制定的“建筑业统计报表制度”规定收集的年报资料，其统计范围包括：广州市境内各种登记注册类型（个体户除外）的具有建筑业资质的所有独立核算建筑业企业（包括没有工作量的建筑业企业）及所属产业活动单位。

12 Construction

I.The data in this chapter show the general situation and the development of the construction industry of Guangzhou Municipality. They cover mainly the situation of production and management of the grade enterprises of construction.

II.The data in this chapter are prepared and provided by the Division of Investment and Construction Statistics of Guangzhou Municipal Bureau of Statistics.

III.The data in this chapter are collected in accordance with the Reporting Scheme of Construction Statistics stipulated by the National Bureau of Statistics and Guangdong Provincia1 Bureau of Statistics. The coverage of construction statistics includes the various registration types (except the self-employed) with the construction industry qualified independent accounting construction enterprises (including the workload of construction enterprises) and their respective industrial units of Guangzhou Municipality.

12-1 资质以上建筑业企业主要经济指标
Major Indicators of Grade Construction Enterprises

项　　目	Item	2013	2014
建筑企业个数 （个）	Number of Construction Enterprises (unit)	818	829
年末从业人员 （人）	Number of Employed Persons at Year-end (person)	375550	376394
固定资产原价 （亿元）	Original Value of Fixed Assets (100 million yuan)	374	407
固定资产净值 （亿元）	Net Value of Fixed Assets (100 million yuan)	261	306
自有机械设备年末总台数 （万台）	Number of Machinery and Equipment Owned (10000 sets)	13	
自有机械设备年末净值 （亿元）	Net Value of Machinery and Equipment Owned(100 million yuan)	120	
自有机械设备年末总功率(万千瓦)	Total Power of Machinery and Equipment Owned (10000 kw)	305	
建筑业总产值 （万元）	Gross Output Value of Construction (10000 yuan)	21828895	23339417
# 建筑工程	Output Value of Construction	19019086	19849761
安装工程	Output Value of Installation	2210891	2778124
房屋建筑施工面积 （万平方米）	Floor Space of Buildings under Construction (10000 sq.m)	15055.70	16398.88
# 新开工	Floor Space Started in Current Year	5768.19	4487.47
房屋建筑竣工面积 （万平方米）	Floor Space of Buildings Completed (10000 sq.m)	2556.74	2674.22
# 住　宅	Residential Buildings	1633.59	1885.78
主营业务收入 （万元）	Income on Projects Settlement Account (10000 yuan)	28026867	31142583
主营业务成本 （万元）	Cost on Projects Settlement Account (10000 yuan)	25224187	28304456
利润总额 （万元）	Total Profits (10000 yuan)	877889	901156
利税总额 （万元）	Total Pre-tax Profits (10000 yuan)	1524038	1578161

12-2 主要年份建筑业主要指标

Major Indicators of Construction Sector in Main Years

年 份 Year	建筑业总产值 (万元) Gross Output Value (10000 yuan)	房屋建筑施工面积 (万平方米) Floor Space of Buildings under Construction (10000 sq.m)	房屋建筑竣工面积 (万平方米) Floor Space of Buildings Completed (10000 sq.m)
1978	30673	247.42	138.52
1979	36691	310.53	138.24
1980	46450	351.89	159.95
1985	153489	674.77	285.22
1986	176960	773.88	300.17
1987	184390	772.38	330.14
1988	287655	1076.05	408.85
1989	368755	1094.90	489.88
1990	355333	876.08	439.08
1991	425798	909.09	377.71
1992	668171	1257.61	487.95
1993	1031846	1680.21	605.50
1994	1516519	2268.99	734.75
1995	1816133	2708.58	890.81
1996	1893478	2983.56	1043.26
1997	1965269	2764.64	941.10
1998	2287004	3086.95	1054.71
1999	2470523	3136.47	1187.02
2000	2561326	3161.25	1150.36
2001	3403870	3490.22	1205.79
2002	3733922	3522.67	1334.43
2003	4785787	4291.55	1398.91
2004	5459314	4727.78	1596.21
2005	6331382	5311.14	1598.79
2006	6870406	5502.47	1520.25
2007	7507109	5951.92	1623.36
2008	8754491	6156.62	1719.79
2009	10134050	6190.86	1500.35
2010	12805288	7135.48	1509.20
2011	15613171	8439.12	1596.98
2012	17417072	9119.66	2859.31
2013	21828895	15055.70	2556.74
2014	23339417	16398.88	2674.22

注： 2004年及以后年份统计数据口径为资质以上建筑业企业。

Note: Since 2004 the statistical coverage of all data in this table is all grade construction enterprises.

12-3 资质以上建筑业企业签订合同情况(2014年)

Statistics on Construction Contracts of Grade Construction Enterprises (2014)

单位：万元 (10000 yuan)

项　　目	Item	签订合同额 Value of Signed Contracts	上年结转合同额 Value of Contracts Balanced from Preceding Year	本年新签合同额 Value of Contracts Newly Signed in Current Year
总　　计	**Total**	**73456616**	**38520974**	**34935642**
按地区分	**Grouped by District**			
市　区	Urban Districts	69360197	36102018	33258179
荔湾区	Liwan	2229320	920433	1308887
越秀区	Yuexiu	17178405	9295648	7882756
海珠区	Haizhu	14530523	7636232	6894290
天河区	Tianhe	25338944	13143031	12195913
白云区	Baiyun	927724	340338	587386
黄埔区	Huangpu	1721551	808119	913432
番禺区	Panyu	1402990	744979	658011
花都区	Huadu	978723	460717	518007
南沙区	Nansha	507596	247099	260496
萝岗区	Luogang	4544423	2505422	2039001
县级市	Cities at County Level	4096418	2418956	1677462
增城市	Zengcheng	3606035	2220138	1385897
从化市	Conghua	490383	198818	291565
按隶属关系分	**Grouped by Administrative Relationship**			
中央属企业	Central Government	34005883	17282668	16723215
省属企业	Provincial Government	14651507	8525216	6126292
市属企业	Municipal Government	12888199	6821209	6066989
区县级市属企业	District or County Governments	929430	337421	592008
其他企业	Others	10981597	5554459	5427138
按登记注册类型分	**Grouped by Registration Status**			
内资企业	Domestic Funded Enterprises	73186199	38359864	34826336
国有企业	State-owned Enterprises	9699486	4513783	5185703
集体企业	Collective-owned Enterprises	365069	154035	211034
股份合作企业	Share-holding Cooperative Enterprises	268149	85689	182459
联营企业	Joint Ownership Enterprises	46445	2555	43890
# 国有联营企业	State Joint Ownership Enterprises	46445	2555	43890
集体联营企业	Collective Joint Ownership Enterprises			
国有与集体联营企业	Joint State-collective Enterprises			
有限责任公司	Limited Liability Corporations	44715613	22960974	21754639
# 国有独资公司	State Sole Funded Corporations	27922807	13740604	14182203
股份有限公司	Share-holding Corporations Ltd.	10671006	7071091	3599915
私营企业	Private Enterprises	7420432	3571737	3848696
其他企业	Other Enterprises			
港、澳、台商投资企业	Enterprises with Funds from Hong Kong, Macao and Taiwan	239950	146413	93537
# 与港、澳、台商合资经营企业	Joint-venture Enterprises	183090	113618	69473
与港、澳、台商合作经营企业	Cooperative Enterprises	32120	12578	19542
港、澳、台商独资经营企业	Enterprises with Sole Funds	1866	72	1794
港、澳、台商投资股份有限公司	Share-holding Corporations Ltd.	22873	20146	2728
外商投资企业	Foreign Funded Enterprises	30466	14697	15769
# 中外合资经营企业	Joint-venture Enterprises	20606	11616	8989
中外合作经营企业	Cooperative Enterprises			
外资企业	Enterprises with Sole Foreign Funds	9861	3081	6780
外商投资股份有限公司	Share-holding Corporations Ltd.			

12-4 资质以上建筑业企业生产情况(2014年)

项　　目	Item	企业数（个）Number of Construction Enterprises (unit)
总　计	**Total**	**829**
按地区分	**Grouped by District**	
市　区	Urban Districts	783
荔湾区	Liwan	38
越秀区	Yuexiu	190
海珠区	Haizhu	107
天河区	Tianhe	204
白云区	Baiyun	65
黄埔区	Huangpu	17
番禺区	Panyu	93
花都区	Huadu	29
南沙区	Nansha	9
萝岗区	Luogang	31
县级市	Cities at County Level	46
增城市	Zengcheng	23
从化市	Conghua	23
按隶属关系分	**Grouped by Administrative Relationship**	
中央属企业	Central Government	30
省属企业	Provincial Government	83
市属企业	Municipal Government	98
区县级市属企业	District or County Governments	63
其他企业	Others	555
按登记注册类型分	**Grouped by Registration Status**	
内资企业	Domestic Funded Enterprises	814
国有企业	State-owned Enterprises	61
集体企业	Collective-owned Enterprises	34
股份合作企业	Share-holding Cooperative Enterprises	4
联营企业	Joint Ownership Enterprises	2
#国有联营企业	State Joint Ownership Enterprises	1
集体联营企业	Collective Joint Ownership Enterprises	
国有与集体联营企业	Joint State-collective Enterprises	
有限责任公司	Limited Liability Corporations	244
#国有独资公司	State Sole Funded Corporations	32
股份有限公司	Share-holding Corporations Ltd.	18
私营企业	Private Enterprises	450
其他企业	Other Enterprises	1
港、澳、台商投资企业	Enterprises with Funds from Hong Kong, Macao and Taiwan	12
与港、澳、台商合资经营企业	Joint-venture Enterprises	8
与港、澳、台商合作经营企业	Cooperative Enterprises	2
港、澳、台商独资经营企业	Enterprises with Sole Funds	1
港、澳、台商投资股份有限公司	Share-holding Corporations Ltd.	1
外商投资企业	Foreign Funded Enterprises	3
中外合资经营企业	Joint-venture Enterprises	2
中外合作经营企业	Cooperative Enterprises	
外资企业	Enterprises with Sole Foreign Funds	1
外商投资股份有限公司	Share-holding Corporations Ltd.	

Statistics on Production of Grade Construction Enterprises (2014)

建筑业总产值 (万元) Gross Output Value of Construction (10000 yuan)				竣工产值 (万元) Output Value of Completed Projects (10000 yuan)	竣工率 (%) Ratio of Floor Space of Buildings Completed (%)
	建筑工程 Output Value of Construction	安装工程 Output Value of Installation	其 他 Others		
23339417	**19849761**	**2778124**	**711532**	**9771964**	**41.87**
22386130	19128010	2579303	678817	9272691	41.42
924608	455536	456083	12990	312177	33.76
4778708	3865919	804950	107839	2979062	62.34
3988157	3738095	154035	96028	2964525	74.33
8398333	7331564	667290	399478	1848212	22.01
447588	328591	77645	41352	128425	28.69
719867	431759	287471	638	301013	41.82
573203	530114	39824	3266	105435	18.39
515513	509409	827	5278	289406	56.14
391284	361095	28689	1500	191833	49.03
1648869	1575929	62490	10450	152602	9.25
953287	721751	198820	32715	499273	52.37
647977	553625	61637	32715	322309	49.74
305309	168126	137183		176964	57.96
9679556	8724565	888074	66917	3518323	36.35
5424528	4703521	486499	234509	1875994	34.58
2700031	2215780	407806	76446	2172315	80.46
531597	482380	29075	20141	283099	53.25
5003704	3723515	966670	313519	1922233	38.42
23243527	19786763	2745509	711256	9711432	41.78
3135483	2038052	1039661	57769	1344772	42.89
215028	196226	9611	9192	182377	84.82
135585	133736	1849		82552	60.89
24994	24383	611			
24994	24383	611			
13804741	12415099	922693	466949	4839839	35.06
5618421	5479325	111640	27456	1223533	21.78
2757727	2647495	90930	19302	1866756	67.69
3169970	2331772	680154	158044	1395137	44.01
82464	59309	23155		59461	72.11
47697	42829	4868		31219	65.45
18858	572	18287		18858	100.00
1726	1726			1726	100.00
14182	14182			7658	54.00
13426	3690	9460	276	1071	7.98
12579	3690	8889		1071	8.51
847		571	276		

12-4 续表

项　目	Item	房屋建筑施工面积（平方米）Floor Space of Buildings under Construction (sq.m)
总　计	**Total**	**163988819**
按地区分	**Grouped by District**	
市　区	Urban Districts	159856686
荔湾区	Liwan	1861336
越秀区	Yuexiu	33811521
海珠区	Haizhu	44732751
天河区	Tianhe	71304956
白云区	Baiyun	1883872
黄埔区	Huangpu	1128625
番禺区	Panyu	482388
花都区	Huadu	3305893
南沙区	Nansha	335084
萝岗区	Luogang	1010260
县级市	Cities at County Level	4132133
增城市	Zengcheng	2781160
从化市	Conghua	1350973
按隶属关系分	**Grouped by Administrative Relationship**	
中央属企业	Central Government	91765290
省属企业	Provincial Government	9046140
市属企业	Municipal Government	35565911
区县级市属企业	District or County Governments	4403473
其他企业	Others	23208005
按登记注册类型分	**Grouped by Registration Status**	
内资企业	Domestic Funded Enterprises	163978808
国有企业	State-owned Enterprises	8543333
集体企业	Collective-owned Enterprises	2239566
股份合作企业	Share-holding Cooperative Enterprises	844803
联营企业	Joint Ownership Enterprises	
# 国有联营企业	State Joint Ownership Enterprises	
集体联营企业	Collective Joint Ownership Enterprises	
国有与集体联营企业	Joint State-collective Enterprises	
有限责任公司	Limited Liability Corporations	89384254
# 国有独资公司	State Sole Funded Corporations	69560173
股份有限公司	Share-holding Corporations Ltd.	41548880
私营企业	Private Enterprises	21417972
其他企业	Other Enterprises	
港、澳、台商投资企业	Enterprises with Funds from Hong Kong, Macao and Taiwan	10011
与港、澳、台商合资经营企业	Joint-venture Enterprises	8491
与港、澳、台商合作经营企业	Cooperative Enterprises	
港、澳、台商独资经营企业	Enterprises with Sole Funds	1520
港、澳、台商投资股份有限公司	Share-holding Corporations Ltd.	
外商投资企业	Foreign Funded Enterprises	
中外合资经营企业	Joint-venture Enterprises	
中外合作经营企业	Cooperative Enterprises	
外资企业	Enterprises with Sole Foreign Funds	
外商投资股份有限公司	Share-holding Corporations Ltd.	

continued

# 本年新开工 Floor Space Started in Current Year	# 实行投标承包 Floor Space through Bidding	房屋建筑竣工面积（平方米） Floor Space of Buildings Completed (sq.m)	# 住 宅 Residential Buildings	年平均人数（人） Average Annual Employed Persons (person)
44874679	**102048592**	**26742196**	**18857844**	**410357**
42918664	100138428	25673092	18370780	381913
498104	1191860	312456	178212	12964
10568676	26265531	6985449	3763097	98090
13084084	9670624	11548430	10676704	29864
16272130	59260041	4822322	2789655	137985
421819	1587499	236699	57291	13331
687107	710806	297349	85594	12133
185652	106999	194322	75271	10071
830632	885184	994366	744956	14397
205912	210562	90136		6583
164548	249322	191563		46495
1956015	1910164	1069104	487064	28444
1397340	1606243	645824	267460	16519
558675	303921	423280	219604	11925
21926758	56063038	9676591	9453100	112818
3385757	6236248	2260322	1482401	56178
9326194	31103146	7396721	3775330	64296
2199973	1363343	1476474	832749	24933
8035997	7282817	5932088	3314264	152132
44874679	102048592	26740676	18857844	408001
2590689	4674082	1637244	597986	44463
631808	105180	578566	309831	7379
639478	639478	274885	85594	1752
				256
				246
22172579	83739904	7680814	4721514	210836
14662611	68468769	2693467	1441996	103141
11240007	6508362	11205898	10278731	19486
7600118	6381586	5363269	2864188	123821
				8
		1520		2150
				1089
				730
		1520		150
				181
				206
				184
				22

12-5 资质以上建筑业企业承包工程完成情况(2014年)

单位：万元

项　　目	Item
总　计	**Total**
按地区分	**Grouped by District**
市　区	Urban Districts
荔湾区	Liwan
越秀区	Yuexiu
海珠区	Haizhu
天河区	Tianhe
白云区	Baiyun
黄埔区	Huangpu
番禺区	Panyu
花都区	Huadu
南沙区	Nansha
萝岗区	Luogang
县级市	Cities at County Level
增城市	Zengcheng
从化市	Conghua
按隶属关系分	**Grouped by Administrative Relationship**
中央属企业	Central Government
省属企业	Provincial Government
市属企业	Municipal Government
区县级市属企业	District or County Governments
其他企业	Others
按登记注册类型分	**Grouped by Registration Status**
内资企业	Domestic Funded Enterprises
国有企业	State-owned Enterprises
集体企业	Collective-owned Enterprises
股份合作企业	Share-holding Cooperative Enterprises
联营企业	Joint Ownership Enterprises
#国有联营企业	State Joint Ownership Enterprises
集体联营企业	Collective Joint Ownership Enterprises
国有与集体联营企业	Joint State-collective Enterprises
有限责任公司	Limited Liability Corporations
#国有独资公司	State Sole Funded Corporations
股份有限公司	Share-holding Corporations Ltd.
私营企业	Private Enterprises
其他企业	Other Enterprises
港、澳、台商投资企业	Enterprises with Funds from Hong Kong, Macao and Taiwan
与港、澳、台商合资经营企业	Joint-venture Enterprises
与港、澳、台商合作经营企业	Cooperative Enterprises
港、澳、台商独资经营企业	Enterprises with Sole Funds
港、澳、台商投资股份有限公司	Share-holding Corporations Ltd.
外商投资企业	Foreign Funded Enterprises
中外合资经营企业	Joint-venture Enterprises
中外合作经营企业	Cooperative Enterprises
外资企业	Enterprises with Sole Foreign Funds
外商投资股份有限公司	Share-holding Corporations Ltd.

Statistics on Contracted Projects of Grade Construction Enterprises (2014)

(10000 yuan)

直接从建设单位承揽工程完成的产值 Output Value of Completed Projects Directly Contracted with Construction Units	自行完成施工产值 Output Value of Projects Completed by Oneself	分包出去工程产值 Output Value of Projects Subcontracted	从建设单位以外承揽工程完成的产值 Output Value of Completed Projects Contracted with Other Units
28840666	**21744179**	**7096486**	**1595237**
27301916	20796690	6505227	1589441
959040	501542	457499	423066
7132347	4593147	2539201	185562
5913128	3328019	2585109	660138
8897911	8283655	614256	114678
583421	426073	157348	21515
673871	571231	102640	148636
595572	572002	23570	1201
517295	515513	1781	
393309	391284	2025	
1636022	1614224	21798	34645
1538749	947490	591260	5797
1233440	647977	585463	
305309	299512	5797	5797
11230417	8703667	2526750	975889
6496110	5150272	1345838	274256
5348107	2616017	2732090	84014
528499	506822	21677	24775
5237533	4767402	470131	236303
28714950	21658581	7056369	1584946
4262023	2536243	1725780	599240
229484	214293	15191	736
135050	132764	2285	2820
24994	24994		
24994	24994		
17250799	12987216	4263584	817526
8777055	5400333	3376723	218088
3457868	2757727	700142	
3354733	3005345	349387	164625
112290	72172	40117	10291
77456	37406	40049	10291
18858	18858		
1794	1726	68	
14182	14182		
13426	13426		
12579	12579		
847	847		

12-6 资质以上建筑业企业财务指标(2014年)

单位：万元

项　　目	Item	资产总计 Total Assets
总　　计	**Total**	**36838750**
按地区分	**Grouped by District**	
市　区	Urban Districts	35030246
荔湾区	Liwan	879984
越秀区	Yuexiu	9613902
海珠区	Haizhu	7286367
天河区	Tianhe	10310931
白云区	Baiyun	728672
黄埔区	Huangpu	1019901
番禺区	Panyu	1686186
花都区	Huadu	940942
南沙区	Nansha	390751
萝岗区	Luogang	2172609
县级市	Cities at County Level	1808504
增城市	Zengcheng	1503122
从化市	Conghua	305382
按隶属关系分	**Grouped by Administrative Relationship**	
中央属企业	Central Government	13626260
省属企业	Provincial Government	7774113
市属企业	Municipal Government	5352054
区县级市属企业	District or County Governments	750521
其他企业	Others	9335803
按登记注册类型分	**Grouped by Registration Status**	
内资企业	Domestic Funded Enterprises	36633764
国有企业	State-owned Enterprises	3887609
集体企业	Collective-owned Enterprises	126058
股份合作企业	Share-holding Cooperative Enterprises	39212
联营企业	Joint Ownership Enterprises	12586
#国有联营企业	State Joint Ownership Enterprises	11754
集体联营企业	Collective Joint Ownership Enterprises	
国有与集体联营企业	Joint State-collective Enterprises	
有限责任公司	Limited Liability Corporations	21885747
#国有独资公司	State Sole Funded Corporations	10595278
股份有限公司	Share-holding Corporations Ltd.	4125485
私营企业	Private Enterprises	6554994
其他企业	Other Enterprises	2073
港、澳、台商投资企业	Enterprises with Funds from Hong Kong, Macao and Taiwan	142566
与港、澳、台商合资经营企业	Joint-venture Enterprises	81861
与港、澳、台商合作经营企业	Cooperative Enterprises	11057
港、澳、台商独资经营企业	Enterprises with Sole Funds	1103
港、澳、台商投资股份有限公司	Share-holding Corporations Ltd.	48545
外商投资企业	Foreign Funded Enterprises	62420
中外合资经营企业	Joint-venture Enterprises	57303
中外合作经营企业	Cooperative Enterprises	
外资企业	Enterprises with Sole Foreign Funds	5117
外商投资股份有限公司	Share-holding Corporations Ltd.	

Financial Indicators of Grade Construction Enterprises (2014)

(10000 yuan)

负债合计 Total Liabilities	所有者权益 Owners´ Equity	# 实收资本 Paid-in Capitals	# 国家资本 State Capital
28023130	**8815620**	**5257578**	**1154293**
26674706	8355540	5024554	1118689
660650	219334	150475	51513
7909039	1704863	1087826	224695
5235610	2050758	1164466	54718
7476456	2834475	1701495	444772
426860	301812	195184	12821
811250	208651	140911	103300
1438714	247472	148367	5987
798642	142300	80231	17331
342755	47996	37784	22000
1574730	597878	317813	181551
1348424	460081	233024	35604
1138431	364691	162871	35604
209993	95390	70153	
10746334	2879927	1633442	392831
5649584	2124529	1050764	500982
4156365	1195689	742996	163871
542644	207877	117234	13498
6928203	2407599	1713142	83110
27874492	8759272	5219428	1153736
2888426	999183	639455	511150
90890	35169	35717	620
19612	19600	14500	255
9583	3003	1001	1001
8797	2957	1000	1000
16800880	5084868	2942578	571270
8081892	2513385	1484640	281174
3260100	865385	310894	58840
4803393	1751600	1273284	10600
1608	465	2000	
108906	33660	23383	556
56941	24920	18436	556
9078	1978	1712	
42	1061	1035	
42844	5701	2200	
39732	22688	14768	
36848	20454	13500	
2884	2233	1268	

12-6 续表 1

单位:万元

项　　目	Item	营业收入 Income of Business
总　计	**Total**	**31389587**
按地区分	**Grouped by District**	
市　区	Urban Districts	29932603
荔湾区	Liwan	1107097
越秀区	Yuexiu	8350730
海珠区	Haizhu	6696419
天河区	Tianhe	8883221
白云区	Baiyun	608529
黄埔区	Huangpu	1226368
番禺区	Panyu	593455
花都区	Huadu	627359
南沙区	Nansha	348746
萝岗区	Luogang	1490679
县级市	Cities at County Level	1456983
增城市	Zengcheng	1140064
从化市	Conghua	316919
按隶属关系分	**Grouped by Administrative Relationship**	
中央属企业	Central Government	11982927
省属企业	Provincial Government	6778901
市属企业	Municipal Government	5471153
区县级市属企业	District or County Governments	988731
其他企业	Others	6167875
按登记注册类型分	**Grouped by Registration Status**	
内资企业	Domestic Funded Enterprises	31219447
国有企业	State-owned Enterprises	3695981
集体企业	Collective-owned Enterprises	151459
股份合作企业	Share-holding Cooperative Enterprises	105791
联营企业	Joint Ownership Enterprises	40432
#国有联营企业	State Joint Ownership Enterprises	40432
集体联营企业	Collective Joint Ownership Enterprises	
国有与集体联营企业	Joint State-collective Enterprises	
有限责任公司	Limited Liability Corporations	19327828
#国有独资公司	State Sole Funded Corporations	8841942
股份有限公司	Share-holding Corporations Ltd.	3671805
私营企业	Private Enterprises	4226152
其他企业	Other Enterprises	
港、澳、台商投资企业	Enterprises with Funds from Hong Kong, Macao and Taiwan	125795
与港、澳、台商合资经营企业	Joint-venture Enterprises	88443
与港、澳、台商合作经营企业	Cooperative Enterprises	18858
港、澳、台商独资经营企业	Enterprises with Sole Funds	1861
港、澳、台商投资股份有限公司	Share-holding Corporations Ltd.	16633
外商投资企业	Foreign Funded Enterprises	44344
中外合资经营企业	Joint-venture Enterprises	39966
中外合作经营企业	Cooperative Enterprises	
外资企业	Enterprises with Sole Foreign Funds	4379
外商投资股份有限公司	Share-holding Corporations Ltd.	

continued

(10000 yuan)

#主营业务收入 Revenue from Principal Business	主营业务成本 Cost of Principal Business	主营业务税金及附加 Tax and Changes on Principal Business	其他业务利润 Other Operational Profit
31142583	**28304456**	**644772**	**61055**
29686955	27013734	596949	59980
1098139	1017822	20931	3562
8285223	7646556	153908	20286
6652513	6246170	78945	8247
8802015	7887416	222150	17644
599360	520070	13749	4110
1207041	1045279	20933	953
590345	475539	11095	1710
621164	557344	19371	4648
348586	311381	12048	35
1482569	1306159	43819	-1215
1455628	1290722	47824	1075
1139682	1012332	35241	338
315946	278389	12583	737
11919220	10990053	227720	6922
6687611	6068629	152300	20414
5425264	5080598	87608	20287
980653	892795	30290	2808
6129834	5272381	146855	10624
30972826	28162616	642229	60815
3625680	3363044	65506	11952
150192	137321	5185	366
105436	97281	1822	313
40432	38181	1013	
40432	38181	1013	
19183582	17504203	413061	32163
8804752	8202615	163860	12801
3660043	3422352	54110	8040
4207461	3600233	101532	7982
125439	108872	2208	218
88110	78844	1386	214
18858	17112	226	
1859	1685	62	2
16612	11231	534	2
44319	32968	336	22
39966	30149	296	
4353	2819	39	22

单位：万元

项　　目	Item	管理费用 Management Cost
总　计	**Total**	**1116709**
按地区分	**Grouped by District**	
市　区	Urban Districts	1072368
荔湾区	Liwan	43952
越秀区	Yuexiu	307276
海珠区	Haizhu	176873
天河区	Tianhe	290863
白云区	Baiyun	39354
黄埔区	Huangpu	74627
番禺区	Panyu	30858
花都区	Huadu	19657
南沙区	Nansha	14094
萝岗区	Luogang	74815
县级市	Cities at County Level	44341
增城市	Zengcheng	31019
从化市	Conghua	13322
按隶属关系分	**Grouped by Administrative Relationship**	
中央属企业	Central Government	353983
省属企业	Provincial Government	270465
市属企业	Municipal Government	172148
区县级市属企业	District or County Governments	32837
其他企业	Others	287275
按登记注册类型分	**Grouped by Registration Status**	
内资企业	Domestic Funded Enterprises	1097923
国有企业	State-owned Enterprises	144187
集体企业	Collective-owned Enterprises	6537
股份合作企业	Share-holding Cooperative Enterprises	5760
联营企业	Joint Ownership Enterprises	953
# 国有联营企业	State Joint Ownership Enterprises	922
集体联营企业	Collective Joint Ownership Enterprises	
国有与集体联营企业	Joint State-collective Enterprises	
有限责任公司	Limited Liability Corporations	670094
# 国有独资公司	State Sole Funded Corporations	222766
股份有限公司	Share-holding Corporations Ltd.	65285
私营企业	Private Enterprises	205040
其他企业	Other Enterprises	67
港、澳、台商投资企业	Enterprises with Funds from Hong Kong, Macao and Taiwan	12289
与港、澳、台商合资经营企业	Joint-venture Enterprises	8657
与港、澳、台商合作经营企业	Cooperative Enterprises	1198
港、澳、台商独资经营企业	Enterprises with Sole Funds	91
港、澳、台商投资股份有限公司	Share-holding Corporations Ltd.	2343
外商投资企业	Foreign Funded Enterprises	6497
中外合资经营企业	Joint-venture Enterprises	5662
中外合作经营企业	Cooperative Enterprises	
外资企业	Enterprises with Sole Foreign Funds	836
外商投资股份有限公司	Share-holding Corporations Ltd.	

continued

(10000 yuan)

财务费用 Financial Cost	营业利润 Business Profits	利润总额 Total Profits	产值利润率(%) Rate of Profits to Output (%)
317869	**849281**	**901156**	**3.86**
286861	800547	851246	3.80
2619	16513	16327	1.77
39007	144259	176277	3.69
51593	230229	243645	6.11
137891	245453	243361	2.90
1946	23258	24747	5.53
8664	21538	23456	3.26
16776	60819	60180	10.50
5206	24682	26390	5.12
1625	7656	7784	1.99
21535	26141	29080	1.76
31008	48734	49911	5.24
29187	37369	38266	5.91
1821	11365	11645	3.81
156957	345365	367402	3.80
59197	158116	161953	2.99
11274	81895	110175	4.08
-5352	32407	32052	6.03
95794	231498	229575	4.59
316933	847177	899036	3.87
17868	52904	68073	2.17
-5	1678	2052	0.95
-23	706	492	0.36
-37	321	318	1.27
-31	347	344	1.38
190391	543275	579358	4.20
134939	242543	243540	4.33
37579	97854	99322	3.60
71159	150506	149489	4.72
	-67	-67	
867	588	669	0.81
12	-649	-651	
-1	85	85	0.45
-1	17	17	0.98
857	1136	1218	8.59
69	1516	1451	10.81
-26	1475	1410	11.21
95	41	41	4.84

12-7 资质以上建筑业企业盈亏情况(2014年)

单位:个、万元

项　　目	Item
总　计	**Total**
按地区分	**Grouped by District**
市　区	Urban Districts
荔湾区	Liwan
越秀区	Yuexiu
海珠区	Haizhu
天河区	Tianhe
白云区	Baiyun
黄埔区	Huangpu
番禺区	Panyu
花都区	Huadu
南沙区	Nansha
萝岗区	Luogang
县级市	Cities at County Level
增城市	Zengcheng
从化市	Conghua
按隶属关系分	**Grouped by Administrative Relationship**
中央属企业	Central Government
省属企业	Provincial Government
市属企业	Municipal Government
区县级市属企业	District or County Governments
其他企业	Others
按登记注册类型分	**Grouped by Registration Status**
内资企业	Domestic Funded Enterprises
国有企业	Stateowned Enterprises
集体企业	Collectiveowned Enterprises
股份合作企业	Shareholding Cooperative Enterprises
联营企业	Joint Ownership Enterprises
#国有联营企业	State Joint Ownership Enterprises
集体联营企业	Collective Joint Ownership Enterprises
国有与集体联营企业	Joint Statecollective Enterprises
有限责任公司	Limited Liability Corporations
#国有独资公司	State Sole Funded Corporations
股份有限公司	Shareholding Corporations Ltd.
私营企业	Private Enterprises
其他企业	Other Enterprises
港、澳、台商投资企业	Enterprises with Funds from Hong Kong, Macao and Taiwan
与港、澳、台商合资经营企业	Jointventure Enterprises
与港、澳、台商合作经营企业	Cooperative Enterprises
港、澳、台商独资经营企业	Enterprises with Sole Funds
港、澳、台商投资股份有限公司	Shareholding Corporations Ltd.
外商投资企业	Foreign Funded Enterprises
中外合资经营企业	Jointventure Enterprises
中外合作经营企业	Cooperative Enterprises
外资企业	Enterprises with Sole Foreign Funds
外商投资股份有限公司	Shareholding Corporations Ltd.

Statistics on Profits and Losses of Grade Construction Enterprises (2014)

(unit, 10000 yuan)

企业数 Number of Construction Enterprises	盈 余 Profits		亏 损 Losses	
	企业数 Number of Enterprises	金 额 Value	企业数 Number of Enterprises	金 额 Value
829	**658**	**954234**	**171**	**53077**
783	622	899955	161	48709
38	33	16551	5	224
190	155	182547	35	6270
107	85	246670	22	3025
204	168	262581	36	19221
65	54	26558	11	1811
17	13	23800	4	344
93	62	64623	31	4443
29	21	27095	8	705
9	7	8047	2	263
31	24	41484	7	12404
46	36	54279	10	4368
23	18	41986	5	3720
23	18	12293	5	648
30	29	367405	1	4
83	67	167535	16	5582
98	84	112085	14	1910
63	50	32467	13	415
555	428	274741	127	45166
814	647	949968	167	50932
61	52	68891	9	818
34	23	2355	11	303
4	3	493	1	1
2	1	344	1	26
1	1	344		
244	209	588608	35	9250
32	31	247372	1	3832
18	14	109971	4	10649
450	345	179308	105	29819
1			1	66
12	8	2814	4	2145
8	4	1494	4	2145
2	2	85		
1	1	17		
1	1	1218		
3	3	1451		
2	2	1410		
1	1	41		

12-8 资质以上劳务分包建筑企业生产经营情况(2014年)

单位：万元

项　　目	Item	企业数(个) Number of Construction Enterprises (unit)
总　计	**Total**	**61**
按地区分	**Grouped by District**	
市　区	Urban Districts	59
荔湾区	Liwan	7
越秀区	Yuexiu	6
海珠区	Haizhu	7
天河区	Tianhe	15
白云区	Baiyun	9
黄埔区	Huangpu	
番禺区	Panyu	12
花都区	Huadu	
南沙区	Nansha	
萝岗区	Luogang	3
县级市	Cities at County Level	2
增城市	Zengcheng	1
从化市	Conghua	1
按隶属关系分	**Grouped by Administrative Relationship**	
中央属企业	Central Government	
省属企业	Provincial Government	
市属企业	Municipal Government	3
区县级市属企业	District or County Governments	1
其他企业	Others	57
按登记注册类型分	**Grouped by Registration Status**	
内资企业	Domestic Funded Enterprises	61
国有企业	State-owned Enterprises	
集体企业	Collective-owned Enterprises	
股份合作企业	Share-holding Cooperative Enterprises	
联营企业	Joint Ownership Enterprises	
# 国有联营企业	State Joint Ownership Enterprises	
集体联营企业	Collective Joint Ownership Enterprises	
国有与集体联营企业	Joint State-collective Enterprises	
有限责任公司	Limited Liability Corporations	15
# 国有独资公司	State Sole Funded Corporations	
股份有限公司	Share-holding Corporations Ltd.	1
私营企业	Private Enterprises	45
其他企业	Other Enterprises	
港、澳、台商投资企业	Enterprises with Funds from Hong Kong, Macao and Taiwan	
与港、澳、台商合资经营企业	Joint-venture Enterprises	
与港、澳、台商合作经营企业	Cooperative Enterprises	
港、澳、台商独资经营企业	Enterprises with Sole Funds	
港、澳、台商投资股份有限公司	Share-holding Corporations Ltd.	
外商投资企业	Foreign Funded Enterprises	
中外合资经营企业	Joint-venture Enterprises	
中外合作经营企业	Cooperative Enterprises	
外资企业	Enterprises with Sole Foreign Funds	
外商投资股份有限公司	Share-holding Corporations Ltd.	

Statistics on Grade Construction Enterprises of Work Subcontractors (2014)

(10000 yuan)

营业收入合计 Business Revenue	# 主营业务收入 Core Business Revenue	利润总额 Total Profits	从业人员平均人数(人) Average of Employed Persons	应付职工薪酬 Benefits Payable of the Employee
432386	**431427**	**3410**	**42272**	**158225**
425844	424885	3315	42166	157783
14327	13894	4	3529	11805
89052	89050	250	2389	10690
184726	184251	823	18864	56700
50397	50397	1318	9519	41480
52502	52502	1197	5156	20766
10700	10652	-114	1182	6118
24140	24140	-164	1527	10226
6542	6542	96	106	442
2772	2772	14	30	123
3770	3770	82	76	319
25340	25340	310	2390	9488
746	746	2	36	162
406300	405341	3098	39846	148575
432386	431427	3410	42272	158225
155673	155624	1431	11066	46945
		-35	11	30
276713	275803	2014	31195	111251

【建筑业总产值】指以货币表现的建筑业企业在一定时期内生产的建筑业产品和服务的总和。建筑业总产值包括三部分内容:

(1)建筑工程产值:指列入建筑工程预算内的各种工程价值。

(2)设备安装工程产值:指设备安装工程价值。

(3)其他产值:建筑业总产值中除建筑工程、安装工程以外的产值。包括房屋构筑物修理产值、非标准设备制造产值、总包企业向分包企业收取的管理费以及不能明确划分的施工活动所完成的产值。

a.房屋构筑物修理产值:指房屋和构筑物的修理所完成的产值,但不包括被修理房屋、构筑物的本身价值和生产设备的本身的价值。

b.非标准设备制造产值:指加工制造没有定型的非标准生产设备的加工费和原材料价值以及附属加工厂为本企业承建工程制作的非标准设备的价值。

【房屋建筑面积】指房屋全部平面面积的总和。它从房屋的外墙线算起,包括可供使用的有效面积和墙柱等结构占用面积。多层房屋按各层(包括地下室)面积总和计算。旧房加层或改造,只计算增加的建筑面积;旧房拆除重建,计算其全部面积;临时房屋不计算建筑面积。

【主营业务收入】指企业确认的销售商品、提供劳务等主营业务的收入。根据会计"主营业务收入"科目的期末贷方余额填报。执行2006年《企业会计准则》的企业,如未设置该科目,以"营业收入"代替填报。

【营业收入】指企业经营主要业务和其他业务所确认的收入总额。营业收入合计包括"主营业务收入"和"其他业务收入"。根据会计"利润表"中"营业收入"项目的本期金额数填报,即:

营业收入 =主营业务收入 +其他业务收入

【Gross Output Value of Construction】refers to total Volume of construction products and services,expressed in monetary terms,completed by construction and installation enterprises during a given period of time.It includes:

(1)Output value of construction projects,that is the value of projects covered by the project budgets;

(2)Output value of installation projects,that is the value of the installation of equipment;

(3)Other output values,that is the values excluding output value of construction projects and output value of installation projects,including output value of repair of buildings and structures,output value of manufactured non-standard equipment, management expenses received by head enterprises from subcontract enterprises and output value of construction activities completed but unclassified.

a.Output value of repair of buildings and structures,that is the value created through the repairs of buildings or structures, but does not include the value of buildings or structures being repaired and the value of the repair of production equipment.

b.Output value of manufactured non-standard equipment, that is the value of non-standard production equipment (including raw materials and manufacturing cost)made for the construction project,and equipment manufactured by subsidiary workshops.

【Floor Space of Buildings under Construction】refers to the sum of all of the surface area of the housing. Counting from the housing exterior lines, including the availability of effective area and wall and column structure occupied the area. The multi-storey housing according to the layers (including basement) area of the aggregate calculation. The additional layer or transformation of existing homes, only the increase in construction area; old house demolition and reconstruction, to calculate the total area; temporary housing does not calculate the building area.

【Main business income】refers to the enterprise recognizes sales of goods and services, and other main business income. Furnished according to the final credit balances of accounting, the main business income subject. The implementation of the 2006 Enterprise Accounting Standards of the enterprise, if without a set of the subjects, operating income instead.

【Operating income】refers to the total income of the business recognized by business and other business. Total operating revenue, including the main business income and other operating income. Fill in the number of business income project accounting income statement for the current amount, .its calculating formula is:

Operating income = the main business income + other operating income

第十三篇 CHAPTER 13

运输和邮电

TRANSPORT，POSTAL AND TELECOMMUNICATION SERVICES

第十三篇　运输和邮电

一、 本篇资料反映广州市运输、邮电通信业发展的基本状况。

交通运输业资料主要包括：五种运输方式的线路里程、运输设备拥有量、各种运输方式完成的货物运输量和旅客运输量、港口设备拥有量、港口货物吞吐量等。

邮电通信业资料主要包括：邮电业务量、邮电通信工具、邮电通信网、邮电通信水平等。

二、 本篇资料由广州市统计局服务业统计处整理提供。

三、资料分别来源于民航、铁路、公路、水运、港口、公安、邮电等部门。管道运输资料由有关管道运输企业提供。

13 Transport,Postal and Telecommunication Services

I.The data in this chapter cover mainly the basis conditions of the development of transport, posts and telecommunications in Guangzhou. The data on transport cover mainly the length of the routes of five means of transportation, the owner-ship of the transport equipment, the freight traffic and passenger traffic accomplished by various means of transportation, the ownership of the port equipment and the cargo handled at ports, etc. The data on posts and telecommunications cover mainly the postal and telecommunication services, means of post and telecommunications, network of post and telecommunications, main financial of indicators of postal and telecommunication enterprises and the level of the development of the postal and telecommunication services, etc.

II.The data in this chapter are prepared and provided by the Division of Service Industries Statistics of Guangzhou Municipal Bureau of Statistics.

III.The data in this chapter come respectively from Guangzhou municipal departments of railways, transportation, post and telecommunications, etc. The data on the pipeline transport are provided by related pipeline enterprises.

13-1 运输邮电主要指标

Basic Statistics of Transport and Post

项目	Item	2013 全市 Total	2013 # 市区 Urban Districts	2014 全市 Total	2014 # 市区 Urban Districts
全社会车辆数 (辆)	Total Motor Vehicles (unit)	2477208	2083699	2504390	2124058
# 民用汽车	Civil Motor Vehicles	2148053	1947937	2227715	2022194
全社会货运量 (万吨)	Total Freight Traffic (10000 tons)	89099	82937	96553	88029
# 铁 路	Railways	6137	6137	5324	5324
公 路	Highways	59142	53624	66040	59885
水 路	Waterways	22908	22264	24167	21798
民 航	Civil Aviation	102	102	114	114
全社会货物周转量(万吨公里)	Total Freight Ton-kilometers (10000 ton-km)	68224384	63736243	86335522	78144332
# 铁 路	Railways	2187242	2187242	1903217	1903217
公 路	Highways	6938527	6291144	7803549	7076258
水 路	Waterways	58698937	54862173	76162228	68698329
民 航	Civil Aviation	395684	395684	461494	461494
全社会客运量 (万人次)	Total Passenger Traffic (10000 person-times)	89269	81080	98062	88964
铁 路	Railways	11703	11703	12107	12107
公 路	Highways	70815	62628	78690	69594
水 路	Waterways	299	297	280	278
民 航	Civil Aviation	6452	6452	6985	6985
全社会旅客周转量(万人公里)	Total Passenger-kilometers (10000 passenger-km)	22776307	21691573	24996168	23764011
铁 路	Railways	4457895	4457895	4583648	4583648
公 路	Highways	6979164	5894572	7928047	6696029
水 路	Waterways	23115	22973	22515	22376
民 航	Civil Aviation	11316133	11316133	12461958	12461958
港口货物吞吐量 (万吨)	Volume of Freight Handled in Coastal Ports (10000 tons)	47267	46554	50097	49341
进 口	Import	28277	28014	29552	29277
出 口	Export	18990	18540	20545	20064
白云国际机场货邮行吞吐量 (万吨)	Volume of Freight and Post Handled in Baiyun International Airport (10000 tons)	173	173	190	190
白云国际机场旅客吞吐量 (万人次)	Volume of Passengers Handled in Baiyun International Airport (10000 person-times)	5246	5246	5479	5479
邮电业务收入 (万元)	Revenue of Postal and Telecommunication Services (10000 yuan)	4585063	4284941	5052592	4877758
电话交换机总容量 (万门)	Total Capacity of Telephone Exchanges (10000 gates)	929	873	627	573
报纸发行量 (万份)	Newspapers Issued (10000 copies)	158516	142397	164203	143765
杂志发行量 (万份)	Magazines Issued (10000 copies)	5799	5135	5214	4644
本地电话年末用户 (万户)	Number of Telephone Sets at Year-end (10000 subscribes)	551.73	512.49	502.93	479.15
移动电话年末户数 (万户)	Number of Mobile Telephone Subscribers at Year-end (10000 subscribes)	3176	2903	3224	2966
国际互联网用户数 (万户)	Number of Internet Subscribers (10000 subscribes)	766.45	710.22	742.21	701.82
城市电话普及率 (含移动电话) (部/百人)	Popularity Rate of Urban Telephones (Including Mobile Telephones) (set/100 persons)	447.89	497.41	442.40	495.68
# 移动电话	Mobile Telephones	381.60	422.77	382.70	426.73

13-2　公路、航道线路基本情况(2014年)

Basic Statisics on Highways and Waterways (2014)

项　目	Item	全　市 Total	市　区 Urban Districts	增城市 Zengcheng	从化市 Conghua
公路里程　（公里）	**Length of Highways (kilometer)**	**9219**	**4741**	**2308**	**2170**
# 晴雨通车里程	Length of Highways in Any Weathers	9219	4741	2308	2170
等级公路	Expressway and Class I to IV Highways	8121	4333	1657	2131
高　速	Expressway	852	614	170	68
一　级	First Class	1057	692	259	106
二　级	Second Class	910	607	132	171
三　级	Third Class	1437	935	368	134
四　级	Fourth Class	3865	1485	728	1652
等外公路	Highways below Class IV	1098	408	651	39
有路面里程	Paved Highways	7964	4388	1460	2116
沥青混凝土	High Class	1564	1063	379	122
水泥混凝土	Second High Class	6400	3325	1081	1994
简易铺路面	Medium Class	77	28	37	12
未铺装路面	Low Class	1178	325	811	42
桥　梁	**Bridges**				
座　（座）	Number (unit)	3185	2008	688	489
长　度　（米）	Length (meter)	537500	455212	58646	23642
永久式桥梁	**Permanent Bridges**				
座　（座）	Number (unit)	3185	2008	688	489
长　度　（米）	Length (meter)	537500	455212	58646	23642
渡　口　（个）	**Ferries (unit)**	**2**	**2**		
内河航道里程（公里）	**Length of Navigable Inland Waterways(kilometer)**	**855**	**701**	**101**	**53**
# 等级航道里程	Standand Waterways (kilometer)	361	220	88	53

13-3 民用车辆拥有量（2014年）

Possession of Civil Vehicles (2014)

单位：辆 (unit)

项 目	Item	全 市 Total	# 私人 Private
合 计	**Total**	**2504390**	**2047157**
汽 车	Civil Automobile	2227715	1792504
载客汽车	Passenger Vehicles	1923424	1653209
大 型	Large	36135	3358
中 型	Medium	38684	24428
小 型	Small	1832528	1610064
微 型	Minicar	16077	15359
载货汽车	Trucks	293050	134442
重 型	Heavy	42233	4254
中 型	Medium	30177	8514
轻 型	Light	214870	116593
微 型	Mini	5770	5081
其他汽车	Others	11241	4853
电 车	Trolleybuses and Trams	230	
无 轨	Trolleybuses	230	
有 轨	Trams		
摩托车	Motorcycle	258980	254149
普 通	Ordinary	258905	254074
轻 便	Light	75	75
挂 车	Trailers	17429	503
其他类型车	Other Kinds of Vehicles	36	1

注：本表资料由广州市公安局交警支队提供。

Note: The data in this table is provided by the transportation policy branch of Guangzhou policy bureau.

13-4 民用运输船舶拥有量

Possession of Civil Transport Vessels

项　目		Item		2013	2014
合　计	**（艘）**	**Total**	**(unit)**	**1433**	**1448**
机动船	（艘）	Motor Vessels	(unit)	1431	1442
载客量	（客位）	Passenger Capacity	(seat)	20111	23995
净载重量	（吨位）	Dead Weight Tonnage	(ton)	13748001	15792405
总功率	（千瓦）	Total Power	(kw)	2790019	3029836
1. 客　船	（艘）	1.Passenger Vessels	(unit)	75	91
载客量	（客位）	Passenger Capacity	(seat)	20111	23995
2. 货　船	（艘）	2.Cargo Vessels	(unit)	1344	1340
净载重量	（吨位）	Dead Weight Tonnage	(ton)	13728656	15767539
3. 拖　船	（艘）	3.Towboats	(unit)	12	11
功　率	（千瓦）	Power	(kw)	16625	19099
驳　船	（艘）	Barges	(unit)	2	6
净载重量	（吨位）	Dead Weight Tonnage	(ton)	5000	5000

注：本表资料由广州港务局等单位提供。

Note: This table is provided by Guangzhou port authority.

13-5 主要年份全社会客货运输(吞吐量)和邮电业务收入

Total Passenger and Freight Traffic and Revenue of Postal and Telecommunication Services in Main Years

年 份 Year	客运量 (万人次) Passenger Traffic (10000 persontimes)	旅客周转量 (万人公里) Passenger-kilometers (10000 passengerkm)	货运量 (万吨) Freight Traffic (10000 tons)	货物周转量 (万吨公里) Freight Tonkilometers (10000 ton-km)	港口旅客吞吐量 (万人次) Volume of Passenger Handled in Coastal Ports (10000 persontimes)
1978					433
1979					495
1980					489
1985	11653	1017045	18233	15653824	514
1986	10985	1090054	15439	16584196	788
1987	9152	1158152	18947	17143674	742
1988	10290	1340611	21390	18968882	765
1989	9051	1269994	18397	20193670	610
1990	9461	1340608	17842	21417482	531
1991	9996	1574625	19535	26703071	485
1992	12459	1897547	22562	28156518	484
1993	15988	2198885	24818	29564344	447
1994	17307	2202816	26461	35696673	406
1995	16107	2227019	26992	39618131	343
1996	15638	2066438	23315	30739572	233
1997	17725	2417966	23768	30573646	134
1998	19587	2563072	24443	26210641	91
1999	22007	2799796	24238	20924658	153
2000	26097	4533805	27972	22660161	134
2001	27461	4986901	28248	23370862	135
2002	30084	5570611	28496	22346711	135
2003	30546	5408605	29309	25104134	112
2004	36941	8557982	35700	27833246	119
2005	40524	9750755	38153	27240509	99
2006	43777	10915614	42759	27954630	98
2007	51180	12906006	45852	24706845	111
2008	55385	13752318	49586	24620645	90
2009	57053	14538626	52525	21762287	78
2010	62595	16936472	57369	24508491	79
2011	67756	18790926	64929	28611908	80
2012	76070	20746062	76100	49383911	75
2013	89269	22776307	89099	68224384	77
2014	98062	24996168	96553	86335522	71

年 份 Year	港口货物吞吐量（万吨）Volume of Freight Handled (10000 tons)	#集装箱 Container	机场旅客吞吐量（万人次）Volume of Passenger Handled in Airport (10000 persontimes)	机场货邮行吞吐量（万吨）Volume of Freight Mail and Luggage Handled in Airport (10000 tons)	邮电业务收入（万元）Revenue of Postal and Telecommunication Services (10000 yuan)
1978	1950		66		2357
1979	2099		100		2930
1980	2107		131	3	3631
1985	3700		290	6	9927
1986	3954		389	7	12744
1987	4561		505	10	19822
1988	5115	115	542	11	28482
1989	5106	103	485	11	38605
1990	5099	107	605	12	55960
1991	5657	161	745	15	79642
1992	6477	168	902	17	121473
1993	7610	177	927	19	180606
1994	8121	231	1070	23	270330
1995	8340	440	1257	28	380323
1996	8510	485	1264	32	528343
1997	8390	599	1251	35	687781
1998	8716	789	1241	41	841107
1999	11336	1355	1190	45	981527
2000	12455	1699	1279	49	1384846
2001	13539	2633	1384	53	1515282
2002	16772	3255	1601	59	1751392
2003	19200	4161	1501	54	1851326
2004	23887	4734	2033	63	2108788
2005	27283	6672	2340	75	2220589
2006	32816	9493	2622	82	2307436
2007	37053	13298	3096	90	2478199
2008	36954	15172	3344	93	2663183
2009	37549	15383	3705	122	2680007
2010	42526	18070	4098	145	2900942
2011	44770	20682	4504	153	3123440
2012	45125	21338	4831	163	3373039
2013	47267	23053	5246	173	4585063
2014	50097	24297	5479	190	5052592

注:本表根据铁路、民航统计口径变化，对2000年~2004年的相关数据作了调整。

Note: The data in this table from 2000 to 2004 was adjusted in accordance with the new statistical coverage of railway and civil aviation.

13-6 水路货运量及货物分类（2014年）

Freight Traffic and Type of Freight by Waterway (2014)

单位：万吨 (10000 tons)

项　目	Item	合 计 Total	远 洋 Ocean	沿 海 Coastal Water	内 河 Inland Rivers
货运量	Freight Traffic	24167.26	8688.79	9154.48	6323.99
货物周转量(万吨公里)	Freight Ton-kilometers (10000 ton-km)	76162228	58879047	16616108	667073
货物分类	Type of Freight				
煤类及制品	Coal and Related Products	8550.40	1146.18	6650.97	753.25
石油、天然气及制品	Petroleum, Natural Gas and Related Products	548.55	192.88	97.90	257.77
#原　油	Crude Oil				
金属矿石	Metal Ores	4423.80	2889.24	1366.05	168.51
钢　铁	Steel and Iron	880.10	655.71	194.93	29.46
矿物性建筑材料	Mineral Building Materials	2807.55	325.18	50.76	2431.61
水　泥	Cement	319.10	123.71	40.84	154.55
木　材	Timber	115.18	107.94	5.81	1.43
非金属	Nonmetal Ores	886.71	97.37	133.81	655.53
#磷　矿	Phosphorite				
化学肥料及农药	Chemical Fertilizers and Pesticides	148.00	134.00	12.34	1.66
盐	Salt	2.60	2.50		0.10
粮　食	Grain	1293.82	587.14	422.97	283.71
机械、设备、电器	Machinery, Equipment and Electric Appliance	621.93	441.66	8.96	171.31
化工原料及制品	Chemical Raw Materials and Related Products	58.20	32.93	8.27	17.00
有色金属	Nonferrous Metals	3.50	3.40		0.10
轻工、医药产品	Light Industry, Medical and Pharmaceutical Products	141.03	62.00	2.61	76.42
#日用工业品	Industrial Products for Daily Use	6.56	4.00	0.71	1.85
农林牧渔业产品	Agricultural, Forestry, Animal Husbandry and Fishery Products	16.69	9.59	6.07	1.03
其他货类	Others	3350.10	1877.36	152.19	1320.55

13-7 民航运输主要指标

Main Indicators on Civil Aviation

项　目	Item	2013	2014
客运量　（万人次）	Passenger Traffic　(10000 person-times)	6452	6985
国际航线	International Routes	693	800
国内航线	Domestic Routes	5759	6185
# 地区航线	Regional Routes	109	125
旅客周转量　（万人公里）	Passenger-kilometers　(10000 person-km)	11316133	12461958
国际航线	International Routes	2787615	3253959
国内航线	Domestic Routes	8528518	9207999
# 地区航线	Regional Routes	172513	210615
货邮运量　（吨）	Freight Traffic　(ton)	1019620	1138301
国际航线	International Routes	333791	394000
国内航线	Domestic Routes	685829	744301
# 地区航线	Regional Routes	8589	10991
货邮周转量　（万吨公里）	Freight Ton-kilometers　(10000 ton-km)	395684	461494
国际航线	International Routes	281853	338452
国内航线	Domestic Routes	113831	123042
# 地区航线	Regional Routes	1020	1327
总周转量　（万吨公里）	Total Air Traffic Ton-kilometers(10000 ton-km)	1397607	1562448
国际航线	International Routes	528324	625668
国内航线	Domestic Routes	869283	936780
# 地区航线	Regional Routes	16196	19816
飞行班次　（班次）	Flying Times of General Aviation　(time)	565821	604100
国际航线	International Routes	55541	63478
国内航线	Domestic Routes	510280	540622
# 地区航线	Regional Routes	8806	9568
飞行时间　（小时）	Flying Time of General Aviation　(hr)	1373733	1476331
运输飞行	Transportation Flying	1352689	1463498
专业飞行	Flying for Special Purpose	21044	12833
飞机生产率（吨公里/小时）	Flying Productivity　(ton-km /hr)	10332	10676
客座率　（%）	Ratio of Seat Occupied　(%)	80.40	80.60
载运率　（%）	Ratio of Transport Capacity Occupied　(%)	70.70	70.20

13-8 民航航线及飞机年末数

Number of Civil Aviation Routes and Civil Aircraft at Year-end

指标名称	Item	2013	2014
民用航空航线条数 （条）	Number of Civil Aviation Routes (line)	612	640
国际航线	International Routes	120	134
国内航线	Domestic Routes	492	506
# 地区航线	Regional Routes	22	20
民用航空航线里程（公里）	Length of Civil Aviation Routes (km)	1498208	1566984
国际航线	International Routes	501066	560313
国内航线	Domestic Routes	997142	1006671
# 地区航线	Regional Routes	41230	37873
民航飞机期末架数 （架）	Number of Civil Aircraft (unit)	433	438
运输飞机	Aero Transport	412	415
大型飞机	Air Bus	386	395
小型飞机	Puddle-jumper	26	20
通用飞机	General Aircraft	21	23
其他用途飞机	Others		
国外通航国家和地区（个）	Foreign Countries and Regions Linked with Civil Aviation Routes(unit)	37	37
通航城市 （个）	Cities Linked with Civil Aviation Routes (unit)	202	204
# 国外通航城市	Foreign Cities Linked with Civil Aviation Routes	67	68

13-9 白云国际机场吞吐量

Volume Handled in Baiyun International Airport

项　目		Item		2013	2014
飞机起降架次	(万次)	Number of Aircrafts Taking off and Landing	(10000 times)	39.44	41.22
进　港		Landing		19.72	20.61
出　港		Taking off		19.72	20.61
旅客吞吐量	(万人次)	Volume of Passengers Handled	(10000 person-times)	5246	5479
进　港		Landing		2588	2698
出　港		Taking off		2658	2781
货邮行吞吐量	(万吨)	Volume of Freight Handled	(10000 ton)	173.13	189.63
进　港		Landing		74.59	80.98
出　港		Taking off		98.54	108.65
出港客座率	(%)	Ratio of Seat Occupied Taking off		82.90	82.30
出港载运率	(%)	Ratio of Transport Capacity Occupied Taking off		74.40	74.10
航线条数	(条)	Number of Civil Aviation Routes	(line)	222	232
国际航线		International Routes		64	75
国内航线		Domestic Routes		158	157
# 地区航线		Regional Routes		4	4
国外通航国家和地区	(个)	Foreign Countries and Regions Linked with Civil Aviation Routes	(unit)	36	38
通航城市		Cities Linked with Civil Aviation Routes		182	182
# 国外通航城市		Foreign Cities Linked with Civil Aviation Routes		58	70

13-10　输油(气)管道基本情况(2014年)
Basic Statistics on Pipelines (2014)

项　目	Item	合计 Total	输成品油管道 Refined Oil Pipelines	输其他气体管道 Others Gas Pipelines
条　数　(条)	Number Of Pipelines (unit)	30	25	5
输油(气)里程　(公里)	Length Of Pipelines (km)	121.89	101.29	20.60
延展长度　(公里)	Extension Length of Pipelines (km)	121.89	101.29	20.60
输油(气)能力	Capacity of Pipeline Traffic	5030.76	4731.76	299.00
(万吨/年、千万立方米/年)	(10000 ton/year, 10 million cu.m/year)			
输油(气)量　(万吨)	Pipeline Traffic (10000 tons)	908.11	843.14	64.97
输油(气)周转量　(万吨公里)	Ton-kilometers (10000 ton-km)	5034	4746	288.00

13-11　港口码头泊位数
Number of Berths in Ports

项　目	Item	2013 全市 Total	2013 # 广州港 Guangzhou Port	2014 全市 Total	2014 # 广州港 Guangzhou Port
总　计	**Total**				
码头长度　(米)	Length of Quay Line (m)	67447	55897	69040	57278
泊　位　(个)	Number of Berths (unit)	849	662	863	673
# 万吨级	10000 Ton Class	68	68	71	71
泊位年通过能力	Berths Capacity				
# 货　物　(万吨)	Cargo (10000 tons)	31678	29082	34321	31497
集装箱　(万TEU)	Containers (10000 TEU)	1051	1010	1171	1130
旅　客　(万人)	Passengers (10000 persons)	3131	3121	3131	3121
汽　车　(万辆)	Automobile (10000 units)	1034	1034	1034	1034
生产用	**For Productive Use**				
码头长度　(米)	Length of Quay Line (m)	55996	45477	57586	46958
泊　位　(个)	Number of Berths (unit)	673	498	686	510
# 万吨级	10000 Ton Class	66	66	69	69

13-12 港口吞吐量及货物分类（2014年）

Volume Handled in Ports and Type of Freight (2014)

单位：万吨 (10000 tons)

项目	Item	合计 Total	进口 Import	出口 Export	# 广州港 Guangzhou Port	进口 Import	出口 Export
旅客吞吐量(万人次)	Volume of Passengers Handled(10000 person-times)	71.07	34.31	36.76	71.07	34.31	36.76
国内航线	Domestic Routes	0.25		0.25	0.25		0.25
国际航线	International Routes	70.82	34.31	36.51	70.82	34.31	36.51
货物吞吐量	Volume of Freight Handled	50097.49	29551.90	20545.59	48217.25	28032.96	20184.29
外贸	Foreign Trade	12100.06	7881.57	4218.49	11957.10	7784.02	4173.08
内贸	Inland Trade	37997.43	21670.33	16327.10	36260.15	20248.94	16011.21
沿海	Coastal Waters	36260.15	20248.94	16011.21	36260.15	20248.94	16011.21
内河	Inland Rivers	1737.28	1421.39	315.89			
货物分类	Type of Freight						
煤类及制品	Coal and Related Products	8527.76	5543.42	2984.34	8150.72	5169.71	2981.01
石油、天然气及制品	Petroleum, Natural Gas and Related Products	2171.25	1175.60	995.65	2048.87	1096.22	952.65
# 原油	Crude Oil	102.92	51.32	51.60	102.92	51.32	51.60
# 成品油	Refined Oil	1599.36	844.05	755.31	1512.22	791.09	721.13
金属矿石	Metal Ores	794.59	785.30	9.29	793.92	784.63	9.29
# 铁矿石	Iron Ores	708.13	701.29	6.84	708.13	701.29	6.84
钢铁	Steel and Iron	3059.04	2300.54	758.50	3041.64	2283.73	757.91
矿物性建筑材料	Mineral Building Materials	2662.13	1836.63	825.50	2212.26	1433.11	779.15
水泥	Cement	165.05	35.51	129.54	35.58	19.74	15.84
木材	Timber	362.83	254.21	108.62	362.83	254.21	108.62
非金属	Nonmetal Ores	245.69	154.10	91.59	166.86	75.27	91.59
化学肥料及农药	Chemical Fertilizers and Pesticides	14.97	10.98	3.99	9.67	6.24	3.43
盐	Salt	2.20	2.02	0.18	2.20	2.02	0.18
粮食	Grain	1946.40	1393.97	552.43	1747.96	1195.53	552.43
机械、设备、电器	Machinery, Equipment and Electric Appliance	4054.73	2314.71	1740.02	4046.38	2306.92	1739.46
化工原料及制品	Chemical Raw Materials and Related Products	878.27	713.63	164.64	693.32	538.89	154.43
有色金属	Nonferrous Metals	40.82	25.72	15.10	40.82	25.72	15.10
轻工、医药产品	Light Industry, Medical and Pharmacestical Products	666.60	354.64	311.96	629.42	329.68	299.74
农林牧渔业产品	Agricultural, Forestry, Animal Husbandry and Fishery Products	324.65	278.47	46.18	311.57	275.19	36.38
其他货类	Others	24180.51	12372.45	11808.06	23923.23	12236.15	11687.08

13-13 港口标准集装箱吞吐量(2014年)
Cargo Handled in International Standard Containers (2014)

项　目	Item	合　计 Total	进口 Import	出口 Export	# 广州港 Guangzhou Port	进口 Import	出口 Export
箱数合计　(万箱)	Total Containers (10000 units)	1662.62	814.97	847.65	1638.86	804.63	834.23
重量合计　(万吨)	Total Weight (10000 tons)	24296.71	12686.11	11610.60	24087.32	12550.39	11536.93
国内小计	National Total						
箱　数　(万箱)	Number of Containers(10000 units)	978.38	470.25	508.13	965.87	467.09	498.78
重　量　(万吨)	Weight (10000 tons)	16755.64	8925.98	7829.66	16664.09	8885.96	7778.13
国际小计	International Total						
箱　数　(万箱)	Number of Containers(10000 units)	684.24	344.72	339.52	672.99	337.54	335.45
# 中国香港	Hong Kong, China	279.70	127.19	152.51	268.45	120.01	148.44
马来西亚	Malaysia	23.80	7.36	16.44	23.80	7.36	16.44
新加坡	Singapore	21.77	14.48	7.29	21.77	14.48	7.29
韩　国	Korea, Rep.	5.80	3.45	2.35	5.80	3.45	2.35
阿拉伯联合酋长国	The United Arab Emirates	17.58	17.41	0.17	17.58	17.41	0.17
印　度	India	5.89	1.63	4.26	5.89	1.63	4.26
重　量　(万吨)	Weight (10000 tons)	7541.07	3760.13	3780.94	7423.23	3664.43	3758.80
# 中国香港	Hong Kong, China	3766.25	1914.11	1852.14	3648.41	1818.41	1830.00
马来西亚	Malaysia	317.13	89.86	227.27	317.13	89.86	227.27
新加坡	Singapore	284.16	175.27	108.89	284.16	175.27	108.89
韩　国	Korea, Rep.	62.26	50.11	12.15	62.26	50.11	12.15
阿拉伯联合酋长国	The United Arab Emirates	101.46	98.16	3.30	101.46	98.16	3.30
印　度	India	73.64	17.07	56.57	73.64	17.07	56.57

13-14 邮政电信网

Network of Postal and Telecommunication Services

项　目	Item	2013 全市 Total	2013 #市区 Urban Districts	2014 全市 Total	2014 #市区 Urban Districts
邮政网　（个）	Post Network　(unit)	244	205	244	205
自办邮政网点	Post Office Owned by Itself	171	141	178	148
代办网点	Commission Office	73	64	66	57
邮政储蓄所　（个）	Postal Savings Office　(unit)	131	106	131	106
信箱、信筒　（个）	Mail Box　(unit)	1326	994	1347	1014
电信网　（个）	Telecommunication Office　(unit)	24707	22517	19831	17889
自办电信网点	Telecommunication Office Owned by Itself	366	307	412	376
代办网点	Commission Office	24341	22210	19419	17513
邮政网络　（公里）	Postal Service Network　(km)				
邮路总长度	Total Length of Mail Routes	47136	43589	32672	28921
农村投递线路总长度	Length of Rural Delivery Routes	19509	13966	15715	11147

13-15 邮政业务主要指标
Main Indicators on Post

项目	Item	2013 全市 Total	2013 #市区 Urban Districts	2014 全市 Total	2014 #市区 Urban Districts
国内分类业务总量	Category of Domestic Services				
函件 (万件)	Number of Letters (10000 pcs)	25431	25332	21054	20925
包件 (万件)	Packages (10000 pcs)	128	118	107	97
汇票 (万张)	Postal Orders (10000 pcs)	768	677	575	492
订销报纸累计数 (万份)	Number of Newspapers Circulation(10000 copies)	18664	16359	16244	14148
订销杂志累计数 (万份)	Number of Magazines Circulation (10000 copies)	2291	2175	1857	1752
快递 (万件)	Pieces of Express Mail Services (10000 pcs)	76734	70555	135729	133081
邮政储蓄年末收储余额(万元)	Postal Savings Deposits at Year-end (10000 yuan)	2439911	2138234	2679323	2337685
国际及港澳分类业务	Category of International and Hong Kong & Macao Service				
函件 (万件)	Number of Letters (10000 pcs)	1796	1796	2766	2766
包件 (万件)	Packages (10000 pcs)	6	6	5	5
快递 (万件)	Pieces of Express Mail Services (10000 pcs)	2608	2559	3302	3285

13-16 电信业务主要指标

项目		Item	
通信业务量		Business Volume of Telecommunications	
移动电话年末用户	（万户）	Number of Mobile Telephone Subscribers at Year-end	(10000 subscribers)
# 3G移动电话用户		3G Mobile Telephone Subscribers	
短信通信量	（亿条）	Volume Of Message Services	
# 移动短信通信量		Short Message Services	
本地电话年末用户	（万户）	Number of Local Telephone Subscribers at Year-end	(10000 subscribers)
城市电话用户		Number of Urban Telephone Subscribers	
乡村电话用户		Number of Rural Telephone Subscribers	
公用电话	（万户）	Number of Public Telephones	(10000 subscribers)
国际互联网用户	（万户）	Number of Internet Subscribers	(10000 subscribers)
宽带用户		Broadband Users	
窄带用户		Narrowband Users	
上网卡用户		Card Users	
电信主要通信能力		Main Communication Capacity of Telecommunications	
长途电话交换机容量	（万路端）	Capacity of Long-distance Telephone Exchanges	(10000 circuits)
电话交换机总容量	（万门）	Capacity of Telephone Exchanges	(10000 gates)
局用电话交换机容量		Capacity of Office Exchanges	
城市电话用户		Urban Telephone Subscribers	
乡村电话用户		Rural Telephone Subscribers	
接入网交换机容量		Capacity of Exchanges Linked-out	
城市电话用户		Urban Telephone Subscribers	
乡村电话用户		Rural Telephone Subscribers	
移动电话交换机容量	（万户）	Capacity of Mobile Telephone Exchanges	(10000 subscribers)
移动电话基站数	（个）	Number of Mobile phone Base Station	(unit)
互联网宽带接入端口	（个）	Broad Band Subscribers Post Of Internet	(unit)

Main Indicators on Telecommunication Services

2013		2014	
全　市 Total	#市　区 Urban Districts	全　市 Total	#市　区 Urban Districts
3176.12	2902.90	3223.92	2965.63
1027.55	942.59	1027.50	963.46
209.49	199.38	194.02	175.88
126.38	117.91	89.53	72.21
551.73	512.49	502.93	479.15
512.49	512.49	479.15	479.15
39.24		23.78	
69.89	67.19	50.68	48.47
766.45	710.22	742.21	701.82
680.93	626.71	645.20	607.65
29.84	28.52	28.90	27.59
55.68	54.99	68.11	66.58
102.28	102.28	28.90	28.90
929.12	872.67	627.48	573.27
562.87	535.62	273.49	262.24
535.62	535.62	262.24	262.24
27.25		11.25	
366.25	337.05	353.99	311.03
337.05	337.05	311.03	311.03
29.20		42.96	
4683	4383	4996	4696
40300	37089	53732	49004
3717236	3468665	3573682	3350494

13-17 邮电业务收入

Revenue of Postal and Telecommunication Services

单位：万元 (10000 yuan)

项目	Item	2013 全市 Total	2013 #市区 Urban Districts	2014 全市 Total	2014 #市区 Urban Districts
总计	**Total**	**4585063**	**4284941**	**5052592**	**4877758**
#港澳及国际	Hong Kong, Macao and International	240221	239087	287069	285295
邮政收入	Revenue of Posts	1256412	1170602	1812758	1782303
#港澳及国际	Hong Kong, Macao and International	206784	206779	256915	255758
函件	Letters	59002	58425	70695	70476
快递	Express Mail Services	1055672	985014	1597243	1570421
汇票	Postal Orders	2522	2196	4376	4163
包件	Package	7266	6525	7041	6388
报刊	Newspapers and Magazines	9672	8615	8146	7196
集邮业务	Stamps For Collection	15078	14567	10465	10211
其他	Others	107200	95260	114792	113448
电信收入	Revenue of Telecommunications	3328651	3114339	3239834	3095455
#港澳及国际长途电信收入	Hong Kong, Macao and International	33437	32308	30154	29537
长途电信收入	Long Distance Telecommunications	81993	78484	69711	65945
国内长途电话	Domestic Long Distance Telephone Calls	65152	62194	56973	54065
国际及港澳电话	International and Hong Kong and Macao Calls	14105	13637	10647	10220
其他	Others	2736	2654	2091	1660
市内电话收入	Local Calls	122205	115975	115932	105207
移动电话收入	Mobile Telephone	2292763	2137459	2191032	2107819
其他收入	Other Revenue	831690	782421	863159	816484

13-18　城市(市区)公共交通 (2014年)

Public Traffic in City (Urban Districts) (2014)

项　目	Item	合计 Total	汽、电车 Buses and Trolleys	# 汽车 Buses
年末营运车、船数(辆、艘)	Number of Vehicles and Vessels (unit)	36859	13610	13310
营运车船客位数 (个)	Seat for Vehicles and Vessels for Business Transportation at Year-end (seat)	1901948	1317264	1286064
营运线路条数 (条)	Lines Used by Public Traffic for Business Transportation(line)	1139	1116	1101
营运线路长度 (公里)	Length of Public Traffic (km)	18981	18666	18475
客运量 (万人次)	Number of Passenger Traffic (10000 person-times)	568381	261655	257377
客运收入 (万元)	Revenue of Passenger Transport (10000 yuan)	1612761	474646	466823
车船完好率 (%)	Ratio of Vehicles and Vessels in Good Condition (%)	98.50	98.35	98.36
每辆汽、电车负担人数(人)	Number of Passengers per Bus and Trolley (person)		511	

13-18　续表 continued

项　目	Item	轮渡 Ferries	出租汽车 Cabs	# 小汽车 Taxies	轨道交通 Track Traffic
年末营运车、船数(辆、艘)	Number of Vehicles and Vessels (unit)	51	21320	21320	1878
营运车船客位数 (个)	Seat for Vehicles and Vessels for Business Transportation at Year-end (seat)	12310	85280	85280	487094
营运线路条数 (条)	Lines Used by Public Traffic for Business Transportation(line)	14			9
营运线路长度 (公里)	Length of Public Traffic (km)	55			260
客运量 (万人次)	Number of Passenger Traffic (10000 person-times)	2068	76868	76868	227790
客运收入 (万元)	Revenue of Passenger Transport (10000 yuan)	4622	736988	736988	396505
车船完好率 (%)	Ratio of Vehicles and Vessels in Good Condition (%)	92.20	99.33	99.33	90.26
每辆汽、电车负担人数(人)	Number of Passengers per Bus and Trolley (person)				

注：1. 本表数据由广州市交通委员会提供(营运车船客位数按实际可乘坐人数计算)。
2. 每辆汽、电车负担人数按市区人口计。

Note: I. The data in this table are provided by communications commission of Guangzhou municipality (seats of vehicles and vessels for business transportation are caculated by factual seats).

II. The number of Passengers per bus and trolley is calculated by population in urban districts.

13-19 规模以上运输邮电企业财务指标（2014年）

单位：万元

项目	Item	合计 Total	按经济类型分 Grouped by Economic Type 1. 国有经济 State-owned Economy	2. 民营经济 Private Economy	3. 其他经济 Others
企业单位数（个）	Number of Enterprises (unit)	433	109	197	127
# 亏损企业	Loss-making Enterprises	105	29	48	28
固定资产原价合计	Total Original Value of Fixed Assets	56271817	50747229	591858	4932730
本年折旧	Depreciation at Current Year	2759078	2468514	52243	238321
资产合计	Total Assets	98070815	87820464	1181154	9069197
负债合计	Total Liabilities	41798535	36436845	962640	4399050
营业收入	Business Revenue	22149006	18987286	987007	2174713
营业成本	Cost of Business	18409996	16143714	756818	1509464
营业税金及附加	Taxes and Extra Charges on Business	209720	150036	7646	52037
销售费用	Cost of Sales	1783394	1652169	92607	38618
管理费用	Cost of Management	1518744	1203344	114714	200686
财务费用	Cost of Finance	674032	562850	9164	102018
营业利润	Operation Profits	1344581	954704	4982	384894
利润总额(亏损为-)	Total Profits("-" indicates losses)	2096250	1566792	32984	496474
应付职工薪酬	Benefits Payable of the Employee	4417527	3763145	166608	487774
从业人员平均人数（人）	Average Employed Persons (person)	323582	225465	31597	66520

Finance Indicators of Transport, Postal and Telecommunication Services Enterprises above the Designated Size (2014)

(10000 yuan)

按行业类型分 Grouped by Sector Type					
1. 公路运输 Highway Transport	2. 水上运输 Waterway Transport	# 港口 Port	3. 民航 Civil Aviation	4. 邮电 Postal and Telecommunication Services	5. 其它 Others
305	62	17	5	56	5
70	14	2	1	16	4
15493019	9354156	2327512	16590405	9888300	4945937
445790	406836	117291	711834	1101166	93452
35058257	14785863	3930323	15375683	21958352	10892660
16841769	7705541	1711196	11571921	962390	4716914
4197936	3297115	732309	8775834	5115209	762912
3574127	2787223	511962	7648902	3678010	721735
82816	12712	3391	17420	92192	4580
52405	26574	8052	626871	1076381	1163
378854	289814	88195	241547	551490	57039
375705	138166	59728	205932	-182613	136842
13189	280161	152201	86028	1123404	-158201
473475	345015	157729	305247	1136179	-163667
1109572	573633	132478	1555847	935604	242871
132783	31652	9826	77948	60966	20233

【货(客)运量】 指运输业实际运送的货物(旅客)数量。货运按吨计算,客运按人计算。货物不论运输距离长短,货物类型,均按实际重量统计;旅客不论行程远近或票价多少,均按一人一次作为客运量统计。半价票、小孩票也按一人统计。货(客)运量反映运输业为国民经济和人民生活服务的数量,也是制定和检查运输生产计划,研究运输发展规模和速度的重要指标。

【货物(旅客)周转量】 指运输业运送的货物(旅客)与其相应运输距离的乘积之和,通常以吨公里和人公里为计算单位。计算货物周转量通常按发出站与到达站之间的最短距离, 也就是计费距离计算。它是反映运输业生产总成果的重要指标,也是编制和检查运输生产计划,计算运输效率,劳动生产率以及核算运输单位成本的主要基础资料。

【移动电话用户】 指在邮电部门登记,通过移动电话交换机进入移动电话网、占有移动电话号码的电话用户。计量单位为"户"。用户数字以实际办理登记手续进入邮电部门移动电话网的户数进行计算,一部或一台移动电话统计为一户。

【Freight (Passenger)Traffic】 refers to the volume of freight (passenger)transported with various means.Freight transport is calculated in tons and passenger traffic is calculated in the number of persons. Despite the type of freight and traveling distance, the freight transport is calculated in the actual weight of the goods; and despite the traveling distance and ticket price,the passenger traffic is calculated by the principle that one person can be counted only once in one travel.The passenger who travels with a half price ticket or a child ticket is also calculated as one person.The freight (passenger)traffic provides a quantitative measure to show how the transport industry serves the national economy and people,and is also an important indicator for planning how the transport industry serves the national economy and people,and is also an important indicator for planning the transport industry and for studying the development scale and speed of the transport industry.

【 Freight Ton-kilometers(Passenger-kilometers)】 refer to the sum of the products of the volume of transported cargo (passengers)multiplying by the transport distance,usually using ton-kilometer and passenger -kilometer as units for measurement. Normally, the shortest distance between the departure station and the destination station (i.e.the payable distance)is the basis to calculate the freight ton kilometers.This is an important indicator to show the total results of the transport industry,to prepare and examine the transport plan and to measure the efficiency,the labor productivity and the unit cost of transport.

【Mobile Telephone Subscribers】 refer to the persons who own mobile telephone number connected with the mobile telephone communication network and registered by postal and telecommunication organization.The number of subscribers is calculated only when the subscriber who has gone through all the register formalities and entered into the mobile telephone network.One mobile telephone is treated as a subscriber.

第十四篇 CHAPTER 14

国内贸易
DOMESTIC TRADE

第十四篇　国内贸易

一、本篇资料反映广州市国内市场发展的基本情况。

二、本篇资料由广州市统计局贸易外经统计处整理提供。

三、本篇资料主要根据国家统计局制定的批发和零售业、住宿和餐饮业统计报表制度，通过采取全面调查、抽样调查等方法，对基层数据汇总取得。

四、各表的调查范围：

社会消费品零售总额表的调查范围是各种经济类型的批发和零售业、住宿和餐饮业法人单位、产业活动单位及个体户。

批发和零售业商品购、销、存总额表的调查范围是各种经济类型的批发和零售业法人单位及个体户。

商品购、销、存类值表的调查范围是各种经济类型的限额以上批发和零售业的法人单位及个体户。

财务状况表的调查范围是各种经济类型的限额以上批发和零售业、住宿和餐饮法人单位。

五、关于历史数据调整问题

根据2008年第二次经济普查结果，我们对2006年-2007年社会消费品零售总额进行了调整，2008年使用的是经济普查数据。

14 Domestic Trade

I.The data in this chapter show the development of Guangzhou's domestic markets.

II.The data in this chapter are prepared and provided by the Division of Trade and External Economic Relations Statistics of Guangzhou Municipal Bureau of Statistics.

III.The data are obtained mainly in accordance with the Statistical Reporting Scheme on Wholesale and Retail Trade and Catering Services stipulated by the National Bureau of Statistics. The Methods used in data collection for enterprises (units) are complete enumeration and sample surveys, under which data are reported from lower to higher level statistical offices.

IV. The statistical coverage comes as follows:

The total retail sales of social consumer goods covered the retail value of the corporation units, economic active units and individual operators of all economic types of wholesale and retail trade, accommodation and catering industry.

The investigated objects of total purchases and sales and inventory of wholesale and retail trade come from corporation units and individual operators.

The investigated objects of commodity purchases, sales and inventory covered the corporation units and individual operators of wholesale and retail trade enterprises above the designated size.

The investigated objects of financial situation covered the corporation units of wholesale and retail trade, catering and accommodation above the designated size.

V. Based on results from the Second National Economic Census in 2008, adjustments were made for total retail sales consumer goods from year 2006 to 2007.The data of year 2008 are from the census in 2008.

14-1 主要年份社会消费品零售总额

Total Retail Sales of Consumer Goods in Main Years

单位：万元　　　　(10000 yuan)

年 份 Year	总 计 Total	按行业分 By Sector			
		批发和零售业 Wholesale and Retail Trades	住宿和餐饮业 Hotels and Catering Services	其他行业 Others	# 制造业 Manufacturing
1978	176300	148378	16242	11680	7327
1979	210990	171967	19167	19856	13341
1980	287127	224457	23307	39363	24261
1985	749841	499571	115750	134520	64827
1986	802044	536172	107943	157929	69972
1987	952332	622077	134437	195818	67362
1988	1303688	833448	175891	294349	86936
1989	1442483	910670	234931	296882	90114
1990	1477826	945047	239607	293172	74574
1991	1701215	1062833	286924	351458	83978
1992	2095177	1330726	340871	423580	106090
1993	3030090	1878281	550956	600853	163413
1994	4481850	2781693	803059	897098	274554
1995	5499678	3437585	962855	1099238	331749
1996	6864426	4549455	1193692	1121279	370657
1997	8025887	5329267	1387026	1309594	509907
1998	9045719	6010638	1583833	1451248	561812
1999	10006848	6661555	1820957	1524336	605225
2000	11211340	7839516	2081458	1290366	589711
2001	12482848	8803979	2399208	1279661	571027
2002	13706815	9733195	2659750	1313870	476489
2003	14942742	11833760	2818533	290449	
2004	16777731	14030973	2636742	110016	
2005	19058398	16171817	2835312	51269	
2006	21991379	18921556	3069823		
2007	26242399	22841850	3400549		
2008	31873862	27953721	3920141		
2009	36157655	31565720	4591935		
2010	44763780	38835933	5927847		
2011	52430246	45444614	6985632		
2012	59772666	51685711	8086955		
2013	68828473	59858717	8969756		
2014	71444503	62306372	9138131		

注：根据国家统计局的要求，对2014年的数据进行了调整。
Note: The data of year 2014 has been adjusted according to National Bureau of Statistics of China.

14-2 主要年份社会消费品零售总额指数

Indices of Total Retail Sales of Consumer Goods in Main Years

上年=100 (preceding year=100)

年 份 Year	总 计 Total	按行业分 By Sector			
		批发和零售业 Wholesale and Retail Trades	住宿和餐饮业 Hotels and Catering Services	其他行业 Others	# 制造业 Manufacturing
1978	106.6	105.7	118.2	104.3	95.4
1979	119.7	115.9	118.0	170.0	182.1
1980	136.1	130.5	121.6	198.2	181.9
1985	138.1	124.7	224.2	147.9	133.1
1986	107.0	107.3	93.3	117.4	107.9
1987	118.7	116.0	124.5	124.0	96.3
1988	136.9	134.0	130.8	150.3	129.1
1989	110.7	109.3	133.6	100.9	103.7
1990	102.5	103.8	102.0	98.8	82.8
1991	115.1	112.5	119.8	119.9	112.6
1992	123.2	125.2	118.8	120.5	126.3
1993	144.6	141.2	161.6	141.9	154.0
1994	147.9	148.1	145.8	149.3	168.0
1995	122.7	123.6	119.9	122.5	120.8
1996	118.3	124.0	117.5	91.3	111.7
1997	116.9	117.1	116.2	116.8	137.6
1998	112.7	112.8	114.2	110.8	110.2
1999	110.6	110.8	115.0	105.0	107.7
2000	112.0	117.7	114.3	84.7	97.4
2001	111.3	112.3	115.3	99.2	96.8
2002	109.8	110.6	110.9	102.7	83.4
2003	109.0	121.6	106.0	22.1	
2004	112.1	115.2	106.6	38.4	
2005	113.6	115.3	107.5	46.6	
2006	115.4	117.0	108.3		
2007	119.3	120.7	110.8		
2008	121.5	122.4	115.3		
2009	113.4	113.6	112.4		
2010	124.2	123.4	129.5		
2011	117.1	117.0	117.8		
2012	115.2	114.9	117.1		
2013	115.2	115.8	110.9		
2014	112.5	113.2	107.8		

注：当年指数按可比口径计算。

Note: The indices are calculated at the comparable coverage.

14-3 主要年份市区社会消费品零售总额

Total Retail Sales of Consumer Goods in Urban Districts in Main Years

单位：万元 (10000 yuan)

年 份 Year	总 计 Total	按行业分 By Sector			
		批发和零售业 Wholesale and Retail Trades	住宿和餐饮业 Hotels and Catering Services	其他行业 Others	# 制造业 Manufacturing
1978	143227	119936	13745	9546	6116
1979	171426	138438	16378	16610	11231
1980	237418	184858	19935	32625	21400
1985	632251	416357	108856	107038	54359
1986	681288	456926	99921	124441	57869
1987	803824	529060	123490	151274	52263
1988	1087587	714635	159275	213677	66939
1989	1203058	777058	215097	210903	65976
1990	1222915	794325	216701	211889	53849
1991	1378776	877081	258642	243053	57014
1992	1672561	1088991	297661	285909	63464
1993	2388889	1511557	478287	399045	92711
1994	3583377	2285764	688293	609320	160524
1995	4343763	2783824	813012	746927	191899
1996	5618364	3795232	1030453	792679	217521
1997	6685149	4530462	1217018	937669	340696
1998	7552787	5144895	1380089	1027803	377159
1999	8385293	5685771	1575266	1124256	423649
2000	10507973	7341774	1993554	1172645	539212
2001	11661045	8157733	2293624	1209688	538575
2002	12798845	9041371	2533428	1224046	438922
2003	13949803	11034069	2672110	243624	
2004	15738249	13204837	2469271	64141	
2005	17835219	15161302	2626182	47735	
2006	20512973	17710949	2802024		
2007	24603501	21535739	3067762		
2008	29733665	26096150	3637515		
2009	34301889	30039879	4262010		
2010	42425974	36967331	5458643		
2011	49635444	43197411	6438033		
2012	56520342	49059097	7461245		
2013	65048918	56833688	8215230		
2014	67626609	59322078	8304531		

14-4 主要年份市区社会消费品零售总额指数

Indices of Total Retail Sales of Consumer Goods in Urban Districts in Main Years

上年=100 (preceding year=100)

年 份 Year	总 计 Total	按行业分 By Sector			
		批发和零售业 Wholesale and Retail Trades	住宿和餐饮业 Hotels and Catering Services	其他行业 Others	# 制造业 Manufacturing
1978	106.9	105.6	119.6	107.5	94.9
1979	119.7	115.4	119.2	174.0	183.6
1980	138.5	133.5	121.7	196.4	190.5
1985	138.6	121.6	235.5	159.0	139.6
1986	107.8	109.7	91.8	116.3	106.5
1987	118.0	115.8	123.6	121.6	90.3
1988	135.3	135.1	129.0	141.3	128.1
1989	110.6	108.7	135.1	98.7	98.6
1990	101.7	102.2	100.8	100.5	81.6
1991	112.8	110.4	119.4	114.7	105.9
1992	121.3	124.2	115.1	117.6	111.3
1993	142.8	138.8	160.7	139.6	146.1
1994	150.0	151.2	143.9	152.7	173.1
1995	121.2	121.8	118.1	122.6	119.6
1996	122.6	127.7	120.1	94.1	113.4
1997	119.0	119.4	118.1	118.3	156.6
1998	113.0	113.6	113.4	109.6	110.7
1999	111.0	110.5	114.1	109.4	112.3
2000	111.0	114.6	107.2	97.9	122.5
2001	111.0	111.1	115.1	103.2	99.9
2002	109.8	110.8	110.5	101.2	81.5
2003	109.0	122.0	105.5	19.9	
2004	112.3	115.6	106.3	32.6	
2005	113.3	114.8	106.4	74.4	
2006	115.0	116.8	106.7		
2007	119.9	121.6	109.5		
2008	120.9	121.2	118.6		
2009	113.4	113.6	111.9		
2010	124.0	123.4	128.5		
2011	117.0	116.9	117.9		
2012	115.0	114.7	118.7		
2013	115.1	115.8	110.1		
2014	112.5	113.2	107.5		

注：当年指数按可比口径计算。

Note: The indices are calculated at the comparable coverage.

14-5 各时期社会消费品零售总额

Total Retail Sales of Consumer Goods in Different Periods

单位：万元 (10000 yuan)

时 期	Period	总 计 Total	按行业分 By Sector 批发和零售业 Wholesale and Retail Trades	住宿和餐饮业 Hotels and Catering Services	其他行业 Others	# 制造业 Manufacturing
全 市	**Total**					
"六五"时期	6th Five-year Plan Period	2459903	1775024	260620	424259	222331
"七五"时期	7th Five-year Plan Period	5978373	3847414	892809	1238150	388958
"八五"时期	8th Five-year Plan Period	16808010	10491118	2944665	3372227	959784
"九五"时期	9th Five-year Plan Period	45154220	30390431	8066966	6696823	2637312
"十五"时期	10th Five-year Plan Period	76968534	60573724	13349545	3045265	1047516
"十一五"时期	11th Five-year Plan Period	161029075	140118780	20910295		
1979-2014	1979-2014	561372120	466888329	79647848	14835943	5293603

14-5 续表 continued

单位:万元 (10000 yuan)

时　期	Period	总　计 Total	按行业分 By Sector 批发和零售业 Wholesale and Retail Trades	住宿和餐饮业 Hotels and Catering Services	其他行业 Others	# 制造业 Manufacturing
市　区	**Urban Districts**					
"六五"时期	6th Five-year Plan Period	2039838	1476139	234727	328972	183998
"七五"时期	7th Five-year Plan Period	4998672	3272004	814484	912184	296896
"八五"时期	8th Five-year Plan Period	13367366	8547217	2535895	2284254	565612
"九五"时期	9th Five-year Plan Period	38749566	26498134	7196380	5055052	1898237
"十五"时期	10th Five-year Plan Period	71983161	56599312	12594615	2789234	977497
"十一五"时期	11th Five-year Plan Period	151578002	132350048	19227954		
1979-2014	1979-2014	521956762	437478424	73059407	11418931	3954871

14-6 社会消费品零售总额（2014年）
Total Retail Sales of Consumer Goods (2014)

单位:万元 (10000 yuan)

项目	Item	全市 Total	市区 Urban Districts	增城市 Zengcheng	从化市 Conghua
社会消费品零售总额	**Total**	**71444503**	**67626609**	**2702452**	**1115442**
按行业分	**By Sector**				
批发和零售业	Wholesale and Retail Trades	62306372	59322078	2085280	899014
限额以上企业	Enterprises above Designated Size	38782437	37357227	1001355	423855
限额以下企业(单位)和个体户	Enterprises (Units) below Designated Size and Individuals	23523935	21964851	1083925	475159
住宿和餐饮业	Hotels and Catering Services	9138131	8304531	617172	216428
限额以上企业	Enterprises above Designated Size	3693235	3388979	175789	128467
限额以下企业(单位)和个体户	Enterprises (Units) below Designated Size and Individuals	5444896	4915552	441383	87961
按企业规模分	**By Size of Enterprises**				
限额以上企业	Enterprises above Designated Size	42475672	40746206	1177144	552322
限额以下企业(单位)和个体户	Enterprises (Units) below Designated Size and Individuals	28968831	26880403	1525308	563120

14-7 批发和零售业商品销售总额（2014年，按地区分）
Total Purchases, Sales and Inventory of Wholesale and Retail Trade (2014, by Region)

单位：万元 (10000 yuan)

项目	Item	全市 Total	市区 Urban Districts	增城市 Zengcheng	从化市 Conghua
商品销售总额	Total Sales	462061825	452016312	6113654	3931859
批发业	Wholesale Trade	397223342	390232171	3998001	2993170
零售业	Retail Trade	64838483	61784141	2115653	938689

14-8 限额以上批发业法人企业商品购、销、存总额(2014年)

单位：万元

项 目	Item
合 计	**Wholesale Trade**
# 国有及国有控股	State-owned and State-controlled Enterprises
按登记注册类型分	**By Status of Registration**
内资企业	Domestic-funded Enterprises
国有企业	State-owned Enterprises
集体企业	Collective-owned Enterprises
股份合作企业	Cooperative Enterprises
联营企业	Joint Ownership Enterprises
国有联营企业	State Joint Ownership Enterprises
集体联营企业	Collective Joint Ownership Enterprises
国有与集体联营企业	Joint State-collective Enterprises
其他联营企业	Other Joint Ownership Enterprise
有限责任公司	Limited Liability Corporations
国有独资企业	State Sole Funded Corporations
其他有限责任公司	Other Limited Liability Corporations
股份有限公司	Share-holding Corporations Ltd.
私营企业	Private Enterprises
私营独资企业	Private-funded Enterprises
私营合伙企业	Private Partnership Enterprises
私营有限责任公司	Private Limited Liability Corporations
私营股份有限公司	Private Share-holding Corporations Ltd.
其他企业	Other Enterprises
港、澳、台商投资企业	Enterprises with Funds from Hong Kong, Macao and Taiwan
与港、澳、台商合资经营企业	Joint-venture Enterprises
与港、澳、台商合作经营企业	Cooperative Enterprises
港、澳、台商独资经营企业	Enterprises with Sole Funds
港、澳、台商投资股份有限公司	Share-holding Corporations Ltd.
其他港、澳、台投资企业	Other Enterprises with Funds from Hong Kong, Macao and Taiwan
外商投资企业	Foreign Funded Enterprises
中外合资经营企业	Joint-venture Enterprises
中外合作经营企业	Cooperative Enterprises
外资企业	Enterprises with Sole Foreign Funds
外商投资股份有限公司	Share-holding Corporations Ltd.
其他外商投资企业	Other Foreign Funded Enterprises
按国民经济行业分组	**By Economic Sector**
农、林、牧产品批发	Wholesale of Farming, Forestry, Animal Husbandry Products
食品、饮料及烟草制品批发	Wholesale of Food, Beverages and Tobacco Products
# 米、面制品及食用油批发	Wholesale of Rice, Flour and Edible Oil
烟草制品批发	Wholesale of Tobacco
纺织、服装及家庭用品批发	Wholesale of Textile, Clothing and Household Goods
# 服装批发	Wholesale of Garments
家用电器批发	Wholesale of Household Electrical Appliances
文化、体育用品及器材批发	Wholesale of Cultural, Sports Appliances and Equipment
医药及医疗器材批发	Wholesale of Medicine and Medical Appliances
矿产品、建材及化工产品批发	Wholesale of Mineral Products, Building Materials and Chemical Products
# 煤炭及制品批发	Wholesale of Coal and Related Products
石油及制品批发	Wholesale of Petroleum and Related Products
金属及金属矿批发	Wholesale of Metal Minerals
建材批发	Wholesale of Building Materials
化肥批发	Wholesale of Chemical Fertilizers
机械设备、五金产品及电子产品批发	Wholesale of Mechanical Equipment, Metal Products and Electronic Products
# 汽车批发	Wholesale of Automobile
汽车零配件批发	Wholesale of Automobile Accessories
摩托车及零配件批发	Wholesale of Motorcycles and Accessories
计算机、软件及辅助设备批发	Wholesale of Computers, Software and Assistant Equipments
贸易经纪与代理	Trade Broker and Agency
其他批发业	Wholesale of Other Trades

Total Purchases, Sales and Inventory of Enterprises above the Designated Size in Wholesale and Retail Trade (2014)

(10000 yuan)

购进总额 Total Purchase Value	# 进口 Imports Value	销售总额 Total Sales Value	批发额 Wholesale Value	零售额 Retail Value	年末库存 Stock at Year-end
260478787	**15165975**	**280651173**	**271914413**	**8736760**	**13482412**
138302193	5745408	144878997	141487761	3391236	4938598
236469693	13180638	252845235	245877167	6968068	10918527
7811718	776958	8275205	8106702	168503	640138
236082		250884	226622	24262	10684
227388	9012	244241	237757	6484	7138
7721		9076	9076		49
7721		9076	9076		49
146029694	9868894	163541438	159542538	3998900	5985585
55245305	253641	68496201	68241649	254552	859613
90784389	9615253	95045237	91300889	3744348	5125972
27536438	479119	17998643	17918757	79886	980901
54493801	2046655	62395161	59710003	2685158	3289476
954993		1108147	1102933	5214	7224
24756		23290	23290		4258
51765823	1906672	59363399	56792782	2570617	3174647
1748229	139983	1900325	1790998	109327	103347
126851		130587	125712	4875	4556
9092771	413134	11087402	10678609	408793	1491938
1909249	77431	2037997	2012762	25235	127743
36361		44580	44580		4786
7015755	328923	8692102	8315176	376926	1350664
131406	6780	312723	306091	6632	8745
14916323	1572203	16718536	15358637	1359899	1071947
6205527	859427	6667424	5397034	1270390	408238
63086	57699	79114	79114		568
6370089	647326	7691579	7602070	89509	645386
2272738	2865	2273851	2273851		17140
4883	4886	6568	6568		615
2276720	670782	2397905	2381777	16128	218914
10429857	501624	12333431	12090240	243191	761392
1909247	164032	1952336	1925548	26788	277593
993037		1341578	1341578		35027
29623375	702376	33336824	31309156	2027668	2159336
14138109	164815	15562053	14005997	1556056	972701
2854084	36691	2989982	2936687	53295	325411
8149422	485478	9093669	8659391	434278	1100820
12428573	808614	13914773	11182050	2732723	1247652
167499935	9961710	175811968	173523439	2288529	5925717
9438593	2245705	9692362	9688598	3764	402643
94485143	5800531	98640031	97438560	1201471	1483211
27989811	435880	30025596	29518979	506617	2709651
10382198	118208	10731660	10617893	113767	305593
1171703	335675	1165354	1127078	38276	154656
22598214	1582105	25662670	24684413	978257	1454617
7879772	203166	8069757	7711733	358024	113830
4280016	1026339	5169023	5026638	142385	221335
133354		150048	147263	2785	6073
2718908	22524	3350703	3075842	274861	336984
5316770	279431	5698232	5698081	151	455092
2155921	173855	2401701	2385866	15835	158872

14-9 限额以上零售业法人企业商品购、销、存总额(2014年)

单位：万元

项　　目	Item
合　计	**Retail Trade**
# 国有及国有控股	State-owned and State-controlled Enterprises
按登记注册类型分	**By Status of Registration**
内资企业	Domestic-funded Enterprises
国有企业	State-owned Enterprises
集体企业	Collective-owned Enterprises
股份合作企业	Cooperative Enterprises
联营企业	Joint Ownership Enterprises
国有联营企业	State Joint Ownership Enterprises
集体联营企业	Collective Joint Ownership Enterprises
国有与集体联营企业	Joint State-collective Enterprises
其他联营企业	Other Joint Ownership Enterprise
有限责任公司	Limited Liability Corporations
国有独资企业	State Sole Funded Corporations
其他有限责任公司	Other Limited Liability Corporations
股份有限公司	Share-holding Corporations Ltd.
私营企业	Private Enterprises
私营独资企业	Private-funded Enterprises
私营合伙企业	Private Partnership Enterprises
私营有限责任公司	Private Limited Liability Corporations
私营股份有限公司	Private Share-holding Corporations Ltd.
其他企业	Other Enterprises
港、澳、台商投资企业	Enterprises with Funds from Hong Kong, Macao and Taiwan
与港、澳、台商合资经营企业	Joint-venture Enterprises
与港、澳、台商合作经营企业	Cooperative Enterprises
港、澳、台商独资经营企业	Enterprises with Sole Funds
港、澳、台商投资股份有限公司	Share-holding Corporations Ltd.
其他港、澳、台投资企业	Other Enterprises with Funds from Hong Kong, Macao and Taiwan
外商投资企业	Foreign Funded Enterprises
中外合资经营企业	Joint-venture Enterprises
中外合作经营企业	Cooperative Enterprises
外资企业	Enterprises with Sole Foreign Funds
外商投资股份有限公司	Share-holding Corporations Ltd.
其他外商投资企业	Other Foreign Funded Enterprises
按国民经济行业分组	**By Economic Sector**
综合零售	Comprehensive Retail Trade
# 百货零售	Retail of General Merchandise
超级市场零售	Retail of Supermarket
食品、饮料及烟草制品专门零售	Retail of Food, Beverage and Tobacco
纺织、服装及日用品专门零售	Retail of Textile, Garments and Daily Articles Consumer
# 服装零售	Retail of Garments
文化、体育用品及器材专门零售	Retail of Cultural, Sports Appliances and Equipment
# 体育用品及器材零售	Retail of Sports Goods
图书、报刊零售	Retail of Books and Newspapers
医药及医疗器材专门零售	Retail of Medicine and Medical Appliances
# 药品零售	Retail of Medicines
汽车、摩托车、燃料及零配件专门零售	Retail of Motor Vehicles, Motorcycles, Fuels and Parts
# 汽车零售	Retail of Motor Vehicles
机动车燃料零售	Retail of Motor Vehicle Fuels
家用电器及电子产品专门零售	Retail of Household Electrical Appliances and Electronic Products
# 家用视听设备零售	Retail of Household Audio and Video Equipment
日用家电设备零售	Retail of Household Electrical Appliances
计算机、软件及辅助设备零售	Retail of Computers, Software and Assistant Equipments
通信设备零售	Retail of Communication Equipments
五金、家具及室内装饰材料专门零售	Retail of Hardware, Furniture and Decoration Materials
货摊、无店铺及其他零售业	Retail of Booth and Others

Total Purchases, Sales and Inventory of Enterprises above the Designated Size in Wholesale and Retail Trade (2014)

(10000 yuan)

购进总额 Total Purchase Value	# 进口 Imports Value	销售总额 Total Sales	批发额 Wholesale Trade	零售额 Retail Trade	年末库存 Stock at Year-end
32100408	**2034821**	**36225346**	**6928280**	**29297066**	**2876087**
8931218	258061	9589600	2422230	7167370	590067
26669832	1565963	29736889	5982836	23754053	2361368
155319		184734	47494	137240	24698
253587		292034	12008	280026	17644
44352		50436	16601	33835	7458
63691		81473	4073	77400	1223
28458		34437	4010	30427	598
8534		10552		10552	66
12491		19333	63	19270	444
14208		17151		17151	115
10991224	581851	12368029	1434689	10933340	899344
221340	56591	219834	53100	166734	30936
10769884	525260	12148195	1381589	10766606	868408
4323244	52812	4707002	1738832	2968170	414900
10670897	931300	11872576	2625460	9247116	992008
37506		40820	7835	32985	3663
28777		30606	1498	29108	617
8309518	922872	9217948	2486150	6731798	942874
2295096	8428	2583202	129977	2453225	44854
167518		180605	103679	76926	4093
2272407	356414	3043005	591911	2451094	332966
1234032	345441	1707075	291908	1415167	148159
31553		40006		40006	1993
1004173	10973	1291800	300003	991797	182159
2649		4124		4124	655
3158169	112444	3445452	353533	3091919	181753
1536453	35145	1591349	14266	1577083	48287
595583		591592	310937	280655	29761
1025771	77299	1261869	28330	1233539	103678
362		642		642	27
5259234	337229	6280603	929584	5351019	330647
2540063	336351	3087552	397821	2689731	123811
2530722	649	2952347	530550	2421797	189941
489727	9002	561246	160707	400539	67837
1443387	31594	1927457	471353	1456104	338067
977299	13011	1326388	283678	1042710	212616
581142	7210	750710	297890	452820	86960
53948		62527	1360	61167	3737
262298		319870	112420	207450	19925
1050777	27060	1185633	341303	844330	146401
847140	15493	945245	248666	696579	106264
15783668	1573819	16580092	3365874	13214218	1431471
11519848	1562184	12109567	2725568	9383999	1272617
3994585	26	4102426	553231	3549195	126674
2584182	7944	3029842	1028243	2001599	141577
455591		673691	7809	665882	13614
890597	3058	959419	275843	683576	48116
185377	840	256655	123694	132961	18806
956346	828	1027724	584258	443466	40406
362767	8949	471093	103197	367896	47506
4545524	32014	5438670	230129	5208541	285621

14-10 市区限额以上批发业法人企业商品购、销、存总额(2014年)

单位:万元

项 目	Item
合 计	**Retail Trade**
#国有及国有控股	State-owned and State-controlled Enterprises
按登记注册类型分	**By Status of Registration**
内资企业	Domestic-funded Enterprises
国有企业	State-owned Enterprises
集体企业	Collective-owned Enterprises
股份合作企业	Cooperative Enterprises
联营企业	Joint Ownership Enterprises
国有联营企业	State Joint Ownership Enterprises
集体联营企业	Collective Joint Ownership Enterprises
国有与集体联营企业	Joint State-collective Enterprises
其他联营企业	Other Joint Ownership Enterprise
有限责任公司	Limited Liability Corporations
国有独资企业	State Sole Funded Corporations
其他有限责任公司	Other Limited Liability Corporations
股份有限公司	Share-holding Corporations Ltd.
私营企业	Private Enterprises
私营独资企业	Private-funded Enterprises
私营合伙企业	Private Partnership Enterprises
私营有限责任公司	Private Limited Liability Corporations
私营股份有限公司	Private Share-holding Corporations Ltd.
其他企业	Other Enterprises
港、澳、台商投资企业	Enterprises with Funds from Hong Kong, Macao and Taiwan
与港、澳、台商合资经营企业	Joint-venture Enterprises
与港、澳、台商合作经营企业	Cooperative Enterprises
港、澳、台商独资经营企业	Enterprises with Sole Funds
港、澳、台商投资股份有限公司	Share-holding Corporations Ltd.
其他港、澳、台投资企业	Other Enterprises with Funds from Hong Kong, Macao and Taiwan
外商投资企业	Foreign Funded Enterprises
中外合资经营企业	Joint-venture Enterprises
中外合作经营企业	Cooperative Enterprises
外资企业	Enterprises with Sole Foreign Funds
外商投资股份有限公司	Share-holding Corporations Ltd.
其他外商投资企业	Other Foreign Funded Enterprises
按国民经济行业分组	**By Economic Sector**
农、林、牧产品批发	Wholesale of Farming, Forestry, Animal Husbandry Products
食品、饮料及烟草制品批发	Wholesale of Food, Beverages and Tobacco Products
#米、面制品及食用油批发	Wholesale of Rice, Flour and Edible Oil
烟草制品批发	Wholesale of Tobacco
纺织、服装及家庭用品批发	Wholesale of Textile, Clothing and Household Goods
#服装批发	Wholesale of Garments
家用电器批发	Wholesale of Household Electrical Appliances
文化、体育用品及器材批发	Wholesale of Cultural, Sports Appliances and Equipment
医药及医疗器材批发	Wholesale of Medicine and Medical Appliances
矿产品、建材及化工产品批发	Wholesale of Mineral Products, Building Materials and Chemical Products
#煤炭及制品批发	Wholesale of Coal and Related Products
石油及制品批发	Wholesale of Petroleum and Related Products
金属及金属矿批发	Wholesale of Metal Minerals
建材批发	Wholesale of Building Materials
化肥批发	Wholesale of Chemical Fertilizers
机械设备、五金产品及电子产品批发	Wholesale of Mechanical Equipment, Metal Products and Electronic Products
#汽车批发	Wholesale of Automobile
汽车零配件批发	Wholesale of Automobile Accessories
摩托车及零配件批发	Wholesale of Motorcycles and Accessories
计算机、软件及辅助设备批发	Wholesale of Computers, Software and Assistant Equipments
贸易经纪与代理	Trade Broker and Agency
其他批发业	Wholesale of Other Trades

Total Purchases, Sales and Inventory of Enterprises above the Designated Size in Wholesale and Retail Trade in Urban Districts (2014)

(10000 yuan)

购进总额 Total Purchase Value	#进口 Imports Value	销售总额 Total Sales Value	批发额 Wholesale Value	零售额 Retail Value	年末库存 Stock at Year-end
254811231	**14426835**	**274243016**	**265678309**	**8564707**	**13293272**
136822139	5112783	143189469	139798738	3390731	4899124
231433179	12444596	247200031	240400660	6799371	10781460
7743985	775476	8203941	8035943	167998	617382
206035		214533	191072	23461	8068
227388	9012	244241	237757	6484	7138
144252070	9225957	161554833	157573989	3980844	5956013
55241450	253641	68491837	68237285	254552	859453
89010620	8972316	93062996	89336704	3726292	5096560
27528205	479119	17987101	17907215	79886	980901
51351702	1955032	58867927	56332105	2535822	3208299
943611		1096926	1091712	5214	7064
24756		23290	23290		4258
48638492	1815050	55851022	53429741	2421281	3093668
1744843	139982	1896689	1787362	109327	103309
123794		127455	122579	4876	3659
9002762	410035	10967968	10562530	405438	1477093
1880832	77431	2002927	1977691	25236	124079
6990525	325824	8652319	8278747	373572	1344269
131405	6780	312722	306092	6630	8745
14375290	1572204	16075017	14715119	1359898	1034719
5920002	859427	6379206	5108816	1270390	373975
63086	57699	79114	79114		568
6122534	647326	7345347	7255839	89508	642887
2264783	2865	2264782	2264782		16673
4885	4887	6568	6568		616
2265571	670782	2381336	2365714	15622	215266
9962079	496220	11760010	11517462	242548	729872
1767132	158627	1811054	1784360	26694	256186
993037		1341578	1341578		35027
28504079	701429	32041543	30024638	2016905	2136271
13792437	164815	15123343	13568291	1555052	972181
2780158	36691	2918578	2871690	46888	314926
8117400	485478	9060993	8626714	434279	1100791
12336423	808614	13814175	11085705	2728470	1246092
165399199	9861355	173482095	171338723	2143372	5851279
9247690	2156522	9353182	9349417	3765	385703
93298281	5800531	97418639	96320928	1097711	1475725
27884438	434733	29898247	29432720	465527	2685489
10185102	118208	10527134	10413673	113461	298786
1145400	335675	1132376	1094100	38276	151376
20779965	949671	23629407	22661881	967526	1400229
7876882	203166	8066909	7708885	358024	113789
2589983	393905	3271730	3129345	142385	170787
92356		106154	103507	2647	3930
2713903	22524	3344012	3069152	274860	336627
5305766	279431	5687228	5687077	151	455092
2140749	173855	2386229	2370395	15834	158380

14-11 市区限额以上零售业法人企业商品购、销、存总额(2014年)

单位:万元

项目	Item
合计	**Retail Trade**
#国有及国有控股	State-owned and State-controlled Enterprises
按登记注册类型分	**By Status of Registration**
内资企业	Domestic-funded Enterprises
国有企业	State-owned Enterprises
集体企业	Collective-owned Enterprises
股份合作企业	Cooperative Enterprises
联营企业	Joint Ownership Enterprises
国有联营企业	State Joint Ownership Enterprises
集体联营企业	Collective Joint Ownership Enterprises
国有与集体联营企业	Joint State-collective Enterprises
其他联营企业	Other Joint Ownership Enterprise
有限责任公司	Limited Liability Corporations
国有独资企业	State Sole Funded Corporations
其他有限责任公司	Other Limited Liability Corporations
股份有限公司	Share-holding Corporations Ltd.
私营企业	Private Enterprises
私营独资企业	Private-funded Enterprises
私营合伙企业	Private Partnership Enterprises
私营有限责任公司	Private Limited Liability Corporations
私营股份有限公司	Private Share-holding Corporations Ltd.
其他企业	Other Enterprises
港、澳、台商投资企业	Enterprises with Funds from Hong Kong, Macao and Taiwan
与港、澳、台商合资经营企业	Joint-venture Enterprises
与港、澳、台商合作经营企业	Cooperative Enterprises
港、澳、台商独资经营企业	Enterprises with Sole Funds
港、澳、台商投资股份有限公司	Share-holding Corporations Ltd.
其他港、澳、台投资企业	Other Enterprises with Funds from Hong Kong, Macao and Taiwan
外商投资企业	Foreign Funded Enterprises
中外合资经营企业	Joint-venture Enterprises
中外合作经营企业	Cooperative Enterprises
外资企业	Enterprises with Sole Foreign Funds
外商投资股份有限公司	Share-holding Corporations Ltd.
其他外商投资企业	Other Foreign Funded Enterprises
按国民经济行业分组	**By Economic Sector**
综合零售	Comprehensive Retail Trade
#百货零售	Retail of General Merchandise
超级市场零售	Retail of Supermarket
食品、饮料及烟草制品专门零售	Retail of Food, Beverage and Tobacco
纺织、服装及日用品专门零售	Retail of Textile, Garments and Daily Articles Consumer
#服装零售	Retail of Garments
文化、体育用品及器材专门零售	Retail of Cultural, Sports Appliances and Equipment
#体育用品及器材零售	Retail of Sports Goods
图书、报刊零售	Books and Newspapers Retail
医药及医疗器材专门零售	Retail of Medicine and Medical Appliances
#药品零售	Retail of Medicines
汽车、摩托车、燃料及零配件专门零售	Retail of Motor Vehicles, Motorcycles, Fuels and Parts
#汽车零售	Retail of Motor Vehicles
机动车燃料零售	Retail of Motor Vehicle Fuels
家用电器及电子产品专门零售	Retail of Household Electrical Appliances and Electronic Products
#家用视听设备零售	Retail of Household Audio and Video Equipment
日用家电设备零售	Retail of Household Electrical Appliances
计算机、软件及辅助设备零售	Retail of Computers, Software and Assistant Equipment
通信设备零售	Retail of Communication Equipment
五金、家具及室内装饰材料专门零售	Retail of Hardware, Furniture and Decoration Materials
货摊、无店铺及其他零售业	Retail of Booth and Others

Total Purchases, Sales and Inventory of Enterprises above the Designated Size in Wholesale and Retail Trade in Urban Districts (2014)

(10000 yuan)

购进总额 Total Purchase Value	#进口 Imports Value	销售总额 Total Sales Value	批发额 Wholesale Value	零售额 Retail Value	年末库存 Stock at Year-end
31063024	**2018783**	**35099277**	**6913089**	**28186188**	**2792040**
8879166	258061	9515858	2422230	7093628	574997
25765129	1565963	28740926	5967645	22773281	2291962
154165		183704	47494	136210	23658
235293		271869	11208	260661	17449
44352		50436	16601	33835	7458
55337		73069	4073	68996	1188
26598		32504	4010	28494	588
8049		10066		10066	66
12491		19333	63	19270	444
8199		11166		11166	90
10787389	581851	12138275	1433176	10705099	871153
221340	56591	219834	53100	166734	30936
10566049	525260	11918441	1380076	10538365	840217
4320555	52812	4704301	1738832	2965469	414835
10000520	931300	11138666	2612582	8526084	952129
27575		30994	7835	23159	3238
7119		8765	1498	7267	364
7670729	922872	8515706	2473272	6042434	903673
2295097	8428	2583201	129977	2453224	44854
167518		180606	103679	76927	4092
2175025	356414	2943889	591911	2351978	322891
1197819	345441	1669809	291908	1377901	145687
31553		40006		40006	1993
943005	10973	1229950	300003	929947	174556
2648		4124		4124	655
3122870	96406	3414462	353533	3060929	177187
1527430	35145	1582318	14266	1568052	48242
595583		591592	310938	280654	29761
999495	61261	1239910	28329	1211581	99157
362		642		642	27
5110888	337229	6102709	928054	5174655	309197
2447308	336351	2974145	397821	2576324	107835
2475131	649	2887859	529020	2358839	184467
465281	9002	534630	158763	375867	64653
1436645	31594	1919637	471353	1448284	330236
975853	13011	1324261	283678	1040583	205013
558075	7210	727586	297890	429696	86604
34808		43536	1360	42176	3587
258371		315736	112420	203316	19719
1043668	27060	1177817	341303	836514	145231
843089	15493	940479	248666	691813	105102
15026191	1557780	15773738	3358331	12415407	1388456
10956692	1546145	11509960	2718103	8791857	1234443
3861267	26	3959409	553231	3406178	125487
2538384	7944	2979277	1025919	1953358	136114
453092		670705	7809	662896	13324
869249	3058	936306	273874	662432	44192
177978	840	248709	123694	125015	18357
956346	828	1027724	584258	443466	40406
344450	8949	451782	103197	348585	46364
4539442	32015	5432101	228279	5203822	285185

14-12 限额以上批发和零售业法人企业商品分类销售总额(2014年)

Total Sales Value of Enterprises above the Designated Size in Wholesale and Retail Trade by Category of Commodities (2014)

单位:万元 (10000 yuan)

项　　目	Item	销售总额 Total Sales Value	批发额 Wholesale Value	零售额 Retail Value
合　计	**Total**	**316876519**	**278842693**	**38033826**
食品、饮料、烟酒类	Food, Beverages, Tobacco and Liquor	16789245	14069907	2719338
粮油、食品类	Grain and Oil	10042473	7961566	2080907
# 肉禽蛋类	Meat, Poultry and Eggs	1157801	887817	269984
饮料类	Beverages	4515389	4201583	313806
烟酒类	Tobacco and Liquor	2231383	1906756	324627
服装鞋帽、针、纺织品类	Garments, Footwear, Headgear, Knitwear and Textiles	25180173	19548961	5631212
服装类	Clothing	18830652	14302584	4528068
鞋帽类	Footwear and Headgear	2626283	1796822	829461
针、纺织品类	Knitwear and Textiles	3723239	3449555	273684
化妆品类	Cosmetics	1470888	788276	682612
金银珠宝类	Gold, Silver and Jewelry	1751530	1129171	622359
日用品类	Daily-Use Articles	8735688	7253928	1481760
# 洗涤用品类	Washing Articles	3555452	3250919	304533
儿童玩具类	Toys for children	296455	156175	140280
五金、电料类	Hardware and Electrical Materials	1739006	1453431	285575
体育、娱乐用品类	Sports and Recreation Articles	808162	583157	225005
书报杂志类	Newspapers and Magazines	911850	728962	182888
电子出版物及音像制品类	E-journal and Video Products	85578	72226	13352
家用电器和音像器材类	Household Appliances and Video Appliances	6601406	3952850	2648556
中西药品类	Traditional Chinese and Western Medicines	13407401	10334515	3072886
# 西　药	Western Medicines	9877403	7403183	2474220
中草药及中成药	Traditional Chinese Medicines	2927342	2448643	478699
文化办公用品类	Cultural and Office Goods	7915751	6613726	1302025
家具类	Furniture	1557475	1243777	313698
通讯器材类	Communication Appliances	5464430	3667844	1796586
煤炭及制品类	Coal and Related Products	9157197	9152582	4615
木材及制品类	Wood and Wooden Products	394770	394770	
石油及制品类	Petroleum and Related Products	99265346	94524741	4740605
化工材料及制品类	Chemical Materials and Related Products	24134059	24134059	
# 化肥类	Chemical Fertilizers	858166	858166	
金属材料类	Metal Materials	44882331	44882331	
建筑及装潢材料类	Building and Decoration Materials	3796646	3502577	294069
机电产品及设备类	Mechanical and Electrical Products	5331040	5106526	224514
# 农机类	Agricultural Machinery	25811	25811	
汽车类	Motor Vehicles	24727441	13759501	10967940
种子饲料类	Seeds and Feedstuff	827056	827056	
棉麻类	Cotton and Hemp	932723	932723	
其他类	Others	11009327	10185096	824231

14-13 市区限额以上批发和零售业法人企业商品分类销售总额(2014年)

Total Sales Value of Enterprises above the Designated Size in Wholesale and Retail Trade by Category of Commodities in Urban Districts (2014)

单位：万元 (10000 yuan)

项　　目	Item	销售总额 Total Sales Value	批　发　额 Wholesale Value	零　售　额 Retail Value
合　计	**Total**	**309342293**	**272591399**	**36750894**
食品、饮料、烟酒类	Food, Beverages, Tobacco and Liquor	16390055	13762444	2627611
粮油、食品类	Grain and Oil	9803698	7792983	2010715
#肉禽蛋类	Meat, Poultry and Eggs	1130272	869395	260877
饮料类	Beverages	4408029	4104809	303220
烟酒类	Tobacco and Liquor	2178328	1864651	313677
服装鞋帽、针、纺织品类	Garments, Footwear, Headgear, Knitwear and Textiles	24581476	19140212	5441264
服装类	Clothing	18382924	14007594	4375330
鞋帽类	Footwear and Headgear	2563839	1762357	801482
针、纺织品类	Knitwear and Textiles	3634713	3370261	264452
化妆品类	Cosmetics	1435915	776329	659586
金银珠宝类	Gold, Silver and Jewelry	1709884	1108518	601366
日用品类	Daily-Use Articles	8527984	7096205	1431779
#洗涤用品类	Washing Articles	3470916	3176655	294261
儿童玩具类	Toys for children	289406	153858	135548
五金、电料类	Hardware and Electrical Materials	1697659	1421717	275942
体育、娱乐用品类	Sports and Recreation Articles	788946	571530	217416
书报杂志类	Newspapers and Magazines	890169	713450	176719
电子出版物及音像制品类	E-journal and Video Products	83544	70642	12902
家用电器和音像器材类	Household Appliances and Video Appliances	6444447	3885230	2559217
中西药品类	Traditional Chinese and Western Medicines	13088620	10119387	2969233
#西　药	Western Medicines	9642552	7251790	2390762
中草药及中成药	Traditional Chinese Medicines	2857740	2395189	462551
文化办公用品类	Cultural and Office Goods	7727542	6469436	1258106
家具类	Furniture	1520444	1217327	303117
通讯器材类	Communication Appliances	5334504	3598519	1735985
煤炭及制品类	Coal and Related Products	8939470	8935011	4459
木材及制品类	Wood and Wooden Products	385383	385383	
石油及制品类	Petroleum and Related Products	96905160	92324462	4580698
化工材料及制品类	Chemical Materials and Related Products	23560234	23560234	
#化肥类	Chemical Fertilizers	837762	837762	
金属材料类	Metal Materials	43815185	43815185	
建筑及装潢材料类	Building and Decoration Materials	3706375	3422225	284150
机电产品及设备类	Mechanical and Electrical Products	5204286	4987345	216941
#农机类	Agricultural Machinery	25197	25197	
汽车类	Motor Vehicles	24139508	13541532	10597976
种子饲料类	Seeds and Feedstuff	807392	807392	
棉麻类	Cotton and Hemp	910546	910546	
其他类	Others	10747565	9951138	796427

14-14　限额以上连锁店(公司)基本情况(2014年)

Statistics on Chain Stores (Companies) above the Designated Size (2014)

单位：个　　(unit)

项　目	Item	连锁总店 General Chain Stores	连锁门店 Branch Chain Stores	直营店 Direct Stores	加盟店 League Stores
总　计	**Total**	**146**	**14943**	**9992**	**4951**
批发业	Wholesale Trade	17	4096	3673	423
零售业	Retail Trade	100	8913	4541	4372
# 国有及国有控股	State-owned and State-controlled Enterprises	5	279	267	12
外商及港澳台投资	Enterprises with Funds from Foreign Countries, Hong Kong, Macao and Taiwan	28	6437	2231	4206
百货商店	Department Stores	8	594	594	
超级市场	Supermarkets	15	439	423	16
专业店	Specialized Stores	54	2083	1917	166
专卖店	Franchised Stores	16	4807	662	4145
其　他	Others	7	990	945	45
住宿业	Accommodation Services	5	261	176	85
餐饮业	Catering Services	24	1673	1602	71
# 外商及港澳台投资	Enterprises with Funds from Foreign Countries, Hong Kong, Macao and Taiwan	7	1306	1306	
正　餐	Dinner	13	226	158	68
快　餐	Snack	8	1202	1202	
其　他	Others	3	245	242	3

14-14　续表　continued

单位：万元　　(10000 yuan)

项　目	Item	营业面积(平方米) Business Area (sq.m)	从业人数(人) Employed Persons (person)	销售总额(营业总收入) Total Sales (Business Revenue)	# 零售额 Retail Sales
总　计	**Total**	**15091553**	**192339**	**35345785**	**27576487**
批发业	Wholesale Trade	9230707	39591	19233033	15148404
零售业	Retail Trade	5318407	86697	14759162	11223364
# 国有及国有控股	State-owned and State-controlled Enterprises	888802	9048	3324199	1728417
外商及港澳台投资	Enterprises with Funds from Foreign Countries, Hong Kong, Macao and Taiwan	2506607	46178	4592641	4017734
百货商店	Department Stores	1214738	11654	2607402	2385735
超级市场	Supermarkets	1538783	19941	2161744	1758536
专业店	Specialized Stores	2126119	31808	9271411	6425053
专卖店	Franchised Stores	247840	17193	425379	411405
其　他	Others	190927	6101	293226	242635
住宿业	Accommodation Services	6666	4830	148337	2285
餐饮业	Catering Services	535773	61221	1205253	1202434
# 外商及港澳台投资	Enterprises with Funds from Foreign Countries, Hong Kong, Macao and Taiwan	352254	46527	946130	946130
正　餐	Dinner	164345	10657	211902	209083
快　餐	Snack	334015	47791	884075	884075
其　他	Others	37413	2773	109276	109276

14-15 亿元以上商品交易市场成交情况(2014年)
Statistics on Commodity Exchange Markets with Total Sale over 100 Million Yuan (2014)

项 目	Item	出租摊位数 (个) Number of Booths (unit)	总成交额 (万元) Total Transaction Values (10000 yuan)
合 计	**Total**	**89104**	**24613182**
粮油、食品类	Grain and Oil	10206	4391825
饮料类	Beverages	499	113393
烟酒类	Tobacco and Liquor	194	62037
服装鞋帽、针、纺织品类	Garments, Shoes, Hats, Knitwear and Textiles	43581	8693789
化妆品类	Cosmetics	2041	115377
金银珠宝类	Gold, Silver and Jewelry	847	62136
日用品类	Articles for Daily Use	14962	2593895
五金电料类	Hardware and Electrical Appliances	2281	301228
体育、娱乐用品类	Sports and Recreation Articles	112	16424
书报杂志类	Books, Newspapers and Magazines	105	25667
电子出版物及音像制品类	E-journal and Video Products	9	541
家用电器和音像器材类	Household Appliances and Video Appliances	1077	152539
中西药品类	Traditional Chinese and Western Medicines	428	13898
文化办公用品类	Cultural and Office Goods	1738	194141
家具类	Furniture	357	19304
通讯器材类	Communication Equipments	651	65310
煤炭及制品类	Coal and Coal Products		
木材及制品类	Wood and Wooden Products	1084	777342
石油及制品类	Petroleum and Related Products		
化工材料及制品类	Chemical Materials and Related Products	267	58623
金属材料类	Metal Materials	566	4059094
建筑及装潢材料类	Building and Decoration Materials	2551	255239
机电产品及设备类	Mechanical and Electrical Products	370	52908
汽车类	Automobiles	2734	1854646
种子饲料类	Seed and Feedstuff	12	328
棉麻类	Cotton and Hemp		
其他类	Others	2432	733498

14-16 限额以上批发和零售业法人企业财务状况(2014年)

单位：万元

项　　目	Item
总　　计	**Total**
按登记注册类型分	**Grouped by Registration Status**
内资企业	Domestic-funded Enterprises
国有企业	State-owned Enterprises
集体企业	Collective-owned Enterprises
股份合作企业	Share-holding Cooperative Enterprises
联营企业	Joint-opeartion Enterprises
国有联营企业	State-owned Joint-opeartion Enterprises
集体联营企业	Collective Joint-opeartion Enterprises
国有与集体联营企业	Joint State-collective Enterprises
其他联营企业	Other Joint Ownership Enterprises
有限责任公司	Limited Liability Corporations
国有独资公司	State Sole Investment Corporations
其他有限责任公司	Other Limited Liability Corporations
股份有限公司	Share-holding Corporations Ltd.
私营企业	Private Enterprises
私营独资企业	Private Sole Investment Enterprises
私营合伙企业	Private Partnership Enterprises
私营有限责任公司	Private Limited Liability Corporations
私营股份有限公司	Private Share-holding Corporations Ltd.
其他企业	Other Enterprises
港、澳、台商投资企业	Enterprises with Funds from Hong Kong, Macao and Taiwan
与港、澳、台商合资经营企业	Joint-venture Enterprises
与港、澳、台商合作经营企业	Cooperative Enterprises
港、澳、台商独资经营企业	Enterprises with Sole Funds
港、澳、台商投资股份有限公司	Share-holding Corporations Ltd.
其他港、澳、台投资企业	Other Enterprises with Funds from Hong Kong, Macao and Taiwan
外商投资企业	Foreign Funded Enterprises
中外合资经营企业	Joint-venture Enterprises
中外合作经营企业	Cooperative Enterprises
外资企业	Enterprises with Sole Foreign Funds
外商投资股份有限公司	Share-holding Corporations Ltd.
其他外商投资企业	Other Foreign Funded Enterprises

Financial Situation of Enterprises above the Designated Size in Wholesale and Retail Trade (2014)

(10000 yuan)

资产总计 Total Assets	# 固定资产原价 Original Value of Fixed Assets	负债合计 Total Liabilities	所有者权益 Owners' Equity	营业收入 Revenue from Principal Business
89111235	**8265233**	**68489047**	**20622188**	**280891723**
76656230	7011210	60294799	16361431	250110290
3965230	348143	3138848	826383	7538014
125891	41145	66109	59781	477368
65991	10956	48138	17853	270775
17179	4826	9279	7900	78310
4426	1987	1821	2605	29498
1419	925	601	818	9610
6349	1212	3933	2416	24320
4985	702	2924	2061	14882
41301762	2544257	34845409	6456353	154907007
5699754	1212297	4528528	1171226	59069669
35602008	1331960	30316881	5285127	95837338
8497136	2507733	4472908	4024229	21132996
22561446	1551471	17631111	4930336	65428258
33911	3743	23197	10714	976780
15912	4507	12528	3384	50069
21151774	1477476	16488554	4663221	60433219
1359849	65745	1106832	253017	3968190
121595	2679	82997	38596	277562
5890614	542758	4107589	1783025	12654688
1467448	137136	1181091	286357	3299277
25170	5436	33554	-8384	75306
4299981	397107	2824489	1475493	8998349
98015	3079	68455	29559	281756
6564391	711265	4086659	2477732	18126745
2355579	292249	1648127	707452	7334527
249804	39335	217422	32382	616252
3529088	180542	2085286	1443802	8108607
428571	198874	135060	293512	2060791
1349	265	764	584	6568

14-16 续表 1

单位：万元

项　　目	Item
总　计	**Total**
按登记注册类型分	**Grouped by Registration Status**
内资企业	Domestic-funded Enterprises
国有企业	State-owned Enterprises
集体企业	Collective-owned Enterprises
股份合作企业	Share-holding Cooperative Enterprises
联营企业	Joint-opeartion Enterprises
国有联营企业	State-owned Joint-opeartion Enterprises
集体联营企业	Collective Joint-opeartion Enterprises
国有与集体联营企业	Joint State-collective Enterprises
其他联营企业	Other Joint Ownership Enterprises
有限责任公司	Limited Liability Corporations
国有独资公司	State Sole Investment Corporations
其他有限责任公司	Other Limited Liability Corporations
股份有限公司	Share-holding Corporations Ltd.
私营企业	Private Enterprises
私营独资企业	Private Sole Investment Enterprises
私营合伙企业	Private Partnership Enterprises
私营有限责任公司	Private Limited Liability Corporations
私营股份有限公司	Private Share-holding Corporations Ltd.
其他企业	Other Enterprises
港、澳、台商投资企业	Enterprises with Funds from Hong Kong, Macao and Taiwan
与港、澳、台商合资经营企业	Joint-venture Enterprises
与港、澳、台商合作经营企业	Cooperative Enterprises
港、澳、台商独资经营企业	Enterprises with Sole Funds
港、澳、台商投资股份有限公司	Share-holding Corporations Ltd.
其他港、澳、台投资企业	Other Enterprises with Funds from Hong Kong, Macao and Taiwan
外商投资企业	Foreign Funded Enterprises
中外合资经营企业	Joint-venture Enterprises
中外合作经营企业	Cooperative Enterprises
外资企业	Enterprises with Sole Foreign Funds
外商投资股份有限公司	Share-holding Corporations Ltd.
其他外商投资企业	Other Foreign Funded Enterprises

continued

(10000 yuan)

主营业务收入 Revenue from Prmcipal Busmess	主营业务成本 Cose of Primcipal Busmess	主营业务税金及附加 Taxes and Other Charges on Prmcipal Busmess	其他业务利润 Profit from Other Business	销售费用 Operating Expenses
279607596	**262844127**	**557218**	**-411700**	**7491395**
249106643	235761124	482865	287155	5437601
7493674	7261318	6987	21084	125945
474012	430836	1262	1471	16484
266257	250983	308	1549	8373
78307	68404	221	73	2959
29495	25187	94	3	1499
9610	8422	30	70	420
24320	21734	55		674
14882	13061	42		366
154342614	148162880	214657	64919	2200644
59037978	58172216	18967	15061	114149
95304636	89990664	195690	49858	2086495
21053118	19747719	33907	49048	822754
65121098	59594058	225046	149011	2242795
976629	889061	18211	725	24755
50069	47287	80	49	1933
60221663	55138921	197174	145365	1970431
3872737	3518789	9581	2872	245676
277563	244926	477		17647
12514930	10708179	41143	181392	1180810
3215177	2812396	10407	54102	294242
75306	59610	410	1790	16323
8942690	7584482	29928	125500	851371
281757	251691	398		18874
17986023	16374824	33210	-880247	872984
7302239	6777657	9275	29600	295880
589054	530052	2839	27641	51716
8059033	7110961	19736	28066	456471
2029130	1949926	1353	-965554	68621
6567	6228	7		296

14-16 续表 2

单位：万元

项 目	Item
总 计	**Total**
按登记注册类型分	**Grouped by Registration Status**
内资企业	Domestic-funded Enterprises
国有企业	State-owned Enterprises
集体企业	Collective-owned Enterprises
股份合作企业	Share-holding Cooperative Enterprises
联营企业	Joint-opeartion Enterprises
国有联营企业	State-owned Joint-opeartion Enterprises
集体联营企业	Collective Joint-opeartion Enterprises
国有与集体联营企业	Joint State-collective Enterprises
其他联营企业	Other Joint Ownership Enterprises
有限责任公司	Limited Liability Corporations
国有独资公司	State Sole Investment Corporations
其他有限责任公司	Other Limited Liability Corporations
股份有限公司	Share-holding Corporations Ltd.
私营企业	Private Enterprises
私营独资企业	Private Sole Investment Enterprises
私营合伙企业	Private Partnership Enterprises
私营有限责任公司	Private Limited Liability Corporations
私营股份有限公司	Private Share-holding Corporations Ltd.
其他企业	Other Enterprises
港、澳、台商投资企业	Enterprises with Funds from Hong Kong, Macao and Taiwan
与港、澳、台商合资经营企业	Joint-venture Enterprises
与港、澳、台商合作经营企业	Cooperative Enterprises
港、澳、台商独资经营企业	Enterprises with Sole Funds
港、澳、台商投资股份有限公司	Share-holding Corporations Ltd.
其他港、澳、台投资企业	Other Enterprises with Funds from Hong Kong, Macao and Taiwan
外商投资企业	Foreign Funded Enterprises
中外合资经营企业	Joint-venture Enterprises
中外合作经营企业	Cooperative Enterprises
外资企业	Enterprises with Sole Foreign Funds
外商投资股份有限公司	Share-holding Corporations Ltd.
其他外商投资企业	Other Foreign Funded Enterprises

continued

(10000 yuan)

管理费用 Management Cost	营业利润 Business Profit	利润总额 Total Profits	本年应付职工薪酬 Total Wages Payable	本年应交增值税 Total Value-added Payable Tax
4442622	**4132605**	**4393294**	**3126993**	**3066360**
3703067	3410389	3631622	2232300	2451216
96663	5817	24107	99739	44776
9864	24495	25391	12570	7550
5172	2326	2332	3970	3309
805	5882	5991	1598	3308
639	2043	2073	816	1004
49	691	763	233	273
65	1794	1797	368	1690
52	1354	1358	181	341
1394078	2015014	2242212	846340	819948
87972	664403	660166	95005	149206
1306106	1350611	1582046	751335	670742
265603	154481	149179	314132	464280
1921096	1197808	1177755	950775	1104165
12904	36269	27247	5623	74213
723	-64	25	504	906
1758305	1091498	1061470	862550	977939
149164	70105	89013	82098	51107
9786	4566	4655	3176	3880
412395	302519	319649	581088	389079
96703	115263	117753	114562	91958
2702	-3690	-1833	5180	1376
305091	188102	200551	452900	292720
7899	2844	3178	8446	3025
327160	419697	442023	313605	226065
70563	145717	154986	121909	131610
19847	11108	10873	14068	8360
229239	267103	279940	171893	74882
7185	-3834	-3358	5599	11213
326	-397	-418	136	

14-16 续表 3

单位：万元

项 目	Item
按行业分	**Grouped by Sector**
农、林、牧产品批发	Wholesale of Farming, Forestry, Animal Husbandry Products
食品、饮料及烟草制品批发	Wholesale of Food, Beverages and Tobacco Products
# 米、面制品及食用油批发	Wholesale of Rice, Flour and Edible Oil
烟草制品批发	Wholesale of Tobacco
纺织、服装及家庭用品批发	Wholesale of Textile, Garments and Daily Articles Consumer
# 服装批发	Wholesale of Garments
家用电器批发	Wholesale of Household Electrical Appliances
文化、体育用品及器材批发	Wholesale of Cultural, Sports Appliances and Equipment
医药及医疗器材批发	Wholesale of Medicine and Medical Appliances
矿产品、建材及化工产品批发	Wholesale of Mineral Products, Building Materials and Chemical Products
# 煤炭及制品批发	Wholesale of Coal and Related Products
石油及制品批发	Wholesale of Petroleum and Related Products
金属及金属矿批发	Wholesale of Metal Minerals
建材批发	Wholesale of Building Materials
化肥批发	Wholesale of Chemical Fertilizers
机械设备、五金产品及电子产品批发	Wholesale of Mechanical Equipment, Metal Products and Electronic Products
# 汽车批发	Wholesale of Automobile
汽车零配件批发	Wholesale of Automobile Accessories
摩托车及零配件批发	Wholesale of Motorcycles and Accessories
计算机、软件及辅助设备批发	Wholesale of Computers, Software and Assistant Appliances
贸易经纪与代理	Trade Broker and Agency
其他批发业	Other Wholesales Trades
综合零售	Integrated Retail
# 百货零售	Retail of General Merchandise
超级市场零售	Retail of Supermarket
食品、饮料及烟草制品专门零售	Retail of Food, Beverage and Tobacco
纺织、服装及日用品专门零售	Retail of Textile, Garments and Daily Articles Consumer
# 服装零售	Retail of Garments
文化、体育用品及器材专门零售	Retail of Cultural, Sports Appliances and Equipment
# 体育用品及器材零售	Retail of Sporting Goods and Equipment
图书、报刊零售	Retail of Books and Newspapers
医药及医疗器材专门零售	Retail of Medicine and Medical Appliances
# 药品零售	Retail of Medicine
汽车、摩托车、燃料及零配件专门零售	Retail of Motor Vehicles, Motorcycles, Fuels and Parts
# 汽车零售	Retail of Motor Vehicles
机动车燃料零售	Retail of Fuels for Motor Vehicles
家用电器及电子产品专门零售	Retail of Household Electrical Appliances and Electronic Products
# 家用视听设备零售	Retail of Household Audio and Video Equipment
日用家电设备零售	Retail of Household Electrical Appliances
计算机、软件及辅助设备零售	Retail of Computers, Software and Assistant Equipment
通信设备零售	Retail of Communication Equipment
五金、家具及室内装饰材料专门零售	Retail of Hardware, Furniture and Decoration Materials
货摊、无店铺及其他零售业	Retail of Booth and Others

continued

(10000 yuan)

资产总计 Total Assets	# 固定资产原价 Original Value of Fixed Assets	负债合计 Total Liabilities	所有者权益 Owners' Equity	营业收入 Revenue from Principal Business
893496	28527	660013	233483	2237580
4636960	485370	3017726	1619234	11319903
965156	138871	756512	208644	1818240
690423	73398	366475	323948	1147720
9230020	668980	6671815	2558206	29596295
3172208	258951	2233626	938581	13652945
1120559	82940	961115	159444	2744688
3382276	275186	2110471	1271805	8398723
5415805	169786	4379972	1035834	12158040
36483524	4426241	28682826	7800698	155280260
2651823	138197	2161829	489994	8395566
16240252	3630695	11952900	4287352	87373892
8698077	291297	7711604	986473	26707437
4400272	110507	3587727	812546	9394074
578467	35875	472315	106152	1113763
11690281	434128	9658859	2031422	22753629
3645007	29808	3572074	72933	6938567
1566416	50893	1052826	513590	4546690
40901	1501	33703	7198	128308
2027602	51559	1749321	278280	3022215
2144828	51072	1757434	387395	4966138
1186830	75121	995561	191269	2169660
2656075	601314	1934108	721967	5752100
1357827	286474	732201	625626	2865480
1221067	290216	1112894	108173	2666770
291676	29326	239190	52486	499213
1158703	67729	726595	432108	1702605
866896	41474	524987	341908	1165797
350540	75740	247447	103094	679768
33552	10982	12395	21157	59575
127472	42820	103305	24167	282860
535042	34033	392341	142700	1080640
378070	28576	285672	92398	866581
7187525	721345	5463932	1723593	14607950
3933375	452381	3191972	741403	10652379
3170175	260579	2214153	956022	3693781
1058902	64683	811302	247600	2595737
187531	7056	106030	81501	569477
486431	17960	400319	86112	764403
115312	6656	80779	34533	247400
211620	26897	186238	25382	911119
202202	24918	150917	51285	442131
606550	31734	588538	18009	4651351

14-16 续表 4

单位：万元

项　　　目	Item
按行业分	**Grouped by Sector**
农、林、牧产品批发	Wholesale of Farming, Forestry, Animal Husbandry Products
食品、饮料及烟草制品批发	Wholesale of Food, Beverages and Tobacco Products
#米、面制品及食用油批发	Wholesale of Rice, Flour and Edible Oil
烟草制品批发	Wholesale of Tobacco
纺织、服装及家庭用品批发	Wholesale of Textile, Garments and Daily Articles Consumer
#服装批发	Wholesale of Garments
家用电器批发	Wholesale of Household Electrical Appliances
文化、体育用品及器材批发	Wholesale of Cultural, Sports Appliances and Equipment
医药及医疗器材批发	Wholesale of Medicine and Medical Appliances
矿产品、建材及化工产品批发	Wholesale of Mineral Products, Building Materials and Chemical Products
#煤炭及制品批发	Wholesale of Coal and Related Products
石油及制品批发	Wholesale of Petroleum and Related Products
金属及金属矿批发	Wholesale of Metal Minerals
建材批发	Wholesale of Building Materials
化肥批发	Wholesale of Chemical Fertilizers
机械设备、五金产品及电子产品批发	Wholesale of Mechanical Equipment, Metal Products and Electronic Products
#汽车批发	Wholesale of Automobile
汽车零配件批发	Wholesale of Automobile Accessories
摩托车及零配件批发	Wholesale of Motorcycles and Accessories
计算机、软件及辅助设备批发	Wholesale of Computers, Software and Assistant Appliances
贸易经纪与代理	Trade Broker and Agency
其他批发业	Other Wholesales Trades
综合零售	Integrated Retail
#百货零售	Retail of General Merchandise
超级市场零售	Retail of Supermarket
食品、饮料及烟草制品专门零售	Retail of Food, Beverage and Tobacco
纺织、服装及日用品专门零售	Retail of Textile, Garments and Daily Articles Consumer
#服装零售	Retail of Garments
文化、体育用品及器材专门零售	Retail of Cultural, Sports Appliances and Equipment
#体育用品及器材零售	Retail of Sporting Goods and Equipment
图书、报刊零售	Retail of Books and Newspapers
医药及医疗器材专门零售	Retail of Medicine and Medical Appliances
#药品零售	Retail of Medicine
汽车、摩托车、燃料及零配件专门零售	Retail of Motor Vehicles, Motorcycles, Fuels and Parts
#汽车零售	Retail of Motor Vehicles
机动车燃料零售	Retail of Fuels for Motor Vehicles
家用电器及电子产品专门零售	Retail of Household Electrical Appliances and Electronic Products
#家用视听设备零售	Retail of Household Audio and Video Equipment
日用家电设备零售	Retail of Household Electrical Appliances
计算机、软件及辅助设备零售	Retail of Computers, Software and Assistant Equipment
通信设备零售	Retail of Communication Equipment
五金、家具及室内装饰材料专门零售	Retail of Hardware, Furniture and Decoration Materials
货摊、无店铺及其他零售业	Retail of Booth and Others

continued

(10000 yuan)

主营业务收入 Revenue from Prmcipal Busmess	主营业务成本 Cose of Primcipal Busmess	主营业务税金及附加 Taxes and Other Charges on Prmcipal Busmess	其他业务利润 Profit from Other Business	销售费用 Operating Expenses
2234406	2149252	1456	3480	39953
11284376	9990623	95299	111095	597046
1808938	1736276	1956	10446	52303
1146648	858353	70045	1072	13542
29516768	25771565	181877	55257	1326553
13635261	11657294	113433	12670	305607
2735715	2534594	4757	2160	142715
8357412	7460215	24241	17253	381892
12002106	11164556	15424	29808	340128
154989660	150972288	87350	-987133	1513816
8390889	7759527	6474	2787	265159
87186985	85293534	35236	-942938	642393
26659629	26291006	11250	-19854	151669
9381298	9133826	17236	627	63142
1113196	1085746	690	248	20821
22634513	20481011	40094	43889	854014
6920064	5876227	13195	4847	425646
4530872	4277335	4576	7111	104862
127422	116857	139	212	7402
2991357	2728010	4637	6257	94311
4953056	4845278	1333	5962	17921
2163424	2029828	4311	4057	70020
5539011	4597466	36177	183109	769308
2777660	2310352	22873	66497	316756
2543719	2126970	12102	106423	406153
495680	392435	6474	1875	65291
1687892	1111974	15319	14911	348186
1152952	775872	8967	11609	240665
665075	567916	2833	-11498	40508
59082	48021	255	493	7701
275073	236701	384	-16180	15236
1063952	880995	5900	6219	107150
849937	707001	5049	6132	91928
14461538	13624109	19471	66356	477285
10517806	9887020	14153	62479	365451
3684659	3500739	4632	3244	100995
2558601	2270079	6722	30208	182080
568962	497233	1834	1136	53906
741609	648847	2844	20519	76745
242510	203912	787	1348	19603
902189	828579	856	7069	27389
424472	341441	3049	4453	48024
4575654	4193096	9888	8999	312220

14-16 续表 5

单位：万元

项　　目	Item
按行业分	**Grouped by Sector**
农、林、牧产品批发	Wholesale of Farming, Forestry, Animal Husbandry Products
食品、饮料及烟草制品批发	Wholesale of Food, Beverages and Tobacco Products
#米、面制品及食用油批发	Wholesale of Rice, Flour and Edible Oil
烟草制品批发	Wholesale of Tobacco
纺织、服装及家庭用品批发	Wholesale of Textile, Garments and Daily Articles Consumer
#服装批发	Wholesale of Garments
家用电器批发	Wholesale of Household Electrical Appliances
文化、体育用品及器材批发	Wholesale of Cultural, Sports Appliances and Equipment
医药及医疗器材批发	Wholesale of Medicine and Medical Appliances
矿产品、建材及化工产品批发	Wholesale of Mineral Products, Building Materials and Chemical Products
#煤炭及制品批发	Wholesale of Coal and Related Products
石油及制品批发	Wholesale of Petroleum and Related Products
金属及金属矿批发	Wholesale of Metal Minerals
建材批发	Wholesale of Building Materials
化肥批发	Wholesale of Chemical Fertilizers
机械设备、五金产品及电子产品批发	Wholesale of Mechanical Equipment, Metal Products and Electronic Products
#汽车批发	Wholesale of Automobile
汽车零配件批发	Wholesale of Automobile Accessories
摩托车及零配件批发	Wholesale of Motorcycles and Accessories
计算机、软件及辅助设备批发	Wholesale of Computers, Software and Assistant Appliances
贸易经纪与代理	Trade Broker and Agency
其他批发业	Other Wholesales Trades
综合零售	Integrated Retail
#百货零售	Retail of General Merchandise
超级市场零售	Retail of Supermarket
食品、饮料及烟草制品专门零售	Retail of Food, Beverage and Tobacco
纺织、服装及日用品专门零售	Retail of Textile, Garments and Daily Articles Consumer
#服装零售	Retail of Garments
文化、体育用品及器材专门零售	Retail of Cultural, Sports Appliances and Equipment
#体育用品及器材零售	Retail of Sporting Goods and Equipment
图书、报刊零售	Retail of Books and Newspapers
医药及医疗器材专门零售	Retail of Medicine and Medical Appliances
#药品零售	Retail of Medicine
汽车、摩托车、燃料及零配件专门零售	Retail of Motor Vehicles, Motorcycles, Fuels and Parts
#汽车零售	Retail of Motor Vehicles
机动车燃料零售	Retail of Fuels for Motor Vehicles
家用电器及电子产品专门零售	Retail of Household Electrical Appliances and Electronic Products
#家用视听设备零售	Retail of Household Audio and Video Equipment
日用家电设备零售	Retail of Household Electrical Appliances
计算机、软件及辅助设备零售	Retail of Computers, Software and Assistant Equipment
通信设备零售	Retail of Communication Equipment
五金、家具及室内装饰材料专门零售	Retail of Hardware, Furniture and Decoration Materials
货摊、无店铺及其他零售业	Retail of Booth and Others

continued

(10000 yuan)

管理费用 Management Cost	营业利润 Business Profit	利润总额 Total Profits	本年应付职工薪酬 Total Wages Payable	本年应交增值税 Total Value-added Payable Tax
23551	21598	38466	17553	14256
262385	325127	442646	218136	163506
25819	-59948	46243	22724	9969
43061	178662	178740	32279	50532
1360827	876021	818311	597980	699822
940118	619004	619797	138648	291605
36808	4047	4584	62260	29796
291671	227846	240912	206477	103922
243018	181685	179557	177875	126167
922567	1028985	1204799	540153	1031558
219215	128660	53557	23995	64490
238916	749121	696675	240358	592623
200205	-109146	179367	95986	50157
55359	90816	78335	41657	121746
11942	-785	1494	12507	1472
359179	944704	925794	279894	319152
28011	587641	587495	21565	160957
56083	100182	99347	49459	25623
1841	757	762	2954	944
78671	112905	98117	30182	43691
30878	308	4396	21652	2613
40349	13655	15350	36162	15758
196689	200139	167916	290153	118164
90000	126641	81868	121478	70411
88002	80914	85209	146864	41644
35746	-3312	6220	32569	14322
157594	57166	68100	128695	85061
80629	54897	57142	84065	62732
33958	2347	6588	29794	16477
2746	623	604	1190	346
15050	-1187	2129	12786	6285
51619	54636	58348	65094	28485
37332	46142	50134	57361	22209
220177	90841	90707	311559	186591
180928	41889	45310	254076	141671
30197	46531	43142	49317	40619
72647	50730	54992	82143	48282
8671	7796	7551	14919	8725
28921	2767	6019	26903	14889
15739	4290	5480	20156	4766
13564	34860	35160	16192	18148
33272	14414	14776	23056	27221
106495	45715	55416	68048	65003

14-17 市区限额以上批发和零售业法人企业财务状况(2014年)

单位：万元

项　　目	Item
总　计	**Total**
按登记注册类型分	**Grouped by Registration Status**
内资企业	Domestic-funded Enterprises
国有企业	State-owned Enterprises
集体企业	Collective-owned Enterprises
股份合作企业	Share-holding Cooperative Enterprises
联营企业	Joint-opeartion Enterprises
国有联营企业	State-owned Joint-opeartion Enterprises
集体联营企业	Collective Joint-opeartion Enterprises
国有与集体联营企业	Joint State-collective Enterprises
其他联营企业	Other Joint Ownership Enterprises
有限责任公司	Limited Liability Corporations
国有独资公司	State Sole Investment Corporations
其他有限责任公司	Other Limited Liability Corporations
股份有限公司	Share-holding Corporations Ltd.
私营企业	Private Enterprises
私营独资企业	Private Sole Investment Enterprises
私营合伙企业	Private Partnership Enterprises
私营有限责任公司	Private Limited Liability Corporations
私营股份有限公司	Private Share-holding Corporations Ltd.
其他企业	Other Enterprises
港、澳、台商投资企业	Enterprises with Funds from Hong Kong, Macao and Taiwan
与港、澳、台商合资经营企业	Joint-venture Enterprises
与港、澳、台商合作经营企业	Cooperative Enterprises
港、澳、台商独资经营企业	Enterprises with Sole Funds
港、澳、台商投资股份有限公司	Share-holding Corporations Ltd.
其他港、澳、台投资企业	Other Enterprises with Funds from Hong Kong, Macao and Taiwan
外商投资企业	Foreign Funded Enterprises
中外合资经营企业	Joint-venture Enterprises
中外合作经营企业	Cooperative Enterprises
外资企业	Enterprises with Sole Foreign Funds
外商投资股份有限公司	Share-holding Corporations Ltd.
其他外商投资企业	Other Foreign Funded Enterprises

Financial Situation of Enterprises above the Designated Size in Wholesale and Retail Trade in Urban Districts (2014)

(10000 yuan)

资产总计 Total Assets	# 固定资产原价 Original Value of Fixed Assets	负债合计 Total Liabilities	所有者权益 Owners' Equity	营业收入 Revenue from Principal Business
87825378	**8115148**	**67461317**	**20364062**	**274318585**
75596417	6902165	59406317	16190101	244318916
3915037	337063	3097567	817470	7466697
112411	39081	58202	54209	426324
65991	10956	48138	17853	270775
12666	4422	6153	6513	63299
4307	1931	1770	2537	27846
1288	924	476	812	9125
5918	1210	3666	2252	16562
1153	357	241	912	9766
41085697	2527115	34670716	6414981	152993360
5699152	1212265	4527979	1171172	59065940
35386545	1314850	30142737	5243809	93927420
8489673	2505136	4456506	4033167	21120429
21793532	1475749	16986209	4807325	61703601
32012	3635	22195	9816	958791
15125	4021	13536	1589	31545
20389041	1402416	15845511	4543530	56748720
1357354	65677	1104967	252390	3964545
121410	2643	82826	38583	274431
5825726	524025	4064643	1761083	12454271
1448739	130005	1173188	275551	3237450
12070	5104	18846	-6776	30726
4266902	385836	2804155	1462747	8904338
98015	3080	68454	29561	281757
6403235	688958	3990357	2412878	17545398
2312607	286572	1608630	703977	7080691
249804	39335	217422	32382	616252
3421207	174044	2028977	1392230	7788848
418269	188744	134564	283705	2053039
1348	263	764	584	6568

14-17 续表 1

单位：万元

项 目	Item
总 计	**Total**
按登记注册类型分	**Grouped by Registration Status**
内资企业	Domestic-funded Enterprises
国有企业	State-owned Enterprises
集体企业	Collective-owned Enterprises
股份合作企业	Share-holding Cooperative Enterprises
联营企业	Joint-opeartion Enterprises
国有联营企业	State-owned Joint-opeartion Enterprises
集体联营企业	Collective Joint-opeartion Enterprises
国有与集体联营企业	Joint State-collective Enterprises
其他联营企业	Other Joint Ownership Enterprises
有限责任公司	Limited Liability Corporations
国有独资公司	State Sole Investment Corporations
其他有限责任公司	Other Limited Liability Corporations
股份有限公司	Share-holding Corporations Ltd.
私营企业	Private Enterprises
私营独资企业	Private Sole Investment Enterprises
私营合伙企业	Private Partnership Enterprises
私营有限责任公司	Private Limited Liability Corporations
私营股份有限公司	Private Share-holding Corporations Ltd.
其他企业	Other Enterprises
港、澳、台商投资企业	Enterprises with Funds from Hong Kong, Macao and Taiwan
与港、澳、台商合资经营企业	Joint-venture Enterprises
与港、澳、台商合作经营企业	Cooperative Enterprises
港、澳、台商独资经营企业	Enterprises with Sole Funds
港、澳、台商投资股份有限公司	Share-holding Corporations Ltd.
其他港、澳、台投资企业	Other Enterprises with Funds from Hong Kong, Macao and Taiwan
外商投资企业	Foreign Funded Enterprises
中外合资经营企业	Joint-venture Enterprises
中外合作经营企业	Cooperative Enterprises
外资企业	Enterprises with Sole Foreign Funds
外商投资股份有限公司	Share-holding Corporations Ltd.
其他外商投资企业	Other Foreign Funded Enterprises

continued

(10000 yuan)

主营业务收入 Revenue from Prmcipal Busmess	主营业务成本 Cose of Primcipal Busmess	主营业务税金及附加 Taxes and Other Charges on Prmcipal Busmess	其他业务利润 Profit from Other Business	销售费用 Operating Expenses
273074081	**256734473**	**548972**	**-419847**	**7258246**
243324406	230292200	477555	280876	5286420
7422358	7194492	6972	21201	124891
422968	382408	1003	1471	15772
266257	250983	308	1549	8373
63296	54165	203	73	2774
27843	23609	92	3	1499
9125	7967	29	70	415
16562	14013	54		626
9766	8576	28		234
152434005	146353110	213371	63780	2161926
59034248	58168714	18962	15047	113982
93399757	88184396	194409	48733	2047944
21040552	19738265	33889	49048	820646
61400540	56076946	221334	143754	2134412
958639	873216	18172	725	23978
31545	30195	45	49	1194
56541254	51658103	193542	140117	1863766
3869102	3515432	9575	2863	245474
274430	241831	475		17626
12343043	10562842	40569	179708	1158487
3178866	2779887	10287	54130	292748
30726	23249	234	1790	7996
8851694	7508013	29650	123788	838867
281757	251693	398		18876
17406632	15879431	30848	-880431	813339
7048411	6543394	9117	29584	281392
589054	530052	2839	27641	51716
7741221	6855732	17547	27897	412963
2021378	1944025	1339	-965553	66971
6568	6228	6		297

单位：万元

项 目	Item
总 计	**Total**
按登记注册类型分	**Grouped by Registration Status**
内资企业	Domestic-funded Enterprises
国有企业	State-owned Enterprises
集体企业	Collective-owned Enterprises
股份合作企业	Share-holding Cooperative Enterprises
联营企业	Joint-opeartion Enterprises
国有联营企业	State-owned Joint-opeartion Enterprises
集体联营企业	Collective Joint-opeartion Enterprises
国有与集体联营企业	Joint State-collective Enterprises
其他联营企业	Other Joint Ownership Enterprises
有限责任公司	Limited Liability Corporations
国有独资公司	State Sole Investment Corporations
其他有限责任公司	Other Limited Liability Corporations
股份有限公司	Share-holding Corporations Ltd.
私营企业	Private Enterprises
私营独资企业	Private Sole Investment Enterprises
私营合伙企业	Private Partnership Enterprises
私营有限责任公司	Private Limited Liability Corporations
私营股份有限公司	Private Share-holding Corporations Ltd.
其他企业	Other Enterprises
港、澳、台商投资企业	Enterprises with Funds from Hong Kong, Macao and Taiwan
与港、澳、台商合资经营企业	Joint-venture Enterprises
与港、澳、台商合作经营企业	Cooperative Enterprises
港、澳、台商独资经营企业	Enterprises with Sole Funds
港、澳、台商投资股份有限公司	Share-holding Corporations Ltd.
其他港、澳、台投资企业	Other Enterprises with Funds from Hong Kong, Macao and Taiwan
外商投资企业	Foreign Funded Enterprises
中外合资经营企业	Joint-venture Enterprises
中外合作经营企业	Cooperative Enterprises
外资企业	Enterprises with Sole Foreign Funds
外商投资股份有限公司	Share-holding Corporations Ltd.
其他外商投资企业	Other Foreign Funded Enterprises

continued

(10000 yuan)

管理费用 Management Cost	营业利润 Business Profit	利润总额 Total Profits	本年应付职工薪酬 Total Wages Payable	本年应交增值税 Total Value-added Payable Tax
4360295	**4051806**	**4310517**	**3051434**	**2995320**
3643184	3337023	3557438	2176014	2394743
94660	6203	23713	98646	44756
8874	23823	24424	9993	7061
5172	2326	2332	3970	3309
669	5450	5559	1415	1881
574	2037	2067	768	1003
26	691	763	194	269
50	1821	1824	341	371
19	901	905	112	238
1380370	1974279	2200338	831513	813142
87922	664397	660147	94863	149165
1292448	1309882	1540191	736650	663977
264125	155062	149694	312733	464221
1879544	1165313	1146722	914585	1056492
12467	35464	26458	5293	73760
517	-265	-177	259	702
1717449	1060009	1031442	827114	930978
149111	70105	88999	81919	51052
9770	4567	4656	3159	3881
408861	299754	316692	573546	381769
94974	114834	117287	112652	86329
2327	-3009	-1261	4202	1376
303660	185085	197489	448246	291039
7900	2844	3177	8446	3025
308250	415029	436387	301874	218808
68609	142895	152141	119754	130442
19847	11108	10873	14068	8360
212376	265352	277243	162379	68850
7092	-3929	-3453	5536	11156
326	-397	-417	137	

单位：万元

项 目	Item
按行业分	**Grouped by Sector**
农、林、牧产品批发	Wholesale of Farming, Forestry, Animal Husbandry Products
食品、饮料及烟草制品批发	Wholesale of Food, Beverages and Tobacco Products
# 米、面制品及食用油批发	Wholesale of Rice, Flour and Edible Oil
烟草制品批发	Wholesale of Tobacco
纺织、服装及家庭用品批发	Wholesale of Textile, Garments and Daily Articles Consumer
# 服装批发	Wholesale of Garments
家用电器批发	Wholesale of Household Electrical Appliances
文化、体育用品及器材批发	Wholesale of Cultural, Sports Appliances and Equipment
医药及医疗器材批发	Wholesale of Medicine and Medical Appliances
矿产品、建材及化工产品批发	Wholesale of Mineral Products, Building Materials and Chemical Products
# 煤炭及制品批发	Wholesale of Coal and Related Products
石油及制品批发	Wholesale of Petroleum and Related Products
金属及金属矿批发	Wholesale of Metal Minerals
建材批发	Wholesale of Building Materials
化肥批发	Wholesale of Chemical Fertilizers
机械设备、五金产品及电子产品批发	Wholesale of Mechanical Equipment, Metal Products and Electronic Products
# 汽车批发	Wholesale of Automobile
汽车零配件批发	Wholesale of Automobile Accessories
摩托车及零配件批发	Wholesale of Motorcycles and Accessories
计算机、软件及辅助设备批发	Wholesale of Computers, Software and Assistant Appliances
贸易经纪与代理	Trade Broker and Agency
其他批发业	Other Wholesales Trades
综合零售	Integrated Retail
# 百货零售	Retail of General Merchandise
超级市场零售	Retail of Supermarket
食品、饮料及烟草制品专门零售	Retail of Food, Beverage and Tobacco
纺织、服装及日用品专门零售	Retail of Textile, Garments and Daily Articles Consumer
# 服装零售	Retail of Garments
文化、体育用品及器材专门零售	Retail of Cultural, Sports Appliances and Equipment
# 体育用品及器材零售	Retail of Sporting Goods and Equipment
图书、报刊零售	Retail of Books and Newspapers
医药及医疗器材专门零售	Retail of Medicine and Medical Appliances
# 药品零售	Retail of Medicine
汽车、摩托车、燃料及零配件专门零售	Retail of Motor Vehicles, Motorcycles, Fuels and Parts
# 汽车零售	Retail of Motor Vehicles
机动车燃料零售	Retail of Fuels for Motor Vehicles
家用电器及电子产品专门零售	Retail of Household Electrical Appliances and Electronic Products
# 家用视听设备零售	Retail of Household Audio and Video Equipment
日用家电设备零售	Retail of Household Electrical Appliances
计算机、软件及辅助设备零售	Retail of Computers, Software and Assistant Equipment
通信设备零售	Retail of Communication Equipment
五金、家具及室内装饰材料专门零售	Retail of Hardware, Furniture and Decoration Materials
货摊、无店铺及其他零售业	Retail of Booth and Others

continued

(10000 yuan)

资产总计 Total Assets	# 固定资产原价 Original Value of Fixed Assets	负债合计 Total Liabilities	所有者权益 Owners' Equity	营业收入 Revenue from Principal Business
886173	27825	653492	232682	2223334
4409072	440651	2852157	1556915	10807157
851849	101363	656545	195304	1682283
690423	73398	366475	323948	1147720
8978005	661782	6445519	2532486	28428892
3052446	258363	2118274	934172	13231236
1095829	82738	939188	156641	2680556
3373218	275084	2101951	1271267	8366582
5377941	165983	4347203	1030738	12067940
36124206	4388987	28416669	7707537	153279241
2579765	135051	2114128	465636	8105532
16131131	3623072	11872087	4259044	86327410
8642666	284779	7667043	975623	26596056
4359570	110342	3550223	809347	9219265
572868	35620	468349	104518	1083905
11543464	426539	9534257	2009206	21012655
3644781	29777	3571940	72841	6936133
1438510	45175	943929	494582	2924355
29251	1107	22795	6456	90792
2026865	51480	1748484	278380	3016497
2144230	50962	1757177	387053	4955134
1182757	74926	993963	188794	2155553
2623561	584231	1896845	726717	5589455
1345332	277832	724261	621071	2765410
1201048	281774	1083571	117477	2604195
280293	27736	231657	48635	475734
1155773	67389	725262	430512	1695965
865263	41422	524987	340276	1163978
348461	75186	245789	102672	660003
32614	10938	11163	21451	43344
126331	42309	102878	23453	279327
530679	33994	388176	142503	1073517
376833	28537	284582	92251	862507
7029000	694757	5340264	1688737	13903751
3802364	432567	3085455	716909	10128980
3148163	254382	2201248	946915	3567819
1041343	63977	797832	243511	2552387
186171	7053	104729	81442	566925
478577	17748	393102	85476	744652
110736	6348	78012	32724	240579
211620	26897	186238	25382	911119
192853	23975	145420	47434	425555
604349	31164	587684	16663	4645730

14-17 续表 4

单位：万元

项目	Item
按行业分	**Grouped by Sector**
农、林、牧产品批发	Wholesale of Farming, Forestry, Animal Husbandry Products
食品、饮料及烟草制品批发	Wholesale of Food, Beverages and Tobacco Products
# 米、面制品及食用油批发	Wholesale of Rice, Flour and Edible Oil
烟草制品批发	Wholesale of Tobacco
纺织、服装及家庭用品批发	Wholesale of Textile, Garments and Daily Articles Consumer
# 服装批发	Wholesale of Garments
家用电器批发	Wholesale of Household Electrical Appliances
文化、体育用品及器材批发	Wholesale of Cultural, Sports Appliances and Equipment
医药及医疗器材批发	Wholesale of Medicine and Medical Appliances
矿产品、建材及化工产品批发	Wholesale of Mineral Products, Building Materials and Chemical Products
# 煤炭及制品批发	Wholesale of Coal and Related Products
石油及制品批发	Wholesale of Petroleum and Related Products
金属及金属矿批发	Wholesale of Metal Minerals
建材批发	Wholesale of Building Materials
化肥批发	Wholesale of Chemical Fertilizers
机械设备、五金产品及电子产品批发	Wholesale of Mechanical Equipment, Metal Products and Electronic Products
# 汽车批发	Wholesale of Automobile
汽车零配件批发	Wholesale of Automobile Accessories
摩托车及零配件批发	Wholesale of Motorcycles and Accessories
计算机、软件及辅助设备批发	Wholesale of Computers, Software and Assistant Appliances
贸易经纪与代理	Trade Broker and Agency
其他批发业	Other Wholesales Trades
综合零售	Integrated Retail
# 百货零售	Retail of General Merchandise
超级市场零售	Retail of Supermarket
食品、饮料及烟草制品专门零售	Retail of Food, Beverage and Tobacco
纺织、服装及日用品专门零售	Retail of Textile, Garments and Daily Articles Consumer
# 服装零售	Retail of Garments
文化、体育用品及器材专门零售	Retail of Cultural, Sports Appliances and Equipment
# 体育用品及器材零售	Retail of Sporting Goods and Equipment
图书、报刊零售	Retail of Books and Newspapers
医药及医疗器材专门零售	Retail of Medicine and Medical Appliances
# 药品零售	Retail of Medicine
汽车、摩托车、燃料及零配件专门零售	Retail of Motor Vehicles, Motorcycles, Fuels and Parts
# 汽车零售	Retail of Motor Vehicles
机动车燃料零售	Retail of Fuels for Motor Vehicles
家用电器及电子产品专门零售	Retail of Household Electrical Appliances and Electronic Products
# 家用视听设备零售	Retail of Household Audio and Video Equipment
日用家电设备零售	Retail of Household Electrical Appliances
计算机、软件及辅助设备零售	Retail of Computers, Software and Assistant Equipment
通信设备零售	Retail of Communication Equipment
五金、家具及室内装饰材料专门零售	Retail of Hardware, Furniture and Decoration Materials
货摊、无店铺及其他零售业	Retail of Booth and Others

continued

(10000 yuan)

主营业务收入 Revenue from Prmcipal Busmess	主营业务成本 Cose of Primcipal Busmess	主营业务税金及附加 Taxes and Other Charges on Prmcipal Busmess	其他业务利润 Profit from Other Business	销售费用 Operating Expenses
2220160	2136281	1449	3479	39816
10775519	9561898	92608	111204	539207
1675093	1612053	1925	10555	47658
1146648	858353	70045	1072	13542
28349723	24661662	180877	54871	1300377
13213551	11245496	113302	12525	301299
2671584	2474498	4671	2155	141122
8325271	7428534	24236	17253	381711
11912014	11080271	15283	29620	337320
153013504	149097086	85909	-987788	1454446
8100855	7510859	6326	2776	230893
86140629	84279122	34667	-943053	629216
26548445	26183968	11125	-20260	149625
9206489	8967309	16883	627	61672
1083337	1056226	677	248	20701
20893549	18836941	39575	43888	812430
6917630	5874005	13193	4847	425594
2908547	2743467	4283	7109	67487
89906	81783	104	212	5610
2985638	2723732	4592	6257	93612
4942053	4834366	1329	5958	17888
2149317	2016811	4076	4057	69667
5381174	4458903	35616	180982	748925
2679957	2223352	22604	64370	308512
2483585	2075408	11810	106423	394014
472200	371938	6361	1863	64796
1681252	1106058	15311	14911	348056
1151134	774540	8963	11609	240569
645310	548505	2830	-11598	40378
42851	31901	253	493	7667
271540	233409	383	-16280	15139
1056829	875985	5872	6219	106622
845864	703880	5044	6132	91400
13763024	12972532	18321	61978	457722
10000067	9402704	13235	60643	352041
3558696	3384421	4458	726	96878
2515252	2230238	6449	29807	180537
566410	494811	1833	1136	53816
721859	630425	2667	20295	76201
235688	197678	719	1171	19476
902189	828579	856	7069	27389
407896	328227	3001	4453	46491
4570034	4188237	9869	8996	311857

14-17 续表 5

单位：万元

项　　目	Item
按行业分	**Grouped by Sector**
农、林、牧产品批发	Wholesale of Farming, Forestry, Animal Husbandry Products
食品、饮料及烟草制品批发	Wholesale of Food, Beverages and Tobacco Products
#米、面制品及食用油批发	Wholesale of Rice, Flour and Edible Oil
烟草制品批发	Wholesale of Tobacco
纺织、服装及家庭用品批发	Wholesale of Textile, Garments and Daily Articles Consumer
#服装批发	Wholesale of Garments
家用电器批发	Wholesale of Household Electrical Appliances
文化、体育用品及器材批发	Wholesale of Cultural, Sports Appliances and Equipment
医药及医疗器材批发	Wholesale of Medicine and Medical Appliances
矿产品、建材及化工产品批发	Wholesale of Mineral Products, Building Materials and Chemical Products
#煤炭及制品批发	Wholesale of Coal and Related Products
石油及制品批发	Wholesale of Petroleum and Related Products
金属及金属矿批发	Wholesale of Metal Minerals
建材批发	Wholesale of Building Materials
化肥批发	Wholesale of Chemical Fertilizers
机械设备、五金产品及电子产品批发	Wholesale of Mechanical Equipment, Metal Products and Electronic Products
#汽车批发	Wholesale of Automobile
汽车零配件批发	Wholesale of Automobile Accessories
摩托车及零配件批发	Wholesale of Motorcycles and Accessories
计算机、软件及辅助设备批发	Wholesale of Computers, Software and Assistant Appliances
贸易经纪与代理	Trade Broker and Agency
其他批发业	Other Wholesales Trades
综合零售	Integrated Retail
#百货零售	Retail of General Merchandise
超级市场零售	Retail of Supermarket
食品、饮料及烟草制品专门零售	Retail of Food, Beverage and Tobacco
纺织、服装及日用品专门零售	Retail of Textile, Garments and Daily Articles Consumer
#服装零售	Retail of Garments
文化、体育用品及器材专门零售	Retail of Cultural, Sports Appliances and Equipment
#体育用品及器材零售	Retail of Sporting Goods and Equipment
图书、报刊零售	Retail of Books and Newspapers
医药及医疗器材专门零售	Retail of Medicine and Medical Appliances
#药品零售	Retail of Medicine
汽车、摩托车、燃料及零配件专门零售	Retail of Motor Vehicles, Motorcycles, Fuels and Parts
#汽车零售	Retail of Motor Vehicles
机动车燃料零售	Retail of Fuels for Motor Vehicles
家用电器及电子产品专门零售	Retail of Household Electrical Appliances and Electronic Products
#家用视听设备零售	Retail of Household Audio and Video Equipment
日用家电设备零售	Retail of Household Electrical Appliances
计算机、软件及辅助设备零售	Retail of Computers, Software and Assistant Equipment
通信设备零售	Retail of Communication Equipment
五金、家具及室内装饰材料专门零售	Retail of Hardware, Furniture and Decoration Materials
货摊、无店铺及其他零售业	Retail of Booth and Others

continued

(10000 yuan)

管理费用 Management Cost	营业利润 Business Profit	利润总额 Total Profits	本年应付职工薪酬 Total Wages Payable	本年应交增值税 Total Value-added Payable Tax
22723	21549	38026	17265	14249
241523	325146	443243	203856	156003
22356	-59839	47984	19133	9963
43061	178662	178740	32279	50532
1348279	861486	803447	585317	685093
937634	616706	617362	136726	289211
35812	2992	3530	60922	28901
291555	227692	240744	206301	103841
240990	181177	179176	176022	125179
905986	1019850	1194707	529819	1005027
215446	126575	50849	22528	63101
235610	745095	692614	237571	577916
199119	-109847	178662	95111	49569
50274	91020	78505	40663	120750
11674	-778	1203	10954	1472
352421	902806	883151	272913	315086
27989	587508	587362	21514	160893
52047	58619	57570	44149	23147
1415	1061	1066	2372	625
77433	113451	98117	29988	43349
30831	296	4384	21626	2613
40080	13415	15110	35392	15367
194218	199768	167095	281629	116597
88889	123416	78456	117093	69519
86643	83768	87800	142726	40970
34554	-4220	5045	31521	14289
157111	57061	67994	128247	84982
80241	54896	57142	83689	62703
33859	2121	6363	29544	16435
2698	595	576	1042	304
15000	-1385	1932	12684	6285
50481	54225	58312	64502	28263
36956	46106	50097	56860	22171
206367	79282	79425	297136	172597
169968	33807	37178	242230	129981
28424	43685	40624	47620	38676
70907	50453	54693	80133	47789
8637	7791	7546	14846	8718
28292	2616	5874	26035	14660
15249	4234	5419	19665	4673
13564	34860	35160	16192	18148
32180	14092	14294	22441	26971
106230	45607	55308	67770	64939

14-18 限额以上住宿和餐饮业法人企业基本情况(2014年)

项　　目	Item
总　计	**Total**
住宿业	**Accommodation Trade**
# 国有及国有控股	State-owned and State-controlled Enterprises
按登记注册类型分组	**Grouped by Registration Status**
内资企业	Domestic Funded Enterprises
国有企业	State-owned Enterprises
集体企业	Collective-owned Enterprises
股份合作企业	Share-holding Cooperative Enterprises
联营企业	Joint Ownership Enterprises
国有联营企业	State Joint Ownership Enterprises
集体联营企业	Collective Joint Ownership Enterprises
国有与集体联营企业	Joint State-collective Enterprises
其他联营企业	Other Joint Ownership Enterprise
有限责任公司	Limited Liability Corporations
国有独资公司	State Sole Investment Corporations
其他有限责任公司	Other Limited Liability Corporations
股份有限公司	Share-holding Corporations Ltd.
私营企业	Private Enterprises
私营独资企业	Private Sole Investment Enterprises
私营合伙企业	Private Partnership Enterprises
私营有限责任公司	Private Limited Liability Corporations
私营股份有限公司	Private Share-holding Corporations Ltd.
其他企业	Other Enterprises
港、澳、台商投资企业	Enterprises with Funds from Hong Kong, Macao and Taiwan
与港、澳、台商合资经营企业	Joint-venture Enterprises
与港、澳、台商合作经营企业	Cooperative Enterprises
港、澳、台商独资经营企业	Enterprises with Sole Funds
港、澳、台商投资股份有限公司	Share-holding Corporations Ltd.
其他港、澳、台投资企业	Other Enterprises with Funds from Hong Kong, Macao and Taiwan
外商投资企业	Foreign Funded Enterprises
中外合资经营企业	Joint-venture Enterprises
中外合作经营企业	Cooperative Enterprises
外资企业	Enterprises with Sole Foreign Funds
外商投资股份有限公司	Share-holding Corporations Ltd.
其他外商投资企业	Other Foreign Funded Enterprises
按住宿行业中类分组	**Grouped by Accomodation Middle Sector**
旅游饭店	Travel Hotel
一般旅馆	Common Hotel
其它住宿服务业	Others

Basic Statistics on Enterprises in Hotels and Catering Services above Designated Size (2014)

法人企业（个）Number of Corporation Units (unit)	营业额（万元）Business Revenue (10000 yuan)	# 客房收入 Lodging Revenue	# 餐费收入 Dinner Revenue	# 商品销售收入 Sale Revenue of Commodities
1512	**4071160**	**935919**	**2806599**	**71811**
548	**1515130**	**887449**	**397418**	**10203**
137	505803	246712	144866	3034
500	1019737	567992	288030	7536
75	259050	125154	82123	1857
16	9554	6862	443	2
3	2386	1155	823	43
102	351534	192562	97998	1901
10	64572	34237	12759	180
92	286962	158325	85239	1721
4	38296	13900	15773	
293	347019	223221	86651	3708
39	25928	20694	4131	260
10	3774	3185		50
240	314667	197370	81886	3398
4	2650	1972	634	
7	11898	5138	4219	25
26	250639	169532	42114	310
7	25662	11754	10241	36
10	86299	30768	23781	171
8	137135	125626	7995	73
1	1543	1384	97	30
22	244754	149925	67274	2357
7	82989	39027	30905	253
2	4050	1997	1363	
12	145302	102963	32230	1780
1	12413	5938	2776	324
298	1209690	647870	364523	7030
227	286570	230533	28705	3147
23	18868	9043	4191	23

14-18 续表

项　　目	Item
餐饮业	**Catering Trade**
# 国有及国有控股	State-owned and State-controlled Enterprises
按登记注册类型分组	**Grouped by Registration Status**
内资企业	Domestic Funded Enterprises
国有企业	State-owned Enterprises
集体企业	Collective-owned Enterprises
股份合作企业	Share-holding Cooperative Enterprises
联营企业	Joint Ownership Enterprises
国有联营企业	State Joint Ownership Enterprises
集体联营企业	Collective Joint Ownership Enterprises
国有与集体联营企业	Joint State-collective Enterprises
其他联营企业	Other Joint Ownership Enterprise
有限责任公司	Limited Liability Corporations
国有独资公司	State Sole Investment Corporations
其他有限责任公司	Other Limited Liability Corporations
股份有限公司	Share-holding Corporations Ltd.
私营企业	Private Enterprises
私营独资企业	Private Sole Investment Enterprises
私营合伙企业	Private Partnership Enterprises
私营有限责任公司	Private Limited Liability Corporations
私营股份有限公司	Private Share-holding Corporations Ltd.
其他企业	Other Enterprises
港、澳、台商投资企业	Enterprises with Funds from Hong Kong, Macao and Taiwan
与港、澳、台商合资经营企业	Joint-venture Enterprises
与港、澳、台商合作经营企业	Cooperative Enterprises
港、澳、台商独资经营企业	Enterprises with Sole Funds
港、澳、台商投资股份有限公司	Share-holding Corporations Ltd.
其他港、澳、台投资企业	Other Enterprises with Funds from Hong Kong, Macao and Taiwan
外商投资企业	Foreign Funded Enterprises
中外合资经营企业	Joint-venture Enterprises
中外合作经营企业	Cooperative Enterprises
外资企业	Enterprises with Sole Foreign Funds
外商投资股份有限公司	Share-holding Corporations Ltd.
其他外商投资企业	Other Foreign Funded Enterprises
按餐饮行业中类分组	**Grouped by Catering Middle Sector**
正餐服务	Dinner
快餐服务	Snack
饮料及冷饮服务	Baverage and cold drinks
其他餐饮服务	Others

continued

法人企业（个） Number of Corporation Units (unit)	营业额（万元） Business Revenue (10000 yuan)	# 客房收入 Lodging Revenue	# 餐费收入 Dinner Revenue	# 商品销售收入 Sale Revenue of Commodities
964	**2556030**	**48470**	**2409181**	**61608**
45	197444	21748	135598	23356
872	1400237	45660	1270770	53845
13	48270	11190	32179	273
10	23650	1137	19316	107
30	32160	2	32026	36
99	247686	12027	205665	21691
2	13860		9326	4512
97	233826	12027	196339	17179
6	57708	1300	36539	17845
691	968213	19713	922864	13881
168	148173	325	146648	1195
45	47048	553	46396	59
457	739772	18835	696847	12617
21	33220		32973	10
23	22550	291	22181	12
61	311651	848	301356	7634
8	24469		24354	114
6	46085		40093	5296
46	237693	848	233505	2224
1	3404		3404	
31	844142	1962	837055	129
12	297527	1962	291321	119
2	1148		278	
15	540674		540663	10
1	4341		4341	
1	452		452	
873	1437718	48319	1303254	50933
46	935467	52	929424	4630
23	135119		135038	81
22	47725	97	41466	5964

14-19 限额以上住宿和餐饮业企业财务状况(2014年)

单位:万元

项目	Item
总计	**Total**
住宿业	**Accommodation Trade**
# 国有及国有控股	State-owned and State-controlled Enterprises
按登记注册类型分组	**Grouped by Registration Status**
内资企业	Domestic Funded Enterprises
国有企业	State-owned Enterprises
集体企业	Collective-owned Enterprises
股份合作企业	Share-holding Cooperative Enterprises
联营企业	Joint Ownership Enterprises
国有联营企业	State Joint Ownership Enterprises
集体联营企业	Collective Joint Ownership Enterprises
国有与集体联营企业	Joint State-collective Enterprises
其他联营企业	Other Joint Ownership Enterprise
有限责任公司	Limited Liability Corporations
国有独资公司	State Sole Investment Corporations
其他有限责任公司	Other Limited Liability Corporations
股份有限公司	Share-holding Corporations Ltd.
私营企业	Private Enterprises
私营独资企业	Private Sole Investment Enterprises
私营合伙企业	Private Partnership Enterprises
私营有限责任公司	Private Limited Liability Corporations
私营股份有限公司	Private Share-holding Corporations Ltd.
其他企业	Other Enterprises
港、澳、台商投资企业	Enterprises with Funds from Hong Kong, Macao and Taiwan
与港、澳、台商合资经营企业	Joint-venture Enterprises
与港、澳、台商合作经营企业	Cooperative Enterprises
港、澳、台商独资经营企业	Enterprises with Sole Funds
港、澳、台商投资股份有限公司	Share-holding Corporations Ltd.
其他港、澳、台投资企业	Other Enterprises with Funds from Hong Kong, Macao and Taiwan
外商投资企业	Foreign Funded Enterprises
中外合资经营企业	Joint-venture Enterprises
中外合作经营企业	Cooperative Enterprises
外资企业	Enterprises with Sole Foreign Funds
外商投资股份有限公司	Share-holding Corporations Ltd.
其他外商投资企业	Other Foreign Funded Enterprises
按住宿行业中类分组	**Grouped by Accomodation Middle Sector**
旅游饭店	Travel Hotel
一般旅馆	Common Hotel
其它住宿服务业	Others

Financial Situation of Enterprises above the Designated Size in Wholesale and Retail Trade (2014)

(10000 yuan)

资产总计 Total Assets	# 固定资产原价 Original Value of Fixed Assets	负债合计 Total Liabilities	所有者权益 Owners' Equity	营业收入 Revenue from Principal Business	# 主营业务收入 Revenue from Primcipal Busmess
5138680	**2858878**	**3817177**	**1320483**	**4076085**	**3967942**
3545434	**2176089**	**2546643**	**998793**	**1529781**	**1431274**
1416529	1099696	760081	656448	508819	502555
1996548	1337173	1364511	632038	1020851	1008311
558364	419170	365817	192548	261601	257791
19875	18828	13301	6573	9484	9464
1064	1962	86	978	2386	2386
851983	557312	439793	412190	351324	348193
218272	166197	56536	161736	64572	63002
633711	391115	383257	250454	286752	285191
112382	100468	32262	80120	38065	38065
433712	214982	504759	-71046	346406	342019
7183	3433	26895	-19711	25560	24966
2583	1261	1051	1532	3643	3643
422544	209234	475175	-52631	315239	311455
1402	1054	1638	-236	1964	1955
19168	24451	8493	10675	11585	10393
622143	349792	548223	73921	264161	178829
74824	28774	37749	37076	27134	27134
305420	234419	316794	-11374	86299	86299
240618	86060	189499	51119	149194	63862
1281	539	4181	-2900	1534	1534
926743	489124	633909	292834	244769	244134
270000	89055	142790	127211	82989	82715
6479	5228	3216	3263	4050	4050
398983	153704	154347	244636	145317	144956
251281	241137	333556	-82276	12413	12413
3093047	1913070	2287066	805981	1225523	1133159
431973	252337	240571	191402	285274	280572
20413	10681	19004	1409	18983	17542

14-19 续表 1

单位：万元

项　　目	Item
总　计	**Total**
住宿业	**Accommodation Trade**
# 国有及国有控股	State-owned and State-controlled Enterprises
按登记注册类型分组	**Grouped by Registration Status**
内资企业	Domestic Funded Enterprises
国有企业	State-owned Enterprises
集体企业	Collective-owned Enterprises
股份合作企业	Share-holding Cooperative Enterprises
联营企业	Joint Ownership Enterprises
国有联营企业	State Joint Ownership Enterprises
集体联营企业	Collective Joint Ownership Enterprises
国有与集体联营企业	Joint State-collective Enterprises
其他联营企业	Other Joint Ownership Enterprise
有限责任公司	Limited Liability Corporations
国有独资公司	State Sole Investment Corporations
其他有限责任公司	Other Limited Liability Corporations
股份有限公司	Share-holding Corporations Ltd.
私营企业	Private Enterprises
私营独资企业	Private Sole Investment Enterprises
私营合伙企业	Private Partnership Enterprises
私营有限责任公司	Private Limited Liability Corporations
私营股份有限公司	Private Share-holding Corporations Ltd.
其他企业	Other Enterprises
港、澳、台商投资企业	Enterprises with Funds from Hong Kong, Macao and Taiwan
与港、澳、台商合资经营企业	Joint-venture Enterprises
与港、澳、台商合作经营企业	Cooperative Enterprises
港、澳、台商独资经营企业	Enterprises with Sole Funds
港、澳、台商投资股份有限公司	Share-holding Corporations Ltd.
其他港、澳、台投资企业	Other Enterprises with Funds from Hong Kong, Macao and Taiwan
外商投资企业	Foreign Funded Enterprises
中外合资经营企业	Joint-venture Enterprises
中外合作经营企业	Cooperative Enterprises
外资企业	Enterprises with Sole Foreign Funds
外商投资股份有限公司	Share-holding Corporations Ltd.
其他外商投资企业	Other Foreign Funded Enterprises
按住宿行业中类分组	**Grouped by Accomodation Middle Sector**
旅游饭店	Travel Hotel
一般旅馆	Common Hotel
其它住宿服务业	Others

continued

(10000 yuan)

主营业务成本 Cost of Principal Business	主营业务税金及附加 Taxes and Other Charges on Principal Business	其他业务利润 Profit from Other Business	销售费用 Operating Expenses
1636459	**216018**	**74225**	**1343252**
503573	**82042**	**33059**	**421899**
130772	27829	9708	164410
324465	54216	22272	321637
60180	14211	8241	97257
3448	537	236	2490
1408	73		118
106420	19638	3393	98833
12320	3494	177	20297
94100	16144	3216	78536
13638	2118		6710
136955	17346	10402	110270
13504	920		4796
1883	229		311
120469	16099	10402	104972
1099	98		191
2416	293		5959
79821	14768	9749	38909
5418	1501	5	8943
27291	6665	4263	11931
45874	6517	5476	17915
1238	85	5	120
99287	13058	1038	61353
11085	4484	274	30499
1402	233		1630
85907	8095	764	20645
893	246		8579
352309	66417	28827	356306
142645	14543	4233	60716
8616	1080		4874

14-19 续表 2

单位:万元

项 目	Item
总 计	**Total**
住宿业	**Accommodation Trade**
# 国有及国有控股	State-owned and State-controlled Enterprises
按登记注册类型分组	**Grouped by Registration Status**
内资企业	Domestic Funded Enterprises
国有企业	State-owned Enterprises
集体企业	Collective-owned Enterprises
股份合作企业	Share-holding Cooperative Enterprises
联营企业	Joint Ownership Enterprises
国有联营企业	State Joint Ownership Enterprises
集体联营企业	Collective Joint Ownership Enterprises
国有与集体联营企业	Joint State-collective Enterprises
其他联营企业	Other Joint Ownership Enterprise
有限责任公司	Limited Liability Corporations
国有独资公司	State Sole Investment Corporations
其他有限责任公司	Other Limited Liability Corporations
股份有限公司	Share-holding Corporations Ltd.
私营企业	Private Enterprises
私营独资企业	Private Sole Investment Enterprises
私营合伙企业	Private Partnership Enterprises
私营有限责任公司	Private Limited Liability Corporations
私营股份有限公司	Private Share-holding Corporations Ltd.
其他企业	Other Enterprises
港、澳、台商投资企业	Enterprises with Funds from Hong Kong, Macao and Taiwan
与港、澳、台商合资经营企业	Joint-venture Enterprises
与港、澳、台商合作经营企业	Cooperative Enterprises
港、澳、台商独资经营企业	Enterprises with Sole Funds
港、澳、台商投资股份有限公司	Share-holding Corporations Ltd.
其他港、澳、台投资企业	Other Enterprises with Funds from Hong Kong, Macao and Taiwan
外商投资企业	Foreign Funded Enterprises
中外合资经营企业	Joint-venture Enterprises
中外合作经营企业	Cooperative Enterprises
外资企业	Enterprises with Sole Foreign Funds
外商投资股份有限公司	Share-holding Corporations Ltd.
其他外商投资企业	Other Foreign Funded Enterprises
按住宿行业中类分组	**Grouped by Accomodation Middle Sector**
旅游饭店	Travel Hotel
一般旅馆	Common Hotel
其它住宿服务业	Others

continued

(10000 yuan)

管理费用 Management Cost	营业利润 Business Profit	利润总额 Total Profits	本年应付职工薪酬 Total Wages Payable
669192	**117391**	**126884**	**941931**
382676	**65433**	**71679**	**395756**
151058	23345	28268	190645
267013	12412	20164	304715
77316	7336	12295	116723
2108	374	483	3210
845	-56	-67	409
96239	13639	13812	90819
22042	8364	8289	18397
74197	5275	5523	72422
10161	6615	6893	10982
77168	-15084	-12977	79037
3634	2411	2176	4910
1155	34	-4	883
71950	-17670	-15289	72922
429	141	140	322
3176	-412	-275	3535
75642	27704	25916	44530
12607	-1105	-1110	7355
27146	3111	3075	16447
35105	26407	24655	20428
784	-709	-704	300
40021	25317	25599	46511
22826	12009	12096	16056
854	-69	-47	1164
11623	15411	14843	24554
4718	-2034	-1293	4737
326580	58245	64755	326532
51202	9520	7888	63630
4895	-2334	-965	5593

14-19 续表 3

单位：万元

项 目	Item
餐饮业	**Catering Trade**
# 国有及国有控股	State-owned and State-controlled Enterprises
按登记注册类型分组	**Grouped by Registration Status**
内资企业	Domestic Funded Enterprises
国有企业	State-owned Enterprises
集体企业	Collective-owned Enterprises
股份合作企业	Share-holding Cooperative Enterprises
联营企业	Joint Ownership Enterprises
国有联营企业	State Joint Ownership Enterprises
集体联营企业	Collective Joint Ownership Enterprises
国有与集体联营企业	Joint State-collective Enterprises
其他联营企业	Other Joint Ownership Enterprise
有限责任公司	Limited Liability Corporations
国有独资公司	State Sole Investment Corporations
其他有限责任公司	Other Limited Liability Corporations
股份有限公司	Share-holding Corporations Ltd.
私营企业	Private Enterprises
私营独资企业	Private Sole Investment Enterprises
私营合伙企业	Private Partnership Enterprises
私营有限责任公司	Private Limited Liability Corporations
私营股份有限公司	Private Share-holding Corporations Ltd.
其他企业	Other Enterprises
港、澳、台商投资企业	Enterprises with Funds from Hong Kong, Macao and Taiwan
与港、澳、台商合资经营企业	Joint-venture Enterprises
与港、澳、台商合作经营企业	Cooperative Enterprises
港、澳、台商独资经营企业	Enterprises with Sole Funds
港、澳、台商投资股份有限公司	Share-holding Corporations Ltd.
其他港、澳、台投资企业	Other Enterprises with Funds from Hong Kong, Macao and Taiwan
外商投资企业	Foreign Funded Enterprises
中外合资经营企业	Joint-venture Enterprises
中外合作经营企业	Cooperative Enterprises
外资企业	Enterprises with Sole Foreign Funds
外商投资股份有限公司	Share-holding Corporations Ltd.
其他外商投资企业	Other Foreign Funded Enterprises
按行业分	**Grouped by Catering Middle Sector**
正餐服务	Dinner
快餐服务	Snack
饮料及冷饮服务	Beverage and Cold Drinks
其他餐饮服务	Others

continued

(10000 yuan)

资产总计 Total Assets	# 固定资产原价 Original Value of Fixed Assets	负债合计 Total Liabilities	所有者权益 Owners' Equity	营业收入 Revenue from Principal Business	# 主营业务收入 Revenue from Primcipal Busmess
1593246	**682789**	**1270534**	**321690**	**2546304**	**2536668**
281480	198360	230805	50675	190582	188264
1024837	385404	958669	65149	1390682	1381571
65074	66172	37218	27855	48437	48257
21966	6610	11870	10096	23640	23639
15639	5048	15253	385	31927	31926
307072	145506	341066	-33994	245041	241062
1849	537	706	1143	11158	11157
305223	144969	340360	-35137	233883	229905
81374	11492	32629	48745	53595	51571
525958	147138	515272	9668	965519	962593
39453	17316	33309	6144	148386	148369
8943	4063	5925	3018	46616	46579
450120	123148	451553	-2451	737080	734431
27442	2611	24485	2957	33437	33214
7754	3438	5361	2394	22523	22523
216366	81499	118127	98238	311324	310881
8000	5183	-387	8387	24479	24359
33994	26609	31716	2277	45623	45514
173487	49334	86436	87051	237818	237604
885	373	362	523	3404	3404
352043	215886	193738	158303	844298	844216
159274	130977	75532	83742	298063	297981
1097	138	221	875	1148	1148
191140	84532	117825	73314	540294	540294
477	239	154	323	4341	4341
55		6	49	452	452
975420	460586	866021	108383	1428991	1422449
519293	198647	358364	160929	933216	932443
63383	20214	25919	37464	135121	134928
35145	3341	20232	14914	48977	46847

14-19 续表 4

单位：万元

项 目	Item
餐饮业	**Catering Trade**
# 国有及国有控股	State-owned and State-controlled Enterprises
按登记注册类型分组	**Grouped by Registration Status**
内资企业	Domestic Funded Enterprises
国有企业	State-owned Enterprises
集体企业	Collective-owned Enterprises
股份合作企业	Share-holding Cooperative Enterprises
联营企业	Joint Ownership Enterprises
国有联营企业	State Joint Ownership Enterprises
集体联营企业	Collective Joint Ownership Enterprises
国有与集体联营企业	Joint State-collective Enterprises
其他联营企业	Other Joint Ownership Enterprise
有限责任公司	Limited Liability Corporations
国有独资公司	State Sole Investment Corporations
其他有限责任公司	Other Limited Liability Corporations
股份有限公司	Share-holding Corporations Ltd.
私营企业	Private Enterprises
私营独资企业	Private Sole Investment Enterprises
私营合伙企业	Private Partnership Enterprises
私营有限责任公司	Private Limited Liability Corporations
私营股份有限公司	Private Share-holding Corporations Ltd.
其他企业	Other Enterprises
港、澳、台商投资企业	Enterprises with Funds from Hong Kong, Macao and Taiwan
与港、澳、台商合资经营企业	Joint-venture Enterprises
与港、澳、台商合作经营企业	Cooperative Enterprises
港、澳、台商独资经营企业	Enterprises with Sole Funds
港、澳、台商投资股份有限公司	Share-holding Corporations Ltd.
其他港、澳、台投资企业	Other Enterprises with Funds from Hong Kong, Macao and Taiwan
外商投资企业	Foreign Funded Enterprises
中外合资经营企业	Joint-venture Enterprises
中外合作经营企业	Cooperative Enterprises
外资企业	Enterprises with Sole Foreign Funds
外商投资股份有限公司	Share-holding Corporations Ltd.
其他外商投资企业	Other Foreign Funded Enterprises
按行业分	**Grouped by Catering Middle Sector**
正餐服务	Dinner
快餐服务	Snack
饮料及冷饮服务	Beverage and Cold Drinks
其他餐饮服务	Others

continued

(10000 yuan)

主营业务成本 Cost of Principal Business	主营业务税金及附加 Taxes and Other Charges on Principal Business	其他业务利润 Profit from Other Business	销售费用 Operating Expenses
1132886	**133976**	**41166**	**921353**
79410	9438	2159	65767
653828	73330	15184	445344
16641	2426		21043
13836	1295	21	4346
14746	1789	369	11640
100793	13197	687	87862
5552	474		3276
95241	12723	687	84586
25160	2258	1963	13855
471381	51042	12144	299769
75759	8548	1461	35769
25159	2468	27	12911
351084	38915	10143	245703
19379	1111	513	5386
11271	1323		6829
111954	16814	617	126230
7331	1329		9042
21487	2373	135	19846
81496	12920	482	96010
1640	192		1332
367104	43832	25365	349779
107993	14651	77	163051
101	65	8	7
256450	28843	25280	185985
2200	247		736
360	26		
655183	75439	40002	469316
402901	48016	899	394362
46104	8016		52668
28697	2506	265	5006

14-19 续表 5

单位：万元

项　　目	Item
餐饮业	**Catering Trade**
# 国有及国有控股	State-owned and State-controlled Enterprises
按登记注册类型分组	**Grouped by Registration Status**
内资企业	Domestic Funded Enterprises
国有企业	State-owned Enterprises
集体企业	Collective-owned Enterprises
股份合作企业	Share-holding Cooperative Enterprises
联营企业	Joint Ownership Enterprises
国有联营企业	State Joint Ownership Enterprises
集体联营企业	Collective Joint Ownership Enterprises
国有与集体联营企业	Joint State-collective Enterprises
其他联营企业	Other Joint Ownership Enterprise
有限责任公司	Limited Liability Corporations
国有独资公司	State Sole Investment Corporations
其他有限责任公司	Other Limited Liability Corporations
股份有限公司	Share-holding Corporations Ltd.
私营企业	Private Enterprises
私营独资企业	Private Sole Investment Enterprises
私营合伙企业	Private Partnership Enterprises
私营有限责任公司	Private Limited Liability Corporations
私营股份有限公司	Private Share-holding Corporations Ltd.
其他企业	Other Enterprises
港、澳、台商投资企业	Enterprises with Funds from Hong Kong, Macao and Taiwan
与港、澳、台商合资经营企业	Joint-venture Enterprises
与港、澳、台商合作经营企业	Cooperative Enterprises
港、澳、台商独资经营企业	Enterprises with Sole Funds
港、澳、台商投资股份有限公司	Share-holding Corporations Ltd.
其他港、澳、台投资企业	Other Enterprises with Funds from Hong Kong, Macao and Taiwan
外商投资企业	Foreign Funded Enterprises
中外合资经营企业	Joint-venture Enterprises
中外合作经营企业	Cooperative Enterprises
外资企业	Enterprises with Sole Foreign Funds
外商投资股份有限公司	Share-holding Corporations Ltd.
其他外商投资企业	Other Foreign Funded Enterprises
按行业分	**Grouped by Catering Middle Sector**
正餐服务	Dinner
快餐服务	Snack
饮料及冷饮服务	Beverage and Cold Drinks
其他餐饮服务	Others

continued

(10000 yuan)

管理费用 Management Cost	营业利润 Business Profit	利润总额 Total Profits	本年应付职工薪酬 Total Wages Payable
286516	**51958**	**55205**	**546175**
28961	18857	18087	50013
192205	16543	24132	362535
6708	965	-24	14559
2505	1399	1402	5092
2673	504	472	6278
40741	-8153	-6353	49474
888	914	922	2543
39853	-9067	-7275	46931
8364	20808	20891	12208
128350	889	7635	269928
19754	6540	6443	26895
4403	1368	1331	8068
98563	-8500	-1554	229982
5630	1481	1415	4983
2864	131	109	4996
28165	25659	24576	45856
1904	4919	4892	3934
5069	-3277	-3001	8879
21003	23991	22663	32430
189	26	22	613
66146	9756	6497	137784
12369	-1141	-4817	51111
1339	-358	-358	207
52090	10389	10804	85586
300	848	850	839
48	18	18	41
194985	24542	32097	378891
72651	7501	4179	147869
7831	18171	17220	13435
11048	1743	1710	5978

14-20 市区限额以上住宿和餐饮业法人企业财务状况(2014年)

单位：万元

项 目	Item
总 计	**Total**
住宿业	**Accommodation Trade**
# 国有及国有控股	State-owned and State-controlled Enterprises
按登记注册类型分组	**Grouped by Registration Status**
内资企业	Domestic-funded Enterprises
国有企业	State-owned Enterprises
集体企业	Collective-owned Enterprises
股份合作企业	Share-holding Cooperative Enterprises
联营企业	Joint-opeartion Enterprises
国有联营企业	State-owned Joint-opeartion Enterprises
集体联营企业	Collective Joint-opeartion Enterprises
国有与集体联营企业	Joint State-collective Enterprises
其他联营企业	Other Joint Ownership Enterprises
有限责任公司	Limited Liability Corporations
国有独资公司	State Sole Investment Corporations
其他有限责任公司	Other Limited Liability Corporations
股份有限公司	Share-holding Corporations Ltd.
私营企业	Private Enterprises
私营独资企业	Private Sole Investment Enterprises
私营合伙企业	Private Partnership Enterprises
私营有限责任公司	Private Limited Liability Corporations
私营股份有限公司	Private Share-holding Corporations Ltd.
其他企业	Other Enterprises
港、澳、台商投资企业	Enterprises with Funds from Hong Kong, Macao and Taiwan
与港、澳、台商合资经营企业	Joint-venture Enterprises
与港、澳、台商合作经营企业	Cooperative Enterprises
港、澳、台商独资经营企业	Enterprises with Sole Funds
港、澳、台商投资股份有限公司	Share-holding Corporations Ltd.
其他港、澳、台投资企业	Other Enterprises with Funds from Hong Kong, Macao and Taiwan
外商投资企业	Foreign Funded Enterprises
中外合资经营企业	Joint-venture Enterprises
中外合作经营企业	Cooperative Enterprises
外资企业	Enterprises with Sole Foreign Funds
外商投资股份有限公司	Share-holding Corporations Ltd.
其他外商投资企业	Other Foreign Funded Enterprises
按住宿行业中类分组	**Grouped by Accomodation Middle Sector**
旅游饭店	Travel Hotel
一般旅馆	Common Hotel
其它住宿服务业	Others

Financial Situation on Enterprises in Hotels and Catering Services of Corporate above Designated Size in Urban Districts (2014)

(10000 yuan)

资产总计 Total Assets	# 固定资产原价 Original Value of Fixed Assets	负债合计 Total Liabilities	所有者权益 Owners' Equity	营业收入 Revenue from Principal Business	# 主营业务收入 Revenue from Primcipal Busmess
4486387	**2408754**	**3202623**	**1282745**	**3836231**	**3728764**
2955124	**1773874**	**1973270**	**981857**	**1390701**	**1292251**
1343024	1058350	726181	616843	465495	459290
1853698	1243204	1271616	582083	924573	912092
544431	407010	359601	184829	249418	245668
19429	18576	13269	6161	8964	8944
1064	1962	86	978	2386	2386
782934	526697	397897	385037	315738	312607
184090	144572	53259	130831	51616	50046
598844	382125	344638	254206	264122	262561
112382	100468	32262	80120	38065	38065
375129	164543	460190	-85060	300039	295652
4947	2854	26161	-21213	21023	20429
711	429	720	-9	2214	2214
368069	160206	431671	-63602	274838	271054
1402	1054	1638	-236	1964	1955
18329	23948	8311	10018	9963	8770
622143	349792	548223	73921	264161	178829
74824	28774	37749	37076	27134	27134
305420	234419	316794	-11374	86299	86299
240618	86060	189499	51119	149194	63862
1281	539	4181	-2900	1534	1534
479283	180878	153431	325853	201967	201330
246048	59016	115218	130830	72474	72199
6479	5228	3216	3263	4050	4050
226756	116634	34997	191760	125443	125081
2509098	1513588	1715767	793331	1096811	1004507
425613	249605	238497	187116	274906	270203
20413	10681	19004	1409	18983	17542

14-20 续表 1

单位：万元

项 目	Item
总 计	**Total**
住宿业	**Accommodation Trade**
# 国有及国有控股	State-owned and State-controlled Enterprises
按登记注册类型分组	**Grouped by Registration Status**
内资企业	Domestic-funded Enterprises
国有企业	State-owned Enterprises
集体企业	Collective-owned Enterprises
股份合作企业	Share-holding Cooperative Enterprises
联营企业	Joint-opeartion Enterprises
国有联营企业	State-owned Joint-opeartion Enterprises
集体联营企业	Collective Joint-opeartion Enterprises
国有与集体联营企业	Joint State-collective Enterprises
其他联营企业	Other Joint Ownership Enterprises
有限责任公司	Limited Liability Corporations
国有独资公司	State Sole Investment Corporations
其他有限责任公司	Other Limited Liability Corporations
股份有限公司	Share-holding Corporations Ltd.
私营企业	Private Enterprises
私营独资企业	Private Sole Investment Enterprises
私营合伙企业	Private Partnership Enterprises
私营有限责任公司	Private Limited Liability Corporations
私营股份有限公司	Private Share-holding Corporations Ltd.
其他企业	Other Enterprises
港、澳、台商投资企业	Enterprises with Funds from Hong Kong, Macao and Taiwan
与港、澳、台商合资经营企业	Joint-venture Enterprises
与港、澳、台商合作经营企业	Cooperative Enterprises
港、澳、台商独资经营企业	Enterprises with Sole Funds
港、澳、台商投资股份有限公司	Share-holding Corporations Ltd.
其他港、澳、台投资企业	Other Enterprises with Funds from Hong Kong, Macao and Taiwan
外商投资企业	Foreign Funded Enterprises
中外合资经营企业	Joint-venture Enterprises
中外合作经营企业	Cooperative Enterprises
外资企业	Enterprises with Sole Foreign Funds
外商投资股份有限公司	Share-holding Corporations Ltd.
其他外商投资企业	Other Foreign Funded Enterprises
按行业分	**Grouped by Accomodation Middle Sector**
旅游饭店	Travel Hotel
一般旅馆	Common Hotel
其它住宿服务	Others

continued

(10000 yuan)

主营业务成本 Cost of Principal Business	主营业务税金及附加 Taxes and Other Charges on Principal Business	其他业务利润 Profit from Other Business	销售费用 Operating Expenses
1526152	**204771**	**73843**	**1282109**
447232	**75997**	**32962**	**387418**
117342	25632	9634	154120
282078	49815	22175	301465
55709	13598	8168	93591
3186	510	236	2447
1408	73		118
96828	17804	3393	89928
11331	2778	177	16101
85497	15026	3216	73827
13638	2118		6710
109846	15503	10378	102791
10148	683		4608
1068	148		207
97531	14574	10378	97785
1099	98		191
1463	209		5880
79821	14768	9749	38909
5418	1501	5	8943
27291	6665	4263	11931
45874	6517	5476	17915
1238	85	5	120
85333	11414	1038	47044
9944	4168	274	26817
1402	233		1630
73987	7013	764	18597
301993	60990	28730	323091
136620	13925	4233	59451
8616	1080		4874

14-20 续表 2

单位:万元

项 目	Item
总 计	**Total**
住宿业	**Accommodation Trade**
# 国有及国有控股	State-owned and State-controlled Enterprises
按登记注册类型分组	**Grouped by Registration Status**
内资企业	Domestic Funded Enterprises
国有企业	State-owned Enterprises
集体企业	Collective-owned Enterprises
股份合作企业	Share-holding Cooperative Enterprises
联营企业	Joint Ownership Enterprises
国有联营企业	State Joint Ownership Enterprises
集体联营企业	Collective Joint Ownership Enterprises
国有与集体联营企业	Joint State-collective Enterprises
其他联营企业	Other Joint Ownership Enterprise
有限责任公司	Limited Liability Corporations
国有独资公司	State Sole Investment Corporations
其他有限责任公司	Other Limited Liability Corporations
股份有限公司	Share-holding Corporations Ltd.
私营企业	Private Enterprises
私营独资企业	Private Sole Investment Enterprises
私营合伙企业	Private Partnership Enterprises
私营有限责任公司	Private Limited Liability Corporations
私营股份有限公司	Private Share-holding Corporations Ltd.
其他企业	Other Enterprises
港、澳、台商投资企业	Enterprises with Funds from Hong Kong, Macao and Taiwan
与港、澳、台商合资经营企业	Joint-venture Enterprises
与港、澳、台商合作经营企业	Cooperative Enterprises
港、澳、台商独资经营企业	Enterprises with Sole Funds
港、澳、台商投资股份有限公司	Share-holding Corporations Ltd.
其他港、澳、台投资企业	Other Enterprises with Funds from Hong Kong, Macao and Taiwan
外商投资企业	Foreign Funded Enterprises
中外合资经营企业	Joint-venture Enterprises
中外合作经营企业	Cooperative Enterprises
外资企业	Enterprises with Sole Foreign Funds
外商投资股份有限公司	Share-holding Corporations Ltd.
其他外商投资企业	Other Foreign Funded Enterprises
按住宿行业中类分组	**Grouped by Accomodation Middle Sector**
旅游饭店	Travel Hotel
一般旅馆	Common Hotel
其它住宿服务业	Others

continued

(10000 yuan)

管理费用 Management Cost	营业利润 Business Profit	利润总额 Total Profits	本年应付职工薪酬 Total Wages Payable
626326	**109980**	**118464**	**889005**
351201	**59823**	**65088**	**363772**
138995	18934	23676	178807
244773	7857	15405	281874
73803	7369	12221	112691
2031	271	381	3021
845	-56	-67	409
85767	9864	9941	82351
15665	7736	7640	14579
70102	2128	2301	67772
10161	6615	6893	10982
69125	-15450	-13346	69272
3191	2115	1880	3802
973	-192	-230	552
64532	-17514	-15136	64596
429	141	140	322
3041	-756	-618	3148
75642	27704	25916	44530
12607	-1105	-1110	7355
27146	3111	3075	16447
35105	26407	24655	20428
784	-709	-704	300
30786	24262	23767	37368
20677	9113	9168	14388
854	-69	-47	1164
9255	15218	14646	21816
296859	53238	58765	296880
49448	8920	7287	61298
4895	-2334	-965	5593

14-20 续表 3

单位：万元

项　　目	Item
餐饮业	**Catering Trade**
# 国有及国有控股	State-owned and State-controlled Enterprises
按登记注册类型分组	**Grouped by Registration Status**
内资企业	Domestic Funded Enterprises
国有企业	State-owned Enterprises
集体企业	Collective-owned Enterprises
股份合作企业	Share-holding Cooperative Enterprises
联营企业	Joint Ownership Enterprises
国有联营企业	State Joint Ownership Enterprises
集体联营企业	Collective Joint Ownership Enterprises
国有与集体联营企业	Joint State-collective Enterprises
其他联营企业	Other Joint Ownership Enterprise
有限责任公司	Limited Liability Corporations
国有独资公司	State Sole Investment Corporations
其他有限责任公司	Other Limited Liability Corporations
股份有限公司	Share-holding Corporations Ltd.
私营企业	Private Enterprises
私营独资企业	Private Sole Investment Enterprises
私营合伙企业	Private Partnership Enterprises
私营有限责任公司	Private Limited Liability Corporations
私营股份有限公司	Private Share-holding Corporations Ltd.
其他企业	Other Enterprises
港、澳、台商投资企业	Enterprises with Funds from Hong Kong, Macao and Taiwan
与港、澳、台商合资经营企业	Joint-venture Enterprises
与港、澳、台商合作经营企业	Cooperative Enterprises
港、澳、台商独资经营企业	Enterprises with Sole Funds
港、澳、台商投资股份有限公司	Share-holding Corporations Ltd.
其他港、澳、台投资企业	Other Enterprises with Funds from Hong Kong, Macao and Taiwan
外商投资企业	Foreign Funded Enterprises
中外合资经营企业	Joint-venture Enterprises
中外合作经营企业	Cooperative Enterprises
外资企业	Enterprises with Sole Foreign Funds
外商投资股份有限公司	Share-holding Corporations Ltd.
其他外商投资企业	Other Foreign Funded Enterprises
按行业分	**Grouped by Catering Middle Sector**
正餐服务	Dinner
快餐服务	Snack
饮料及冷饮服务	Beverage and Cold Drinks
其他餐饮服务	Others

continued

(10000 yuan)

资产总计 Total Assets	# 固定资产原价 Original Value of Fixed Assets	负债合计 Total Liabilities	所有者权益 Owners' Equity	营业收入 Revenue from Principal Business	# 主营业务收入 Revenue from Primcipal Busmess
1531263	**634880**	**1229353**	**300888**	**2445530**	**2436513**
281025	198330	230082	50944	188014	185696
983078	358238	930222	51836	1308236	1299744
64619	66141	36495	28124	45869	45689
21966	6610	11870	10096	23640	23639
15639	5048	15253	385	31927	31926
300278	142801	336248	-35971	243339	239359
1849	537	706	1143	11158	11157
298429	142264	335542	-37114	232181	228202
80222	11036	31451	48771	52667	50643
493648	123495	494379	-1749	890585	888279
31886	13029	29751	2134	132372	132355
7785	3380	5657	2128	41092	41054
426535	104475	434486	-8968	683684	681656
27442	2611	24485	2957	33437	33214
6706	3107	4526	2180	20209	20209
197566	62313	105798	91767	299537	299094
8000	5183	-387	8387	24479	24359
33396	22958	31455	1940	41581	41472
155285	33799	74368	80917	230073	229859
885	373	362	523	3404	3404
350619	214329	193333	157285	837757	837675
159274	130977	75532	83742	298063	297981
1097	138	221	875	1148	1148
190193	83214	117574	72619	538094	538094
55		6	49	452	452
918517	416732	825623	91878	1342855	1336935
518346	197329	358113	160234	931016	930243
59251	17478	25387	33864	122682	122489
35145	3341	20232	14914	48977	46847

14-20 续表 4

单位：万元

项　　目	Item
餐饮业	**Catering Trade**
# 国有及国有控股	State-owned and State-controlled Enterprises
按登记注册类型分组	**Grouped by Registration Status**
内资企业	Domestic Funded Enterprises
国有企业	State-owned Enterprises
集体企业	Collective-owned Enterprises
股份合作企业	Share-holding Cooperative Enterprises
联营企业	Joint Ownership Enterprises
国有联营企业	State Joint Ownership Enterprises
集体联营企业	Collective Joint Ownership Enterprises
国有与集体联营企业	Joint State-collective Enterprises
其他联营企业	Other Joint Ownership Enterprise
有限责任公司	Limited Liability Corporations
国有独资公司	State Sole Investment Corporations
其他有限责任公司	Other Limited Liability Corporations
股份有限公司	Share-holding Corporations Ltd.
私营企业	Private Enterprises
私营独资企业	Private Sole Investment Enterprises
私营合伙企业	Private Partnership Enterprises
私营有限责任公司	Private Limited Liability Corporations
私营股份有限公司	Private Share-holding Corporations Ltd.
其他企业	Other Enterprises
港、澳、台商投资企业	Enterprises with Funds from Hong Kong, Macao and Taiwan
与港、澳、台商合资经营企业	Joint-venture Enterprises
与港、澳、台商合作经营企业	Cooperative Enterprises
港、澳、台商独资经营企业	Enterprises with Sole Funds
港、澳、台商投资股份有限公司	Share-holding Corporations Ltd.
其他港、澳、台投资企业	Other Enterprises with Funds from Hong Kong, Macao and Taiwan
外商投资企业	Foreign Funded Enterprises
中外合资经营企业	Joint-venture Enterprises
中外合作经营企业	Cooperative Enterprises
外资企业	Enterprises with Sole Foreign Funds
外商投资股份有限公司	Share-holding Corporations Ltd.
其他外商投资企业	Other Foreign Funded Enterprises
按行业分	**Grouped by Catering Middle Sector**
正餐服务	Dinner
快餐服务	Snack
饮料及冷饮服务	Beverage and Cold Drinks
其他餐饮服务	Others

continued

(10000 yuan)

主营业务成本 Cost of Principal Business	主营业务税金及附加 Taxes and Other Charges on Principal Business	其他业务利润 Profit from Other Business	销售费用 Operating Expenses
1078920	**128774**	**40881**	**894691**
78004	9293	2159	64824
607240	69195	14899	425375
15234	2281		20100
13836	1295	21	4346
14746	1789	369	11640
100362	13063	687	87296
5552	474		3276
94810	12589	687	84020
24960	2219	1963	13478
428156	47362	11859	282422
67479	7073	1444	31989
21484	2287	27	12273
319814	36891	9875	232774
19379	1111	513	5386
9946	1186		6093
107442	16117	617	121631
7331	1329		9042
20442	2090	135	18589
78029	12506	482	92668
1640	192		1332
364238	43462	25365	347685
107993	14651	77	163051
101	65	8	7
255784	28720	25280	184627
360	26		
609703	71502	39718	445202
402235	47894	899	393004
38285	6872		51478
28697	2506	265	5006

单位：万元

项　　目	Item
餐饮业	**Catering Trade**
# 国有及国有控股	State-owned and State-controlled Enterprises
按登记注册类型分组	**Grouped by Registration Status**
内资企业	Domestic Funded Enterprises
国有企业	State-owned Enterprises
集体企业	Collective-owned Enterprises
股份合作企业	Share-holding Cooperative Enterprises
联营企业	Joint Ownership Enterprises
国有联营企业	State Joint Ownership Enterprises
集体联营企业	Collective Joint Ownership Enterprises
国有与集体联营企业	Joint State-collective Enterprises
其他联营企业	Other Joint Ownership Enterprise
有限责任公司	Limited Liability Corporations
国有独资公司	State Sole Investment Corporations
其他有限责任公司	Other Limited Liability Corporations
股份有限公司	Share-holding Corporations Ltd.
私营企业	Private Enterprises
私营独资企业	Private Sole Investment Enterprises
私营合伙企业	Private Partnership Enterprises
私营有限责任公司	Private Limited Liability Corporations
私营股份有限公司	Private Share-holding Corporations Ltd.
其他企业	Other Enterprises
港、澳、台商投资企业	Enterprises with Funds from Hong Kong, Macao and Taiwan
与港、澳、台商合资经营企业	Joint-venture Enterprises
与港、澳、台商合作经营企业	Cooperative Enterprises
港、澳、台商独资经营企业	Enterprises with Sole Funds
港、澳、台商投资股份有限公司	Share-holding Corporations Ltd.
其他港、澳、台投资企业	Other Enterprises with Funds from Hong Kong, Macao and Taiwan
外商投资企业	Foreign Funded Enterprises
中外合资经营企业	Joint-venture Enterprises
中外合作经营企业	Cooperative Enterprises
外资企业	Enterprises with Sole Foreign Funds
外商投资股份有限公司	Share-holding Corporations Ltd.
其他外商投资企业	Other Foreign Funded Enterprises
按行业分	**Grouped by Catering Middle Sector**
正餐服务	Dinner
快餐服务	Snack
饮料及冷饮服务	Beverage and Cold Drinks
其他餐饮服务	Others

continued

(10000 yuan)

管理费用 Management Cost	营业利润 Business Profit	利润总额 Total Profits	本年应付职工薪酬 Total Wages Payable
275125	**50157**	**53376**	**525233**
28863	18892	18122	49301
184034	14354	21969	347794
6610	999	11	13847
2505	1399	1402	5092
2673	504	472	6278
40215	-7873	-6073	48924
888	914	922	2543
39327	-8787	-6995	46381
8125	20787	20870	12004
121250	-1686	5085	257501
17795	6140	6024	24379
3767	1047	1010	7568
94058	-10354	-3364	220571
5630	1481	1415	4983
2656	224	202	4148
25401	26799	25664	40987
1904	4919	4892	3934
3472	-3108	-2832	6777
19836	24962	23582	29663
189	26	22	613
65690	9004	5743	136452
12369	-1141	-4817	51111
1339	-358	-358	207
51934	10485	10900	85093
48	18	18	41
185213	23334	30860	359588
72495	7597	4275	147376
6367	17483	16531	12289
11048	1743	1710	5978

【社会消费品零售总额】 指批发和零售业、餐饮业、新闻出版业、邮政业和其他服务业等，售予城乡居民用于生活消费的商品和社会集团用于公共消费的商品之总量。社会消费品零售总额包括：

一、批发和零售业企业（单位）：

1. 售予城乡居民的各种生活消费品；

2. 售予入境旅游的外国人、华侨、港澳台同胞的各类商品；

3. 售予行政事业单位、社会团体、军队和武警等机构的商品，以及以零售方式售予各类企业的商品。具体包括：用于非生产和社会交往的办公用品，如通讯设备、计算器具和设备、电讯网络设备、文印设备、音像视听器材和设备、纸张、本册、文具及装订文印材料、家具、日用电器、针纺织品、清洁卫生用品、文体用品、奖品、纪念品、礼品等；供内部人员乘坐的交通工具和燃料；用于办公设施修缮的各类配件、材料、工具等；用于取暖和防暑降温的设备、燃料、材料及食品等；专用于教学的用品和设备；非营利医疗机构的中、西药品、中药材和医疗设备器材；非专用的劳动保护用品；不对外营业的内部食堂用的餐具、炊具、设备、清洁卫生工具和食品、燃料等；军队、武警用于其人员生活的衣着品和个人用品；其他各类非生产性设备和用品。

二、餐饮业出售的主食、菜肴、烟酒饮料和其他商品。

三、新闻出版业、邮政业售予城乡居民、企事业单位、军队和武警等机构的书报杂志、音像制品、邮品等。

四、其他服务业出售的食品、烟酒饮料、服装鞋帽、日常生活用品、医药保健用品、艺术品、工艺美术品、玩具、殡葬用品以及其他消费品。

【商品购进总额】 指从本企业（单位）以外的单位和个人购进（包括从境外直接进口）作为转卖或加工后转卖的商品总额。它反映批发零售贸易业从国内、国外市场上购进商品的总量。商品购进总额包括：（1）从工农业生产者购进的商品；（2）从出版社、报社的出版发行部门购进的图书、杂志和报纸；（3）从各种登记注册类型的批发零售贸易企业（单位）购进的商品；（4）从其他单位购进的商品，如从机关、团体、企业等单位购进的剩余物资，从餐饮业、服务业购进的商品，从海关、市场管理部门购进的缉私和没收的商品，从居民手中收购的废旧商品等；（5）从国（境）外直接进口的商品。不包括企业（单位）为自身经营用和未通过买卖行为而收入的商品以及销售退回、商品升溢等。

【商品销售总额】 指对本企业以外的单位和个人出售（包括对国（境）外直接出口）的商品。这个指标反映批发零售贸易业在广州市场以及广州以外市场上销售商品的总量。商品销售总额包括：（1）售给城乡居民和社会集团消费用的商品；（2）售给工业、农业、建筑业、运输邮电业、批发零售贸易业、餐饮业、服务业等作为生产、经营使用的商品；（3）售给批发零售贸易业作为转卖或加工后转卖的商品；（4）对国（境）外直接出口的商品。不包括：出售本企业自用的废旧包装用品，未通过买卖行为付出的商品，经本单位介绍，由买卖双方直接结算，本单位只收取手续费的业务，购货退出的商品以及商品损耗和损失等。

【住宿餐饮业营业额】 指住宿和餐饮业法人企业、产业活动单位在经营活动中因提供服务或销售商品等取得的收入，包括客房收入、餐费收入、商品销售收入和其他收入。客房收入指住宿和餐饮业法人企业、产业活动单位在经营活动中因提供住宿服务取得的客房收入。餐费收入指住宿和餐饮业法人企业、产业活动单位因为顾客提供就餐服务取得的收入，包括经烹饪、调制加工后出售的各种食品，如主食、炒菜、凉拌菜等的收入。商品销售收入指住宿和餐饮业法人企业、产业活动单位伴随服务而出售商品所取得的收入。其他收入指营业收入中除客房收入、餐费收入、商品销售收入以外的其他收入，包括娱乐、健身和商务服务等。

【Total Retail Sales of Consumer Goods】 refer to the sum of retail sales of commodities sold by wholesale, retail, catering, publishing, post and telecommunications and other service industries to urban and rural households for private consumption and to social institutions for public consumption. Retail sales of consumer goods include:

Sales by wholesale and retail units:

of consumer goods sold to urban and rural households.

of commodities sold to foreigners, overseas Chinese and Chinese compatriots from Hong Kong, Macau and Taiwan visiting in China.

of commodities sold to government agencies, institutions, social organizations, military and armed police units, and commodities sold to enterprises in the form of retail sales. More specifically, they include: office facilities and articles for non-production purposes such as communications equipment, computing equipment and instruments, TV and network equipment, printing and copying equipment, audio-visual equipment and instruments, paper, notebooks, stationeries, furniture, electric appliances, knitwear, sanitation and cleaning articles, cultural and sport articles, articles for prizes, souvenirs, etc.; transport vehicles and fuels for employees; materials, spare parts and tools for the maintenance of office facilities; equipment, fuels, materials and food for winter heating or summer cooling purposes; articles and equipment for teaching purpose; Chinese and western medicines and medical equipment and facilities purchased by non profit-making medical institutes; non-specialized work safety articles; cooking utensils, tableware, equipment, cleaning articles, food and fuels purchased by internal cafeterias; clothes and personal articles purchased by military or armed police units for their officials and soldiers; and other equipment and articles for non-production purposes.

Sales of stable food, cooked dishes, beverages, tobaccos and other articles by catering units.

Sales of books, newspapers, magazines, audio-visual products and post products by publishing, post and telecommunications departments to urban and rural households and to enterprises, institutions, military and armed police units.

Sales of food, beverages, tobaccos, clothing, hats, footwear, articles for daily use, medicines, medical and health articles, work of art, handicrafts, toys, funeral articles and other articles by other service industries.

【Total Purchases of Commodities】 refer to the total value of purchases of commodities by the enterprises (establishments) from other establishments or individuals (including direct import from abroad) for the purpose of reselling, either with or without further processing of the commodities purchased. This indicator is used to show the total value of purchases of commodities by wholesale and retail establishments from domestic and overseas markets. The total purchases include: (1) agricultural and industrial products purchased from producers; (2) books, magazines and newspapers purchased from distribution departments of the publishers; (3) commodities purchased from wholesale and retail establishments of different status of registration; (4) commodities purchased from other units, such as surplus materials purchased from government agencies, enterprises or institutions, commodities purchased from catering and service establishments, confiscated goods purchased from customs authorities or market management agencies, second-hand goods and wastes purchased from residents; and (5) commodities directly imported from abroad. Excluded are commodities purchased by enterprises (establishments) for use in their own business operation, commodities obtained without buying or selling procedures, rejected commodities, etc.

【Total Sales of Commodities】 refer to the selling of commodities to other establishments and individuals (including direct export). Reflecting the total value of sales of commodities at Guangzhou markets and out-of-Guangzhou markets, this indicator includes: (1) commodities sold to urban and rural households and institutions for their consumption; (2) commodities sold to establishments in industry, agriculture, construction, transportation, post and telecommunications, wholesale and retail trade, catering and service trade and public utility for their production and operation; (3) commodities sold to wholesale and retail establishments for reselling, with or without further processing; and (4) commodities for direct export to other countries. Excluded are selling of waste packaging materials used by enterprises themselves, commodities transferred without buying or selling procedures, commission income from brokerage in transactions whose settlement is directly handled by buyers and sellers, rejected commodities in the purchase, loss in commodities, etc.

【Business Revenue of Hotels and Catering Services】 refer to revenue received from providing services or selling commodities by corporate enterprises and establishments engaged in hotel and catering services, including income from hotel rooms, from catering services, from selling of commodities and from other services. Income from hotel rooms refers to income of corporate enterprises and establishments by providing lodging services. Income from catering services refers to income of corporate enterprises and establishments by providing catering services, including selling of cooked or prepared foods such as stable food, cooked dishes or cold dishes. Income from selling of commodities refers to income of corporate enterprises and establishments by selling commodities that accompany the services they provide. Income from other activities refers to income received other than income from hotel rooms, catering services or selling of commodities, such as income from providing recreation, fitness or business services.

第十五篇 CHAPTER 15

对外经济贸易和旅游

FOREIGN ECONOMY AND TOURISM

第十五篇　对外经济贸易和旅游

一、本篇资料反映广州市对外贸易、利用外资、对外承包工程和劳务合作、境外投资、外商投资企业工商注册登记以及旅游业概况及发展情况。

二、本篇资料由广州市统计局贸易外经统计处整理提供。

三、资料来源及统计范围：

1．广州进出口贸易的规模、结构情况资料主要来源于广州海关，统计范围为广州地区进出口经营单位（广州地区口岸进出口资料除外）。

2．广州利用外资规模及结构、对外承包工程及劳务合作状况、境外投资情况、软件出口和技术进口情况的资料来源于广州市对外贸易经济合作局。

3．广州外商投资企业注册登记情况的资料由广州市工商行政管理局提供，但不包括在广东省工商行政管理局注册登记的在穗外商投资企业。

4．广州旅游业发展情况的资料由广州市旅游局提供。

5．广州与国外城市交流情况，广州与国外结成友好城市情况及各国驻广州领事馆情况的资料由广州市政府外事办公室提供。

6．外商投资企业包括国外及港澳台投资企业。

15 Foreign Economy and Tourism

I.The data in this chapter show the Summary data of Guangzhou's foreign trade, utilization of foreign capital, contracted projects and labor cooperation with the foreign countries or territories, external investment, basic indicators of three kinds of registered foreign-funded enterprises and international tourism.

II.The data in this chapter are prepared and provided by the Division of Trade and External Economic Relations Statistics of Guangzhou Municipal Bureau of Statistics.

III. Data sources and statistical coverage:

(1)The data on the size and composition of Guangzhou's imports and exports come from Guangzhou Customs Office; the statistical coverage covers the imports and exports operating units in Guangzhou, excluding the data of imports and exports through ports in Guangzhou.

(2)The data on the scale and composition of the utilization of foreign capitals and the contracted projects and labor cooperation with the foreign countries or territories, external investment, software exports and technical imports of Guangzhou come from the Bureau of Foreign Trade and Economic Cooperation of Guangzhou.

(3)The basic indicators of the registered foreign-funded enterprises come from the Administration of Industry and Commerce of Guangzhou Municipality but exclude those registered by the Administration of Industry and Commerce of Guangdong Province.

(4)The data on the development of international tourism are provided by the Tourism Administration of Guangzhou Municipality.

(5)The data on exchange between Guangzhou and foreign friendly cities, consulate generals in Guangzhou are provided by Foreign Affair Office of Guangzhou Municipal People's Government.

(6)The foreign-funded enterprises cover the enterprises whose fund come from Hong Kong, Macao, Taiwan and foreign countries.

15-1 主要年份商品进出口总值和商品进出口总值指数

Total Value and Indices of Import and Export Commodities in Main Years

年 份 Year	进出口总值（亿美元） Total Value of Imports and Exports (USD 100 million)	进口总值 Imports	出口总值 Exports	进出口差额（亿美元） Balance (USD 100 million)	进 出 口 总值指数（上年=100） Indices of Total Imports and Exports (preceding year=100)	进口总值 Imports	出口总值 Exports
1987	21.71	11.47	10.24	-1.23			
1988	32.25	17.66	14.59	-3.07	148.5	154.0	142.4
1989	35.32	17.62	17.70	0.08	109.5	99.8	121.3
1990	41.79	18.24	23.55	5.31	118.3	103.5	133.0
1991	53.82	24.40	29.42	5.02	128.8	133.8	125.0
1992	70.75	33.88	36.87	2.99	131.5	138.8	125.3
1993	134.33	69.84	64.49	-5.35	189.9	206.2	174.9
1994	161.36	74.67	86.69	12.02	120.1	106.9	134.4
1995	166.99	71.32	95.67	24.35	103.5	95.5	110.4
1996	166.89	75.53	91.36	15.83	99.9	105.9	95.5
1997	187.46	81.51	105.95	24.44	112.3	107.9	116.0
1998	178.77	75.39	103.38	27.99	95.4	92.5	97.6
1999	191.85	93.18	98.67	5.49	107.3	123.6	95.4
2000	233.51	115.60	117.91	2.31	121.7	124.1	119.5
2001	230.37	114.13	116.24	2.11	98.7	98.7	98.6
2002	279.27	141.49	137.78	-3.71	121.2	124.0	118.5
2003	349.41	180.52	168.89	-11.63	125.1	127.6	122.6
2004	447.88	233.14	214.74	-18.40	128.2	129.2	127.2
2005	534.75	268.07	266.68	-1.39	119.4	115.0	124.2
2006	637.62	313.85	323.77	9.92	119.2	117.1	121.4
2007	734.94	355.91	379.03	23.12	115.3	113.4	117.1
2008	818.73	389.47	429.26	39.79	111.4	109.4	113.3
2009	766.85	392.82	374.03	-18.79	93.7	100.9	87.1
2010	1037.68	553.89	483.79	-70.10	135.3	141.0	129.3
2011	1161.68	596.94	564.74	-32.20	112.0	107.8	116.7
2012	1171.67	582.52	589.15	6.63	100.9	97.6	104.3
2013	1188.96	560.89	628.07	67.18	101.5	96.3	106.6
2014	1305.90	578.77	727.13	148.36	109.8	103.2	115.8

15-2 商品进出口总值

单位：万美元、万元

项　　目	Item
总　计	**Total**
按贸易方式分	**By Trade Form**
一般贸易	Ordinary Trade
国家间国际组织无偿援助和捐赠的物资	Donation and Gratis Aid of International Organizations
华侨港澳同胞外籍华人捐赠的物资	Donation of Overseas Chinese
补偿贸易	Compensation Trade
来料加工装配贸易	Trade of Processing and Assembling Supplied Materials
进料加工贸易	Trade of Processing Imported Materials
寄售代销贸易	Sale by Consignment
边境小额贸易	Small Trade on Border
来料加工装配进口的设备	Equipment for Processing and Assembling by Import
对外承包工程货物	Goods for Contracted Foreign Projects
租赁贸易	Leasing Trade
外商投资企业作为投资进口的设备物品	Imported Equipment Used as Investment by Foreign Funded Enterprises
出料加工贸易	Trade of Processing Exported Materials
保税监管场所进出境货物	Inbound and Outbound Goods in Bonded Warehouses
海关特殊监管区域物流货物	Storage of Transit Goods in Bonded Warehouses
易货贸易	Barter Trade
海关特殊监管区域进口设备	Facility of Export Manufacturing District
其他贸易	Others
按登记注册类型分	**Grouped by Registration Status**
国有企业	State-owned Enterprises
集体企业	Collective-owned Enterprises
外商及港澳台投资企业	Enterprises with Funds from Foreign Countries, Hong Kong, Macao and Taiwan
合资企业	Joint-venture Enterprises
合作企业	Cooperative Enterprises
外资企业	Enterprises with Sole Foreign Funds
私营企业	Private Enterprises
其他企业	Others
个体工商户	Individual Operating Households

Total Value of Import and Export Commodities through Customs

(USD 10000、 10000 yuan)

2013			2014					
合 计 （按美元计价）			合 计 （按美元计价）			合 计 （按人民币计价）		
Total (by USD)	进 口 Imports	出 口 Exports	Total (by USD)	进 口 Imports	出 口 Exports	Total (by RMB)	进 口 Imports	出 口 Exports
11889571	**5608901**	**6280670**	**13058980**	**5787649**	**7271331**	**80228041**	**35551535**	**44676506**
5802504	2880859	2921645	5913873	2851854	3062019	36335887	17525697	18810190
174	11	163	423		423	2600		2600
1393048	572681	820367	1497490	663105	834385	9197810	4072629	5125181
3548309	1471422	2076887	3377423	1368692	2008731	20742879	8405831	12337048
			4		4	27		27
2711	2711		3696	3696		22684	22684	
25407		25407	6051		6051	36997		36997
107482	106907	575	173326	172699	627	1064399	1060541	3858
38296	38296		86417	86417		529599	529599	
61	33	28	291	157	134	1785	962	823
476762	315882	160880	610621	390975	219646	3747687	2398694	1348993
342619	217796	124823	509411	246454	262957	3129621	1512763	1616858
487	487		548	548		3398	3398	
151712	1817	149895	879406	3051	876355	5412668	18737	5393931
2292248	1016603	1275645	2333362	1043821	1289541	14335003	6413684	7921319
103391	47681	55710	91214	42397	48817	560209	260482	299727
6442629	3143944	3298685	6780477	3338411	3442066	41650138	20506109	21144029
1618821	833094	785727	2044131	1105319	938812	12555793	6787107	5768686
172133	53562	118571	166242	48687	117555	1021682	299162	722520
4651675	2257288	2394387	4570104	2184405	2385699	28072663	13419840	14652823
2866355	1228247	1638108	3679452	1200333	2479119	22611333	7372281	15239052
181833	172403	9430	172180	162674	9506	1057258	998897	58361
3116	23	3093	2295	13	2282	14099	82	14017

单位:万美元、万元

项　　目	Item
按国别(地区)分	**By Country (Territory)**
亚洲小计	Asia
#中国香港	Hong Kong, China
中国澳门	Macao, China
印度尼西亚	Indonesia
日　本	Japan
马来西亚	Malaysia
新加坡	Singapore
韩　国	Republic of Korea
泰　国	Thailand
中国台湾	Taiwan, China
阿拉伯联合酋长国	United Arab Emirates
印　度	India
非洲小计	Africa
#南　非	South Africa
欧洲小计	Europe
#英　国	United Kingdom
德　国	Germany
法　国	France
意大利	Italy
荷　兰	Netherlands
西班牙	Spain
比利时	Belgium
瑞　士	Switzerland
俄罗斯	Russia
拉丁美洲小计	Latin America
#墨西哥	Mexico
巴拿马	Panama
北美洲小计	North America
#加拿大	Canada
美　国	United States
大洋洲小计	Oceania
#澳大利亚	Australia
其　他	Others

continued

(USD 10000、 10000 yuan)

2013			2014					
合　计　（按美元计价）			合　计　（按美元计价）			合　计　（按人民币计价）		
Total (by USD)	进　口 Imports	出　口 Exports	Total (by USD)	进　口 Imports	出　口 Exports	Total (by RMB)	进　口 Imports	出　口 Exports
6660626	3480366	3180260	7206284	3492255	3714029	44271194	21451419	22819775
1407875	56443	1351432	1499496	56110	1443386	9209143	344627	8864516
47736	4469	43267	41723	3273	38450	256375	20092	236283
292949	180332	112617	312633	157858	154775	1919995	968771	951224
1276995	976527	300468	1324248	1008076	316172	8142798	6197389	1945409
372098	174120	197978	367849	138411	229438	2260345	849596	1410749
212792	83645	129147	322857	147381	175476	1985462	906786	1078676
827622	700770	126852	900581	729015	171566	5528889	4475387	1053502
264281	167682	96599	223128	126325	96803	1370273	775754	594519
445698	285376	160322	478141	305751	172390	2935751	1877069	1058682
187826	57993	129833	223579	72536	151043	1373393	445243	928150
219410	134575	84835	285328	148006	137322	1753001	908973	844028
625250	311775	313475	953351	376863	576488	5858464	2314434	3544030
317014	272992	44022	355228	307086	48142	2181820	1885985	295835
1840479	821508	1018971	2044592	900385	1144207	12565447	5534423	7031024
159658	44304	115354	206925	50058	156867	1271408	307458	963950
415351	222473	192878	459421	271382	188039	2825329	1669737	1155592
173428	80281	93147	267352	156488	110864	1642533	960958	681575
133908	77034	56874	153898	88305	65593	946142	543084	403058
175268	85965	89303	201243	75172	126071	1236212	461473	774739
75168	31677	43491	83000	31895	51105	510075	195987	314088
154271	64533	89738	129233	45205	84028	793982	277653	516329
102649	83123	19526	57053	45250	11803	350699	278160	72539
124841	23747	101094	142487	22555	119932	874987	138389	736598
607677	171299	436378	621945	181156	440789	3819951	1112705	2707246
155671	13381	142290	162465	14907	147558	997707	91547	906160
47651	487	47164	46182	1484	44698	283825	9122	274703
1844849	629743	1215106	1904599	643547	1261052	11696981	3950686	7746295
125274	41112	84162	106626	36567	70059	654811	224563	430248
1719573	588631	1130942	1797964	606980	1190984	11042115	3726123	7315992
309289	192808	116481	326934	192168	134766	2008172	1180036	828136
241503	141236	100267	253039	139571	113468	1554503	857316	697187
1402	1402		1275	1275		7831	7831	

15-3 商品进出口总值(2014年，按地区分)

区、县级市	District and County-level City	按美元计价 (By USD)		
		商品进出口总值（万美元）Total Value of Imports and Exports (USD 10000)	进口总值 Imports	出口总值 Exports
全　市	**Total**	**13058980**	**5787649**	**7271331**
# 荔湾区	Liwan	209950	91260	118690
越秀区	Yuexiu	1379226	459652	919574
海珠区	Haizhu	342660	91940	250720
天河区	Tianhe	755787	419774	336013
白云区	Baiyun	872737	341848	530889
黄埔区	Huangpu	318794	129117	189677
番禺区	Panyu	1814748	742077	1072671
花都区	Huadu	751170	338942	412228
南沙区	Nansha	2103507	886837	1216670
萝岗区	Luogang	3653250	1994200	1659050
增城市	Zengcheng	434186	83254	350932
从化市	Conghua	269994	77469	192525

Total Value of Import and Export Commodities through Customs (2014, by Region)

按人民币计价 (By RMB)		
商品进出口总值（万元） Total Value of Imports and Exports (10000 yuan)	进口总值 Imports	出口总值 Exports
80228041	**35551535**	**44676506**
1289949	560840	729109
8473700	2823757	5649943
2104781	564941	1539840
4645424	2581119	2064305
5362955	2100225	3262730
1959054	793253	1165801
11148767	4559072	6589695
4614882	2082099	2532783
12925297	5445803	7479494
22437799	12247408	10190391
2667757	511444	2156313
1659133	476227	1182906

15-4 主要进口商品数量和金额

商品名称		Name of Commodities	
谷物及谷物粉	(吨)	Cereals and Cereal Flour	(ton)
大 豆	(吨)	Soybean	(ton)
食用植物油	(吨)	Edible Vegetable Oil	(ton)
鲜干水果及坚果	(吨)	Fresh or Dried Fruits and Nuts	(ton)
天然橡胶	(吨)	Natural Rubber	(ton)
合成橡胶	(吨)	Synthetic Rubber	(ton)
原 木	(立方米)	Logs	(cu.m)
原 油	(吨)	Crude Oil	(ton)
成品油	(吨)	Petroleum Products Refined	(ton)
医药品	(吨)	Pharmaceutical Products	(ton)
肥 料	(吨)	Fertilizers	(ton)
牛皮革及马皮革	(吨)	Bovine or Equine Leather	(ton)
纸及纸板	(吨)	Paper and Paperboards	(ton)
棉纱线	(吨)	Cotton Yarn	(ton)
合成纤维纱线	(吨)	Yarn of Synthetic Fibers	(ton)
棉机织物		Cotton Cloth	
涂覆或浸渍塑料的织物	(吨)	Plastic Impregnated or Coated Textile Fabrics	(ton)
针织或钩编织物	(万米)	Knitted or Crocheted Fabrics	(10000 meters)
钻 石	(千克)	Diamonds	(kg)
钢 材	(吨)	Rolled Steel	(ton)
未锻造的铜及铜材	(吨)	Unwrought Copper and Copper Products	(ton)
未锻造的铝及铝材	(吨)	Unwrought Aluminum and Aluminum Products	(ton)
机械提升搬运装卸设备及零件		Mechanical Handling Equipment and Parts	
印刷、装订机械及零件		Printing or Book-binding Machinery and Parts	
纺织机械及零件		Textile Machinery and Parts	
金属加工机床	(台)	Machine Tools	(set)
橡胶或塑料加工机械及零件		Rubber or Plastic Processing Machinery and Parts	
电视、收音机及无线电讯设备的零附件	(吨)	Parts of Television, Radio, Telecommunications Apparatus	(ton)
通断及保护电路装置及零件		Electrical Apparatus and Parts for Switching or Protecting Electrical Circuits	
电线和电缆	(吨)	Electric Wires and Cables	(ton)
初级形状的塑料	(吨)	Primary Plastics	(ton)
飞 机	(架)	Aircraft	(unit)
自动数据处理设备及其部件	(万台)	Automatic Data Processing Machines and Components	(10000 sets)
自动数据处理设备的零件	(吨)	Parts of Automatic Data Processing Machines	(ton)
汽车及汽车底盘	(辆)	Motor Vehicles and Chassis	(unit)
汽车零件		Parts of Motor Vehicles	
变压、整流、电感器及零件		Transformers, Rectifiers and Inductance Suppliers and Parts	
电容器及其零件	(吨)	Capacitors and Parts	(ton)
二极管及类似半导体器件	(百万个)	Diode and Semi-conductors	(million units)
计量检测分析自控仪器及器具		Measuring or Checking Instruments and Apparatus	
铁矿砂及其精矿	(吨)	Iron Ore	(ton)
医疗仪器及器械		Medical Instruments and Appliances	
塑料制品	(吨)	Plastic Articles	(ton)

Main Import Commodities in Volume and Value

2013		2014		
数 量 Volume	金 额 (万美元) Value (USD 10000)	数 量 Volume	金 额 (万美元) Value (USD 10000)	金 额 (万元) Value (10000 yuan)
1036579	38783	2272999	72093	442810
1177923	71026	1743988	99617	611797
206112	17448	211912	17689	108556
87640	16001	81634	17299	106208
33675	8219	35435	6433	39490
67676	19565	55536	16184	99376
540030	19194	848649	39458	242503
1245298	111893	490286	49217	303822
4518	104343	4904	110301	677614
1388	212	767	84	516
24158	22777	29227	29386	180514
124195	17807	119912	16390	100699
222942	81986	220233	72792	446910
40095	33685	29765	23709	145550
	10554		8282	50921
4668	4191	4377	4066	24969
6093	13364	5722	14753	90797
1286	248785	1095	324650	1994312
1515400	139196	1504590	138779	852406
252686	198225	193678	148949	914018
65680	17960	66914	16987	104240
	17837		13433	82811
	82742		85604	525859
	4348		3348	20595
3079	30184	3513	23674	145807
	10604		8917	54947
352	26767	1332	36627	224946
	66107		67357	413873
10000	15454	8806	15635	96082
1802085	372952	1880642	398826	2449358
36	173036	66	267754	1643076
1148	88416	377	39033	239479
1158	17318	814	6202	38091
8900	23385	1395	7946	48891
	224632		236317	1452509
	38942		30815	189300
2257	17550	2714	27428	168126
8606	84859	7500	88930	546112
	121236		141699	870571
2550025	30449	5997769	53372	327563
	32721		36111	221854
18276	21355	19368	20715	127334

15-5 主要出口商品数量和金额

商品名称		Name of Commodities	
活　猪	(万头)	Live Hogs	(10000 heads)
活家禽	(万只)	Live Poultry	(10000 heads)
水海产品	(吨)	Aquatic and Seawater Products	(ton)
谷物及谷物粉	(吨)	Cereals and Cereals Flour	(ton)
蔬　菜	(吨)	Vegetables	(ton)
鲜干水果及坚果	(吨)	Fresh or Dried Fruits and Nuts	(ton)
食用植物油	(吨)	Edible Vegetable Oil	(ton)
茶　叶	(吨)	Tea	(ton)
药　材	(吨)	Medical Materials	(ton)
纸　烟	(万条)	Cigarettes	(10000 units)
成品油	(吨)	Refined Petroleum Products	(ton)
医药品	(吨)	Medical and Pharmaceutical Products	(ton)
烟花炮竹	(吨)	Fireworks and Firecrackers	(ton)
纺织纱线、织物及制品		Textile Yarn, Fabrics and Related Products	
水泥及水泥熟料	(吨)	Cement and Cement Clinker	(ton)
珍珠、钻石、宝石及半宝石		Pearls, Diamonds, Jewelry and Semi-jewelry	
钢　材	(吨)	Rolled Steel	(ton)
电　扇	(万台)	Electric Fans	(10000 sets)
电子计算器	(万台)	Electric Calculators	(10000 sets)
原电池	(百万个)	Primary Cells and Batteries	(million units)
蓄电池	(万个)	Electric Accumulators	(10000 units)
集装箱	(个)	Containers	(unit)
服装及衣着附件		Garments and Clothing Accessories	
照相机	(万架)	Cameras	(10000 sets)
手　表	(万只)	Wrist Watches	(10000 units)
船　舶	(艘)	Ships	(unit)
家具及其零件		Furniture and Parts	
灯具、照明装置及类似品		Lamps and Lighting Fittings	
鞋	(万双)	Footwear	(10000 pairs)
塑料制品	(吨)	Plastic Articles	(ton)
玩　具		Toys	
贵金属或包贵金属的首饰	(千克)	Jewelry of Precious Metals or Rolled Precious Metals	(kilogramme)
新的充气橡胶轮胎	(万条)	New Pneumatic Rubber Tires	(10000 units)
不锈钢厨具、餐具等家用器具	(吨)	Household Stainless Steel Cookware and Tableware	(ton)
自动数据处理设备及其部件	(万台)	Automatic Data Processing Machines and Components	(10000 sets)
自动数据处理设备的零件	(吨)	Parts of Automatic Data Processing Machines	(ton)
扬声器	(万个)	Loudspeakers	(10000 units)
录、放像机	(万台)	Video Tape Recorders	(10000 sets)
印刷电路	(百万块)	Printed Circuits	(million units)
电线和电缆		Electronic Wires and Cables	
自行车	(万辆)	Bicycles	(10000 units)
箱包及类似容器	(吨)	Package Bags and Similar Containers	(ton)
摩托车	(辆)	Motorcycles	(unit)

Main Export Commodities in Volume and Value

2013		2014		
数 量 Volume	金 额（万美元） Value (USD 10000)	数 量 Volume	金 额（万美元） Value (USD 10000)	金 额（万元） Value (10000 yuan)
22	6053	23	6291	38637
145	631	105	393	2412
11499	6541	9483	5615	34471
23	1	1311	58	355
31255	2256	41790	3049	18729
2379	496	1535	397	2439
449	153	345	133	816
4300	2618	3567	2427	14891
910	831	1188	1052	6467
154	1266	115	552	3393
1203982	108021	1138539	102613	630361
25866	9982	27696	11514	70691
12124	3226	11617	3132	19242
	266270		288036	1769424
258288	1660	253583	1686	10358
	111817		111006	681889
1021091	176616	1378934	190359	1168977
1769	12622	1866	13701	84137
309	400	366	643	3953
7487	37733	7513	37512	230283
5797	21099	6059	24735	151972
52560	17371	58764	18344	112657
	703013		883807	5432527
380	11194	405	1943	11935
1459	8757	2417	12665	77836
6274	152054	5962	152759	938074
	209280		271094	1666455
	86149		140114	861393
23991	136064	24601	165055	1014279
215549	82536	241346	119865	736793
	43915		42002	258120
147801	376397	165755	425125	2611576
1212	30220	1359	28431	174630
21463	10451	21987	11051	67909
4571	242350	3494	189888	1165939
13777	20992	15949	29513	181275
8107	59245	8340	64030	393388
510	13918	461	12507	76846
1207	123234	1267	125258	769218
	50619		43166	265197
205	17162	222	20103	123381
181056	177649	199840	209854	1289755
1816782	94882	1697599	90845	558015

15-6 主要进口商品数量(2014年，按洲别分)

商品名称		Name of Commodities		合计 Total
谷物及谷物粉	(吨)	Cereals and Cereal Flour	(ton)	2272999
大　豆	(吨)	Soybean	(ton)	1743988
食用植物油	(吨)	Edible Vegetable Oil	(ton)	211912
鲜干水果及坚果	(吨)	Fresh or Dried Fruits and Nuts	(ton)	81634
天然橡胶	(吨)	Natural Rubber	(ton)	35435
合成橡胶	(吨)	Synthetic Rubber	(ton)	55536
原　木	(立方米)	Logs	(cu.m)	848649
原　油	(吨)	Crude Oil	(ton)	
成品油	(吨)	Petroleum Products Refined	(ton)	490286
医药品	(吨)	Pharmaceutical Products	(ton)	4904
肥　料	(吨)	Fertilizers	(ton)	767
牛皮革及马皮革	(吨)	Bovine or Equine Leather	(ton)	29227
纸及纸板	(吨)	Paper and Paperboards	(ton)	119912
棉纱线	(吨)	Cotton Yarn	(ton)	220233
合成纤维纱线	(吨)	Yarn of Synthetic Fibers	(ton)	29765
涂覆或浸渍塑料的织物	(吨)	Plastic Impregnated or Coated Textile Fabrics	(ton)	4377
针织或钩编织物	(万米)	Knitted or Crocheted Fabrics	(10000 meters)	5722
钻　石	(千克)	Diamonds	(kg)	1095
钢　材	(吨)	Rolled Steel	(ton)	1504590
未锻造的铜及铜材	(吨)	Unwrought Copper and Copper Products	(ton)	193678
未锻造的铝及铝材	(吨)	Unwrought Aluminum and Aluminum Products	(ton)	66914
金属加工机床	(台)	Machine Tools	(set)	3513
电视、收音机及无线电讯设备的零附件	(吨)	Parts of Television, Radio, Telecommunications Apparatus	(ton)	1332
电线和电缆	(吨)	Electric Wires and Cables	(ton)	8806
初级形状的塑料	(吨)	Primary Plastics	(ton)	1880642
飞　机	(架)	Aircraft	(unit)	66
自动数据处理设备及其部件	(万台)	Automatic Data Processing Machines and Components	(10000 sets)	377
自动数据处理设备的零件	(吨)	Parts of Automatic Data Processing Machines	(ton)	814
汽车及汽车底盘	(辆)	Motor Vehicles and Chassis	(unit)	1395
电容器及其零件	(吨)	Capacitors and Parts	(ton)	2714
二极管及类似半导体器件	(百万个)	Diode and Semi-conductors	(million units)	7500
铁矿砂及其精矿	(吨)	Iron Ore	(ton)	5997769
塑料制品	(吨)	Plastic Articles	(ton)	19368

Main Import Commodities in Volume (2014, by Continent)

#亚洲 Asia	#港澳台 Hong Kong, Macao and Taiwan	#日本 Japan	#韩国 Republic of Korea	#马来西亚 Malaysia	#新加坡 Singapore	#非洲 Africa	#大洋州 Oceania	#澳大利亚 Australia
403555	33						401649	401649
207931	95		…	125213		23	12	12
27751				1419		27968	3823	2538
34995				13048		440		
38268	7963	10162	16359	499	2367		…	…
16113	284			2837	247	384267	91736	12311
468774	79686	12931	148400	177	217014	2	10	10
1810	1137	447	20	…	6	…	24	24
646		4	1	84				
6320	2449	32	1933		…	1672	749	640
42296	11065	7879	5167	74	6	137	666	244
220208	19141	1	8661		…			
29585	5770	3941	2285		116		…	
3942	1419	430	787		…	1	…	…
5553	2276	587	609	8			…	…
380						595	1	1
1474711	138049	1121234	179569	2550	102	1259	15	…
89416	7607	37646	6471	3628	300	14678	13451	13451
34487	576	2155	3567	…	1	33	3338	3338
1594	580	842	127	4	2		3	3
1249	14	61	1025	1	…	…	…	…
7827	479	581	208	736	37	…	…	…
1531213	219975	198142	325321	34503	87741	2650	980	928
376	3	2	3	…	…		…	…
809	41	1	112	200	6	…	…	
659		610	47					
2550	71	381	26	130	21	…		
7399	607	457	935	640	2	11	…	…
2013567				102118		627737	2956058	2866994
15091	1681	3137	5830	863	27	6	96	91

商品名称		Item		#欧洲 Europe
谷物及谷物粉	(吨)	Cereals and Cereal Flour	(ton)	333780
大　豆	(吨)	Soybean	(ton)	
食用植物油	(吨)	Edible Vegetable Oil	(ton)	3572
鲜干水果及坚果	(吨)	Fresh or Dried Fruits and Nuts	(ton)	233
天然橡胶	(吨)	Natural Rubber	(ton)	
合成橡胶	(吨)	Synthetic Rubber	(ton)	7297
原　木	(立方米)	Logs	(cu.m)	212501
原　油	(吨)	Crude Oil	(ton)	
成品油	(吨)	Petroleum Products Refined	(ton)	10532
医药品	(吨)	Pharmaceutical Products	(ton)	2585
肥　料	(吨)	Fertilizers	(ton)	...
牛皮革及马皮革	(吨)	Bovine or Equine Leather	(ton)	2863
纸及纸板	(吨)	Paper and Paperboards	(ton)	52382
棉纱线	(吨)	Cotton Yarn	(ton)	25
合成纤维纱线	(吨)	Yarn of Synthetic Fibers	(ton)	169
涂覆或浸渍塑料的织物	(吨)	Plastic Impregnated or Coated Textile Fabrics	(ton)	354
针织或钩编织物	(万米)	Knitted or Crocheted Fabrics	(10000 meters)	137
钻　石	(千克)	Diamonds	(kg)	109
钢　材	(吨)	Rolled Steel	(ton)	23392
未锻造的铜及铜材	(吨)	Unwrought Copper and Copper Products	(ton)	12130
未锻造的铝及铝材	(吨)	Unwrought Aluminum and Aluminum Products	(ton)	28214
金属加工机床	(台)	Machine Tools	(set)	1848
电视、收音机及无线电讯设备的零附件	(吨)	Parts of Television, Radio, Telecommunications Apparatus	(ton)	13
电线和电缆	(吨)	Electric Wires and Cables	(ton)	550
初级形状的塑料	(吨)	Primary Plastics	(ton)	137419
飞　机	(架)	Aircraft	(unit)	39
自动数据处理设备及其部件	(万台)	Automatic Data Processing Machines and Components	(10000 sets)	1
自动数据处理设备的零件	(吨)	Parts of Automatic Data Processing Machines	(ton)	3
汽车及汽车底盘	(辆)	Motor Vehicles and Chassis	(unit)	378
电容器及其零件	(吨)	Capacitors and Parts	(ton)	106
二极管及类似半导体器件	(百万个)	Diode and Semi-conductors	(million units)	58
铁矿砂及其精矿	(吨)	Iron Ore	(ton)	
塑料制品	(吨)	Plastic Articles	(ton)	2008

continued

# 德 国 Germany	# 英 国 United Kingdom	# 比利时 Belgium	# 荷 兰 Netherlands	#北美洲 North America	# 美 国 United States	#拉丁美洲 Latin America
	1	14		1078525	1035591	55490
				736011	736011	1007977
19	54			372	1	2
12				3621	3568	18238
1996	1314	117	934	9479	7842	492
117433		6376	1120	81997	81997	62035
1192	58	477	243	10968	10939	…
531	172	659	…	482	112	4
…				121	36	
141	457	1	21	1158	1158	16465
3508	526	97	739	24412	24369	19
…	…			…	…	
119	2		…	11	2	
11	16	5	5	79	79	
14	1			29	29	3
		80		…	…	
2329	1670	9	2361	2695	2530	2518
1225	5	4016	…	2549	2545	61455
607	243	135	14	820	758	23
1693	3			68	68	
2	4	1	…	7	7	64
310	26	…	…	192	163	236
21640	1824	13572	44461	197591	187879	10790
11				27	27	
…	…	…	…	…	…	…
1	…	…		2	2	…
130	187	1		358	358	
11	…	…	…	16	16	42
19	3		…	22	22	11
						400406
554	302	121	11	2154	2110	13

15-7 主要进口商品金额(2014年，按洲别分，按美元计价)

单位:万美元

商品名称	Name of Commodities	合计 Total
谷物及谷物粉	Cereals and Cereal Flour	72093
大豆	Soybean	99617
食用植物油	Edible Vegetable Oil	17689
鲜干水果及坚果	Fresh or Dried Fruits and Nuts	17299
天然橡胶	Natural Rubber	6433
合成橡胶	Synthetic Rubber	16184
原木	Logs	39458
原油	Crude Oil	
成品油	Petroleum Products Refined	49217
医药品	Pharmaceutical Products	110301
肥料	Fertilizers	84
牛皮革及马皮革	Bovine or Equine Leather	29386
纸及纸板	Paper and Paperboards	16390
棉纱线	Cotton Yarn	72792
合成纤维纱线	Yarn of Synthetic Fibers	23709
棉机织物	Cotton Cloth	8282
涂覆或浸渍塑料的织物	Plastic Impregnated or Coated Textile Fabrics	4066
针织或钩编织物	Knitted or Crocheted Fabrics	14753
钻石	Diamonds	324650
钢材	Rolled Steel	138779
未锻造的铜及铜材	Unwrought Copper and Copper Products	148949
未锻造的铝及铝材	Unwrought Aluminum and Aluminum Products	16987
机械提升搬运装卸设备及零件	Mechanical Handling Equipment and Parts	13433
印刷、装订机械及零件	Printing or Book-binding Machinery and Parts	85604
纺织机械及零件	Textile Machinery and Parts	3348
金属加工机床	Machine Tools	23674
橡胶或塑料加工机械及零件	Rubber or Plastic Processing Machinery and Parts	8917
电视、收音机及无线电讯设备的零附件	Parts of Television, Radio, Telecommunications Apparatus	36627
通断及保护电路装置及零件	Electrical Apparatus and Parts for Switching or Protecting Electrical Circuits	67357
电线和电缆	Electric Wires and Cables	15635
初级形状的塑料	Primary Plastics	398826
飞机	Aircraft	267754
自动数据处理设备及其部件	Automatic Data Processing Machines and Components	39033
自动数据处理设备的零件	Parts of Automatic Data Processing Machines	6202
汽车及汽车底盘	Motor Vehicles and Chassis	7946
汽车零件	Parts of Motor Vehicles	236317
变压、整流、电感器及零件	Transformers, Rectifiers and Inductance Suppliers and Parts	30815
电容器及其零件	Capacitors and Parts	27428
二极管及类似半导体器件	Diode and Semi-conductors	88930
计量检测分析自控仪器及器具	Measuring or Checking Instruments and Apparatus	141699
铁矿砂及其精矿	Iron Ore	53372
医疗仪器及器械	Medical Instruments and Appliances	36111
塑料制品	Plastic Articles	20715

Main Import Commodities in Value (2014, by Continent，USD)

(USD 10000)

#亚 洲 Asia						#非 洲 Africa	#大洋州 Oceania	
	# 港澳台 Hong Kong, Macao and Taiwan	# 日 本 Japan	# 韩 国 Republic of Korea	# 马来西亚 Malaysia	# 新加坡 Singapore			# 澳大利亚 Australia
19092	8						12435	12435
16382	22		...	9840		12	10	10
4666				368		4574	1183	662
6358				2503		75		
10722	2094	3832	3383	77	989		...	...
3033	12			494	16	24536	1502	156
44504	8485	1965	15931	43	16626	...	5	5
24805	16008	7413	468	...	55	50	415	414
25		4	...	1				
10208	1148	156	5209		1	843	544	352
6271	1713	1611	580	15	1	11	54	25
72780	5984	1	3539		...			
23546	2769	4325	1725		198		...	
7439	676	1362	575	5		1	3	1
3361	933	756	670		...	1	...	...
13849	2842	4591	1135	23			1	1
104622						189058	90	90
131612	12319	98747	16451	546	85	224	5	3
72389	7945	29302	5256	3319	837	10430	9495	9495
9073	303	1118	2008	...	1	6	639	639
9661	426	7814	729	262	310	26	70	9
79317	1046	18081	909	2529	123	1	4	4
934	172	157	1			12		
19347	4550	12778	1444	11	21		109	109
4742	478	3651	221		9			
34983	1759	4402	2399	8	22	7	5	5
50154	1393	25130	4973	1701	192	33	189	24
13202	641	1899	645	844	11	1	10	10
295178	45461	50656	66880	5916	17549	535	362	354
32731	607	875	85	69	6494		7	1
5988	196	50	139	281	281	...	2	
2719		2598	117					
205764	1445	185677	1743	331	25	6	7	7
24700	4024	6520	1409	357	54	5	724	10
25761	11078	5257	257	745	267	...		
83859	12695	29943	13079	6792	5	165	...	...
75255	1462	47894	10476	2873	5611	53	303	283
14758				719		5347	29319	28621
6767	301	4111	1131	291	97	...	986	180
15685	969	7244	4515	380	65	3	58	51

15-7 续表

单位：万美元

商品名称	Item	#欧 洲 Europe
谷物及谷物粉	Cereals and Cereal Flour	8743
大 豆	Soybean	
食用植物油	Edible Vegetable Oil	1223
鲜干水果及坚果	Fresh or Dried Fruits and Nuts	68
天然橡胶	Natural Rubber	
合成橡胶	Synthetic Rubber	1968
原 木	Logs	4640
原 油	Crude Oil	
成品油	Petroleum Products Refined	2351
医药品	Pharmaceutical Products	77621
肥 料	Fertilizers	...
牛皮革及马皮革	Bovine or Equine Leather	4529
纸及纸板	Paper and Paperboards	6692
棉纱线	Cotton Yarn	12
合成纤维纱线	Yarn of Synthetic Fibers	144
棉机织物	Cotton Cloth	817
涂覆或浸渍塑料的织物	Plastic Impregnated or Coated Textile Fabrics	522
针织或钩编织物	Knitted or Crocheted Fabrics	682
钻 石	Diamonds	29450
钢 材	Rolled Steel	5717
未锻造的铜及铜材	Unwrought Copper and Copper Products	9168
未锻造的铝及铝材	Unwrought Aluminum and Aluminum Products	6683
机械提升搬运装卸设备及零件	Mechanical Handling Equipment and Parts	2956
印刷、装订机械及零件	Printing or Book-binding Machinery and Parts	5015
纺织机械及零件	Textile Machinery and Parts	2272
金属加工机床	Machine Tools	3881
橡胶或塑料加工机械及零件	Rubber or Plastic Processing Machinery and Parts	3723
电视、收音机及无线电讯设备的零附件	Parts of Television, Radio, Telecommunications Apparatus	454
通断及保护电路装置及零件	Electrical Apparatus and Parts for Switching or Protecting Electrical Circuits	10180
电线和电缆	Electric Wires and Cables	1307
初级形状的塑料	Primary Plastics	42276
飞 机	Aircraft	125711
自动数据处理设备及其部件	Automatic Data Processing Machines and Components	3586
自动数据处理设备的零件	Parts of Automatic Data Processing Machines	124
汽车及汽车底盘	Motor Vehicles and Chassis	2986
汽车零件	Parts of Motor Vehicles	25693
变压、整流、电感器及零件	Transformers, Rectifiers and Inductance Suppliers and Parts	3825
电容器及其零件	Capacitors and Parts	816
二极管及类似半导体器件	Diode and Semi-conductors	4146
计量检测分析自控仪器及器具	Measuring or Checking Instruments and Apparatus	39831
铁矿砂及其精矿	Iron Ore	
医疗仪器及器械	Medical Instruments and Appliances	16492
塑料制品	Plastic Articles	2549

continued

(USD 10000)

# 德 国 Germany	# 英 国 United Kingdom	# 比利时 Belgium	# 荷 兰 Netherlands	#北美洲 North America	# 美 国 United States	#拉丁美洲 Latin America
	...	2		29924	28437	1899
				40600	40600	59017
5	13			59	1	2
11				1184	1143	5624
460	460	51	246	3380	2627	114
2660		135	15	1230	1230	4517
564	31	122	75	2356	2338	...
24657	546	6488	6	5339	3192	2071
...				60	10	
53	334	4	67	977	977	12284
778	181	107	140	3360	3349	3
...	...			...	...	
104	3		...	19	4	
46	20	4	...	14	12	8
42	26	5	5	181	181	
156	10			212	211	9
		22189		167	89	
908	241	14	271	966	884	256
1234	13	2930	1	3974	3966	43493
551	139	91	18	570	462	15
945	314	7	154	707	676	12
4252	45		4	1157	1153	109
1741	26	5		130	130	...
1710	79			336	336	
2444	8	41	51	452	359	
54	103	23	3	835	775	343
3460	1483	16	172	5893	5278	907
707	96	...	2	852	821	261
7410	860	3195	13505	58709	56706	1765
40982				142043	142043	
988	17	14	27	1628	1394	1083
81	18	...		88	73	1
851	1528	3		2241	2241	
12653	2703	82	24	4236	4136	612
1885	179	1	150	1408	1378	153
53	29	...	...	360	360	492
469	57		...	384	384	375
15335	6902	103	688	25502	24919	756
						3949
8473	2016	14	1615	11705	11583	161
880	272	283	26	2371	2270	49

15-8 主要进口商品金额(2014年，按洲别分，按人民币计价)

单位:万元

商品名称	Name of Commodities	合 计 Total
谷物及谷物粉	Cereals and Cereal Flour	442810
大　豆	Soybean	611797
食用植物油	Edible Vegetable Oil	108556
鲜干水果及坚果	Fresh or Dried Fruits and Nuts	106208
天然橡胶	Natural Rubber	39490
合成橡胶	Synthetic Rubber	99376
原　木	Logs	242503
原　油	Crude Oil	
成品油	Petroleum Products Refined	303822
医药品	Pharmaceutical Products	677614
肥　料	Fertilizers	516
牛皮革及马皮革	Bovine or Equine Leather	180514
纸及纸板	Paper and Paperboards	100699
棉纱线	Cotton Yarn	446910
合成纤维纱线	Yarn of Synthetic Fibers	145550
棉机织物	Cotton Cloth	50921
涂覆或浸渍塑料的织物	Plastic Impregnated or Coated Textile Fabrics	24969
针织或钩编织物	Knitted or Crocheted Fabrics	90797
钻　石	Diamonds	1994312
钢　材	Rolled Steel	852406
未锻造的铜及铜材	Unwrought Copper and Copper Products	914018
未锻造的铝及铝材	Unwrought Aluminum and Aluminum Products	104240
机械提升搬运装卸设备及零件	Mechanical Handling Equipment and Parts	82811
印刷、装订机械及零件	Printing or Book-binding Machinery and Parts	525859
纺织机械及零件	Textile Machinery and Parts	20595
金属加工机床	Machine Tools	145807
橡胶或塑料加工机械及零件	Rubber or Plastic Processing Machinery and Parts	54947
电视、收音机及无线电讯设备的零附件	Parts of Television, Radio, Telecommunications Apparatus	224946
通断及保护电路装置及零件	Electrical Apparatus and Parts for Switching or Protecting Electrical Circuits	413873
电线和电缆	Electric Wires and Cables	96082
初级形状的塑料	Primary Plastics	2449358
飞　机	Aircraft	1643076
自动数据处理设备及其部件	Automatic Data Processing Machines and Components	239479
自动数据处理设备的零件	Parts of Automatic Data Processing Machines	38091
汽车及汽车底盘	Motor Vehicles and Chassis	48891
汽车零件	Parts of Motor Vehicles	1452509
变压、整流、电感器及零件	Transformers, Rectifiers and Inductance Suppliers and Parts	189300
电容器及其零件	Capacitors and Parts	168126
二极管及类似半导体器件	Diode and Semi-conductors	546112
计量检测分析自控仪器及器具	Measuring or Checking Instruments and Apparatus	870571
铁矿砂及其精矿	Iron Ore	327563
医疗仪器及器械	Medical Instruments and Appliances	221854
塑料制品	Plastic Articles	127334

Main Import Commodities in Value (2014, by Continent，RMB)

(10000 yuan)

#亚 洲 Asia	# 港澳台 Hong Kong, Macao and Taiwan	# 日 本 Japan	# 韩 国 Republic of Korea	# 马来西亚 Malaysia	# 新加坡 Singapore	#非 洲 Africa	#大洋州 Oceania	# 澳大利亚 Australia
117194	49						76442	76442
100502	134		1	60344		77	61	61
28648				2259		28113	7276	4075
39030	...			15361		460		
65852	12856	23538	20768	472	6085		...	...
18631	73			3039	98	150718	9243	959
274868	52093	12077	97758	264	103759	3	29	29
152373	98305	45565	2873	3	341	306	2548	2546
151	...	28	1	7				
62705	7058	957	31986		3	5186	3345	2164
38536	10518	9914	3563	90	7	66	334	156
446836	36731	8	21725	...	...			
144548	16986	26564	10599	...	1220		...	
45728	4152	8402	3529	29		6	19	4
20642	5728	4648	4117		2	8	1	1
85230	17450	28376	6975	140			6	3
642658	...					1161365	555	555
808366	75638	606558	101027	3353	521	1372	29	21
444347	48791	179898	32292	20379	5139	63931	58331	58331
55655	1859	6865	12324	...	8	36	3901	3901
59599	2616	48265	4467	1609	1906	162	429	52
487100	6422	111039	5585	15535	754	5	24	23
5734	1056	966	6			71		
119177	27953	78849	8839	65	131		666	666
29201	2935	22492	1360		59			
214845	10807	27027	14750	52	138	46	29	29
308159	8552	154471	30536	10450	1179	205	1161	148
81124	3935	11689	3967	5186	70	7	63	63
1812804	279190	311288	410706	36338	107770	3288	2226	2172
200818	3729	5373	524	426	39724		41	8
36774	1200	310	852	1725	1725	...	10	
16793		16051	714					
1264411	8878	1140854	10715	2034	155	38	42	42
151686	24657	40081	8653	2193	332	28	4439	59
157881	67709	32294	1578	4574	1639	1		
514976	77954	183899	80286	41755	33	1017	2	1
462223	8983	294378	64158	17637	34469	325	1863	1736
90742				4409		32786	179902	175606
41579	1851	25266	6941	1790	597	1	6061	1105
96399	5950	44555	27721	2334	401	20	354	313

15-8 续表

单位：万元

商品名称	Item	#欧洲 Europe
谷物及谷物粉	Cereals and Cereal Flour	53685
大　豆	Soybean	
食用植物油	Edible Vegetable Oil	7538
鲜干水果及坚果	Fresh or Dried Fruits and Nuts	417
天然橡胶	Natural Rubber	
合成橡胶	Synthetic Rubber	12083
原　木	Logs	28598
原　油	Crude Oil	
成品油	Petroleum Products Refined	14450
医药品	Pharmaceutical Products	476887
肥　料	Fertilizers	…
牛皮革及马皮革	Bovine or Equine Leather	27855
纸及纸板	Paper and Paperboards	41118
棉纱线	Cotton Yarn	74
合成纤维纱线	Yarn of Synthetic Fibers	884
棉机织物	Cotton Cloth	5031
涂覆或浸渍塑料的织物	Plastic Impregnated or Coated Textile Fabrics	3208
针织或钩编织物	Knitted or Crocheted Fabrics	4202
钻　石	Diamonds	180952
钢　材	Rolled Steel	35141
未锻造的铜及铜材	Unwrought Copper and Copper Products	56121
未锻造的铝及铝材	Unwrought Aluminum and Aluminum Products	41050
机械提升搬运装卸设备及零件	Mechanical Handling Equipment and Parts	18204
印刷、装订机械及零件	Printing or Book-binding Machinery and Parts	30950
纺织机械及零件	Textile Machinery and Parts	13992
金属加工机床	Machine Tools	23893
橡胶或塑料加工机械及零件	Rubber or Plastic Processing Machinery and Parts	22977
电视、收音机及无线电讯设备的零附件	Parts of Television, Radio, Telecommunications Apparatus	2790
通断及保护电路装置及零件	Electrical Apparatus and Parts for Switching or Protecting Electrical Circuits	62605
电线和电缆	Electric Wires and Cables	8047
初级形状的塑料	Primary Plastics	259713
飞　机	Aircraft	771790
自动数据处理设备及其部件	Automatic Data Processing Machines and Components	21978
自动数据处理设备的零件	Parts of Automatic Data Processing Machines	763
汽车及汽车底盘	Motor Vehicles and Chassis	18340
汽车零件	Parts of Motor Vehicles	158233
变压、整流、电感器及零件	Transformers, Rectifiers and Inductance Suppliers and Parts	23557
电容器及其零件	Capacitors and Parts	5014
二极管及类似半导体器件	Diode and Semi-conductors	25457
计量检测分析自控仪器及器具	Measuring or Checking Instruments and Apparatus	244965
铁矿砂及其精矿	Iron Ore	
医疗仪器及器械	Medical Instruments and Appliances	101359
塑料制品	Plastic Articles	15700

continued

(10000 yuan)

# 德国 Germany	# 英国 United Kingdom	# 比利时 Belgium	# 荷兰 Netherlands	#北美洲 North America	# 美国 United States	#拉丁美洲 Latin America
	1	12		183829	174675	11661
				248787	248787	363011
28	79			366	7	12
65				7274	7022	34480
2824	2820	312	1507	20741	16127	700
16382		831	96	7560	7560	27753
3470	193	750	460	14471	14361	1
151602	3356	39861	40	32778	19596	12721
…				365	60	
325	2054	25	411	6002	6002	75422
4790	1110	659	863	20628	20560	16
…	…			…	…	
639	18		…	118	26	
286	123	23	2	86	75	50
261	161	34	33	1109	1109	
963	65			1301	1299	58
		136351		1022	548	
5591	1482	85	1663	5930	5428	1567
7582	82	17952	6	24389	24341	266898
3400	856	560	113	3504	2839	93
5824	1928	45	946	4344	4152	73
26250	277		26	7110	7085	671
10692	158	33		799	799	…
10517	476			2071	2071	
15064	50	250	312	2769	2198	
331	631	139	21	5126	4760	2110
21287	9111	98	1053	36173	32406	5570
4360	588	3	10	5237	5049	1603
45541	5281	19619	82938	360484	348210	10842
252046				871286	871286	
6064	101	89	166	9996	8560	6647
498	113	1		540	449	4
5232	9385	18		13757	13757	
78102	16604	503	146	26026	25417	3759
11620	1096	3	928	8648	8460	941
329	181	1	…	2212	2211	3018
2893	351		1	2358	2357	2302
94353	42359	632	4232	156551	152979	4643
						24133
52069	12385	83	9935	71868	71123	986
5427	1669	1745	161	14558	13939	303

15-9 主要出口商品数量（2014年，按洲别分）

商品名称		Name of Commodities		合计 Total
活猪	（万头）	Live Hogs	(10000 heads)	23
活家禽	（万只）	Live Poultry	(10000 heads)	105
水海产品	（吨）	Aquatic and Seawater Products	(ton)	9483
谷物及谷物粉	（吨）	Cereals and Cereal Flour	(ton)	1311
蔬菜	（吨）	Vegetables	(ton)	41790
鲜干水果及坚果	（吨）	Fresh or Dried Fruits and Nuts	(ton)	1535
食用植物油	（吨）	Edible Vegetable Oil	(ton)	345
茶叶	（吨）	Tea	(ton)	3567
药材	（吨）	Medical Materials	(ton)	1188
纸烟	（万条）	Cigarettes	(10000 units)	115
成品油	（吨）	Refined Petroleum Products	(ton)	1138539
医药品	（吨）	Pharmaceutical Products	(ton)	27696
烟花炮竹	（吨）	Fireworks and Firecrackers	(ton)	11617
水泥及水泥熟料	（吨）	Cement and Cement Clinker	(ton)	253583
钢材	（吨）	Rolled Steel	(ton)	1378934
电扇	（万台）	Electric Fans	(10000 sets)	1866
电子计算器	（万台）	Electric Calculators	(10000 sets)	366
原电池	（百万个）	Primary Cells and Batteries	(million units)	7513
蓄电池	（万个）	Electric Accumulators	(10000 units)	6059
集装箱	（个）	Containers	(unit)	58764
照相机	（万架）	Cameras	(10000 sets)	405
手表	（万只）	Wrist Watches	(10000 units)	2417
船舶	（艘）	Ships	(unit)	5962
鞋	（万双）	Footwear	(10000 pairs)	24601
塑料制品	（吨）	Plastic Articles	(ton)	241346
新的充气橡胶轮胎	（万条）	New Pneumatic Rubber Tires	(10000 units)	1359
不锈钢厨具、餐具等家用器具	（吨）	Household Stainless Steel Cookware and Tableware	(ton)	21987
自动数据处理设备及其部件	（万台）	Automatic Data Processing Machines and Components	(10000 sets)	3494
自动数据处理设备的零件	（吨）	Parts of Automatic Data Processing Machines	(ton)	15949
扬声器	（万个）	Loudspeakers	(10000 units)	8340
录、放像机	（万台）	Video Tape Recorders	(10000 sets)	461
印刷电路	（百万块）	Printed Circuits	(million units)	1267
自行车	（万辆）	Bicycles	(10000 units)	222
摩托车	（辆）	Motorcycles	(unit)	1697599

Main Export Commodities in Volume (2014, by Continent)

亚 洲 Asia	# 港澳台 Hong Kong, Macao and Taiwan	# 日 本 Japan	# 韩 国 Republic of Korea	# 马来西亚 Malaysia	# 新加坡 Singapore	非 洲 Africa	大洋州 Oceania	# 澳大利亚 Australia
23	23							
105	105							
2621	728			1449	130	125	34	22
1050						20	240	
30438	20760	4902	19	412	4175	65	552	552
1140	188	492		172	94			
110	3		...		2	33	124	121
2954	626	1724	1	358	137	341	9	9
1014	369	258		155	70			
35	24		...	...	...	6	...	
1047793	1025293		1159	1111	10064	12869	9192	235
21332	11082	406	14	484	824	2775	47	29
3788		1988		72		39	...	
252985	252985					387	210	
1231694	664449	13481	77805	77469	11239	46898	13745	13227
1107	35	804	16	40	12	72	80	77
277	...	64	...	13	9	8	7	...
1153	60	6	...	69	...	5854	7	7
4629	3267	159	188	29	32	159	115	24
40548	40048				500	6	1	
220	193	26	...	...	...	...	1	1
2159	422	1381	1	100	9	72	9	8
172	84		20	19	13	9	565	559
7027	752	987	222	1209	723	6453	285	244
83950	24150	8797	2670	8044	3644	42597	12704	11427
227	38	8	...	10	6	522	23	21
4635	162	564	173	344	292	1329	331	303
2321	1870	5	20	38	94	102	30	26
7001	4537	820	78	323	382	130	58	58
3760	2060	570	11	113	297	328	30	28
178	28	10	4	12	9	85	2	1
1239	1193	2	23	2	5	...	...	...
92	6	2	...	14	3	24	4	2
317716	2010	12162	4302	8855	35	1055555	1460	1059

商品名称		Item		欧洲 Europe
活　猪	(万头)	Live Hogs	(10000 heads)	
活家禽	(万只)	Live Poultry	(10000 heads)	
水海产品	(吨)	Aquatic and Seawater Products	(ton)	
谷物及谷物粉	(吨)	Cereals and Cereal Flour	(ton)	1
蔬　菜	(吨)	Vegetables	(ton)	1163
鲜干水果及坚果	(吨)	Fresh or Dried Fruits and Nuts	(ton)	13
食用植物油	(吨)	Edible Vegetable Oil	(ton)	39
茶　叶	(吨)	Tea	(ton)	57
药　材	(吨)	Medical Materials	(ton)	66
纸　烟	(万条)	Cigarettes	(10000 units)	73
成品油	(吨)	Refined Petroleum Products	(ton)	26095
医药品	(吨)	Pharmaceutical Products	(ton)	1990
烟花炮竹	(吨)	Fireworks and Firecrackers	(ton)	4434
水泥及水泥熟料	(吨)	Cement and Cement Clinker	(ton)	1
钢　材	(吨)	Rolled Steel	(ton)	33038
电　扇	(万台)	Electric Fans	(10000 sets)	148
电子计算器	(万台)	Electric Calculators	(10000 sets)	58
原电池	(百万个)	Primary Cells and Batteries	(million units)	191
蓄电池	(万个)	Electric Accumulators	(10000 units)	690
集装箱	(个)	Containers	(unit)	
照相机	(万架)	Cameras	(10000 sets)	61
手　表	(万只)	Wrist Watches	(10000 units)	32
船　舶	(艘)	Ships	(unit)	4484
鞋	(万双)	Footwear	(10000 pairs)	4831
塑料制品	(吨)	Plastic Articles	(ton)	49594
新的充气橡胶轮胎	(万条)	New Pneumatic Rubber Tires	(10000 units)	256
不锈钢厨具、餐具等家用器具	(吨)	Household Stainless Steel Cookware and Tableware	(ton)	8817
自动数据处理设备及其部件	(万台)	Automatic Data Processing Machines and Components	(10000 sets)	522
自动数据处理设备的零件	(吨)	Parts of Automatic Data Processing Machines	(ton)	5138
扬声器	(万个)	Loudspeakers	(10000 units)	1987
录、放像机	(万台)	Video Tape Recorders	(10000 sets)	41
印刷电路	(百万块)	Printed Circuits	(million units)	15
自行车	(万辆)	Bicycles	(10000 units)	75
摩托车	(辆)	Motorcycles	(unit)	22672

continued

# 德 国 Germany	# 英 国 United Kingdom	# 比利时 Belgium	# 荷 兰 Netherlands	北美洲 North America	# 美 国 United States	拉丁美洲 Latin America
				4351	4336	2352
	1					
26	170	30	601	8506	5403	1066
			12	382	294	
1			12			39
13	8	6	18	165	164	41
66				108	53	
	...					1
587	126	832	1011	3654	3654	38937
275	43	5	1330	1077	1011	475
2211	295	61	343	3049	3049	307
1						
497	1454	1253	545	38973	14587	14586
7	6	2	20	291	271	168
2	1	3		9	8	6
8	120	4	2	73	73	235
236	111	25	34	292	288	175
				18209	18209	
...	...	2	57	113	113	10
2	2	6	5	142	140	3
308				725	725	7
679	717	265	401	4390	4165	1615
4874	7866	2183	3963	41581	37120	10919
24	59	84	8	128	117	203
1030	485	640	1138	5082	4910	1793
99	15	117	90	325	308	195
3119	49	23	110	1527	1509	2094
1042	17	370	408	1746	1730	490
6	4	2	3	85	47	69
6	1	...	...	12	7	1
...	1	...	...	21	20	6
204	150	4709	2	1119	1107	299077

15-10 主要出口商品金额（2014年，按洲别分，按美元计价）

单位：万美元

商品名称	Name of Commodities	合 计 Total
活 猪	Live Hogs	6291
活家禽	Live Poultry	393
水海产品	Aquatic and Seawater Products	5615
谷物及谷物粉	Cereals and Cereal Flour	58
蔬 菜	Vegetables	3049
鲜干水果及坚果	Fresh or Dried Fruits and Nuts	397
食用植物油	Edible Vegetable Oil	133
茶 叶	Tea	2427
药 材	Medical Materials	1052
纸 烟	Cigarettes	552
成品油	Refined Petroleum Products	102613
医药品	Pharmaceutical Products	11514
烟花炮竹	Fireworks and Firecrackers	3132
纺织纱线、织物及制品	Textile Yarn, Fabrics and Related Products	288036
水泥及水泥熟料	Cement and Cement Clinker	1686
珍珠、钻石、宝石及半宝石	Pearls, Diamonds, Jewelry and Semi-jewelry	111006
钢 材	Rolled Steel	190359
电 扇	Electric Fans	13701
电子计算器	Electric Calculators	643
原电池	Primary Cells and Batteries	37512
蓄电池	Electric Accumulators	24735
集装箱	Containers	18344
服装及衣着附件	Garments and Clothing Accessories	883807
照相机	Cameras	1943
手 表	Wrist Watches	12665
船 舶	Ships	152759
家具及其零件	Furniture and Parts	271094
灯具、照明装置及类似品	Lamps and Lighting Fittings	140114
鞋	Footwear	165055
塑料制品	Plastic Articles	119865
玩 具	Toys	42002
贵金属或包贵金属的首饰	Jewelry of Precious Metals or Rolled Precious Metals	425125
新的充气橡胶轮胎	New Pneumatic Rubber Tires	28431
不锈钢厨具、餐具等家用器具	Household Stainless Steel Cookware and Tableware	11051
自动数据处理设备及其部件	Automatic Data Processing Machines and Components	189888
自动数据处理设备的零件	Parts of Automatic Data Processing Machines	29513
扬声器	Loudspeakers	64030
录、放像机	Video Tape Recorders	12507
印刷电路	Printed Circuits	125258
电线和电缆	Electronic Wires and Cables	43166
自行车	Bicycles	20103
箱包及类似容器	Package Bags and Similar Containers	209854
摩托车	Motorcycles	90845

Main Export Commodities in Value (2014, by Continent，USD)

(USD 10000)

亚 洲 Asia	# 港澳台 Hong Kong, Macao and Taiwan	# 日 本 Japan	# 韩 国 Republic of Korea	# 马来西亚 Malaysia	# 新加坡 Singapore	非 洲 Africa	大洋州 Oceania	# 澳大利亚 Australia
6291	6291							
393	393							
1737	514			1030	78	34	23	15
40						1	16	
2138	1671	182	2	40	219	9	52	52
297	95	93		64	19			
44	1		...		1	11	61	61
2155	935	665	1	411	61	59	9	9
920	450	154		191	46			
355	217		1	...	3	61	1	
95781	93767		112	307	736	823	613	25
6525	2814	353	410	291	608	2106	46	39
1396		795		20		8	...	
222447	104160	4619	788	12971	4197	16045	1615	1284
1681	1681					4	1	
77738	59338	13				20	...	...
166125	109668	1315	7765	9976	3281	7419	1486	1416
5981	235	1969	123	765	264	1552	978	937
425	...	39	...	46	42	30	40	...
4918	781	52	1	251	58	31050	45	35
15527	10178	1096	267	575	466	3097	863	702
12638	12457				180	1	...	
280387	85980	15007	5412	25783	20520	108204	28036	25400
830	698	78	1	...	...	4	8	8
11277	4057	5007	16	234	69	293	87	83
121820	87242		2	2935	16588	5685	5116	292
113050	8504	17363	2162	20967	15601	45957	6494	5482
55514	5435	1857	869	12530	7446	11320	4043	3430
40902	6694	7218	1103	6313	5058	19866	2822	2350
49702	10374	5077	1708	6185	3428	17055	5544	4920
8386	1996	833	574	773	581	853	1138	1036
71277	55162	1172	2	...	7286	106	4463	4461
9516	804	178	3	538	241	2808	887	815
2680	138	336	86	329	248	809	196	176
79353	43286	1036	2756	1586	8143	2690	4954	4583
18983	14311	1352	66	701	1107	728	77	74
25239	9801	1915	247	1829	1449	5400	503	465
5549	1038	163	167	394	408	2419	54	42
114001	107486	202	1575	1606	1750	34	3	...
28818	8035	839	568	1850	4207	2753	343	218
7337	528	332	38	804	239	1303	878	580
53823	13880	8990	2136	6097	3176	10254	3403	2988
20028	65	1609	546	449	3	49308	131	101

15-10 续表

单位：万美元

商品名称	Item	欧洲 Europe
活猪	Live Hogs	
活家禽	Live Poultry	
水海产品	Aquatic and Seawater Products	
谷物及谷物粉	Cereals and Cereal Flour	...
蔬菜	Vegetables	134
鲜干水果及坚果	Fresh or Dried Fruits and Nuts	6
食用植物油	Edible Vegetable Oil	11
茶叶	Tea	50
药材	Medical Materials	31
纸烟	Cigarettes	125
成品油	Refined Petroleum Products	2266
医药品	Pharmaceutical Products	1498
烟花炮竹	Fireworks and Firecrackers	1051
纺织纱线、织物及制品	Textile Yarn, Fabrics and Related Products	17761
水泥及水泥熟料	Cement and Cement Clinker	...
珍珠、钻石、宝石及半宝石	Pearls, Diamonds, Jewelry and Semi-jewelry	33156
钢材	Rolled Steel	7931
电扇	Electric Fans	1285
电子计算器	Electric Calculators	123
原电池	Primary Cells and Batteries	664
蓄电池	Electric Accumulators	2863
集装箱	Containers	
服装及衣着附件	Garments and Clothing Accessories	225859
照相机	Cameras	623
手表	Wrist Watches	277
船舶	Ships	6700
家具及其零件	Furniture and Parts	49216
灯具、照明装置及类似品	Lamps and Lighting Fittings	38013
鞋	Footwear	43820
塑料制品	Plastic Articles	23484
玩具	Toys	11739
贵金属或包贵金属的首饰	Jewelry of Precious Metals or Rolled Precious Metals	19807
新的充气橡胶轮胎	New Pneumatic Rubber Tires	6445
不锈钢厨具、餐具等家用器具	Household Stainless Steel Cookware and Tableware	3928
自动数据处理设备及其部件	Automatic Data Processing Machines and Components	53436
自动数据处理设备的零件	Parts of Automatic Data Processing Machines	4628
扬声器	Loudspeakers	13834
录、放像机	Video Tape Recorders	1419
印刷电路	Printed Circuits	3825
电线和电缆	Electronic Wires and Cables	3677
自行车	Bicycles	5395
箱包及类似容器	Package Bags and Similar Containers	70409
摩托车	Motorcycles	2088

continued

(USD 10000)

# 德 国 Germany	# 英 国 United Kingdom	# 比利时 Belgium	# 荷 兰 Netherlands	北美洲 North America	# 美 国 United States	拉丁美洲 Latin America
				2700	2690	1122
	...					
10	15	2	75	626	403	90
			5	94	81	
...			3			6
7	4	12	16	105	104	50
31				101	62	
	...					10
40	31	60	66	405	405	2725
218	46	5	846	960	872	380
422	121	25	97	593	593	84
2120	2374	619	2720	11989	10619	18179
...						
...		27987		92	92	
153	409	388	225	4456	2484	2942
42	91	23	199	2579	2413	1326
3	1	15		16	6	10
45	315	11	35	180	177	654
423	806	283	336	1852	1794	533
				5704	5704	
39411	53497	8442	23838	175589	164886	65733
1	2	7	165	377	375	100
11	13	40	61	693	680	38
17				45	45	13392
8445	6255	3263	6371	43479	38074	12899
8978	4295	1346	5433	25867	24812	5357
3449	5920	1649	3826	50141	46982	7504
2835	4374	820	2874	19030	17304	5051
1993	1769	1324	262	16773	16099	3113
947	4861	14	11	329346	327365	126
837	1532	2163	272	5798	5396	2977
470	279	321	519	2736	2627	703
17212	1054	12461	10406	42963	42411	6492
2152	110	11	40	2889	2844	2208
4156	559	1488	4954	14995	14476	4059
234	86	118	167	1366	885	1700
705	160	...	11	6475	5165	920
314	327	72	341	5735	5125	1840
3	126	15	51	4614	4285	577
7684	10903	4556	5610	54982	50263	16984
6	10	206	...	77	76	19214

15-11 主要出口商品金额（2014年，按洲别分，按人民币计价）

单位：万元

商品名称	Name of Commodities	合 计 Total
活 猪	Live Hogs	38637
活家禽	Live Poultry	2412
水海产品	Aquatic and Seawater Products	34471
谷物及谷物粉	Cereals and Cereal Flour	355
蔬 菜	Vegetables	18729
鲜干水果及坚果	Fresh or Dried Fruits and Nuts	2439
食用植物油	Edible Vegetable Oil	816
茶 叶	Tea	14891
药 材	Medical Materials	6467
纸 烟	Cigarettes	3393
成品油	Refined Petroleum Products	630361
医药品	Pharmaceutical Products	70691
烟花炮竹	Fireworks and Firecrackers	19242
纺织纱线、织物及制品	Textile Yarn, Fabrics and Related Products	1769424
水泥及水泥熟料	Cement and Cement Clinker	10358
珍珠、钻石、宝石及半宝石	Pearls, Diamonds, Jewelry and Semi-jewelry	681889
钢 材	Rolled Steel	1168977
电 扇	Electric Fans	84137
电子计算器	Electric Calculators	3953
原电池	Primary Cells and Batteries	230283
蓄电池	Electric Accumulators	151972
集装箱	Containers	112657
服装及衣着附件	Garments and Clothing Accessories	5432527
照相机	Cameras	11935
手 表	Wrist Watches	77836
船 舶	Ships	938074
家具及其零件	Furniture and Parts	1666455
灯具、照明装置及类似品	Lamps and Lighting Fittings	861393
鞋	Footwear	1014279
塑料制品	Plastic Articles	736793
玩 具	Toys	258120
贵金属或包贵金属的首饰	Jewelry of Precious Metals or Rolled Precious Metals	2611576
新的充气橡胶轮胎	New Pneumatic Rubber Tires	174630
不锈钢厨具、餐具等家用器具	Household Stainless Steel Cookware and Tableware	67909
自动数据处理设备及其部件	Automatic Data Processing Machines and Components	1165939
自动数据处理设备的零件	Parts of Automatic Data Processing Machines	181275
扬声器	Loudspeakers	393388
录、放像机	Video Tape Recorders	76846
印刷电路	Printed Circuits	769218
电线和电缆	Electronic Wires and Cables	265197
自行车	Bicycles	123381
箱包及类似容器	Package Bags and Similar Containers	1289755
摩托车	Motorcycles	558015

Main Export Commodities in Value (2014, by Continent，RMB)

(10000 yuan)

亚 洲 Asia	# 港澳台 Hong Kong, Macao and Taiwan	# 日 本 Japan	# 韩 国 Republic of Korea	# 马来西亚 Malaysia	# 新加坡 Singapore	非 洲 Africa	大洋州 Oceania	# 澳大利亚 Australia
38637	38637							
2412	2412							
10659	3155			6318	477	205	139	91
247						8	99	
13130	10269	1119	14	248	1342	58	316	316
1824	582	570		393	118			
271	9		…		9	65	378	373
13217	5731	4082	3	2527	376	358	55	55
5655	2763	951		1171	285			
2184	1336		7	2	20	374	4	
588400	576032		686	1886	4524	5058	3767	150
40061	17277	2166	2513	1789	3735	12936	283	242
8574		4885		121		49	…	
1366402	639582	28378	4840	79739	25804	98658	9925	7888
10326	10326					24	8	
477498	364525	81				120	…	…
1020076	673335	8095	47671	61269	20159	45585	9130	8701
36752	1443	12099	755	4705	1621	9545	6014	5766
2612	1	239	…	285	259	183	244	1
30195	4798	319	5	1541	357	190609	276	213
95378	62489	6735	1643	3536	2868	19051	5302	4314
77570	76460				1111	8	2	
1723701	528349	92285	33241	158531	126176	665530	172247	156048
5101	4290	481	8	…	1	28	50	49
69299	24911	30765	101	1440	426	1804	534	509
748005	535715		11	18074	101867	34936	31498	1796
695440	52266	107073	13281	129000	95962	282775	39898	33685
341494	33401	11409	5339	77122	45836	69637	24847	21080
251378	41123	44295	6765	38844	31116	122232	17343	14438
305559	63729	31205	10498	38064	21098	104891	34059	30223
51507	12244	5114	3525	4757	3573	5244	6995	6366
437781	338749	7197	12	…	44763	651	27421	27408
58454	4937	1094	17	3305	1482	17247	5446	5006
16469	851	2061	526	2024	1526	4975	1202	1084
487126	265663	6357	16914	9738	50008	16530	30417	28140
116584	87867	8308	408	4304	6798	4478	472	453
155042	60199	11754	1516	11240	8898	33191	3092	2855
34097	6377	1001	1026	2424	2508	14868	329	256
700090	660092	1243	9665	9856	10741	208	20	…
177016	49325	5178	3487	11369	25794	16923	2108	1341
45046	3238	2037	235	4940	1465	8000	5397	3565
330791	85270	55241	13119	37501	19536	63073	20915	18367
123094	400	9879	3355	2760	17	302783	802	620

15-11 续表

单位：万元

商品名称	Item	欧洲 Europe
活　猪	Live Hogs	
活家禽	Live Poultry	
水海产品	Aquatic and Seawater Products	
谷物及谷物粉	Cereals and Cereal Flour	1
蔬　菜	Vegetables	825
鲜干水果及坚果	Fresh or Dried Fruits and Nuts	34
食用植物油	Edible Vegetable Oil	67
茶　叶	Tea	306
药　材	Medical Materials	192
纸　烟	Cigarettes	767
成品油	Refined Petroleum Products	13909
医药品	Pharmaceutical Products	9192
烟花炮竹	Fireworks and Firecrackers	6465
纺织纱线、织物及制品	Textile Yarn, Fabrics and Related Products	109098
水泥及水泥熟料	Cement and Cement Clinker	...
珍珠、钻石、宝石及半宝石	Pearls, Diamonds, Jewelry and Semi-jewelry	203703
钢　材	Rolled Steel	48722
电　扇	Electric Fans	7873
电子计算器	Electric Calculators	753
原电池	Primary Cells and Batteries	4074
蓄电池	Electric Accumulators	17594
集装箱	Containers	
服装及衣着附件	Garments and Clothing Accessories	1388140
照相机	Cameras	3822
手　表	Wrist Watches	1703
船　舶	Ships	41251
家具及其零件	Furniture and Parts	302187
灯具、照明装置及类似品	Lamps and Lighting Fittings	233603
鞋	Footwear	269209
塑料制品	Plastic Articles	144338
玩　具	Toys	72153
贵金属或包贵金属的首饰	Jewelry of Precious Metals or Rolled Precious Metals	121896
新的充气橡胶轮胎	New Pneumatic Rubber Tires	39602
不锈钢厨具、餐具等家用器具	Household Stainless Steel Cookware and Tableware	24141
自动数据处理设备及其部件	Automatic Data Processing Machines and Components	328113
自动数据处理设备的零件	Parts of Automatic Data Processing Machines	28429
扬声器	Loudspeakers	84984
录、放像机	Video Tape Recorders	8715
印刷电路	Printed Circuits	23491
电线和电缆	Electronic Wires and Cables	22614
自行车	Bicycles	33073
箱包及类似容器	Package Bags and Similar Containers	432843
摩托车	Motorcycles	12825

continued

(10000 yuan)

				北美洲 North America		拉丁美洲 Latin America
# 德 国 Germany	# 英 国 United Kingdom	# 比利时 Belgium	# 荷 兰 Netherlands		# 美 国 United States	
				16575	16516	6893
	1					
60	95	13	462	3843	2476	557
			34	580	499	
3			20			34
42	26	71	98	647	642	309
192				619	384	
	2					63
246	189	372	409	2485	2485	16742
1334	280	32	5191	5891	5354	2329
2599	744	156	598	3639	3639	515
13019	14579	3802	16708	73659	65246	111683
...						
...		171926		567	567	
938	2511	2382	1387	27400	15264	18064
255	556	141	1220	15813	14797	8140
17	7	91		98	37	63
277	1936	66	214	1107	1088	4022
2600	4953	1742	2063	11371	11015	3276
				35078	35078	
242061	328855	51939	146600	1078946	1013187	403962
5	13	44	1016	2317	2302	617
69	81	247	374	4262	4183	235
102				273	273	82111
51821	38417	20045	39103	266922	233744	79232
55187	26387	8266	33380	158888	152407	32924
21172	36371	10124	23519	307997	288592	46120
17422	26879	5038	17676	116909	106306	31038
12256	10881	8148	1613	103094	98952	19128
5821	29876	84	68	2023055	2010873	772
5139	9411	13280	1675	35602	33128	18278
2888	1715	1972	3197	16808	16141	4313
105671	6472	76530	63897	263897	260500	39857
13222	676	70	243	17759	17489	13552
25531	3439	9137	30432	92129	88930	24951
1435	530	725	1027	8396	5449	10441
4330	984	1	68	39758	31715	5650
1928	2013	445	2100	35237	31494	11299
16	771	91	316	28319	26303	3546
47233	67005	28056	34469	337776	308786	104356
39	60	1264	1	472	467	118039

15-12 进出口商品分类金额

单位:万美元、万元

项 目	Item
合 计	**Total**
第一类 活动物、动物产品	Live Animals & Animal Products
活动物	Live Animals
肉及食用杂碎	Meat and Edible Haslets
水产品	Aquatic Products
乳品、蛋品、天然蜂蜜、其他食用动物产品	Dairy Products, Eggs, Natural Honey and Other Edible Animal Products
其他动物产品	Other Animal Products
第二类 植物产品	Vegetables Products
树苗及花草	Saplings, Flowers and Herbs
蔬 菜	Edible Vegetables
水果及坚果	Fruits and Nuts
咖啡、茶叶及调味香料	Coffee, Tea and Spices
谷 物	Cereals
制粉工业产品	Flour,Starch and Related Prouducts
植物油籽、果实、种子、药材及饲料	Oil Seeds and Kernels and Oleaginous Fruits, Seeds, Plants for Medicinal Use and Forge
虫胶、树胶、树脂	Shellacs, Gums and Resins
编结植物材料、其他植物产品	Vegetable Plaiting Materials and Other Vegetable Products
第三类 动、植物油脂及蜡	Animal Fat ,Vegetable Oils and Waxes
动、植物油脂及蜡	Animal and Vegetable Oils, Fats and Waxes
第四类 食品、烟草及制品	Food, Tobacco and Related Products
动物产品制品	Animal Products
糖及糖食	Sugar and Sugar Confectionery
可可及可可制品	Cocoa and Cocoa Products
粮食及乳制品、糕饼点心	Grain, Milk and Pastry Products
蔬菜、水果等植物制品	Vegetable and Fruit Products
杂项食品	Miscellaneous Edible Preparation
饮料、酒及醋	Beverages, Liquor and Vinegar
食品的残渣、动物饲料	Residues and Waste from Food and Animal Fodder
烟草及烟草制品	Tobacco and Tobacco Products
第五类 矿产品	Mineral
盐、硫磺、建筑材料	Salt, Sulfur and Building Materials
矿砂、矿渣及矿灰	Ore, Slag and Mortar
矿物燃料、矿物油及产品	Mineral Fuels, Mineral Oils and Related Products
第六类 化工产品	Chemicals
无机化学品	Inorganic Chemicals
有机化学品	Organic Chemicals
药 品	Medicinal and Pharmaceuticaland Products
肥 料	Fertilizers
鞣料、染料浸膏、染料、颜料、油漆、油墨	Tanning and Dyeing Extracts, Coloring and Dyeing Materials, Paint and Printing Ink

Value of Imports and Exports by Category of Commodities

(USD 10000、10000 yuan)

2013		2014			
按美元计价 (by USD)		按美元计价 (by USD)		按人民币计价 (by RMB)	
进　口 Imports	出　口 Exports	进　口 Imports	出　口 Exports	进　口 Imports	出　口 Exports
5608901	**6280670**	**5787649**	**7271331**	**35551535**	**44676506**
91729	16449	102908	16513	631857	101426
679	7699	844	8362	5198	51361
25550	976	38378	2011	235817	12358
20636	5814	24092	5169	147973	31738
41658	703	36855	683	226049	4195
3206	1257	2739	288	16820	1774
145421	15045	209353	16343	1285855	100349
43	160	267	215	1647	1323
4523	2115	1358	2914	8343	17894
16050	521	17470	425	107258	2612
781	2768	689	2978	4233	18275
38729		72063	58	442626	355
2416	6388	3860	5578	23717	34244
79284	1357	109502	1590	672559	9766
2128	829	2433	1340	14964	8238
1467	907	1711	1245	10508	7642
32339	3646	34985	3376	214784	20730
32339	3646	34985	3376	214784	20730
130514	36859	151541	43903	931333	269665
151	729	198	464	1216	2847
5310	6923	4280	7910	26308	48581
1418	173	1386	380	8518	2335
57410	9100	66501	9082	408501	55773
3141	2182	3234	2122	19866	13032
20827	7209	21570	7643	132566	46938
15848	4019	19125	3853	117930	23668
26351	2624	33906	9050	208190	55601
58	3900	1341	3399	8238	20890
483326	158080	392861	155863	2412351	957769
4883	3334	5175	3522	31840	21644
57814	90	74831	185	459334	1137
420629	154656	312855	152156	1921177	934988
459169	175803	449149	166760	2759511	1024264
27732	29994	17576	12720	107993	78106
171594	36346	144514	36279	887441	222855
101446	6382	108189	8067	664631	49541
212	285	84	1113	516	6843
27416	9912	30146	10541	185278	64749

15-12 续表 1

单位:万美元、万元

项 目	Item
化妆品及其原料、芳香料制品	Cosmetics and Related Products, Perfumed Materials
洗涤用品	Detergents
蛋白类物质、改性淀粉、胶、酶	Protein Materials, Modified Starches, Glues and Enzymes
炸药、烟火制品、易燃材料制品	Explosives, Pyrotechnic Products and Combustible Products
照相及电影用品	Photographic and Cinematographic Goods
杂项化学产品	Miscellaneous Chemical Products
第七类 塑料、橡胶及其制品	Plastics, Rubber and Related Products
塑料及其制品	Plastics and Related Products
橡胶及其制品	Rubber and Related Products
第八类 皮革、毛皮及其制品、旅行用品、手提包	Leather, Furs Skins and Related Products, Travel Articles and Handbags
生皮及皮革	Raw Hides and Leather
皮革制品、旅行用品及手提包	Leather Products, Travel Articles and Handbags
毛皮、人造毛皮及制品	Furs Shins, Artificial Furs Manufactures Thereof
第九类 木及木制品、草柳编结品	Wood and Wooden Products, Straw and Wicker Plaited Products
木及木制品、木炭	Wood and Wooden Products, Charcoal
软木及软木制品	Cork and Related Products
草柳编结品	Straw and Wicker Plaited Products
第十类 木浆、纸、纸板及制品	Wood Paper Pulp, Paper, Paperboard and Related Products
木浆及其他纤维素浆、废碎纸板	Paper Pulp and Cellulose, Waste Paperboard
纸及纸板、纸浆、纸制品	Paper and Paperboard, Articles of Paper Pulp and Paper Products
书籍、印刷品、设计图纸	Books, Printed Matter and Design Drawings
第十一类 纺织原料及纺织制品	Textile Materials and Products
蚕 丝	Natural Silk
羊毛、动物毛、毛纱线及制品	Wool, Animal Hair and Woolen Woven Fabrics
棉花及制品	Cotton and Related Products
其他纺织纤维、纸纱线及机织物	Other Textile Fiber, Yarn and Related Woven Fabrics
化学纤维长丝	Chemical Fiber, Continuous Filament
化学纤维短丝	Chemical Fiber, Staple Fiber
絮胎、毡尼及无纺物、特种纱线、线绳索缆	Wadding, Felt and Adhesive-Bond Fabrics, Special Yarn, Thread, Rope and Cable
地毯及纺织铺地制品	Carpets and Related Products
特种机织物、纺织装饰品、刺绣品	Special Woven Fabrics, Textile Trimmings and Embroidery
浸渍、涂布、包覆或层压的纺织物	Soaked, Coated or Overlapping Textiles
针织物及钩编织物	Knitwear and Crocheted Fabrics
针织或钩编的服装及衣着附件	Knitted or Crocheted Garments and Clothing Accessories
非针织或非钩编的服装及衣着附件	Garments and Clothing Accessories Not Knitted or Crocheted
其他纺织制成品、成套物品	Other Textile Products
第十二类 鞋帽伞杖、加工羽毛、人造花、人发制品	Footwear, Headgear, Umbrellas, Canes, Processed Feather, Artificial Flowers and Wigs
鞋类及零件	Footwear and Accessories
帽类及零件	Headgear and Accessories

continued

(USD 10000、10000 yuan)

2013		2014			
按美元计价 (by USD)		按美元计价 (by USD)		按人民币计价 (by RMB)	
进　口 Imports	出　口 Exports	进　口 Imports	出　口 Exports	进　口 Imports	出　口 Exports
21585	39038	21674	40799	133235	250569
26317	15538	28167	17979	173174	110436
18842	11063	19095	12740	117400	78261
373	3228	206	3132	1267	19245
3911	1928	5935	1997	36473	12264
59741	22089	73563	21393	452103	131395
531406	265670	558659	326876	3431398	2008507
470256	215399	504608	275302	3099373	1691634
61150	50271	54051	51574	332025	316873
50687	197020	63648	229575	391252	1410996
38389	514	50087	1401	307635	8607
4996	189263	4419	223314	27169	1372501
7302	7243	9142	4860	56448	29888
36698	21998	58086	25649	356971	157542
36543	19420	57934	23021	356035	141411
20	11	14	13	86	81
135	2567	138	2615	850	16050
62940	68554	63415	77997	389468	479206
39053	139	40811	21	250588	132
21242	49008	19996	58528	122858	359575
2645	19407	2608	19448	16022	119499
200169	955060	177795	1151333	1092472	7075889
395	5319	395	4439	2428	27258
1602	3092	1387	1090	8539	6697
96647	35354	83421	40864	512253	251013
3129	2211	4492	2375	27599	14602
28911	8508	23730	10156	145754	62400
23176	5327	19085	6440	117276	39549
11354	12244	9301	13164	57291	80850
426	4715	373	5927	2296	36438
4448	13966	4149	20894	25515	128409
6177	25598	6096	26007	37453	159741
13364	131634	14753	128202	90797	787425
3211	327152	2854	342601	17534	2105929
6523	356277	6527	516775	40153	3176450
806	23663	1232	32399	7584	199128
4037	162580	4776	195650	29373	1202273
3875	142319	4613	174548	28372	1072599
72	7479	80	8614	492	52940

15-12 续表 2

单位:万美元、万元

项　　目	Item
伞、杖、鞭及零件	Umbrellas, Canes, Whips and Accessories
加工羽毛、羽绒及制品、人造花、人发制品	Processed Feathers and Related Products, Artificial Flowers and Wigs
第十三类 石材制品、陶瓷产品、玻璃及其制品	Stone Products,Leramics,Glass and Glossware
石材制品	Stone and Related Products
陶瓷产品	Ceramics
玻璃及其制品	Glass and Glassware
第十四类 珠宝首饰、硬币	Jewellery and Coins
珠宝首饰	Jewellery
第十五类 贱金属及其制品	Base Metals and Related Products
钢　铁	Iron and Steel
钢铁制品	Iron and Steel Products
铜及其制品	Copper and Related Products
镍及其制品	Nickel and Related Products
铝及其制品	Aluminum and Related Products
铅及其制品	Lead and Related Products
锌及其制品	Zinc and Related Products
锡及其制品	Tin and Related Products
其他贱金属、金属陶瓷及其制品	Other Base Metals, Metal Ceramics and Related Products
贱金属工具、器具、利口器、餐具及零件	Base Metal Tools, Implements, Cutlery, Tableware and Related Parts
贱金属杂项制品	Miscellaneous Products of Base Metals
第十六类 机械、电气设备、电视机及音响设备	Machinery, Electric Equipment, Television Sets and Sound Appliances
核反应堆、锅炉、机械设备及零件	Nuclear Reactors, Boilers, Mechanical Equipment and Accessories
机电、电气设备、电视机及音响设备	Machinery and Electric Equipment, Television Sets and Sound Appliances
第十七类 车辆、航空器、船舶及有关运输设备	Locomotives, Vehicles, Aircraft, Ships and Related Transportation Equipment
铁道及电车机车、车辆及零件	Railway Locomotives, Tramcars and Accessories
车辆及零附件(铁道车辆除外)	Vehicles and Related Parts and Accessories (excluding railway locomotives)
航空器、航天器及零件	Aircraft, Spacecraft and Related Parts
船舶及浮动结构体	Ships and Related Products
第十八类 仪器、医疗器械、钟表及乐器	Instruments, Medical Instruments and Equipment, Clocks and Musical Instruments
光学、照相电影、计量检验、医疗仪器设备	Optical, Photographic, Film, Measuring and Checking, Medical Instruments and Equipments
钟表及零件	Clocks and Related Parts
乐器及零附件	Musical Instruments and Related Parts and Accessories
第十九类 武器、弹药及其零件、附件	Arms and Ammunition, Parts and Auessories thereof
第二十类 杂项制品	Miscellaneous Products
家具、床上用品、照明装置、活动房	Furniture, Bed Articles, Lighting Apparatus and Luminous Signs
玩具、游戏、运动用品及零附件	Toys, Games and Sports Goods and Related Parts and Accessories
杂项制品	Miscellaneous Manufactured Articles
第二十一类 艺术品、收藏品及古物	Works of Art, Collector's Pieces and Antiques
第二十二类 特殊交易品及未分类商品	Special Commodities and Unclassified Commodities

continued

(USD 10000、10000 yuan)

2013		2014			
按美元计价 (by USD)		按美元计价 (by USD)		按人民币计价 (by RMB)	
进口 Imports	出口 Exports	进口 Imports	出口 Exports	进口 Imports	出口 Exports
12	3059	12	4241	75	26040
78	9723	71	8247	434	50694
25065	88473	32713	139637	201394	858569
4265	5375	5441	19609	33477	120639
1504	35390	1804	64903	11103	399167
19296	47708	25468	55125	156814	338763
296504	510116	369585	560539	2270276	3443455
296504	510116	369585	560539	2270276	3443455
588324	403086	507981	483290	3119385	2969130
188466	148257	159499	156820	979470	962944
49700	112932	88400	132343	543196	812934
262253	9481	181774	11048	1115631	67912
10056	283	10023	1365	61609	8372
31420	48604	29519	67056	181235	412097
141	45	27	10	164	62
10448	361	10065	13148	61676	80865
11825	5357	832	1419	5112	8787
2119	2163	1983	2508	12181	15405
14951	41312	17632	45767	108515	281216
6945	34291	8227	51806	50596	318536
1177477	1828709	1242403	2035849	7633289	12507378
571193	731133	575942	774359	3539857	4758411
606284	1097576	666461	1261490	4093432	7748967
429836	456968	507608	563904	3117176	3464095
593	18136	1564	19952	9633	122537
246227	282074	225492	325756	1385879	2001877
182344	4607	279914	65284	1717731	400666
672	152151	638	152912	3933	939015
676817	484086	678224	506173	4165576	3108692
654379	447436	655422	465636	4025407	2859612
20597	22666	21093	26825	129648	164826
1841	13984	1709	13712	10521	84254
7	18	51	5	313	29
27105	432353	30784	572013	189530	3516028
13021	309908	10996	430690	67755	2647558
6723	88779	9371	100203	57693	615813
7361	33666	10417	41120	64082	252657
228	97	291	83	1797	514
159103		150833		926174	

15-13 广州地区口岸进出口商品总值

Commodity Value of Imports and Exports through Ports in Guangzhou Area

项　　目	Item	2013	2014	
		万美元 (USD 10000)	万美元 (USD 10000)	万元 (10000 yuan)
进出口商品货物总值	**Total**	**15418532**	**22386454**	**137513976**
进口商品货物总值	Imports	7549622	8981155	55171003
出口商品货物总值	Exports	7868910	13405299	82342973

15-14 软件出口和技术进口情况

Software Export and Technology Import in Guangzhou

项　　目	Item	2014	
		项　目 (个) Number (unit)	金　额 (万美元) Amount (USD 10000)
软件出口	Software Export		181556
嵌入式软件	Embedded Software		121316
软件产品	Software Products	16	310
软件服务	Software Services	658	59930
技术进口	Technology Import	438	163675
制造业	Manufacturing	387	159192
房地产业	Real Estate	13	891
计算机应用业	Computer Applied Software Industry	1	22
技术咨询服务业	Technology Consulting Service	37	3569

注：1. 嵌入式软件出口是指通过海关出口方式向境外用户提供的嵌入在信息系统或设备中的软件。
2. 技术进口是指办理了合同登记手续的，通过贸易、投资或经济技术合作等方式转移技术到境内的行为。

Notes: I. Embedded software export refers to providing overseas users with software inlaid information system or equipment in the form of customs export.

II. Technology import refers to the action of transferring technology into China in forms of trade, investment or economic technological cooperation after the contracts registrations formalities have been gone through.

15-15 历年利用外资情况
Statistics on Utilization of Foreign Capital in Main Years

年份 Year	项目(企业)个数(个) Number of Contracts (unit)	# 外商直接投资 Foreign Direct Investment	合同外资金额(万美元) Amount of Contracted Foreign Capital (USD 10000)	# 外商直接投资 Foreign Direct Investment	实际使用外资金额(万美元) Amount of Foreign Capital Actually Used (USD 10000)	# 外商直接投资 Foreign Direct Investment
1978	2		53			
1979	551	7	2305	1970	984	165
1980	1379	21	24905	24794	3013	1287
1985	4394	290	70175	51575	15782	10389
1986	2062	104	33668	29569	17966	9316
1987	2271	126	28510	20374	8574	5562
1988	2120	289	52650	39338	27119	14521
1989	2121	292	57778	40101	43892	27481
1990	2711	389	55426	47183	27263	18613
1991	2678	571	87517	70635	40519	25938
1992	2925	1193	471080	449654	74595	57135
1993	2620	1275	704764	683634	147028	128464
1994	2907	1906	709683	685763	204816	181403
1995	2564	1774	685657	673101	225298	214444
1996	1793	865	510301	447393	260002	233153
1997	3066	661	219922	169824	289379	248003
1998	986	643	245058	193178	304467	271608
1999	1053	537	172808	141377	317600	298687
2000	1445	647	163454	152759	311541	298923
2001	1087	678	200604	196229	332746	300119
2002	1177	776	316579	302322	265299	228386
2003	1204	870	402176	351117	306409	258076
2004	1506	1046	334767	320494	247696	240062
2005	1599	1061	366155	340205	284128	264882
2006	1465	1025	463987	439124	305477	292339
2007	1460	959	715269	703506	341138	328579
2008	1378	991	604536	591864	377413	362277
2009	1022	844	388633	378401	387476	377339
2010	1170	980	505928	497384	408121	397862
2011	1273	1134	683809	674734	437626	427009
2012	1204	1095	693071	680188	474312	457485
2013	1258	1092	734009	711428	507853	480385
2014	1324	1155	827560	803975	543905	510707

注：合同外资金额、实际使用外资金额按当年口径统计。

Note: The amount of contracted foreign capital and foreign capital actually used are calculated at current coverage.

15-16 历年利用外资项目(企业)个数、合同外资金额、实际使用外资金额指数(上年=100)

Indices of Contracts Number, Contracted Foreign Capital and Foreign Capital Actually Used in Main Years (Preceding Year=100)

年份 Year	项目(企业)个数 Number of Contracts	# 外商直接投资 Foreign Direct Investment	合同外资金额 Amount of Contracted Foreign Capital	# 外商直接投资 Foreign Direct Investment	实际使用外资金额 Amount of Foreign Capital Actually Used	# 外商直接投资 Foreign Direct Investment
1979	27550.0		4349.1			
1980	250.3	300.0	1080.5	1258.6	306.2	780.0
1985	97.2	163.8	344.8	272.3	101.3	79.7
1986	46.9	35.9	48.0	57.3	113.8	89.7
1987	110.1	121.2	84.7	68.9	47.7	59.7
1988	93.4	229.4	184.7	193.1	316.3	261.1
1989	100.1	101.0	109.7	101.9	161.9	189.3
1990	127.8	133.2	95.9	117.7	62.1	67.7
1991	98.8	146.8	157.9	149.7	148.6	139.4
1992	109.2	208.9	538.3	636.6	184.1	220.3
1993	89.6	106.9	149.6	152.0	197.1	224.8
1994	111.0	149.5	100.7	100.3	139.3	141.2
1995	88.2	93.1	96.6	98.2	110.0	118.2
1996	69.9	48.8	74.4	66.5	115.4	108.7
1997	171.0	76.4	43.1	38.0	111.3	106.4
1998	32.2	97.3	111.4	113.8	105.2	109.5
1999	106.8	83.5	70.5	73.2	104.3	110.0
2000	137.2	120.5	94.6	108.1	98.1	100.1
2001	75.2	104.8	122.7	128.5	106.8	100.4
2002	108.3	114.5	174.1	170.4	110.6	110.2
2003	102.3	112.1	127.0	116.1	115.5	113.0
2004	125.1	120.2	127.7	125.6	164.8	164.4
2005	106.2	101.4	109.4	106.2	114.7	110.3
2006	91.6	96.6	126.7	129.1	107.5	110.4
2007	99.7	93.6	154.2	160.2	111.7	112.4
2008	94.4	103.3	84.5	84.1	110.6	110.3
2009	74.2	85.2	64.3	63.9	102.7	104.2
2010	114.5	116.1	130.2	131.4	105.3	105.4
2011	108.8	115.7	135.2	135.7	107.2	107.3
2012	94.6	96.6	101.4	100.8	108.4	107.1
2013	104.5	99.7	105.9	104.6	107.1	105.0
2014	105.2	105.8	112.7	113.0	107.1	106.3

注：2002年和2004年合同外资金额、实际使用外资金额统计口径调整，当年指数按可比口径计算。

Note: The coverage of amount of contracted foreign capital and foreign capital actually used were adjusted in 2002 and 2004, the indices of which being calculated on the same coverage.

15-17 利用外资情况

Utilization of Foreign Capital

单位：万美元 (USD 10000)

项目	Item	2013	2014	1978-2014
项目(企业)个数(个)	**Number of Contracts (unit)**	**1258**	**1324**	**70327**
对外借款	Foreign Loans			57
外商直接投资	Foreign Direct Investment	1092	1155	25540
合资企业	Joint-venture Enterprises	119	148	5366
合作企业	Cooperative Enterprises	2	2	5703
外资企业	Enterprises with Sole Foreign Funds	969	1005	14458
外商投资股份制企业	Share-holding Corporations	2		13
外商其他投资	Other Foreign Investment	166	169	44730
国际租赁	International Lease			121
补偿贸易	Compensation Trade			107
加工装配	Processing and Assembling	166	169	44502
合同外资金额	**Contracted Foreign Capital**	**734009**	**827560**	**11576058**
对外借款	Foreign Loans			322066
外商直接投资	Foreign Direct Investment	711428	803975	10950756
合资企业	Joint-venture Enterprises	101280	231321	2133102
合作企业	Cooperative Enterprises	4708	11339	3153003
外资企业	Enterprises with Sole Foreign Funds	596287	554535	5570423
外商投资股份制企业	Share-holding Corporations	9153	6780	94228
外商其他投资	Other Foreign Investment	22581	23585	303236
国际租赁	International Lease			21840
补偿贸易	Compensation Trade			12111
加工装配	Processing and Assembling	22581	23585	269285
实际使用外资金额	**Amount of Foreign Capital Actually Used**	**507853**	**543905**	**7569112**
对外借款	Foreign Loans			342358
外商直接投资	Foreign Direct Investment	480385	510707	6994982
合资企业	Joint-venture Enterprises	153384	177098	1714582
合作企业	Cooperative Enterprises	22182	8456	1762123
外资企业	Enterprises with Sole Foreign Funds	302087	324593	3427634
外商投资股份制企业	Share-holding Corporations	2732	560	90643
外商其他投资	Other Foreign Investment	27468	33198	231772
对外发行股票	Share on Sale			4070
国际租赁	International Lease			10590
补偿贸易	Compensation Trade			8421
加工装配	Processing and Assembling	27468	33198	208691

15-18 外商直接投资情况(按地区分)

Statistics on Utilization of Foreign Direct Investment Capital (by Region)

单位：万美元 (USD 10000)

项 目	Item	2013			2014		
		项目(企业)个数(个) Number of Contracts (unit)	合同外资金 额 Contracted Foreign Capital	实际使用外资金额 Amount of Foreign Capital Actually Used	项目(企业)个数(个) Number of Contracts (unit)	合同外资金 额 Contracted Foreign Capital	实际使用外资金额 Amount of Foreign Capital Actually Used
全 市	**Total**	**1092**	**711428**	**480385**	**1155**	**803975**	**510707**
市 区	Urban Districts	1051	654757	465282	1104	743192	494340
#荔湾区	Liwan	80	19110	20300	89	30762	21343
越秀区	Yuexiu	326	49800	36880	319	52130	38645
海珠区	Haizhu	64	19598	17019	72	23251	17386
天河区	Tianhe	246	119383	62154	270	137360	65996
白云区	Baiyun	66	4548	7044	83	31598	17886
黄埔区	Huangpu	9	7518	6740	9	9313	7162
番禺区	Panyu	91	28725	27170	118	30162	28476
花都区	Huadu	21	24655	37803	20	29539	39690
南沙区	Nansha	47	157760	95613	59	167528	100380
萝岗区	Luogang	97	220627	149634	65	231549	157376
县级市	City at County Level	41	56671	15103	51	60783	16367
增城市	Zengcheng	19	26823	12604	28	28182	12700
从化市	Conghua	22	29848	2499	23	32601	3667

15-19 外商直接投资项目分类(2014年)

Amount of Foreign Direct Investment Capital Actually Used by Category (2014)

单位：万美元 (USD 10000)

项　　目	Item	项目(企业)个数(个) Number of Contracts (unit)	合同外资金　额 Contracted Foreign Capital	实际使用外资金额 Amount of Foreign Capital Actually Used
总　　计	**Total**	**1155**	**803975**	**510707**
# 投资额1000万美元以上项目	Projects with Investment above 10 million USD	184	578500	
按国民经济行业分	**By Sector**			
农、林、牧、渔业	Agriculture, Forestry, Animal Husbandry and Fishing	8	1780	147
采矿业	Mining			
制造业	Manufacturing	129	177761	167510
电力、热力、燃气及水生产和供应业	Production and Supply of Electricity, Heat,Gas and Water	2	3204	4355
建筑业	Construction	9	992	234
交通运输、仓储和邮政业	Transport, Storage and Post	22	6127	2349
信息传输、计算机服务和软件业	Information Transmission, Software and Information Technology Services	44	36000	6123
批发和零售业	Wholesale and Retail Trade	613	90543	32572
住宿和餐饮业	Hotels and Catering Services	46	11315	1615
金融业	Financial Intermediation	39	204004	108425
房地产业	Real Estate	28	228752	165138
租赁和商务服务业	Leasing and Business Services	146	25304	13517
科学研究和技术服务业	Scientific Research and Technical Services	39	15325	7284
水利、环境和公共设施管理业	Management of Water Conservancy,Environment and Public Facilities	1	-42	50
居民服务、修理和其他服务业	Service to Households, Repair and Other Services	21	2455	118
教育	Education	1	380	327
卫生和社会工作	Health and Social Service	1	93	341
文化、体育和娱乐业	Culture, Sports and Entertainment	6	-18	602
公共管理、社会保障和社会组织	Public Management, Social Security and Social Organization			
国际组织	International Organizations			

15-19 续表 continued

单位：万美元 (USD 10000)

项　　目	Item	项目(企业)个数(个) Number of Contracts (unit)	合同外资金额 Contracted Foreign Capital	实际使用外资金额 Amount of Foreign Capital Actually Used
按国别(地区)分	**By Country (Territory)**			
中国香港	Hong Kong, China	807	556751	268362
中国澳门	Macao, China	6	9751	487
中国台湾	Taiwan, China	43	-739	2829
日　本	Japan	7	16499	40262
泰　国	Thailand	3	269	45
新加坡	Singapore	24	23421	23341
马来西亚	Malaysia	12	141	93
韩　国	Republic of Korea	51	37765	63354
英　国	United Kingdom	6	1358	260
德　国	Germany	3	197	300
加拿大	Canada	10	2820	74
美　国	United States	17	2139	1394
澳大利亚	Australia	9	778	503
法　国	France	3	8142	466
荷　兰	Netherlands	1	5325	313
英属维尔京群岛	Virgin Islands	14	103034	76096
意大利	Italy	1	230	685
瑞　士	Switzerland	1	-60	133
萨摩亚	Samoa	8	5782	641
毛里求斯	Mauritius	1	1133	294
开曼群岛	Cayman Islands		11632	11962
百慕大	Bermuda	1	-1196	50
塞浦路斯	Cyprus		-3315	15
阿拉伯联合酋长国	United Arab Emirates	8	180	5
巴巴多斯	Barbados			
其　他	Others	119	21938	18743

15-20 境外企业情况(2014年)

Statistics on Overseas Enterprises Funded by Domestic Capital (2014)

单位：万美元 (USD 10000)

项 目	Item	当年新增 Newly Increased in Current Year	
		企业数(个) Number of Enterprises (unit)	中方投资额 Volume of Investment from China
总 计	**Total**	**174**	**310484**
按登记注册类型分	**By Registration Status**		
合资经营	Joint Ventures	29	14067
合作经营	Cooperative Operation		
独资经营	Solely Funded Ventures	145	296417
按贸易性、非贸易性分	**By Character of Trade**		
贸易性企业	Trade Enterprises	90	59450
非贸易性企业	Non-trade Enterprises	84	251034
按投资国家(地区)分	**By Investment Destination**		
中国香港	Hong Kong, China	86	141276
中国澳门	Cambodia	3	192
台湾省	Taiwan	2	16
巴基斯坦	Pakistan	1	163
格鲁吉亚	Georgia	1	1440
韩国	Republic of Korea	2	97
柬埔寨	Cambodia	3	1580
老挝	Laos	3	2000
马来西亚	Malaysia	2	753
孟加拉国	Bangladesh	1	750
尼泊尔	Nepal	1	5000
泰国	Thailand	4	1565
土耳其	Turkey	1	300
新加坡	Singapore	5	18549
伊朗	Iran	1	
印度	India	1	23154
印度尼西亚	Indonesia	4	22101
越南	Vietnam	1	
爱尔兰	Ireland	1	70
德国	Germany	3	230
法国	France	2	1040
乌干达	Uganda	1	62000
意大利	Italy	2	5956
英国	Britain	1	69
加拿大	Canada	2	480
美国	United States of America	21	5649
英属维尔京群岛	The British Virgin Islands	2	4784
秘鲁	Peru	1	200
智利	Chile	1	
澳大利亚	Australia	5	2125
萨摩亚	Samoans	1	10
新西兰	New Zealand	1	640
埃及	Egypt	1	600
加纳	The Republic of Ghana	1	900
马达加斯加	Madagascar	1	5000
莫桑比克	Mozambique	1	630
塞舌尔	Republic of Seychelles	1	100
坦桑尼亚	Tanzania	3	1065

15-21 对外经济合作业务情况(2014年)

Statistics on Economic Cooperation with Foreign Countries or Territories (2014)

项　目	Item	合同额 (万美元) Contracted Value (USD 10000)	完成营业额 (万美元) Turnover (USD 10000)
合　计	**Total**	**62866**	**57141**
对外承包工程	Contracted Projects	30867	26136
中国澳门	Macao, China	3542	531
中国香港	Hong Kong, China	560	650
泰国	Thailand		4190
科威特	Kuwait	1260	260
阿拉伯联合酋长国	United Arab Emirates	2140	818
伊朗	Iran	1414	1401
阿曼	The Sultanate of Oman	1370	717
巴基斯坦	Indonesia	3430	2889
土耳其	Turkey	4696	4709
印度尼西亚	Indonesia	564	909
越南	Vietnam		1438
缅甸	Burma	50	5
柬埔寨	Cambodia	95	33
马来西亚	Malaysia	743	636
印度	India	2142	
阿尔及利亚	Algeria		1358
苏丹	Sudan	239	44
巴哈马	Burma		535
厄瓜多尔	Uzbekistan	3605	3605
墨西哥	Mexico	4400	791
澳大利亚	Australia	617	617
对外劳务合作	Labor Cooperation	31999	31005
中国澳门	Macao, China	23457	24251
中国香港	Hong Kong, China	6627	6609
新加坡	Singapore	57	
巴拿马	The Republic of Panama	1858	145

15-22 主要年份对外经济合作业务情况

Contracted Projects and Labor Cooperation with Foreign Countries or Territories in Main Years

年 份 Year	新签合同数 (个) Number of Contracts Newly Signed (unit)	合同额 (万美元) Contracted Value (USD 10000)	完成营业额 (万美元) Turnover (USD 10000)	派出人数 (人次) Persons Sent Abroad (person-times)	年末在外人数 (人) Persons Abroad in Year-end (person)
1985	201	189	189	113	113
1990	1005	1887	1072	994	1201
1995	806	6632	5810	1473	2893
2000	4989	10588	7288	684	1833
2001	6317	8186	7487	1088	2247
2002	6577	7837	9115	2390	3378
2003	9089	10737	10919	3237	4080
2004	9728	13047	13247	3530	4456
2005	11815	16490	16237	3556	5001
2006	13611	19691	18093	3784	5011
2007	13615	23174	21365	4503	5962
2008	19872	30362	32037	4844	7912
2009	20457	40527	38827	5187	8142
2010	47416	81878	47187	6685	8970
2011		43928	24765	8795	11790
2012		44553	28856	9867	13770
2013		51373	36696	11282	16617
2014		62866	57141	15292	24368

注：2011年开始取消新签合同数统计。
Note: Since 2011, the indicator number of contracts newly signed has been canceled.

15-23 旅游业总收入、外汇收入情况(2014年)

Total Income from Tourism and Foreign Exchange Earnings (2014)

项 目	Item	旅游业总收入 (万元) Total Income (10000 yuan)	国内旅游收入 Domestic Travel Income	旅游外汇收入 Foreign Exchange Income	旅游外汇收入 (万美元) Foreign Exchange Income (USD 10000)
合 计	**Total**	**25218201**	**21853680**	**3364521**	**547522**
商品销售	Commodity Sales	5845579	5334483	511096	83173
餐 饮	Catering Services	3898734	3629896	268838	43749
长途交通	Long Distance Transport	4405620	3026735	1378885	224391
住 宿	Accommodation	4725891	4091009	634882	103317
邮电通讯	Post and Telecommunications	63045	32781	30264	4925
市内交通	Local Transport	226964	155161	71803	11685
游 览	Tours	1810667	1689178	121489	19770
娱 乐	Recreation	2405816	2240002	165814	26984
其 他	Others	1835885	1654435	181450	29528

15-24 城市接待过夜旅游者情况

Tourists Staying Overnight in Guangzhou

项　　目	Item	2013	2014
人次数合计　（万人次）	**Total Number of Tourists (10000 person-times)**	**5041.92**	**5330.05**
入境旅游者	Overseas Tourists	768.20	783.30
外国人	Foreigners	278.99	300.26
亚　洲	Asia	137.36	146.98
#日　本	Japan	23.93	24.68
韩　国	Republic of Korea	10.76	11.99
蒙　古	Mongolia	0.15	0.18
印度尼西亚	Indonesia	10.91	10.16
马来西亚	Malaysia	18.63	15.08
菲律宾	Philippines	3.51	3.33
新加坡	Singapore	9.50	8.52
泰　国	Thailand	8.01	7.59
印　度	India	7.93	7.60
越　南	Vietnam	7.98	3.91
沙特阿拉伯	Saudi Arabia	4.19	3.83
欧　洲	Europe	48.84	52.28
#英　国	United Kingdom	6.44	6.84
法　国	France	6.48	6.54
德　国	Germany	4.27	3.94
意大利	Italy	3.15	3.23
瑞　士	Switzerland	0.84	0.86
瑞　典	Sweden	0.91	0.86
荷　兰	Netherlands	2.09	2.00
俄罗斯	Russia	7.68	7.59
西班牙	Spain	2.32	1.96
美　洲	America	31.67	33.03
#美　国	United States	18.08	17.00
加拿大	Canada	4.04	3.81
大洋洲	Oceania	7.09	6.99
#澳大利亚	Australia	5.42	5.36
新西兰	New Zealand	0.88	1.05
非　洲	Africa	54.03	60.98
香港同胞	Compatriots from Hong Kong	384.59	377.65
澳门同胞	Compatriots from Macao	49.53	48.70
台湾同胞	Compatriots from Taiwan	55.09	56.69
境内旅游者	Domestic Tourists	4273.72	4546.75
人天数合计　（万人天）	**Total Number of Tourists and Days (10000 person-days)**	**11633.00**	**12260.48**
入境旅游者	Overseas Tourists	1785.98	1821.29
外国人	Foreigners	729.34	771.97
香港同胞	Compatriots from Hong Kong	812.36	801.33
澳门同胞	Compatriots from Macao	104.21	102.91
台湾同胞	Compatriots from Taiwan	140.07	145.08
境内旅游者	Domestic Tourists	9847.02	10439.19

15-25　主要宾馆(酒店)基本情况
Statistics on Main Hotels

项　　目	Item	2013	2014
企业情况	Statistics of Enterprises		
宾馆酒店数　(家)	Number of Hotels　(unit)	320	335
#星　级	Star-rated	227	216
五星级	Five-star	23	23
四星级	Four-star	38	41
三星级	Three-star	132	127
二星级	Two-star	34	25
一星级	One-star		
客房总数　(间)	Number of Guest Rooms　(unit)	72311	80930
床位总数　(张)	Number of Beds　(unit)	114072	122939
接待情况	Reception Capacity		
过夜旅游者　(万人次)	Tourists Staying Overnight　(10000 person-times)	1566.25	1663.38
海外旅游者	Overseas Tourists	218.69	222.92
国内旅游者	Domestic Tourists	1347.56	1440.46
过夜旅游者　(万人天)	Tourists Staying Overnight　(10000 person-days)	2396.09	2506.63
经营情况	Statistics of Operation		
营业收入　(万元)	Operating Income　(10000 yuan)	1358646	1440205
营业成本　(万元)	Operating Cost　(10000 yuan)	399374	434316
营业费用　(万元)	Operating Expense　(10000 yuan)	451034	458643
营业税金及附加　(万元)	Operating Taxes and Extra Charges　(10000 yuan)	74394	79670
经营利润　(万元)	Operational Profit　(10000 yuan)	433844	467576
管理费用　(万元)	Management Expense　(10000 yuan)	334436	353841
财务费用　(万元)	Financial Expense　(10000 yuan)	56141	48233
营业利润　(万元)	Operating Profit　(10000 yuan)	43267	65502
投资收益　(万元)	Investment Revenue　(10000 yuan)	8159	5192
营业外收支净额　(万元)	Net Non-operating Income and Expenditure　(10000 yuan)	10679	1360
利润总额　(万元)	Total Profits　(10000 yuan)	62105	72054
年末从业人员　(人)	Employed Person at Year-end　(person)	63309	60583
开房率　(%)	Room Occupancy　(%)	64.40	65.19

15-26 旅行社基本情况

Statistics on Travel Agencies

单位：万元 (10000 yuan)

项 目	Item	2013	2014
企业情况	Statistics of Enterprises		
企业数 (个)	Number of Enterprises (unit)	311	356
年末从业人员 (人)	Employed Persons at Year-end (person)	11929	12901
组团(外联)旅游情况	Organized (Overseas) Tourism Contracted		
组团(外联)人数 (万人次)	Organized (Overseas) Persons Contracted (10000 person-times)	1074.23	1027.07
入境旅游者	Overseas Tourists	25.03	19.95
国内旅游者	Domestic Tourists	1049.20	1007.12
# 出境游	Local Residents Going Overseas	246.40	247.30
经营情况	Statistics of Operation		
营业收入	Operating Income	2542019	2511675
营业成本	Operating Cost	2357005	2323112
营业费用	Operating Expense	103340	107443
营业税金及附加	Operating Taxes and Extra Charges	11525	11968
经营利润	Operational Profit	70149	69152
管理费用	Management Expense	60538	62669
财务费用	Financial Expense	128	-2098
营业利润	Operating Profit	9483	8581
营业外收支净额	Net Income of Non-business	13657	4147
利润总额	Total Profits	25036	14403

注：组团(外联)人数包括旅行社外联入境旅游者人数和组团境内旅游者人数，包括过夜人数和不过夜人数，不包括接待人数。

Note: The organized (overseas) persons contracted includes both international and domestic tourists contracted by travel agencies and the data includes tourists staying overnight or not, except reception persons.

15-27　主要年份人民币对主要外币年平均汇价
Average Exchange Rates of RMB Against Main Convertible in Main Years

单位：人民币，元　　(RMB/yuan)

年　份 year	100美元 100 US Dollars	100日元 100 Japanese Yen	100港元 100 Hong Kong Dollars	100欧元 100 Euros
1987	372.21	2.5799	47.74	
1988	372.21	2.9082	47.70	
1989	376.59	2.7360	48.28	
1990	478.38	3.3233	61.39	
1991	532.27	3.9602	68.45	
1992	551.49	4.3608	71.24	
1993	576.19	5.2020	74.41	
1994	861.87	8.4370	111.53	
1995	835.07	8.9225	107.96	
1996	830.57	7.6238	107.40	
1997	828.97	6.8623	107.09	
1998	827.90	6.3487	106.88	
1999	827.83	7.2913	106.66	
2000	827.84	7.6950	106.17	
2001	827.71	6.8098	106.07	
2002	827.70	6.6651	106.08	801.45
2003	827.70	7.1347	106.24	937.77
2004	827.70	7.6552	106.23	1029.00
2005	819.17	7.4484	105.00	1019.53
2006	797.18	6.8570	102.62	1001.90
2007	760.40	6.4632	97.46	1041.75
2008	694.51	6.7427	89.19	1022.27
2009	683.25	7.3244	88.15	955.25
2010	678.89	7.7122	87.39	906.86
2011	649.43	8.1309	83.39	902.34
2012	631.71	7.9343	81.43	814.64
2013	621.35	6.4682	80.11	824.47
2014	615.16	5.7456	79.34	803.45

15-28 外商投资企业及分支机构工商登记情况（2014）

Statistics on Foreign Funded Enterprises Registered by Departments of Industry and Commerce(2014)

单位:万美元 (USD 10000)

项目	Item	年末户数(个) Number of Enterprises at Year-end (unit)	投资总额 Total Investment	注册资本 Registered Capital	#外方 Capital from Foreign Partners
总计	**Total**	**19614**	**12730992**	**6957155**	**5421390**
按国民经济行业分	**By Sector**				
农、林、牧、渔业	Agriculture, Forestry, Animal Husbandry and Fishing	126	56868	27929	27540
采矿业	Mining	14	9867	3547	3547
制造业	Manufacturing	4691	5588320	2839725	2221927
电力、热力、燃气及水生产和供应业	Production and Supply of Electricity,Heat,Gas and Water	64	259594	87850	55304
建筑业	Construction	133	247868	59436	41490
批发和零售业	Wholesale and Retail Trade	6002	782715	424445	370358
交通运输、仓储和邮政业	Transport, Storage and Post	581	398699	199375	134552
住宿和餐饮业	Hotels and Catering Services	1272	116186	71136	67081
信息传输、软件和信息技术服务业	Information Transmission, Software and Information Technology	719	255917	174687	161909
金融业	Financial Intermediation	180	45722	43064	19753
房地产业	Real Estate	1537	3377025	1913556	1560051
租赁和商务服务业	Leasing and Business Services	2994	1017904	776645	470186
科学研究和技术服务业	Scientific Research and Technical Services	801	397757	240714	202230
水利、环境和公共设施管理业	Management of Water Conservancy,Environment and Public Facilities	25	63482	31815	28603
居民服务、修理和其他服务业	Service to Households, Repair and Other Services	362	19047	10073	9533
教育	Education	18	32	26	26
卫生和社会工作	Health and Social Service	10	8254	3249	2502
文化、体育和娱乐业	Culture, Sports and Entertainment	84	85736	49883	44798
其他	Others	1			

注:本表不包括在省工商局注册登记的在穗企业数。

Note: The data in this table exclude the enterprises located in Grangzhou and registered by Guangdong provincial bureau of industry and commerce.

15-29 广州市与国外结成友好城市一览(2014年末)
List of Foreign Friendly Cities with Guangzhou (Year-end of 2014)

国 别	Country	城 市	City	缔结日期(年、月、日)	Date of Signing
日 本	Japan	福 冈	Fukuoka	1979.05.02	May 2,1979
美 国	United States	洛杉矶	Los Angeles	1981.12.08	December 8,1981
菲律宾	Philippines	马尼拉	Manila	1982.12.08	December 8,1982
加拿大	Canada	温哥华	Vancouver	1985.03.27	March 27,1985
澳大利亚	Australia	悉 尼	Sydney	1986.05.12	May 12,1986
意大利	Italy	巴 里	Bari	1986.11.12	November 12,1986
法 国	France	里 昂	Lyon	1988.01.19	January 19,1988
德 国	Germany	法兰克福	Frankfurt	1988.04.11	April 11,1988
新西兰	New Zealand	奥克兰	Auckland	1989.02.17	February 17,1989
韩 国	Republic of Korea	光 州	Gwangju	1996.10.25	October 25,1996
瑞 典	Sweden	林雪平	Linkoping	1997.11.24	November 24,1997
南 非	South Africa	德 班	Durban	2000.07.17	July 17,2000
英 国	United Kingdom	布里斯托尔	Bristol	2001.05.23	May 23,2001
俄罗斯	Russia	叶卡捷琳堡	Ekaterinburg	2002.07.10	July 10,2002
秘 鲁	Peru	阿雷基帕	Arequipa	2004.10.27	October 27,2004
印度尼西亚	Indonesia	泗 水	Surabaya	2005.12.21	December 21,2005
立陶宛	Litawen	维尔纽斯	Vilnius	2006.10.12	October 12,2006
英 国	United Kingdom	伯明翰	Birmingham	2006.12.04	December 4,2006
斯里兰卡	Sri lanka	汉班托塔	Hambantota	2007.02.27	February 27,2007
巴 西	Brazil	累西腓	Recife	2007.10.22	October 22,2007
芬 兰	Finland	坦佩雷	Tampere	2008.12.02	December 2,2008
泰 国	Thailand	曼 谷	Bangkok	2009.11.13	November 13,2009
阿根廷	Agentine Republic	布宜诺斯艾利斯	Buenos Aires	2012.04.16	April 16,2012
阿联酋	United Arab Emirates	迪 拜	Dubai	2012.04.18	April 18,2012
科威特	State of Kuwait	科威特城	Kuwait City	2012.04.25	April 25,2012
俄罗斯	Russian Federation	喀 山	Kazan	2012.07.06	July 6,2012
土耳其	Republic of Turkey	伊斯坦布尔	Istanbul	2012.07.18	July 18,2012
津巴布韦	Repulic of Zimbabwe	哈拉雷	Harare	2012.09.03	September 3,2012
哥斯达黎加	Republic of Costa Rica	圣何塞	San Jose	2012.09.11	September 11,2012
日 本	Japan	登 别	Noboribetsu	2012.11.15	November 15,2012
西班牙	Kingdom of Spain	巴伦西亚	Valencia	2012.12.29	December 29,2012
摩洛哥	Kingdom of Morocco	拉巴特	Rabat	2013.10.03	October 3,2013
波 兰	The Republic Of Poland	罗 兹	Lodz	2014.08.20	August 20,2014
印 度	India	艾哈迈达巴德	Ahmedabad	2014.09.17	September 17,2014
尼泊尔	Federal Democratic Republic of Nepal	博克拉	Pokhara	2014.11.29	November 29,2014
厄瓜多尔	The Republic of Ecuador	基 多	Quito	2014.11.29	November 29,2014

15-30 各国驻广州总领事馆一览(2014年末)

List of Consulate General in Guangzhou (Year-end of 2014)

馆务	Consulates	设立时间 Date of Setting up	领区范围	Consular Region
美国	United States	1979.08.31	广东、广西、福建、海南	Guangdong Guangxi Fujian Hainan
日本	Japan	1980.03.01	广东、广西、福建、海南	Guangdong Guangxi Fujian Hainan
泰国	Thailand	1989.02.12	广东、广西、福建、海南	Guangdong Guangxi Fujian Hainan
波兰	Poland	1989.07.22	广东、广西、海南	Guangdong Guangxi Hainan
澳大利亚	Australia	1992.12.09	广东、广西、福建、海南、湖南	Guangdong Guangxi Fujian Hainan Hunan
越南	Viet Nam	1993.01.18	广东	Guangdong (Interim)
马来西亚	Malaysia	1993.10.24	广东、福建、海南、江西、湖南	Guangdong Fujian Hainan Jiangxi Hunan
德国	Germany	1995.11.07	广东、广西、福建、海南	Guangdong Guangxi Fujian Hainan
英国	United Kingdom	1997.01.14	广东、广西、福建、海南	Guangdong Guangxi Fujian Hainan
法国	France	1997.04.24	广东、广西、福建、海南	Guangdong Guangxi Fujian Hainan
菲律宾	Philippines	1997.05.23	广东、广西、海南、湖南	Guangdong Guangxi Hainan Hunan
荷兰	Netherlands	1997.09.15	广东、广西、福建、海南	Guangdong Guangxi Fujian Hainan
加拿大	Canada	1997.11.20	广东、广西、福建、海南	Guangdong Guangxi Fujian Hainan
柬埔寨	Cambodia	1998.07.01	广东、广西、福建、海南	Guangdong Guangxi Fujian Hainan
丹麦	Denmark	1998.09.23	广东、广西、福建、海南	Guangdong Guangxi Fujian Hainan
意大利	Italy	1998.11.04	广东、广西、福建、海南	Guangdong Guangxi Fujian Hainan
韩国	Republic of Korea	2001.08.28	广东、广西、福建、海南	Guangdong Guangxi Fujian Hainan
印度尼西亚	Indonesia	2002.12.12	广东、广西、福建、海南	Guangdong Guangxi Fujian Hainan

注：瑞典总领事馆2009年已撤馆，墨西哥领事馆已于2008年升级为总领事馆。

Note: The Consulate General of Sweden in Guangzhou was withdrawn in 2009. And the Mexican Consulate has upgraded to the Consulate General of Mexico since 2008.

15-30 续表 conitnued

馆　务	Consulates	设立时间 Date of Setting up	领区范围	Consular Region
瑞　士	Switzerland	2005.09.20	广东、广西、福建、海南	Guangdong Guangxi Fujian Hainan
新加坡	Singapore	2006.04.13	广东、广西、湖南、海南、贵州、云南	Guangdong Guangxi Hunan Hainan Guizhou Yunnan
比利时	belgium	2006.06.06	广东、广西、福建、海南、云南	Guangdong Guangxi Fujian Hainan Yunnan
古　巴	Cuba	2006.12.18	广东、广西、海南	Guangdong Guangxi Hainan
俄罗斯	Russia	2007.04.05	广东、福建、海南、云南、江西、广西	Guangdong Fujian Hainan Yunnan Jiangxi Guangxi
新西兰	New Zealand	2007.04.26	广东、广西、海南、福建、湖南	Guangdong Guangxi Hainan Fujian Hunan
希　腊	Greece	2007.05.15	广东、福建、海南、广西	Guangdong Fujian Hainan Guangxi
印　度	India	2007.10.18	广东、福建、海南	Guangdong Fujian Hainan
奥地利	Austria	2007.11.25	广东、广西、海南、湖南、云南、贵州	Guangdong Guangxi Hainan Hunan Yunnan Guizhou
挪　威	Norway	2008.02.18	广东、广西、福建、海南	Guangdong Guangxi Fujian Hainan
科威特	Kuwait	2008.02.21	广东、广西、福建、海南	Guangdong Guangxi Fujian Hainan
墨西哥	Mexico	2008.04.25	广东、广西、海南	Guangdong Guangxi Hainan
巴基斯坦	Pakistan	2008.06.27	广东、广西、福建、海南、湖南	Guangdong Guangxi Fujian Hainan Hunan
以色列	Israel	2009.03.22	广东、福建、海南、广西	Guangdong Fujian Hainan Guangxi
西班牙	Spain	2009.06.14	广东、福建、湖南、广西、海南、贵州、云南	Guangdong Fujian Hunan Guangxi Hainan Guizhou Yunnan
埃塞俄比亚	Ethiopia	2009.06.14	广东、湖南、福建、江西、海南、广西	Guangdong Hunan Fujian Jiangxi Hainan Guangxi
阿根廷	Argentina	2009.07.21	广东、福建、海南、广西	Guangdong Fujian Hainan Guangxi
厄瓜多尔	Ecuador	2009.09.08	广东	Guangdong
巴　西	Brazil	2010.04.15	广东、海南、广西、福建	Guangdong Hainan Guangxi Fujian
智　利	Chile	2010.10.27	广东、海南、广西、福建	Guangdong Hainan Guangxi Fujian
马　里	Mali	2011.07.18	广东、海南、广西、福建	Guangdong Hainan Guangxi Fujian
乌干达	Uganda	2011.08.15	广东、海南、广西、福建	Guangdong Hainan Guangxi Fujian
伊　朗	Iran	2011.12.23	广东、广西、福建、湖南	Guangdong Guangxi Fujian Hunan
土耳其	Turkey	2012.01.12	广东、海南、广西、福建	Guangdong Hainan Guangxi Fujian
斯里兰卡	Sri Lanka	2012.3.27	广东、海南、广西、福建、江西	Guangdong Hainan Guangxi Fujian Jiangxi
乌克兰	Ukraine	2012.05.30	广东、海南、广西、湖南、贵州	Guangdong Hainan Guangxi Hunan Guizhou
秘　鲁	Peru	2013.09.17	广东、广西、贵州、云南、湖南、海南	Guangdong Guangxi Guizhou Yunnan Hunan Hainan
老　挝	Lao	2013.09.23	广东、海南、江西、福建	Guangdong Hainan Jiangxi Fujian
吉尔吉斯斯坦	Kyrgyzstan	2014.04.08	广东、福建、江西、湖南、海南、广西	Guangdong Fujian Jiaxi Hunan Hainan Guangxi
科特迪瓦	Cote d Ivoire	214.07.12	广东、广西、海南	Guangdong Guangxi Hainan
刚　果	Coga	214.08.15	广东、海南、福建、广西	Guangdong Hainan Fujian Guangxi
尼日利亚	Nigeria		广东、广西、海南	Guangdong Guangxi Hainan
哥伦比亚	Colombia		广东、广西、贵州、云南、海南	Guangdong Hainan Fujian Guangxi

注：因尼日利亚、哥伦比亚只有临时馆舍，故暂无设馆时间。
Note:As Nigeria and Colombia just had temporary office,so there are no dates of setting up the consulates.

【进出口总值】指实际进出我国关境的货物总金额。包括我国境内法人和其他组织以一般贸易、易货贸易、加工贸易、补偿贸易、寄售代销贸易等方式进出口货物,保税区和保税仓库进出境货物,租赁期一年及以上的租赁进出口货物,边境小额贸易货物,国际援助物资或捐赠品,溢卸货物,无进出口经营权的单位经批准临时进出口的货品等。进出口总额用以观察一个国家在对外贸易方面的总规模。我国规定出口货物按离岸价格统计,进口货物按到岸价格统计。

【利用外资】 指我国各级政府、部门、企业和其他经济组织通过对外借款、吸收外商直接投资以及用其他方式筹措的境外现汇、设备、技术等。

【对外借款】 指通过对外正式签订借款协议，从境外筹措的资金，包括外国政府贷款、国际金融组织贷款、外国银行商业贷款、出口信贷以及对外发行债券等。1996年及以前还包括对外发行股票。该指标是我国利用外资的重要部分。

【外商直接投资】 是指国外及港澳台地区的法人和自然人,按我国有关政策、法规,用现金、实物、无形资产等,在中国大陆地区对非上市公司的全部投资,以及对单个境外投资者所占股权比例不低于10%的上市公司的投资,包括设立或与大陆境内企业及经济组织共同设立外资企业、中外合资企业、中外合作企业、外商投资股份有限公司,以及合作开发资源项目,设立境外公司分支机构等的投资。

【Total Imports and Exports at Customs】refer to the real value of commodities imported into and exported from the boundary of China. They include the actual imports and exports through foreign trade, imported and exported goods under the processing and assembling trades and materials, supplies and gifts as aid given gratis between governments and by the United Nations and other international organizations, and contributions donated by overseas Chinese, compatriots in Hong Kong and Macao and Chinese with foreign citizenship, leasing commodities owned by tenant at the expiration of leasing period, the imported and exported commodities processed with imported materials, commodities trading in border areas (excluding mutual exchange goods), the imported and exported commodities and articles for public use of the Sino-foreign joint ventures, cooperative enterprises and ventures exclusively with foreign own investment. Also included are import or export of samples and advertising goods for whose CIF or FOB value are beyond the permitted ceiling (excluding goods of no trading or use value and free commodities for export), imported goods sold in China from bonded warehouses and other imported or exported goods. The indicator of the total imports and exports at customs can be used to observe the total size of external trade in a country. In accordance with the stipulation of the Chinese government, imports are calculated at CIF, while exports are calculated at FOB.

【Utilization of Foreign Capitals】refers to remittance, equipment and technology financed from abroad, by loans, foreign direct investment and other forms undertaken by the Chinese governments at all levels, by various departments, enterprises and other economic units.

【Foreign Borrowings】refer to funds borrowed from abroad through formal signing of borrowing agreements with foreign institutions, including loans of foreign governments, loans of international financial institutions, commercial loans of foreign banks, export credit, and funds raised by Chinese bonds (and shares before 1996) issued abroad. It is an important part of China's utilization of foreign capitals.

【Foreign Direct Investment】refers to the investments inside China by foreign enterprises and economic organizations or individuals (including overseas Chinese, compatriots from Hong Kong, Macao and Taiwan, and Chinese enterprises registered abroad), following the relevant policies and laws of China, for the establishment of ventures exclusively with foreign own investment, Sino-foreign joint ventures and cooperative enterprises or for co-operative exploration of resources with enterprises or economic organizations in China. It includes the re investment of the foreign entrepreneurs with the profits gained from the investment and the funds that enterprises borrow from abroad in the total investment of projects which are approved by the relevant department of the government.

第十六篇 CHAPTER 16

科技
SCIENCE AND TECHNOLOGY

第十六篇　科　技

一、本篇资料反映广州市科学技术活动的基本情况。

二、资料来源：

广州市统计局人口和社会科技统计处根据国家统计局规模以上工业企业科技活动情况年报表数据整理提供规模以上工业企业基本情况，其余资料根据广州市科技创新委员会、广州市知识产权局、广州市科协等部门提供的统计数据加工整理。16-11、16-12、16-13、16-14表分别由广州市统计局综合处、农村处、工业处、服务业处提供。

16 Science and Technology

I. The data in this chapter show the basic conditions of Guangzhou's activities of science and technology.

II. Data resources: The Division of Population, Social, Science and Technology Statistics of Guangzhou Municipal Bureau of Statistics prepared the data on the basic conditions of industrial enterprises above designated size in accordance with the reporting scheme on scientific and technological activities statistics of industrial enterprises above designated size of National Bureau of Statistics. The other data are processed and prepared in accordance with the annual statistical reports provided by Guangzhou Science Technology and Innovation Commission, Guangzhou Municipal Bureau of Knowledge and Patent, Guangzhou Municipal Association for Science and Technology, etc. Table 16-11, 16-12, 16-13, 16-14 are prepared and provided by the Division of Comprehensive Statistics, Division of Rural Statistics, Division of Industry Statistics, Division of Service Industries Statistics of Guangzhou Municipal Bureau of Statistics respectively.

16-1 广州市科技监测主要指标
Main Indicators of Scientific and Technological Monitoring in Guangzhou

项　　目	Item	2013	2014
科研机构人均固定资产原价　(千元/人)	Per Capita Original Value of Fixed Assets of Scientific Research Institutions (1000 yuan/person)	427.49	483.16
科学研究和技术服务业新增固定资产占全社会新增固定资产比重　(%)	Proportion of Newly-increasing Fixed Assets in Science Research and Technology Services to Newly-increasing Fixed Assets of the Whole Society (%)	2.12	2.41
每万人口专利申请量　(件/万人)	Number of Patent Applications per 1 Million Persons (piece/10000 persons)	48.05	55.33
每万人口专利授权量　(件/万人)	Number of Patent Applications Granted per 1 Million Persons (piece/10000 persons)	31.62	33.60
每万人口发明专利授权量　(件/万人)	Number of Invention & Patent Applications Granted per Million Persons (piece/10000 persons)	4.90	5.48
每万人口城镇单位专业技术人员数　(人/万人)	Professional and Technological Personnel in Urban Areas per 10000 Persons (person/10000 persons)	713	807
技术市场合同成交金额年增长率　(%)	Annual Growth Rates of Contracted Transaction Value in Technical Market (%)	12.48	10.78
高新技术产品增加值占地区生产总值比重　(%)	Proportion of Added Value of High-tech Products to GDP (%)	12.88	12.64
工业高新技术产品产值占工业总产值的比重(%)	Proportion of High-tech Products of Industry to Gross Industrial Output Value (%)	42.79	44.18
工业高新技术出口产品销售收入占工业出口产品交货值比重　(%)	Proportion of Export Value of High-tech Products to Total Export Value of Commodities (%)	50.91	38.82

16-2 各类科学研究与开发机构基本情况
Basic Statistics of Scientific Research and Development Institutions

项目	Item	2013 全市 Total	2013 # 市区 Urban Districts	2013 # 市属 City-owned	2014 全市 Total	2014 # 市区 Urban Districts	2014 # 市属 City-owned
机构数 (个)	Number of Institutions (unit)	148	144	56	148	144	56
# 自然科学	Natural Science	139	135	53	138	134	53
从业人员 (人)	Employed Persons (person)	27795	27688	6593	27152	27046	6739
# 自然科学	Natural Science	27175	27068	6358	26521	26415	6503
在从业人员中的科研人员 (人)	Scientific Researchers of Employed Persons (person)	19731	19651	4412	19763	19681	4551
# 自然科学	Natural Science	19176	19096	4197	19203	19121	4333

16-3 获得省级以上科技成果奖励情况
Statistics on Provincial Prizes and Above for Scientific and Technological Research Achievements

单位：项 (item)

指标	Indicators	2013	2014
国家级科技奖励成果	**National Prizes for Scientific and Technological Research Achievements**	**15**	**23**
国家发明奖	Number of National Invention Prizes Awarded	2	5
国家自然科学奖	Number of National Natural Sciences Prizes Awarded	4	2
国家科技进步奖	Number of National Scientific and Technological Progress Prizes Awarded	9	16
省级科技奖励成果	**Provincial Prizes for Scientific and Technological Research Achievements**	**181**	**160**
省科技进步奖	Number of Provincial Scientific and Technological Progress Prizes Awarded	181	160

16-4 城镇单位专业技术人员(按行业分)

Number of Scientific and Technological Personnel in Urban Area (by Sector)

单位：人 (person)

项目	Item	2013 全市 Total	2013 #市区 Urban Districts	2014 全市 Total	2014 #市区 Urban Districts
合计	**Total**	**593404**	**547229**	**679845**	**631663**
农、林、牧、渔业	Agriculture, Forestry, Animal Husbandry and Fishery	322	275	336	278
采矿业	Mining	129	104	7	
制造业	Manufacturing	90066	83186	92756	86587
电力、热力、燃气及水生产和供应业	Production and Supply of Electricity,Heat,Gas and Water	7462	6622	7969	7282
建筑业	Construction	48477	43673	51706	47106
批发和零售业	Wholesale and Retail Trade	20993	20398	23012	22412
交通运输、仓储和邮政业	Transport, Storage and Post	25401	25207	21407	21287
住宿和餐饮业	Hotels and Catering Services	4484	4272	3274	2984
信息传输、软件和信息技术服务业	Information Transmission, Software and Information Technology	20561	20020	24315	23884
金融业	Financial Intermediation	41836	40449	54721	53307
房地产业	Real Estate	13856	12224	15989	14228
租赁和商务服务业	Leasing and Business Services	18100	17523	18282	17856
科学研究和技术服务业	Scientific Research and Technical Services	47487	47033	61792	61204
水利、环境和公共设施管理业	Management of Water Conservancy,Environment and Public Facilities	4400	4288	4011	3873
居民服务、维修和其他服务业	Service to Households, Repair and Other Services	1523	1481	1889	1855
教育	Education	119011	101570	163179	142696
卫生和社会工作	Health and Social Service	88108	79694	109577	101018
文化、体育和娱乐业	Culture, Sports and Entertainment	10068	9886	11170	11030
公共管理、社会保障和社会组织	Public Management, Social Security and Social Organizations	31120	29324	14453	12776

16-5 城镇单位专业技术人员(按职称分)

单位：人

项　　目	Item
合　计	**Total**
工程技术人员	Engineering
高级工程师	Senior Engineers
工程师	Engineers
助理工程师、技术员	Assistant Engineers and Technicians
未聘任专业技术职务的	No Professional Titles Appointed
农业技术人员	Agriculture
高级农艺师	Senior Agricultral Specialist
农艺师	Agricultral Specialist
助理农艺师、技术员	Assistant Agronomist, Agricultural Technicians
未聘任专业技术职务的	No Professional Titles Appointed
科学研究人员	Scientific Research
正副研究员	Research Fellows and Associate Research Fellows
助理研究员	Assistant Research Fellows
研究实习员、实验员	Research Assistant and Laboratory Technicians
未聘任专业技术职务的	No Professional Titles Appointed
卫生技术人员	Health Care
正副主任医师	Professors and Associate Professors
主治医师	Attending Doctors
医(护)师(士)	Doctors, Assistant Doctors, Nurse Practitioners and Nurses
未聘任专业技术职务的	No Professional Titles Appointed
教学人员	Teaching
正、副教授、高级讲(教)师	Professors, Associate Professors, Senior Lecturers and Senior Teachers
讲师、一级教师	Lecturers
助教、教员、二、三级教师	Assistants, Teachers, Class II and Class III Teachers
未聘任专业技术职务的	No Professional Titles Appointed
经济人员	Economy
高级经济师	Senior Economic Specialist
经济师	Economic Specialist
助理经济师、经济员	Assistant Economc Specialist and Economic Clerks
未聘任专业技术职务的	No Professional Titles Appointed
会计人员	Accounting
高级会计师	Senior Accountants
会计师	Accountants
助理会计师、会计员	Assistant Accountants and Treasurers
未聘任专业技术职务的	No Professional Titles Appointed
统计人员	Statistics
高级统计师	Senior Statisticians
统计师	Statisticians
助理统计师、统计员	Assistant Statisticians and Junior Statisticians
未聘任专业技术职务的	No Professional Titles Appointed
翻译人员	Translation
正副译审	Revisers and Associate Revisers of Translation

Number of Scientific and Technological Personnel in Urban Area (by Professional Title)

(person)

2013			2014		
全　市 Total	# 市　区 Urban Districts	# 市　属 City-owned	全　市 Total	# 市　区 Urban Districts	# 市　属 City-owned
593404	**547229**	**348903**	**679845**	**631663**	**452949**
211702	199612	126218	238433	227280	160221
25989	24982	12033	27253	26409	14417
62152	59353	34712	68555	66196	42783
86043	79781	53958	96787	91237	66261
37518	35496	25515	45838	43438	36760
1686	1482	883	2003	1650	1206
458	424	174	559	505	230
550	498	227	536	486	223
447	362	315	525	381	431
231	198	167	383	278	322
9959	9836	2402	11890	11600	4324
3764	3740	733	4106	4076	1179
3571	3522	775	3968	3865	1143
1681	1639	556	2070	1920	1028
943	935	338	1746	1739	974
97909	89218	56585	108432	99525	65558
11973	11569	6210	13465	13000	7442
19532	17982	12045	22275	20392	13838
53729	48465	32886	60520	54862	37987
12675	11202	5444	12172	11271	6291
117775	100713	82591	149560	129670	113989
24825	23178	10242	27021	25074	12498
51742	42683	37358	60622	50072	46318
32858	27430	28744	44708	39626	40752
8350	7422	6247	17209	14898	14421
58340	56444	21909	69167	67387	41420
2170	2128	600	2199	2159	748
19030	18494	6969	18224	17670	8756
21357	20201	9222	20200	19146	10612
15783	15621	5118	28544	28412	21304
61367	56845	39851	65360	60966	47659
1814	1777	789	1868	1819	967
12625	11983	7429	12935	12321	8734
38273	34910	26946	41371	38129	31421
8655	8175	4687	9186	8697	6537
5721	5008	4817	5953	5324	5200
57	53	26	66	64	33
724	665	506	757	701	539
3863	3297	3324	3981	3510	3588
1077	993	961	1149	1049	1040
1726	1588	1303	2108	1985	1798
66	64	30	185	180	163

16-5 续表

单位：人

项　　目	Item
翻　译	Translators
助理翻译	Assistant Translators
未聘任专业技术职务的	No Professional Titles Appointed
图书、档案、文博人员	Books, Archives, Relics and Museum
正副研究馆员	Chief and Associate Chief of Librarians, Archivists and Reseach Fellows
馆　员	Librarians, Archivists and Museum Fellows
助理馆员、管理员	Assistants and Clerks
未聘任专业技术职务的	No Professional Titles Appointed
新闻、出版人员	Press and Publication
正副编审、高级、主任记者	Chief and Associate Chief of Editors, Senior and Associate Senior Reporters
编辑、记者、一级校对	Editors, Reporters and Class I Proofreaders
助理编辑、记者、二、三级校对	Assistant Editors, Assistant Reporters, Class II and Class III Proofreaders
未聘任专业技术职务的	No Professional Titles Appointed
律师、公证人员	Law and Notary
一、二级律师、公证员	Class I and Class II Lawyers and Notary Publics
三级律师、公证员	Class III Lawyers and Notary Publics
四级律师、公证员、助理	Class IV Lawyers, Notary Publics and Assistants
未聘任专业技术职务的	No Professional Titles Appointed
播音人员	Announcing
播音指导、主任播音员	Directors of Announcing and Chief of Announcers
一级播音员	Class I Announcers
二级、三级播音员	Class II and Class III Announcers
未聘任专业技术职务的	No Professional Titles Appointed
工艺美术人员	Painting
高级工艺美术师	Senior Fine-arts Artists
工艺美术师	Industrial Artists
助理工艺师、美术员	Assistant Industrial Artists and Painters of Handcraft
未聘任专业技术职务的	No Professional Titles Appointed
体育人员	Sports
主教练	Chief Coaches
教　练	Coaches
助理教练	Assistant Coaches
未聘任专业技术职务的	No Professional Titles Appointed
艺术人员	Arts
一、二级艺术人员	Class I and Class II Art Personnel
三级艺术人员	Class III Art Personnel
四级艺术人员	Class IV Art Personnel
未聘任专业技术职务的	No Professional Titles Appointed
政工人员	Political Work
高级政工师	Senior Political Workers
政工师	Political Workers
助理政工师、政工员	Assistant Political Workers and Clerks
海关专业人员	Customs

continued

(person)

2013			2014		
全　市 Total	# 市　区 Urban Districts	# 市　属 City-owned	全　市 Total	# 市　区 Urban Districts	# 市　属 City-owned
778	697	660	992	918	907
604	560	377	527	491	359
278	267	236	404	396	369
4885	4675	2137	4808	4592	2252
824	811	228	831	815	275
2008	1954	805	1998	1948	873
1618	1522	869	1499	1413	843
435	388	235	480	416	261
5417	5306	2422	5249	5185	2079
799	794	215	809	804	213
1753	1742	814	1607	1603	519
1833	1738	890	1780	1726	821
1032	1032	503	1053	1052	526
1373	1344	1209	1485	1457	1353
336	329	306	423	417	392
235	233	209	159	156	131
281	264	250	238	221	208
521	518	444	665	663	622
226	210	139	248	225	146
12	12	6	16	16	7
39	39	13	42	42	10
107	91	53	132	111	76
68	68	67	58	56	53
1923	1917	1767	2057	2051	915
128	128	101	158	158	138
233	230	198	205	203	160
418	416	378	452	449	407
1144	1143	1090	1242	1241	210
796	766	444	705	672	481
234	231	84	194	192	77
253	240	147	235	222	169
229	222	144	201	189	162
80	73	69	75	69	73
1523	1520	579	1704	1699	966
455	454	187	456	455	275
454	454	154	474	474	243
391	389	139	424	424	198
223	223	99	350	346	250
7270	6988	3303	6711	6478	2862
1414	1385	513	1393	1366	511
2559	2472	1076	2367	2289	1026
3297	3131	1714	2951	2823	1325
3806	3757	344	3972	3917	520

16-6 科协基本情况(2014年)

项　　目		Item	
机构数	(个)	Number of Associations for Science & Technology	(unit)
机关人数	(人)	Number of Agency Personnel	(person)
在册学会、协会、研究会	(个)	Number of Registered Societies, Associations and Research Societies	(unit)
企业科协	(个)	Associations in Enterprises	(unit)
街道科普协会	(个)	Associations in Communities	(unit)
乡镇科普协会	(个)	Associations in County-level cities	(unit)
农村专业技术协会	(个)	Specialized Rural Technological Societies	(unit)
举行国内外学术交流活动	(次)	Number of Domestic and International Academic Meetings	(times)
参加人数	(人)	Number of Participants	(person-times)
举办科普宣讲活动	(次)	Number of Lectures on Popular Science	(times)
# 举办专题展览	(次)	Number of Special Subject Exhibitions	(times)
开展科技咨询	(次)	Number of Scientific and Technological Consulting	(times)
科普宣讲活动受众人数	(人次)	Number of Participants in Lectures on Popular Science	(person-time)
举办实用技术培训	(次)	Number of Practical and Technical Training Courses	(times)
实用技术培训人数	(人)	Number of Participants to Practical and Technical Training Courses	(person)
推广新技术、新品种	(项)	Popularizing New Technologies and New Species	(items)
科普宣讲活动覆盖村	(个)	Number of Villages covered by Lectures on Popular Science	(unit)
科普宣讲活动覆盖社区	(个)	Number of Communities covered by Lectures on Popular Science	(unit)
举办青少年科普宣讲活动	(次)	Number of Lectures on Popular Science for Teenagers	(times)
青少年宣讲活动受众人数	(人次)	Number of Participants to Lectures on Popular Science for Teenagers	(person-time)
举办青少年科技竞赛	(项)	Number of Teenagers Science and Technology Competitions	(times)
青少年科技竞赛参加人数	(人)	Number of Persons Engaged in Teenagers Science and Technology Competitions	(person)
青少年科技竞赛获奖人数	(人)	Number of Winners in Teenagers Science and Technology Competitions	(person)
科技馆(科普活动中心)	(个)	Number of Science Centers	(unit)
科普教育基地(示范基地)	(个)	Number of Popular Science Exhibitions Bases	(unit)
科普活动站(室)	(个)	Number of Popular Science labs	(unit)
科普画廊建筑面积(宣传栏、科普橱窗)	(平方米)	Construction Area of Popular Science Galleries	(Square meter)
科普画廊展示面积	(平方米)	Demonstration Area of Popular Science Galleries	(Square meter)
制作科普挂图种数	(种)	Types of Popular Science Charts	(type)
科普挂图总印数	(张)	Total Amount of Printed Popular Science Charts	(piece)
接待国外专家学者	(人)	Foreign Experts and Scholars	(person)
接待港澳台地区专家学者	(人)	Experts and Scholars from Hong Kong, Macao and Taiwan	(person)
开展"讲、比"活动企业数	(个)	Number of Enterprises Holding Speech and Competition Activities	(unit)
# 国有企业	(个)	Number of State-owned Enterprises	(unit)
参与"讲、比"活动的科技人员数	(人)	Number of Persons Engaged in Science and Technology Participating in the Speech and Competition Activities	(person)
"讲、比"活动中被采纳合理化建议	(条)	Number of Rationalization Proposals Adopted in the Speech and Competition Activities	(unit)

注：2014年科协未对"举行国内外学术交流活动"、"参加人数"、"接待国外专家学者"、"接待港澳台地区专家学者"进行统计。

Basic Statistics on Associations for Science and Technology(2014)

合 计 Total	#市科协 City-level Associations	区科协 District-level Associations	县级市科协 County-level City Associations
13	1	10	2
107	40	52	15
188	77	86	25
78	60	18	
166		123	43
32		20	12
47		42	5
1133	65	906	162
288	21	230	37
747	8	637	102
669463	66920	576450	26093
625	6	217	402
113380	600	79935	32845
56		44	12
935	4	644	287
1313	72	1197	44
101	19	41	41
64880	8000	47780	9100
69	9	48	12
40062	8725	2193	29144
5595	3026	2092	477
2	1	1	
225		105	120
781		486	295
8768	30	6776	1962
40976	152	33076	7748
24	1	23	
5150	50	5100	
660	15	645	
23	12	11	
6433	4933	1500	
2977	920	2057	

Note:In 2014,Guangzhou Municipal Association for Science and Technology do not statistic these four Indexes:Number of Domestic and International Academic Meetings, Number of Participants, Foreign Experts and Scholars, Experts and Scholars from Hong Kong, Macao and Taiwan.

16-7 专利申请量和专利授权量

Patent Applications and Patent Certified

单位：件 (item)

指 标	Indicators	专利申请量 Patent Applications		专利授权量 Patent Certified	
		2013	2014	2013	2014
总 计	**Total**	**39751**	**46330**	**26156**	**28137**
按种类分	**By Sort**				
发 明	Creations and Inventions	12156	14589	4055	4590
实用新型	Utility Models	14575	15791	12098	13512
外观设计	Appearance Designs	13020	15950	10003	10035
按对象分	**By Applicant**				
非职务发明创造	Non-position Creations and Inventions	14559	17600	9412	9346
职务发明创造	Position Creations and Inventions	25192	28730	16744	18791
大专院校	Universities and Colleges	4715	5570	3011	2927
科研单位	Research Institutions	2223	2298	931	1000
工矿企业	Industrial Enterprises	17538	20119	12563	14539
机关团体	Govermment Agencies and Organizations	716	743	239	325

16-8 规模以上工业企业科技机构、人员情况

Statistics on Scientific and Technological Institutions and Personnel of Industrial Enterprises above Designated Size

项目	Item	2013 全市 Total	2013 #市区 Urban Districts	2014 全市 Total	2014 #市区 Urban Districts
规模以上工业企业数 (个)	Number of Industrial Enterprises above Designated Size (unit)	4812	3552	4774	3487
#有科技机构的企业数 (个)	Number of Industrial Enterprises Having Development Institutions above Designated Size (unit)	371	344	393	361
R&D人员 (人)	R&D Personnel (person)	66165	60072	80196	73431
R&D人员折合全时当量 (人年)	Full-time Equivalent of R&D Personnel (man-year)	52682	47944	60754.4	55556.6
企业办科技机构数 (个)	Number of Scientific and Technological Institutions in Enterprises (unit)	496	460	540	493
科技机构的人员 (人)	Personnel in Scientific and Technological Institutions (person)	37714	35704	41273	38926
#硕士毕业及以上的人员	Personnel with Educational Background of Master and Above	5185	5048	4543	4402

16-9　规模以上工业企业R&D经费内部支出情况

Total Expenditures for Scientific and Technological Activity of Industrial Enterprises above Designated Size

单位：万元　　(10000 yuan)

项　目	Item	2013		2014	
		全市 Total	#市区 Urban Districts	全市 Total	#市区 Urban Districts
R&D经费内部支出合计	Expenditure for R&D	1656936	1540503	1896243	1777454
按支出用途分组	**Grouped by use of Expenditure**				
经常性支出	Recurrent Expenditure	1457898	1348638	1672090	1562109
资产性支出	Capital Expenditure	199038	191865	224153	215345
按资金来源分组	**Grouped by Source of Funds**				
政府资金	Government Appropriation Funds	60366	56075	46026	43222
企业资金	Self-raised Funds of Enterprises	1573973	1465359	1836089	1724151
境外资金	Overseas Funds	11414	10164	5485	3368
其他资金	Others	11183	8905	8643	6713

16-10 规模以上工业企业科技成果

Scientific and Technological Results of Industrial Enterprises above Designated Size

项　　目	Item	2013 全市 Total	2013 # 市区 Urban Districts	2014 全市 Total	2014 # 市区 Urban Districts
专利申请数　（件）	Number of Patent Applications (piece)	8540	8153	9715	9156
发明专利申请数	Number of Invention Patents	3472	3346	3678	3508
新产品项目数　（个）	Applied Research (unit)	6033	5532	6797	6161
R&D项目数　（个）	R&D Projects (unit)	6270	5676	7354	6641

16-11 高新技术产品情况(2014年)

Statistics on High-tech Products (2014)

单位：万元　(10000 yuan)

项　目	Item	企业数（个） Number of Enterprises (unit)	总产值 Gross Output Value	增加值 Added Value	产　品销售收入 Sales Revenue	出　口销售收入 Sales Revenue of Export	实　现利税总额 Total Profits and Taxes	享受减免税总　额 Total Tax Exemption and Reduction
合　计	**Total**	**1373**	**79948409**	**23071519**	**76196837**	**14536436**	**9196367**	**236101**
农　业	Agriculture	68	160644	67767	152553	1646	12237	1023
工　业	Industry	853	77308356	22001030	73655482	14352697	8453871	153140
服务业	Service	452	2479409	1002722	2388802	182093	730259	81938

注：工业数据为规模以上工业企业口径。

Note: The data of industry are calculated according to industrial enterprises above designated size.

16-12 农业企业高新技术产品情况(2014年)

单位：万元

项　　目	Item	企业数(个) Number of Enterprises (unit)	产品数(个) Number of Products (unit)
总　　计	**Total**	**68**	**75**
按地区分	By District		
荔湾区	Liwan	4	9
越秀区	Yuexiu		
海珠区	Haizhu	1	1
天河区	Tianhe	1	1
白云区	Baiyun	6	6
黄埔区	Huangpu	7	4
番禺区	Panyu	14	21
花都区	Huadu	8	8
南沙区	Nansha	6	8
萝岗区	Luogang		
增城市	Zengcheng	13	34
从化市	Conghua	8	16
按技术领域分	By Technological Circle		
电子与信息技术	Electronic and Information Technology		
机电一体化技术	Integration Technology for Machinery with Electronics		
生物技术	Biotechnology	68	75
新材料技术	New Material Technology		
新能源高效节能	New Energy and High-efficiency Energy-saving		
环保技术	Environmental Protection Technology		
其他技术	Others		

注：1. 从2010年起，根据广州市科技信息局新修订《广州市农业高新技术产品目录》进行统计。
　　2. "产品数"指标因各区(县级)市之间存在重复计算，其合计数大于全市数。

Statistics on High-tech Products of Agricultural Enterprises (2014)

(10000 yuan)

总产值 Total Output Value	增加值 Added Value	产品销售收入 Sales Revenue	出口销售收入 Sales Revenue of Exports	实现利税总额 Total Profits and Taxes	享受减免税总额 Total Taxes Exemption and Reduction
160644	**67767**	**152553**	**1646**	**12237**	**1023**
3599	2488	3599	15	134	
120	51	120		9	
12180	351	15874		2391	594
28891	11085	27874	1023	-1061	119
310	205	276		160	
49182	26486	44835	250	3248	122
17402	5531	14901	62	1185	186
5566	3106	2930		838	
21170	13844	19251	105	2285	
22224	4620	22893	191	3048	2
160644	67767	152553	1646	12237	1023

Note: I. Since 2010, the data in this table are calculated according to the "Catalog of Agriculture High-tech Product in Guangzhou".

II. Summation of all districts by number of products is greater than total because different districts would have the same products.

16-13 规模以上工业企业高新技术产品情况（2014年）

单位：万元

项　　目	Item	企业数（个）Number of Enterprises (unit)	产品数（个）Number of Products (unit)
总　　计	**Total**	**853**	**1825**
按地区分	By District		
荔湾区	Liwan	15	46
越秀区	Yuexiu	8	10
海珠区	Haizhu	25	100
天河区	Tianhe	31	78
白云区	Baiyun	90	270
黄埔区	Huangpu	28	76
番禺区	Panyu	111	270
花都区	Huadu	104	322
南沙区	Nansha	62	103
萝岗区	Luogang	136	244
增城市	Zengcheng	199	208
从化市	Conghua	44	98
按技术领域分	By Technological Circle		
电子与信息技术	Electronic and Information Technology		322
机电一体化技术	Integration Technology for Machinery with Electronics		472
生物技术	Biotechnology		322
新材料技术	New Material Technology		417
新能源高效节能	New Energy and High-efficiency Energy-saving		187
环保技术	Environmental Protection Technology		105
其他技术	Others		

Statistics on High-tech Products of Industrial Enterprisesa Above The Designated Size (2014)

(10000 yuan)

总产值 Total Output Value	增加值 Added Value	产品销售收入 Sales Revenue	出口销售收入 Sales Revenue of Exports	实现利税总额 Total Profits and Taxes	享受减免税总额 Total Taxes Exemption and Reduction
77308356	**22001030**	**73655482**	**14352697**	**8453871**	**153140**
900854	117694	843569	229599	40266	1498
44555	8802	48757	2881	10188	47
967665	284869	941356	10338	132719	4079
787682	545940	872128	167758	123841	7503
2873589	736784	2829500	219029	349287	10416
8616780	2082318	8995023	395961	949678	2685
7618780	1743043	7657254	1273197	685165	36228
9935547	2741434	9827827	492531	1763448	10752
12517112	2899065	11620358	1399404	990483	4535
25529305	8960042	22765789	8878501	2901790	554460
6070230	1503263	5936958	1029595	428618	10172
1446257	377776	1316963	253903	78388	2826
15309636	5194215	12877342	8128739	694283	52946
31998609	9208217	32187716	2698696	4026833	47673
8901427	3210897	8626688	164134	2169612	19314
13240893	2907586	12234087	2118026	986296	514266
5931671	1028573	5906460	936585	416025	6954
1926120	451542	1823189	306517	160822	4048

16-14 服务业企业高新技术产品情况(2014年)

单位:万元

项　　目	Item	企业数 (个) Number of Enterprises (unit)	产品数 (个) Number of Products (unit)
总　　计	**Total**	**452**	**1227**
按地区分	By District		
荔湾区	Liwan	10	42
越秀区	Yuexiu	98	238
海珠区	Haizhu	53	128
天河区	Tianhe	241	667
白云区	Baiyun	13	67
黄埔区	Huangpu		
番禺区	Panyu	12	55
花都区	Huadu		
南沙区	Nansha	2	2
萝岗区	Luogang	22	27
增城市	Zengcheng		
从化市	Conghua	1	1
按技术领域分	By Technological Circle		
电子与信息技术	Electronic and Information Technology	452	1227
机电一体化技术	Integration Technology for Machinery with Electronics		
生物技术	Biotechnology		
新材料技术	New Material Technology		
新能源高效节能	New Energy and High-efficiency Energy-saving		
环保技术	Environmental Protection Technology		
其他技术	Others		

Statistics on High-tech Products of Enterprises in Service Trades (2014)

(10000 yuan)

总产值 Total Output Value	增加值 Added Value	产品销售收入 Sales Revenue	出口销售收入 Sales Revenue of Exports	实现利税总额 Total Profits and Taxes	享受减免税总额 Total Taxes Exemption and Reduction
2479409	**1002722**	**2388802**	**182093**	**730259**	**81938**
9455	4181	9379		1119	519
462323	101659	462249	13109	29437	7043
45608	17453	45001		9933	785
1728162	794967	1726945	165331	599811	69323
51097	18731	25927		43847	458
41241	24576	24186		19341	2132
52024	1104	5616	3653	10139	1136
89077	39806	89077		16618	534
422	245	422		14	8
2479409	1002722	2388802	182093	730259	81938

【研究与试验发展（R&D）经费内部支出】指调查单位在报告年度用于内部开展R&D活动（基础研究、应用研究和试验发展）的实际支出。包括用于R&D项目（课题）活动的直接支出，以及间接用于R&D活动的管理费、服务费、与R&D有关的基本建设支出以及外协加工费等。不包括生产性活动支出、归还贷款支出以及与外单位合作或委托外单位进行R&D活动而转拨给对方的经费支出。

【专业技术人员】指城镇单位事业、企业单位中已被聘任专业技术职务的从事专业技术工作和专业技术管理的人员，以及虽未被聘任专业技术职务，但现在专业技术岗位上工作的人员。

【Total Expenditure on Research and Development】 refers to internally to carry out R&D activities (basic research, applied research and experimental development) the actual expenditure refers to the year. Including for the direct expenditure of R&D project (the subject), and indirectly for the R&D activities of management fees, service charges, and R&D related infrastructure spending, and outside processing fees. Do not include productive activities expenses, the return of loan expenditures as well as cooperation with other units or entrust other units to carry out R&D activities and switch to pull each other expenditures.

【Professional and Technical Personnel】 refer to professional, technical and managerial staff members in urban institutions or enterprises who not only have professional and technical titles but also hold professional and technical posts. They also include those who work on professional and technical posts but do not have professional and technical titles.

第十七篇 CHAPTER 17

教育、文化、体育、卫生、社会福利、环保和其他

EDUCATION, CULTURE, SPORTS, PUBLIC HEALTH, SOCIAL WELFARE, ENVIRONMENTAL PROTECTION AND OTHERS

第十七篇　教育、文化、体育、卫生、社会福利、环保和其他

一、本篇资料反映广州市教育、文化、体育、卫生、社会福利、环保及其他事业的发展情况。

二、本篇资料由广州市统计局人口和社会科技统计处整理提供。

三、教育部分包括高等、中等、基础教育、幼儿教育、各级成人教育。资料由省教育厅、市教育局、省人力资源和社会保障厅等相关部门提供。

四、文化部分主要包括文化机构、人员及业务活动开展情况等。文化统计资料根据省文化厅、市文广新局、省新闻出版局、珠江电影制片厂、省广播电影电视局、省档案局、市档案局等有关部门提供的统计年报加工整理。

五、体育部分主要包括体育行政部门主办的运动会和比赛活动、全民健身活动情况及运动竞技成绩等，资料由市体育局提供。

六、卫生部分主要包括卫生事业机构、床位及人员数、医院业务情况、妇幼保健情况等，资料由市卫生局提供。

七、社会福利部分主要包括社会福利事业的机构数、收养救济人数、婚姻登记状况等，资料由市民政局提供。各种社会保险情况等资料由市人力资源和社会保障局提供。

八、环保部分主要包括"三废"的排放、治理、综合利用、环境管理情况等，资料由市环保局提供。

九、其他部分主要包括司法工作开展情况和刑事、交通、火灾事故发生情况等，资料由市司法局、市公安局提供。

十、关于数据口径与计算的说明：

17-27表甲、乙类传染病从1997年起增加肺结核和新生儿破伤风两种病；2003年起婴儿出生缺陷发生率统计指标口径有变，从抽样调查改为全面调查。

17 Education, Culture, Sports, Public Health, Social Welfare,Environmental Protection and Others

Education, Culture, Sports, Public Health, Social Welfare,Environmental Protection and Others

I. The data in this chapter show the development conditions of Guangzhou's education, culture, sports, public health, social welfare, environmental protection and others.

II.The data in this chapter are prepared and provided by the Division of Population, Social, Science and Technology Statistic of Guangzhou Municipal Bureau of Statistics.

III.The data on education cover the situations on higher education, secondary education, primary education, kindergartens and adult education at all levels. The data are provided by Guangdong Provincial Bureau of Education, Guangzhou Municipal Bureau of Education, Guangdong Provincial Bureau of Human Resources and Social Security, etc.

IV. The data on culture mainly cover the situations on institutes, employed persons and business activities of culture. The data on culture are processed and prepared in accordance with the annual statistical reports provided by Guangdong Provincial Department of Culture, Guangzhou Municipal Culture, Radio and Press and Publication Bureau, Guangdong Provincial Press and Publication Administration, Pearl River Movie Factory, Administration of Radio and Movie and Television of Guangdong Province, Guangdong Provincial Bureau of Archives and Guangzhou Municipal Bureau of Archives.

V. The data on sports mainly include the sports games and matches organized by sports administrative departments, mass sports and athletics sports. The data are provided by Guangzhou Municipal Bureau of Sports.

VI. The data on public health mainly include the number of institutions, hospital beds and personnel, hospital business, women and babies hygiene. The data are provided by Guangzhou Municipal Bureau of Public Health.

VII. The data on social welfare mainly include the number of institutions, the number receiving social welfare relief funds and marriage registrations, etc. The data are provided by Guangzhou Municipal Bureau of Civil Affairs. The data on social insurance are provided by Guangzhou Municipal Bureau of Labor and Social Security.

VIII. The data on environmental protection mainly include the discharge and treatment and comprehensive utilization of waste water, waste gas and solid wastes, and the administration of environment, etc. The data are provided by Guangzhou Municipal Bureau of Environmental Protection.

IX. The data on others mainly include the judicial conditions, basic statistics on traffic accidents and fires, etc. The data are provided by Guangzhou Municipal Bureau of Justice and Guangzhou Municipal Bureau of Public Security.

X. Introduction about coverage and computing:

Table 17-27 A&B Infectious Diseases has included phthisic and new born children lockjaw since 1997.The coverage has changed from results of spot check to results of general investigation on incidence rate of birth defect since 2003.

17-1 主要年份教育事业基本情况
Basic Statistics on Education in Main Years

项　　目	Item	2013	2014
学校数　（所）	**Number of Schools　(unit)**	**1685**	**1693**
普通高等学校	Regular Institutions of Higher Education	80	80
中等职业学校	Vocational Secondary Schools	85	86
技工学校	Technical Schools	69	68
普通中学	Regular Secondary Schools	494	500
高　中	Senior Secondary Schools	124	120
初　中	Junior Secondary Schools	370	380
小　学	Primary Schools	936	938
特殊教育学校	Special Schools	21	21
专任教师　（人）	**Number of Full-time Teachers　(person)**	**157458**	**160049**
普通高等学校	Regular Institutions of Higher Education	55416	57196
中等职业学校	Vocational Secondary Schools	7768	7970
技工学校	Technical Schools	7680	5215
普通中学	Regular Secondary Schools	40791	41501
高　中	Senior Secondary Schools	13597	13793
初　中	Junior Secondary Schools	27194	27708
小　学	Primary Schools	45075	47379
特殊教育学校	Special Schools	728	788

17-1 续表 continued

项 目	Item	2013	2014
招生数 （人）	**New Student Enrollment (person)**	**831559**	**812692**
普通高等学校	Regular Institutions of Higher Education	296530	301492
中等职业学校	Vocational Secondary Schools	86482	88370
技工学校	Technical Schools	97372	74664
普通中学	Regular Secondary Schools	182627	173595
高 中	Senior Secondary Schools	60452	60116
初 中	Junior Secondary Schools	122175	113479
小 学	Primary Schools	167919	173884
特殊教育学校	Special Schools	629	687
在校学生 （人）	**Total Student Enrollment (person)**	**2913552**	**2941554**
普通高等学校	Regular Institutions of Higher Education	983051	1019291
中等职业学校	Vocational Secondary Schools	240579	244585
技工学校	Technical Schools	279329	240350
普通中学	Regular Secondary Schools	546941	532870
高 中	Senior Secondary Schools	177227	178106
初 中	Junior Secondary Schools	369714	354764
小 学	Primary Schools	859263	900072
特殊教育学校	Special Schools	4389	4386
毕业生数 （人）	**Graduates (person)**	**677503**	**685842**
普通高等学校	Regular Institutions of Higher Education	240789	253958
中等职业学校	Vocational Secondary Schools	73977	74726
技工学校	Technical Schools	50694	53120
普通中学	Regular Secondary Schools	179258	178240
高 中	Senior Secondary Schools	59080	57739
初 中	Junior Secondary Schools	120178	120501
小 学	Primary Schools	131947	124999
特殊教育学校	Special Schools	838	799

17-2 主要年份每万人口在校学生数、每个教师负担学生数
Students Enrollment per 10000 Persons and Students Taught by Every Teacher in Main Years

单位：人 (person)

年 份 Year	平均每万人口在校学生数 Students Enrollment Per 10000 Persons			平均每个教师负担学生数 Students Taught by Every Teacher		
	普通高校 College and University Students	普通中学生 High School Students	小学生 Primary School Students	普通高校 College and University Students	普通中学 Regular Secondary Schools	小 学 Primary School Students
1978	44.94	795.85	1178.65	3.10	18.25	24.05
1979	54.69	676.24	1182.47	3.71	17.01	22.67
1980	54.28	598.04	1175.91	3.65	15.83	21.80
1985	94.77	456.79	993.46	4.83	15.15	20.43
1986	99.43	471.25	967.81	4.87	16.10	21.05
1987	103.35	487.88	938.26	5.18	16.40	21.04
1988	112.42	481.43	919.33	5.52	16.21	21.05
1989	116.10	463.41	941.98	5.74	15.44	21.93
1990	110.16	446.65	963.03	5.52	15.25	22.79
1991	106.92	446.28	985.58	5.58	15.56	23.24
1992	109.37	461.81	1009.11	6.04	15.99	24.16
1993	126.51	469.79	1034.06	6.87	15.94	24.52
1994	139.74	475.66	1058.77	7.75	16.20	24.62
1995	147.56	494.03	1073.74	8.13	16.42	23.90
1996	151.23	516.39	1074.82	8.23	16.53	22.77
1997	153.60	538.65	1085.07	8.72	16.79	22.24
1998	160.76	562.95	1087.87	9.33	16.99	22.14
1999	196.03	581.75	1083.13	10.83	17.25	22.81
2000	264.14	606.92	1080.31	13.95	17.59	22.16
2001	343.44	642.86	1106.66	16.48	17.60	22.04
2002	414.97	668.15	1133.21	14.40	17.38	22.04
2003	516.75	705.69	1168.69	14.48	17.21	21.76
2004	623.14	719.53	1185.82	15.45	17.28	21.88
2005	738.58	733.24	1203.62	15.89	17.09	22.02
2006	814.28	746.16	1174.64	16.22	16.89	21.85
2007	888.35	745.78	1149.31	16.33	16.38	21.24
2008	938.77	742.25	1100.35	16.90	16.07	20.45
2009	1001.75	723.94	1043.13	17.30	15.50	19.61
2010	1046.88	709.90	1023.16	17.32	14.97	18.88
2011	1100.10	689.46	1006.37	17.31	14.48	18.74
2012	1142.17	669.67	1000.36	17.49	13.74	18.43
2013	1181.11	657.14	1032.38	17.74	13.41	19.06
2014	1209.96	632.55	1068.44	17.82	12.84	19.00

17-3 主要年份各级各类学校在校学生数

Students Enrollment by Various Schools in Main Years

单位：人 (person)

年 份 Year	普通高等学校 Regular Institutions of Higher Education	中等职业学校 Vocational Secondary Schools	技工学校 Technical Schools	普通中学 Regular Secondary Schools	小 学 Primary Schools	特殊教育学校 Special Schools
1978	21699			384313	569165	326
1979	26982			333650	583418	274
1980	27239	18852	8273	300134	590146	289
1985	51647	48959	5615	248940	541420	372
1986	55223	61913	8670	261733	537528	481
1987	58402	69693	12479	275690	530189	546
1988	64859	78025	17225	277743	530368	651
1989	67969	84662	18514	271291	551458	724
1990	65465	95048	20319	265423	572286	854
1991	64389	103860	21692	268760	593537	949
1992	66958	113218	23842	282720	617779	1032
1993	78901	141307	25242	292991	644907	1680
1994	89019	154144	29742	303004	674464	3760
1995	95429	182090	36078	319493	694401	5411
1996	99214	212396	43446	338776	705134	6096
1997	102372	210956	50566	359000	723183	5977
1998	108378	210566	58396	379505	733375	5827
1999	134283	227084	59779	398499	741950	6106
2000	185078	219640	59570	425261	756961	5224
2001	244736	209340	64008	458099	788604	5877
2002	299037	200090	76660	481481	816617	5495
2003	374742	200337	87878	511756	847524	4947
2004	459676	184682	104317	530776	874749	5302
2005	554327	191499	122108	550320	903353	5010
2006	619442	216555	153175	567619	893575	5045
2007	687115	237411	173413	576845	888965	5340
2008	736152	244070	196197	582051	862859	5246
2009	796006	251077	242085	575252	828889	5131
2010	843934	248060	252812	572280	824807	5153
2011	896123	248614	269188	561618	819771	4527
2012	939208	239446	289967	550669	822594	4719
2013	983051	240579	279329	546941	859263	4389
2014	1019291	244585	240350	532870	900072	4386

17-4 普通高等院校各类专业本科学生数(2014年)

Students Enrollment in Regular Institutions of Higher Education by Field of Study (2014)

单位:人 (person)

项 目	Item	毕业生数 Number of Graduates	招生数 New Students Enrollment	在校学生数 Number Of Students Enrollment
合 计	**Total**	**128057**	**155077**	**591192**
哲 学	Philosophy	130	131	478
经济学	Economics	12932	14900	57439
法 学	Law	5582	6314	23595
教育学	Education	2407	3045	11759
文 学	Literature	13427	17368	66469
历史学	History	474	517	1870
理 学	Science	7595	9258	34613
工 学	Engineering	33187	38364	147668
农 学	Agriculture	1638	1977	7358
医 学	Medicine	9118	10473	44148
管理学	Management	33644	41613	154537
艺术学	Art	7923	11117	41258

注: 1.2011年起普通高等院校各类专业本科学生数统计口径有调整。

2.2014年新增"艺术学"学科分类。

Note: I. Since 2011,students enrollment in regular institutions of higher education have been adjusted.

II. Fields of study increase the category of art in 2014.

17-5 主要年份研究生基本情况

Basic Statistics on Postgraduates in Main Years

单位：人 (person)

年 份 Year	培养单位（所） Training Units (unit)	# 普通高校 Regular Institutions of Higher Education	毕业生数 Graduates	# 普通高校 Regular Institutions of Higher Education	# 博 士 Doctors
1985	15	12	654	650	7
1990	25	13	1491	1438	101
1991	24	13	1272	1234	109
1992	19	13	947	917	76
1993	18	13	1025	1003	76
1994	18	13	1079	1064	142
1995	21	13	1259	1215	154
1996	21	13	1440	1396	188
1997	21	13	1770	1715	253
1998	21	13	1843	1759	420
1999	21	13	2168	2059	371
2000	21	13	2131	2028	417
2001	22	14	2753	2671	540
2002	20	12	3133	3022	574
2003	20	12	4439	4299	772
2004	24	16	6541	6303	1160
2005	24	16	9006	8699	1331
2006	24	16	11790	11360	1579
2007	26	18	12624	12170	1751
2008	26	18	14773	14286	2086
2009	26	18	15395	14969	2462
2010	26	18	16244	15828	2265
2011	26	18	18584	18155	2374
2012	27	19	20816	20372	2583
2013	27	19	21833	21382	2700
2014	22	19	22717	22636	2788

注：2014年起，中国科学院在我市研究所招收的研究生不再纳入全市教育事业统计，因此2014年及以后的研究生数据不含中国科学院在广州的数据。下表同。

Note: Since 2014,Guangzhou education statistics does not include the recruit students of Chinese Academic of Sciences in Guangzhou. So since 2014 the statistic of graduates does not contain the graduates of Chinese Academy of Sciences in Guangzhou. The same as the following table.

17-5 续表 continued

单位:人 (person)

年 份 Year	招生数 New Students Enrollment	# 普通高校 Regular Institutions of Higher Education	# 博 士 Doctors	在校学生数 Students Enrollment	# 普通高校 Regular Institutions of Higher Education	# 博 士 Doctors
1985	1526	1518	74	2878	2859	92
1990	1113	1090	76	3355	3264	293
1991	1171	1157	167	3216	3149	338
1992	1258	1228	162	3492	3426	417
1993	1521	1490	201	3940	3865	533
1994	1866	1831	298	4656	4562	681
1995	1875	1782	407	5283	5080	935
1996	2367	2249	457	6162	5888	1192
1997	2387	2288	457	6696	6388	1391
1998	2997	2921	582	7821	7521	1539
1999	3673	3559	788	9253	8952	1933
2000	5435	5274	1048	12492	12135	2549
2001	7080	6837	1352	17150	16631	3421
2002	8245	7910	1596	20408	19674	4256
2003	10864	10403	2104	26294	25253	5499
2004	13642	13143	2656	34599	33302	7474
2005	15642	15140	2780	40594	39124	8980
2006	17093	16586	2672	45238	43725	9149
2007	18084	17578	2819	49838	48298	9846
2008	19298	18776	2893	53826	52313	10753
2009	22181	21684	3132	60129	58635	11530
2010	23390	22844	3059	65911	64321	11528
2011	24216	23690	3119	69825	68223	12125
2012	25042	24504	3195	73118	71484	12526
2013	26002	25457	3294	76193	74535	13389
2014	26524	26440	3463	77211	76943	13818

17-6 普通高等院校本专科基本情况(2014年)

单位：人

院校名称	Name of Universities, Institutes and Colleges	毕业生数 Number of Graduates
合　计	**Total**	**253958**
中山大学	Sun Yat-sen University	7562
华南理工大学	South China University of Technology	5883
暨南大学	Jinan University	4093
华南农业大学	South China Agricultural University	9324
南方医科大学	Southern Medical University	3436
广州中医药大学	Guangzhou University of Traditional Chinese Medicine	3152
华南师范大学	South China Normal University	7222
广东工业大学	Guangdong University of Technology	10747
广东外语外贸大学	Guangdong University of Foreign Studies	4883
广东财经大学	Guangdong Business Institute	5862
仲恺农业工程学院	Zhongkai Agritechnical College	3964
广东药学院	Guangdong Medicine Institute	5323
星海音乐学院	Xinghai Conservatory of Music	923
广州美术学院	Guangzhou Academy of Fine Arts	1235
广州体育学院	Guangzhou Institute of Physical Education	1395
广东技术师范学院	Guangdong Polytechnic Normal University	3782
广东金融学院	Guangdong Finance College	5597
广东警官学院	Guangdong Police College	1427
广州大学	Guangzhou University	7828
广州医学院	Guangzhou Medical Institute	2687
广东白云学院	Guangdong Baiyun Vocational Technical College	3428
广东培正学院	Guangdong Peizheng College	3288
广东第二师范学院	Guangdong University of Education	1596
广州民航职业技术学院	Guangzhou Civil Aviation College	3153
广州航海学院	Guangzhou Maritime College	2515
广东轻工职业技术学院	Guangdong Light Industry Technical College	5783
广东省外语艺术职业学院	Guangdong College of Foreign Languages and Art	2884
广东机电职业技术学院	Guangdong Machinery and Electricity College	5070
广东工贸职业技术学院	Guangdong Vocational College of Industry & Commerce	3865
广东交通职业技术学院	Guangdong Communication Polytechnic College	4461
广东水利电力职业技术学院	Guangdong Technical College of Water Resources and Electric Engineering	4431
广东生态工程职业学院	Guangdong Eco-engineering Polytechnic	
广东司法警官职业学院	Judicial Police Officers' Professional Institute of Guangdong	1674
广东女子职业技术学院	Guangdong Women's Professional College	2052
广东农工商职业技术学院	Guangdong AIB Polytechnic College	5942
广东邮电职业技术学院	Guangdong Posts & Telecom Vocational Technology College	625
广东建设职业技术学院	Guangdong Construction Vocational Technology Institute	2094
广东行政职业学院	Guangdong Vocational of Administration	1768

Basic Statistics on Regular Institutions of Higher Education (2014)

(person)

招生数 Number of New Entrants	在校学生数 Number of Enrolled Students	校本部教职工人数 Number of Teachers and Staff	# 专任教师 Full-time Teachers	# 正高级 Professors	# 副高级 Associate Professors	# 中级 Lecturers
301492	**1019291**	**81966**	**57196**	**7842**	**15062**	**23644**
7939	32690	5631	3463	1220	1117	842
6125	24761	4238	2752	685	894	1113
5652	21164	3107	1917	512	699	596
9192	37956	2763	2009	352	697	829
3119	14375	2305	1701	365	546	672
3228	14205	1623	1300	383	451	351
6606	26690	3672	2081	465	596	929
10520	42527	3095	2536	363	768	1234
5275	20189	1993	1304	246	380	499
6953	22688	1464	1167	208	349	522
4835	17738	1240	908	129	235	442
5366	20690	1746	1516	211	469	697
1008	3737	457	330	36	81	157
1239	5316	739	459	69	131	189
1554	6533	622	414	70	112	164
5522	20336	1841	960	133	300	434
5483	20615	1308	938	106	242	493
1430	6173	686	270	36	110	93
10478	36109	2785	1785	303	636	521
3056	10251	2254	1587	332	566	375
4381	15663	971	758	62	168	327
4216	14226	923	644	28	64	340
2575	10679	669	438	51	125	157
3853	11391	641	514	17	92	303
4938	10578	730	538	40	155	269
7230	21005	1190	883	67	258	468
2595	7716	533	372	15	107	202
5188	14774	891	727	10	175	336
5029	15075	939	649	12	119	364
4186	13625	845	620	37	142	374
4163	12466	727	531	24	174	267
916	916	301	176	18	31	86
1522	4681	320	189	8	63	91
2027	5977	408	237	11	74	116
5747	19121	1000	868	19	176	557
1445	3043	371	124		36	58
2086	6786	377	283	4	55	138
1408	4950	409	275	26	82	94

17-6 续表

单位：人

院 校 名 称	Name of Universities, Institutes and Colleges	毕业生数 Number of Graduates
广东体育职业技术学院	Guangdong Sports Vocational Technical Institute	800
广东食品药品职业学院	Guangdong Food and Drug Vocational School	3264
广东文艺职业学院	Guangdong Vocational Literature and Art College	1144
广州工程技术职业学院	Guangzhou Institute of Technology	3020
广州番禺职业技术学院	Guangzhou Panyu Polytechnic College	3466
广州体育职业技术学院	Guangzhou Sports Training and Technical College	519
广东理工职业学院	Guangdong Polytechnic Institute of Technology	2597
广州城市职业学院	Guangzhou City Polytechnic College	3211
广东工程职业技术学院	Guangdong Polytechnic College of Engineering	3284
广州铁路职业技术学院	Guangzhou Railway Vocational Technical College	2181
广东科贸职业学院	Guangdong Vocational College of Science and Trade	1951
广州科技贸易职业学院	Guangzhou Polytechnic of Science and Trade	2203
广东青年职业学院	Guangdong Youth Polytechnic College	1862
广东舞蹈戏剧职业学院	Guangdong Dance and Drama College	
民办南华工商学院	Nanhua Industrial and Commercial College	2843
私立华联学院	Private Hualian University	2021
广东岭南职业技术学院	Guangdong Lingnan Polytechnic College	4694
广州康大职业技术学院	Kanda Vocational Technical College	2288
广州工商学院	Guangdong College of Technology and Business	3549
广州涉外经济职业技术学院	Guangzhou International Economics College	2485
广州南洋理工职业学院	Guangzhou Nanyang Institute of Technology	2673
广州科技职业技术学院	Guangzhou Vocational College of Science and Technology	2813
广州现代信息工程职业技术学院	Guangzhou Modern Information Engineering College	1309
广州华南商贸职业学院	South China Business Trade College	1242
广州华立科技职业学院	Guangzhou HuaLi Vocational College of Science and Technology	2541
广州珠江职业技术学院	Guangzhou Pearl-river Vocational College of Technology	1007
广州松田职业学院	Guangzhou Songtian Polytechnic College	1548
广州城建职业学院	Guangzhou City Construction College	4699
广州华商职业学院	Guangzhou Huashang Vocational College	2086
广州华夏职业学院	Guangzhou Huaxia Technical College	1710
广州东华职业学院	Guangdong Donghua Polytechnic College	411
广东工业大学华立学院	Huali College, Guangdong University	3925
广州大学松田学院	Songtian College, Guangzhou University	2146
广州商学院	Guangzhou College of Commerce	2912
中山大学新华学院	Xinhua College of SYSU	1999
广州大学华软软件学院	South Institute of Software Engineering	2776
中山大学南方学院	Nanfang College of SYSU	4431
广东外语外贸大学南国商学院	South China Business College, Guangdong University of Foreign Studies	1885
广东财经大学华商学院	Huashang College, Guangdong University of Business Studies	4785
华南农业大学珠江学院	Zhujiang College of South China Agriculture University	2295
广东技术师范学院天河学院	Tianhe College of Guangdong Polytechnic Normal University	2660
华南理工大学广州学院	Guangzhou College of SCUT	3769

continued

(person)

招生数 Number of New Entrants	在校学生数 Number of Enrolled Students	校本部教职工人数 Number of Teachers and Staff	# 专任教师 Full-time Teachers	# 正高级 Professors	# 副高级 Associate Professors	# 中 级 Lecturers
952	2336	270	141	8	36	56
4925	13915	637	586	36	96	266
1394	4010	336	215	7	32	87
2423	7427	470	367	3	74	210
4001	11095	933	529	29	110	274
657	1847	426	165	10	36	78
2929	10042	629	422	20	76	277
3262	9190	573	431	21	116	240
3985	12077	629	535	19	96	303
2775	8074	557	355	10	80	170
2264	7971	514	370	11	75	183
2503	7199	454	328	8	74	181
2060	6000	300	240	7	41	97
336	611	381	223	1	34	59
3828	10971	557	455	16	88	210
2548	8893	534	396	17	66	127
5114	15952	956	780	25	139	323
1655	6755	436	284	4	53	155
5857	11268	885	598	70	142	219
3631	10223	579	448	23	74	190
3729	10473	757	477	12	85	155
4801	12916	909	576	21	152	181
1983	6555	611	390	9	51	94
1881	5688	405	253	6	52	96
4229	11156	652	516	26	90	259
1889	4894	350	248	20	31	58
1528	4726	293	239	13	29	104
5887	16601	986	766	41	85	330
3442	10111	510	402	2	45	104
3729	9569	635	412	18	67	103
2417	5004	298	222	2	42	52
2459	16921	1144	837	51	232	259
2492	9547	515	408	22	40	212
4065	11383	742	581	68	115	275
5239	16436	753	631	82	122	191
3608	11645	734	515	39	101	258
4250	18240	479	297	24	21	141
2244	8889	761	471	88	103	170
5539	20465	991	837	85	141	338
2592	11009	675	503	62	92	229
3085	14945	807	706	60	153	258
5220	18847	1089	818	73	200	373

17-7 各类学校数及在校学生数（2014年）

Number of Schools and Enrolled Students by Type of School (2014)

项　　目	Item	全　市 Total	市　区 Urban Districts	增城市 Zengcheng	从化市 Conghua
各类学校数合计　　（所）	**Total Number of Schools　　(unit)**	**1693**	**1432**	**160**	**101**
普通高等学校	Regular Institutions of Higher Education	80	67	7	6
中等职业学校	Vocational Secondary Schools	86	82	3	1
技工学校	Technical Schools	68	65	2	1
普通中学	Regular Secondary Schools	500	421	52	27
#高　中	Senior Secondary Schools	120	102	10	8
小　学	Primary Schools	938	778	95	65
特殊学校	Special Schools	21	19	1	1
各类学校在校学生数(人)	**Number of Enrolled Students by Type of School(person)**	**2941554**	**2550694**	**228954**	**161906**
普通高等学校	Regular Institutions of Higher Education	1019291	863934	77820	77537
中等职业学校	Vocational Secondary Schools	244585	231200	9522	3863
技工学校	Technical Schools	240350	224662	8981	6707
普通中学	Regular of Secondary Schools	532870	441924	55746	35200
#高　中	Senior Secondary Schools	178106	144491	21668	11947
小　学	Primary Schools	900072	785010	76636	38426
特殊学校	Special Schools	4386	3964	249	173

17-8 各类学校招生数及毕业生数(2014年)

New Students Enrollment and Graduates by Type of School (2014)

单位：人 (person)

项　目	Item	全市 Total	市区 Urban Districts	增城市 Zengcheng	从化市 Conghua
各类学校招生数	**Number of New Students Enrollment by Type of School**	**812692**	**707246**	**60947**	**44499**
普通高等学校	Regular Institutions of Higher Education	301492	256119	21578	23795
中等职业学校	Vocational Secondary Schools	88370	83843	3097	1430
技工学校	Technical Schools	74664	68850	4378	1436
普通中学	Regular Secondary Schools	173595	146253	17089	10253
#高　中	Senior Secondary Schools	60116	48924	7146	4046
小　学	Primary Schools	173884	151534	14775	7575
特殊学校	Special Schools	687	647	30	10
各类学校毕业生数	**Number of Graduates by Type of School**	**685842**	**591565**	**54766**	**39511**
普通高等学校	Regular Institutions of Higher Education	253958	217336	18038	18584
中等职业学校	Vocational Secondary Schools	74726	70212	3529	985
技工学校	Technical Schools	53120	51172	1552	396
普通中学	Regular Secondary Schools	178240	143761	21176	13303
#高　中	Senior Secondary Schools	57739	46584	7385	3770
小　学	Primary Schools	124999	108364	10419	6216
特殊学校	Special Schools	799	720	52	27

17-9　高中、初中、小学毕业生升学情况

项　　目		Item	
高中毕业生数	(人)	Graduates of Senior Secondary Schools	(person)
已升学人数	(人)	Students Entering Institution of Higher Education	(person)
升学率	(%)	Percentage of Graduates of Senior Secondary Schools Entering Institution of Higher Education	(%)
初中毕业生数	(人)	Graduates of Junior Secondary Schools	(person)
已升学人数	(人)	Students Entering Senior Secondary Schools	(person)
升学率	(%)	Percentage of Graduates of Junior Secondary Schools Entering Senior Secondary Schools	(%)
小学毕业生数	(人)	Graduates of Primary Schools	(person)
已升学人数	(人)	Students Entering Junior Secondary Schools	(person)
升学率	(%)	Percentage of Graduates of Primary Schools Entering Junior Secondary Schools	(%)

17-10　普通中学专任教师学历情况(2014年)

项　　目	Item
合　　计	**Total**
研究生毕业	Postgraduates
本科毕业	Graduates Attending Regular College Course
专科及以下毕业	Graduates Attending Specialized Subject

注：教师学历达标率:高中:99.63%，初中:99.97%。

Statistics on Graduates of Senior, Junior Secondary Schools and Primary Schools Entering Higher Level Schools

2013			2014		
全 市 Total	市 区 Urban Districts	县级市 Cities at County Level	全 市 Total	市 区 Urban Districts	县级市 Cities at County Level
59080	47922	11158	57739	46584	11155
54127	44157	9970	54595	44319	10276
91.62	92.14	89.35	94.55	95.14	92.12
120178			120501		
114480			115090		
95.26			95.51		
131947	111479	20468	124999	108364	16635
128734	109279	19455	122302	106121	16181
97.56	98.03	95.05	97.84	97.93	97.27

Diploma Qualifications of Full-time Teachers in Regular Secondary Schools (2014)

人 数 (人) Personnel (person)	高 中 Senior Secondary Schools	初 中 Junior Secondary Schools	构 成 (%) Composition (%)	高 中 Senior Secondary Schools	初 中 Junior Secondary Schools
41501	**13793**	**27708**	**100.00**	**100.00**	**100.00**
2906	1663	1243	7.00	12.06	4.49
35757	12079	23678	86.16	87.57	85.45
2838	51	2787	6.84	0.37	10.06

Note: The academic qualification rate of teachers in senior secondary schools is 99.63 percent, that in junior secondary schools is 99.97 percent.

17-11 各类学校教职工人数及专任教师数（2014年）

Staff and Workers and Full-time Teachers by Type of School (2014)

单位：人 (person)

项 目	Item	全 市 Total	市 区 Urban Districts	增城市 Zengcheng	从化市 Conghua
各类学校教职工人数	**Number of Staff and Workers by Type of School**	**211226**	**183748**	**16673**	**10805**
普通高等学校	Regular Institutions of Higher Education	86477	77743	4463	4271
中等职业学校	Vocational Secondary Schools	11457	10762	579	116
技工学校	Technical Schools	11893	11069	461	363
普通中学	Regular Secondary Schools	49214	40039	6097	3078
小 学	Primary Schools	51183	43166	5048	2969
特殊学校	Special Schools	1002	969	25	8
各类学校专任教师数	**Number of Full-time Teachers by Type of School**	**160049**	**137751**	**13807**	**8491**
普通高等学校	Regular Institutions of Higher Education	57196	50739	3487	2970
中等职业学校	Vocational Secondary Schools	7970	7396	474	100
技工学校	Technical Schools	5215	4922	189	104
普通中学	Regular Secondary Schools	41501	34030	4872	2599
#高 中	Senior Secondary Schools	13793	11385	1582	826
小 学	Primary Schools	47379	39906	4762	2711
特殊学校	Special Schools	788	758	23	7

17-12 学生辍学情况

Statistics on Students Dropping Out of Schools

项 目	Item	2013			2014		
		全 市 Total	市 区 Urban Districts	县级市 Cities at County Level	全 市 Total	市 区 Urban Districts	县级市 Cities at County Level
高 中	**Senior Secondary Schools**						
上学年初学生(人)	Number of Students at the Beginning of Preceding Academic Year (person)	110261	94768	15493	174944	142433	32511
#辍学生 (人)	Students Dropping Out of Schools (person)	2017	1962	55	826	733	93
辍学率 (%)	Percentage of Students Dropping Out of Schools(%)	1.83	2.07	0.35	0.47	0.51	0.29
初 中	**Junior Secondary Schools**						
上学年初学生(人)	Number of Students at the Beginning of Preceding Academic Year (person)	372298	299235	73063	365256	300304	64952
#辍学生 (人)	Students Dropping Out of Schools (person)	2344	1841	503	1309	1028	281
辍学率 (%)	Percentage of Students Dropping Out of Schools(%)	0.63	0.62	0.69	0.36	0.34	0.43
小 学	**Primary Schools**						
上学年初学生(人)	Number of Students at the Beginning of Preceding Academic Year (person)	815431	707970	107461	841681	733346	108335
#辍学生 (人)	Students Dropping Out of Schools (person)	257	256	1	524	516	8
辍学率 (%)	Percentage of Students Dropping Out of Schools(%)	0.03	0.04	…	0.06	0.07	0.01

17-13 小学教育情况
Statistics on Primary Education

项目	Item	2013 全市 Total	2013 市区 Urban Districts	2013 县级市 Cities at County	2014 全市 Total	2014 市区 Urban Districts	2014 县级市 Cities at County
适龄儿童入学率 (%)	Percentage of School-age Children Enrolled (%)	100.00	100.00	100.00	100.00	100.00	100.00
6-11岁学龄儿童数 (人)	Number of 6-11 School-age Children (person)	834219	727691	106528	879276	766528	112748
# 已入学人数 (人)	Number of Children Enrolled in Schools(person)	834219	727691	106528	879276	766528	112748
毕业率 (%)	Percentage of Graduation (%)	99.29	98.84	101.85	99.30	99.12	100.48
上学年预计毕业生数(人)	Number of Graduated Pupils in Previous Year (person)	132884	112787	20097	125877	109322	16555
毕业生人数 (人)	Number of Graduates (person)	131947	111479	20468	124999	108364	16635

17-14 成人高等教育基本情况
Basic Statistics on Adult Higher Education

单位：人 (person)

项目	Item	2013 全市 Total	2013 # 市区 Urban Districts	2014 全市 Total	2014 # 市区 Urban Districts
成人高等教育	**Higher Education for Adults**				
学校数 (所)	Number of Schools (unit)	10	10	9	9
教职工人数	Number of Teachers and Staff	3462	3462	3283	3283
# 专任教师数	Number of Full-time Teachers	2066	2066	1957	1957
聘请校外教师 (人次)	Number of Teachers Engaged from Other Schools (Person-time)	3941	3941	3909	3909
毕业生	Graduates	82751	82751	82636	82636
招生数	New Students Enrollment	118864	118864	153438	153438
在校学生数	Students Enrolled	306649	306649	365358	365358

17-15 成人高等教育在校学生数

Number of Students Enrolled in Adult Higher Education by Level

单位:人 (person)

项目	Item	2013 全市 Total	2013 #市区 Urban Districts	2014 全市 Total	2014 #市区 Urban Districts
成人高等教育	**Higher Education for Adults**	**306649**	**306649**	**365358**	**365358**
成人高等学校	Institutions of Higher Education for Adults	11352	11352	10848	10848
广播电视大学	Radio and TV Universities	8736	8736	8189	8189
职工高等学校	Schools of Higher Education for Staff and Workers	2616	2616	2659	2659
管理干部学院	Colleges for Management Cadres				
普通高校附设	Departments Run by Regular Institutions of Higher Education	295297	295297	354510	354510
函授	Correspondence Divisions	81980	81980	107017	107017
业余	Evening Universities	213317	213317	247493	247493
脱产	Courses in Form of Full Time for Adults				

17-16 民办普通中小学及幼儿园情况（2014年）

Statistics on Regular Secondary Schools, Primary Schools and Kindergartens Run by Society (2014)

单位：人 (person)

项目	Item	学校数(所) Number of Schools (unit)	毕业生数 Number of Graduates	招生数 Number of New Entrants	在校学生数 Number of Enrolled Students	教职工数 Number of Teachers and Staff	#专任教师 Full-time Teachers
合计	**Total**	**1488**	**142619**	**199663**	**711855**	**68295**	**41753**
普通中学	Regular Secondary Schools	195	34309	43240	122160	12121	7803
高中	Senior Secondary Schools	17	3571	3798	10774		
初中	Junior Secondary Schools	178	30738	39442	111386		
小学	Primary Schools	151	40184	64282	313360	16927	14727
幼儿园	Kindergartens	1142	68126	92141	276335	39247	19223

17-17　幼儿园基本情况
Basic Statistics on Kindergartens

项　目	Item	2013 全市 Total	2013 市区 Urban Districts	2013 县级市 Cities at County Level	2014 全市 Total	2014 市区 Urban Districts	2014 县级市 Cities at County Level
幼儿园数　（所）	**Number of Kindergartens (unit)**	**1562**	**1389**	**173**	**1628**	**1434**	**194**
教育部门及集体办	Kindergartens Run by Educational Departments and Collective Behavior	350	303	47	375	329	46
其他部门办	Kindergartens Run by Other Departments	98	94	4	111	100	11
民　办	Kindergartens Run by Society	1114	992	122	1142	1005	137
教职工人数　（人）	**Number of Teachers and Staff (person)**	**51558**	**45708**	**5850**	**56664**	**49620**	**7044**
# 教　师	Teachers	26119	23130	2989	28159	24684	3475
在园幼儿数　（人）	**Number of Student Enrollment (person)**	**378728**	**332281**	**46447**	**404261**	**352865**	**51396**

17-18　体育事业基本情况
Basic Statistics on Sports

项　目	Item	2013	2014
群众体育活动情况	Mass Sports Activities		
市区街三级全民健身活动及比赛（项）	Number of Nationwide Body-building Activities Run by Municipal and District Institutions (times)	2210	2280
参加市区街三级全民健身活动人数（万人次）	Number of Persons Taking Part in Nationwide Body- building Activities Run by Municipal and District Institutions (10000 person-times)	820	850
举办国际、国内单项比赛次数（次）	Number of international and national individual competitions (times)	127	106
破纪录	Records Chalked up		
破世界纪录（项、人次）	World Records Chalked up (item, person-times)		
破亚洲纪录（项、人次）	Asian Records Chalked up (item, person-times)		
破全国纪录（项、人次）	National Records Chalked up (item, person-times)	1项1人次	
获得冠军	Champions Won		
广州运动员获世界冠军（项、人次）	World Champions (item, person-times)	13项14人次	13项14人次
广州运动员获亚洲冠军（项、人次）	Asian Champions (item, person-times)	9项11人次	14项15 人次
广州运动员获全国冠军（项、人次）	National Champions (item, person-times)	37项51人次	46项74人次

17-19 文化主要指标

项　　　目		Item	
电影、艺术		**Films and Arts**	
全年摄制完成影片	（部）	Film Production	(film)
# 故事片		Feature Films	
全年发行各种新影片	（部）	Release of Various New Films	(film)
# 国产与合拍片		Chinese-made Films	
进口片		Hong Kong-made and Import Films	
电影放映、艺术表演单位		Film Projection Units and Art Performance Units	
电影院	（间）	Cinemas	(unit)
电影院座位	（个）	Seats of Cinemas	(unit)
艺术表演场馆	（个）	Art Performance Halls	(unit)
艺术表演场馆座席数	（个）	Seats of Art Performance Halls	(unit)
电影映出场次	（场）	Number of Film Showing	(scene)
电影观众人数	（万人次）	Number of Film Spectators	(10000 person-times)
专业艺术表演团体	（个）	Specialized Arts Performance Troupes	(unit)
本团原创首演剧目	（个）	Premiere Performance of Original Play	(unit)
艺术表演团体演出场次	（万场）	Number of Performance for Arts Performance Troupes	(scene)
艺术表演团体国内演出观众人次	（万人次）	Number of Spectators for Arts Performance Troupes	(10000 person-times)
广播电视事业		**Broadcasting and Television Stations**	
广　播		Broadcasting	
广播电台	（座）	Number of Broadcasting Stations	(set)
节目套数	（套）	Number of Programs	(set)
中短波转播发射台	（座）	Medium Wave and Short Wave Broadcasting Transmission Stations	(set)
平均日播音	（小时：分）	Broadcasting Hours per Day	(hour：minute)
广播综合人口覆盖率	(%)	Listener Rating	(%)
电　视		Television	
电视台	（座）	Number of Television Stations	(set)
节目套数	（套）	Number of Programs	(set)
平均周播放时间	（小时：分）	Broadcasting Hours per Week	(hour：minute)
制作电视剧	（集）	TV Play Programs	(set)
电视综合人口覆盖率	(%)	Viewer Rating	(%)

注：1.从2011年起专业艺术表演团体统计口径有调整。
2.电影放映指标仅统计了中影南方电影新干线有限公司和广州金逸珠江电影院线有限公司两家院线。

Main Indicators of Culture

2013		2014	
全　市 Total	#市　区 Urban Districts	全　市 Total	#市　区 Urban Districts
2	2	1	1
2	2	1	1
318	318	258	258
243	243	182	182
75	75	76	76
54	52	53	53
47872	47200	50196	50196
17	17	18	18
33048	33048	31967	31967
484516		660721	
1429		1955	
58	58	58	58
24	24	22	22
0.41	0.41	0.56	0.56
432	432	249	249
2	2	2	2
17	15	17	15
3	3	18	18
366	343	363	341
100.00	100.00	100.00	100.00
3	3	3	3
28	26	53	49
3485	3288	4096	3563
1383	1383	1411	1411
100.00	100.00	100.00	100.00

Note: I. In 2011 the coverage of specialized arts performance troupes has been adjusted.

II. Film projection statistic only contain the China Film South Cinema circuit Co., Ltd. and Guangzhou JinYiZhuJiang Movie Circuit Co., Ltd.. Circuit Co., Ltd..

17-19 续表

项　　目		Item	
图书、档案事业		**Books and Archives**	
公共图书馆	(间)	Public Libraries	(unit)
总藏量	(万册)	Total Collections	(10000 volumes)
#图　书		Books	
阅览室座席	(个)	Seating Capacity of Reading Rooms	(seat)
#少儿阅览室座席		Seating Capacity of Children Reading Rooms	
总流通人次	(万人次)	Total Number of Circulation	(10000 person-times)
书刊文献外借册次	(万册次)	Number of Books Borrowed by the Readers	(10000 volume-times)
档案馆	(个)	Archives	(unit)
馆藏案卷总数	(万卷)	Number of Archives	(10000 volumes)
群众文化事业		**Mass Culture**	
群众艺术馆、文化馆	(间)	Units Responsible for Guiding Mass Art	(unit)
文化站	(个)	Cultural Stations	(unit)
举办展览	(个)	Number of Exhibitions	(unit)
组织文艺活动	(次)	Art Performances and Story-telling	(times)
举办训练班	(次)	Training Courses	(times)
文物事业		**Cultural Relics**	
博物馆、纪念馆及美术馆	(个)	Museums and Memorial Halls	(unit)
文物藏品	(件)	Number of Cultural Relics Collection	(piece)
#一级品		Grade One	
举办陈列展览	(个)	Number of Displays and Exhibitions	(unit)
参观人次	(千人次)	Number of Visitors	(1000 person-times)
#外　宾		Foreign Guests	
文物商店	(间)	Cultural Relic Stores	(unit)
出版事业		**Publishing Undertaking**	
全年出版报纸	(种)	Number of Newspapers Published	(kind)
全年出版报纸	(万份)	Number of Newspapers Published	(10000 copies)
全年出版图书	(种)	Number of Books Published	(kind)
全年出版图书	(万册)	Number of Books Published	(10000 copies)
全年出版杂志	(种)	Number of Magazines Published	(kind)
全年出版杂志	(万册)	Number of Magazines Published	(10000 copies)
图书销售量	(万册)	Number of Books Sold	(10000 volumes)

注：1. 报纸出版种数不包含校报、院报。
2. 2013年起文物事业参观人次不再统计“外宾”指标。
3. 2013年起图书销售量不包括花都区、番禺区、增城市和从化市数据。

continued

2013		2014	
全　市 Total	#市　区 Urban Districts	全　市 Total	#市　区 Urban Districts
15	13	15	13
2153	2086	2309	2233
1854	1788	1998	1923
19404	18448	21500	19374
3353	2757	3556	2960
2537	2484	2709	2655
1229	1183	1443	1391
31	29	31	29
1514	1483	1565	1534
14	12	14	12
161	144	161	144
1094	963	1058	931
7505	6463	8063	7050
6690	5968	8708	8063
33	31	33	31
343039	340816	369489	367266
1029	1029	1030	1030
296	279	304	291
9147	9039	10616	10454
2	2	2	2
54	54	56	56
328176	328176	285821	285821
9935	9935	8646	8646
24246	24246	28257	28257
301	301	300	300
15025	15025	13400	13400
4041	4041	3710	3710

Note: I. Number of newspaper publishing do not included college newspaper.
II. Number of visitors to cultural relics in 2013 does not statistic the foreign guests.
III. Number of books sold in 2013 does not include Huadu, Panyu, Zengcheng and Conghua.

17-20 主要年份卫生事业基本情况

Basic Statistics on Public Health in Main Years

年 份 Year	卫生机构数（个） Health Care Institutions (unit)	#医 院 Hospitals	卫 生 技术人员（人） Medical Professionals (person)	#医 生 Doctors	卫生机构床位数（张） Hospital Beds (bed)	#医 院 Hospitals	每万人口医生数（人） Doctors per 10000 Population (person)	每万人口医院床位数（张） Hospital Beds per 10000 Population (bed)
1978	1589	140	31547	12014	17109	14382	24.88	29.78
1979	1657	140	33239	13049	17530	14725	26.45	29.84
1980	1802	141	35792	14566	17673	14747	29.02	29.38
1985	2098	163	42522	18079	23830	19439	33.17	35.67
1986	2319	165	44666	19152	25031	20020	34.48	36.05
1987	2173	174	45818	19557	26599	21544	34.61	38.13
1988	2387	182	46957	20094	27981	22663	34.83	39.28
1989	2409	186	47988	20913	28988	23458	35.72	40.07
1990	2353	190	48276	21015	29930	24395	35.36	41.05
1991	2347	194	48618	21026	31293	25286	34.91	41.99
1992	2323	200	49052	21304	32646	26901	34.80	43.94
1993	2094	210	50097	22153	32399	27339	35.52	43.84
1994	2131	216	50819	22401	33086	27871	35.17	43.75
1995	2238	221	52851	23321	34139	28721	36.06	44.41
1996	1987	222	52450	22384	34338	29728	34.12	45.31
1997	1989	224	53654	22829	35301	30067	34.25	45.11
1998	2013	224	54053	22817	35306	30791	33.85	45.67
1999	1670	250	54480	23068	36431	31284	33.68	45.67
2000	1703	252	55677	23503	38758	33716	33.54	48.12
2001	2257	253	56262	23949	39417	34558	33.61	48.50
2002	2265	196	54652	22169	40430	32736	30.76	45.43
2003	2349	183	57274	23464	42210	34140	32.36	47.08
2004	2443	188	59943	24493	45687	35979	33.20	48.77
2005	2517	211	64182	25852	47888	39359	34.44	52.44
2006	2603	223	69091	27338	50500	42821	35.94	56.29
2007	2543	225	76791	29056	52640	45209	37.57	58.45
2008	2388	218	80687	29953	54973	47128	38.20	60.10
2009	2341	224	89179	32926	59038	50367	41.44	63.39
2010	2387	216	95546	33575	62552	53227	41.65	66.03
2011	3459	207	100832	35638	65940	55429	43.75	68.05
2012	3511	224	106708	37442	70649	62194	45.53	75.63
2013	3729	222	114802	39694	73301	64864	47.69	77.93
2014	3749	224	120915	40715	77011	68685	48.33	81.53

注：1. 2002年起卫生指标按照新的《中国卫生统计调查制度》统计。其中，医生为执业(助理)医师数；护师、护士为注册护士数。
2. 从2004年起医院不包卫生院及社区卫生服务中心(站)。
3. 每万人口医生数和每万人口医院床位数用年末户籍人口计算。

Note: I. Since 2002 statistics of health care have been based on China Health Care Statistical Investigation System of which, doctors, refer to medical practitioners and associate medical practitioners, senior and junior nurses refer to registered nurses.
II. The number of hospitals haven't included the township hospitals since 2004.
III. Doctors per 10000 population and hospital beds per 10000 population are caculated by the registered population.

17-21　医疗卫生机构数（2014年）

Number of Health Institutions (2014)

单位：个　　(unit)

项　目	Item	全　市 Total	市　区 Urban Districts	增城市 Zengcheng	从化市 Conghua
各类医疗卫生机构合计	**Total Number of Health Care Institutions**	**3749**	**3010**	**386**	**353**
医　院	**Hospitals**	**224**	**209**	**9**	**6**
综合医院	General Hospitals	130	122	5	3
中医医院	TCM Hospitals	27	25	1	1
中西医结合医院	Hospitals Which Integrate Traditional Chinese Therapeutics with Western Therapeutics in Practice	5	5		
专科医院	Specialized Hospitals	60	55	3	2
护理院	Nursing Homes	2	2		
基层医疗卫生机构	**Basic Health Care Institutions**	**3245**	**2554**	**359**	**332**
社区卫生服务中心(站)	Health Service Cerfiles(Stations) for Community	320	298	9	13
社区卫生服务中心	Health Service Centers for Community	151	143	4	4
社区卫生服务站	Health Service Stations for Community	169	155	5	9
卫生院	Township Hospitals	31	14	9	8
村卫生室	Village Health Hospitals	1081	591	269	221
门诊部	Outpatient Departments	619	586	5	28
诊　所	Clinics	688	588	62	38
卫生所、医务室	Health Stations, Infirmaries	506	477	5	24
专业公共卫生机构	**Specialized Health Care Institutions**	**202**	**172**	**17**	**13**
疾病预防控制中心	CDC(Epidemic Prevention Stations)	18	16	1	1
专科疾病防治院(所、站)	Specialized Disease Prevention & Treatment Institutions	8	8		
健康教育所(站、中心)	Health Education Stations(Centers)	4	4		
妇幼保健院(所、站)	Maternity and Child Care Centers	16	14	1	1
急救中心(站)	First Aid Centers(Stations)	6	4	1	1
采供血机构	Blood Collection Agencies	5	3	1	1
卫生监督所(中心)	Health Supervision Stations	15	13	1	1
计划生育技术服务机构	Family-planning Technical Service Institutions	130	110	12	8
其他卫生机构	**Others**	**78**	**75**	**1**	**2**
疗养院	Sanitariums	9	8		1
医学科学研究机构	Research Institutions of Medical Science	5	5		
医学在职培训机构	Training Institutions of Medical Science for Incunbent	1	1		
临床检验中心(所、站)	Clinical Inspect Centers(stations)	11	11		
统计信息中心	Statistical Information Centers	1	1		
其　他	Other Medical Institutions	51	49	1	1

注：1.2011年起医疗卫生机构数包含村卫生室.
　　2.2013年起医疗卫生机构数含计生机构。

Note: I. Number of health institutions include village hospitals since 2011.
　　II. Number of health institutions include family-planning Institutions since 2013.

17-22 医疗卫生机构床位数（2014年）

单位：张

项　　目	Item
各类医疗卫生机构床位	**Total Number of Beds in Health Institutions**
医　院	**Hospitals**
综合医院	General Hospitals
中医医院	TCM Hospitals
中西医结合医院	Hospitals Which Integrate Traditional Chinese Therapeutics with Therapeutics in Practice
专科医院	Specialized Hospitals
护理院	Nursing Homes
基层医疗卫生机构	**Community Medical and Health Institutions**
社区卫生服务中心(站)	Health Service Centers for Community
卫生院	Township Hospitals
门诊部	Outpatient Departments
专业公共卫生机构	**Specialized Public Health Institutions**
专科疾病防治院(所、站)	Specialized Disease Prevention & Treatment Institutions
妇幼保健院(所、站)	Maternity and Child Care Centers
其他卫生机构	**Others**
疗养院	Sanitariums

17-23 医疗卫生机构工作人员（2014年）

单位:人

项　　目	Item
合　　计	**Total**
# 卫生技术人员小计	Medical Technical Personnel
执业(助理)医师	Assistant Certified Doctors
# 执业医师	Certified Doctors
注册护士	Registered Nurses
药　师(士)	Pharmacists
技　师(士)	Technicians
# 检验师(士)	Testers
其　他	Others
其他技术人员	Other Technical Personnel
管理人员	Managerial Personnel
工勤技能人员	Workers

注：1. 2011年起医疗卫生机构工作人员数含村卫生室人员。
2. 2013年起医疗卫生机构工作人员数含计生机构人员。

Number of Beds in Medical and Health Institutions (2014)

(unit)

全　市 Total	市　区 Urban Districts	增城市 Zengcheng	从化市 Conghua
77011	**70959**	**3047**	**3005**
68685	**64694**	**1873**	**2118**
44690	42036	1437	1217
9152	8521	301	330
1041	1041		
12798	12092	135	571
1004	1004		
4510	**2999**	**874**	**637**
2604	2196	267	141
1880	777	607	496
26	26		
2607	**2307**	**300**	
106	106		
2501	2201	300	
1209	**959**		**250**
1209	959		250

Number of Employed Personnel in Medical and Health Institutions (2014)

(person)

全　市 Total	市　区 Urban Districts	增城市 Zengcheng	从化市 Conghua
147788	**135287**	**7143**	**5358**
120915	111264	5556	4095
40715	37547	1849	1319
38050	35510	1477	1063
52355	48294	2399	1662
7971	7296	453	222
6940	6446	308	186
5142	4801	204	137
12934	11681	547	706
4870	4315	340	215
6705	6037	357	311
13926	12959	484	483

Note: I. Number of medical persons include persons of village hospitals since 2011.
II. Number of medical persons include persons of family-planning groups since 2013.

17-24 民营医疗机构基本情况(2014年，按地区分)

Basic Statistics on Private Medical and Health Institutions(2014, by District)

地　区	District	医疗机构数(个) Numbers of Medical Institutions (unit)	床位数(张) Number of Beds (unit)	人员数(人) Number of Employed Personnel (person)			
					#卫生技术人员(人) Medical Technical Personnel (person)		
						#执业(助理)医师(人) Assistant Certified Doctors (person)	#注册护士(人) Registered Nurses (person)
总　计	**Total**	**1574**	**7165**	**21565**	**17354**	**7256**	**6386**
市　区	**Urban Districts**	**1432**	**6882**	**20844**	**16732**	**6962**	**6161**
荔湾区	Liwan	109	162	1332	1149	570	379
越秀区	Yuexiu	144	538	2460	1985	928	782
海珠区	Haizhu	91	288	2689	1995	567	386
天河区	Tianhe	287	861	4322	3444	1521	1413
白云区	Baiyun	443	3436	4613	3807	1671	1586
黄埔区	Huangpu	61	297	622	539	252	205
番禺区	Panyu	82	732	2362	1949	661	779
花都区	Huadu	120	447	1261	1050	460	430
南沙区	Nansha	20	60	332	179	80	63
萝岗区	Luogang	75	61	851	635	252	138
县级市	**Cities at County Level**	**142**	**283**	**721**	**622**	**294**	**225**
增城市	Zengcheng	66	181	436	370	145	160
从化市	Conghua	76	102	285	252	149	65

17-25 医疗资源与服务情况（2014年）

Resources and Services on Medical Institutions (2014)

项目	Item	合计 Total	非营利性医疗机构 Non-profitable Medical Institutions	#政府办 Run by Governments	营利性医疗机构 Profitable Medical Institutions
医疗机构数（个）	Number of Units (unit)	3519	2186	519	1333
总诊疗人次（万人次）	Patients Treated (10000 person-times)	13830.79	12646.46	10922.59	1184.33
#门诊	Outpatient Visits	12465.63	11326.15	9721.10	1139.48
急诊	Emergency Visits	1155.24	1133.15	1040.94	22.09
观察室留观病例数（万人次）	Number of Persons for Further Observation (10000 person-times)	122.83	119.83	118.63	3.00
健康检查人次（万人次）	Number of Persons for Health Examination (10000 person-times)	654.64	610.90	513.95	43.74
入院人数（万人次）	Number of Inpatients (10000 person-times)	252.60	239.85	228.02	12.75
出院人数（万人次）	Number of Leaving Hospital(10000 person-times)	252.68	239.99	228.24	12.69
年底实有病床数（张）	Number of Beds at Year-end (unit)	77011	71817	64911	5194
病床使用率（%）	Utilization Rate of Beds (%)	88.85	90.00	92.49	72.92
病床周转率（次/年）	Turnover Rate of Beds (times/year)	33.7	34.3	36.1	25.1
出院者平均住院日（日）	Average Hospitalization Period (day)	9.3	9.3	9.2	9.4
医师人均每日担负诊疗人次（人）	Average Daily For Per Doctor visited (person)	13.50	14.50	14.80	8.00
医师人均每日担负住院床日（人）	Doctor Responsible For Inpatient Bed Days Per Capita Daily (person)	1.70	1.90	2.00	0.60

注：2011年起含村卫生室数据。

Note: Number of medical persons include person of village hospitals since 2011.

17-26 医院、卫生院工作情况（2014年）
Statistics on Hospitals and Township Hospitals (2014)

项目	Item	医院 Hospitals	#市区 Urban Districts	卫生院 Township Hospitals	#市区 Urban Districts
机构数（个）	Number of Units (unit)	224	209	31	14
总诊疗人次（万人次）	Patients Treated (10000 person-times)	9225.11	8664.07	325.85	164.30
#门诊	Outpatient Visits	8203.86	7745.44	260.39	127.65
急诊	Emergency Visits	905.01	803.93	60.77	33.46
观察室留观病例数（万人次）	Number of Persons for Further Observation(10000 person-times)	92.82	91.84	19.83	15.48
健康检查人次（万人次）	Number of Persons for Health Examination(10000 person-times)	439.67	387.83	24.69	18.36
入院人数（万人次）	Number of Inpatients (10000person-times)	221.84	207.71	5.89	2.87
出院人数（万人次）	Number of Leaving Hospital (10000 person-times)	221.80	207.64	5.96	2.89
年末实有病床数（张）	Number of Beds at Year-end (unit)	68685	64694	1880	777
平均开放病床数（张）	Average Number of Beds in Use (unit)	66894	63085	1839	776
病床使用率（%）	Utilization Rate of Beds (%)	90.66	90.61	60.82	63.20
病床周转次数（次/年）	Turnover Rate of Beds (times/year)	33.2	32.9	32.4	37.2
出院者平均住院日（日）	Average Hospitalization Period (day)	9.7	9.7	6.5	6.2

17-27 农村卫生室基本情况（2014年）
Statistics on Rural Health Institutions (2014)

项目	Item	全市 Total	市区 Urban Districts	增城市 Zengcheng	从化市 Conghua
机构数（个）	Number of Institutions (unit)	1081	591	269	221
执业（助理）医师（人）	Certified (Assistant) Doctors (person)	431	222	139	70
注册护士（人）	Certified (Assistant) Nurses (person)	142	97	17	28
乡村医生和卫生员（人）	Rural Doctors and Medical Attendants (person)	1372	712	406	254
乡村医生数	Rural Doctors	1208	587	367	254
卫生员	Medical Attendants	164	125	39	
总诊疗人次（万人次）	Patients Treated (10000 person-times)	594.55	432.31	85.93	76.31

17-28 卫生事业其他指标
Other Indicators of Health Care

项目	Item	2014
人均卫生资源	**Per Capita Health Resources**	
每万人口卫生机构床位数 (张)	Number of Hospital Beds per 10000 Population (unit)	58.87
每万人口卫生技术人员数 (人)	Number of Medical Technical Personnel per 10000 Population (person)	92.44
每万人口执业(助理)医师数 (人)	Number of Certified (Assistant) Doctors per 10000 Population (person)	31.13
每万人口注册护士数 (人)	Number of Registered Nurses per 10000 Population (person)	40.03
防病工作	**Disease Prevention**	
甲、乙类传染病发病率 (1/10万)	Incidence Disease Rate of type A&B Infectious Disease (per 100000 persons)	489.25
甲、乙类传染病死亡率 (1/10万)	Death Rate of type A&B Infectious Diseases (per 100000 persons)	0.80
儿童计划免疫接种率 (%)	Planned Vaccination Rate of Children (%)	
卡介苗接种率	BCG Vaccination Rate	99.85
脊髓灰质炎接种率	Poliovirus Vaccination Rate	99.73
百白破接种率	Pertussis, Diphtheria & Tetanus Vaccination Rate	99.75
麻疹接种率	Measles Virus Vaccination Rate	99.77
乙肝基础免疫	Hepatitis B Basic Vaccination Rate	99.75
乙脑基础免疫	Encephalitis B Basic Vaccination Rate	99.70
妇幼工作	**Women and Children**	
孕产妇保健系统管理率 (%)	Management Rate of Maternity Health Care System (%)	94.66
孕产妇保健管理覆盖率 (%)	Coverage Rate of Maternity Health Care Management (%)	97.73
3岁以下儿童保健系统管理率 (%)	Management Rate of Children Health Care System at 3 Years Old and below (%)	95.34
7岁以下儿童保健管理覆盖率 (%)	Coverage Rate of Children Health Care Management at 7 Years Old and below (%)	98.91
出生缺陷发生率 (1/万)	Incidence Rate of Birth Defect (persons per 10000 persons)	209.94
出生低体重儿发生率 (%)	Incidence Rate of Low Weight Infants at Birth (%)	5.70
5岁以下儿童中、重度营养不良患病率 (%)	Incidence Disease Rate from Medium and Serious Malnutrition of Children at 5 Years Old and below (%)	1.40
婚前医学检查 (%)	Medical Examination Rate before Marriage (%)	37.84
婚前医学检查疾病检出率 (%)	Disease Rate through Medical Examination before Marriage (%)	12.83
生命指标	**Life Indicators**	
平均期望寿命 (岁)	Life Expectancy (year)	81.34
男 性	Male	78.53
女 性	Female	84.33
孕产妇死亡率 (1/10万)	Death Rate of Pregnant and Lying-in Women (per 100000 persons)	7.34
5岁以下儿童死亡率 (‰)	Death Rate of Children at 5 Years Old and below (‰)	4.35

注：1. 本表人均卫生资源用年末常住人口计算；
2. 甲、乙类传染病从1997年起增加肺结核和新生儿破伤风两种病；
3. 甲、乙类传染病发病率、死亡率用年平均常住人口计算。
4. 平均期望寿命以死因统计年报计算。
5. 用"出生缺陷发生率"指标代替"每住院分娩出生缺陷发生率"。

Note: I. Per capita health resources is calculated by annual resident population.
II. Type A and B infections diseases include pulmonary tuberculosis and neonatal tetanus since 1997.
III. The incidence disease rate and death rate of type A and B infections diseases are calculated by annual resident population.
Ⅳ. Life expectancy is calculated according to the statistical yearbook of death.
Ⅴ. Use incidence rate of birth defect instead of each hospital delivery incidence of birth defects.

17-29 律师、公证、基层司法基本情况

项　　目	Item	1995	2000
律师工作	**Lawyers**		
律师事务所 （个）	Number of Law Offices (unit)	95	153
执业律师 （人）	Number of Certified Lawyers (person)	1940	2637
担任常年法律顾问 （家）	Number of Units with Permanent Legal Advisors (unit)	3496	3810
民事诉讼代理 （件）	Civil Case Litigation Agency (case)	5753	6994
经济诉讼代理 （件）	Economic Case Litigation Agency (case)	4077	8190
行政诉讼代理 （件）	Administrative Action Case Litigation Agency (case)	85	154
非诉讼法律事务 （件）	off-court Case (case)	11890	13247
刑事辩护及代理 （件）	Criminal Case Litigation Agency (case)	1920	2246
涉外法律事务 （件）	Agent of Foreign-related Legal Affairs Agency (case)	3866	3604
索回赔、欠款 （万元）	Claiming Indemnity and Arrears (10000 yuan)	45751	94218
公证工作	**Notarization**		
公证处 （个）	Number of Notary Offices (unit)	14	14
公证人员 （人）	Number of Notary Personnel (person)	288	290
办结公证总数 （件）	Number of Notary Documents (case)		
# 国内公证业务	Domestic Notarization Business		
涉外公证业务	Foreign-related Notarization Business		
涉港澳台公证业务	Notarization Business Related to Hong Kong, Macao and Taiwan		
帮助避免经济损失（万元）	Amount of Helping to Avoid Economic Losses (10000 yuan)	17386	22168
基层司法工作	**Grassroots Judicial Work**		
司法所 （个）	Number of Law Services (unit)		
司法所人员 （人）	Number of Law Service Personnel (person)		
司法所兼职人员 （人）	Number of Units with Legal Advisors (person)		
司法助理员 （人）	Agent of Civil Cases (person)		
人民调解委员会 （个）	Number of People's Mediation Committees at Year-end (unit)	3766	3569
调解人员 （人）	Number of Mediators at Year-end (person)	35608	36177
调解纠纷总数 （件）	Number of Disputes Mediated (case)	8070	10044

Basic Statistics on Lawyers, Notarization and Grassroots Judicial Work

2005	2006	2007	2008	2009	2010	2011	2012	2013	2014
268	279	287	293	357	381	417	477	482	519
4322	4727	5061	5634	6167	6659	7340	7702	8326	8919
3550	1395	1051	7371	10095	9980	11186	11290	12300	13952
23845	23888	19636	28775	45447	40259	41170	42012	47552	53594
12407	9712	6526							
610	455	526	674	874	612	816	771	966	2426
26597	21676	22155	22604	47579	30841	39823	25956	54044	35127
6952	6793	5293	1781	1477	8553	9098	7260	7818	8949
486	1531	633							
54437	59740	19179							
12	11	11	8	8	11	9	9	9	9
401	287	309	334	121	348	381	384	397	390
							456359	392176	349475
							318112	273448	232405
							129815	111183	110756
							8432	7545	6314
20640	4150	4250							
						165	165	164	170
						582	543	515	525
						506	21	16	62
						24			
2976	3093	3012	3130	2858	3068	3280	3322	3435	3349
19233	21700	27000	26977	20506	18075	18871	19726	19901	18752
13521	13908	20039	17065	21018	21238	19778	22968	24787	25088

17-30 社会治安主要指标

Main Indicators of Public Security

项　目	Item	2013 全市 Total	2013 #市区 Urban Districts	2014 全市 Total	2014 #市区 Urban Districts
刑事案件	**Criminal Cases**				
立案数　(件)	Number of Cases Registered (case)	240625	211927	218639	
破案数　(件)	Number of Cases Cracked in Current Year (case)	23676	20936	32273	
破案率　(%)	Percentage of Cases Cracked to Total Criminal Cases in Current Year (%)	9.84	9.88	14.8	
治安案件	**Offense Cases against Public Order**				
受理数　(件)	Number of Cases Accepted to be Treated (case)	160583	136195	156130	
查处数　(件)	Number of Cases Investigated and Treated (case)	157050	132808	151353	
城市交通事故	**City Traffic Accidents**				
交通事故　(件)	Number of Traffic Accidents (case)	2521		2700	
死伤人数　(人)	Number of Deaths and Injuries (person)	3712		3770	
#死亡人数	Number of Deaths	879		852	
损失折款　(万元)	Losses Converted into Cash (10000 yuan)	944		1048	
火　灾	**Fires**				
火灾起数　(起)	Number of Fires (case)	2431		3282	
死伤人数　(人)	Number of Deaths and Injuries (person)	40		34	
#死亡人数	Number of Deaths	22		20	
损失折款　(万元)	Losses Converted into Cash (10000 yuan)	9611		2913	

注：2014年社会治安主要指标统计口径有调整,均不统计市区指标。

Note: In 2014 the coverage of main indicators of public security has been adjusted, excluding urban districts.

17-31 结婚和离婚对数

Couples of Marriage and Divorce

单位：对 (couple)

区、县级市	District and City at County Level	2013 登记结婚对数 Number of Marriage Registration	2013 离婚对数 Number of Divorces	2014 登记结婚对数 Number of Marriage Registration	2014 离婚对数 Number of Divorces
全 市	**Total**	**88832**	**24764**	**97586**	**23277**
市 区	Urban Districts	72310	20665	81019	19366
荔湾区	Liwan	6196	2021	7483	2084
越秀区	Yuexiu	12206	3963	13324	3710
海珠区	Haizhu	8448	2849	9613	2713
天河区	Tianhe	10967	2661	12793	2192
白云区	Baiyun	9176	2294	10020	2240
黄埔区	Huangpu	2561	829	2719	699
番禺区	Panyu	8226	2576	9562	2470
花都区	Huadu	7991	1885	8032	1806
南沙区	Nansha	3463	701	4020	632
萝岗区	Luogang	3076	886	3453	820
县级市	Cities at County Level	15615	3894	15366	3610
增城市	Zengcheng	9179	2127	8978	1969
从化市	Conghua	6436	1767	6388	1641
广州市本级	City Level	907	205	1201	301

注：法院判决解除和调解解除2014年3421对、2013年3220对。

Note: Number of divorces by the court is about 3421 in 2014, and 3220 in 2013.

17-32 社会保险情况

单位：人

项　　目	Item
基本养老保险	Basic Pension Insurance
城镇职工基本养老保险	Basic Pension Insurance for Employed Persons in Urban Units
城乡居民养老保险	Pension Insurance for Urban and Rural Resident
农转居养老保险	Pension Insurance for Resident transferred from Farmers
基本医疗保险	Basic Medical Care Insurance
城镇职工基本医疗保险	Basic Medical Care Insurance for Employed Persons in Urban Units
城镇居民基本医疗保险	Basic Medical Care Insurance for Urban Resident
新型农村合作医疗	The New Rural Cooperative Medical Care
失业保险	Unemployment Insurance
工伤保险	Work Injury Insurance
生育保险	Maternity Insurance

注：城镇职工医保享受人数仅统计享受医疗待遇人数，未包含医保个人账户注资人数。

Conditions of Social Insurance

(person)

2013		2014	
年末参保人数 Persons Participating in Insurance at Year-end	全年享受人数 Persons Enjoying Insurance	年末参保人数 Persons Participating in Insurance at Year-end	全年享受人数 Persons Enjoying Insurance
7495989	1333015	10705407	1359018
6029256	785604	9255618	829400
1237724	418050	1233208	396938
229009	129361	216581	132680
10157259	4435326	10546721	4878154
5382826	3414941	5720692	3180782
2656104	1020385	2716767	968422
2118329		2109262	728950
4132275	56916	4417340	64430
4153885	20194	4153258	14965
3194209	61999	3572028	60890

Note: Number of basic medical care insurance for employed persons in urban units only calculates the number of persons enjoyed medical treatment, excluding the number of personal capital account for medical insurance.

17-33 优抚和社会救助、福利事业情况

项目	Item	1995
优抚事业	**Special Care and Preferential Treatment**	
抚恤.补助优抚对象总人数 （人）	Number of Persons Enjoying Regular Pensions and Allowances (person)	7029
优待优抚对象户数 （户）	Number of Households Enjoying Special Care and Preferential Treatment(household)	6068
抚恤事业财政性支出 （万元）	Expenses on Special Care and Preferential Treatment (10000 yuan)	2536
社会救助	**Social Relief**	
城市居民最低生活保障人数 （人）	Number of Peason Enjoying Mininum living Security In Urbar Areas (Person)	
	Number of Peason Enjoying Mininum living Security In Rural Areas (Person)	
农村五保供养人数 （人）	Peason Households Enjoying the Five Guarantees in Rural Areas (Person)	
农村五保供养户数 （户）	Number of Households Enjoying the Five Guarantees in Rural Areas (household)	
生活无着人员救助人次数 （人次）	Number of Poor Peason Enjoying Relief (Person-times)	
# 儿童救济人次数 （人次）	Number of Child Enjoying Relief (Person-times)	
城市家庭临时救助户次 （户次）	Number of households Enjoying Temporary Relief in Urban Areas (household-times)	
农村家庭临时救助户次 （户次）	Number of households Enjoying Temporary Relief in Rural Areas (household-times)	
社会救济事业财政性支出 （万元）	Expenses on Social Relief (10000 yuan)	
自然灾害生活救助财政性支出 （万元）	Financial Relief Funds for Disasters (10000 yuan)	242
社会福利	**Social Welfare**	
社会福利收养性单位数 （个）	Number of Social Welfare Adoption Units (unit)	139
社会福利收养性单位床位数 （张）	Number of Beds in Social Welfare Adoption Units (unit)	5238
年末社会福利收养性单位在院人数（人）	Number of Persons in Social Welfare Adoption Units at Year-end (person)	3956
# 优抚对象	Persons Enjoying Special Care and Preferential Treatment	
“三无”对象	Three-no People in Short	
社会福利企业单位数 （个）	Number of Social Welfare Enterprises (unit)	3113
社会福利企业残疾职工人数 （人）	Number of Disabled Persons in Social Welfare Enterprises (person)	5816
社会福利事业财政性支出 （万元）	Expenses on Social Welfare (10000 yuan)	
城乡社区服务	**Grassroots Social Security in Urban and Rural Areas**	
社区服务设施数 （个）	Number of Community Service Facilities in Urban Areas (unit)	348
# 社区服务中心 （站）	Centers of Community Service	69

注：“三无”对象指无法定赡养(抚养、扶养)义务人、无劳动能力和无生活来源的居民。

Statistics on Special Care, Social Relief and Social Welfare

2000	2005	2006	2007	2008	2009	2010	2011	2012	2013	2014
7128	7295	6677	13403	15478	16039	17422	21151	23590	24633	24914
7947	9953	6986	13135	9909	8362	9073	7649	11053	9950	12373
5027	11818	13921	18887	19572	23971	21669	21171	24590	31623	34553
20132	45038	47822	48045	44991	45412	43206	41548	37682	34523	29297
15687	68265	72988	74892	70151	70552	68545	65528	56657	52284	43221
							4932	4850	4805	4465
	3136	5030	5254	3206	4941	5044	4907	4838	4794	4457
							30625	36754	37070	39429
							1833	1971	1815	1554
								85322	61776	36543
								67371	85685	25541
				31840	33458	38634	47020	64492	73489	84188
220	823	654	1908	1848	503	725	388	323	585	1080
182	166	154	152	153	178	159	165	173	180	185
12371	17770	18130	20585	23064	24469	27704	33070	34566	41237	42937
8142	8603	9213	9826	17762	18440	23666	26023	25382	25151	26621
302	145	193	397	574	312	278	198	193	85	205
3702	3756	4228	4239	4899	4107	4738	4652	4953	3485	3884
118	80	49	41	40	33	34	37	34	32	33
1643	1743	454	1098	929	985	952	1279	1220	1094	2357
				25748	64639	41674	53871	70465	83795	114162
236	1871	1747	1073	1180	1570	1391	3302	3888	2301	2377
80	102	108	108	123	122	238	1210	1471	1496	1499

Note: "Three-no people" is short for those urban citizens who have no ability to work, no source of income, and no legal supporters to provide their lives.

17-34 主要年份环境保护基本情况

项　　目		Item		1995
市区二氧化硫年日平均值	**(毫克/立方米)**	**Daily Mean Value of SO2 in Urban Area**	**(mg/m3)**	**0.059**
市区二氧化氮年日平均值	(毫克/立方米)	Daily Mean Value of NO2 in Urban Area	(mg/m3)	
市区可吸入颗粒平均浓度	(毫克/立方米)	Annual Concentration of Breathable Particular Matter	(mg/m3)	
市区PM2.5平均浓度	(毫克/立方米)	PM2.5 Average Concentrations in Urban Area	(mg/m3)	
降水PH值		The PH Value of the Precipitation		3.65
酸雨频率	(%)	Frequency of Acid Rain	(%)	73.40
环境空气质量优良天数	(天)	The Number of Days of Good Air Quality	(day)	
环境空气质量优良率	(%)	The Rate of Good Air Quality	(%)	
废水排放总量	**(万吨)**	**Volume of Waste Water Discharged**	**(10000 tons)**	**91267**
工业废水排放量		Volume of Industrial Waste Water Discharged		30930
生活污水排放量		Volume of Living Waste Water Discharged		60337
工业废水排放达标量	(万吨)	Volume of Industrial Waste Water up to the Discharge Standards	(10000 tons)	19685
工业废水排放达标率	(%)	Percentage of Industrial Waste Water up to the Discharge Standards	(%)	63.64
工业废气排放总量	**(亿标立方米)**	**Volume of Industrial Waste Gas Emission**	**(100 million cu.m)**	**1871.61**
二氧化硫排放量	(万吨)	Volume of Sulphur Dioxide Emission	(10000 tons)	14.09
工　业		Industry		14.09
生　活		Living		
工业烟粉尘排放量	(万吨)	Volume of Industrial Soot and Dust Emission	(10000 tons)	3.09
建成烟尘控制区数	**(个)**	**Number of Soot Control Zones Established**	**(unit)**	
建成烟尘控制区面积	(平方公里)	Area of Soot Control Zones Established	(sq.km)	
一般工业固体废物产生量	**(万吨)**	**Volume of General Industrial Solid Wastes Produced**	**(10000 tons)**	**313.00**
一般工业固体废物综合利用量		Volume of Comprehensive Utilization of General Industrial Solid Wastes		224.00
一般工业固体废物综合利用率	(%)	Comprehensive Utilization Rate of General Industrial Solid Wastes	(%)	71.30
危险废物产生量	**(万吨)**	**Volume of Hazardous Wastes Produced**	**(10000 tons)**	
道路交通噪声昼间平均等效声级	**(分贝)**	**Day-time Average Equivalent Sound Level of Road Traffic Noise**	**(decibel)**	**72.60**

注：1. 从2012年起市环保局不再统计工业废水排放达标量、工业废水排放达标率、建成烟尘控制区数、建成烟尘控制区面积4个指标。
2. 从2013年起广州市全面实施新的环境空气质量标准(GB3095-2012)，环境空气质量优良天数和环境空气质量优良率依据二氧化硫、二氧化氮、可吸入颗粒物、细颗粒物、一氧化碳和臭氧等6项指标进行评价。
3. 废水排放总量从2013年起统计口径调整为包含工业废水排放量、城镇生活污水排放量和集中式治理设施废水排放量(不包括污水处理厂)。
4. 二氧化硫排放量从2013年起统计口径调整为包含工业二氧化硫排放量、生活二氧化硫排放量和集中式治理设施二氧化硫排放量。
5. 根据《环境噪声监测技术规范 城市声环境常规监测》(HJ 640-2012)关于道路交通噪声评价要求，从2014年起将“交通干线噪声平均值”指标修改为“道路交通噪声昼间平均等效声级”，指标内容不变。
6. 根据《环境空气质量标准》(GB3095-2012)等有关环境空气质量评价要求，增加指标“市区PM2.5平均浓度”。
7. 2010年(含)之前，“工业烟粉尘排放量”为“烟尘排放量”。

Fundamental State of Environment Protection in Main Year

2000	2005	2006	2007	2008	2009	2010	2011	2012	2013	2014
0.045	**0.053**	**0.054**	**0.051**	**0.046**	**0.039**	**0.030**	**0.028**	**0.022**	**0.020**	**0.017**
0.061	0.068	0.067	0.065	0.056	0.056	0.050	0.049	0.049	0.052	0.048
	0.088	0.076	0.077	0.071	0.070	0.070	0.069	0.069	0.072	0.067
									0.053	0.049
4.71	4.34	4.41	4.42	4.47	4.74	5.06	5.20	5.24	5.34	5.21
62.30	81.40	75.40	82.60	77.80	60.50	50.70	42.00	40.60	23.70	40.50
	332	334	333	345	347	357	360	360	260	282
98.57	91.00	91.51	91.20	94.50	95.07	97.81	98.63	98.36	71.23	77.50
95434	**125837**	**128302**	**111491**	**126156**	**119317**	**125662**	**141521**	**152747**	**157843**	**161484**
24123	20249	20445	21103	34475	26023	23604	24580	22716	22558	19181
71311	105588	107858	90388	91681	93294	102059	116941	130031	135179	142149
21732	19449	19629	20102	33045	25116	22828	23916			
90.09	96.05	96.01	95.25	95.85	96.51	96.72	97.30			
1959.16	**2342.16**	**2126.49**	**1994.63**	**2435.84**	**2539.47**	**3155.59**	**4120.19**	**3646.58**	**3753.74**	**3737.21**
19.58	14.94	12.92	10.53	9.99	9.05	7.85	6.83	6.66	6.57	5.89
19.21	14.50	12.48	10.09	9.55	8.61	7.41	6.59	6.42	6.33	5.65
0.37	0.44	0.44	0.44	0.44	0.44	0.44	0.24	0.24	0.24	0.24
4.69	1.79	1.80	1.79	1.86	1.38	1.13	1.53	1.26	1.10	1.00
	14	**14**	**13**	**13**	**15**	**15**	**15**			
284.60	441.61	470.82	779.86	908.62	895.00	927.10	952.03			
346.80	**540.36**	**632.30**	**609.03**	**661.56**	**641.84**	**691.79**	**659.34**	**614.85**	**555.56**	**495.88**
285.30	520.25	605.46	592.13	605.65	597.95	621.91	625.53	588.98	528.89	468.47
83.48	91.23	91.13	100.00	91.24	92.35	89.75	94.87	95.70	95.17	94.47
18.30	**22.48**	**18.43**	**20.39**	**16.38**	**22.59**	**24.54**	**30.30**	**29.78**	**38.55**	**46.50**
69.10	**69.30**	**69.40**	**69.20**	**69.10**	**69.20**	**69.10**	**68.90**	**68.90**	**68.80**	**68.90**

Note: Ⅰ. Since 2012,Guangzhou Municipal Bureau of Environmental Protection have canceled the following items:Volume of Industrial Waste Water Discharged,Percentage of Industrial Waste Water up to the Discharge Standards,Number of Soot Control Zones Established and Area of Soot Control Zones Established.

II. Since 2013, new environment air quality standard (GB3095-2012) has been implemented in guangzhou. The Number of Days of Good Air Quality and The Rate of Good Air Quality are tested on the basis of the following items : Sulfur dioxide, Nitrogen ioxide, TSP, PM, carbon monoxide,ozone.

III. Since 2013,Volume of Waste Water Discharged statistic scope has been adjusted.The scope includes Volume of Industrial Waste Water Discharged, Volume of Living Waste Water Discharged and Volume of Waste Water Discharged of centralized facilities.

Ⅳ. Since 2013, Volume of Sulphur Dioxide Emission statistic scope has been adjusted. The scope includes Volume of Industry Sulphur Dioxide Emission, Volume of Living Sulphur Dioxide Emission and Volume of Sulphur Dioxide Emission of centralized facilities.

V. Since 2014,the index "Average of Main Road Noise" has been renamed as "Day-time Average Equivalent Sound Level of Road Traffic Noise" according to "Technical Specifications for Environmental Noise Monitoring Routine Monitoring for Urban Environmental Noise"(HJ 640-2012).

VI. There adds an index of " PM2.5 Average Concentrations in Urban area" according to "Ambient Air Quality Standards "(GB3095-2012).

VII. The statistical coverage of data of "Volume of Industrial Soot and Dust Emission" of year 2010 and before is "Soot and Dust Emission".

【卫生技术人员】指卫生事业机构支付工资的全部固定职工和合同制职工现任职务为卫生技术工作的专业人员。包括中医师、西医师、中西医结合高级医师、护师、中药师、西药师、检验师、其他技师、中医士、西医士、护士、助产士、中药剂士、检验士、其他初级卫生技术人员。

【医生】指经卫生部门审查合格，具有执业资格的医疗专业人员。

【社会福利收养性单位在院人数】包括民政部门管理的和城镇及农村集体举办的社会福利事业单位中收养的老人、少年儿童、缺乏生活自理能力的残疾人员和精神病人。

【律师】指依法取得律师执业证书，为社会提供法律服务的执业人员。

【公证员】指符合《公证法》规定的条件，在公证机构从事公证业务的执业人员。

【办理公证文书】指公证处在一定时期内办结的公证文书件数。公证文书是按司法部规定或批准的格式制作。包括国内公证和涉外公证两部分。其中国内公证分为经济合同公证和民事法律关系公证两大类。

【调解人员】是经群众选举或者接受聘任，在人民调解委员会领导下，从事调解工作的人员。

【调解民间纠纷】指调解委员会依照法律规定，根据自愿原则，用说服教育的方法调解社会上发生的有关民事权利和义务的争执，促成相关当事双方达到协议和谅解，解决纠纷。包括婚姻家庭纠纷，财产权益纠纷等，不包括法院受理调解的民事案件数。

【废水排放总量】为废水排放量、城镇生活污水排放量和集中式治理设施污水排放量之和。

【工业废水排放量】指报告期内经过企业厂区所有排放口排到企业外部的工业废水量。包括生产废水、外排的直接冷却水、超标排放的矿井地下水和与工业废水混排的厂区生活污水，不包括外排的间接冷却水（清污不分流的间接冷却水应计算在废水排放量内）。

【一般工业固体废物产生量】指未被列入《国家危险废物名录》或者根据国家规定的危险废物鉴别标准（GB5085）、固体废物浸出毒性浸出方法（GB5086)及固体废物浸出毒性测定方法（GB/T 15555）鉴别方法判定不具有危险特性的工业固体废物。

【一般工业固体废物综合利用量】报告期内企业通过回收、加工、循环、交换等方式，从固体废物中提取或者使其转化为可以利用的资源、能源和其他原材料的固体废物量（包括当年利用的往年工业固体废物累计贮存量）。如用作农业肥料、生产建筑材料、筑路等。

【Medical Technical Personnel】 refer to all permanent medical staff and workers employed by medical institutions, including doctors of Chinese and Western medicine, senior doctors who integrate traditional Chinese therapeutics with Western therapeutics in practice, senior nurses, pharmacists of Chinese and Western medicine,laboratory specialists, other specialists, paramedics of Chinese and Western medicine, nurses, midwives, druggists in Chinese and Western medicine, laboratory technicians, other technicians, other practitioners of Chinese medicine, nursing attendants, pharmacological workers of Chinese and Western medicine, laboratory workers, and other primary medical technical personnel.

【Doctors】 refer to qualified professional medical workers approved to practice by public health departments.

【Number of People Taken in by adoption units of Social Welfare Institutions】 refers to the number of old people, children, totally dependent handicapped people and mental patients taken in by social welfare institutions run by civil affairs departments and those run by collective units in urban and rural areas.

【Lawyers】 are certified legal workers according to law, and provide legal service to the public.

【Notary Personnel】 refer to judicial workers of the state notary offices handling notarization work according to law.

【Notarized Documents】 refer to the documents settled by notary offices in a year. The nutria documents are drawn up in accordance with the regulations of the Ministry of Justice, including domestic documents and foreign-related documents. Domestic documents are divided into two major categories: documents on economic contracts and documents on civil legal relations.

【Mediators】 refer to workers who are selected or employed by the masses under the lead of people's mediation committees responsible for mediating in civil disputes and cases of slight infraction of the law.

【Mediation of Civil Disputes】 refers to mediation committees' work in mediating in civil disputes concerning civil rights and duties through persuasion and education in accordance with the provisions of law on a voluntary basis, so as to solve disputes by helping the parties involved come to an agreement and understanding. These disputes include divorce cases and disputes over property ownership, but exclude the civil cases to be handled by the court.

【Total Volume of Waste Water Discharged】 includes the total volume of wastewater emissions, urban sewage and centralized sewage treatment facilities emissions.

【Volume of Industrial Waste Water Discharged】 refers to the volume of industrial waste water discharged ,through all outlets to the outside of industrial enterprises in the reference period, including waste water produced, direct cooling water, underground water from mines that does not meet the standard of discharge, and the domestic sewage mixed up with industrial waste water when discharged, but excluding discharged indirect cooling water. (the indirect cooling water that clear water and turbid water is not divided should be included in total volume of waste water discharged)

【Volume of General Industrial Solid Wastes Produced】 refers not included in the "National List of Hazardous Waste"or in accordance with state hazardous waste identification standard(GB5085),solid waste leaching toxicity method(GB5086)and solid waste leaching toxicity determination method(GB/T 15555)identification of characteristics is determined not to be hazardous industrial solid waste.

【Volume of General Industrial Solid Wastes Utilized in a Comprehensive Way】 refers to the volume of solid wastes from which useful materials can be extracted or which can be converted into usable resources, energy or other materials by means of reclamation, processing, recycling and exchange(including utilizing in the year the stocks of industrial solid wastes of the previous year). Examples of such utilizations include fertilizers, building materials and road materials.

附录 APPENDIX

附 1 全国国民经济主要指标

Appendix Ⅰ. Main Indicators of National Economy of China

项 目		Item		2013	2014
年末总人口	（万人）	Year-end Population	(10000 persons)	136072	136782
国内生产总值	（亿元）	Gross Domestic Product	(100 million yuan)	588019	636463
# 第一产业		Added Value of Agriculture		55322	58332
工业增加值		Added Value of Industry		217264	228123
全社会固定资产投资额	（亿元）	Total Investment in Fixed Assets	(100 million yuan)	446294.1	512760.7
社会消费品零售总额	（亿元）	Total Retail Sales of Consumer Goods	(100 million yuan)	242843	271896
货物周转量	（亿吨公里）	Total Freight To-kilometers	(100 million ton-km)	168014	185398
旅客周转量	（亿人公里）	Total Passener-kilometers	(100 million passenger-km)	27572	30096
邮电业务总量	（亿元）	Business Volume of Postal and Telecommunication Services	(100 million yuan)	18432.2	21845.6
货物进口总额	（亿美元）	Total Imports through Customs	(USD 100 million)	19499.9	19602.9
货物出口总额	（亿美元）	Total Exports through Customs	(USD 100 million)	22090.0	23427.5
实际使用外商直接投资	（亿美元）	Amount of Capital Actually Used in Foreign Direct Investment	(USD 100 million)	1175.9	1195.6
财政收入	（亿元）	Government Revenue	(100 million yuan)	129209.6	140349.7
居民消费价格总指数	（上年=100）	General Consumer Price Index	(preceding year=100)	102.6	102.0
城镇单位在岗职工平均工资	（元）	Average Wage of Fully Employed Staff and Workers in Urban Units	(yuan)	52388	57346
城镇居民年人均可支配收入	（元）	Per Capita Annual Disposable Income of Urban Residents	(yuan)	26467	28844
农村居民年人均可支配收入	（元）	Per Capita Annual Disposable Income of Rural Residents	(yuan)	9430	10489
在校学生数		Number of Enrolled Students by Level of School			
# 普通高等学校	（万人）	Institutions of Higher Education	(10000 persons)	2468.1	2547.7
普通中学	（万人）	Regular Secondary Schools	(10000 persons)	6875.0	
普通小学	（万人）	Primary Schools	(10000 persons)	9360.5	9451.1
医疗卫生机构床位数	（万张）	Hospital Beds	(10000 units)	618.2	660.1
卫生技术人员	（万人）	Medical Technical Personnel	(10000 persons)	721.1	759.0
# 执业医师		Doctors		279.5	289.3

注：1. 2014年为初步统计数据。

2. 规模以上港口的统计范围为年通过能力在100万吨以上的沿海港口和200万吨以上的内河港口，以及从事外贸、集装箱装卸的港口，具体范围由交通运输部划定。

Note: I. The figures of 2014 are preliminary ststistics.

II. Data on production capacity and handing capacity include the seaports handing cargo more than 1 million tons. Inland river ports with turnover over 2 million tons and ports with operation in foreign trade and containing shipping. The specific scope are decided by the Administration of Transportation.

附 2 广东省国民经济主要指标

Appendix Ⅱ. Main Indicators of National Economy of Guangdong Province

项　　目	Item	2013	2014
年末常住人口（万人）	Year-end Population (10000 persons)	10644	10724
年末从业人数（万人）	Year-end Employed Persons (10000 persons)	6117.68	6183.23
地区生产总值（亿元）	Gross Domestic Products (100 million yuan)	62474.79	67809.85
人均地区生产总值（元）	Per Capita GDP (yuan)	58833	63469
固定资产投资额（亿元）	Total Investment in Fixed Assets (100 million yuan)	22828.65	25928.09
社会消费品零售总额（亿元）	Total Retail Sales of Consumer Goods (100 million yuan)	25453.93	28471.15
货物周转量（亿吨公里）	Total Freight To-kilometers (10 million ton-km)	12495.93	14994.06
旅客周转量（亿人公里）	Total Passener-kilometers (100 million passenger-km)	4852.41	3969.58
港口货物吞吐量（万吨）	Volume of Freight Handled at Ports (10000 tons)	156373	165455
邮电业务总量（亿元）	Business Volume of Postal and Telecommunication Services (100 million yuan)	2820.26	3394.39
进口总值（亿美元）	Total Imports (USD 100 million)	4554.58	4304.97
出口总值（亿美元）	Total Exports (USD 100 million)	6363.64	6460.87
实际利用外商直接投资（亿美元）	Amount of Direct Foreign Capital Actually Used (USD 100 million)	249.52	268.71
地方公共财政预算收入（亿元）	Budgetary Revenue of Local Government (100 million yuan)	7081.47	8060.06
地方公共财政预算支出（亿元）	Budgetary Expenditure of Local Government (100 million yuan)	8411.00	9152.64
居民消费价格指数（上年=100）	General Consumer Price Index (preceding year=100)	102.5	102.3
商品零售价格指数（上年=100）	General Retail Price Index (preceding year=100)	101.0	101.4
城镇单位职工年人均工资（元）	Average Wage of Fully Employed Staff and Workers in Urban Units (yuan)	53611	59827
城镇居民年人均可支配收入（元）	Per Capita Annual Disposable Income of Urban Residents (yuan)	29537	32148
农村居民年人均纯收入（元）	Per Capita Annual Net Income of Rural Residents (yuan)	11068	12246
在校学生数（万人）	Number of Enrolled Students by Level of School (10000 persons)		
普通高等学校	Institutions of Higher Education	170.99	179.42
中等职业教育学校	Secondary Vocational Schools	140.89	128.22
普通中学	Regular Secondary Schools	625.24	590.77
小　学	Primary Schools	807.94	831.91
医院及卫生院床位（万张）	Hospital Beds (10000 units)	34.65	37.26
卫生技术人员（万人）	Medical Technical Personnel (10000 persons)	54.56	57.57
#医　生	Doctors	20.37	21.07

附 3　香港特别行政区主要统计指标

Appendix Ⅲ. Main Indicators of Hong Kong Special Administrative Region

项　　目	Item	2013	2014
人口及生命统计	**Population and Vital Events**		
总人口(年中数)　(万人)	Mid-year Population　(10000 persons)	718.8	724.2
男　性	Male	333.1	334.5
女　性	Female	385.7	389.7
粗出生率　(‰)	Crude Birth Rate　(‰)	7.9	8.6
粗死亡率　(‰)	Crude Death Rate　(‰)	6.0	6.2
劳动、就业	**Labor and Employment**		
劳动人口　(万人)	Labor Force　(10000 persons)	385.9	387.6
劳动人口参与率　(%)	Labor Force Participation Rate　(%)	61.2	61.1
失业率　(%)	Unemployment Rate　(%)	3.4	3.3
就业不足率　(%)	Underemployment Rate　(%)	1.5	1.5
本地生产总值	**Gross Domestic Product　(GDP)**		
本地生产总值(按2013年环比物量计算)　(亿港元)	GDP　(in chained 2013 dollars, HKD 100 million)	21387	21922
人均本地生产总值(按2013年环比物量计算)　(港元)	Per Capita GDP　(in chained 2013 dollars, HKD)	297553	302712
本地生产总值(按当年价格计算)　(亿港元)	GDP　(at current prices, HKD 1000 million)	21387	22556
人均本地生产总值(按当年价格计算)　(港元)	Per Capita GDP　(at current prices, HKD)	297553	311479
对外商品贸易	**External Merchandise Trade**		
进口　(亿港元)	Imports　(CIF, HKD 100 million)	40607	42190
香港产品出口　(亿港元)	Domestic Exports　(HKD 100 million)	544	553
转口　(亿港元)	Re-exports　(HKD 100 million)	35053	36175
电力耗用　(兆焦耳)	**Consumption of Electricity　(Mega joule)**		
#工　业	Industrial	11190	11281
商　业	Commercial	101683	102885
住　宅	Residential	39941	43415
工业生产指数　(2008年为100)	**Index of Industrial Production　(2008 = 100)**		
纺织制品	Textiles	54.2	43.9
成　衣	Wearing Apparel	38.9	37.8
金属、电脑、电子及光学产品、机械及设备	Metal, Computer, Electrical and Optical Products, Machinery and Equipment	74.8	70.8

附 3 续表 continued

项目		Item		2013	2014
新落成私人楼宇		**Newly-Built Real Estate**			
实用楼面面积	（万平方米）	Usable Floor Area	(10000 sq.m)		
住 宅		Residential		35	65
非住宅		Non-residential		48	45
持牌车辆总数	**（万辆）**	**Motor Vehicles Licensed**	**(10000 units)**		
#货 车		Vans		11.7	11.3
私家车		Sedan		47.6	49.5
旅 游		**Tourism**			
访港旅客	（万人次）	Visitors Arrivals	(10000 person-times)	5429.9	6083.9
酒店入住率	(%)	Hotel Room Occupancy Rate	(%)	89	90
运输、通讯		**Transport and Communications**			
进出香港货物总量	（万吨）	Inward and Outward Movements of Cargo	(10000 tons)		
总卸下		Total Discharged		17942	20090
总装上		Total Loaded		12632	12558
集装箱吞吐量	（万标准集装箱）	Container Throughput	(10000 TEUs)	2235	2223
公共交通工具客运量	（百万人次）	Passenger Traffic by Public Vehicles	(million person-times)	4508	4569
电话服务	（万条操作线路）	Telephone Services	(10000 working lines)	432	432
政府收支	**（亿港元）**	**Public Accounts**	**(HKD 100 million)**		
政府收入		Total Government Revenue		4421	4553
政府支出		Total Government Expenditure		3773	4335
消费价格指数	**（以2009年10月至2010年9月=100）**	**Consumer Price Indices**	**(Oct.2009 - Sept.2010 = 100)**		
综合消费价格指数		Composite Consumer Price Index		115.1	120.2
工资指数	**（以1992年9月为100）**	**Wage Index**	**(September 1992 = 100)**		
名义工资指数		Nominal Wage Index		195.2	203.3
实际工资指数		Real Wage Index		118.7	115.7
教 育	**（万人）**	**Education**	**(persons)**		
小学学生人数		Student Enrolment in Primary Schools		32.42	33.25
中学学生人数		Student Enrolment in Secondary Schools		41.60	39.35

附 4 澳门特别行政区主要统计指标

Appendix Ⅳ. Main Indicators of Macao Special Administrative Region

项　　　目		Item		2013	2014
人口及生命统计		**Population and Demographics Characteristis**			
年终人口估计	(万人)	End-year Estimates of Population	(10000 persons)	60.8	63.6
出生率	(‰)	Crude Birth Rate	(‰)	11.1	11.6
死亡率	(‰)	Crude Death Rate	(‰)	3.2	3.0
劳动、就业		**Labour**			
劳动人口	(万人)	Labour Force		37.7	40.6
劳动力参与率	(%)	Labour Force Participation Rate	(%)	72.7	73.8
失业率	(%)	Unemployment Rate	(%)	1.8	1.7
就业不足率	(%)	Underemployment Rate	(%)	0.4	0.4
本地生产总值		**Gross Domestic Product**			
按2013年不变价格计算		At Constant (2013) Prices			
本地生产总值	(亿澳门元)	GDP	(100 million MOP)	4099.6	4085.1
人均本地生产总值	(万澳门元)	GDP per Capita	(100 million MOP)	64.8	71.4
按当年价格计算		At Current Prices			
本地生产总值	(亿澳门元)	GDP	(100 million MOP)	4099.6	4433.0
人均本地生产总值	(万澳门元)	GDP per Capita	(10000 MOP)	69.2	71.4
对外商品贸易		**External Merchandise Trade**			
出口总值	(亿澳门元)	Exports	(100 million MOP)	91.0	99.1
进口总值	(亿澳门元)	Imports	(100 million MOP)	810.1	899.5
运输、旅游		**Transport, Tourism**			
进出澳门货运车数目	(万次)	Lorries Entering and Departing Macao	(10000 times)	31.1	35.7
访澳旅客	(万人次)	Visitors Arrival	(10000 person-times)	2932	3153
酒店入住率	(%)	Hotel Room Occupancy Rate	(%)	83.6	87.0
财政收支		**Government Accounts**			
公共财政总收入	(亿澳门元)	Total Government Revenue	(100 million MOP)	1759.5	1618.6
公共财政总支出	(亿澳门元)	Total Government Expenditure	(100 million MOP)	513.9	670.8
消费价格指数		**Consumer Price Index**			
综合消费价格指数	(2013年10月至2014年9月=100)	Composite Consumer Price Index	(Oct.2013 - Sep.2014 = 100)	95.4	101.1
教　育		**Education**			
小学生	(人)	Primary Education	(person)	22862	24252
中学生	(人)	Secondary Education	(person)	32054	30088
高等教育学生	(人)	Higher Education	(person)	29521	30771

注：2014年数据在日后得到更多资料时会作出修订。

Notes: Figures of 2013 are subject to revision as more data become available.